JOHN UND PAULA SANDFORD

DIE UMGESTALTUNG DES INNEREN MENSCHEN

Das derzeit umfassendste Buch über innere Heilung

Für unseren Vater, George O. Sandford, der beständig für dieses Buch betete und am 18. Oktober 1980 starb, als 16 Kapitel fertiggestellt waren.

Titel der Originalausgabe: Transformation of the Inner Man
by John and Paula Sandford

Übersetzung: Werner Geischberger

Satz: CONVERTEX, Aachen

Grafik: image design, A. Fietz, Landsberg

Druck: Jaspis Druck

ISBN 3-925968-30-X

INHALTSVERZEICHNIS

Ein Wort des Dankes 5
Vorwort 7

Teil I GRUNDLAGEN

1 Heiligung und Umgestaltung 10
2 Umgestaltung – Grundlagen aus evangelikaler Sicht
Teil 1: Das ungläubige Herz eines Gläubigen 29
Teil 2: Wie wir Gott sehen 34
3 Umgestaltung – Grundlagen aus evangelikaler Sicht
Teil 3: Orientierung am Leistungsdenken 47
4 Auf der Grundlage des Gesetzes 79
5 Die zentrale Kraft und Notwendigkeit der Vergebung 104
6 Den Teufelskreis durchbrechen 116
7 Die Rolle des Seelsorgers 129

Teil II DIE FRÜHPHASE DES LEBENS – VERBORGENE SÜNDEN

8 Die Zeit im Kinderbett 149
9 Bedrohungen für Kleinkinder 160
10 Von den ersten Schritten bis ins Schulalter 174

Teil III VON SECHS BIS ZWÖLF – DIE HÄUFIGSTEN UND FOLGENSCHWERSTEN CHARAKTERFEHLENTWICKLUNGEN

11 Innere Schwüre 195
12 Ein steinernes Herz 210

13 Flucht, Kontrolle, Talente vergraben und eine besitzergreifende Art 226
14 Bittere Wurzeln – darauf basierende Urteile und Erwartungshaltungen 241

Teil IV SEXUELLE SÜNDEN UND SCHWIERIGKEITEN

15 Unzucht, Ehebruch, übermäßiges Verlangen und Anomalien 269
16 Archetypen und Homosexualität 295
17 Umkehrung der Elternrolle und Ersatzpartner 319

Teil V TEENAGER UND DIE EHE

18 Individuation und das Unbehagen über die eigene Bestimmung 330
19 Finden, verlassen, 'anhangen' 355
20 Das Problem des Einswerdens 376

Teil VI DAS AUFERSTEHUNGSLEBEN

21 Väter und Mütter in Christus 387
22 Dienst und Gemeinschaft im Leib Christi 404

Ein Wort des Dankes

Unser Dank gilt allen, die so treu im Gebet hinter uns standen und uns oft finanziell unter die Arme griffen, damit wir überhaupt schreiben konnten. Besonders Bill und Rachel Johnson (er ist Leiter der psychologischen Fakultät des Whitworth College und beide sind hervorragende Seelsorger), die uns als persönliche Freunde und Ratgeber zur Seite stehen.

Wir danken Joyce Poland und Tony Lincoln, die eine Vielzahl von Johns unleserlichen Hieroglyphen entzifferten und in eine lesbare Form brachten; einen besonderen Dank an Tony, der viele dieser Seiten editierte.

Wir möchten auch Janet Wilcox, unserer „Hausseelsorgerin" danken, die so oft ans Telefon ging und unseren Haushalt aufrechterhielt, während wir in das Buch vertieft waren.

Einen herzlichen Dank an unsere Kinder und Enkelkinder, an unsere Verwandten und Freunde, die ihre Fragen und Anmerkungen andauernd wiederholen mußten, weil wir uns nur sehr schwer von unseren tiefen Gedanken losreißen konnten und nichts besseres wußten als „Äh, wie bitte...was hast Du gesagt? Mmh, ja, ja, könntest Du das bitte wiederholen..."

In diesem Buch erzählen wir viel über die Vorlieben, Erfolge und Sünden vieler Menschen, besonders unserer Kinder, unserer Eltern und anderer Verwandter, deren Namen wir *nicht* geändert haben, um sie zu schützen. Wir haben jeden einzelnen um Erlaubnis gefragt und sind dankbar, daß sie nichts dagegen hatten, vor der ganzen Welt bloßgestellt zu werden.

Gegen Ende der Fertigstellung dieses Buches kam *„The broken image"*, Leanne Payne's neues Buch über Homosexualität gerade auf den Markt. Wir möchten dieses Buch vorbehaltslos jedem empfehlen, der nach Lektüre des Kapitels „Archetypen und Homosexualität" weiterführende Literatur lesen möchte.

Ein ganz besonderer Dank gilt unserer Freundin Marcia Tiffany, die mit großer Geduld und Ausdauer die Schlußversion abtippte und sich dabei durch eine Unmenge von Einfügungen, Streichungen und geheimnisvollen Anmerkungen quälen mußte.

Wir möchten auch den Leitern und allen Mitgliedern unserer Gemeinde, dem Elija House danken, die sich unter großen Anstrengungen dagegen ankämpften, daß wir uns nicht überarbeiteten. Sie erinnerten uns daran, daß wir den Sabbat für uns frei halten sollten und versuchten – oftmals ohne Erfolg –, uns auf unsere erste Priorität hinzuweisen, nämlich das Schreiben des Buches und die Fragen und Bitten nach Hilfe, mit denen uns so viele Geschwister im Leib Christi förmlich bombardieren, abzublocken.

Selbstverständlich wollen wir es in einem Buch über innere Heilung nicht versäumen, Agnes Sanford, einer Pionierin auf diesem Gebiet, zu danken. Sie war für uns alle nicht nur wegweisend in diesem bis dahin noch kaum abgedecken Bereich des Gebets um innere Heilung, sondern auch unser erster Mentor im Herrn, unsere Freundin und Ratgeberin. Ihr gut ausgeprägter, gesunder Menschenverstand brachte unsere mystische Verschrobenheit wieder auf den Boden der Tatsachen zurück und gründete uns auf ein gesundes theologisches Fundament sowie das Wort Gottes.

Vor allem möchten wir jedoch unserem Herrn danken und ihn preisen für seine erfrischende und unerschütterliche Liebe und seine humorvolle Art und Weise, mit der er uns nicht erlaubte, seine einfachen Wege kompliziert zu machen!

Alle biblischen Zitate stammen aus der Revidierten Elberfelder Bibel, es sei denn, sie sind anderweitig gekennzeichnet.

Vorwort

Dieses Buch läßt sich nicht so einfach lesen wie ein Roman. Man muß es studieren. Wir hoffen, daß Laien, Pastoren, Lehrer, Professoren, Zeitungsherausgeber und Redakteure jedes Kapitel für sich gewinnbringend verwenden können, da jedes in sich abgeschlossen ist. Deswegen müssen grundlegende Themen fortwährend wiederholt werden. So möchten wir dieses Buch auch mehr mit einer Sinfonie vergleichen: Jeder Satz wiederholt in einer neuen Variation und mit unterschiedlicher Geschwindigkeit das Grundthema. Wir bitten den Leser, Altbekanntes zu verstehen und abzuschöpfen, sich auf jeden Gedanken wie eine Biene auf eine neue Blume zu setzen und den Nektar mitzunehmen, der am besten in seine spezielle Art von Honig (Weisheit) paßt.

Dieses Buch versteht sich nicht als Essay oder als intellektuelle Gymnastik. Es wurde nicht als unpersönliches, objektives Lehrmittel geschrieben, sondern vielmehr um das Herz des Lesers anzusprechen. Das Lesen soll sich in Erfahrungen niederschlagen und nicht in einer abgehobenen Theorie enden. Vielleicht ist es oft schwer lesbar. Niemand soll sich schuldig fühlen, weil er nur wenige Seiten am Stück lesen kann. Viele werden das Buch beiseite legen müssen, um über das Gelesene nachzudenken. Etliche Passagen muß man eventuell noch einmal lesen, da das Herz immer aufnahmebereiter wird.

Vieles wird den einen oder anderen Leser verärgern. Dies ist sicherlich nicht unsere Absicht, doch wissen wir, daß es unvermeidlich ist. Wir vertrauen auf Gottes Gnade und darauf, daß der Leser die Irritation abschütteln und weiterlesen wird. Wer dieses Buch liest, wird vielleicht kurzzeitig ein etwas unangenehmer Zeitgenosse sein, weil seine Gedanken und Emotionen durch das Gelesene aufgewühlt werden. Die ersten Früchte scheinen vielleicht schlecht zu sein, und man wird versucht sein, das Buch wegzulegen und die Freuden des Glaubens zu feiern. Doch warten Sie. Das Samenkorn in der Erde wird sich erst öffnen, wenn es gestorben ist. Solange kein neuer Sproß zu sehen ist, scheint alles nur nach Niederlage und Tod auszusehen. Warten Sie noch eine Weile; an den ersten kleinen Blättern können noch keine Früchte wachsen. Verweilen Sie noch ein wenig; Blumen kann man nicht essen. Seien Sie geduldig; unreife Früchte schmecken gewöhnlich sauer. Gehen Sie selbst jetzt noch nicht hastig voran, denn die meisten reifen Früchte schmecken am besten, wenn man sie langsam kocht. Sie werden gute Früchte ernten.

Das Lesen ist eine Erfahrung, die jeder für sich selbst macht; dies gilt jedoch nicht für die Resultate. Das Sehen ist die Sache eines jeden einzelnen; Verständnis gewinnt man jedoch erst durch einen Austausch mit Freunden. Lesen Sie nicht zu viel, ohne darüber mit Freunden zu sprechen. Isolation führte schließlich zu den Ereignissen in Jonestown. Öffnen Sie sich vor anderen, wenn Sie lesen.

Ihre Gemeinde war vielleicht noch nicht an dem Punkt, an dem Sie zu lesen begannen. Sie wird höchstwahrscheinlich auch dort nicht sein, wo Sie aufhören! Seien Sie wie Sauerteig. Haben Sie Gemeinschaft mit einigen wenigen, die verstehen. Erwarten Sie das nicht von anderen. Gehen Sie nicht in die Gemeinde, um jeden unverblümt zu sagen, wo seine Fehler liegen. Die Gemeinde kommt auch ohne das sehr gut klar. Bombardieren Sie vor allem nicht Ihren Pastor. Er wird bald genug auch ohne Ihre Hilfe an diesen Punkt kommen. Sehr wahrscheinlich hat er schon seit einiger Zeit in der ersten Reihe gesessen und auf die Heimkehr des verlorenen Sohnes gewartet.

Inmitten dieses Durcheinanders sind Sie doch so weit gekommen. Wir wollen deshalb nicht versuchen, alles in einer einzigen Gewaltaktion auf die Reihe zu bekommen. Gott kennt den Weg durch die Wüste.

Teil I

GRUNDLAGEN

1
Heiligung und Umgestaltung

Er selbst aber, der Gott des Friedens, heilige euch völlig; und vollständig möge euer Geist und Seele und Leib untadelig bewahrt werden bei der Ankunft unseres Herrn Jesus Christus.
(1.Thes 5,23)

Im Zweiten Weltkrieg war Agnes Sanford freiwillige Helferin in einem Krankenhaus. Dort begegnete sie Harry, einem amerikanischen Soldaten jüdischer Abstammung; von seinem Fuß waren zehn Zentimeter Knochen weggeschossen worden. Agnes betete für ihn, lehrte ihn beten und freute sich mit ihm, als in den darauffolgenden Wochen diese zehn Zentimeter wieder nachwuchsen! Während dieser Zeit nahm Harry Jesus als seinen Heiland und Herrn an. Später schrieb er Agnes, daß es ihm gut gehe und er christliche Psychiatrie studiere; er konnte jedoch nicht verstehen, warum er immer wieder unerklärbare Wutausbrüche hatte und dabei schreckliche Dinge tat – einmal warf er z.B. seine Schreibmaschine an die Wand. Agnes trat damit vor den Herrn, der ihr eine Vision gab, in der sie sah, wie Harry als kleiner Junge von nichtjüdischen Gören gehänselt und geschlagen wurde. Der Heilige Geist offenbarte ihr, daß die Wurzel des Problems nicht bei dem erwachsenen Harry zu suchen sei, sondern in einer eiternden Wunde in seinem Herzen, die niemals geheilt worden war. Agnes betete, daß der kleine Junge doch Heilung und Trost empfange und fähig werde, seinen Peinigern zu vergeben. Höchst erstaunt schrieb Harry zurück, mit der Frage, was sie denn getan habe? Er fühle sich leichter und freier als je zuvor und von seinen Wutausbrüchen sei nichts mehr zu sehen – bis auf den heutigen Tag.

Allmählich offenbarte der Herr Agnes immer mehr solcher innerer, vergessener Traumata in den Herzen der Menschen. Psychologen kennen und lehren dieses Phänomen schon seit langem. Neu daran war jedoch, daß ein Gebet, das heute gesprochen wird, vollmächtig in gestrige Ereignisse eingreifen kann.

Daraufhin begann Agnes über die sogenannte „Heilung der Erinnerungen" zu lehren. Sie mochte diesen Begriff nie. Er war auch nicht ihre Erfindung. Sie verglich ihre Arbeit mehr mit dem Sündenbekenntnis, wie es ja in Jakobus 5,13-16 heißt: „Bekennt nun einander die Vergehungen und betet füreinander, damit ihr geheilt werdet." Sie erkannte und lehrte, daß sich vergangene, unvergebene und längst vergessene Sünden, die im Herzen begraben wurden, in ungewollten und unpassenden Verhaltensweisen manifestieren können; dieses Verhalten kann sich ändern, wenn über diese Sünden Vergebung ausgesprochen und das Herz gereinigt wird.

Da sie von einem kirchlichen Hintergrund geprägt worden war, erachtete sie dies als die Arbeit der Gemeinde; insbesondere lag ihr dabei am Herzen, qualifizierten Menschen den Zusammenhang zwischen Glauben und Heilung zu lehren, Pastoren und Älteste zuzurüsten, damit sie sich besser um ihre Gemeinde kümmern könnten (Eph 4,11). Gemeinsam mit ihrem Ehemann Ted, einem Rektor an einer Episkopalschule, gründete sie die „School of Pastoral Care", die auch heute noch gelegentlich Lehrseminare für Ärzte, Krankenschwestern, Geistliche und andere gemeindliche Mitarbeiter durchführt. Anfangs war die Heilung des inneren Menschen ein kleines Kapitel in dem Programm, das der Heilige Geist solchen Seminaren gegeben hatte.

Viele Pastoren, Ärzte, Krankenschwestern und andere kamen und lernten; zu ihnen gehörten auch Francis MacNutt, Barbara Shlemon, Tommy Tyson, Herman Riffel, Paula und ich sowie andere, deren Namen man seither auch durch Bücher mit dem Bereich der inneren Heilung verbindet. Ich bin mir sicher, daß zu dieser Zeit keiner von uns das ganze Ausmaß dessen, was der Heilige Geist allmählich offenbarte, ermessen konnte. Agnes' Augenmerk war immer auf Heilung gerichtet. Für sie selbst und durch ihre Lehre wurde dieses Wissen ein Werkzeug zur Heilung von Menschen. Dies gilt bis auf den heutigen Tag auch für den Großteil derer, die ihren Spuren gefolgt sind.

Ich selbst (John) begegnete Agnes Sanford im Jahre 1961 in Springfield im Bundesstaat Missouri, wo sie für meinen Rücken betete, indem sie den Herrn bat, mir die Kraft zu geben, meiner Mutter vergeben zu können. (Bis zu meinem 13.Lebensjahr hatte ich eine schreckliche Beziehung zu meiner Mutter. Doch dann vergab ich ihr und auch mir wurde vergeben und seither erfreuen wir uns einer guten, wenngleich auch unvollkommenen Beziehung.) Aufgrund meiner psychologischen Ausbildung wußte ich, daß Agnes für den kleinen Jungen in mir, und zwar in der Phase zwischen der Empfängnis und dem 13.Lebensjahr betete, auf den ich keinen Einfluß mehr hatte. Es funktionierte. Ich war geheilt.

Kurz darauf sah ich in einem Traum wie Agnes durch meine Haustür kam (ohne sie zu öffnen) und mich angriff. Auf dem Wohnzimmerboden kämpften wir miteinander (1.Mo 32,24-32). Damals stemmte ich so an die 80 Kilo und war in etwa 1.80 m groß. Doch diese 1.60 m große Frau bezwang mich! Dann ging sie durch die Tür hinaus und deutete mir an, daß ich ihr folgen solle; wir gingen durch die Nacht bis zu einem hohen Turm, in dem viele Wohnungen waren, eilten von einem Stockwerk ins nächste und schalteten das Licht ein. Seither hat der Herr in meinem „Turm der Erkenntnis" ein Licht nach dem anderen eingeschaltet.

Im Jahre 1963 begleitete ich Agnes als Lehrer zu vielen Seminaren der „School of Pastoral Care". Viele Jahre lang lehrten wir gemeinsam an Schulen und Missionswerken im ganzen Land über die Heilung des inneren Menschen. Auch wenn ich es zunächst hauptsächlich so sah, daß durch diesen Dienst das gegenseitige Sündenbekenntnis in die Priesterschaft aller Gläubigen eingebracht werden sollte, zeigte mir der Herr mit der Zeit seine tieferliegenden Absichten. Langsam verstand ich den gewaltigen Unterschied zwischen den ursprünglichen Ereignissen, den *Sünden* des Grolls und des Verurteilens, die hinter einer bestimmten, aktuellen Verhaltensweise stehen, und den sündigen *Gewohnheiten* unseres alten Menschen. *Sünden* erfordern Vergebung. Doch unsere *sündhafte Natur* kann nur bekämpft werden, indem wir selbst am Kreuz sterben. Unsere Vergebung wird einzig und allein durch Jesus möglich. Was jedoch unseren Tod am Kreuz betrifft, müssen auch wir einen Teil dazu beitragen. Ich erkannte dann, daß viele, die innere Heilung wollten, zwar richtigerweise um Vergebung baten, es jedoch häufig versäumten, ihr sündiges Wesen zum Tod am Kreuz zu verurteilen. Andererseits hatten viele Pastoren, die richtigerweise ihre Gemeinde dazu aufriefen, Tag für Tag ihr Ich ans Kreuz zu schlagen, nur wenig Ahnung davon, daß diese sündigen Gewohnheiten in den Frühphasen der Kindheit entstanden waren, oder wie man jetzt zu diesem Kind in ihnen Zugang finden, es töten und neu zur Welt bringen könnte. Diese Pastoren erinnerten mich an Gärtner, die immer wieder Unkraut ausreißen, das sofort wieder nachwächst, weil die Wurzeln noch in der Erde stecken. Niemand schien die Zusammenhänge zu erkennen, noch die Notwendigkeit, die Axt an die Wurzel zu setzen. Wurzeln liegen verborgen unter der Oberfläche. Weder Menschen mit der Gabe der Heilung, noch Pastoren, schienen zu wissen, wie man unser fleischliches Wesen von Grund auf, also von der *ursächlichen Ebene* her, umgestalten und sowohl die einzelnen Sünden, als auch das sündige Wesen selbst, anpacken könnte. Hierin gab es, meiner Meinung nach, einen großen Mangel in der Kirche; das war für mich auch die Erklärung dafür, warum so viele Christen unreif sind – im Leib Christi gibt es zu wenig echte Heiligung und Umgestaltung.

Ich erkannte dann, daß wir alle wie kleine Kinder waren, die unbedarft und ahnungslos mit dem Schlüssel zur Tür der Heiligung herumhantierten. Agnes hatte begonnen, Licht in diese Angelegenheit zu bringen. Viele hatten gelernt, sich mit dem folgenden Satz auf den Lippen, diesem Kind in ihnen zu nähern: „Achtet darauf, daß nicht jemand an der Gnade Gottes Mangel leide, daß nicht irgendeine *Wurzel* der Bitterkeit aufsprosse und euch beunruhige und die vielen durch diese verunreinigt werden” (Hebr 12,15; Hervorhebung vom Autor). Doch keiner schien eine umfassende Vision dieser inneren Umgestaltung durch *immer wiederkehrendes Sterben* und Wiedergeburt zu haben. Da sie ihm Heilungsdienst standen, wollten sie die Menschen nur für ein Leben im Überfluß wiederherstellen, doch Gott möchte vollkommene Söhne großziehen. Deshalb flickten viele nur ein altes Kleid, anstatt das Alte zu töten und durch das Neue zu ersetzen.

Keiner war sich damals schon darüber im Klaren, daß der Dienst am inneren Menschen nicht nur dazu dienen würde, ein *paar problembeladene Menschen* zu behandeln; er ist vielmehr ein lebenswichtiger Schlüssel zur Umgestaltung des Herzens eines *jeden normalen* Christen! Weil nicht nur die Pioniere, sondern auch die gesamte Christenheit es noch nicht ganz verstanden hatte, wie effektiv es zum Reifungsprozeß in Christus beiträgt, wenn man durch Seelsorge und Gebet das Kreuz auf jeden Moment des Lebens – von der Empfängnis bis heute – anwendet, wurde die Einstellung „einmal heil, immer heil” zu einem magischen Motto für wiedergeborene Christen. Man mußte lediglich Christus als seinen Herrn und Heiland annehmen. Fälschlicherweise wurde daraus eine Art wundersame Formel, mit Hilfe derer alles bewerkstelligt werden konnte, um uns für ein Leben auf Erden und im Himmel zu befähigen. Der Leib Christi hatte zwar richtig erkannt, daß jede sündige Handlung vollständig weggewaschen wird, doch hatte er noch nicht verstanden, daß sich noch nicht jeder Bereich des Herzens die frohe Botschaft, die von dieser Tatsache herrührte, zueigen gemacht hat. Es war richtig zu glauben, daß der alte Mensch von seinem Stand her vollständig tot und eine vollkommen neue Schöpfung entstanden ist, doch der Leib Christi hatte nicht verstanden, daß in Wirklichkeit viele Bereiche des inneren Menschen sich weigern, ihr Gesicht zu zeigen, geschweige denn, liegen zu bleiben und diesen Tod zu akzeptieren. Deshalb proklamierten viele Christen, „Ich bin von Neuem geboren; ich bin ein völlig neuer Mensch; ich bin eine neue Schöpfung; das Vergangene ist vorbei”, während ihr Leben allzu oft das Gegenteil bezeugte. Dadurch stellte sich die Frohe Botschaft Jesu vielen Ungläubigen als Irrlehre dar. In den Augen der Christen, die verkündeten, sie seien eine neue Schöpfung geworden, lief der Bereich „Heilung des inneren Menschen” auf eine Leugnung ihres Heils hinaus und bei vielen gilt das bis auf den heutigen Tag.

Dann verstand ich auch, warum so viele wiedergeborene Christen eine Scheu vor der inneren Heilung haben (abgesehen von denen, die einfach vor den Qualen des Sterbeprozesses fliehen, indem sie behaupten, daß alles ein für allemal vollbracht sei): So viele, die diesen

Bereich betraten, hatten kein ausgewogenes biblisches und evangelikales Verständnis unserer sündhaften Natur und tendierten deshalb dazu, das ganze zu sehr von der psychologischen Seite her anzugehen. Die Psychologie – soweit sie den Lehren ihrer Väter folgt – glaubt, daß das Leben unsere Identität prägt und daß wir von dem konditioniert werden, was *uns* widerfährt. Sie neigt dazu, die Sünde herunterzuspielen und über Konditionierung zu sprechen, um dadurch die Schuld auf ein Minimum zu reduzieren. Im Gegensatz dazu vertritt eine ausgewogene Theologie den Standpunkt, daß viele unserer Handlungsweisen direkt von unserem sündigen Wesen her stammen, ohne ursächlichen Zusammenhang mit Ereignissen in unserem Leben. Als Christen glauben wir, daß das, was in uns ist, weil wir es von Adam geerbt haben, unsere Interpretation von allem, was uns widerfährt, beeinflußt und im hohen Maße dafür verantwortlich ist, welches Register wir bei unserer Reaktion darauf ziehen. Weiterhin ist diese adamische Sünde oftmals der Ursprung vieler falscher Handlungen, die wir selbst tun, bevor etwas geschieht, das uns falsch prägen könnte. Es ist also nicht nur so, daß uns das Leben etwas antut; zuerst tun wir dem Leben etwas an. Deshalb packen wir als Seelsorger immer *zuerst* die Schuld an, und dann erst die Konditionierung.

Psychologen wollen den Einzelnen soweit wiederherstellen, daß er voll „funktioniert"; Christen wollen Vergebung, Tod und Wiedergeburt. Für uns sind die Schwierigkeiten eines Menschen, der in Seelsorge ist, nicht in erster Linie nur etwas Beklagenswertes, über das man hinwegkommen muß, sondern auch etwas, das wir schätzen, weil Gott ja dadurch die Seele zur Reife führen will. Wir schauen auf das Leben in seiner Gesamtheit, insbesondere auf die Umgestaltung des sündigen Wesens. Wo auch immer die Theologie eines Menschen nicht auf einer biblischen Lehre über die Sünde beruhte, wurde die Heilung leider mehr zu einem problemorientierten als zu einem „kreuz- und heiligungsorientierten" Bereich. Das bedeutete wiederum, daß Vergebung und Trost – so wunderbar sie auch sein mögen – allzu oft außerhalb der Notwendigkeit, daß unser sündiges Wesen am Kreuz sterben muß, ihre Anwendung fanden; das führte dann dazu, daß Menschen an der Gnade Gottes „Mangel (litten)", wie wir gelesen haben. Es fand keine wirkliche und bleibende Veränderung statt. Man wollte klaffende Wunden mit Druckverbänden versorgen. Man ging mit Blut gegen bestimmte Ereignisse vor, doch starben die inneren Strukturen nicht den Kreuzestod. Das heißt nicht, daß es falsch sei, zu vergeben und zu trösten, sondern daß dies vielmehr nur eine Seite der Medaille darstellte. Etwas fehlte immer noch. Es stellte sich heraus, daß dieses „Etwas", dieser Schlüssel zur Heiligung das Wissen war, wie man die Tiefen des Herzens mit der Macht des Kreuzes und der Auferstehung erreichen kann, um durch fortwährenden Tod und Wiedergeburt eine bleibende Veränderung zu bewirken.

Viele Jahre lang dachte ich über die Frage nach, weshalb die Kirche trotz der Gegenwart des Wortes, des Heiligen Geistes und der Geistesgaben noch immer in ihrer Perversion und Schwachheit verharrt. Ich erkannte, daß eines der wichtigsten Elemente, das dem Leben und dem Dienst der Kirche fehlte, ein Verständnis über die Notwendigkeit und die Prinzipien der inneren Heiligung und Umgestaltung war. Kurz gesagt: Man hat sich nie richtig um das Herz gekümmert. „Sie heilen den Bruch der Tochter meines Volkes oberflächlich und sagen: Friede, Friede! – und da ist doch kein Friede" (Jer 6,14; 8,11).

Manche Schriftstellen sprangen mir von nun an förmlich ins Auge: „Der Geist des Herrn ist auf mir, weil er mich gesalbt hat, Armen gute Botschaft zu verkündigen; er hat mich gesandt, Gefangenen Befreiung auszurufen und Blinden, *daß sie wieder sehen*, Zerschlagene *in Freiheit hinzusenden*, auszurufen ein angenehmes Jahr des Herrn" (Lk 4,18-19). „Und seid nicht *gleichförmig* dieser Welt, sondern werdet *verwandelt* durch die Erneuerung des Sinnes, daß ihr prüfen mögt, was der Wille Gottes ist: das Gute und Wohlgefällige und Vollkommene" (Röm 12,2; Hervorhebung vom Autor). „*Tötet* nun eure Glieder, die auf der Erde sind: Unzucht, Unreinheit, Leidenschaft, böse Lust und Habsucht, die Götzendienst ist...Belügt einander nicht, da ihr den alten Menschen mit seinen Handlungen *ausgezogen* ...habt" (Kol 3,5.9; Hervorhebung vom Autor). „*Zieht nun an* als Auserwählte Gottes, als Heilige und Geliebte: herzliches Erbarmen, Güte, Demut, Milde, Langmut..." (Kol 3,12; Hervorhebung vom Autor). „*Achtet darauf*, daß nicht jemand an der Gnade Gottes Mangel leide, daß nicht irgendeine *Wurzel der Bitterkeit* aufsprosse und euch beunruhige und die vielen durch diese verunreinigt werden" (Hebr 12,15; Hervorhebung vom Autor). „Wehe euch, Schriftgelehrte und Pharisäer, Heuchler! Denn ihr reinigt das *Äußere* des Bechers und der Schüssel, *inwendig* aber sind sie voller Raub und Unenthaltsamkeit. Blinder Pharisäer! *Reinige zuerst das Inwendige* des Bechers, damit auch sein Auswendiges rein werde" (Mt 23,25-26; Hervorhebung vom Autor). „„...*laßt euch* auch selbst als lebendige Steine *aufbauen*, als ein geistliches Haus, ein heiliges Priestertum, um geistliche Schlachtopfer darzubringen, Gott wohlannehmbar durch Jesus Christus. Denn es ist in der Schrift enthalten: 'Siehe, ich lege in Zion einen auserwählten, kostbaren Eckstein; und wer an ihn glaubt, wird nicht zuschanden werden'" (1.Petr 2,5-6, Hervorhebung vom Autor).

Ich verstand, daß der Heilige Geist eine Tür zu einem Dienst am ganzen Leib Christi aufstoßen wollte. Es ging nicht darum, daß ein paar Superstars einige problembeladene Geschwister heilten, sondern um die Heiligung und Reife eines jeden einzelnen Gliedes des gesamten Leibes, die durch Jesus *ein für allemal* vollbracht wurde. Er wollte nicht nur spezielle Erinnerungen heilen, oder spezielle Sünden vergeben. Er beabsichtigte einen Dienst ins Leben zu rufen, wie Johannes der Täufer ihn hatte, um die Axt an *jede* Wurzel eines *jeden* Baumes zu legen (Lk 3,9). Er erweckt seinen „Botschafter", um die ganze Kirche zu reinigen und durch sie die ganze Welt; „Und er wird sitzen und das Silber schmelzen und reinigen, und er wird die Söhne Levi reinigen und sie läutern wie Gold und wie Silber, so daß sie Männer werden, die dem Herrn Opfergaben in Gerechtigkeit darbringen" (Mal 3,3).

> Mir, dem allergeringsten von allen Heiligen, ist diese Gnade gegeben worden, den Nationen den unausforschlichen Reichtum des Christus zu verkündigen und ans Licht zu bringen, was die Verwaltung des Geheimnisses sei, das von den Zeitaltern her in Gott, der alle Dinge geschaffen hat, verborgen war; damit jetzt den Gewalten und Mächten in der Himmelswelt *durch die Gemeinde die mannigfaltige Weisheit Gottes kundgetan werde...*
>
> (Eph 3,8-10; Hervorhebung vom Autor)

Voll Leidenschaft und übereifrig wollte ich diese Vision für den Leib Christi niederschreiben. Das war im Winter 68/69 in Wallace, Idaho. Von November bis März hatten wir fast zwei Meter Schnee! Mein Manuskript hatte ich in unserem Campingwagen vor mir auf dem Tisch ausgebreitet. Als ich von einem Vortrag zurückkam, sah ich, daß die Last des schmelzenden Schnees ein Loch ins Dach des Wagens gedrückt hatte und zwar nur an einer einzigen Stelle – direkt über meinem Schreibtisch! Alles war naß. Die Schrift war verlaufen und die Seiten klebten zusammen. Hätte der Herr noch besser rufen können: „John, du bist ja ganz naß!" Dann kamen die „sieben Jahre, in denen wir Gras aßen", wie wir in *The Elija Task*, Kapitel vier „The Call of a Prophet", Seite 51-57 schrieben. Während dieser Zeit sollte ich eine tiefgreifende Korrektur meiner Denkweise erfahren – so als ob der Erdkreis aufgewiegelt würde (vgl.Apg 17,6)! Mein damaliges Bild der Umgestaltung könnte in etwa so ausgesehen haben: der Umriß eines Mannes, auf dessen Wunden hier und dort Kreuze gelegt wurden, bis der Mann rein und heil war. Ich dachte, wenn der Herr einen Problembereich unseres Lebens nach dem anderen umgestaltet, würden wir auch immer besser und besser, heiliger und heiliger werden und schließlich ein vollkommener Mensch sein, wie es in Epheser 4,15-16 zu lesen ist.

In diesen leidvollen sieben Jahren mußte ich jedoch erkennen, daß uns der Heilige Geist *nicht* besser und immer besser machen will! Er möchte uns zu einem vollkommenen Tod führen und uns dadurch erneuern. Ich erkannte auch, daß diese Umgestaltung des inneren Menschen nicht unseren irdischen, fleischlichen Leib ein für allemal erneuern würde, *sondern vielmehr seine Kraft zunichte macht, um uns leiten zu können*, während wir das Kleid der Gerechtigkeit Jesu empfangen. „Aus *ihm* aber kommt es, daß ihr in Christus Jesus seid, der uns geworden ist Weisheit von Gott und Gerechtigkeit und Heiligkeit und Erlösung..." (1.Kor 1,30; Hervorhebung vom Autor). Wenn der Heilige Geist im Rahmen des irdischen Teilabschnitts der endgültigen Vervollkommnung des Menschen jeden Bereich des menschlichen Fleisches so umgestalten würde, daß man sich folglich ständig auf diese Dimension seines Wesens verlassen könnte, würde man sich unweigerlich nicht länger auf Jesus verlassen, sondern auf seine eigene Stärke vertrauen. Um der vernichtenden Kraft des Stolzes entkommen zu können, müßte die Vervollkommnung schon allumfassend sein. Man würde Jesus nicht länger für seine fortwährende Errettung dankbar sein. (Vielleicht nahm der Herr Enoch – 1.Mo 5,24 – genau deswegen hinweg, damit er nicht unter uns korrumpiere). Deshalb heilt der Herr so, daß wir Vertrauen und Ruhe finden können, weil *er allein fähig ist*, uns am Leben zu erhalten und nicht, weil wir aus der Stärke *unseres eigenen* Charakters oder *unseres* Willens heraus richtig handeln könnten. Paradoxerweise werden wir geheilt, indem wir lernen, uns nicht im geringsten auf unser eigenes Fleisch zu verlassen, sondern indem wir in ihm ruhen. Unsere Veränderung ist permanent, weil er unveränderlich ist und nicht, weil irgendetwas vermeintlich Stabiles in uns verändert oder geschaffen wurde, außer der Fähigkeit, ihm neu zu vertrauen. „Denn wir sind die Beschneidung, die wir im Geist Gottes dienen und uns in Christus Jesus rühmen und *nicht auf Fleisch vertrauen*" (Phil 3,3; Hervorhebung vom Autor).

Mir wurde klar, daß es so viel Verwirrung gab, weil viele Seelsorger ihre psychologischen Erkenntnisse zwar richtig anwandten, doch in dieser Frage einen falschen Standpunkt eingenommen hatten. Ein Psychologe verbessert unser Selbstverständnis, damit wir *auf uns selbst* vertrauen können. Christus tötet all unser Vertrauen auf unser eigenes Fleisch, damit unser alleiniges Selbstverständnis wie folgt aussehen würde: „Alles vermag ich *in dem, der mich kräftigt*" (Phil 4,13). Unser Selbstverständnis ist *unser* eigenes Machwerk, auf das wir uns fälschlicherweise mehr und mehr verlassen. Unser Selbstverständnis bewirkt, daß wir unsere Aufmerksamkeit notwendigerweise nur noch auf uns selbst richten und uns abstrampeln, um diesem Bild entsprechend zu leben und um sicherzugehen, daß andere es auch ja sehen und loben; wir müssen es verteidigen, aufbauen, wiederaufbauen etc. Doch die Identität eines Christen ist ein Geschenk, etwas, das Gott in uns schafft und nicht gesehen, belohnt oder verteidigt werden muß.

Heilung im christlichen Sinne besteht nicht darin, etwas Kaputtes soweit wieder auf Vordermann zu bringen, daß es funktioniert, sondern vielmehr darin, uns von der Macht dieses kaputten Etwas zu befreien, damit es uns nicht länger knechten kann und darin, in uns das Vertrauen zu schulen, daß Gottes Gerechtigkeit durch und in genau dieser Sache leuchten wird. Wer im Rahmen seines Heilungsdienstes nur die positive Selbsteinschätzung seines Schützlings wiederherstellte, brachte ihn eigentlich nur dazu, diesem „reparierten" Bereich des Fleisches zu vertrauen, also einer Handlungsweise, die in seinem alten, fleischlichen Wesen nur umstrukturiert wurde und damit früher oder später unweigerlich zugrundegehen muß. Der Herr hingegen heilt, indem er das defekte Teil dort beläßt, wo es gerade ist und es durch sein Wesen überwindet. Wir als Christen können immer nur einzig und allein auf seine Gerechtigkeit vertrauen, die für uns da ist, die in uns ist, ja die wir geworden sind!

So wird die Welt auf den Kopf gestellt! Die Welt repariert etwas Zerbrochenes und stellt den persönlichen Stolz und das Vertrauen in sich selbst wieder her. Der Herr sagt: „Wir werden das reparieren, indem wir es überhaupt nicht besser machen! Wir werden dieses kaputte Ding dazu verwenden, Gott die Ehre zu geben; und aus diesem Bewußtsein der Sünde heraus werden wir jeden Tag neu das Vertrauen schaffen, daß der Heilige Geist Gottes die Schönheit des Wesens Christi durch uns – für jedermann sichtbar – demonstrieren wird." Wir müssen nicht sagen: „Laßt uns ja darauf achten, daß Gott auch die Ehre bekommt." Sobald wir voll und ganz verstehen, wie tot wir in der Sünde sind, bekommt er alle Ehre! *Wir* vollbringen nichts Gutes. *Er* vollbringt alles. In diesem Sinne gibt es für die Seele eigentlich keine Heilung, sondern nur Tod und Wiedergeburt. Das Alte Testament spricht davon, die Seele zu erquicken (oder: wiederherzustellen) (Ps 23,3; 19,7 etc.), doch wir Christen müssen dies immer und immer wieder auf den Tod und die Wiedergeburt in der Gerechtigkeit Jesu deuten:

> So sind wir nun mit ihm begraben worden durch die Taufe in den Tod, damit, wie Christus aus den Toten auferweckt worden ist durch die Herrlichkeit des Vaters, so auch wir in Neuheit des Lebens wandeln. Denn wenn wir verwachsen sind mit der Gleichheit seines Todes, so werden wir es auch mit (seiner) Auferstehung sein, da wir dies erkennen, daß unser alter

> Mensch mitgekreuzigt worden ist, damit der Leib der Sünde abgetan sei, daß wir der Sünde nicht mehr dienen. Denn wer gestorben ist, ist freigesprochen von der Sünde. Wenn wir aber mit Christus gestorben sind, so glauben wir, daß wir auch mit ihm leben werden...
>
> (Röm 6,4-8).

Genau an diesem theologischen Wendepunkt haben viele Seelsorger das Schiff ihrer Schützlinge auf ein Riff auflaufen lassen. Wer daran arbeitet, das positive Selbstverständnis eines anderen wiederherzustellen (außer, wenn Christus das in uns macht), arbeitet gegen das Kreuz.

> So viele im Fleisch gut angesehen sein wollen, die nötigen euch, beschnitten zu werden, nur damit sie nicht um des Kreuzes Christi willen verfolgt werden... Mir aber sei es fern, mich zu rühmen als nur des Kreuzes unseres Herrn Jesus Christus, durch das mir die Welt gekreuzigt ist und ich der Welt.
>
> (Gal 6,12-14)

Wir empfehlen dem Leser, in dieser Schriftstelle „beschnitten" mit „(...nötigen euch), euer positives Selbstwertgefühl zu finden, und dafür zu leben" zu ersetzen und dann diese Passage noch einmal zu lesen.

All das könnte sich fast schon so anhören als ob wir weder in der Welt, noch in Christus versuchen sollten, einen guten Charakter zu bauen. „Es wird sowieso alles unweigerlich untergehen, was soll's?" Auch wenn Gott das zerstören wird, was wir außerhalb seines Willens gebaut haben, entmutigt er doch niemals unsere Versuche, an unserem Charakter zu bauen. Er möchte, daß wir es versuchen und sagen – wie in „The Chambered Nautilus" von Oliver Wendell Holmes: „Dir, o meine Seel', will ich eine stattlichere Wohnstatt bauen." (sinngemäß) „...zuerst Gras, dann eine Ähre, dann vollen Weizen in der Ähre" (Mk 4,28). Gott weiß, daß wir umso schneller erkennen werden, daß wir einen Heiland brauchen, je früher und intensiver wir uns ins Zeug legen. Er weiß, daß, wenn alles was *wir* gebaut haben, bis zur Unansehnlichkeit herangereift ist, unser Werk und wir selbst sterben werden, und daß alles, was aus Holz, Heu oder Stroh war, im Feuer verbrennen wird; doch in diesem Vorgang bleibt noch eine Spur Weisheit übrig, die es ihm ermöglicht, uns mit Gold, Silber und kostbaren Steinen wiederaufzubauen (1.Kor 3,11-15). Gott liebt ein stabiles Haus, das fest in die Seele hineingebaut ist. Auch wenn er Versagen in Herrlichkeit umwandeln kann und will, ist es ihm noch viel lieber, einen wunderbar geformten Charakter in den Tod und in die Wiedergeburt zu schicken; dann wird diesem nämlich nicht nur die Herrlichkeit der Weisheit zuteil, sondern auch die Schönheit, die Jahrtausende aus dieser Weisheit geschaffen haben.

Gleichgültig, ob der Charakter, der in uns gebildet worden ist, gut oder böse ist, er muß in Christus sterben und wiedergeboren werden. Heiligung bedeutet nicht, allmählich jeden Makel unserer verwerflichen Gewohnheiten auszumerzen, bis unser ganzes Wesen in wundervollem Glanz erstrahlt (das dachte ich zumindest früher). Wir sind weit davon entfernt, uns selbst als vollkommene Gebilde zu betrachten; vielmehr wissen wir, daß wir vollkommen sündig sind und kommen deshalb in Jesus zur Ruhe.

Gegen Ende seines Dienstes, als man Tücher von seinem Leib nahm und auf Kranke legte, die daraufhin gesund wurden (Apg 19,12), schrieb Paulus: „Das Wort ist gewiß und aller Annahme wert, daß Christus Jesus in die Welt gekommen ist, Sünder zu erretten, *von welchen ich der erste bin*" (1.Tim 1,15; Hervorhebung vom Autor). Das bedeutet nun nicht, daß Paulus ein Sünder war und zu einem makellosen Heiligen wurde. Je reifer er wurde, desto mehr wurde er sich auch der *noch vorhandenen Sünde* bewußt, bis er so weit kam, sich selbst den ersten der Sünder zu nennen! Eigentlich sagte er folgendes: „Ich bin noch nicht am Ziel. Ich glaube immer noch, daß ich besser bin als *manch* anderer!" Von der Erkenntnis, gesündigt zu haben und damit des Todes wert zu sein, ging er weiter und verstand, daß sein Tod schon *real* war, aufgrund seiner Sünden – „...auch uns, die wir in den Vergehungen *tot* waren, (hat Gott) mit dem Christus lebendig gemacht...durch Gnade seid ihr errettet!" (Eph 2,5; Hervorhebung vom Autor). Paulus erkannte, daß Christus nicht nur für die Vielzahl von verschiedenen *Sünden*, sondern für die *Sünde* schlechthin gestorben ist. Wir sind nicht nur Sünder, wir sind zur Sünde geworden! Wie Pogo es so treffend ausdrückte: „Wir sind dem Feind begegnet – wir sind es selbst!" „Denn ich weiß, daß in mir, das ist in meinem Fleisch, *nichts Gutes* wohnt; denn das Wollen ist bei mir vorhanden, aber das Vollbringen des Guten nicht" (Röm 7,18; Hervorhebung vom Autor). „Den, der die Sünde nicht kannte, hat er für uns zur Sünde gemacht, damit wir Gottes Gerechtigkeit würden in ihm" (2.Kor 5,21). Wenn wir in diesem Maße unser durch und durch sündiges Wesen erkennen, wird das Wesen Jesu in Herrlichkeit durch unsere Zerbrochenheit offenbar.

Jesus wurde nicht nur zu einem vollkommenen Opfer für unsere *Sünden*. Er wurde in jederlei Hinsicht wie wir (Hebr 2,17). Er hat unser Wesen angenommen (Hebr 2,14-16). Seitdem Adam und Eva gefallen sind, ist die Sünde unser eigentliches Wesen. Jesus wurde zur Sünde und ist für sie gestorben. Er starb nicht nur einen körperlichen Tod am

Kreuz. Weil er in allen Bereichen zu unserer Sünde wurde, starb er auch in allen Bereichen – in Herz, Verstand, Seele und Leib. Aus diesem vollkommenen Tod heraus erweckt uns Jesus zu neuen Geschöpfen in ihm. Und wir *sind* wirklich eine neue Schöpfung. „Daher, wenn jemand in Christus ist, so ist er eine neue Schöpfung; das Alte ist vergangen, siehe, Neues ist geworden" (2.Kor 5,17).

Doch eine Gefahr bleibt: wir könnten vergessen, daß unter dem strahlenden neuen Äußeren, das uns Jesus geschenkt hat, der Rost unseres sündigen Wesens nur darauf wartet, sich zu zeigen, sobald wir uns von Jesus abwenden.

Trotz allem möchten wir doch das Gefühl haben, eigentlich ganz gute Menschen zu sein. Ja, es stimmt schon, wir haben einige schlimme Sachen getan. Doch Jesus hat dafür bezahlt, und jetzt können wir endlich die „tollen Typen" sein, die Gott immer schon haben wollte. Nein, so nicht, liebe Leute! Man kann das Äußere nicht abschälen und dann zu einem guten Kern vordringen. Das Ganze ist von Sünde durchdrungen und jetzt geht es darum, „es abzulegen und Jesus anzuziehen" (Kol 3). Wir bekommen ein neues Wesen, indem wir es tragen.

Es ist ein großer Mangel der Kirche, daß das tägliche Sterben und die tägliche Wiedergeburt in Christus nicht vorhanden sind. Wir haben so toll davon gesungen, daß Tod und Wiedergeburt vollendet seien, wenn sie doch erst begonnen haben! Der Heilige, der darüber geschrieben hat, daß unser Heil Gottes Gabe ist, nicht aus Werken (Eph 2,8-9), schrieb auch „...be*wirkt* euer Heil mit Furcht und Zittern!" (Phil 2,12). Das *Blut* Jesu wäscht uns von unseren Sünden rein, das *Kreuz* erlöst, rechtfertigt und sühnt und seine *Auferstehung* stellt wieder her und schenkt neues Leben. Doch nur indem wir selbst Tag für Tag *unser Kreuz auf uns nehmen*, wird dieser notwendige Tötungsvorgang des alten Menschen fortgesetzt. Erst wenn wir in der Fülle des täglichen, fortwährenden Prozesses der Heiligung leben, wird sich der reife Mann des Glaubens zeigen, sei es nun als Einzelperson oder als Leib Christi (Eph 4,16). Jeder von uns versucht, von Geburt an ein Ich zu bauen, das er akzeptieren kann. Wir gehen dabei einen beschwerlichen Weg, ob wir nun sanftmütig und gut wie Gott, oder aber mächtig und böse werden wollen. Wir versuchen, eine Charakterstruktur zu bauen, die so funktioniert, wie wir es wollen. Ohne sich darüber im Klaren zu sein, versuchen viel zu viele Christen noch immer, Gott dazu zu *gebrauchen*, sich dieses gute Ich aufzubauen. All ihre Gebete und Werke arbeiten auf dieses Ziel hin. Doch der Herr hat das nicht gewollt. Er möchte kein erfolgreiches Ich in uns schaffen (1.Kor 2,8). Dieses Streben, etwas zu schaffen, das wir akzeptieren und in dem wir uns ausruhen können, ist genau das, was am Kreuz sterben soll. Eigentlich werden wir nur dann immer noch versuchen, an uns selbst zu bauen, wenn wir davor fliehen, uns selbst so zu akzeptieren, wie wir sind – so als ob wir mit uns selbst in Frieden leben und vergessen könnten, daß wir danach trachten, die versteckte faulige Wurzel zu vernichten, wenn wir nur selbst etwas bauen könnten, das stark und schön genug ist. Doch die einfache Frohe Botschaft besagt, daß dieses Trachten schon zu Ende ist. Der Herr hat uns schon angenommen, wo wir stehen und wie wir sind. Seine Liebe ist bedingungslos. *Er* wird uns bauen.

Der Herr möchte, daß wir uns selbst so annehmen wie wir sind, verdorben und unverändert, und daß wir es ihm dann ermöglichen, mit Hilfe des Heiligen Geistes seiner Güte und Gerechtigkeit in uns Ausdruck zu verleihen. „Zu ihm kommend als zu einem lebendigen Stein, von Menschen zwar verworfen, bei Gott aber auserwählt, kostbar, *laßt euch auch selbst* als lebendige Steine *aufbauen*, als ein geistliches Haus, ein heiliges Priestertum, um geistliche Schlachtopfer darzubringen, Gott wohlannehmbar durch Jesus Christus" (1.Petr 2,4-5; Hervorhebung vom Autor). Beachten Sie die Formulierung „laßt euch aufbauen" und nicht „baut euch selbst auf". Wir sind dazu berufen zu sterben und nicht zu bauen.

> Ich ermahne euch nun, Brüder, durch die Erbarmungen Gottes, eure Leiber darzustellen als ein lebendiges, heiliges, Gott wohlgefälliges Opfer, was euer vernünftiger Gottesdienst ist. Und seid nicht gleichförmig dieser Welt, sondern werdet verwandelt durch die Erneuerung des Sinnes, daß ihr prüfen mögt, was der Wille Gottes ist: das Gute und Wohlgefällige und Vollkommene.
>
> (Röm 12,1-2)

> Er sprach aber zu allen: Wenn jemand mir nachkommen will, verleugne er sich selbst und nehme sein Kreuz auf täglich und folge mir nach.
>
> (Lk 9,23)

> Ich bin mit Christus gekreuzigt, und nicht mehr lebe ich, sondern Christus lebt in mir; was ich aber jetzt im Fleisch lebe, lebe ich im Glauben, und zwar im Glauben an den Sohn Gottes, der mich geliebt und sich selbst für mich hingegeben hat.
>
> (Gal 2,20)

> Die aber dem Christus Jesus angehören, haben das Fleisch samt den Leidenschaften und Begierden gekreuzigt.
>
> (Gal 5,24)

Es ist fast schon tragisch, daß viel zu viele Christen immer noch versuchen zu bauen, anstatt in Christus zu ruhen. Durch den Heiligungsprozeß kommen wir in ihm zur Ruhe. Heiligung bedeutet, täglich zu sterben und täglich wiedergeboren zu werden. Heiligung ist der Teil des Reifeprozesses der Söhne Gottes, der durch den Heiligen Geist einzig und allein dadurch zustande kommt, daß jeder einzelne das Kreuz Christi auf sich nimmt! Am Ende der Heiligung steht nicht nur ein neuer, sondern auch ein reiner Mensch. „In einem großen Haus aber sind nicht allein goldene und silberne Gefäße, sondern auch hölzerne und irdene, und die einen zur Ehre, die anderen aber zur Unehre. Wenn nun jemand sich von diesen reinigt, wird er ein Gefäß zur Ehre sein, geheiligt, nützlich dem Hausherrn, zu jedem guten Werk bereitet" (2.Tim 2,20-21).

Vor dem Sündenfall waren Heiligung und Reife ein und dasselbe – beständiges Wachstum in Demut und Einfachheit, ohne Sünde, hin zur Weisheit Gottes, wie auch Jesus „zu(nahm) an Weisheit und Alter und Gunst bei Gott und den Menschen" (Lk 2,52). Der Sündenfall, der sich von Generation zu Generation überträgt (5.Mo 5,9), forderte Tod und Wiedergeburt.

Zu jeder Zeit bestand Gottes Wirken darin, seine Söhne zu erwekken. Weil sich die Sünde, so wie sie seit Adam und Eva vorhanden ist, überträgt, ist es immer Gottes Ziel gewesen, Herzen zu verändern. Heilung am inneren Menschen ist keine neue Errungenschaft, wir haben ihr nur einen neuen Namen gegeben. Neu ist jedoch, daß Gott heute den gesamten Leib Christi zum Dienst und zur Reife beruft. Reife kommt aus dem Wort Gottes und aus der Heiligung. Heiligung findet statt, wenn Christen es lernen, einander die Wahrheit in Liebe zu sagen (Eph 4,15).

Umgestaltung

Umgestaltung ist das Wechselspiel von Tod und Wiedergeburt, wobei unsere Schwächen unsere Stärken werden. Die Heiligung überwindet die Macht einer Sünde, die schon aus unserem Register gestrichen worden ist; Umgestaltung verwandelt den Schlamassel in Herrlichkeit. Wie für die innere Heilung, gilt auch für die Umgestaltung, daß dies nicht die Aufgabe einiger weniger Superstars ist. Sie ist vielmehr das Werk des gesamten Leibes, der sich in Geburtswehen windet, damit der Leib ständig neu geboren werden kann; „Und sie ist schwanger und schreit in Geburtswehen und in Schmerzen und soll gebären...und sie gebar einen Sohn, ein männliches Kind, der alle Nationen hüten soll mit eisernem Stab..." (Offb 12,2.5 – vgl.Jes 66).

Umgestaltung ist das Werk des ganzen Leibes Christi, das uns alle zu einer Braut machen soll, die herrlich geschmückt den Bräutigam erwartet.

Umgestaltung geschieht durch Zerbruch. „Nahe ist der Herr denen, die zerbrochenen Herzens sind, und die zerschlagenen Geistes sind, rettet er" (Ps 34,18). Solange wir noch unserer eigenen Gerechtigkeit vertrauen, hat seine Gnade wenig Gelegenheit, seiner Gerechtigkeit Ausdruck zu verleihen. Doch wenn wir uns des alarmierenden Zustands unserer Sündhaftigkeit und unseres Zerbruchs bewußt sind, hat sein Leben die allergrößten Freiheiten, um in uns zu einem Auferstehungsleben zu werden. So kommt in Wahrheit unsere „Kraft...in Schwachheit zur Vollendung" (2.Kor 12,9).

In der Frohen Botschaft der Evangelien geht es nicht nur um eine Begnadigung, die das Verzeichnis aller Sünden so beläßt, wie es ist, und aus der man nichts über eine Veränderung im sündigen Menschen schließen könnte. (Im juristischen Jargon könnte man sagen, daß Begnadigung lediglich besagt, daß der Sünder nicht mehr bestraft werden wird; Vergebung löscht jedoch das Verzeichnis aller Sünden.) In der Frohen Botschaft geht es um Rechtfertigung (das heißt, daß in Christus unser Schuldschein beglichen worden ist und keine Forderungen mehr an uns herangetragen werden können) und noch mehr. Die Frohe Botschaft spricht auch – wenngleich nicht ausschließlich – von der Erlösung, das heißt, daß wir in Christus Jesus von der Hand des Todes losgekauft worden sind. Die Frohe Botschaft ist eine herrliche Erfüllung! Wir werden nicht nur ohne etwas bezahlen zu müssen, aus dem Gefängnis entlassen, sondern wir gehen auch über „Los" und bekommen darüberhinaus noch DM 500.– dazu, weil all unsere Hypotheken bezahlt sind und wir für unsere Häuser und Hotels wieder Miete kassieren können!

Wenn wir folgendem Vergleich eine Skala von 0 bis 10 zugrundelegen, dann verhält es sich nicht so, daß wir bei Null begonnen haben, bei 2 angekommen und dort gefallen sind und uns die Gnade dann bei 2 hat wieder neu beginnen lassen. Es ist vielmehr so, daß wir bei 2 gefallen sind, bei unserer Rückkehr als verlorener Sohn sind wir jedoch bis auf 7 oder noch weiter vorgerückt und durften den Ring und das Kleid der Autorität anziehen; durch alles, was wir durchgemacht haben, sind wir weiser und reicher geworden, als wenn wir niemals gefallen wären – noch dazu, weil das Herz des verlorenen Sohnes die Liebe des Vaters besser kannte, als das seines älteren Bruders (Lk 15,11-32). Es geht nicht nur darum, daß wir während unserer Wanderung durch die Wüste Trost empfangen. Vielmehr wird jede Wüste in unserem persönlichen Leben ein Teil des Lebensbaums, von dem wir in Offb 22,2, lesen und der „zur Heilung der Nationen" ist. Unsere

Wüsten verwandeln sich in blühende Gärten, mit deren Früchten wir andere speisen können. So sieht die Freude des Evangeliums aus, und das müssen wir unter Umgestaltung verstehen – nicht bloße Umkehr, sondern die Fülle des Sieges zum Dienst am Nächsten.

Die Gnade heißt uns niemals, auf die Sünde zuzulaufen, um dadurch weiser zu werden. So schrecklich und beklagenswert die Sünde auch ist, so weist sie durch die Torheit des Evangeliums doch auch den Aspekt auf, daß durch die Gnade Gottes jede noch so bittere Erniedrigung in eine strahlende Herrlichkeit verwandelt wird! Manche haben in ihrer Naivität etwas gesagt, das sich nicht in Gottes Wort finden läßt: „Wenn Du nicht vergessen hast, hast Du auch nicht vergeben" und „Du solltest vergessen, daß Du je gesündigt hast." Wir sollen jedoch im Gegenteil unsere Sünden nicht vergessen, sondern dankbar und freudig an sie denken. Gott vergißt unsere Sünden, doch zeugt es nicht von der Fülle der Weisheit, wenn wir dasselbe tun. Wenn wir uns daran erinnern, daß auch wir gefallen sind, haben wir keinen Grund mehr, unsere Anklage gegen andere zu rechtfertigen; noch dazu sind wir durch unser falsches Denken und Handeln darauf vorbereitet worden, anderen zu helfen, daß sie nicht auch in dieselben Fallen tappen.

Hierin liegt auch die besondere Bedeutung des Wortes „Umgestaltung". Wenn es sich nur um Tod und Wiedergeburt allein handeln würde, könnte man auch meinen, daß alles Alte schlecht war und besser niemals geschehen sei und daß die neue Schöpfung in überhaupt keiner Beziehung dazu steht. Doch besonders folgende Passage beschreibt das Wesen der Umgestaltung: „...denn worin er selbst gelitten hat, als er versucht worden ist, kann er denen helfen, die versucht werden" (Hebr 2,18). Aufgrund dessen, wer wir einst waren, können wir nun anderen dienen. Die neue Schöpfung in Christus weiß das Alte zu schätzen. Wenn dem nicht so ist und sie stattdessen mit Schaudern daran denkt, ist die Umgestaltung noch nicht vollständig, denn aus den Fehlern und Sünden der Vergangenheit bildete sich das Gold der Weisheit, „(am Schachteingang) zur Erde geläutert, siebenmal gereinigt" (Ps 12,7).

> Gepriesen sei der Gott und Vater unseres Herrn Jesus Christus, der Vater der Erbarmungen und Gott alles Trostes, der uns tröstet in all unserer Drangsal, damit wir die trösten können, die in allerlei Drangsal sind, durch den Trost, mit dem wir selbst von Gott getröstet werden. Denn wie die Leiden des Christus überreich auf uns kommen, so ist auch durch den Christus unser Trost überreich. Sei es aber, daß wir bedrängt werden, so ist es zu eurem Trost und Heil; sei es, daß wir getröstet werden, so

> ist es zu eurem Trost, der wirksam wird im geduldigen Ertragen derselben Leiden, die auch wir leiden. Und unsere Hoffnung für euch steht fest, da wir wissen, daß, wie ihr der Leiden teilhaftig seid, so auch des Trostes.
>
> (2.Kor 1,3-7)

Die Perle ist ein Symbol für die Weisheit, weil die Weisheit genauso entsteht wie eine Perle: Ein Sandkorn – ein Fremdkörper – dringt in die Auster ein und zwingt sie, eine Lage Perlmutt nach der anderen um den Eindringling abzulagern. Genauso wird auch der Fremdkörper Sünde, der gekreuzigt und mit dem Blut und der Gerechtigkeit Jesu bedeckt worden ist, unserem Herzen eine Weisheit schenken, die kostbarer ist als Edelsteine (Jer 31,33; Spr 3,15; 8,11).

Die Heilung der Erinnerungen, wie manche sie lehren, scheint zu besagen, man solle das Vergangene auslöschen. Doch weder Heilung noch Umgestaltung löschen das Vergangene aus. Das würde ja bedeuten, es ungültig zu machen, anstatt es zu feiern. Die Umgestaltung sagt: „Wir haben gelebt und gesündigt und sind erlöst worden, damit aus der Asche dessen, was wir waren und getan haben, der heutige Dienst, der wir selbst sind, entstehen konnte."

Umgestaltung impliziert, daß nichts in unserem Leben umsonst ist. Die vorausschauende Gnade Gottes ist so allumfassend, daß wir bei keinem Ereignis in unserem Leben nachträglich besser dastehen würden, wenn es nicht geschehen wäre und daß unsere Seele keine Struktur aufweist, die wie in einem chirurgischen Eingriff entfernt werden müßte. Die Umgestaltung bestätigt also, daß Satan in keinem Bereich einen Sieg über die Gläubigen errungen hat; denn vom ersten Plan der Schöpfung an, ja selbst, als Gott es so wollte, daß das Kreuz der Niedrigkeit zum größten aller Siege werde, hat der Herr *jeden* Aspekt unseres Lebens, das (scheinbar) eine einzige Niederlage war, in einen herrlichen Sieg verwandelt!

Die Umgestaltung feiert die Tatsache, daß das Reptil, das uns im Genick saß, sich in den herrlichen Hengst verwandelt, auf dessen Rücken wir im Kampf um andere Menschen in den Sieg reiten werden (C.S.Lewis, *Die große Scheidung*). Umgestaltete Alkoholiker können Alkoholikern am besten dienen. Wer früher unter Depressionen litt, weiß aus seinen eigenen Erfahrungen in dieser Wüste am besten, wie man den Niedergeschlagenen mit der einzigen Sorte Manna speisen kann, die er überhaupt annehmen würde. Wer andere verurteilt hat, erweist in aller Sanftmut seinem Nächsten Gnade. Steinerne Herzen werden zu weichen, fleischernen Herzen, die andere verhärtete Seelen erweichen können (Hes 36,26).

Umgestaltung ist somit nicht gleichbedeutend mit Heilung (es sei denn wir verstehen unter „Heilung" das, was eigentlich Umgestaltung ist). Das Wort „Heilung" deutet an, daß etwas zerbrochen ist, das wir nun reparieren müssen. In unseren fleischlichen Gedankengängen, die die Welt um uns herum geprägt hat, kann Heilung zwar für uns immer noch folgendes bedeuten: „Etwas, das früher in Ordnung war und funktionierte, wieder funktionsfähig machen" – wie z.B. ein gutes Auto, das irgendwelche versteckten Mängel hat und deshalb nicht mehr fährt, bis ein Mechaniker die Ursache herausfindet und das Auto repariert. Das ist toll. Etwas Gutes muß man auch wieder reparieren. Ja, das gilt für unseren Leib. Unser Leib ist gut und rein, gewaschen im Blut Jesu (Apg 10,15) und muß oft „repariert" werden. Es kann auch sein, daß ein verwundeter Geist dieser Art von Heilung bedarf. Doch keine Struktur unseres fleischlichen Wesens darf zusammengeflickt werden; jeder Teil muß getötet und wiedergeboren werden. Die Seele des Menschen darf nicht in diesem Sinne „repariert" werden. „Niemand aber setzt einen Flicken von neuem Tuch auf ein altes Kleid; denn das Eingesetzte reißt von dem Kleid ab, und der Riß wird ärger. Auch füllt man nicht neuen Wein in alte Schläuche; sonst zerreißen die Schläuche, und der Wein wird verschüttet, und die Schläuche verderben; sondern man füllt neuen Wein in neue Schläuche, und beide bleiben zusammen erhalten" (Mt 9,16-17). Unser inneres Wesen ist nicht gut, also ist es auch nicht erhaltenswert. „Denn ich weiß, daß in mir, das ist in meinem Fleisch, nichts Gutes wohnt; denn das Wollen ist bei mir vorhanden, aber das Vollbringen des Guten nicht" (Röm 7,18).

Wir starben und sind von unserem Stand her in jedem Bereich vollkommen gemacht worden, als wir Jesus das erste Mal als Heiland und Herr in unser Herz aufnahmen. „Denn mit *einem* Opfer hat er die, die geheiligt werden, für immer vollkommen gemacht" (Hebr 10,14). Abraham wurde das Land Kanaan gegeben, als er es zum ersten Mal betrat (1.Mo 15,7-21), doch die Israeliten mußten jahrhundertelang leiden, in Gefängnissen sitzen, einen Exodus durchstehen, Prüfungen bestehen, durch die Wüste gehen und Feinde besiegen, bis sie das wirklich besitzen konnten, was ihnen vom Besitzverhältnis her schon gehört hatte. Genauso wurde auch unserem ganzen Menschen in dem Moment unserer Bekehrung der Todesstoß versetzt. Dieses tief in uns vorhandene Heil muß voll und ganz in unserem Leben sichtbar werden (Phil 2,12). Doch unser ganzes Ich ist nicht immer bereit zu sterben und wiedergeboren zu werden oder ist sich dieser Notwendigkeiten nicht bewußt! Wenn wir diese Seite des Todes im Licht des gesunden Menschenverstandes betrachten, dann müssen wir erkennen, daß wir es schlichtweg nicht aushalten würden, in einem einzigen Moment völlig umgestaltet zu werden. Der Herr möchte sein Gesetz in unseren Sinn *legen* und in unser Herz *schreiben* (Jer 31,33; Hebr 8,10). Dieses *Schreiben* dauert eine schmerzhafte Weile (1.Petr 5,6-10). Es ist ein langwieriger Prozeß, der geschieht „Satz auf Satz, Satz auf Satz, Spruch auf Spruch, Spruch auf Spruch, da ein wenig, dort ein wenig" (Jes 28,10; ZÜ). Dieser langsame Vorgang ist ein Grund, warum der Dienst der Seelsorge in der Kirche und für die Kirche so wichtig ist. So wie wir uns im natürlichen Bereich nicht selbst – ohne Eltern – geboren und erzogen haben, werden wir auch im geistlichen Bereich nicht ohne den Dienst des Leibes Christi sterben und wiedergeboren werden. Auch wenn der Leib sich irren kann, wird Christus diese Irrtümer dazu verwenden, um uns eine Lektion zu erteilen, und darin wird er sicherlich nicht versagen.

Dieses Buch soll die Kirche über ihren Dienst unterrichten. Gott hat uns in die Kirche gestellt, damit er durch die Kirche unser Wesen umgestalte,

> ...zur Ausrüstung der Heiligen für das Werk des Dienstes, für die Erbauung des Leibes Christi, bis wir alle hingelangen zur Einheit des Glaubens und der Erkenntnis des Sohnes Gottes, zur vollen Mannesreife, zum Vollmaß des Wuchses der Fülle Christi. Denn wir sollen nicht mehr Unmündige sein, hin- und hergeworfen und umhergetrieben von jedem Wind der Lehre durch die Betrügerei der Menschen, durch ihre Verschlagenheit zu listig ersonnenem Irrtum. Laßt uns aber die Wahrheit bekennen in Liebe und in allem hinwachsen zu ihm, der das Haupt ist, Christus. Aus ihm wird der ganze Leib gut zusammengefügt und verbunden durch jedes Gelenk des Dienstes, entsprechend der Wirksamkeit nach dem Maß jedes einzelnen Teils; und so wirkt er das Wachstum des Leibes zu seiner Selbstauferbauung in Liebe.
>
> (Eph 4,12-16)

2

Umgestaltung – Grundlagen aus evangelikaler Sicht Teile 1 und 2

Sehet zu, Brüder, daß nicht etwa in jemandem von euch ein böses Herz des Unglaubens sei im Abfall vom lebendigen Gott. (Hebr 3,12)

Teil 1: Das ungläubige Herz eines Gläubigen

Das Problem, das Gott mit dem Menschen hat, bestand niemals ausschließlich darin, seinen Verstand überzeugen zu wollen. Wenn dem so wäre, hätte er lediglich Diskussionspartner mit kriminologischem Scharfsinn oder hervorragende Verteidigungsredner ins Rennen zu schicken brauchen, anstatt Pastoren und Gemeinden, die anderen Nahrung geben. „Denn mit dem *Herzen* wird geglaubt zu Gerechtigkeit, und mit dem Mund wird bekannt zum Heil" (Röm 10,10; Hervorhebung vom Autor). Mir scheint, wir haben in Gedanken diese Passage all zu oft falsch übersetzt: „Denn mit dem *Verstand* wird geglaubt...und mit dem Mund wird bekannt...". Man kann sehr leicht eine tiefe Überzeugung des Herzens mit bloßer intellektueller Zustimmung verwechseln und glauben, daß zweiteres schon zum Heil ausreiche. Ich möchte damit freilich nicht sagen, daß das Bekehrungserlebnis eines Einzelnen keine Gültigkeit hätte, sondern vielmehr, daß es nicht umfassend genug ist. Wir lassen uns zu leicht davon überzeugen, daß schon alles vollendet sei.

Wenn der Glaube im Herzen gleichsam seine Schleusen der Erkenntnis für den Verstand und seine Schleusen der Überführung für den Geist öffnet und wir in einem Bekehrungsgebet Jesus einladen, dann *sind* wir erlöst. Dies ist eine Tatsache, die bis in alle Ewigkeit unabänderlich gilt. In diesem Moment *sind* wir gerechtfertigt und dieser Akt muß weder von uns selbst, noch vom Herrn jemals wiederholt werden. Durch das Blut des Lammes wurden unsere Sünden abgewaschen. Unser letztendliches Ziel ist nicht mehr die Hölle, sondern der Himmel. Wir sind ein für alle Mal, voll und ganz „gerettet".

Doch zum „Gerettetsein" gehört noch mehr als dieses Bekehrungserlebnis. Wir Christen gebrauchen das Wort „Heil" zu unbedacht. Das Wort „Heil" umfaßt weit mehr als Rechtfertigung, Erlösung, Wiedergeburt, „in den Himmel kommen" oder dergleichen mehr. Durch die Erlösung und die Rechtfertigung haben wir Zutritt bekommen zu dem allmählichen Hineinwachsen in das Heil (1.Petr 2). Dasselbe gilt für die Wiedergeburt. „In den Himmel kommen" ist das Endresultat. Alles, was zwischendrin geschieht, nämlich die allmähliche Heiligung und Umgestaltung, ist der Hauptteil des Heils, das rein linguistisch von „ganz werden", „(ge)heil(t) werden" abzuleiten ist.

Wenn wir jemanden fragen: „Bruder, bist Du gerettet?", dann meinen wir damit eigentlich „erlöst", „gerechtfertigt", „wiedergeboren" und „wirst Du in den Himmel kommen". Alles gut und recht. Vielleicht sind das auch die besten Ausdrücke dafür. Doch dieses Thema kann sehr leicht Verwirrung stiften. Wenn wir meinen: „Hat der Herr Dich ergriffen, den Preis für Dich bezahlt und Dich auf den Weg in Richtung Himmel geschickt?", dann sollte jeder wiedergeborene Christ mit einem uneingeschränkten „Ja, ich bin gerettet und ich komme in den Himmel" antworten. Doch wenn man den *Prozeß des Gerettetwerdens, der im Laufe dieses Lebens abläuft*, meint, sollte keiner je sagen, es sei schon alles vollendet. Jeder sollte antworten: „Ich bin gerettet und werde Tag für Tag gerettet."

Diese Frage wird nur noch verwirrender, wenn wir auch noch folgende Tatsache betrachten: Auch wenn sich jeder Gläubige in einem Prozeß befindet, weiß er doch im Glauben (wie wir früher schon erwähnten), daß er von *seiner Position her* schon vollkommen gemacht worden ist (Hebr 10,14), daß Jesus ihn mitauferweckt und „mitsitzen hat lassen in der Himmelswelt" (Eph 2,6), und daß Jesus sagte: „Es ist vollbracht!" (Joh 19,30). Vielleicht müssen wir weiterhin „gerettet" und „Heil" verwenden, wenn wir eigentlich nur „bekehrt" meinen. Doch wir wollen hier diesen Vorgang der Heiligung und der Umgestaltung und die Rolle, die wir dabei spielen, näher betrachten; und wenn wir uns im Laufe dessen mit *weiteren* Bekehrungen des Herzens befassen, dann wollen wir damit ganz sicher nicht sagen, daß unsere erste Bekehrung ungültig oder unzureichend gewesen sei, um in den Himmel zu kommen. Andererseits laufen wir in dem Moment, in dem wir „einen Altar bauen" – so, als ob diese Bekehrung, so dramatisch oder endgültig sie auch gewesen sein mag, einen Vorgang beendet hätte, der in Wahrheit erst begonnen hat – Gefahr, uns um ein Leben in Fülle und um die weiteren Phasen des Heils zu bringen. Wenn unser Herz nicht jeden Tag neu in immer tiefer liegenden Bereichen bekehrt wird, dann werden wir in Jesus nicht wachsen. Das ist eigentlich unsere wichtigste Definition des „Wachstums in Christus": immer weitreichenderer Tod und Wiedergeburt durch *fortwährende* innere Bekehrung.

Jemand mag uns fragen: „Trägt das nicht bloß zur Verwirrung bei, wenn wir so sehr betonen, daß man sich immer wieder neu bekehren muß, wenn man doch schon bekehrt ist?" Das kann schon sein, doch wir wissen nicht, wie wir es besser ausdrücken könnten.

Wenn wir nun von diesem unbekehrten Herz eines Gläubigen ausgehen, dann verstehen wir auch die vorrangige Berufung eines Seelsorgers. Er ist nicht in erster Linie ein Lehrer, auch wenn er lehren mag. Lehre im weltlichen Sinn ist lediglich die Weitergabe von Wissen von einem Intellekt zum anderen. Christliche Lehre für Christen baut eine Struktur der Erkenntnis und des Charakters auf ein schon vorhandenes Fundament (Röm 15,20; 1.Kor 3,14). Doch in diesen verborgenen Winkeln, wo das Herz eines Gläubigen eigentlich noch nicht von Neuem geboren ist, hat eine solche Lehre keinen Zugriff; Herz und Verstand können die Lehre weder behalten noch im täglichen Leben verwirklichen. Ein Seelsorger ist von Anfang an weder ein Führer noch ein geistlicher Direktor; beide „Titel" implizieren, daß ein Fundament vorhanden ist, von dem aus man weiterbauen muß. Die Schrift sagt nicht: „Sehet zu...daß nicht etwa in jemandem von euch ein böses Herz der *Unkenntnis* sei", sondern vielmehr: „Hütet euch vor einem Herz des *Unglaubens*". Gottes Antwort auf Unglauben heißt nicht Lehre oder Führung, sondern die Predigt des Glaubens zur Buße und Bekehrung. Deshalb wirkt er durch einen Seelsorger, um das Herz der Sünde zu überführen und neu zu bekehren. Ein Seelsorger muß erst das Herz „durchpflügen", die harten Brocken der Selbstgerechtigkeit in Stücke brechen, das alte Unkraut aus dem Verstand und dem Herz ausreißen, die Samen des Feindes herauspicken und das Herz auf den Samen des Glaubens vorbereiten, auf daß es gute Frucht bringe, sechzig- und hundertfach (Mt 13,3-8).

Ein weiteres Bild für einen Seelsorger: Er ist einer, der von Gott berufen ist, die Axt an die Wurzel der Bäume zu legen (Mt 3,10). Das bedeutet nicht, in den Stumpf, sondern vielmehr in die darunterliegende, unsichtbare Wurzel zu schneiden. Zu lehren oder Wegweisung zu geben bedeutet aufzubauen. Das kann im weiteren auch die Aufgabe des Seelsorgers werden. Bekehren bedeutet, jemand durch Glauben, Buße, Tod und Wiedergeburt zum Tod am Kreuz zu bringen. Zu diesem Zweck ist das Schwert

des Geistes durchdringend „bis zur Scheidung von Seele und Geist, sowohl der Gelenke als auch des Markes, und ein Richter der Gedanken und Gesinnungen des Herzens" (Hebr 4,12b). Beachten Sie genau:

„...der Gedanken und Gesinnungen *des Herzens*", nicht des Verstandes, der auf der bewußten Ebene liegt. Deshalb ist die *vorrangige* Aufgabe eines Seelsorgers die des Evangelisten, der das Evangelium durch bestimmte Umstände und durch seinen Rat dem ungläubigen Herzen des Gläubigen nahe bringt. Der beständige und fortwährende Dienst des Seelsorgers am ungläubigen Herzen des Gläubigen ist die Evangelisation. Ja, die Evangelisation ist der Königsweg zur Heiligung und Umgestaltung.

In den ersten beiden großen Erweckungen in Amerika standen viele Evangelisten auf, in New England bekehrten sich Kongregationalisten zu Tausenden. Die Neubekehrten fragten dann: „Was kommt nun?"; mehr und mehr sagten sie: „Wir müssen wachsen." Aufgrund ihrer Pionierarbeit auf dem Gebiet der christlichen Erziehung wurden Sonntagsschulen, staatliche Schulen und viele unserer berühmten Fachhochschulen wie Harvard, Yale, Dartmouth, Oberlin, Yankton, Drury etc. gegründet. Doch die Kongregationalisten hatten keine ausreichende Erkenntnis darüber, daß das Herz immer wieder bekehrt werden muß. Nach einer Weile verlor diese Konfession (der übrigens John angehört) die Notwendigkeit einer Bekehrung ganz aus den Augen! Andere Evangelisten kamen und rangen um Buße und Wiedergeburt. Viele derer, die ihrem Aufruf folgten, hatten noch nie etwas von einem Ruf zur Reife gehört oder versuchten – wie die Kongregationalisten –, Reife zu erlangen und lebten doch an diesem wesentlichen Punkt des ständigen Todes und der Wiedergeburt des inneren Menschen vorbei.

Historisch gesehen, verstand man in Amerika unter Heiligung mehr und mehr den Versuch, das Gesetz zu befolgen und zwar ausgehend von einem vermeintlich reinen Herzen. Dieses mühsame Streben führte allzu oft zu der Tendenz, andere zu verurteilen und zu Heuchelei, anstatt zum sanftmütigen Herzen Jesu. Es führte zu einem Pharisäertum, und somit auch zu diesem „Puritanismus", gegen den sich heutzutage noch viele Amerikaner auflehnen. Ein Teil der Tragödie war, daß das *Herz* eigentlich nie *so* rein war. Im Moment unserer Bekehrung wird unser *Geist* reingewaschen (auch wenn das immer und immer wieder geschehen muß). Deshalb ist unser Gewissen gereinigt (Hebr 9,14). Doch noch nicht jeder Bereich unseres Herzens hat dem zugestimmt oder es empfangen. Warum sollte der Psalmist sonst rufen: „...und *alles, was in mir ist*, (lobe) seinen heiligen Namen..." (Ps 103,1; ZÜ; Hervorhebung vom Autor)? Offensichtlich gab es im Inneren des Psalmisten noch Bereiche, die den Herrn noch nicht lobten, sonst wäre diese Betonung ja überflüssig gewesen. Dasselbe gilt auch für den Christen.

Es ist die Aufgabe eines Seelsorgers, die Axt an die Wurzel zu legen und somit das ungläubige Herz des Gläubigen zu bekehren; es ist eine historische Tatsache, daß die Reife der gesamten Kirche durch das Fehlen dieses einen einzigen Bestandteils hinausgezögert wird. Weil das Fundament erst unzureichend fertiggestellt ist, kann man nichts Bleibendes darauf aufbauen. Ganz tief im Herzen vieler Christen hat Jesus als Herr das Heft noch nicht so unumstritten in der Hand. Wie sehr muß es den Herrn verletzen, daß in den Gemeinden, die eine wunderbar ausgeglichene Lehre haben und die dem Neuen Testament absolute Priorität einräumen, ja daß selbst in den Gemeinden, die am meisten mit dem Heiligen Geist erfüllt sind, so oft die Sünde – auch unter den Leitern – wächst, ja wuchert! Auch wenn die offensichtliche Sünde ihr Haupt noch nicht erhoben hat, sieht man auf jeden Fall nur wenig von der Frucht des Geistes. Doch auch wenn Jesu Früchte vorhanden sind, dringt einem doch der Lärm der Auseinandersetzungen und Meinungsverschiedenheiten ins Ohr. In solchen Gemeinden ist dem Verstand nach das Werk schon vollendet, doch im *Herzen* (woraus das Böse kommt) bleiben die Felder „weiß zur Ernte" und – fast unberührt!

Das Wort Gottes, das von der Kanzel gepredigt wird, dringt durch bis zum Herzen, da das Schwert des Geistes am Werk ist. Doch wie oft haben wir alle schon einmal bemerkt, daß die, die es am nötigsten gehabt hätten, gar nicht da waren oder es anscheinend am wenigsten gehört haben, wenn sie da waren? Diese Tatsache weist deutlich auf den Ruf und auf die Notwendigkeit hin, daß der gesamte Leib Christi das gesprochene Wort in der Seelsorge aneinander anwenden soll. Das Zusammenspiel zweier Herzen und Sinne ist das effektivste Modell der „Predigt", der Weitergabe des Wortes Gottes. Jedes Gemeindemitglied sollte ein Seelsorger sein, der wenigstens eine Art „Grundausbildung" erfahren hat; seine vorwiegende seelsorgerliche Aufgabe besteht darin, immer und immer wieder neu zu bekehren, ein Gebiet nach dem anderen, hier ein wenig, dort ein wenig, in immer größer werdenden Teilbereichen des menschlichen Herzens, bis wir alle mit den Worten des Psalmisten über eine nun vollendete Tatsache singen können: „Lobe den Herrn, meine Seele, und *alles, was in mir ist*, seinen heiligen Namen!" (Ps 103,1; ZÜ; Hervorhebung vom Autor).

Es ist Aufgabe des Seelsorgers, es dem Herrn zu ermöglichen, das inwendige „Land" einzunehmen. Seine Waffe ist das Wort Gottes und nicht psychologische Cleverness oder Analyse. Seine Methode ist die Bekehrung durch gemeinsames Gebet mit dem anderen, bis der Schützling in den Schlachtruf gegen das Fleisch einstimmt und selbst Gefallen daran findet, sich täglich in den inneren Tod und die Wiedergeburt zu stürzen.

Teil 2: Wie wir Gott sehen

> Glückselig, die reinen Herzens sind, denn sie werden Gott schauen.
>
> (Mt 5,8)

Unterstreichen Sie die Worte „reinen *Herzens*". Ich (John) dachte immer, da ich Jesus angenommen habe, würde es mir auch eines Tages (wenn ich sterbe) gestattet sein, Gott den Vater zu sehen, ohne daß ich mich vor diesem Augenblick fürchten muß. Das stimmt natürlich auch, doch der Herr hat mir immer mehr offenbart, daß Gott „sehen" sich nicht so sehr auf das Sehen mit den Augen bezieht, sondern vielmehr darauf, sein Wesen zu erkennen und zu verstehen. Wir sagen doch auch oft „Jetzt sehe ich klar" und meinen eigentlich „Ich verstehe". Jesus sagte, die Menschen, deren Herzen gereinigt sind, werden Gott so verstehen und annehmen können, wie er wirklich ist. Die Folgerung daraus ist, daß wir – eben weil unser Herz nicht rein ist – Gott Beweggründe und Absichten unterstellen, die er in Wirklichkeit gar nicht hat. Wir sehen somit nicht Gott selbst, sondern nur unsere Projektion von ihm.

„Wir lieben, weil er uns zuerst geliebt hat. Wenn jemand sagt: Ich liebe Gott, und haßt seinen Bruder, ist er ein Lügner. Denn wer seinen Bruder nicht liebt, den er gesehen hat, kann nicht Gott lieben, den er nicht gesehen hat. Und dieses Gebot haben wir von ihm, daß, wer Gott liebt, auch seinen Bruder lieben soll" (1.Joh 4,19-21). Hier sehen wir, daß diese Unreinheit eigentlich der Haß ist. Haß verblendet. Außerdem lesen wir hier, daß unser Haß gegenüber anderen Menschen auch das beeinflußt, was wir von Gott sehen – oder es uns voll und ganz unmöglich macht; weder lieben wir Gott, noch sehen wir ihn. Das ist ein Bereich des Herzens, in dem immer und immer wieder eine Bekehrung stattfinden muß. Unser Urteil über andere Menschen – besonders über unsere Eltern –, auch wenn wir es verdrängt oder vergessen haben, macht es uns unmöglich, Gott so zu sehen, wie er wirklich ist.

„Wer seinem Vater oder seiner Mutter flucht, dessen Leuchte wird erlöschen in tiefster Finsternis" (Spr 20,20). Wir nennen diesen Vers unsere „20-20 Blick" Bibelstelle. Unsere Urteile, die wir als Kinder über unsere Eltern gefällt haben und die wir normalerweise schon längst vergessen haben, trüben unsere geistliche Sicht. Denn weder für uns selbst, noch für andere, noch für das Leben in seiner Gesamtheit, noch für Gott haben wir diesen „20-20-Blick". „Der Geist des Menschen ist eine Leuchte des Herrn, durchforscht alle Kammern des Leibes" (Spr 20,27). Der Schein unserer Leuchte kann unsere eigenen verborgenen Lebenswege oder die anderer Menschen in dem Maße und in den Bereichen nicht erhellen, in denen wir Urteile gefällt haben, was eine Verfinsterung unseres Geistes zur Folge hatte.

Schon viele Menschen sagten zu uns: „Ach, kommen Sie mir ja nicht mit dem Gott der Liebe. Warum beendet er nicht einfach all die Kriege oder zumindest einen Teil dieser bestialischen Verbrechen, die Menschen aneinander begehen, manchmal sogar im Namen der Religion? Oder ist es ihm egal?" Jeder von uns hat so etwas schon einmal gehört. Als Seelsorger haben Paula und ich nie versucht, Gott zu verteidigen. Wir gehen theologischen Diskussionen aus dem Weg (1.Tim 6,20). Wir wissen, daß dieses Problem nicht mit dem Verstand gelöst werden kann, sondern vielmehr auf ein unreines Herz zurückzuführen ist. Wir fragen einfach nur: „Was war Ihr Vater für ein Mensch?" und unweigerlich erzählt man uns eine Geschichte, die dem gleicht, was der Ratsuchende selbst Gott unterstellt hat – sie handelt von Grausamkeit, Gefühllosigkeit, Einsamkeit, Kritiksucht etc.. Gleichgültig was dem *Verstand* in der Sonntagsschule über einen sanftmütigen und liebevollen Gott beigebracht wird, der die Welt so geliebt hat, „daß er seinen eingeborenen Sohn gab..." (Joh 3,16) – das *Herz* wurde durch die eigenen Reaktionen auf den leiblichen Vater verwundet und geprägt und projiziert nun das Resultat davon in Gott hinein. Erst wenn ein Mensch, der dieses Problem hat, seinem leiblichen Vater vergeben hat, kann er Gott wirklich als sanftmütigen und gütigen Vater erkennen, der sich liebevoll um ihn sorgt.

Auf unseren Seminaren über innere Heilung begleitete uns immer ein Mitarbeiterteam aus unserer Gemeinde (United Church of Christ, Congregational, in Wallace, Idaho, 1965-1973). Sie waren seelsorgerlich tätig und führten andere Gruppen in die Seelsorge und ins Gebet. Unter ihnen war auch Johnnie, eine wirklich vorbildliche Frau, die unsere beste Evangelistin wurde. Wenn jemand ein stabiles und grundlegendes Bekehrungserlebnis wünschte, dann schickten wir ihn immer zu Johnnie. Jeder, der zurückkam, glaubte an das Heil als eine kostenlose Gnadengabe, wußte, daß er von seinen Sünden reingewaschen worden war, war sich sicher, daß er wiedergeboren war und daß Jesus nun in seinem Herzen wohnte. Dennoch hatte Johnnie ein Problem, das sie ständig begleitete und dem wir in der Seelsorge auf den Grund gingen. Sie sagte: „Aber ja doch, wenn ich nicht richtig handle, dann liebt mich Gott nicht!" In der Tiefe ihres Herzens konnte sie nicht an einen Gott glauben, der bedingungslos liebt, auch wenn sie in ihrem *Verstand* voll und ganz davon überzeugt war und es anderen weitergab. Johnnie war deswegen keine Heuchlerin. Ohne sich dessen bewußt zu sein, hatte sie ihrem Vater niemals vergeben, der ihr immer und immer wieder zu verstehen gegeben hatte, daß er sie nicht lieben könne und würde, wenn sie seinen Erwartungen nicht entspreche. Unsere geisterfüllte Evangelistin hatte ein ungläubiges und unreines Herz, bis ihr der Herr im Gebet die Einsicht schenkte, daß das Kind in ihr vergeben und auch Vergebung empfangen könne. In diesen verhärteten und widerspenstigen Bereich ihres Herzens hatte noch keine Erneuerung Einzug gehalten. Doch als sie in diesem Bereich eine Wiedergeburt erlebt hatte, konnte sie endlich glauben, daß Gott sie lieben könne und würde, auch wenn sie Fehler macht. Bis zu diesem Einschnitt konnte sie Gott nicht sehen – sie war eine unbekehrte Evangelistin.

Paulas Vater ist wirklich ein toller Vater; er ist liebevoll und stark, humorvoll und einfühlsam. Jedoch war er als Vertreter oft zwei oder drei Wochen am Stück weg von Zuhause. Die Gedanken des kleinen Mädchens sagten: „Ich liebe meinen Papi und bin stolz auf ihn; er arbeitet für uns." Doch in den verborgenen Bereichen ihres Herzens konnte sie nicht so großmütig sprechen, sondern vielmehr: „Warum ist er nie für mich da und warum ist alles andere wichtiger als ich?" Zornig beschloß sie folgendes: „Dann muß ich eben alles selbst machen. Keiner wird da sein, um mich zu verteidigen." Paula bekehrte sich, als sie 11 Jahre alt war, und kannte Gott von da an als liebenden, himmlischen Vater (das fiel ihr vielleicht umso leichter, weil ihr eigener Vater auch so war). Insgeheim war jedoch an diesem Punkt noch Bitterkeit in ihr und sie konnte einfach nicht glauben, daß Gott vierundzwanzig Stunden am Tag und dreihundertfünfundsechzig Tage im Jahr für sie da sein würde. Weil ihr Vater am Wochenende zu Hause gewesen und mit der Familie in den Gottesdienst gegangen war, konnte sie sich in diesen Tagen Gott nahe fühlen, besonders in der Gemeinschaft oder in der Anbetung. Doch auch wenn ihr Verstand vieles von Psalm 91 und 121 ergriffen hatte, konnte sie unter der Woche die Tatsache, daß Gott für sie da war, einfach nicht fühlen. Aufgrund der verborgenen und sündigen Reaktionen ihres Herzens auf ihren „Wochenendvater" war ihr Gott automatisch auch ein „Wochenendgott". Auch wenn sie ihren Vater niemals gehaßt hat und das auch heute nicht der Fall ist, bestand ich dennoch darauf, daß sie endlich davon ausgehen solle, daß da etwas wäre (1.Kor 4,4), und in einem reinen Glaubensschritt tat sie Buße. Gott antwortete darauf, indem er viele Grundhaltungen in ihren Gedanken – besonders auch mir gegenüber – auf einem Schlag veränderte, und danach schrieb er auf höchst dramatische Art und Weise in ihr Herz, daß er zweifellos fähig sei, sie zu beschützen. Doch Paula soll selbst davon berichten.

John und ich waren gerade unterwegs nach Seattle im Bundesstaat Washington, um dort einer Gruppe von Seelsorgern zu dienen. Wir hatten strahlenden Sonnenschein und ich saß gerade am Steuer unseres neuen Wagens. Ich schaute John immer mit kritischem Blick an, wenn er sich weigerte, mich fahren zu lassen, auch wenn er schon schläfrig war; doch an jenem Tag hatte er mich mit einer bewundernswerten Portion Güte und Vertrauen ans Steuer gelassen. Die Geschwindigkeitsautomatik war auf 80 km/h eingestellt, aus dem Radio kam leise Musik, John hielt ein Nickerchen, und ich fuhr den Wagen ganz entspannt und voller Vertrauen Richtung Westen.

Das nächste, an das ich mich erinnern kann, war, daß ich durch einen Stoß von Johns Ellenbogen hochfuhr. Ich blickte aus dem linken Fenster und sah in der ganzen Fensterhöhe nur noch die Straße! Rechts war nur noch ein felsiger Abhang zu sehen. Vor uns erstreckte sich ein Straßengraben voll Kies und wir fuhren mittendurch! Doch in diesem Moment schienen mein Bewußtsein und meine Reaktionen sehr ruhig und gefaßt zu sein; alles lief wie in Zeitlupe ab. Kein Magenkribbeln, keine Panik, nur tiefe Stille.

„Wir sind von der Straße abgekommen und in einen tiefen Graben gefahren", dachte ich. Kurz vor uns standen zwei Pfosten, einer davon war eine Straßenlaterne und der andere wohl ein Verkehrszeichen. Ich dachte: „Wenn ich versuche vor diesen Pfosten wieder auf die Straße zurückzukommen, dann könnte ich auf dem Kies sehr leicht ins Schleudern kommen. Ich werde lieber auf die Bremse steigen, zwischen den Pfosten hindurchsteuern und dann wieder auf die Straße zurückfahren." Und genau das tat ich dann auch.

Nachdem wir um Haaresbreite zwischen den Pfosten durchgekommen

(John sagte, da hätte sonst nichts mehr Platz gehabt) und wieder auf der Straße angelangt waren, nahm ich meinen Fuß von der „Bremse" und der Wagen verlangsamte sich wieder auf die eingestellten 80 km/h. Ich war auf das Gas gestiegen!

John sah mich an und sagte ruhig. „Das hat den Stolz ein wenig zurechtgestutzt, oder?"

Als wir weiterfuhren, sprudelten diese Worte aus meinem Inneren nach oben wie das Wasser in einem Springbrunnen: „Er liebt mich – Gott liebt mich – er liebt mich wirklich!" Mit meinem Kopf hatte ich es ja immer gewußt und zu einem gewissen Grad auch in meinem Herzen. Doch jetzt *wußte* ich es auf eine neue Art und Weise und ich erlebte eine völlig neue Dimension der Gewißheit, daß Gott in meinem Leben wirklich auf dem *Thron* sitzt. Ich war am Steuer eingeschlafen, hatte die Kontrolle über den Wagen verloren, doch Gott paßte an meiner Stelle auf; er verteidigte mich, führte mich und befreite mich von den Folgen meines Fehlers! Bis heute wissen wir nicht, weshalb der Wagen nicht die Felsen hinunterstürzte. Entweder hat sich der Wagen irgendwie selbst herumgedreht, oder Gott hat ihn herumgedreht. Das größte Wunder der Befreiung war geschehen, als ich schlief!

Als wir nach der Wochenendkonferenz wieder zu Hause waren, rief mich Marian Stilkey, eine Freundin an.

„Was hast Du am letzten Donnerstag so gegen 10 Uhr vormittags gemacht? Ich saß gerade an der Schreibmaschine, als mich der Herr rief, um für Dich zu beten. Das habe ich dann getan – sehr intensiv – so ungefähr 10 bis 15 Minuten lang!" Genau während dieser Zeit waren wir durch den Graben gefahren. Ich *erkannte*, daß der Herr mich nicht nur in meinem Schlamassel sah, sondern daß er auch andere, die vielleicht meilenweit weg sind, ins Gebet für mich rufen kann, wenn ich völlig hilflos bin.

Seither ist mein „Wochenendgott" mehr und mehr zu einem lebensnahen Vater geworden, der niemals weiter als einen Atemzug entfernt ist.

> Herr, du hast mich erforscht und erkannt. Du kennst mein Sitzen und mein Aufstehen, Du verstehst mein Trachten von fern. Mein Wandeln und mein Liegen – du prüfst es. Mit allen meinen Wegen bist du vertraut...
>
> Wohin sollte ich gehen vor deinem Geist, Wohin fliehen vor deinem Angesicht?...
>
> Erhöbe ich die Flügel der Morgenröte, Ließe ich mich nieder am äußersten Ende des Meeres, Auch dort würde deine Hand mich leiten Und deine Rechte mich fassen.
>
> (Ps 139,1-12)

Bis zu diesem Zwischenfall hatte ich ein ungläubiges Herz; ich konnte einfach nicht glauben, daß Gott *ausgerechnet für mich* da sein würde, auch wenn ich im ganzen Land schon anderen von seiner Güte erzählt hatte!

Ich (John) hatte auch einen sanften und liebevollen Vater, der von Beruf ebenfalls Vertreter und deshalb viel unterwegs war. Im Sommer 1979 dachte ich viel darüber nach, warum ich so oft massive Gedanken des Unglaubens hegte. Am Flughafen oder unterwegs auf stark befahrenen Autobahnen stellte ich mir die Frage: „Wie soll sich Gott wirklich um jedes Detail im Leben all dieser Menschen sorgen?" oder „Wie soll das zugehen, daß er jedes Haar auf all diesen Millionen von Köpfen gezählt hat (Mt 10,30; Lk 12,7)?" Mit meinem Verstand argumentierte ich: „Das ist doch eine rein logische Angelegenheit. Dies ist doch immerhin eine recht vernünftige Frage." Doch mein Geist war nicht zur Ruhe gekommen. Ich wußte, daß noch etwas anderes im Spiel war. Schließlich kam ich an den Punkt, an dem ich den Herrn selbst fragte und unverzüglich antwortete er: *„Dein Vater hatte nur wenig Zeit, sich um das zu kümmern, was Du gemacht hast"*. Dieses Wort warf Licht in mein Innerstes, in dem die (Vor-)urteile verborgen waren. Mein Vater hat nichts bemerkt, mich nicht gelobt, bestätigt oder sich einfach nicht um mich gekümmert; auch wenn er es wirklich getan hat, als er zu Hause war, wuchs dennoch eine bittere Wurzel in mir, weil er eben nicht immer da war. Daraus schloß ich, Gott würde auch nicht für mich da sein. Und das, obwohl ich doch so hart für ihn arbeitete! Dann bemerkte ich, daß mich diese Gedanken am ärgsten plagten, wenn Paula und ich eifrig im Dienst des Herrn standen. Der kleine Junge wurde verletzt, weil er so hart gearbeitet hatte und seinem Werk dennoch so wenig Beachtung geschenkt wurde; der Erwachsene ging in seinem Unterbewußtsein davon aus, daß Gott ihn genauso behandeln würde. Es wäre nun wirklich nicht besonders heldenhaft oder schmeichelhaft gewesen, sich diesen klagenden Zorn einzugestehen; deshalb ließ ich in einem fortwährenden, nervtötenden „Aber...", das sich hinter dem Mäntelchen einer nüchternen Logik verbarg, Dampf ab. Mein Herz konnte einfach nicht glauben. Gott hatte sicherlich etwas Besseres zu tun, als sich ausgerechnet um mich zu kümmern. Doch ich gab dieser Einsicht nach, die mich in eine leichte und freudige Buße führte. Seither wurde ich nie mehr von solch quälenden Zweifeln geplagt. Heute muß ich mich nicht mehr nur auf den nackten Glauben stützen, sondern ich habe eine durch Erkenntnis und Gefühl bestätigte *Gewißheit*, daß mein Vater meinen Dienst an ihm sieht und schätzt. Jetzt bleibe ich in ihm, anstatt ihn nur gelegentlich zu besuchen – im Herz, wie auch im Geist (1.Joh 1,3).

Wie viele von uns haben ihre Eltern um etwas gebeten, die dann nur erwiderten: „Ja, ja gleich..." und es dann vergaßen? Oder wir hatten mit Papa abgemacht, daß er heute früher nach Hause kommen und mit uns dann ins Kino gehen würde; er hatte es versprochen – und ist doch nicht gekommen? Oder unsere Eltern versprachen uns, etwas Bestimmtes zu kaufen (ein Fahrrad, eine Angel, eine neue Jacke...); wir warteten und warteten, und dann bekamen wir es entweder überhaupt nie oder so spät, daß wir uns nicht mehr darüber freuen konnten. Im Verborgenen farbten diese Erfahrungen auf unseren Glauben an Gott ab. Wie oft waren wir zornig und haben es hinuntergeschluckt und vergessen, weil „man auf Mama und Papa nicht zornig sein darf"! Wie oft war unser Herz zornig über etwas, das unser Verstand dann vergessen hat?

Gottes gnädige Antwort

Im Februar 1979 lehrte uns der Herr über Psalm 62,6: „Nur auf Gott wartet still meine Seele; denn von ihm kommt, was ich hoffe" (Schlachter) und „so wird er dir geben, was dein Herz begehrt" (Ps 37,4). Er zeigte uns, daß das Wort „warten" nicht in erster Linie im zeitlichen Sinne zu verstehen ist, wie wir bis dahin gedacht hatten, sondern vielmehr eine Aussage über die Qualität des Glaubens darstellt. Ohne es zu wissen, streute das Wort „warten" nur noch Salz in die Wunden, die wir durch unsere Enttäuschung über Väter, die nie da waren, und durch das stundenlange, leidvolle Warten auf einen heißersehnten Augenblick, der manchmal niemals kam, erlitten haben.

Am 14. Februar hatten wir mehr als einen halben Meter Schnee. An diesem Abend beschlossen Paula, ich und Janet Wilcox (die damals bei uns zu Gast war), noch einen kleinen Spaziergang zu machen. Zum ersten Mal fiel mir die Hauseinfahrt und der Gehsteig vor den Häusern unserer Nachbarn auf. Dort hatten Schneefräsen eine saubere Arbeit geleistet. Weil wir jedoch in den Tagen der großen Wirtschaftskrise aufwuchsen, hatten wir immer noch die Einstellung „Das genügt schon", eine Kohlenschaufel reicht zum Schneeschippen völlig aus. Doch ging uns oftmals die Zeit und die Kraft aus, weil wir ein großes Areal zu bewältigen hatten. Ich dachte: „Herr, ich müßte eigentlich auch eine Schneefräse haben, doch diese Dinger kosten ja fast ein Vermögen. Ach, was soll's. Ich kann mir so etwas ja doch nicht leisten. Ich preise Dich trotzdem, Herr." So lautete mein „treues, glühendes und ernstliches" Gebet (Jak 5,16). Wir haben niemandem davon erzählt. Zu dieser Zeit war ein Mann in der Stadt, der aus Colorado zu uns in die Seelsorge gekommen war. Am nächsten Tag lieferte mir ein Händler für Nutzfahrzeuge eine 5 PS Schneefräse – ein Geschenk dieses Mannes! Der Herr fing an, Licht in einen weiteren Bereich unseres ungläubigen Herzens zu bringen.

Am selben Abend begannen wir unsere Koffer für eine Vortragsreise nach Montana zu packen. Ich sagte zu mir: „Die Zeiten haben sich geändert. Mittlerweile bräuchte ich ja eigentlich einen Anzug mit Weste. Meine beiden alten Anzüge sind blau. Ich bräuchte einen dreiteiligen, braunen Anzug. Doch der kostet Geld, und ich habe doch keins. Vergiß es. Trotzdem danke ich Dir, Herr." Am nächsten Abend nach der ersten Veranstaltung stellte sich uns ein Mann vor und sagte: „Ich bin der Inhaber des Bekleidungsgeschäfts in dieser Stadt. Ich zahle meinen Zehnten unter anderem, indem ich die Diener Gottes, die hierher kommen, ausstaffiere. Kommen Sie doch morgen zu mir runter in die Stadt – oder noch besser, ich hol' Sie einfach ab, und dann werden wir sehen, was wir tun können." Am nächsten Morgen ging er zu einem Ständer und nahm ein teures, goldfarbiges Sakko herunter. Es paßte sehr gut. Er sagte: „Es gehört Ihnen." Dann brachte er einen edlen braunen Anzug mit Weste, der auch hervorragend saß (ich habe ihm niemals gesagt, welche Größe ich habe). „Was brauchen Sie noch, John?"

Ich druckste herum und schließlich platzte ich heraus: „Ein paar Unterhosen. Ich bräuchte ein paar Unterhosen." Er gab mir sechs Unterhosen, sechs Unterhemden, zehn Paar Socken, zwei Paar Schuhe, zwei sportliche Hosen, passend zu dem Sakko, zwei elegante Hemden, zwei Sporthemden und zwei Krawatten! Ich war gedemütigt und dankbar und wußte, daß der Herr dabei war, mit großem Aufwand und voller Freude folgendes in mein Herz zu schreiben: „...denn es hat eurem Vater *wohlgefallen*, euch das Reich zu geben" (Lk 12,32); und all das geschah auf der Stelle, ohne lange Verzögerungen. Mein Herz war unrein gewesen. Ich konnte Gottes Treue nicht sehen und hatte ihn oft reuevoll den „11 Uhr 59 Gott" genannt. Wie wenig heiligte das sein eigentliches Wesen (4.Mo 20,12). Jetzt wußten Paula und ich mit mehr als nur dem Verstand, daß er unserer Not Abhilfe schaffen würde, noch bevor wir überhaupt wüßten, daß wir eine hätten. „...denn euer Vater weiß, was ihr benötigt, *ehe* ihr ihn bittet" (Mt 6,8, Hervorhebung vom Autor). Er wirkte auf höchst erfreuliche Art und Weise, um unsere ungläubigen Herzen zu bekehren – und wir taten Buße darüber, daß wir unsere Väter verurteilt hatten.

Jeder von uns lebt mit Kritik; einige haben sie schlimmer erfahren als andere. Für die meisten von uns kam sie von unseren Eltern, was uns tief verletzte. Oder sie kam von Brüdern, Schwestern, Tanten, Großeltern, Klassenkameraden oder Lehrern. Unsere Reaktionen – gleichgültig, ob wir sie unterdrückten, oder ihnen Raum gaben – waren oft voll Zorn. Deshalb konnten sich von bitteren Wurzeln herrührende Urteile in unseren Herzen festsetzen. Von da an gingen wir davon aus, daß uns die Menschen kritisieren würden – und sie haben das in der Regel dann auch sehr pflichtbewußt getan. Ohne daß wir es wußten, hat das auch unsere Vorstellungen von Gott beeinträchtigt. Wie viele von uns, die es gelernt haben, die Stimme Gottes zu hören, glaubten gerade dann von ihm auf ihr Versagen hingewiesen zu werden, wenn sie versuchten, ihm in aller Ernsthaftigkeit zu dienen? Nachdem ich (John) einer Gruppe von Menschen einen Gedanken oder eine Idee mitgeteilt hatte, dachte ich immer, daß der Herr mich kritisierte, weil ich bestimmte Dinge falsch gesagt oder gemacht hatte, oder weil ich Dinge vergessen habe, die ich *besser gemacht hätte*. Doch dann hörte ich eines Tages eine Lehre von Tommy Tyson über den Unterschied zwischen Gottes *Korrektur* und Satans *Anklage*! Ich begann, seine Worte in meinem Herzen zu bewegen. Bald darauf lenkte der Herr meine Augen unmißverständlich auf Jakobus 1,5: „Wenn aber jemand von euch Weisheit mangelt, so bitte er Gott, der allen willig gibt *und nichts vorwirft*, und sie wird ihm gegeben werden" (Hervorhebung vom Autor). Das Wort traf mich tief. Diese kritische Stimme war niemals vom Heiligen Geist gekommen! Gott, der Vater, hätte auf den richtigen Moment gewartet, um dann alles in Sanftmut und Freundlichkeit mit mir zu besprechen: „Kommt denn und laßt uns miteinander rechten! spricht der Herr. Wenn eure Sünden rot wir Karmesin sind, wie Schnee sollen sie weiß werden. Wenn sie rot sind wie Purpur, wie Wolle sollen sie werden" (Jes 1,8). Dann tat ich Buße darüber, daß ich meine Eltern und Gott verurteilt und Gottes Wesen geleugnet hatte, indem ich glaubte, die Anklagen Satans wären von ihm gekommen. Ich konnte Gottes sanftes Wesen, das uns bestärken möchte, nicht erkennen. Weil ich meine Sünde nicht bekannt hatte, war mein Herz an diesem steinigen Stück Land noch unbekehrt geblieben. Ich preise Gott für seine heilige und sanfte Überführung von diesen Sünden! Seither habe ich nie mehr das Gefühl gehabt, Gott würde mich angreifen oder kritisieren. Von ihm erfahre ich ausschließlich Bestärkung und Trost – und später setzt er sich zu mir, um mit mir zu rechten und um mich dann rücksichtsvoll zur Rechenschaft zu ziehen. Das gefällt mir.

Wenn es darum geht, den grundlegendsten Charakterzuges Gottes, die Liebe, zu verstehen, machen wir wohl auch die entscheidenden Fehler. Wenige von uns hatten Eltern, die regelmäßig die Initiative ergriffen (ja überhaupt dazu in der Lage waren), um uns immer dann zu trösten oder uns Liebe zu schenken, wenn wir sie brauchten. Einige von uns wurden nur in Gegenwart anderer geherzt und geküßt oder wenn die Eltern selbst ein Verlangen nach Körperkontakt hatten, jedoch nicht in den Momenten, in denen Zärtlichkeiten als Reaktion auf unsere Signale angemessen gewesen wären. Wir haben diese Art von Almosen hassen gelernt; anstatt dadurch gesegnet zu werden, wurden wir nur ausgenutzt. Die meisten Ratsuchenden

behaupten, in ihrer Kindheit wären ihre Eltern nicht von sich aus auf ihre Bedürfnisse eingegangen; viele klagen, ihre Eltern hätten ihnen überhaupt nie Liebe gezeigt. Also haben wir „Liebe" nicht als opferbereite, dauerhafte und tägliche Gabe definiert, die einfühlsam auf die Nöte anderer eingeht, sondern vielmehr als ein vages Gefühl, so halbwegs erwünscht zu sein, wenn jemand gerade Lust hat, uns zu berühren. Dadurch wurde unser Bild von Gott in unseren Herzen vernebelt, gleichgültig, welche Denkweisen über ihn sich unser Verstand angeeignet hatte.

Die ganze Bibel ist die Geschichte davon, daß Gott die Initiative ergreift und uns entgegenkommt, um die Menschheit und jeden von uns persönlich zu befreien. Wenn wir Augen haben, mit denen wir lesen können, dann erkennen wir auch diese grundlegende Tatsache. Doch in unserem täglichen Gebetsleben strampeln wir uns ab, um einen Gott zu erreichen, von dem wir glauben, daß er vielleicht gar nicht einmal zuhört. Wir fühlen uns einsam (obwohl wir das doch niemals sein können). Wir können uns nicht vorstellen, daß Gott seine Engel schickt, um uns zu retten und seine Diener, um uns zu heilen, noch bevor wir überhaupt um Hilfe rufen. Wir gehen über die Bibelstelle hinweg, in der es heißt, daß er die neunundneunzig Schafe in der Herde für ein einziges stehen läßt (Lk 15,4- 7); „Er macht ja doch nichts, wenn ich nicht den ersten Schritt tue oder es mir verdient habe." Unser schmutziges Herz geht davon aus, daß Gott dieselben Eigenheiten hat wie unsere Eltern. Auch in diesem Bereich unseres Herzens haben wir noch keine Bekehrung erlebt.

Goethe schrieb über die Geschichte, daß am dröhnenden Webstuhl der Zeit die Kleider Gottes gewebt werden, in denen wir ihn sehen. Welch unglaubliche Wahrheit! Die gesamte Menschheitsgeschichte lehrt uns tief in unserem Herzen, daß Gott nach unserem Bild geschaffen sei und nicht andersherum. Jeder Augenblick unserer persönlichen Geschichte ist wie ein Filter, durch das wir Gott sehen. All unsere Verletzungen und Schiedssprüche sind wie getöntes Glas, durch das wir das Angesicht Gottes verdunkelt sehen. Es ist kein Wunder, daß er sagt: „Denn meine Gedanken sind nicht eure Gedanken, und eure Wege sind nicht meine Wege, spricht der Herr. Denn so viel der Himmel höher ist als die Erde, so sind meine Wege höher als eure Wege und meine Gedanken als eure Gedanken" (Jes 55,8-9).

Von dem Augenblick unserer ersten Bekehrung an hat der Heilige Geist die Erlaubnis, in unserem Herzen zu wirken, Dinge zu offenbaren und uns zu überführen. Deshalb sieht das christliche Leben der Heiligung und der Umgestaltung folgendermaßen aus:

> Geliebte, jetzt sind wir Kinder Gottes, und es ist noch nicht offenbar geworden, was wir sein werden; wir wissen, daß wir, wenn es offenbar werden wird, ihm gleich sein werden, denn wir werden ihn sehen, wie er ist. Und jeder, der diese Hoffnung auf ihn hat, reinigt sich selbst, wie er rein ist.
>
> (1.Joh 3,2.3)

Die Seelsorger sollen Gottes schärfstes Werkzeug für diese Reinigung sein.

Gott weiht einige Priester aus der Priesterschaft der Gläubigen in besonderem Maße, und einige von uns, die wir doch alle Propheten sind, werden weithin als solche anerkannt; genauso gibt es auch Seelsorger, die die spezielle Gabe haben, das Werk des Fleisches zu erkennen, auch wenn jeder Christ gegenüber seinem Glaubensgenossen die Aufgabe hat, diese Aspekte der Vorstellungswelt gefangen zu nehmen (2.Kor 10,4-5). In vielerlei Hinsicht machen es uns unsere längst vergessenen Urteile über andere unmöglich zu erkennen, daß das Leben Gottes unter uns offenbar ist. Wenn unsere Eltern Ehebruch begehen, ein ausschweifendes Leben führen und lügen, wenn wir Angst haben, weil wir nachts laute Stimmen hören, wenn im Leben unserer Eltern Gewalt herrscht – welches Bild werden wir uns dann von Gott machen? Denken Sie einmal darüber nach, wie sehr die Unfähigkeit eines Vaters oder einer Mutter, Sympathie zu empfinden oder zu verstehen dem Herzen ein Gottesbild vorspiegelt, das folgendermaßen aussieht: „Gott will oder kann mich nie verstehen." Oder wie soll sich ein Kind, dem man ständig auf die Finger schaut, dem man ständig vorhält, daß seine eigenen Gedanken ja gar nicht von ihm selbst stammen oder daß seine Begabungen nichts wert sind, Gott vorstellen? Es hat überhaupt nicht die Möglichkeit in Freiheit seine Identität und seinen Stand zu behaupten und zu erwarten, daß Gott sich über seine Talente freuen und es dafür schätzen wird. Diese Dinge spielen sich in zahllosen finsteren Innenwelten ab. Nachdem wir nun seit 18 Jahren anderen in der Seelsorge dienen, entdecken Paula und ich – wie wir auch schon erzählt haben – mehr und mehr Gebiete, in denen uns diese längst vergessenen Kindheitsurteile über unsere Eltern blind für Gott gemacht haben. Und doch hatten wir gute und liebevolle Eltern, die es gut mit uns meinten. Wie muß das erst bei den vielen Menschen aussehen, die schwer verwundet sind? Paulus sagte: „...ich jage ihm aber nach, ob ich es auch ergreifen möge..." (Phil 3,8-12). Bei unserer ersten Bekehrung erlebten wir die Auferstehung des Lazarus in uns. Doch jetzt sollen wir wie diese Menschen in Bethanien sein, denen Christus sagt, sie sollen einander an Händen, Füßen und Gesichtern die Grabtücher abnehmen (Joh 11,44), damit wir ihn, das Leben, erkennen, mit ihm gehen und seine Hand halten.

Vielleicht drückt dies das folgende Gedicht, das eine geisterfüllte Freundin in einem Moment besonderer Inspiration auf einem Zeltlager geschrieben hat, besser aus, als jede Beschreibung in Prosa:

> Außen ein anderes Gesicht
> Als innen.
> Ich lächle, lache,
> Kenne doch die Freude nicht.
> Wo ist meine Freude, o mein Gott?
> Warum hast Du mich verlassen?
> Früher war alles um mich frei
> Grün das Gras

Auf sanften Hügeln
Das ich jetzt betrachte
Durch einen Schleier, grau in grau.

Drinnen ist es kalt und eng und trüb.
Ich weine, seufze, sehne mich nach Augen,
Die mich sehen,
Doch ich bin gut versteckt
Und niemand kann mich sehen.
Ich bin es, ich weiß, doch denke ich,
Sie kümmern sich nicht – Er muß sich nicht kümmern.
Zu lange kenn' ich Seine Liebe schon,
Weiß, daß dies nicht wahr ist.
Doch selbst kann ich nicht nach oben steigen –
Versinke, sinke in den Sand.

„Hilf'", schreit es in mir –
Auf dem Gesicht ein Lächeln,
Nur meine Augen zeugen
Von dieser schmerzhaften Quelle
Tief in mir.
Wohlbedacht, nicht anzusehen
Den, der vielleicht mich demaskiert.
Doch möcht' ich des Truges ledig werden,
Die harte Wirklichkeit erspür'n
Für mich selbst kann ich es nicht vollbringen
Endlich bereit für Dich, zu guter Letzt?

Das Lob der Ehrlichkeit wir singen
Wir seien wie ein off'nes Buch,
Doch wer wird wirklich trotzen
Dem unheimlichen Ungemach?
In Kühnheit habe ich's versucht.
Die Offenheit bereitet nichts als Schmerz
Denn so ich öffne, dringen die,
Die meine Türe schließen wollen ein
Und unter Qualen
Zertrampeln sie das Mädchen in mir,
Unbeschwert und heiter.
Doch, ach wie zerbrechlich
Und viel zu oft haben die ander'n
Es tief in mich zurückgejagt.
„Komm raus, kleines Mädchen", ich locke

Doch sitzt sie nur da,
In Trübsal versunken.
Locken kann ich sie nicht mehr.
Schläfst Du, kleines Mädchen?
Herr, schick' den, der sie liebt
Und sie dadurch noch einmal
Zu neuem Leben erweckt.

Hierzu kann ich nur „Amen" sagen. Herr, sende Arbeiter in die Ernte. Sende Seelsorger zu denen, deren Herzen blind sind.

3
Umgestaltung – Grundlagen aus evangelikaler Sicht Teil 3

O unverständige Galater! Wer hat euch bezaubert, denen Jesus Christus als gekreuzigt vor Augen gemalt wurde? Nur dies will ich von euch wissen: Habt ihr den Geist aus Gesetzeswerken empfangen oder aus der Kunde des Glaubens? Seid ihr so unverständig? Nachdem ihr im Geist angefangen habt, wollt ihr jetzt im Fleisch vollenden?

(Gal 3,1-3)

Teil 3: Orientierung am Leistungsdenken

Jeder frischbekehrte Christ neigt dazu, immer wieder in den alten Trott zurückzufallen und sich aus eigener, menschlicher Kraft abzumühen. Unser Verstand und unser Geist kennen das Heil, das uns als Geschenk zuteil wurde, doch unser Herz bleibt in der Gewohnheit verhaftet, sich durch Leistung die Liebe anderer verdienen zu müssen. Die meisten von uns, die „gerettet" sind, sind sich dessen nicht bewußt („bezaubert"), daß andere Motive als allein die Liebe Gottes, unseren Dienst allmählich zu einem Abstrampeln voll Spannung und Angst degradieren; oder aber auch zu Argwohn, weil wir nicht wissen, warum und wo welches falsche Motiv im Spiel ist.

Der Begriff „Orientierung am Leistungsdenken" bezieht sich nicht auf unsere Handlungen, sondern auf die falschen Motive, die dahinterstecken. Nachdem man dieser Fehlorientierung den Todesstoß versetzt hat, werden wir wahrscheinlich weiterhin dieselben Werke tun und auf ähnliche Art und Weise handeln, doch aus einem völlig anderen Beweggrund heraus. Wenn wir das Leistungsdenken vernichten wollen, dann meinen wir damit nicht, daß wir nicht mehr Dienen und Handeln sollen, sondern vielmehr, daß die falschen, verborgenen Motive in unserem Herzen absterben müssen.

Als kleines Kind hat jeder von uns bis zu einem gewissen Maß Lügen akzeptiert und sie zu einem Teil seines Wesens gemacht. Die am meisten verbreitete und alles zerstörende Lüge, die all unser Handeln unterminiert, lautet: „Wenn ich nicht richtig handle, dann werde ich auch nicht geliebt" oder „Wenn ich nicht so bin, wie Mama und Papa das wollen, dann gehöre ich nicht zu ihnen." Manchmal verfällt sogar die bewußte Ebene des Verstandes diesem Irrglauben; doch üblicherweise ist er gut getarnt wie eine Schlange im hohen Gras und schleicht sich in all unser Bemühen ein. Unsichtbare und unerkannte Feinde haben eine viel größere Durchschlagskraft als die erkannten. Ein Mensch, der am Leistungsdenken orientiert ist, gründet sein ganzes Leben nicht auf die ruhige Gewißheit, angenommen zu sein und dem daraus folgendem Vertrauen, sondern vielmehr auf permanente Ängstlichkeit, Furcht und menschliches Streben.

Durch alltägliche Erlebnisse, z.B. wenn das Kind lernt, aufs Töpfchen zu gehen, wird diese Lüge ein Teil von uns. „Du bist ein braver Junge. Mama hat Dich so lieb." Natürlich hätte uns Mama auch dann geliebt, wenn wir immer und immer wieder in die Hose machen, doch unser kindlicher Verstand verbindet Leistung mit Liebe und zieht bald darauf auch den Umkehrschluß: „Wenn ich nicht brav bin (auf dem Töpfchen oder anderswo), dann hat Mama mich nicht lieb." Innerhalb kurzer Zeit verbindet sich fälschlicherweise unsere Leistung so untrennbar mit Liebe, daß wir es uns überhaupt nicht mehr vorstellen können, geliebt zu werden, außer wenn wir uns richtig verhalten. Oder – was noch schlimmer ist – wir glauben schließlich, daß wir abgelehnt werden, wenn wir keine Leistung erbringen; wenn uns dann jemand Liebe schenkt, dann glauben wir, sie nicht verdient zu haben und nehmen die angebotene Liebe entweder überhaupt nicht an oder werden ein Opfer falscher Schuldgefühle.

Es ist normalerweise nicht die Absicht einer Mutter, falsche Dinge zu vermitteln. Und dennoch geschieht das immer und immer wieder. „Oh, Du siehst sehr hübsch aus in dem neuen Kleid; Mami hat Dich ja so lieb." Durch diese Aussage lernt das Kind, daß man sich durch ein attraktives Äußeres Liebe verdienen kann (oder daß man sie durch Schlampigkeit und Unreinlichkeit verlieren kann). „Du hast letzte Nacht *durchgeschlafen* und bist nicht ein einziges Mal gekommen. Ich bin stolz auf Dich, mein Sohn; ich liebe Dich." Genau an diesem Punkt zieht sich die Hand der Liebe den kratzigen Handschuh an, der uns dazu drängt, etwas zu leisten, um zu gefallen. Ganz einfach und leicht werden in unserem Herzen Dinge zusammengeschweißt, die eigentlich voneinander abgekoppelt werden sollten: brav zu sein und geliebt zu werden. Wir lernen es, unsere Köder für die Liebe anderer auszulegen, jede unserer Handlungen fungiert als Lockvogel; keine Leistung, keine Beute (d.h. keine Liebe), und es kommt uns so vor, als ob uns das recht geschehe. Somit verfallen wir einem Irrglauben.

Hinzu kommen noch die vielen verschiedenen Spielarten falscher Korrektur, unter denen die meisten von uns gelitten haben. „Wo ist denn mein Junge hingegangen? Er war doch eben noch da! Wer so was tut, kann doch nicht mein kleiner Junge sein." Man sagt uns direkt ins Gesicht, daß wir so, wie wir sind, nicht akzeptabel sind; nur dieses püppchenhafte Gesicht, nur das Bild, das sich jemand von uns gemacht hat und entsprechend dem wir handeln, kann unsere Identität sein. In unserem Herzen fürchten wir uns davor, dieser Identität einmal nicht zu entsprechen. Wir haben Angst, uns selbst und andere zu verlieren und schließen uns deshalb in dieser Leistungsorientiertheit ein. Doch ironischerweise verlieren wir in dem Maß unsere wahre Identität, wie wir erfolgreich den Vorstellungen anderer entsprechen.

Kinder müssen ungezogen sein. Denn so sind wir nun mal, Gauner mit Engelsaugen und dreckiger Haut. „Haftet Narrheit am Herzen des Knaben, die Rute der Zucht entfernt sie davon" (Spr 22,15). Wir brauchen eine starke Hand, die uns Einhalt gebietet und uns in unsere Schranken verweist, die uns aber auch liebevoll festhält und akzeptiert, gerade wenn wir am allerschlimmsten sind. Das ist bedingungslose Liebe. Sie schreibt ins Herz, daß die Liebe ein Geschenk ist, das uns ohne unser Zutun zuteil wird und das wir nicht verlieren können. Sie gibt Sicherheit.

Doch die meisten Eltern unter uns erliegen so leicht der Versuchung, sich das Verlangen eines Kindes nach Liebe zunutze zu machen, um es damit lenken zu können: „Wenn Du so und so bist, kann ich Dich nicht lieb haben." Welch ein Schaden erwächst dem Kind daraus! „Hilfe! Ich muß mich daran erinnern, was von mir erwartet wird! Wenn ich das nun nicht erfüllen kann? Oder nicht erfüllen werde? Oh, niemand kann mich lieben. Ich hab's nicht verdient." Wenn das Kind sprechen könnte, würde es sagen: „Ich bin zornig. Warum können sie mich nicht einfach so lieben, wie ich bin?" Also steckt es sich aus seiner Furcht heraus das Ziel, sich die Liebe zu verdienen.

„Du gehst jetzt in Dein Zimmer, und wenn Du wieder Du selbst bist, dann darfst Du wieder kommen." Übersetzung: „Wir akzeptieren hier nur den, der etwas leistet; wer sich nicht in Übereinstimmung mit unserem Maßstab verhält, wird abgelehnt."

„Du gehst jetzt 'raus! Wenn Du mit einem Lächeln wieder 'reinkommen kannst, dann gehörst Du wieder zu uns. Wir dulden hier keinen Miesepeter." Die eigentliche Botschaft: „Bei uns gibt es keine bedingungslose Liebe. Du hast nicht die Freiheit, dem aufrichtig Raum zu geben, was in Dir ist. Du mußt lügen und ein scheinheiliges Gesicht aufsetzen. Dann können wir Dich akzeptieren." Unser Geist weiß es zwar besser, doch drangsalieren uns Furcht und die Notwendigkeit, dazugehören zu müssen; also spielen wir jemanden, der wir gar nicht sind.

Es ist nicht nur so, daß uns in vielerlei Hinsicht vermittelt wird, daß wir abgelehnt werden, wenn wir unser wahres Gesicht zeigen; nach einer Weile bauen wir selbst diesen Gedanken noch aus und meinen, das wahre Ich existiere wohl besser überhaupt nicht. Von da an werden aufrichtige Impulse des Zornes oder manchmal auch der Frivolität und Spontanität als etwas „Nicht-Von-Uns-Stammendes" identifiziert, als etwas, das man solange unterdrücken oder vermeiden muß, bis schließlich unser inneres Wesen seine Durchsetzungsversuche aufgibt und stirbt; die hohle, äußere Schale bringt weiterhin Leistung, weit entfernt von der Fülle des wahren Lebens. Solange unser innerer Mensch noch nicht diesen falschen Tod gestorben ist, wird er es weiter versuchen und um sein Leben kämpfen. Deswegen ist uns allen grundsätzlich diese Dualität der Persönlichkeit gemeinsam.

„Ein Sandford schlägt niemals ein Mädchen." Das war eine gute Lehre. Bis heute bin ich dankbar dafür und halte es noch immer so. Doch was sollte ich mit den Regungen in mir anfangen, die meine Schwester Martha Jane verprügeln wollten? Es war gut, zu lernen, meine Gefühle unter Kontrolle zu halten und dementsprechende Entscheidungen zu treffen. Doch worauf waren diese Entscheidungen gegründet? Auf eine Liebe in meinem Herzen und auf Respekt vor Vater und Mutter und meinen Geschwistern? Oder aber auf der Angst davor, kein richtiger Sandford zu sein? Vielleicht eine Mischung aus beiden? War die Angst, nicht dazuzugehören, die eigentlich treibende Kraft oder vielmehr die Liebe? Von welchen Beweggründen werde ich eigentlich getrieben?

Es gibt eine einfache Faustregel: Wo viel gelacht wird und Liebe vorhanden ist, lernen Kinder, daß sie angenommen werden, gleichgültig ob sie nun brav oder böse sind. Sie haben die Freiheit, so zu sein, wie sie wirklich sind. Wenn Kinder, die gerade etwas vermasselt haben, sich in den Armen ihrer Eltern bergen können und alle dabei lachen und etwas lernen können (auch wenn man disziplinarische Maßnahmen ergreifen mußte), lernen die Kinder, daß die Ungezogenheit auch ein Teil von ihnen ist, der geliebt und liebenswert ist. „Die Liebe bedeckt eine Menge von Sünden" (1.Petr 4,8). Nirgends gilt das mehr als in der Gefühlswelt eines Kindes, in der alles drunter und drüber geht. Bedingungslose Liebe, die nicht für selbstverständlich erachtet wird, sondern vielmehr unzählige Ausdrucksformen findet, schafft Sicherheit, damit sich ein Kind auch allen Seiten des Ichs stellen kann, die es entdeckt; sie gibt auch – auf einer völlig anderen

Basis als der Furcht aufbauend – die Freiheit, die Verhaltensweisen zu wählen, in denen man sich wohlfühlt.

Andererseits legen lieblose, übermäßig strenge und unnachgiebige Anforderungen an das Verhalten dem Kind die Daumenschrauben der Kontrolle an: „Du wirst nicht geliebt werden, außer, Du kannst es Dir verdienen." Sobald diese Lüge in unser Bewußtsein eingraviert worden ist, wird sie zum zentralen Stamm, an dem all unsere Früchte wachsen. All unsere Handlungen werden von diesem Bewußtsein gesteuert.

Auch in den Familien, in denen ein herzlicher Umgang miteinander vorhanden ist, und in denen man sich absolut geborgen fühlen kann, verleiht Ängstlichkeit der Freiheit in der Regel einen Beigeschmack der Furcht. Wir haben es doch alle schon einmal beim „Guck-Guck-Spielen" miterlebt, wie die Kinder – auch nach Stunden – immer wieder aufs neue kichern können, wenn Mama oder Papa aus dem Versteck kommen. Kinder haben vielleicht aufgrund eines Geburtstraumas, mit dem sie in diese sündige Welt gekommen sind, eine große innere Angst davor, alleine gelassen oder abgelehnt zu werden. Dieser Scherz ist eine spielerische Darstellung dieser Angst und gibt immer und immer wieder Sicherheit, weil Mama und Papa ja immer noch da sind. Auch in herzlichen und liebevollen Familienverbänden ist es durchaus möglich, daß man befürchten muß, diese heile Welt durcheinander zu bringen, die Familie zu entehren und schließlich nicht akzeptiert zu werden, wenn sich herausstellt, daß man sich zu sehr von allen andern unterscheidet.

Deshalb lautet die Regel: *In dem Maße, wie Kälte und Strenge im Verhaltensmuster einer Familie vorhanden sind, verstärkt sich Besorgnis zu Angst und zu willfährigem Verhalten.* Und in diesem Maße fesselt die Angst jede Art von Leben, „...die durch Todesfurcht das ganze Leben hindurch der Knechtschaft unterworfen waren" (Hebr 2,15). Wir fürchten nicht den körperlichen Tod. Für den leistungsorientierten Gläubigen wäre der körperliche Tod eine Erlösung. Vielmehr fürchten wir uns davor, dieser Welt der Kontrollmechanismen abzusterben, von der wir fälschlicherweise glauben, daß sie uns Zugehörigkeit und Liebe garantiert. Die Angst vor diesem Tod verhindert sogar bei einem wiedergeborenen Christen die Veränderung – bis die Liebe endlich die starrgefrorenen Winkel unseres Herzens erreicht und der Tod unseres eigenen Ichs uns freisetzt.

Leistungsorientierung bedeutet nicht, daß jemand hart arbeitet, sondern daß jemand aus falschen Beweggründen heraus hart arbeitet. Ein freier Mensch arbeitet vielleicht in den gleichen Bereichen härter – jedoch einzig und allein aus der Liebe heraus. Leistungsorientierte Menschen brauchen ständig Bestätigung (sie fordern sie unbewußt und manchmal auch mit Worten). Sie können mit Kritik nicht gut umgehen. Ihre Sicherheit beruht nicht in erster Linie auf Gott und auf ihnen selbst, sondern vielmehr auf dem, was die anderen über sie denken. Sie hängen von den Reaktionen anderer ab. Sie sind nicht entschlußkräftig aus sich selbst heraus. Sie müssen immer alles tun, um Bestätigung zu finden. Sie sind – wie Erich Fromm sagt – zu „marktorientierten Persönlichkeiten" geworden, die sich verkaufen, um so zu sein oder zu handeln, daß sie von anderen Signale kaufen können, die ihnen zeigen, daß sie akzeptiert werden. Einem Tadel stehen sie defensiv gegenüber und erachten ihn nicht als Zeichen des Akzeptiertseins oder der Liebe, sondern vielmehr der Ablehnung. Sie können eine Schuld nicht leicht zugeben, weil sich das für sie so anhören würde: „Ich hab's nicht versucht" und „Ich gehöre nicht dazu" und „Ich muß es weiter versuchen, damit ich dazugehöre, sonst gehe ich verloren." Tadeln Sie einen leistungsorientierten Menschen und Sie werden staunen, wenn Sie dann hören: „Du willst mir wohl damit sagen, daß ich Dich nicht liebe." Menschen mit einem gefestigten Charakter, die mit leistungsorientierten Personen zusammenleben, wundern sich oft: „Wie konnte er/sie das nur aus dem, was ich gesagt habe, heraushören?" Auch wenn wir nur beiläufig oder unbeabsichtigt etwas bemerken, können wir einen Gefühlsausbruch hervorrufen und wundern uns sehr, wenn unser Gegenüber dann erwidert: „Wie konntest Du nur daran zweifeln, daß ich Dich liebe!" Dem folgt normalerweise: „Nach allem, was ich für Dich *getan* habe" oder „Du schätzt mich nicht. Nie schätzt Du mich."

Leistungsorientierte Menschen verteilen Liebe je nachdem wie sich ihre primären Bezugspersonen verhalten haben. Wenn sich der andere nicht gut verhalten hat, bekommt er auch keine Liebe. „Er verdient sie nicht." Weil ihnen selbst dies widerfahren ist, verhalten sie sich auch gegenüber anderen so. Wie viele Ehemänner waren bekümmert, als sie herausfanden, daß die Fähigkeit ihrer Ehefrauen, sie sexuell lieben zu können, in enger Beziehung zu dem stand, wie gut sie sich als Männer – gemäß dem Standard *der Frauen* – verhalten haben? Sex wird so zu einer Waffe, mit der man den anderen in der Hand hat. Oder wie oft zeigen wir dem andern die kalte Schulter oder strafen ihn mit Schweigen und beabsichtigen damit, ihn zu kontrollieren und dorthin zu bringen, wo wir ihn haben wollen?

Christliche Liebe sollte das genaue Gegenteil eines leistungsorientierten Verhaltens sein. Das „Wort, das Fleisch wurde" spricht von einer bedingungslosen Liebe, die nicht jeweils nach dem guten oder schlechten Verhalten des anderen unterschiedliche Maßstäbe anlegt. Die Liebe eines Christen wird in dem treuen Herz Christi, das in uns für den anderen schlägt, geboren. Wie wir diese Liebe dann in die Tat umsetzen, variiert vielleicht je nach dem Verhalten des anderen, um den für diesen Moment angemessenen Modus zu finden. Vielleicht zeigt sich die Liebe durch Tadel, oder durch Zärtlichkeit, oder durch Rückzug. Wir werden nicht von Unsicherheit geleitet, sondern von dem momentanen Fluß der Weisheit der Liebe Christi. Leider haben wir jedoch, ehe wir Christen waren, in unserem Leben Konditionierungen* erlebt. Die Orientierung am Leistungsdenken wurde uns eingepflanzt. Aus diesem Holz sind wir nun mal geschnitzt. Der Heilige Geist muß Mittel und Wege finden, um aus der Mitte dieses ineinander verschlungenen Dornbusches, zu dem wir geworden sind, Liebe strömen zu lassen – und viele Menschen bleiben an den Stacheln hängen, die sich noch weigern, abzusterben. Wir benutzen die Liebe immer noch, um zu kontrollieren, bis schließlich der Tod unseres Ichs diese Befreiung real macht.

Leistungsorientierte Menschen scheuen sich manchmal, neue Dinge anzupacken. Es ist nun mal nicht O.K. wenn man danebenhaut. Doch es ist nicht nur so, daß sie manchmal nichts Neues versuchen – die Leistungsorientiertheit kann sie in wilde Unternehmungen stürzen oder sie nicht stark genug sein lassen, um angeborene innere Triebe in die Schranken zu weisen. Doch die Angst ist der springende Punkt. Alle normalen Menschen haben Angst. Aber bei einem leistungsorientierten Menschen wird die Angst vor dem Versagen mehr durch das entstehen, was Freunde und andere Menschen über ihn denken als dadurch, wie sein Versagen andere verletzen könnte. Die Sicherheit, die sich über das Prinzip von Versuch und Irrtum lustig macht, besteht nicht mehr. Der leistungsorientierte Mensch möchte im voraus die Spielregeln kennen. Die unterschwelligen Botschaften lauten: „Sag mir, wie ich's machen soll, damit ich mich sicher fühlen kann." „Bevor ich etwas wage, möchte ich die Bedingungen kennen, damit ich ein gutes Gefühl über mich selbst haben kann." „Ich muß alles unter Kontrolle haben." Deshalb können leistungsorientierte Menschen nicht spontan sein – es sei denn, sie können die Verhaltensweisen simulieren, die für das jeweilige Rollenspiel erforderlich sind. Die Selbstkontrolle ist für sie das erstrebenswerteste Ziel überhaupt und sie steigern sie bis zum Götzendienst und zur absoluten Unbeweglichkeit. In der Öffentlichkeit sind sie stets selbstsicher und korrekt.

Manchmal wird diese Last zu schwer. Je mehr Menschen und je mehr neue Lebensumstände so ein Mensch kennenlernt, desto mehr muß er unterschwellig daran arbeiten, die betreffenden Regeln und Rollenspiele herauszufinden. Wenn der Druck unerträglich wird, führt

---

* Konditionierung: Man lernt, daß ein Reiz eine bestimmte Reaktion bedingt. (Anm.d.Übers.)

das vermutlich zu einem Zusammenbruch oder zu Depressionen. Er kann es sich einfach nicht vorstellen, akzeptiert zu sein, einfach nur weil er lebt, sondern nur dann, wenn er in Konformität mit den jeweils geltenden Schemata lebt.

Wenn ein leistungsorientierter Mensch zu einer Gruppe gehört, deren Sittenkodex mit seinem eigenen in Konflikt steht, dann wird er durch die Anstrengung, von einem Register zum anderen zu springen, fast zerrissen. Nehmen wir doch z.B. einen Ehemann, der für einen Chef arbeitet, der ihn stets fordert, obszöne Sprüche von sich gibt und mit den Muskeln spielt – kurz, der ein echter Macho ist; dieser Ehemann kommt dann zu seiner ernsten und rechtschaffenen christlichen Ehefrau nach Hause und stellt fest, daß er den ganzen Tag über den harten Mann spielen, obszön daherreden und über dreckige Witze lachen muß, nur um dann daheim den Heiligen zu spielen. Es ist eine Qual, bei der jährlichen Weihnachtsfeier dann beide Seiten unter einen Hut zu bekommen. Die Last eines solchen Menschen, herauszufinden, wie er sich die Liebe, die er braucht, kaufen könnte und dann auch dementsprechend zu handeln, kann so schwer werden, daß er aus Angst oder Rebellion schlichtweg ausflippt – Zechtouren, Drogentrips, Glücksspiele, Liebesaffären, alles, womit man die Rolle des braven Mannes durchbrechen und seinem verborgenen Zorn darüber Luft machen kann, daß man ständig schauspielern muß.

Da leistungsorientierte Menschen in sich so gut wie keinen ruhenden Pol haben und sich immer dem Rollenspiel der aktuellen sozialen Gruppe anpassen müssen, kann man damit auch hinreichend erklären, warum so viele „brave" Jungen so leicht über die Stränge schlagen, wenn sie in schlechter Gesellschaft sind. Ihre Moral war nie auf Liebe gegründet, sondern nur auf Handlungsweisen, die dem Maßstab der Eltern entsprachen. Gegenwärtige Versuchungen koppeln zwei kräftige Triebfedern aneinander: Erstens: Aus der vorgegebenen Form ausbrechen und etwas tun, das das gesamte Rollenspiel zerstört; zweitens: der Bande anzugehören, die diese Versuchung darstellt.

Leistungsorientierte Menschen können ihre wahre Identität verlieren. Viele hundert Mal in der Woche hat ein Kind die Wahl, ob es dem püppchenhaften Image, das die Eltern fordern, entsprechen oder ob es seine wahren Gefühle ausdrücken will. Eine Person, die sich mehr und mehr am Leistungsdenken orientiert, muß das, was wirklich in ihr ist, immer und immer wieder unterdrücken. Daraus resultieren verschiedene Dinge: Erstens hört das innere Wesen schließlich auf, Signale zu senden, bis der Mensch wirklich glaubt, daß er so ist, wie er sich gibt. Zweitens fühlt sich der leistungsorientierte Mensch – auf einer unterbewußten Ebene – so, als ob er sich prostituiert hätte. Er haßt es, sich für den „Lohn" Liebe verkaufen zu müssen. Drittens bringt ihn der wachsende Zorn so weit, daß er schließlich unbedingt ein Verlierer werden will. Er möchte etwas tun, das drastisch genug ist, um das ganze fadenscheinige Spielchen zu vernichten. Er will nicht länger einfach nur glauben müssen, daß er geliebt wird. Er möchte es als eine ausgesprochene und selbst erlebte Tatsache erfahren, daß er immer noch geliebt wird, selbst wenn er alles falsch macht und damit doch eigentlich zu jemandem wird, der in seinen Augen absolut unliebenswert ist. Viertens wird er förmlich zu einem Pulverfaß, das nur nach einem Streichholz sucht, um für die Explosion eine Rechtfertigung zu haben.

Paula und ich hatten schon oft Menschen in der Seelsorge, die in ihren speziellen Arbeitsbereichen sehr erfolgreich waren, nur um dann zu „explodieren" und alles wieder zu verlieren. Genau in dem Moment, in dem sie sich hätten Ruhe gönnen können (Lk 12,19), haben sie selbst die ganze Sache platzen lassen. Sie verfielen dem Alkoholismus, der Spielleidenschaft, hatten eine Affäre oder entwickelten eine nicht zu übersehende psychosomatische Krankheit – sie waren schlichtweg auf der Verliererstraße! Sie verstehen jedoch nicht, warum. Es ist ihnen völlig schleierhaft und kommt ihnen sehr unfair vor! Die Gründe dafür sind jedoch einfach. Erstens mußte man dem inneren Menschen in all dem Erfolgsstreben ständig vorsagen: „Schweig! Wir müssen arbeiten." Das ganz normale innere Bedürfnis danach, Abwechslung und Ruhe zu finden, seinem Zorn Luft machen zu können, wilden Impulsen und Phantasien etc. nachgeben zu können, mußte dem äußeren Streben nach Erfolg geopfert werden – so sah es zumindest aus. Das ist so, als ob man einen Ball unter Wasser halten möchte: Sobald sich die Umklammerung der Anforderungen von außen lokkert, schießt der innere Trieb hervor und explodiert nach allen Seiten. Wie ein ungeduldiges Kind, das einen Wutanfall bekommt, schreit der innere Mensch durch die Umstände, die alle die Zeichen des Verlustes tragen, nach seiner Chance, auch einmal gehört zu werden. Zweitens sagt der äußerliche Mensch seinem inneren Widerpart, während man sich abstrampelt: „Wenn wir's geschafft haben (Millionen, Starruhm, Beifall oder was auch immer), dann können wir uns ausruhen." Wenn man am Ziel ankommt, besteht die Gefahr, daß die Täuschung offenbar wird – der Mensch fühlt sich weder geschätzt noch geliebt noch sicher. Erfolg war die falsche Antwort auf die falsche Frage. Noch eine Million, noch ein Treppchen höher, damit wir uns nicht eingestehen müssen, daß das ganze Spiel hohl war – doch das können wir ohnehin nicht, weil die Leistung unsere einzige Definition dessen ist, was es bedeutet, Leben zu haben und geliebt zu werden! Die Alternative *scheint* zu lauten: Faulheit oder – noch schlimmer – Ablehnung und Sinnlosigkeitsgefühl. Geld oder Erfolg waren nie das eigentliche Ziel des leistungsorientierten Menschen, auch wenn er das gedacht hatte, sondern vielmehr war es die Kraft, sich in seinen Augen und in den Augen anderer gut und akzeptabel zu fühlen. Also haben die Marilyn Monroes Selbstmord verübt und die Morgans versuchen immer noch, die ganze Welt zu besitzen.

Ein Pastor aus dem mittleren Westen der USA stand so sehr unter dem Druck, Leistung bringen zu müssen, daß er seinen eigenen inneren Anspruch – der hauptsächlich in seiner Mutterbeziehung entstanden war – in seine Frau hineinprojizierte. Er konnte mit dieser Frau einfach nicht mehr zusammenleben. Er dachte, sie mache sein Leben zu einem Gefängnis und fordere von ihm, ihren Vorstellungen entsprechend zu leben. Sie kam in die Seelsorge und erfuhr eine Veränderung. Doch das machte auch keinen Unterschied – in seinen Augen war sie das Problem. (Wenn er seinen Zorn auf seine Mutter erkannt hätte, hätte er die Projektion einstellen können, doch hat er sie zu gut vor sich selbst geschützt – es ist doch wirklich nicht nett, seine Mami zu hassen.)

Dieser Pastor war ein evangelikaler, wiedergeborener Prediger; seine Arbeit bestand darin, Seelen zu retten, und darin war er ziemlich gut. Doch sein eigenes Herz hatte seine Predigt noch nicht gehört. Er war kein Scheinheiliger, sondern vielmehr gefangen in seinem noch nicht gestorbenen Fleisch. Er fühlte sich prostituiert, von seiner Frau, für seine Frau und für die ganze Gemeinde. Er hatte ein verzweifeltes Verlangen danach, etwas zu tun, das drastisch genug wäre, um ihn aus dieser Tretmühle herauszureißen. Ich (John) beobachtete dies und warnte ihn. „O nein, John. Ich bin gerettet. Christus starb für alles, was in mir ist. Ich hab' es angenommen. Das ist schon alles tot. Wie könnte eine wiedergeborener und geisterfüllter Mann so was in sich haben?" Das Problem war „da draußen". Wenn ich ihm nicht helfen könnte, seine Frau „wieder hinzubiegen", dann würde er nicht mehr zu mir in die Seelsorge kommen.

Die daraus resultierende Affäre und den Ehebruch hielt er nicht nur absichtlich und bewußt nicht verborgen, er war auch ein Akt außerordentlicher Grausamkeit und Fleischlichkeit – und darüberhinaus *mußte* er alles auch noch herumerzählen. Warum? Um sicherzugehen, daß das ganze Image des netten Kerls auch wirklich ausreichend zerstört wurde. Glücklicherweise haben ihm seine Frau und die Ältesten, denen er davon erzählte, vergeben und ihn freudig wiederaufgenommen, und heute ist er immer noch Pastor dieser Gemeinde und auf dem besten Weg dazu, die fehlenden Teile auch noch zu finden! (Das Bekenntnis vor den Ältesten ist gut; doch in seinem Fall war es kein Bekenntnis, er hat sich einfach wie ein Kind verplappert.)

Einer unserer besten Freunde, der als Einzelkind groß geworden ist und den seine gefühlsarmen und distanzierten Eltern erst sehr spät bekommen hatten, hatte überhaupt keine Ahnung davon, daß man Liebe auch bekommen könnte, ohne sie sich verdienen zu müssen. Er hat viel geleistet, doch immer wieder mal ging er auf eine Zechtour. Nach so einer Tour, in einem seltenen Augenblick der Wahrheit, sagte er zu seiner Frau: „Ich werde Dich immer und immer wieder prüfen, bis ich ganz sicher weiß, daß Du mich wirklich liebst." Man konnte sich auch sicher sein, daß er das tun würde, immer wieder und manchmal auch durch Ehebruch, was relativ offensichtlich war. Unverdrossen vergab sie ihm, auch wenn es sie mehr und mehr kostete. Die Liebe mußte bedingungslos sein, bis sie herausfand, daß sie keine Liebe mehr geben konnte, und in ihrer Verzweiflung entdeckte sie, daß nur Jesus in ihr diese Liebe geben konnte. Schließlich glaubte sein Herz und er kehrte um.

Die schlimmste Ausprägungsform der Leistungsorientierung scheint mir (John) jedoch die zu sein, die Menschen zu „Würgern" macht. Ein „Würger" ist ein Vogel, der seine Opfer Muskel für Muskel auseinanderreißt. Bei den Menschen ist ein „Würger" eine Person, die die ganze Gerechtigkeit für sich beansprucht (häufiger eine Frau), so daß der andere (normalerweise der Partner, oftmals der Ehemann) keinen Raum hat, Ausdrucksformen der Gerechtigkeit zu finden und somit immer die Rolle des Schurken spielt. Bei solchen Menschen verbindet sich die Leistungsorientierung normalerweise mit geschwisterlicher Rivalität (das Kind hat gelernt, die anderen Geschwister zu übertrumpfen, indem es immer mehr Leistung erbrachte als sie, um damit selbst das geringste elterliche Lob für sich zu gewinnen) sowie mit einer von bitteren Wurzeln herrührenden Erwartungshaltung, daß die anderen ja doch nicht so gut dienen, wenn sie sich überhaupt richtig verhalten. (Vergleichen Sie auch Kapitel 14 in diesem Buch und Kapitel 11 in *Restoring the Christian Family*). Eine von bitteren Wurzeln herrührende Erwartungshaltung eines „Würgers" gibt dem Partner vierundzwanzig Stunden am Tag zu verstehen: „Handle falsch. Mach mich fertig. Ich weiß, Du wirst es tun. Mach' mich zu einem großmütigen Märtyrer. Das wird mein Lebensinhalt sein. Diese Rolle spiele ich (ohne es zuzugeben)."

Eines Tages kam eine Dame zu mir (John) und wollte wissen, warum ihr Ehemann so ein Schwächling war und immer wieder dem Reiz von Saufgelagen zum Opfer fiel. Sie war ein Vorbild an Tugendhaftigkeit – in ihrer Kleidung, in ihrer Moral, in ihrer Haltung, in ihren Gottesdienstbesuchen und in ihrem Gebetsleben. Nennen Sie irgendeine Tugend – diese Dame hatte sie; sie war die Gemeindeheilige. Hinter ihrem Verhalten stand jedoch keine reine Liebe für andere, sondern vielmehr eine selbstsüchtige Notwendigkeit, vollkommen zu sein, gekoppelt mit einer von bitteren Wurzeln herrührenden Erwartungshaltung, daß der Mann (ihr Vater war ein Trunkenbold gewesen) schwach sein würde. Ich saß daneben und beobachtete, wie sie zu zanken begannen. Alles bis auf die Worte, die sie tatsächlich gebrauchte, schrie ihren Ehemann an und forderte von ihm, der Schwächling zu sein, den sie brauchte. Je mehr er jedoch an Sicherheit gewann und je weniger er trank, desto mehr wurde sie zornig, anstatt sich zu freuen, was leicht zu verstehen ist. Ihr Prügelknabe war nahe daran, sie zu verlassen. Ihre Fähigkeit, ein gutes Gefühl über sich selbst zu haben, hing davon ab, inwieweit sie das Versagen anderer in einen krassen Gegensatz zu ihrer eigenen vermeintlichen Tugend setzen konnte. Dadurch wurde sie zu einer ewigen, ehrenvollen Märtyrerin, die in all diesen Gefühlen von ihren Ratgebern in der Gemeinde – die wie Hiobs Freunde waren – nur noch bestärkt wurde: „Sie ist so einer wunderbare Christin und hat so einen schrecklichen Mann!" Doch tragischerweise ist sie nun wirklich alles andere als ein Einzelfall; dieses Muster grassiert beinahe wie eine Seuche. Ein Mann, der die ganze Wahrheit in seinen Worten nicht erkannte, schrie seine Frau an, als er sie schlug: „Du bist so verdammt perfekt! Du bist so verdammt perfekt!" Sein inneres Wesen wußte, was es haßte, doch nicht sein Verstand. Er hatte noch nie eine richtige Frau gehabt, sondern immer nur deren leistungsorientiertes Äußeres.

Frauen fallen diesem „Würgersyndrom" leichter zum Opfer als Männer, nicht weil die Männer besser wären (sie sind es nämlich nicht), sondern weil Frauen von Gott so geschaffen worden sind, daß sie mehr als Männer das Verlangen haben, anderen zu gefallen; deshalb neigen sie ganz natürlich mehr zur Leistungsorientiertheit als Männer. Weil sie nicht über große körperliche Kräfte verfügen, lernen Frauen schon als Mädchen, wie sie emotionelle Winkelzüge einsetzen können und benutzen – weil sie diese Tatsache vergessen – unbewußt das Leistungsdenken, um den Ehemann zu übertrumpfen und die Rolle des heldenhaften Märtyrers zu spielen. In Gemeinschaft mit anderen Männern neigen Männer leichter zur Rebellion als zur Fügsamkeit, doch wenn sie von Müttern erzogen wurden, die alles unter ihrer Kontrolle hatten, sind sie empfänglicher dafür, für ihre Frau etwas leisten zu müssen, wenngleich sie weniger für die Rolle des „Würgers" taugen.

Innerhalb der Gemeinde wird die Leistungsorientierung mehr zu einem Geist religiösen als christlichen Ursprungs. Religion wird (in meinem dicken Wörterbuch) wie folgt definiert: „Handeln oder Verhalten, das sich gründet auf einen Glauben an und Ehrerbietung vor einer herrschenden göttlichen Macht sowie dem *Wunsch ihr zu gefallen...*" Vom theologischen Standpunkt aus, wird Religion definiert als die Suche des Menschen nach Gott, wobei sich der Mensch des Bibelstudiums, des Gottesdienstbesuchs, guter Werke und der Andacht bedient, um Gott zu finden und ihm zu *gefallen*. Der christliche Glaube ist das genaue Gegenteil. Hier geht es darum, daß Gott den Menschen findet und allen Menschen aus seinem unerschöpflichen liebevollen Herzen gibt. In der Religion hängt sich der Mensch an Gott. Im wahren Glauben hängt sich Gott an den Menschen. In der Religion rackern sich die Menschen ab, haben Angst und leiden unter falschen Schuldgefühlen: „Wir sind niemals gut genug, wir können es nie ganz schaffen." Im wahren Glauben finden wir Ruhe und Frieden, weil unsere eigenen Unternehmungen in die Hände des Vaters gegeben wurden und er wird mit uns viel besser handeln, als wir es je könnten. Im wahren Glauben ist jede Mühe in Frieden eingebettet (Kol 2,1; 1.Tim 4,10; Hebr 4,11; 12,4). Gott hat uns. Wir sind geliebt und auserwählt. Für eine gewisse Zeit können wir wohl aus der Gemeinschaft, jedoch niemals aus der Liebe herausfallen; und wenn das doch geschieht, dann wird Er uns auffangen. Deshalb sind wir sicher. Wir haben die Freiheit, danebenzuhauen, und deshalb brauchen wir es auch nicht so oft zu tun.

Religiöse Menschen übertragen das Prinzip der Leistungsorientiertheit auf Gott. Jetzt sprechen sie mit Nachdruck von einem Vater, dessen Forderungen man entsprechen *muß*, ungeachtet der Tatsache, daß Gott Vater überhaupt nicht so ist! Wir sehen ihn im Licht unserer Lebenserfahrungen, die wir mit unseren leiblichen Eltern gemacht haben (vgl. Kapitel 2: „Wie wir Gott sehen"). Sobald nun die erste Erleichterung über die Erlösung abgeklungen ist und der Heilige Geist kommt, denken leistungsorientierte Menschen deshalb in der unbewußten Ebene ihres Herzens: „Jetzt sollte es mir aber wirklich möglich sein, den Anforderungen gerecht zu werden!" Sie geben alles, mühen sich ab und möchten vollkommen sein, jedoch nicht wirklich aus Liebe zu Jesus, sondern vielmehr aufgrund derselben alten fleischlichen Angst davor, von den Eltern abgelehnt zu werden. Leider werden wir in allzu vielen Predigten gescholten und ermahnt, auch ja Leistung zu erbringen, dadurch wird der selben angsterfüllten Plage wieder neue Nahrung gegeben, anstatt kleinen Kindern, die die Welt mit den Augen von Erwachsenen betrachten, die einfache Frohe Botschaft von der Gnade Gottes zu predigen.

Von religiösen Menschen (wiedergeborenen LO Menschen*) gehen Meinungsverschiedenheiten innerhalb der Gemeinde aus. Weder

---

* „LO" wird im Folgenden als Abkürzung für die Begriffe „Leistungsorientiertheit" und „leistungsorientiert" verwendet.

können sie sich selbst entspannen, noch kann es jemand, der in ihrer Nähe ist. Sie kritisieren andere und können selbst keinen Tadel akzeptieren. Die religiösen Leiter haben Jesus gekreuzigt und verfolgen seither die Gläubigen. (In diesem Sinne sind Kommunisten, die ja leistungsorientiert sind, religiöse Fanatiker.)

Religiöse Menschen sind die heutigen Pharisäer.

> Und es versammeln sich zu ihm die Pharisäer und einige der Schriftgelehrten, die von Jerusalem gekommen waren; und als sie einige seiner Jünger mit unreinen, das ist ungewaschenen Händen Brot essen sahen – denn die Pharisäer und alle Juden essen nicht, wenn sie sich nicht sorgfältig die Hände gewaschen haben, indem sie die Überlieferung der Ältesten festhalten; und vom Markt kommend, essen sie nicht, wenn sie sich nicht gereinigt haben; und vieles andere gibt es, was sie zu halten überkommen haben: Waschungen der Becher und Krüge und ehernen Gefäße...
>
> (Markus 7,1-4)

Ihre Sicherheit beruhte darauf, die „richtigen" Dinge zu tun – rituelle Waschungen und Zeremonien – und nicht darauf, Gottes Liebe für sie zu kennen oder Taten der Liebe zu vollbringen. Er war ihrer Welt ein Ärgernis. Sie hatten mit Bedacht dieses System der richtigen Verhaltensweisen aufgebaut, um sich selbst die Gerechtigkeit zu garantieren und um alle Geschwister auszuspielen, die sich nicht ebenso richtig verhielten wie sie. (Dasselbe gilt auch heute noch in der Gemeinde.) Doch dann kam Jesus und sagte ihnen durch seine Liebe und indem er mit Güte ihre Sabbatgesetze zur Schau stellte, daß ihrer Werksgerechtigkeit kein Erfolg beschieden sei. Sie konnten in keiner Weise seine Liebe fühlen – außer in ihren Riten und Ritualen. Die Alternative dazu schien die Leere zu sein. Er war eine Bedrohung. Er ruinierte sie. Deswegen haßten sie ihn – und sie hassen ihn auch heute noch, auch wenn sie wiedergeboren sind und jeden Sonntag in der Anbetung in seiner Kirche seinen Namen im Munde führen!

Die große Tragödie zeigt sich nicht darin, daß LO Menschen die Gläubigen verfolgen, die durch ihren Glauben Ruhe gefunden haben, sondern vielmehr darin, daß die Gläubigen noch nicht erkannt haben, wie sie ihnen dienen können, damit sie frei werden. Die Gläubigen müssen lernen, wie man diejenigen liebt, die sich abrackern, und sie dadurch zur Ruhe bringen. Nirgendwo sonst innerhalb der Gesellschaft kann ein LO Mensch Ruhe finden, denn nur wenn er die ihm angebotene Liebe immer und immer wieder seinen Prüfungen unterzogen hat, kann er mit sich in seinem Herzen Frieden finden und annehmen, daß er in Ordnung ist, einfach nur, weil er in Christus existiert. Die Welt hat nicht die Geduld, ihn immer wieder zu akzeptieren

und ihm zu vergeben. Der Schlüssel liegt *in Christus*, denn der Geist eines jeden Menschen wird für die Anklagen Satans immer wieder empfänglich sein, bis er endlich in der Tiefe seines Herzens weiß, daß er in Ordnung ist, so wie er ist, so unvollkommen er auch sein mag, weil nämlich der Herr Jesus Christus seine Stärke, sein Heil und sein Lied geworden ist.

Satan sucht ein Opfer, das er verschlingen *kann*! (1.Petr 5,8). Paradoxerweise ist sich der, den er verschlingen *kann*, seiner Gerechtigkeit sehr sicher oder denkt zumindest, er brauche Gerechtigkeit, um nicht ruiniert zu werden. Gleichgültig auf welchem Gebiet und zu welchem Grad jemand die LO Lüge akzeptiert hat, daß er richtig handeln muß, um akzeptiert zu werden – dort ist die Spielwiese Satans. Er kann immer wieder seine Stimme erheben und auf ein Versagen auf irgendeinem Gebiet hinweisen. Doch wer weiß, daß er ein Sünder bleibt, auch wenn er erlöst ist und daß er keine eigene Gerechtigkeit aufweisen kann und auch keine braucht, weil ja Jesus selbst seine Gerechtigkeit ist, der kann von Satan nicht belangt werden.

Unser Verhalten muß immer noch im Einklang mit dem Maßstab stehen, den unser Herr Jesus Christus vorgegeben hat. Wenn man keine Gerechtigkeit hat, bedeutet das nicht, daß man die Freiheit als Vorwand dazu benutzen kann, um Böses zu tun (1.Petr 2,6). Unser Verhalten wird das Resultat seiner Liebe in uns sein. Doch der Erfolg oder Mißerfolg, der sich in unserem Verhalten zeigt, ist nicht das Barometer unserer Gerechtigkeit, sondern nur Jesus allein.

Man kann der LO oder einem religiösen Geist nicht entkommen, indem man die Kirche verläßt; auch nicht, indem man die Moralgesetze verachtet, die der LO Mensch als das eigentliche Gefängnis erachten könnte. Die Struktur der LO ist innerlich; wir nehmen sie überallhin mit, wie der alte Spruch besagt: „Man kann den Burschen vom Bauernhof jagen, aber man kann nicht den Bauern aus ihm verjagen." Wo auch immer man in der Gesellschaft steht, wird Leistung gefordert. Nirgendwo wird auf furchterregendere Art und Weise von anderen mehr auf die eigene Leistung geachtet als in der kriminellen Unterwelt! Als Lektüre hierzu schlagen wir vor: *Tell it to the Mafia* von Joe Donato. In dieser Unterwelt werden Menschen akzeptiert oder ausgelöscht, einzig und allein nach ihrer Leistung. Als es noch die „Yellow Cab" Taxis gab, folgte ich (John) als Fahrer dem Auftrag der Telefonzentrale und fand schließlich heraus, daß ich Callgirls „zur Arbeit" fuhr. (Dem Gesetz nach muß ein Taxifahrer seine Passagiere dorthin befördern, wohin sie wollen.) Ich war immer wieder erstaunt, als ich hörte, wie sich diese Prostituierten bitter darüber beklagten, daß sich andere Callgirls „nicht richtig verhalten" hätten. Sie „geben unserem Job einen schlechten Ruf" – so als ob er den noch nicht hätte! Die Geschäftswelt, Clubs, Freunde, ja selbst Zufallsbekanntschaften erheben herrische Forderungen nach einem bestimmten Verhalten und drohen mit Strafe wenn man ihm nicht entspricht. Es gibt nur einen *emotionalen* Unterschied zwischen dem, was innerhalb und dem, was außerhalb der Gemeinde abläuft: in der Gemeinde hat der Herr Jesus Christus die Gelegenheit, uns in den Tod und in die darauffolgende Ruhe in der entspannenden Gnade Gottes zu führen.

Die innere Struktur der Leistungsorientiertheit bildet im Herzen eines wiedergeborenen Christen eine höchst unbeugsame Enklave des Unglaubens. Der Verstand vernimmt die Botschaft des kostenlosen Geschenks, und der Geist atmet erleichtert auf, doch das Herz ist schon seit langem daraufhin trainiert worden, aus falschen Gründen anderen gefallen zu müssen. Wie ich schon an früherer Stelle erwähnt habe, feiert das Leistungsdenken schon bald nachdem das Feuer der Bekehrung erloschen ist, ein rachsüchtiges Comeback, und jetzt hat der Christ in rigoroser Ernsthaftigkeit einen Vater und anspruchsvolle Maßstäbe, die es zu erfüllen gilt! Viele treten in die Fülle des Heiligen Geistes ein, nur um kurz darauf zusammenzubrechen, weil ihnen dieser noch nicht getötete Bereich des Fleisches innere Mühen und Plagen auferlegt, die niemand ertragen kann! Johnnie, von der im vorigen Kapitel schon einmal die Rede war, lernte das Leistungsdenken von ihrem Vater. Jetzt, da sie einen Himmlischen Vater hatte, übertrug ihr Fleisch feierlich auf Gott Vater den Anspruch, sich ständig abrackern zu müssen, um die Liebe ihres leiblichen Vaters zu verdienen, und begrub sie unter dem vollen Gewicht des Vorbildes Jesu. Das Leben war für sie bald unmöglich zu bewältigen. Oftmals fiel sie in Depressionen.

Wir sollten niemals den Versuch aufgeben, für Christus zu leben. Jedoch müssen unsere alten Motive sterben und neue entstehen. Solange wir nicht gekreuzigt sind, stehen hinter allen Bereichen unseres Dienstes diese Bemühungen unseres Fleisches. Wir gehorchem dem Gesetz, so gut wir es gerade können, um Pluspunkte einzuheimsen, oder aus Angst vor Strafe, oder um die väterliche Liebe zu gewinnen oder aus einem Pflichtgefühl heraus, weil wir entsprechend trainiert worden sind, oder aus Angst, wir könnten nicht mit einem unruhigen Gewissen leben, das uns ständig anklagt, oder weil wir uns vor dem fürchten, was andere über uns denken werden oder davor, nicht mehr dazuzugehören – für einen Christen sind all diese Motive falsch. *All das muß sterben*. Wir sollten einzig und allein danach streben, daß die Liebe Jesu wie ein Strom durch uns fließt. Unser Handeln wird uns kein Verdienst einbringen, gibt niemandem die Schuldigkeit, auf uns freundlich zu reagieren, gibt uns keine Garantie, daß wir dazugehören oder geliebt werden, noch wird es Angst abwenden. Für all diese Dinge gibt es nur eine einzige wahre Antwort – die Gnadengabe Jesu. Doch bis unser *ungläubiges Herz in Wahrheit* dahin gelangt, diese Tatsache zu verstehen, werden wir so weitermachen. Wenn wir endlich dem Leistungsdenken abgestorben sind, kehren wir womöglich zu denselben Werken für den Herrn zurück, die wir mit den absolut gleichen Worten und auf die absolut gleiche Art und Weise tun, doch wird dann Jesu Liebe durch uns fließen und nicht unser Fleisch; die anderen werden das sehr schnell verstehen und bemerken.

Wir kamen einmal in eine Gemeinde, in der es einen Diakon gab, der wirklich ein „Hansdampf in allen Gassen" war. Jeden Sonntag ließ er den Sammelkorb 'rumgehen, sang im Chor mit, verkaufte Eintrittskarten für das Festessen für Männer, fuhr Gemeindemitglieder, die nicht mobil waren, in den Gottesdienst und meldete sich freiwillig für jede anstehende Aufgabe. Aber er war auch der „Stachel im Fleisch" des Pastors und „Herr Meinungsverschiedenheit" in der Gemeide. In seinem Gesicht und in seinem Gang sah man einen kleinen Jungen, der sagte: „Seht ihr etwa nicht, daß ich alles richtig mache; ich bin immer ein guter Junge. Jetzt müßt Ihr mich dafür lieben." In seiner Stimme, die er oft erhob, hörte man Verdammnis und Kritik. Er konnte einfach nicht verstehen, „warum die anderen dem Herrn nicht so dienen wie ich." Er hatte einfach kein offenes Ohr dafür, welche Faktoren seinen Dienst beeinflußten. Er war sich über seine inneren Beweggründe überhaupt nicht bewußt. Er konnte auch nicht erkennen, daß seine Kritik nicht auf der Liebe zum Herrn basierte, sondern vielmehr auf seinen kindlichen Zwang, geschwisterliche Rivalen an Leistung übertrumpfen zu müssen. Weil seine stattlich ausgebildete LO nicht die allerkleinste Ermahnung ertragen konnte, hatte er niemals ein offenes Ohr für die allerfreundlichsten Erklärungen darüber, was eigentlich vorging. Seither lebt er außerhalb der Gemeinde, die er damals tief enttäuscht über all diese „abgefallenen" Christen verlassen hatte. Seither herrscht in dieser Gemeinde ein herzliches und liebevolles Klima der Einheit. Dieser Mann war ein wiedergeborener Christ, der für den Herrn brannte. Wie tragisch es doch ist und wie sehr es uns in die Buße führen sollte, wenn wir sehen, daß wir es nicht verstanden haben, wie wir dem Herz dienen und der Leib sein sollen, der ihn hätte retten können, ihn, einen ungläubigen Gläubigen.

Peggy kam zu uns, weil ihr Mann sie verlassen hatte und sie es nicht verstehen konnte. Sie hatte doch „alles für ihn getan." Als ich ihr zuhörte, konnte ich (John) den wahren Trennungsgrund nicht erkennen. Doch dann fand eines Tages bei Peggy daheim ein Hauskreis statt, an dem ich sprechen sollte. Von dem Moment an, als ich eintrat, war Peggy überaus geschäftig, eilte hin und her und rotierte. In ihrem Gesicht, in ihrem Verhalten, ja sogar in ihrem Gang konnte man lesen: „Ich leiste viel für Euch. Bestätigt mir das doch endlich. Fühlt Ihr euch etwa nicht schuldig, wenn Ihr das nicht tut?" Jetzt wußte ich, warum ihr Mann sie verlassen hatte. Der arme Mann konnte nicht einmal in seinem eigenen Haus zur Ruhe kommen. Immer wenn sie ihm diente, forderte sie gleichzeitig eine Reaktion von ihm, eine Wertschätzung, eine anerkennende Bemerkung. Wenn ein Mann immer und immer wieder beweisen muß, daß er den anderen liebt und schätzt, wird er müde. Sie konnte es nie einfach nur so glauben, daß sie geliebt wird und sich an seiner Seite ausruhen. Sie *mußte* dienen und er *mußte* sie bestätigen. „Besser auf dem Dach in einer Ecke wohnen als eine *zänkische* Frau und ein gemeinsames Haus" (Spr 21,9; Hervorhebung vom Autor). In Sprüche 21,19 lesen wir, daß es besser sei, in der Wüste zu leben, als mit einer streitsüchtigen und besorgten Frau. „Besser ein trockener Bissen und Ruhe dabei als ein Haus voller Festspeisen, aber Streit dabei" (Spr 17,1).

Ich versuchte ihr das zu sagen. Sie konnte es nicht hören. Auch sie war eine wiedergeborene Frau, die mit dem Heiligen Geist erfüllt war, an Jesus glaubte und in den Gottesdienst ging. Sie wußte, was Errettung bedeutet. Doch ihr Herz konnte es nicht annehmen und Ruhe finden. „Nur Aufruhr sucht der Böse; aber ein grausamer Bote wird gegen ihn gesandt" (Spr 17,11). Und der ließ nicht lange auf sich warten.

Ihr Ehemann kam zu ihr zurück, wurde jedoch arbeitslos. Jetzt lag er auf der Couch herum und wollte, daß ihm gedient wird. Sie mußte eine Arbeit für ihn suchen. Er hat sie nicht nur alleine das Haus aufräumen oder abspülen lassen, er fuhr sie nicht einmal zur Arbeit und hat ihr nicht einmal den Wagen überlassen! Sie mußte mit dem Fahrrad fahren, den ganzen Tag arbeiten, nach Hause hetzen, das Haus auf Vordermann bringen, sein schmutziges Geschirr abspülen, das Abendessen vorbereiten, wieder abwaschen, Wäsche waschen und sich für die selbe Prozedur am nächsten Tag vorbereiten.

Wenn wir beharrlich unseren starrsinnigen Weg gehen, dann bürdet uns die Güte Gottes, die uns herzlos erscheint, nur immer mehr und mehr auf, bis wir schließlich am Ende sind und uns alles so anekelt, daß wir alles hinwerfen. Schließlich war da noch dieser Morgen, an dem Peggy auf dem Fahrrad den restlichen Kilometer zur Arbeit gegen einen gewaltigen Orkan ankämpfen mußte! Das gab ihr den Rest. Als sie nun so auf ihrem Fahrrad saß und sich fast die Lunge aus dem Leib strampelte, brannte ihr eine Sicherung durch, und sie schrie aus vollem Hals Gott an: „Da bin ich nun und will zur Arbeit fahren! Ich will Dir dienen! Ich liebe diesen Taugenichts von einem Ehemann, den *Du mir beschert hast*! Ich mach' die ganze Hausarbeit und nie hilft er mir! Und jetzt schickst Du mir auch noch einen Sturm!" Dieser Ausbruch riß die Türen auf und nahm ihr das Steuer aus der Hand; all die aufgestauten Gefühle brachen aus Peggy heraus. Sie fluchte und schimpfte und wetterte, und schließlich schleuderte sie Gott auch noch Obszönitäten entgegen! Und was geschah? Kein Blitz kam vom Himmel, um sie zu vernichten. Kein Auto überfuhr sie, um sie zu strafen. Stattdessen überkam sie ein überwältigender Friede. Vom Himmel her wurde sie mit Salbung, Segen und Liebe überschüttet! Genau dort mitten auf der Straße blieb sie stehen und weinte wie ein Baby. Zum ersten Mal in ihrem Leben *wußte* sie, daß jemand sie liebt – auch wenn sie Fehler macht. Das Evangelium ist schließlich bis in ihr ungläubiges Herz vorgedrungen.

Wenige Monate später kam Peggy zu mir, nicht zur Seelsorge, sondern um Danke zu sagen. Bis zu diesem Zeitpunkt saß sie immer auf der Stuhlkante, die Knie eng zusammengepreßt, die Hände im Schoß verschränkt, ganz etepetete und korrekt. Doch jetzt lehnte sie sich behaglich im Sessel zurück, lachte und witzelte und gab freimütig und bereitwillig zu, was sie eigentlich fühlte. Übrigens hat sie ihren moralischen Standard dadurch nicht verloren, daß sie herausgefunden hat, daß sie auch mal etwas verpatzen darf. (Nebenbei bemerkt war Peggy eine der attraktivsten und schönsten blonden Frauen, die sich ein Mann nur wünschen kann.) Jetzt ist es leichter für sie geworden, moralisch zu sein, da sie aus der Liebe zu Gott und nicht aus einem Zwang heraus handelte. Endlich hat sie die wahre Bedeutung von Gnade verstanden – unverdiente Gunst.

Ich muß bekennen, daß ich mir oft wünschte, wenn ich ein Seelsorgegespräch mit einem übermäßig leistungsorientierten Menschen hatte, daß er einfach mal 'rausgehen und so wie der verlorene Sohn handeln würde, damit er wirklich verstehen könnte, was es bedeutet, einen Heiland zu brauchen und zu haben. Martin Luther ist in seiner Beichte vor seinem Beichtvater so übertrieben ins Detail gegangen, daß Spatina ihn schließlich anschrie: „Martin, wann hörst Du endlich auf, mir mit dem Beichten all dieser Lappalien den Nerv zu töten und gehst hinaus und verübst eine richtig große Sünde? Dann komm wieder zu mir und beichte!" Die Antwort besteht natürlich nicht darin, was Martin Luther dann aus dem selben Grund in der Verzweiflung eines Seelsorgers sagte: „Wenn Du schon sündigen mußt, dann sündige gewaltig!" Wir müssen nicht alle – wie der schon einmal erwähnte Pastor – eine Affäre haben, um die Liebe und das Heil mit dem Herzen zu erkennen.

Paula war ähnlich wie diese blonde Frau; sie war durch und durch höchst moralisch und annähernd so leistungsorientiert. Am Anfang unserer Ehe konnte ich ihr kaum etwas sagen, was sich irgenwie nach einem Tadel anhörte; sie hat mir immer wieder meine eigenen Worte mit selbstverteidigender Bitterkeit zurückgegeben. Ich hatte meine eigenen Fehler, die viel schwerwiegender waren, doch das war einer von Paulas Fehlern. Ich habe es immer und immer wieder versucht, mit ihr darüber zu sprechen, doch konnte ich nie richtig zu ihr durchdringen und es ihr begreiflich machen. Schließlich sagte ich nach sechzehn Jahren zum Herrn: „Ich geb's auf. Du mußt ihr das klar machen."

Zur selben Zeit sagte ich (Paula) so ziemlich das gleiche zum Herrn: „Ich geb's auf. Ich weiß einfach nicht, wovon er spricht. Ich weiß nicht, wie ich mich verändern soll. Ich kann einfach nicht länger in dieser Sackgasse herumfahren. Herr, mach', was in Deinen Kräften steht, um durchzubrechen." Nicht einmal in meinen Gebetszeiten konnte ich erkennen, daß ich diese Probleme hatte. Meiner eigenen Einschätzung nach arbeitete ich hart, um in meinen vielfältigen Rollen Leistung zu bringen und alle Aktivitäten zu koordinieren – als Mutter von sechs Kindern, als Lehrerin an der Highschool, die den Unterricht in vier Fächer vorbereiten mußte, und als Frau eines Mannes, der im geistlichen Dienst stand, und die selbst aktiv am Gemeindeleben teilnahm. Ich wollte in all diesen Gebieten erfolgreich sein, und in den Gesprächen mit John hörte ich immer nur Anklagen und Druck, der mir zu verstehen gab, daß ich noch nicht genug tat. Natürlich war das nicht seine Absicht gewesen. Aber ich habe nun mal genau das gehört. Ich war erschöpft. Ich wollte, daß er mich einfach um meinetwillen liebte und konnte nicht erkennen, daß meine Bemühungen und meine Verteidigungsmauern ihm genau das unmöglich machten. In der Regel arbeiten leistungsorientierte Menschen hart, um den anderen durch ihren Dienst ihre Liebe zu zeigen; jedoch können sie die anderen nicht nahe genug an sich heranlassen, damit sie ihre Liebe erwidern könnten. Wir haben mittlerweile schon mit vielen christlichen, charismatischen Leitern gesprochen, die in ihrer obersten Position isoliert und einsam geworden sind, weil niemand es gewagt hat, seine eigene LO zu durchbrechen, um ihnen zu dienen. Einige Freunde fragten John: „Warum ist Paula so unnahbar?" Er antwortete: „Ich weiß es nicht. Fragt sie doch selbst." Doch ich machte immer einen so gefaßten und korrekten Eindruck, daß offensichtlich keiner bereit oder fähig war, einen Frontalangriff auf mich zu wagen. Mir kam es so vor, als ob nie, wenn ich andere um Gebet bat, die Worte kamen, nach denen sich mein Herz sehnte. Stattdessen hörte ich nur: „Gott, wir preisen Dich für diese wundervolle und starke Frau." Das ging völlig an mir vorbei. Ich war einsam und zornig und alles, was mir übrig blieb, war, mich nur noch mehr anzustrengen. Mein Verteidigungswall war so dick, daß John sich schwer getan hätte, ihn zu durchdringen, selbst wenn er ein Engel gewesen wäre. Und er fühlte sich für mich einsam und empfand Schmerz. „Manchmal wünsche ich mir, ich hätte eine untalentierte, dumme Blondine geheiratet", sagte er einmal. Und ich dachte: „Dieser Narr weiß mich einfach nicht zu schätzen."

Gott weiß, daß Mauern, die zu hoch sind, um darüberspringen zu können

und zu massiv, um durchgehen zu können, niedergerissen werden müssen. Als wir beide schließlich „aufgaben", ignorierte er sogar den Unterton des Märtyrers in unseren Schreien und antwortete auf wunderbare Weise.

Ich war Lehrerin in Mullan, im Bundesstaat Idaho, einer kleinen Stadt, ungefähr zehn Kilometer in Richtung Lookout Pass von Wallace entfernt, wo wir lebten. Es war Oktober, und auch wenn noch kein Schnee gefallen war, gab es doch manchmal dunkle eisige Stellen an schattigen Kurven auf den Straßen. Am hellichten Tag ging ich davon aus, daß die Straßen eigentlich gut befahrbar sein müßten, als ich in unserem VW-Bus nach Hause fuhr. Doch plötzlich kam ich so mit etwa 95 km/h auf Eis (damals lag die Geschwindigkeitsbeschränkung noch bei 110 km/h). Durch das Gewicht des hintenliegenden Motors begann sich der Wagen wie ein Kreisel zu drehen. Der Kleinbus prallte auf die Leitplanke, überschlug sich zweieinhalbmal, und ich flog durch die Windschutzscheibe, kurz bevor der Wagen auf dem Dach zum Stehen kam. Als ich aufwachte, lag ich auf dem Rücken mitten auf der Straße und sah einem Mann ins Gesicht, dem ich zuvor erst einmal begegnet war. Ich dachte, ich müsse verletzt sein, doch empfand ich keinen Schmerz und spürte einen unglaublichen Frieden. Ganz ruhig bat ich den jungen Mann, den Krankenwagen zu rufen, der mich ins Kellogg Krankenhaus bringen sollte, das ungefähr zwanzig Kilometer vom Unfallort entfernt war, weil dort unser Arzt Dienst tat. Ich fragte nach, ob noch andere Fahrzeuge beschädigt worden seien, doch er verneinte, und mir fiel ein Stein vom Herzen. Auf dem Weg ins Krankenhaus schossen mir immer wieder Worte aus dem dreiundzwanzigsten Psalm durch den Kopf, doch mein Gefühl des Friedens blieb bestehen. Als der Arzt im Krankenhaus eine Unmenge Sand aus meiner Unterwäsche klopfte, bemerkte ich, daß mein Auge so fest anschwoll, daß ich das Lid nicht mehr öffnen konnte; ich bat ihn, einen Moment zu warten und die Kontaktlinsen zu entfernen, solange das noch möglich war. Im Wartezimmer hörte ich die hysterischen Schreie einer Freundin, doch immer noch schwebte ein Gefühl der Ruhe und der Stille über mir.

Ich hatte einige Verletzungen erlitten. Meine Kopfoberseite fühlte sich an wie eine Wasserblase. Mein Hals und meine Schultern strahlten in einem leuchtenden Marineblau. Ich muß wohl eine Zeit lang ein dick geschwollenes Gesicht gehabt haben, weil einige Tage später ein Krankenpfleger seinen Kopf zur Tür hereinstreckte und freundlich sagte: „Na, guten Morgen, *Dünn*bäckchen!" An den Schenkeln und Beinen hatte ich überall Schrammen und Schürfwunden, eine Wunde an meinem linken Knie mußte genäht werden. Ich bekam im Rücken immer wieder Krämpfe und wurde geröntgt. Man fand heraus, daß vier Querrippen gebrochen waren. Zweieinhalb Wochen lang schlief ich die meiste Zeit. Ich bekam jedoch mit, daß ich ständig Besuch hatte. Gemeindemitglieder, Lehrerkollegen und Verwaltungsangestellte, Familienmitglieder, Nachbarn und Schüler, alle kamen, um mich zu besuchen. Ihre Liebe und Sorge war ein Dienst an mir, der mir sehr nahe ging. Jeden Tag bekam ich haufenweise Post. John erzählte mir, ihn hätten Leute aus dem ganzen Land angerufen und gefragt: „Was ist denn bei euch oben los? Der Herr hat mir gesagt, ich solle für euch beten." Zu Hause haben sich Gemeindemitglieder angeboten, für mich körbeweise Wäsche zu bügeln (darunter waren auch einige Stücke, die ich schon für den Flohmarkt ausgemustert hatte, doch das konnten sie ja nicht wissen!). Sie haben für meine Familie gekocht und sich um die Kinder gekümmert. Die Gemeinschaft war im Gebet. Eine Freundin fuhr Andrea, unsere Jüngste, die damals zwei Jahre alt war, jeden Abend zu mir ins Krankenhaus, damit sie sich vergewissern konnte, daß ich auch ja gut zugedeckt war. Loren, unser Sohn, kam vom College, um für mich zu singen und die Gitarre zu spielen. Ich wurde von Liebe und Gebet förmlich überschwemmt, und ich konnte nichts anderes tun, als nur dazuliegen und es zu lernen, mir dienen zu lassen.

Auch ein paar Himmelswesen kamen zu Besuch, und noch heute frage ich mich, warum ich damals nicht erschrocken bin und auch nicht in Frage gestellt habe, was ich sah. Doch genauso real wie Menschen aus Fleisch und Blut kamen und gingen, standen auch etliche gesichtslose Wesen zu beiden Seiten der Zimmertür bis in den Gang hinaus. Sie bildeten einen Tunnel aus Licht, der bis an meine Bettkante reichte. Eine Zeit lang schien sogar mein Bett selbst mit Rosen bedeckt zu sein, die sich später in Lilien verwandelten. An der Wand konnte ich – quasi vergleichbar mir einer Fieberkurve – eine Zeichnung von mir sehen, auf der ich erst nach unten schaute, dann geradeaus und schließlich nach oben. Dann gab es keine weiteren geheimnisvollen Realitäten mehr. Doch nach wie vor umgab mich ein Friede. In mir hatte ich ein Gefühl der Wärme. Meine Verteidigungsbollwerke waren niedergerissen worden. Jetzt *wußte* ich um die heilende Liebe des Herrn. Ich mußte einen therapeutischen Stützapparat für meinen Rücken tragen und man sagte mir, ich müsse ihn zwischen sechs Wochen und vier Monaten anbehalten. Zweieinhalb Wochen nach dem Unfall entließ man mich; einige Tage später ging ich wieder in die Schule, nahm noch eine Klasse dazu und trug diesen Stützapparat nur eine Woche lang.

Wir (jetzt schreibt wieder John) erzählen diese Geschichte in einer Linie mit den anderen Beispielen, um an unserem eigenen Leben zu zeigen, wie starrsinnig das Herz ist, wie oft es bei Menschen, die an die Bibel glauben und die mit dem Heiligen Geist erfüllt sind, tatsächlich unbekehrt ist, und wie oft Gott Himmel und Erde in Bewegung setzen muß, um endlich unser Herz, diesen Diamanten mit seinen vielen tausend Facetten, zu erreichen. Jetzt konnte es Paula – wie sie erzählt hat – zum ersten Mal zulassen, daß andere Menschen ihr dienten; zum ersten Mal konnte sie einen Tadel von mir annehmen und wir konnten echte Gespräche führen, in denen beide Seiten ein offenes Herz hatten, und die sich durch ein ständiges Geben und Nehmen auszeichneten. Jedoch war da immer noch ein unbekehrter Bereich in ihrem Herzen, der nicht glauben konnte, daß Gott für sie da sei. Doch Gott rührte sie erneut durch diesen Vorfall an, den wir im vorigen Kapitel erzählten, als sie im Wagen von der Straße abgekommen war. Aber sie blieb immer noch eine ältere Schwester, die am „Älterer Bruder"- Syndrom litt (Lukas 15,11-32). Paula hatte nie frei heraus und absichtlich gesündigt. Sie war immer ein „braves Mädchen" gewesen.

In der Third Baptist Church in St.Louis, in der ich, Paula, aufgewachsen bin, gab es diesen Hang nicht, andere Christen zu verurteilen, auch nicht diese Gesetzlichkeit, für die einige fundamentalistische Kreise bekannt geworden sind. Dr.C.Oscar Johnson predigte einen sehr liebevollen Jesus, der sich selbst hingab und für mich starb, weil er mich liebte. Ich übergab ihm mein Leben, als ich elf Jahre alt war, weil ich *wußte*, daß er mich liebte. Ich ging nach vorne, um ihn anzunehmen, einzig und allein aus Liebe. Ich liebte ihn so sehr, daß es bei mir während eines Abendmahlsgottesdienstes nie ohne Tränen abging. Es ist mir nie bewußt geworden, daß ich mich selbst nie als Sünderin gesehen hatte, die einen Heiland brauchte.

Lange nach Gründung von Elija House, als John und ich kreuz und quer durchs Land reisten, um die Liebe Jesu im Alltag zu predigen, begannen zwei katholische Mitglieder des Elija House mich mit einer höchst unglaublichen und atemberaubenden Aussage zu konfrontieren: „Paula, Du weißt nicht, was es heißt, einen Heiland zu haben."

„Was meint Ihr denn damit, wenn Ihr sagt, ich würde ihn nicht kennen? Ich kenne ihn schon seit meinem elften Lebensjahr und lehre seit Jahren über ihn."

„Du kennst ihn aber nicht als *Heiland*. Du hast noch nie die Paula gekannt, die eine Sünderin ist. Nur Sünder können einen Heiland kennen. Wir haben Mitleid mir Dir." (Vergessen Sie nicht, daß diese Worte von Katholiken stammen, die mit einer evangelikalen, wiedergeborenen Baptistin sprachen, und keiner geringeren!)

Ich ging mit diesem Problem zu John, und er sagte (offensichtlich fiel ihm dabei ein Stein vom Herzen): „Bitte Gott, er solle es Dir zeigen. Bitte ihn, Dir Dein sündiges Wesen zu offenbaren. Er wird's tun." Das habe ich dann auch getan.

Eines Tages brachte dann ein Pastor ein Gemeindemitglied zu John, und während dieses Seelsorgegesprächs besuchte dieser Pastor mich. Ich konnte kaum glauben, was ich da hörte. Ich kannte diesen Mann als hervorragenden, geisterfüllten Pastor. Und da erzählt mir der doch weitschweifend von seinem früheren Leben als Callboy! Ich hatte noch nie gehört, daß es so etwas überhaupt gibt. Doch ich war sehr geübt darin, zuzuhören, ohne einen Schock zu bekommen. Ich legte still für mich meine Reaktionen immer wieder dem Herrn hin. Aber ich fragte mich, warum er mir das alles erzählte. Er muß wohl vor langer Zeit darüber Buße getan haben und wußte seither, daß ihm alles voll und ganz vergeben ist und daß er ein neuer Mensch war, also warum sprach er denn nur darüber? Dann wechselten wir das Thema; schließlich mußte er gehen, und in den folgenden Stunden überwältigte mich eine unglaubliche Verwirrung. Wir sperren niemals die Türen ab. Doch mit einem Mal verspürte ich einen unbändigen Drang, alle Türen und Fenster abzusperren. Ich kam mir reichlich dumm dabei vor. „Nichts bedroht mich. Warum hab' ich nur Angst?" Dann zeigte mir der Heilige Geist, daß ich versuchte, dieses Bewußtsein über mein eigenes sündige *Wesen* hinauszusperren. Die Erzählungen dieses Mannes hatten mich sexuell überhaupt nicht erregt. Dazu bin ich viel zu sehr von John angetan. Doch dann machte mir der Herr bewußt, daß seine Erzählungen mir irgendwie klarmachten, daß in jedem von uns genau diese Kapazität zu sündigen liegt – und deshalb auch in mir! Ich erkannte, wie wahr dieses Wort war. Zum ersten Mal sah ich, daß ich nicht deswegen in keine schlimme Sünde gefallen bin, weil ich so brav war, sondern vielmehr deshalb weil mich der Herr in seiner Gnade davor bewahrt und mich mit einer Familie, einer Erziehung und Lebensumständen gesegnet hat, die so völlig unverdient waren, daß der niederträchtige Teil meines Wesens, das so finster ist, wie das dieses Mannes oder das irgendeines anderen Menschen, nie großartig durch gewisse Gelegenheiten dazu verleitet worden ist, diesem sündigen Wesen in mir Ausdruck zu verleihen. Unter denselben Bedingungen *hätte* ich das gleiche wie mein Freund, der Pastor, ja sogar noch schlimmere Dinge tun können. Ich sah mich selbst als Sünde und von diesem Punkt ausgehend, verleihen wir der Sünde Ausdrucksformen, eben nicht wie ein guter Mensch, der gelegentlich mal sündigt und deshalb Sünder heißt. Diese Erkenntnis demütigte mich zutiefst.

Jetzt, da ich mich selbst als Sünde sehe, bleibt mir nichts mehr, das es wert wäre, verteidigt zu werden. Immer wenn ich mich zu sehr in meine Arbeit vertiefe und mir zu wenig Zeit für Gott nehme, dann verschiebt sich meine Motivation ganz unscheinbar wieder von Liebe zu Leistung. Gott hat uns somit Unterscheidungskriterien gegeben. Wir können unsere Gottesferne daran erkennen, daß wir wieder beginnen, uns abzustrampeln, alles unter Kontrolle haben zu wollen und uns zu verteidigen. Vermutlich wird Gott auf dieser irdischen Seite der Ewigkeit der Leistunsorientiertheit niemals ganz den Garaus machen, und zweifellos weist das Herz, dieser Diamant, auch noch viele andere Facetten auf, die hart, rauh und ungeschliffen sind. Doch beachten Sie hier den unmittelbaren Zusammenhang: je weicher mein Herz wurde, desto sanfter hat der Herr an mir handeln können, von einem Unfall mit körperlichem Schaden, in dem ich mit Not dem Tod entronnen bin, über einen „Beinahe-Unfall", über Worte der Ermahnung bis hin zu einem Gleichnis im Lebenszeugnis eines anderen Menschen. Könnte uns das etwas Aufschlußreiches darüber sagen, wie sich Gottes alttestamentliche Wege mit einem abgefallenen Volk Israel bis zur Liebe Jesu im Neuen Testament verändert haben? Kann es uns Aufschluß über unser eigenes Leben geben? Wieviel leichter wäre unser Leben, wenn unser starrsinniges und ungläubiges Herz hören könnte?

So sieht das Werk der Umgestaltung aus, und so gründet es sich auf die Evangelisation: Es gilt, die zahllosen inneren, unbekehrten Bereiche der Herzen gläubiger Menschen neu zu erreichen und frischen Wind hereinzulassen.

Wie kann eine leistungsorientierte Einzelperson Veränderung erfahren? Das ist sicher nicht leicht. Die üblen Gewohnheiten des Fleisches sind sehr widerspenstig. „Deshalb laßt nun auch uns, da wir eine so große Wolke von Zeugen um uns haben, *jede Bürde, und die leicht umstrickende Sünde* (In der Lutherübersetzung heißt es: „die Sünde, so *uns immer anklebt und träge macht...*") *ablegen* und mit Ausharren laufen den vor uns liegenden Wettlauf..." (Hebr 12,1; Hervorhebung vom Autor). Es liegt für uns nicht auf der Hand, daß die Leistungsorientierung, durch die wir uns doch so viel Mühe geben, *Gutes* zu tun, Sünde ist, aber das ist nun mal die traurige Wahrheit.

Zunächst müssen wir dem betroffenen Menschen helfen, diese Tatsache zu sehen. Sprechen Sie mit ihm darüber. Verwenden Sie dieses Buch. Geben Sie ihm Kassetten, die er sich anhören kann. (Hier in Elija House benutzen wir dazu zwei Kassetten von John und Paula: „Performance Orientation" und „Dying to Performance Orientation", sowie eine Kassette von Loren, mit dem Titel „Freedom from Performance".)

Der Mensch muß an einen Punkt kommen, an dem er die Leistungsorientierung weder als eine unscheinbare Aneinanderreihung von Ereignissen betrachtet noch als einen winzigen, ganz speziellen Teil seines Wesens, sondern vielmehr als metastasierendes Geschwür, das sich auf sein ganzes Wesen und auf seine Taten erstreckt. Er darf sie nicht als irgendeine zusammenhangslose, kleine Macke betrachten, sondern als den Stoff, aus dem sein ganzes Leben gemacht ist, und er muß lernen, sie zu hassen. „Verabscheut das Böse" (Röm 12,9). LO ist die Grundstruktur des Königreichs unseres Ichs!

Buße, abgeleitet von dem griechischen Wort *metanoia*, bedeutet Änderung, eine Kehrtwendung machen und in die andere Richtung gehen. Inwendige Strukturen wie die Leistungsorientierung haben ein Eigenleben. Wir sind nach dem Bilde Gottes geschaffen, und alles, was wir selbst in uns schaffen, hat ein Eigenleben und weigert sich, zu sterben. Die jeweilige böse Gewohnheit in uns wird uns Vorwände und Ausflüchte entgegenhalten: „O ja, Du tust ja genau das gleiche" oder „Du bist selbst ja auch gar nicht mal so toll." Loren kam früher immer mit einem Schuldgefühl nach Hause, und weil er wußte, daß wir einige der dahinterliegenden Gründe entdeckt hatten, bekannte er immer zwei oder drei von den vielleicht zehn Dingen, die er getan hatte. Dann fühlte er sich besser und konnte die restlichen sieben oder acht Dinge in seinem Gewissen herunterspielen. Wir dachten immer, er sei ein ehrlicher und sorgfältig in der Buße lebender Sohn – bis wir verstanden, was eigentlich lief. Genauso wird uns auch unser innerer Mensch ein paar goldene Äpfel vorwerfen, denen wir dann nachlaufen, während das eigentliche sündige Wesen weiterhin ungehindert sein Unwesen treibt (ein Gleichnis über unsere Psyche, das aus der griechischen Mythologie stammt). Ein Seelsorger muß die Hartnäckigkeit einer Bulldogge und die durchdringende Kraft eines stählernen Meißels haben. „Aber das Haus Israel wird nicht auf dich hören wollen, denn sie wollen nicht auf mich hören. Denn das ganze Haus Israel hat eine harte Stirn und ein verstocktes Herz. Siehe, ich habe dein Angesicht hart gemacht genau wie ihr Angesicht und deine Stirn hart genau wie ihre Stirn; wie einen Diamanten, härter als einen Kieselstein, habe ich deine Stirn gemacht. Fürchte sie nicht und erschrick nicht vor ihrem Angesicht! Denn ein widerspenstiges Haus sind sie" (Hes 3,7-9).

Strukturen wie die Leistungsorientierung arbeiten mit einem integrierten Belohnungssystem. Solange uns die Belohnung lieber ist, werden wir uns nicht ändern. Ich (John) versuchte einmal immer und immer wieder, eine bestimmte Sünde nicht zu tun und betete wiederholt darüber, nur um sie dann wieder zu tun. Schließlich hatte ich die

Nase voll und schrie Gott an: „Warum hilfst Du mir in dieser Sache nicht?"

Er antwortete prompt, kurz und bündig: *„Du ekelst Dich noch nicht genügend davor!"* Mein Haß darauf war noch nicht stark genug. Dann sagte Gott: „Du erfreust Dich immer noch an dieser Sache."

„Nein, das tue ich nicht. Ich hasse sie", protestierte ich.

„Mein Sohn, wenn Du sie genügend hassen würdest, würdest Du sie auch nicht mehr tun. Wie ich sagte, du magst sie."

Das warf in mir die Frage auf, ob ich mich in einer mir unbekannten und verborgenen Art und Weise etwa noch immer an der Sünde ergötze. Der Herr offenbarte mir ein wahres Netz aus unsichtbaren Verbindungslinien, auf denen verborgene Genüsse von einem Eiterherd zum anderen transportiert wurden. Wenn die Sünde zum Beispiel darin bestand, in Gegenwart von Paula still, kalt und unaufmerksam zu werden, dann steckte hinter diesem einen, leicht überschaubaren Vorfall folgendes: die Genugtuung, eine kritische Mutter strafen zu können; das Gefühl der Macht, weil ich den anderen auf die Palme bringen konnte; die bösartige Faszination über das Leiden des anderen; Wunschvorstellungen darüber, der edle Märtyrer zu sein, der ruhig und ausgeglichen bleibt, während bei Paula – armes Ding – die Sicherung durchbrennt, sie zornig wird und damit zeigt, daß sie nicht fähig ist, so „christlich" und „beherrscht" zu sein wie ich; das unzulässige Gefühl, es Paula heimzuzahlen; Dominanz und Kontrolle; männliche Überlegenheit; so könnten wir einen schier endlosen Katalog verschiedener Genüsse aufzählen, die hinter einer einzigen Sünde stehen. Es ist sehr unwahrscheinlich, daß ich diese Belohnungen aufgeben werde, solange sie den verborgenen Kontrollzentren *meines Herzens* mehr bedeuten als mir Paula oder Gott etwas bedeuten. Es ist eine spezielle Gabe Gottes, einen richtigen und hinlänglich intensiven Haß auf das Ich zu bekommen, das wir in Opposition gegen Gott aufgebaut haben. Ich entdeckte bald, daß ich in der Kraft meines fleischlichen Willens die Sünde nicht genug hassen könnte, um zu einer wirklichen Buße zu gelangen. Hilflos stand ich vor meinem verdorbenen Herzen. „Trügerisch ist das Herz, mehr als alles, und unheilbar ist es. Wer kennt sich mit ihm aus?" (Jer 17,9). Die abgeleitete lateinische Form von „unheilbar" bedeutet „ohne Hoffnung", hilflos.

Buße entsteht aus dem Geschenk der Liebe, die einen unbußfertigen und unbekehrten Bereich unseres Herzens erreicht. Erst wenn wir wahre Liebe zulassen oder wenn sie schließlich irgendwie diesen streng bewachten Bereich berührt, erleben wir eine Veränderung. Wohl setzen wir mit großer Bestimmtheit die Segel unseres Willens immer und immer wieder, doch wenn sich der Wind des Lebens das nächste Mal dreht, zeigt sich normalerweise, daß wir nicht fähig sind, beizudrehen. Also greifen wir an. Weil wir uns immer viel zu sehr verantwortlich fühlten, hatten Paula und ich immer Tausende von Menschen auf dem Herzen (Phil 1,7); wir haben uns ausgezehrt, als wir versuchten, die Menschen in der nötigen tiefgehenden Art und Weise anzusprechen; erst spät entdeckten wir, daß Gott einen höchst unwahrscheinlichen Umstand (wie z.B. ein Fahrrad in einem wilden Orkan) oder einen unmöglichen Menschen (wie z.B. einen Mongoloiden, der das Herz eines überaus intelligenten Professors anrührte) benutzen konnte, sobald wir die Angelegenheit losließen. Schließlich lernten wir es, Glauben für den anderen zu haben, daß Gott sein Herz anrühren würde (1.Kor 13,7: „(die Liebe) glaubt alles"), und ihm anzubieten, für ihn da zu sein, falls der Herr ihn durch uns anrühren wollte.

Ein Seelsorger muß bereit sein, den anderen in Geduld zu ertragen und auszuhalten (1.Kor 13,7: „(die Liebe) erträgt alles"), denn der Ratsuchende wird ihn womöglich – wie der oben erwähnte betrunkene Ehemann – immer und immer wieder auf die Probe stellen. Eine wundervolle junge Frau, für die wir zu Eltern in Christus geworden sind, hat uns immer wieder im Herzen weh getan. Eines Tages kam sie zu mir (John) in die Seelsorge und beobachtete aus den Augenwinkeln meinen Gesichtsausdruck, als mir dieses einst moralisch so hochstehende Mädchen in schillernden Farben ihre jüngste sexuelle Erfahrung im Rahmen ihrer ersten ehebrecherischen Beziehung schilderte. Ich mußte meine Trauer darüber einfach durch meinen Blick und meinen Gesichtsausdruck zeigen. Aber ich konnte ihr Vergebung zusprechen und ihr zeigen, daß ich sie immer noch lieben konnte und daß ich nach wie vor ihr „Vater" sein würde. Mehr als alles andere, zeigte ihr meine Trauer, daß ich sie wirklich liebte. Diese Liebe und die Trauer ließen sie zum ersten Mal verstehen, wie unsere Sünden Jesus betrüben, und daß uns nicht das Gesetz von der Sünde abhält, sondern vielmehr unsere Bereitschaft, unseren liebevollen Herrn nicht verletzen zu wollen. Die Tatsache, daß ich sie angenommen und immer wieder bedingungslos geliebt hatte, durchbrach ihre Leistungsorientiertheit und zeigte ihr, daß sie auch dann noch geliebt sein würde, wenn sie alles kaputtmachen, alles zerstören, sündigen und andere verletzen würde. Ihr verstohlener Blick deutete darauf hin, daß sie mich auf die Probe stellte (sowie auf das Vorhandensein derselben perversen Genüsse, die ich schon einmal aufgelistet habe, als es für mich darum ging, Paula zu strafen). Ob diese Sünde nun notwendig war oder nicht – der Herr hat sie dazu benutzt, ihr Herz anzurühren und sie zu verändern. Von diesem Moment an begann sie von einer 27-Jährigen, die mehr das Verhalten einer frühpubertären Jugendlichen hatte, zu einer wunderbaren jungen Frau, die sie heute ist, heranzureifen; sie ist immer noch eine „Tochter", doch mittlerweile eine erwachsene Freundin.

Der Seelsorger sollte *mit* der leistungsorientierten Person beten und das Kind in ihr mit Liebe und Vergebung anrühren. So ein Mensch hegt in seinem Inneren einen verborgenen Groll, der von dem Gefühl herstammt, seine Eltern haben ihm nicht die Liebe gegeben, die es ihm ermöglicht hätte, Sicherheit und seine wahre Identität zu finden. Der Seelsorger sollte diese Person bitten, dem ganzen leistungsorientierten System laut zu entsagen. Hier handelt es sich freilich nicht um eine Zauberformel. Dieses Gebet wird höchstwahrscheinlich nicht augenblicklich an Ort und Stelle alles in Luft auflösen. Aber es *wird* dem Herrn die Erlaubnis geben, gewaltige Orkane zu schicken oder was auch immer erforderlich ist, um zum Herzen vorzudringen.

Je mehr sich die Seelsorgebeziehung entwickelt und der Ratsuchende mit dem Seelsorger mehr und mehr eine enge Beziehung eingeht, desto mehr wird aufgrund des sich entwickelnden Vertrauens und der wachsenden Vertrautheit Raum für einige überraschende „Behandlungsformen" vorhanden sein. Ein leistungsorientierter Mensch ist außergewöhnlich ernst. Humorvolle Späße und Albernheiten kann er nicht gutheißen. So ziemlich die einzige Art von Witz, die ein leistungsorientierter Mensch zuläßt, ist eine reuevolle Witzelei über die Unfähigkeit, Leistung zu bringen. Vielleicht hat er, so wie Paula und wir im Hauskreis immer sagen, ein „galgenhumoriges Lachen" – ein peinlich berührtes Lachen, das ein Gefühl des Versagens überdecken soll. LO Menschen sind bekannt dafür, daß sie einen Witz nicht verstehen können, und es ist sehr wahrscheinlich, daß sie sich nur dann vor Lachen ausschütten, wenn Autoritätspersonen gedemütigt werden, wie das in manchen Filmen der Fall ist. Durch solche Unterhaltungssendungen wird verdrängte Ängstlichkeit und Zorn über Autoritäten, weil sie ja doch immer nur Leistung fordern, freigesetzt. Ein weiser Seelsorger wird seinen „Schützling" auf den Arm nehmen und ein wenig verulken, sobald das Fundament dafür stabil genug ist. Er fordert den leistungsorientierten Menschen auf, über sich selbst zu lachen und das Leben und sich selbst nicht so tierisch ernst zu nehmen.

Ein Seelsorger kann schon einmal absichtlich etwas Grobes sagen, um durch den daraus resultierenden Schock die „Nettigkeit" des anderen zu erschüttern – wir empfehlen das jedoch nicht als Lebensstil, sonden vielmehr als ein gelegentlich anzuwendendes Heilmittel. Gott sandte mich, einen überaus anständigen Theologiestudenten, auf die Straßen Chicagos, um dort nachts Taxi zu fahren. Das war eine sehr wirksame Medizin gegen meine Verklemmtheit. Die Bruderschaft am College hat mir gut getan. Das Lambda Chi Seminar brauchte nicht lange, um herauszufinden, daß ich innerlich starr war und hohe moralische Maßstäbe hatte. Sie haben mich veräppelt und auf den Arm genommen, und Gott hat das zu meinem Besten benutzt. Ich erinnere mich immer noch an die Nacht, in der sie mich wegen meines vermeintlichen Liebesabenteuers in der vorhergehenden Nacht verhohnepipelt haben. Ich protestierte: „Nein, das stimmt nicht. Ich war schon um halb zehn im Bett." Und irgend so ein Witzbold erwiderte: „Ja, und um halb eins ist er dann wieder aufgestanden und nach Hause gegangen." Im ganzen Haus konnte man ein brüllendes, schadenfrohes Gelächter hören, und auch ich mußte lachen. Wie gut doch diese Medizin Gottes für mich war! Jetzt war ich gezwungen, über mich selbst zu lachen und zu erkennen, daß Sünde in meinem Herzen war, genauso wie die Brüder wußten, daß die Sünde auch in ihren Herzen war. Sie begannen diese Sicherheit, die ich in meinem verklemmten Verhalten suchte, in Gottes Gnade umzuwandeln. Seelsorger sollten das beachten und einen leistungsorientierten „Schützling" auch mal auf den Arm nehmen und ein wenig veräppeln.

Wenn das Vertrauen wächst und der Ratsuchende davon ausgeht, daß er von seinem Seelsorger wirklich geliebt wird, dann können Sarkasmus und Hohn zu wirksamen Werkzeugen werden. Wenn mein „Schützling" erzählt, was während der Woche geschehen ist, kann es schon sein, daß ich (John) ihn unterbreche und sage: „Ach, wie großmütig Du doch warst" oder „Nein unglaublich, ein echter Märtyrer!" oder daß ich auf einer imaginären Geige spiele. Mein Lächeln und meine Gegenwart geben ihm Sicherheit und eine Antwort auf seinen fragenden Blick; es kann auch sein, daß ich ganz genau erkläre, warum ich das getan habe. Beim nächsten Mal bedarf es nur eines Blickes oder eines Wortes und mein Gegenüber beginnt zu kichern und sagt: „Oh, ich hab's schon wieder getan, oder?" Nach einer Weile bedarf es nur einer hochgezogenen Braue oder eines Lächelns und schon versteht er es von selbst. Schließlich mache ich überhaupt nichts mehr, betrachte nur den Spiegel seiner Seele und er selbst ertappt sich immer wieder bei seinen eigenen Tricks.

Allmählich verändert sich die Seelsorgebeziehung. Sie wandelt sich von Abhängigkeit zu Unabhängigkeit, von Lehrer und Schüler zu Freunden, die Gemeinschaft haben; sie wandelt sich von Unterordnung zu Gleichordnung. Dieses Muster gilt für alle Seelsorgebeziehungen, aber besonders bei leistungsorientierten Menschen weist es deutlich auf einen Fortschritt hin. Der im Leistungsdenken verhaftete Mensch möchte womöglich unbewußt oft lieber einen herrischen Diktator anstelle eines Seelsorgers; wenn ihm der Seelsorger sagen würde, was er zu tun hätte, dann könnte er sich damit wohlfühlen, für den Seelsorger etwas zu leisten, und er würde sich nicht ändern und erwachsen werden müssen.

Der Seelsorger muß Mittel und Wege finden, die betreffende Person zu bestätigen, wenn sie etwas richtig gemacht, aus sich heraus eine eigene Entscheidung getroffen oder aus dem rechten Motiv der Liebe heraus gehandelt hat und nicht aus Pflichtgefühl oder als Reaktion auf einen kontrollierenden Blick. Genau deswegen war auch das Bekenntnis des Mädchens mit dem verstohlenen Blick so schmerzhaft für mich. Es hat mich nicht nur verletzt, daß sie Ehebruch begangen hat; viel mehr traf mich die Tatsache, daß ich das erste, das sie aus sich selbst und nicht aus einem Leistungsdenken heraus getan hatte, nicht bestätigen oder loben konnte, sondern vielmehr tadeln mußte. Als sie den Schmerz in meinen Augen sah und mich fragte, sprachen wir darüber, daß genau hier meine Gedanken miteinander in Konflikt standen. Es war wichtig für sie, daß ich ihr gegenüber so aufrichtig war, wie es auch ihr Vater hätte sein sollen.

Erst vor kurzem rief mich (John) eine Frau an, die vor Jahren unter schweren Depressionen gelitten hatte. Durch Seelsorge und Gebet war sie davon frei geworden. Ich hatte sie einige Jahre lang nicht gesehen. Sie rief mich an, um mir zu erzählen, daß über ihrer Tochter vor kurzem die Diagnose einer speziellen Erbkrankheit erstellt wurde, die nur dann auftrete, wenn durch Verwandtschaft italienisches Blut in die Familie gelange. Sie erwähnte mit Verwunderung, daß die Ärzte sie nie vor einer Beziehung ihrer Tochter mit einem Italiener gewarnt hätten. Sie erzählte mir weiterhin, daß diese Krankeit die gleiche schwere Depression hervorrufen könne, unter der auch sie jahrelang gelitten hatte. Sie bat mich um Gebet, weil sie wußte, daß ich eine Ahnung davon hatte, wie man in Christus die Übertragung einer Sünde von Generation zu Generation durchbrechen kann. Aus ihrer Beschreibung und in ihrer Stimme hörte ich Zuversicht und Glauben; ich war froh, sie darauf hinweisen zu können, daß die ganze Angelegenheit sie nicht wie früher in abgrundtiefe Angst und Depression geworfen habe, und wie gut sie im Glauben diese Prüfung bestünde. Sie freute sich und war durch meine Bestätigung im Glauben gestärkt worden.

Seelsorger müssen sich darüber im klaren sein, daß leistungsorientierte Menschen durch Komplimente kontrolliert und dadurch konditioniert werden. Wir dürfen sie nicht mit Schmeicheleien manipulieren. Das würde sie nur zornig machen und in Unglauben stürzen. Das wollen sie von uns nicht. Sie brauchen die Wertschätzung und lobende Erwähnung einer wirklichen Veränderung. Sie brauchen genau diese Bestätigung und Unterstützung.

Schließlich wird der Seelsorger zum Freund, der uns besucht, mit uns lacht und Witze reißt. Er muß den anderen freistellen. Die Seelsorgebeziehung muß sterben, um der Beziehung neuen Raum zu geben. Ein Seelsorger muß einfühlsam sein und den anderen nicht zu früh freistellen, aber er darf es auch nicht so weit kommen lassen, daß der „Schützling" wieder nach „Ägypten" zurückgeht. Wenn er genügend befreiende Liebe und das Gefühl des Akzeptiertseins gibt, dann wird sich der andere normalerweise selbst abnabeln, so wie Olivia de Havilland in „Snake Pit" zum Schluß zu ihrem Psychiater sagt: „Ich liebe Sie nicht mehr, oder?" Und er erwidert (sinngemäß): „Nein, aber wir sind Freunde."

4

Auf der Grundlage des Gesetzes

Das Gesetz des Herrn ist vollkommen und erquickt die Seele; das Zeugnis des Herrn ist zuverlässig und macht den Einfältigen weise. Die Vorschriften des Herrn sind richtig und erfreuen das Herz; das Gebot des Herrn ist lauter und erleuchtet die Augen. Die Furcht des Herrn ist rein und besteht in Ewigkeit. Die Rechtsbestimmungen des Herrn sind Wahrheit, sie sind gerecht allesamt; sie, die köstlicher sind als Gold, ja viel gediegenes Gold, und süßer als Honig und Honigseim. Auch wird dein Knecht durch sie gewarnt; in ihrer Befolgung liegt großer Lohn.

(Ps 19,8-12)

Im dritten Kapitel gingen wir darauf ein, auf welche Weise wir Gott Motive unterstellen, die er eigentlich überhaupt nicht hat. Dies gilt ganz besonders für unsere Ängste bezüglich Gott und seinem Gesetz. „Furcht ist nicht in der Liebe, sondern die vollkommene Liebe treibt die Furcht aus, denn die Furcht hat Pein. Wer sich aber fürchtet, ist nicht vollendet in der Liebe" (1.Joh 4,18). Aus Furcht vor Züchtigung während unserer Kindheit und aufgrund unserer verborgenen Ressentiments gegenüber Autoritäten, sind wir wohl nicht fähig, an nicht-personenbezogene Gesetze, wie das Gesetz des Dienens und des Erntens, das Gesetz der Züchtigung und der Vergeltung zu denken, ohne diese mit persönlicher Strafe oder Rachsucht zu verwechseln. Ein Seelsorger muß sich darüber im klaren sein, daß jedes Gesetz Gottes ein ausgesprochen liebevolles Geschenk (anders freilich als sein Sohn Jesus) an die Menschen ist. Das Gesetz beschreibt wie die Liebe handeln muß, damit das Handeln nicht lieblos wird. Wenn man die Frucht eines schlechten Samens erntet, dann ist das ein nicht- personenbezogener Vorgang, also keine personenbezogene Strafe, und hat nichts mit Rachegefühlen oder Vergeltung zu tun (vgl. Kapitel 8,9 und 10 in unserem ersten Buch „The Elija Task"). Wer in Bezug auf disziplinarische Maßnahmen während seiner Kindheit kein reines Herz hat und dadurch nicht fähig ist, Gott zu verstehen, kann auch die Tatsache nicht wirklich schätzen, daß jedes Gesetz vom Vater gegeben wurde, damit die Menschen in seinem Segen leben können.

Gott möchte, daß wir glücklich sind. Die Worte „Du sollst nicht..." haben genau diesen Sinn, nämlich uns auf dem glücklichen Weg des Segens zu bewahren. Es ist nicht so, daß wir einen verkniffenen Prinzipienreiter- Gott hätten, der im Himmel mit einer gigantischen Fliegenklatsche in der Hand nur darauf wartet, daß jemand aus der Reihe tanzt, um diesen dann zu Brei zu schlagen. Gott mußte die Ordnungen des Universums für alle Menschen und die Natur festsetzen. Das Universum funktioniert notwendigerweise nach unerschütterlichen Prinzipien. Wenn wir sündigen, setzen wir irreversible Kräfte frei. Gott hat das gesehen und die „...Welt geliebt, daß er seinen eingeborenen Sohn gab..." (Joh 3,16), damit wir nicht zugrunde gehen müssen.

Vergebung bedeutet nicht, daß Gott zum Zeitpunkt der „Tat" gerade woanders hingeschaut hätte. Es bedeutet vielmehr, daß die gerechten Anforderungen des Gesetzes unter Schmerzen am kostbaren Leib des Herrn Jesus Christus erfüllt werden. Deswegen ist er auch nicht gekommen, das Gesetz abzuschaffen, sondern es zu erfüllen (Mt 5,17). In Gethsemane wurde er einer von uns, damit er auf Golgotha die rechtlichen Konsequenzen von all dem, das wir in Bewegung gesetzt haben, in vollem Umfang auf sich nehmen konnte (Kol 2,14). Dennoch können wir die Frucht dieses Heils oft erst durch unser Bekenntnis in Anspruch nehmen; andernfalls ernten wir ausnahmslos alle Konsequenzen dessen, was wir gesät haben. Genau hier finden wir die wichtigste Aufgabe eines Seelsorgers, denn in den meisten Fällen ist uns die Notwendigkeit eines Sündenbekenntnisses nicht bewußt, es sei denn, wir werden so angeleitet, daß uns der Heiligen Geist dies offenbaren kann (Jak 5,13-16).

Wenn ein Seelsorger die Gesetze der Vergeltung in- und auswendig kennt, weiß er wohl ebenso gut um die befreiende Kraft des Blutes und des Kreuzes. Wenn er gemäß dem Wort Gottes Vergebung ausspricht, wird er nicht im allergeringsten daran zweifeln, daß es auch geschieht. Er weiß mit absoluter Gewißheit, daß das Blut Jesu in genau diesem Moment den anderen reingewaschen hat. Er ist überhaupt nicht unsicher oder bange, ob es auch geschehen wird. Es ist vorbei, vollbracht und unwiderruflich – sowohl hier auf Erden als auch in der Ewigkeit.

> Meine Kinder, ich schreibe euch dies, damit ihr nicht sündigt; und wenn jemand sündigt – wir haben einen Beistand bei dem Vater: Jesus Christus, den Gerechten. Und er ist die Sühnung für unsere Sünden, nicht allein aber für die unseren, sondern auch für die ganze Welt.
>
> (1.Joh 2,1-2)

> Wenn ihr jemandem die Sünden vergebt, dem sind sie vergeben, wenn ihr sie jemandem behaltet, sind sie ihm behalten.
> (Joh 20,23)

Welch eine segensreiche und heilige Macht der Herr doch in jeden Christen hineingelegt hat. Jeder ist ein Generalbevollmächtigter (2.Kor 5,20). Wenn so ein Bevollmächtigter seine Nation durch sein Wort oder durch einen Vertrag zu etwas verpflichtet, dann muß die ganze Nation entweder im Krieg oder in Frieden weiterleben. Das Vergebungsgebet des geringsten Christen setzt den Himmel in Bewegung. Die Resultate hängen nicht davon ab, ob man auch genügend Glauben hat, daß etwas geschehen kann. Das Wort Gottes kann nicht lügen oder sich irren. Der Erfolg liegt nicht in den Händen des Beters. Gott allein schafft das Vollbringen und er hat ein für allemal erklärt: „Es ist vollbracht" (Joh 19,30). Es macht keinen Unterschied, ob ein mächtiger Heilungsprediger oder ein neugeborenes Baby in Christus aktiv wird und Vergebung ausspricht. Vor Gott gilt nicht das Ansehen der Person (Röm 2,11), sondern das Werk und das Verdienst seines Sohnes am Kreuz. Nichts im Himmel und auf Erden ist sicherer, als daß durch Jesu Tod am Kreuz die Sündenvergebung vollbracht wurde.

Dennoch ist eines der eigenartigsten Paradoxa unserer Kultur des 20. Jahrhunderts unsere Haltung zu wissenschaftlichen und moralischen Gesetzen und deshalb auch unsere Haltung zur Absolutheit derjenigen Gesetze, die die Grundlage für die Seelsorge bilden. Heute gibt es mehr Wissenschaftler als zu irgendeiner anderen Zeit. Seit dem Zweiten Weltkrieg sind unzählige neue Erfindungen und Geräte auf den Markt gekommen; mittlerweile fliegen wir auch zum Mond. In 35 Jahren hat sich so viel verändert, daß man in all den vergangenen Jahrhunderten zusammen davon nur hätte träumen können. Die Erkenntnis ist nicht nur so gewachsen, wie es prophezeit wurde (Dan 12,4) – sie hat unsere Vorstellungswelt bei weitem überstiegen. Während man zur Zeit Miltons noch darüber klagen konnte, alles aus jedem verfügbaren Wissensgebiet gelernt zu haben, kann heute ein Fachmann auf einem ganz speziellen Gebiet zu der Erkenntnis gelangen, daß er auf einmal der Entwicklung hinterherhinkt und sein Wissen innerhalb von 10 Jahren völlig überholt wurde, besonders wenn er sich nicht ständig weiterbildet! Wenn unsere Flugzeuge das Reißbrett verlassen, sind sie auch schon wieder veraltet. All das wurde dadurch in Bewegung gesetzt, daß der Mensch demütig genug wurde, natürliche Gegebenheiten zu erforschen und zuzugeben, daß manche Vorgänge in alle Ewigkeit durch Naturgesetze vorgezeichnet sind. „Du hast festgelegt alle Grenzen der Erde" (Ps 74,17). Jeder Mensch und insbesondere jeder Wissenschaftler weiß, daß wir Raketen mit höchster Präzision über den Jupiter hinausschießen können, einfach indem wir den Naturgesetzen umsichtig gehorchen – die Computer helfen uns, in der Spur zu bleiben.

Wenn ein Pilot sagen würde: „Ich bin ein Freidenker. Ich glaube, wir sollten fähig sein, dieses Flugzeug dort drüben auf dem Rücken zu landen", dann würden wir sein Freidenkertum nicht nur mißbilligen, sondern niemand würde mehr mit ihm fliegen, und höchstwahrscheinlich würde man ihn in eine Nervenheilanstalt einweisen, wenn er auf seinen Vorstellungen beharren würde. Vom wissenschaftlichen Standpunkt aus betrachtet, kann man es nicht zulassen, daß Freiheit gleichzusetzen ist mit Willkür. Mit Recht fordern wir, daß jedes Auto nach ausgewogenen Prinzipien konstruiert und gebaut wird. Die Konstruktionsweise eines jeden Hauses, das wir bewohnen wollen, muß unbedingt den gegebenen architektonischen Gesetzen folgen. Es ist nur fair zu behaupten, daß jede umjubelte technische Errungenschaft unserer Tage, ihre Existenz der Entdeckung und Befolgung exakter, unabänderlicher Naturgesetze verdankt. Dieses am stärksten wissenschaftlich geprägte Jahrhundert überhaupt, ist *eo ipso* auch das gesetzestreueste; den Naturgesetzen zu gehorchen, ist ein *sine qua non* jeglicher Wissenschaft. Ohne Gehorsam geschieht überhaupt nichts!

Doch die Paradoxie besteht darin, daß wir in diesem Jahrhundert, in dem wir der Naturwissenschaft demütig dienen, die arrogantesten und meist verblendeten Menschen geworden sind, wenn es um die Gesetze geht, die unser Herz und unseren Geist bestimmen! Wir könnten nun vom Standpunkt der Philosophie oder der Semantik aus betrachten, wie vor dem geschichtlichen Hintergrund so eine Verwirrung hat zustandekommen können – doch der Schrei des Herzens bliebe derselbe: „Wie konnten wir nur zu solchen Narren werden!"

> ...weil sie Gott kannten, ihn aber weder als Gott verherrlichten noch ihm Dank darbrachten, sondern in ihren Überlegungen in Torheit verfielen und ihr unverständiges Herz verfinstert wurde. Indem sie sich für Weise ausgaben, sind sie zu Narren geworden.
>
> (Röm 1,21-22)

Der Mensch, der sich nicht innerhalb eines abgesteckten kirchlichen oder gemeindlichen Rahmens bewegt, hat alle Schranken niedergerissen. „Es treten auf Könige der Erde, und Fürsten tun sich zusammen gegen den Herrn und seinen Gesalbten: 'Laßt uns zerreißen ihre Bande und von uns werfen ihre Stricke!'" (Ps 2,2-3) Viele Menschen glauben, daß alle anerkannten Moralgesetze nur den Köpfen irgendwelcher Menschen entsprungen sind oder zumindest, daß sie nur relativ sind. Die Relativität hat aus wissenschaftlicher Sicht nie das bedeutet, wozu einige sie durch Mißachtung der Moralgesetze gemacht haben. Relativität bedeutet lediglich, daß jedes Gesetz relativ und nur für die Funktion innerhalb seines vorgegebenen Rahmens relevant ist; sie bedeutet nicht, daß man diesem Gesetz innerhalb des gegebenen Kontexts nicht unbedingt gehorchen müßte. Die bedeutendsten wissenschaflichen Vertreter des Relativitätsprinzips würden es nicht wagen, zu sagen, daß das Gesetz der Schwerkraft für sie in großer Höhe nicht mehr gelte, sondern lediglich, daß es relativ zu den unterschiedlichen Bedingungen entsprechenden Beeinflussungen unterliegt. Doch wir in unserer Torheit haben mittlerweile die Ansicht, daß „Du sollst nicht ehebrechen" nur eine relative Aussage ist; relativ bedeutet in diesem Zusammenhang „nicht notwendigerweise zu befolgen". Wenn wir schon in jedem anderen Bereich der Natur die Wirksamkeit zwingend vorgegebener Gesetze anerkennen, warum können wir dann nicht erkennen, daß z.B. für die sexuellen Beziehungen der Menschen untereinander genauso unveränderliche, genauso strenge und genauso unwiderrufliche Gesetze gelten!

Unser Universum folgt bestimmten Gesetzen. Jeder Physiker weiß, daß es zu jeder Aktion eine gleiche und entgegengesetzte Reaktion geben muß. Jeder Chemiker weiß, daß sich die beiden Seiten einer Gleichung aufheben müssen. Selbst der dümmste, sexuell anomal veranlagte Mensch weiß, daß das Leben mit einer Ei- und mit einer Samenzelle beginnen muß. Wir sehen überall um uns her, wie Naturgesetze in direkter Beziehung zum Menschen unsichtbar und unablässig wirksam sind, ohne hierzu eine Frage aufzuwerfen. Ein Mensch, der nicht atmet, kann nicht sagen, er mache nur einen Härtetest. Wir müssen essen und schlafen. Das sind absolute Gesetze. Nichts kann sie verändern. Wir sind vernünftig genug, das zu wissen.

Nichtsdestotrotz haben Paula und ich schon Hunderten von Predigern des Wortes Gottes gedient, die glaubten, sie könnten gelegentlich lügen, betrügen, stehlen oder mit jeder Beliebigen ins Bett hüpfen, ohne daß irgendjemandem dadurch Schaden entstehen würde! Agnes Sanford pflegte zu sagen: „Wenn Du eine Klippe hinabstürzt, dann brichst Du nicht das Gesetz der Schwerkraft, sondern Du illustrierst es." Kein Gesetz Gottes kann je gebrochen werden! Seine Gesetze arbeiten bis ins kleinste Detail nach dem Prinzip der Vergeltung, gleichgültig ob wir sie kennen, ob wir sie ignorieren, ob wir ihnen nicht gehorchen wollen, ob wir ein gutes oder schlechtes Gefühl beim Gedanken an sie haben, ob wir sie nun befolgen oder hassen wollen, ob wir an sie und an Gott glauben oder nicht. „Irrt euch nicht, Gott läßt sich nicht verspotten! Denn was der Mensch sät, das wird er auch ernten" (Gal 6,7).

Sollen die Menschen doch die Weisheit unserer Väter in Frage stellen! Sollen sie doch rätseln, ob Gott nun wirklich die Zehn Gebote gegeben hat oder nicht! Wenn sie wollen, dann sollen sie doch einfach die ganze Religionsgeschichte des Menschen vergessen! Sollen sie doch alle Bibeln, Korane oder Rigwedas verwerfen! Ist es nicht entsetzlich, daß der Mensch (alle anderen Aspekte ausgenommen) die Steuerungsfunktionen des Gesetzes in jedem Bereich menschlicher und natürlicher Existenz sehen kann und doch nicht erkennt – nicht einmal durch logische Schlußfolgerung –, daß die gleiche Unabänderlichkeit des Gesetzes auch für geistliche und moralische Fragen gilt? „Denn es wird geoffenbart Gottes Zorn vom Himmel her über alle Gottlosigkeit und Ungerechtigkeit der Menschen, welche die Wahrheit durch Ungerechtigkeit niederhalten, weil das von Gott Erkennbare unter ihnen offenbar ist, denn Gott hat es ihnen geoffenbart. Denn sein unsichtbares Wesen, sowohl seine ewige Kraft als auch seine Göttlichkeit, *wird* von Erschaffung der Welt an *in dem Gemachten wahrgenommen* und geschaut, damit sie ohne Entschuldigung seien" (Röm 1,18-20; Hervorhebung vom Autor). Übrigens vertreten alle größeren Religionen der Erde die gleichen grundlegenden Gesetze, die wir in den Zehn Geboten finden. Zu jeder Zeit und an jedem Ort hat Gott ein Zeugnis für sich hinterlassen (Apg 14,17).

Wenn ich sehe, wie der Regen durch das Gesetz der Schwerkraft nach unten fällt und wie Sonne und Mond zusammen mit allen Planeten und Sternen mit solcher Präzision durchs All kreisen, daß schon vor Urzeiten die Menschen ein Stonehenge bauen konnten, das auch heute noch die Bahn der Sonne mit unveränderlicher Genauigkeit voraussagt, ist es dann nicht vernünftig, anzunehmen, daß Gott auch viel Sorgfalt aufwenden würde, das Leben im Geist und daraus entstehende moralische und ethische Beziehungen mit genau derselben vorrangigen Bedeutung von Präzision und Gesetz zu gestalten? Wie paradox ist es doch, daß wir einerseits den Gesetzen der Chemie ohne weiteres gehorchen, wenn wir z.B. Benzin tanken, oder Medikamente schlucken – andererseits jedoch glauben, wir könnten ungestraft lügen, stehlen oder Ehebruch begehen! Das paßt einfach nicht zusammen, weder vor einem wissenschaftlichen, noch vor einem philosophischen Hintergrund; aber wir brauchen ja nicht immer nur mit solch hochtrabenden Worten um uns werfen – oftmals widerspricht unser tägliches Verhalten schlichtweg dem gesunden Menschenverstand!

Ein Mensch, der sich noch einen Rest der Fähigkeit bewahrt hat, logische Schlußfolgerungen zu ziehen, sollte auch folgenden einfachen Vergleich anstellen können: Wenn ein Flugzeug in Übereinstimmung mit Naturgesetzen fliegen muß, dann sollte auch eine Ehe allein durch die Befolgung ethischer und moralischer Gesetze „fliegen" können. Kann mir jemand sagen, wie der moderne Mensch so töricht und widersprüchlich werden konnte, daß er diese Prinzipien nicht mehr versteht? Doch die einfache, schreckliche Warheit ist: er ist so geworden. „...den Ungläubigen, bei denen der Gott dieser Welt den Sinn verblendet hat, damit sie den Lichtglanz des Evangeliums von der Herrlichkeit des Christus, der Gottes Bild ist, nicht sehen" (2.Kor 4,4). Unser Sinn ist nicht nur für das Evangelium blind, Millionen von Menschen können auch die Gesetze Gottes nicht mehr erkennen! Zweifellos gibt es einen Feind. Dennoch ist – damit wir nicht da draußen irgendwo den Grund für unsere Dummheit suchen – unser Fleisch allein aus sich heraus, ohne Mithilfe Luzifers, töricht genug: „...sondern in ihren Überlegungen in Torheit verfielen und ihr unverständiges Herz verfinstert wurde" (Röm 1,21). „Und wie sie es nicht für gut fanden, Gott in der Erkenntnis festzuhalten, hat Gott sie dahingegeben in *einen verworfenen Sinn*, zu tun, was sich nicht geziemt" (Röm 1,28). „...weil die Gesinnung des Fleisches Feindschaft gegen Gott ist, denn *sie ist dem Gesetz Gottes nicht untertan*, sie kann das auch nicht" (Röm 8,7). *Verstehen Sie: Wir gehorchen denjenigen Gesetzen der natürlichen Ordnung, die uns angenehm sind und uns ein behagliches Leben mit dem Mammon garantieren, doch die moralischen Gesetze, die uns zur Rechenschaft ziehen und unsere aufsässigen Leidenschaften in Ketten legen, möchten wir gerne als irrelevant, relativ, als Menschenwerk und als veraltet abtun, alles nur, um für unsere Lüste eine Entschuldigung zu finden und sie voll ausleben zu können!* Also müssen wir auch die Konsequenzen tragen – und wundern uns, in einer Zeit, die die naturwissenschaftlichen Gesetze der Mechanik kennt, warum unser Leben einfach nicht funktioniert!

All das soll dem Seelsorger eine unwiderrufliche und unveränderliche Maxime vermitteln: Jeder, der sich als Seelsorger bezeichnet, muß ohne den leisesten Hauch eines Zweifels wissen (Jak 1,6-8), daß Gottes moralische Gesetze absolut unbeugsam sind. *Sünde ist und bleibt Sünde! Gesetz ist und bleibt Gesetz!* Unsere leisen Regungen des Erbarmens und des Verständnisses beziehen sich auf unser Verständnis der Motive, aus denen heraus Menschen sündigen, aber nicht auf das Gesetz selbst. In Christus gibt es keine Verdammnis, doch der Grund dafür ist die Gnade am Kreuz und niemals die Verwässerung irgendeines göttlichen Gesetzes.

> Denn wahrlich, ich sage euch: Bis der Himmel und die Erde vergehen, soll auch nicht *ein* Jota oder *ein* Strichlein von dem Gesetz vergehen, bis alles geschehen ist.
>
> (Mt 5,18)

> Der Himmel und die Erde werden vergehen, meine Worte aber sollen *nicht* vergehen.
>
> (Mt 24,35)

> Wer nun eins dieser geringsten Gebote auflöst und so die Menschen lehrt, wird der Geringste heißen im Reich der Himmel; wer sie aber tut und lehrt, dieser wird groß heißen im Reich der Himmel.
>
> (Mt 5,19)

Wenn ein Seelsorger die Unausweichlichkeit gesetzmäßiger Abläufe in Abrede stellt oder verwirft, wird er deswegen nicht zu einem netten Menschen, der andere nicht richtet; er wird höchstens ungeeignet. Der Hang, andere zu richten, verliert sich nur dann, wenn ein Mensch seine eigene Sünde erkennt und in Christus jeglicher Schuld stirbt, und nicht, indem er eine vermeintlich „liberale" Geisteshaltung an den Tag legt.

Es wird eine Zeit kommen, in der die Menschen Gottes Gesetze wieder hochachten werden. Jetzt leben wir jedoch in einer Zeit der fleischlich gesinnten Rationalität, in der sich die *Avantgarde* den Anschein geben wollte, großmütig und liberal zu sein, indem sie irgendwie dachte, daß die törichte und fleischlich gesinnte Weisheit des Menschen gerechter sei als das Gesetz Gottes. Doch: „Hat nicht Gott die Weisheit der Welt zur Torheit gemacht?" (1.Kor 1,20) Wenn das Licht Christi kommen wird (Jes 60,1-2), und die Geisteshaltung des Menschen vergehen wird, so wie die 2000 Schweine in das Meer gestürzt sind; wenn der Mensch wieder zur Besinnung kommt und voll bekleidet in rechter Gesinnung Jesus zu Füßen sitzt (Lk 8,26-39), dann gilt:

> Siehe, ein König wird in Gerechtigkeit regieren; und die Obersten, sie werden nach Recht herrschen. Und jeder wird sein wie ein Bergungsort vor dem Wind und ein Schutz vor dem Wolkenbruch, wie Wasserbäche in dürrer Gegend, wie der Schatten eines gewaltigen Felsens im lechzenden Land. Da werden die Augen der Sehenden nicht mehr verklebt sein, und die Ohren der Hörenden werden aufmerksam sein. Und das Herz der Unbesonnenen wird auf Erkenntnis achtgeben, und die Zunge der Stammelnden wird fließend Deutliches reden. Der Törichte wird nicht mehr edel genannt und der Schurke nicht mehr vornehm geheißen werden. Denn ein törichter Mensch redet Törichtes. Und sein Herz bereitet Unheil, Ruchloses zu tun und Irreführendes gegen den Herrn zu reden, um die Seele des

Hungrigen leer zu lassen und dem Durstigen den Trank zu verweigern. Und die Werkzeuge des Schurken sind böse: er beschließt böse Anschläge, um die Elenden durch Lügenreden zugrunde zu richten, selbst wenn der Arme redet, was Recht ist. Aber der Edle beschließt Edles, und auf Edlem besteht er. (Jes 32,1-8) (Das Wort für „edel, Edler" bedeutet im Urtext auch „liberal, frei". Anm.d.Übers.)

In dieser fehlgeleiteten Welt kann der Homosexuelle und jeder, der sich ohne Verantwortung der Promiskuität hingibt, auf dem Boden vermeintlicher Rationalität und Großmütigkeit flanieren. Eines Tages werden die Menschen erwachen, um die Wahrheit über Gottes herrliche Prinzipien zu erkennen, die mit ihren wegweisenden Grundlagen dem Leben eine Form geben. Ein Seelsorger darf sich niemals von der menschlichen Gesinnung oder von denen entmutigen oder einschüchtern lassen, die ihre eigenen dummen Spekulationen zur Schau stellen. Seelsorger müssen nach dem Vorbild heranwachsender Kinder, die lernen, keine Fragen mehr zu stellen, auf die es keine Antwort gibt, wie z.B. „Wer hat eigentlich Gott gemacht?" und „Was war denn vor Ihm da?", demütig genug sein zu erkennen, daß manche Dinge in alle Ewigkeit unveränderlich sind, gleichgültig was unser mickriges Gehirn darüber denken möchte. Die Gedanken eines Seelsorgers müssen ruhen und fest auf jedem Wort Gottes gegründet sein. Psalm 119 sollte das ständige Lied eines Seelsorgers über seine Loyalität und Bündnistreue sein. Er muß das Gesetz Gottes leidenschaftlich lieben und Tag und Nacht darüber nachsinnen (Ps 1,2).

Jeden, der in die Seelsorge einsteigt und sich nicht sicher ist, ob das Wort Gottes absolut ist, der noch nicht verstanden hat, daß Gottes Gesetze durch Offenbarung eingesetzt wurden und daß Gott auch wirklich das gemeint hat, was er sagt, den bitte ich (John) inständig, die Seelsorge doch besser bleiben zu lassen, bevor er noch mehr Schaden anrichtet! Ich sage das wirklich aus tiefster Seele. Unzählige Male haben Paula und ich unter großer Trauer Menschen zugehört, die mit schweren Problemen beladen waren und mit denen es immer weiter bergab ging, nachdem sie so dumme seelsorgerliche Ratschläge gehört hatten wie „Kannst Dir ruhig mal 'ne Affäre leisten", „Du brauchst Dich nicht so schuldig zu fühlen", „Das ist doch nur hoffnungslos überaltet, einfach Quatsch", oder „Du glaubst doch nicht mehr an diese Ammenmärchen, oder?" Welch ein Urteil bürden sich diese Seelsorger für den Tag des Gerichts auf: „Werdet nicht viele Lehrer, meine Brüder, da ihr wißt, daß wir ein schwereres Urteil empfangen werden" (Jak 3,1). „Wenn aber jemand einem dieser Kleinen, die an mich glauben, Anlaß zur Sünde gibt, für den wäre es besser, daß ein Mühlstein an seinen Hals gehängt und er in die Tiefe des

Meeres versenkt würde. Wehe der Welt der Verführungen wegen! Denn es ist notwendig, daß Verführungen kommen. Doch wehe dem Menschen, durch den die Verführung kommt!" (Mt 18,6-7)

Das Privatleben eines Seelsorgers muß untadelig sein. Vielleicht ist kein anderes Amt innerhalb der Kirche so anfällig für Versuchungen. Wer in die inneren, verborgenen Räume des Herzens eines Menschen vordringt, um mit ihm zu leiden und für ihn zu kämpfen, wird unweigerlich durch dessen Emotionen verunreinigt und manchmal in gewisser Hinsicht durch dessen Sorgen und Nöte überlastet. Ein Seelsorger muß aus dem Wort Gottes wissen, wie er die notwendige Distanz herstellen und sich von diesen Lasten befreien kann (vgl. Kapitel 18 „Renunciation or Cutting Free" aus unserem Buch „Restoring the Christian Family"). „Denn Schutz gewährt die Weisheit so gut wie das Geld, doch die Weisheit gibt ihrem Besitzer Leben" (Pred 7,13; ZÜ). Der Seelsorger (im weiteren Sinne eigentlich jeder), der sich nicht innerlich in Christus dem Gesetz Gottes verpflichtet und es über alles schätzt, wird in Sprüche 25,28 beschrieben: „Eine aufgebrochene Stadt ohne Mauer, so ist ein Mann, der keine Schranke seinem Geist setzt."

Das Heil eines Seelsorgers hängt von seiner persönlichen Hingabe und von seinem Gebet ab. Nur der Herr kann diesen inneren Sumpf trockenlegen und den Menschen das abnehmen, was ihnen auf Herz und Geist lastet. Nur durch die Liebe allein, die sich immer wieder an der Quelle des Lebens erfrischt (Ps 36,9), wird seine Liebe zum Gesetzesgehorsam stets neu belebt; durch die Liebe Jesu, die von ihm zu den anderen strömt, wird sie weitergegeben. Der Strom der Liebe, der vom Thron Gottes herabfließt, ist wie ein Fluß (Offb 22,1;Ps 46,4). Ein Seelsorger liebt das Gesetz, weil es diesem Fluß der Liebe ein festes Bett gibt, dessen Verlauf er folgen kann. Wenn ein Seelsorger sein eigenes Leben der Hingabe und des Gebets nicht in Ordnung hält, wird dieser Fluß austrocknen, sein Herz wird abgespannt und verdorrt; dann wird das Gesetz für den Seelsorger zur Geißel und nicht zum Bett für den Fluß der Liebe Gottes.

Die moralische Integrität eines Seelsorgers muß über jeden Zweifel erhaben sein, nicht nur um seiner selbst willen, sondern als Sicherheit für Ratsuchende. Paula und ich knirschten vor Zorn und Scham mit den Zähnen, als wir gerade hörten (Februar 1980), wie eine Frau, die in Seelsorge stand, erzählte, sie habe herausgefunden, daß ihr bisheriger Seelsorger im vergangenen Sommer mit all seinen weiblichen „Schützlingen" geschlafen habe. Sie ging nicht mehr zu ihm zurück; deswegen konnte sie nur zu uns kommen. Ich dachte an Erzählungen über einen ehemaligen Pastor, der dasselbe getan hatte; es war wieder ein Seelsorger, von dem ich gedacht hatte, er würde es besser wissen.

Es brach mein Herz – in Trauer über ihn und über sie alle. Wenn dieses Verhalten schon mein menschliches Herz so verletzt, wie tief muß erst der Gram unseres sanftmütigen Herrn darüber sein? Wie können wir, die wir in seinem Dienst stehen, ihn nur so wenig lieben? Wenn wir die zeitlose Realität des Gesetzes und des schrecklichen Preises, den Jesus für uns am Kreuz bezahlt hat, nicht verstehen, kann Satan das Schlachtgetümmel dazu benutzen, uns so lange Scheuklappen zu verpassen, bis wir weder die Konsequenzen unserer Handlungen erkennen, noch ein Gewissen haben, das so funktioniert, wie es eigentlich sollte. Diese Männer, die einen so guten Start hatten, verloren inmitten der Schlacht den Herrn aus den Augen – und wurden verblendet.

Viele Leser erschrecken vielleicht angesichts der in diesem Buch dargelegten These, daß der gesamte Leib Christi zur Seelsorge berufen ist. Sie setzen dem mit Recht entgegen, daß der Normalbürger doch überhaupt nicht in psychologischen Dingen ausgebildet ist. Deswegen möchten wir auch eine genaue Unterscheidung treffen. Wir rufen keinen Christen auf, sich wie ein Psychologe zu verhalten. Jeder von uns kann psychologische Erkenntnisse gebrauchen und dafür dankbar sein. Doch wir gehen von einer anderen Basis aus.

Die Wurzeln der Psychologie lassen sich zurückverfolgen auf Descartes, einem französischen Philosophen (1596-1650), der sagte: *„Cogito, ergo sum"*, was so viel bedeutet wie: „Ich denke, also bin ich." Diese Aussage bringt unser Leben mehr in Abhängigkeit von den Denkweisen, die uns anerzogen wurden, als von der Tatsache, daß wir einen unsterblichen Geist und eine unsterbliche Seele haben. Er behauptete, wir seien wie eine *tabula rasa*, eine blanke Schreibtafel, auf der die Erfahrung unseren Charakter und unsere Persönlichkeit eingraviert. Doch ganz im Gegensatz dazu gründet sich der christliche Glaube auf die Offenbarung gemäß dem Wort Gottes; deshalb sagen wir: *„Sum, ergo cogito"* oder „Ich bin, also denke ich." Der Glaube behauptet, daß wir einen Geist haben, der aus eigenständigen, persönlichen Entscheidungen heraus eine Seele formt, zu der auch Charakter und Persönlichkeit gehören.

Auguste Comte (1798-1857), ein weiterer französischer Philosoph, teilte die Wissenschaften nach Klassen ein und begann, die psychologische Evolution der Gedanken zu untersuchen und auf eine Religion der Menschlichkeit hinzuarbeiten. Auf dieser Grundlage entstand in erster Linie eine Bewegung, die wir heute als „Humanismus" bezeichnen und die in unserer Zeit Partei für die verschiedensten Menschenrechtsfälle ergreift.

Herbert Spencer, ein englischer Philosoph und Vertreter der Evolution (1820-1903), sprach sich mit Nachdruck dafür aus, daß das

Verständnis des Naturgesetzes und des Evolutionsprozesses der *einzig* gangbare Weg zur Entdeckung des „Erkennbaren" sei. Einige Vertreter des christlichen Glaubens stimmen dem zu, daß die Natur, von einem Akt der Schöpfung ausgehend, einen Evolutionsprozeß durchläuft; jedoch stimmen sie im weiteren nicht mit Spencer überein, und sagen vielmehr, daß die Empirie nicht den *einzig* gangbaren Weg zur Erkenntnis darstellt. Der Glaube sagt: „Gott spricht, und wir können ihn hören." Er fügt noch hinzu, daß unser Geist sogar ohne Zutun Gottes intuitiv Erkenntnisse gewinnen kann, die unseren Verstand bei weitem übersteigen.

All das bedeutet, daß die Sozialwissenschaften seit den Anfängen bei Comte und Spencer Messungen anstellen, Reagenzglasuntersuchungen durchführen und im Bereich der Psychologie statistische Kurven auswerten, um die Wahrheit zu finden; man bezeichnet dies dann als „Disziplin" oder „Wissenschaft". Wir verwerfen diesen Lösungsansatz nicht. Für den von ihm abgedeckten Bereich hat er seine Gültigkeit und stellt ein gesundes Gegengewicht und Korrektiv für die christliche Intuition dar. Wir können durch die Psychologie viele Einsichten gewinnen. Doch erachtet der Glaube den Anspruch derer als nicht zulässig, die sich (vielleicht ohne es zu wissen) auf Spencer berufen und behaupten, daß *nur* dieser Weg allein wissenschaftlich genug sei, um die Wahrheit zu erkennen – ob man ihn nun in den einzelnen Disziplinen oder in der Praxis beschreitet. Der Glaube sagt, daß die Offenbarung auch eine Disziplin ist und durch den Heiligen Geist einen ursprünglicheren Zugang zur Wahrheit gewährt. Christen sagen, daß ein richtig „disziplinierter" Glaube nicht weniger „wissenschaftlich" ist, auch wenn er sich nicht auf weltliche Wissenschaften gründet oder durch sie limitiert wird.

Der Aufgabenbereich der Psychologie beschränkt sich seit jeher ausschließlich auf die Untersuchung der Zweigleisigkeit von Bewußtsein und Unterbewußtsein (oder des Unbewußten). Auch die Parapsychologie betrachtet außersinnliche Wahrnehmung, Telekinese, mediale Veranlagung, Hellseherei, Psychometrie und andere verwandte Phänomene als Funktionen der Psyche. Deshalb untersucht die Psychologie nur zwei Ebenen der menschlichen Existenz. Der Glaube basiert auf der Dreiteilung in Verstand, Herz (oder Unterbewußtsein) und Geist. Der Glaube sagt, daß unser Geist das Kind und der Vater des Menschen ist; der Glaube sagt, daß die bewußte Ebene unseres Sinnes sowie das Herz vom Sinn und dem Herz tieferer Schichten unseres Geistes informiert, geleitet, manchmal kontrolliert und in jedem Fall nachhaltig beeinflußt werden.

Seit dem Schaffen Émile Durkheims (1858-1917) neigt die Psychologie zu einem kulturellen Determinismus, der besagt, daß der

Mensch von seinen Lebensumständen bestimmt wird. Die russische „Theologie" des Kommunismus basiert auf dem Glauben, daß man den Menschen besser machen kann, indem man seine Lebensumstände verändert; daher rührt auch die marxistische Behauptung, daß der Staat die Massen durch die „Diktatur des Proletariats" zur Vollkommenheit führen kann. Sowohl beim Kommunismus als auch bei extremistischen Sekten, wie sie das Fiasko in Jonestown hervorgebracht hat, steht dieses Konzept des äußerlichen Determinismus hinter dem Versuch, Menschen einer Gehirnwäsche zu unterziehen. Die Millionen von Christen, die sich einer kommunistischen Gehirnwäsche widersetzen, wodurch manche sogar ein wahres Martyrium auf sich nehmen, sowie die vielen Menschen, die trotz Drohungen und Zwang Jonestown vor der großen Katastrophe verlassen haben, widerlegen die Theorie, daß jeder Mensch völlig konditioniert und kontrolliert werden kann. Der Glaube behauptet, daß der Geist eines jeden Menschen unbezwingbar und frei ist. Alle, die heute in verschiedenen Sekten einer Gehirnwäsche unterzogen werden, sowie die Toten von Jonestown sind ein drastisches Beispiel dafür, was geschieht, wenn wir nicht mehr auf die Stimme unseres inneren Menschen hören. „Denn ich habe nach dem *inneren Menschen* Wohlgefallen am Gesetz Gottes" (Röm 7,22).

Psychologen, die Anhänger des Behaviorismus nach Skinner sind (der vom Determinismus ausgeht), versuchen, Menschen zu verändern, indem sie ihnen einen Modus oder einen Weg aufzeigen, wie sie ihr Verhalten ändern können. Soziale Aktionisten, die sich (oft unwissentlich) auf Durkheim berufen, glauben, daß dann eine Veränderung eintreten werde, die das Tor zur Bruderschaft aller Menschen aufstößt, wenn sie durch eine genügend einflußreiche Lobby Gesetzesänderungen zur Verbesserung der Gesellschaft herbeiführen und dadurch für jeden Menschen eine gute Umwelt schaffen können. Christen können wohl einige soziale Aktivitäten unterstützen und Seelsorger können den einen oder anderen Modus nach Skinner anwenden, um die Selbstdisziplin zu steigern; doch sehen sie keine Möglichkeit, eine bleibende Veränderung herbeizuführen, es sei denn durch eine Veränderung der *inneren* Bereiche des Herzens, indem man durch eine Überführung von Schuld, durch Sündenbekenntnis und Vergebung bis zum Geist durchdringt. Unsere Veränderung geschieht nicht von außen nach innen, sondern vielmehr von innen nach außen.

Die psychologische Methode ist „Aufklärung", die dazu führt, *sich selbst* zu erkennen. Die christliche Methode ist eine „Aufklärung", die dazu führt, sich selbst *als Sünde* zu erkennen. Psychologen möchten eine Veränderung mittels der Kraft der Intention und des Willens herbeiführen, um einen besseren Menschen zu schaffen. Die Kraft des

Christen ist zuallererst der Heilige Geist und dann das Gebet, mit dem Ziel, einen *bekehrten* Menschen zu schaffen. Psychologen versuchen, die Umwelt eines Menschen, Verhaltensweisen innerhalb einer Familie oder die Umstände, in denen wir leben (z.B. wie der Haushalt geführt wird, wieviel Stress man an der Arbeitsstelle hat oder mit welchen Menschen man zusammen ist), zu verändern. Ein Seelsorger, der sieht, daß auch solche Veränderungen hilfreich sein können, trachtet dennoch in erster Linie danach, innere Beweggründe und Haltungen gegenüber Personen und Umstände durch Vergebung und durch das innewohnende, liebevolle Wesen Jesu zu verändern. Es kann gut sein, daß ein Seelsorger überhaupt nicht versuchen wird, die Lebensumstände zu verändern, weil er sie als jenes Milieu sieht, das der Herr dazu gebrauchen möchte, dem Ratsuchenden alle notwendigen Lektionen ins Herz zu schreiben.

Ein Psychologe richtet sein Augenmerk auf die Funktion und versucht, die Handlungsfähigkeit des Patienten wiederherzustellen. Ein Seelsorger möchte auf lange Sicht sicherlich auch, daß der Ratsuchende „funktionieren" kann; dennoch trachtet er zunächst einmal danach, es dem Ratsuchenden möglich zu machen, in seinem Herzen von seinen Problemen überführt zu werden. Wenn ein Ratsuchender zu schnell seine Fähigkeit zu „funktionieren" wiedergewinnt, dann kann das in den Augen des Seelsorgers durchaus mehr eine Niederlage als ein Sieg sein. Er weiß, daß der Herr seinen Schützling noch durch eine andere „Wüste" schicken müssen wird, um dadurch sein Herz zu verändern.

Deshalb arbeitet der Seelsorger darauf hin, ein Schuldbewußtsein zu wecken. Er fürchtet sich nicht davor und rät seinem Schützling, außer wenn man auf falsche Schuldgefühle schließen kann, niemals: „Du brauchst Dich doch nicht so schuldig zu fühlen." Erst wenn der Ratsuchende seine Schuld erkennt, kann die Sünde den Weg zum Kreuz finden und die Freiheit real werden.

Einige Psychologen verlassen sich zu sehr auf den deterministischen Lösungsansatz und sehen im Menschen viel öfter das Opfer als den Täter. Alles im Leben ist ihnen „zugestoßen". Kultureller Determinismus bedeutet, daß das Leben aus uns das gemacht hat, was wir jetzt sind. Deswegen sind Verbrecher „nicht verantwortlich". Wir (die Gesellschaft) haben sie produziert. Deshalb haben einige Psychologen auch eine recht dumme Haltung zum Verbrechen und seinen Hintergründen. Solche Therapeuten produzieren in ihren Praxen allzu oft Menschen, die im Selbstmitleid versinken und sich ganz sicher sind, daß das Leben selbst an ihrem Schlamassel schuld ist. Karl Menninger, ein großer zeitgenössischer Psychiater, hat in seinem Buch *Whatever became of sin?* die säkulare Psychologie für ihre Fehler auf diesem Gebiet zur Rechenschaft gezogen. Wir zitieren (sinngemäß):

„Die Botschaft ist einfach. Die Sorge um den Nächsten ist der Prüfstein; Fürsorge und der Sünde der Teilnahmslosigkeit abzuschwören. Dadurch erkennen wir, daß die Gleichgültigkeit die große Sünde ist, das Herz jeder Sünde. Einige nennen es Selbstsucht, andere nennen es Entfremdung; einige nennen es Schizophrenie, andere nennen es Egozentrik, und wieder andere Trennung."

Paul Tillich fragte einmal: „Hat der heutige Mensch das Gefühl für die Bedeutung des Wortes 'Sünde' verloren? Versteht er nicht, daß Sünde keine unmoralische Tat ist, daß man 'Sünde' nie in der Mehrzahl verwenden sollte, und daß nicht unsere Sünden, sondern vielmehr unsere Sünde das zentrale und immerwiederkehrende Problem unseres Lebens ist? *Im Zustand der Sünde zu leben bedeutet, im Zustand der Trennung zu leben.*"

Er fuhr fort: *„Trennung kann sich auf den Mitmenschen, auf das eigene, wahre Ich und/oder auf den Gott des Menschen beziehen.* (Tillich gebrauchte den Begriff 'Grund des Seins'; der Leser möge hier sein eigenes Wort einsetzen.)"

„Trennung ist nicht nur ein anderes Wort für Sünde, sondern für Geisteskrankheit, Verbrechen, Fehlfunktion, Aggression, Entfremdung, Tod. Man kann das eine oder andere Wort bevorzugen, doch bedeuten alle dasselbe."

„Doch jetzt, da die Theologie und die Ethik den Begriff der Sünde überdacht hat, ist es Zeit dafür, daß auch die Wissenschaftler ihn überdenken und ihm in ihrer Arbeit einen angemessenen Stellenwert beimessen."

In den Augen der Psychologen findet man die Kraft zur Veränderung im natürlichen Wunsch und in der menschlichen Willenskraft, unter Mithilfe von Ratschlägen und der Unterstützung durch Freunde und Verwandte. In den Augen eines christlichen Psychologen liegt die Kraft zur Veränderung zuallererst im Glauben an die Kraft und die Absichten Gottes, die durch seinen Sohn, unseren Herrn Jesus Christus am Kreuz, durch sein Blut und sein Auferstehungsleben deutlich sichtbar wurden, sowie in anderen Hilfen, die je nach Inspiration durch den Heiligen Geist gegeben werden.

Aus diesem Grund rufen wir die Glieder des Leibes Christi nicht auf, Psychologen, sondern vielmehr Bekenner zu werden und innerhalb des Leibes Christi Geburtshelfer und Väter und Mütter füreinander in Christus. Wir rufen den Leib Christi auf, die alltäglichen Probleme des Lebens in einer biblischen und konkreten Art und Weise mit Seelsorge und Gebet anzupacken.

Wer die wenigen einfachen Gesetze versteht, die Gott den Funktionsweisen des menschlichen Wesens zugrundegelegt hat, für den ist dieser Schlüssel allein ausreichend, um allmählich die zahllosen Geheimnisse des menschlichen Herzens aufzuschließen! Das Wesen des Menschen funktioniert, genauso wie ein Motor, nach absolut mechanischen Prinzipien. Wer die Grundprinzipien der Gesetzmäßigkeiten versteht, die hinter allen menschlichen Beziehungen stehen, hat den Ausgangspunkt gefunden, von dem aus alle weiteren Einsichten in jedes Problem gewonnen werden können. Einsteins Genialität lag darin, die Einfachheit der Gesetzmäßigkeiten zu entdecken, die hinter dem scheinbar so komplexen Bauplan der Natur stecken. Die Genialität des Wortes Gottes liegt darin, die Einfachheit des Lebens offen darzulegen. Es ist so, als sei das Leben wie Zahlenbrüche auf einfachen gemeinsamen Nennern aufgebaut, über denen unendlich viele verschiedene Zähler stehen. Wenn ein Seelsorger die einfachen Satzungen Gottes in hinreichendem Maß vor Augen hat, wird er von den kaleidoskopischen Variationen menschlicher Komplexität niemals verblendet werden. Hinter allem wird er die einfachen, schlüsselhaften Prinzipien erkennen und zu ihnen zurückkehren. Die Zähler (wie wir die Dinge sehen und wie wir handeln) variieren je nach den Individuen, die Fehler machen. Die Nenner (die Gesetze Gottes) sind zahlenmäßig gering, grundlegend, universal und einfach.

Gott gibt uns den einzigen, grundlegenden Schlüssel zum Leben in den Zehn Geboten und in der Bergpredigt. Diese moralischen Gesetze sind nicht irgendein Tip, wie das Leben so im Allgemeinen ablaufen könnte. Sie sind nicht Menschenwerk. Wir haben sie nicht durch das Prinzip von Versuch und Irrtum herausgefunden. Sie sind nicht nur ein Haufen von Regeln, die eine bessere Welt schaffen würden, wenn jedermann sie befolgen würde. Sie sind *Gottes Beschreibung der Wirklichkeit.* Die Zehn Gebote und die Bergpredigt sind der Bauplan des Architekten für das Haus des Familienlebens. Sie sind die Formel des Chemikers, nach der man sichere Mischungen von Männern und Frauen herstellen kann. Sie sind die Prinzipien des Ingenieurs, nach denen alle Arten von Beziehungen konstruiert werden und funktionieren. Sie sind das Rezept des Küchenchefs für eine gute Ernährung, nicht für etwa Gift. Sie sind nicht leblos, so daß man sie vernachlässigen könnte. Wenn ein Mann seinen Wagen in der Garage läßt, dann besteht der einzige Schaden darin, daß er per Anhalter fährt oder zu Fuß geht und somit seine KFZ-Steuer umsonst zahlt. Doch wenn ein Mann die Zehn Gebote in der „Garage des Vergessens" läßt, wird er früher oder später einen verheerenden Wirbelsturm ernten.

Viele Menschen glauben, daß die Zehn Gebote und die Bergpredigt lediglich eine Liste darstellen, in der irgendein netter Idealist die Dinge aufgeschrieben hat, die man tun sollte, doch der pragmatisch veranlagte Macho weiß es natürlich besser. Viele glauben, ein Gebot nicht zu kennen, zu ignorieren oder zu mißachten hätte keine schlimmeren Konsequenzen zur Folge als irgendeine befreiende philosophische Gedankenübung, die nichts außer einem überaktiven Gewissen nach sich zieht. Es ist schon eine eigenartige Tatsache, daß keiner dieser „Praktiker" je denken würde, er könnte in einem Raum voll mit Tränengas herumgehen und dabei erwarten, daß die Tatsache, daß er dieses Gas ignoriert oder es nicht für nötig hält, eine Gasmaske zu tragen, keine Auswirkung auf ihn haben würde! Gottes Gesetze sind wie ein Orkan, der mit 1000 km/h über das Land fegt; zu seiner Zeit wird er alles, das sich ihm in den Weg stellt, vernichten, genauso wie ein derartiger Orkan letztlich selbst einen Berg abtragen wird. Jeder, der schon einmal beobachtet hat, wie eine gewaltige Flut Bäume entwurzelt oder Gebäude wie Kartenhäuser umwirft, kann sich ein immer noch höchst unzureichendes Bild von der Macht der Gesetze Gottes machen. Ein Wind wird abflauen, eine Flut wird sich beruhigen, doch die Gesetze Gottes werden über den Tod hinaus in alle Ewigkeit wirksam sein.

In Wahrheit ist der „Praktiker" geblendet und getäuscht worden:

> Weil der Urteilsspruch über die böse Tat nicht schnell vollzogen wird, darum ist das Herz der Menschenkinder davon erfüllt, Böses zu tun...
>
> (Pred 8,11)

Die Mühlen der Gerechtigkeit Gottes mahlen langsam, aber unvorstellbar fein. Weil der „Praktiker" keinen Blick für die unmittelbare Vergeltung hat, kann er auch nicht daran glauben. Dieser Unglaube hat jedoch keinerlei Auswirkung auf die Wirksamkeit des Gesetzes Gottes; er und seine Nachkommen werden unweigerlich die Früchte davon ernten, gleichgültig was er glaubt oder nicht glaubt, was er erkennt oder verwirft. Beachten Sie auch hier wieder, daß wir es selbst bei Christen, die schon seit vielen Jahren mit dem Herrn gehen, mit Unglauben im Herzen zu tun haben. Abermillionen von Christen sind noch nie so fest in Gottes Wort gegründet gewesen, daß sein Gesetz unauslöschlich in ihre Herzen geschrieben worden wäre (Jer 31,31). In ihren Herzen glauben sie nach wie vor, daß sie alles tun könnten, wozu sie Lust hätten, ohne daß dies irgendwelche Konsquenzen nach sich ziehen würde. Es ist so, als ob alle Verbindungslinien logischer Schlußfolgerungen gekappt worden wären und diese nun durch fleischliche Lüste und Wünsche in alle Winde zerstreut würden. Diese Menschen können keine schlüssige Verbindung zwischen Ursache und Wirkung, zwischen Säen und Ernten, zwischen Sünde und deren Konsequenzen, aber auch nicht zwischen guten Werken und Segen herstellen, und tun es auch nicht.

Deswegen darf sich ein Seelsorger nie zu der Annahme verleiten lassen, daß sich sein Gegenüber treu an die Gesetze Gottes, oder an „richtig" und „falsch" hält. Der Ratsuchende leistet vielleicht seinem Verstand nach einen Lippendienst, doch „Dieses Volk ehrt mich mit den Lippen, aber ihr Herz ist weit entfernt von mir" (Mt 15,8). Jeder Seelsorger ist deshalb ständig ein Evangelist und ein Lehrer *für das Herz. In ihren Herzen und im Leben* sehen die Menschen einfach keine reale und praktische Verbindung zwischen Sünde und Vergeltung.

> Und als er sich näherte und die Stadt sah, weinte er über sie, und sprach: Wenn auch du an diesem Tag erkannt hättest, was zu deinem Frieden dient! Jetzt aber ist es vor deinen Augen verborgen.
>
> (Lk 19,41-42)

Den einzigen, einfachsten und grundlegenden Schlüssel zu jeglicher Seelsorge finden wir im fünften Gebot: „Ehre deinen Vater und deine Mutter, wie der Herr, dein Gott, es dir geboten hat, damit deine Tage lange währen und damit es dir gutgeht in dem Land, das der Herr, dein Gott dir gibt!" (5.Mo 5,16) Dieses eine Prinzip, nämlich daß es denen gut gehen wird, die ihre Eltern ehren, und daß es jenen nicht gut gehen wird, die ihre Eltern nicht ehren, reicht aus, um *die Wurzel* jedes ehelichen Problems, jedes Dilemmas bei der Kindererziehung, jeder moralischen und unmoralischen Veranlagung zu erklären. Allein dieses fünfte Gebot ist eine für das ganze menschliche Leben gültige Beschreibung, wie sich die Wirklichkeit verhält. In jedem bewußten oder unbewußten Bereich, in dem wir unsere Eltern tatsächlich ehren könnten, wird es uns gut gehen! In jedem bewußten oder unbewußten Bereich, in dem wir unsere Eltern verurteilt oder nicht geehrt haben, in genau diesem Lebensbereich wird es uns nicht gutgehen!

So fundamental einfach ist das Leben.

> So bringt jeder gute Baum gute Früchte, aber der faule Baum bringt schlechte Früchte. Ein guter Baum kann nicht schlechte Früchte bringen, noch ein fauler Baum gute Früchte. Jeder Baum, der nicht gute Frucht bringt, wird abgehauen und ins Feuer geworfen. Deshalb, an ihren Früchten werdet ihr sie erkennen. (Mt 7,17-20)

> Richtet nicht, damit ihr nicht gerichtet werdet! Denn mit welchem Gericht ihr richtet, werdet ihr gerichtet werden, und mit welchem Maß ihr meßt, wird euch zugemessen werden.
>
> (Mt 7,1-2)

> Irrt euch nicht, Gott läßt sich nicht verspotten! Denn was ein Mensch sät, das wird er auch ernten.
>
> (Gal 6,7)

Diese wenigen einfachen Gesetze umfassen jede Art menschlicher Beziehung. Es gibt keinen Ausweg. Es gibt keine Ausnahmefälle. Wenn Christus in seiner Gnade nicht eingreift, wird unser Leben unweigerlich unseren guten Taten, unseren Sünden, unseren Urteilen und unserem Säen entsprechen.

Sobald ein Seelsorger für sich zu der festen Überzeugung gekommen ist, daß wir es hier nicht mit Fantasiegebilden oder Mythen zu tun haben, sondern vielmehr mit einer ewigen, unwandelbaren Realität, die das gesamte Universum überdauern wird, kann er nicht mehr in das Fahrwasser von Mutmaßungen und Trugschlüssen geraten (Ps 119,89). Er hat den unfehlbaren Schlüssel zur Wahrheit. Ein Ratsuchender sagt zum Beispiel: „Oh, ich mußte meinem Partner diese oder jene Sache einfach antun." Oder wer den anderen überaus penibel korrigiert, tadelt oder kritisiert, findet leicht Vernunftgründe dafür, indem er sagt: „Ich hab' einfach von meinen Eltern gelernt, daß man eine Sache richtig machen kann, und wenn es eine Sache wert ist, daß man sie macht, dann ist sie es auch wert, daß man sie richtig macht. Und ich liebe ihn (sie) doch so sehr, ich möchte doch nur, daß er (sie) einfach das Bestmögliche macht, damit für uns wieder alles in Ordnung kommt." Ein guter Baum kann keine faulen Früchte hervorbringen. Fordern und Kontrollieren ist eine faule Frucht; es ist unmöglich, daß dies ein Produkt der Liebe sein könnte. Die Liebe ist gut. Kontrolle ist schlecht. Diese faule Frucht muß von irgendeiner bösen Wurzel im Leben des Ratsuchenden herstammen. Vielleicht war der Vater oder die Mutter kritisch, nörgelte ständig und kontrollierte alles und jeden. Das Kind haßte dieses Verhalten, doch weil es nicht richtig ist, die Eltern zu richten oder zu hassen, hat das Kind derartige Gefühle unterdrückt. Jetzt zwingt das Gesetz (Röm 2,1) den Erwachsenen dazu, in gleicher Weise zu nörgeln und zu kritisieren, wie es ihm (ihr) als Kind widerfahren war.

In vielen Fällen möchten wir unser fehlerhaftes Verhalten nur zu gerne einer *guten* Absicht in uns oder dergleichen zuschreiben. Wenn der Mensch die makellose Klarheit der Gesetze Gottes versteht, offenbaren sich ihm seine Lügen, mit denen er sich selbst beschwindelt. Die Reinheit des Gesetzes führt einen Faden durch jedes nur denkbare Nadelöhr und entwirrt die Gordischen Knoten des menschlichen Charakters. Das Gesetz Gottes zerreißt alle trügerischen Verflechtungen. „Das Gebot des Herrn ist lauter und erleuchtet die Augen" (Ps 19,9b). „Die Eröffnung deiner Worte erleuchtet, sie gibt Einsicht den Einfältigen" (Ps 119,130).

Wie oft stellen wir die Frage „Vielleicht...?", wenn wir Probleme verstehen wollen, und jeder Seelsorger sollte in Demut gekleidet sein sowie in der Bereitschaft, Fehler zuzugeben. „Im Recht scheint, wer in seiner Streitsache als erster auftritt, bis sein Nächster kommt und ihn ausforscht" (Spr 18,17). „Eisen wird durch Eisen geschärft, und ein Mann schärft das Angesicht seines Nächsten" (Spr 27,17). Doch wenn das Gesetz wirksam wird, gibt es kein „vielleicht" mehr. Unser Verständnis ist fehlerhaft, doch das zurückschwingende Pendel der Vergeltung, das wir in den Wirklichkeiten entdecken, die wir untersuchen, kennt keine Toleranzen oder Abweichungen. Nur die Gnade von Christus am Kreuz verhindert, daß die Vergeltung unweigerlich zurückschwingen wird.

Wenn nun Gott Offenbarung schenkt, dann müssen wir glauben und betend handeln, um Befreiung zu erkämpfen. Doch das können wir nicht vollbringen, wenn wir „...hin- und hergeworfen (werden) und umhergetrieben von jedem Wind der Lehre durch die Betrügerei der Menschen, durch ihre Verschlagenheit zu listig ersonnenem Irrtum" (Eph 4,14). Ein festes Vertrauen auf das Gesetz Gottes verankert unseren Verstand in den sicheren Grundlagen des Lebens.

„Nein, wenn Sie Ihr Kind nicht freigeben können, damit es aufs College gehen kann, dann liegt das nicht daran, daß Sie 'es zu sehr lieben'. Besitzansprüche anzumelden ist eine faule Frucht. Liebe ist eine gute Frucht. Gute Bäume können keine faule Frucht hervorbringen. Jetzt wollen wir mal den eigentlichen Grund dafür rausfinden, warum Sie es nicht gehen lassen können."

„Sie lieben Ihre Frau viel zu sehr; deswegen mußten Sie – wie Sie meinen – diesen Kerl einfach vermöbeln, der Ihre Frau auf der Party zu genau angesehen hatte? Nein, mein Freund. Liebe, die in sich gut ist, kann keine faulen Früchte hervorbringen. Faule Früchte müssen von fauligen Wurzeln eines fauligen Baumes kommen. Wer hat nun wen während Ihrer Kindheit verlassen? Wer hat Ihnen immer wieder etwas genommen, das Ihnen gehörte? Was lief zwischen Ihrem Vater und Ihrer Mutter, oder wie erging es Ihren Geschwistern? Irgendwo da liegt die faulige Wurzel. Wir müssen sie finden."

„Er hätte mich glatt verlassen. Ich mußte einfach mit ihm ins Bett gehen. Ich denke, ich liebe ihn einfach viel zu sehr." Erlauben Sie niemals einen ehrenhaften Grund hinter einer unehrenhaften Sache. Das ist auch unmöglich. Gute Bäume bringen keine faulen Früchte hervor. „So nicht, meine Liebe. Liebe, die gut ist, bringt keine Sünde hervor. Wir versuchen, die Sünde mit Liebe zu tarnen, doch ihr Ursprung liegt woanders. Wovor hattest Du Angst? Schau'n wir doch mal Deine Vaterbeziehung an. Welchen Beruf hatte er? War er abends zu Hause? War er auch wirklich „zu Hause", wenn er zu Hause war? Verbrachte er viel Zeit mit Deiner Mutter? Wie kamen sie miteinander aus?"

Verstehen wir allmählich, wie das Wort Gottes einen Schutzschild um den Sinn des Seelsorgers legt – oder auch um jeden anderen? „Wodurch hält ein Jüngling seinen Pfad rein? Indem er sich bewahrt nach deinem Wort" (Ps 119,9). „In meinem Herzen *habe ich dein Wort verwahrt*, damit ich nicht gegen dich sündige" (Ps 119,11; Hervorhebung vom Autor). „Alle Rede Gottes ist geläutert. Ein Schild ist er denen, die bei ihm (ihre) Zuflucht suchen" (Spr 30,5).

Der Seelsorger analysiert mit dem sicher treffenden Schwert des Wortes Gottes und nicht mit psychologischen Tests und Tricks. Der Heilige Geist selbst bezeichnet es so:

> Denn das Wort Gottes ist lebendig und wirksam und schärfer als jedes zweischneidige Schwert und durchdringend bis zur Scheidung von Seele und Geist, sowohl der Gelenke als auch des Markes, und *ein Richter der Gedanken und Gesinnungen des Herzens*;
>
> (Hebr 4,12)

> Dann verstehst du Gerechtigkeit, Recht und Geradheit und jede gute Bahn. Denn Weisheit zieht ein in dein Herz, und Erkenntnis wird deiner Seele lieb. Besonnenheit wacht über dir, Verständnis wird dich behüten: um dich zu retten vom bösen Weg, vom Mann, der Verkehrtes redet, von denen, die da verlassen die geraden Pfade, um auf finsteren Wegen zu gehen, die sich nur freuen am bösen Tun, frohlocken bei schlimmer Verkehrtheit, deren Pfade krumm sind, die in die Irre gehen auf ihren Bahnen...
>
> (Spr 2,9-15)

Ein Seelsorger ist wie ein Detektiv – in jeder Situation auf der Suche nach dem wirklichen Täter. Das Wort Gottes ist seine unfehlbare Lupe, und genauso wie ein Fingerabdruck den Schuldigen eindeutig überführt, offenbart das Gesetz die Prägung des Wesens eines jeden Menschen. Wer ein Problem mit seiner Frau hat, muß nach seinem Anteil an diesem Problem suchen und zwar bei seinem Urteil und bei seinen Sünden gegenüber seinen Eltern (oder anderen frühkindlichen Bezugspersonen) und nicht in erster Linie bei seiner Frau. Wen jetzt die Furcht beschleicht, wir würden alles zu drastisch vereinfachen, der sollte sich daran erinnern, daß innerhalb des vorgegebenen Rahmens des Gesetzes das Leben unendlich komplex und vielgestaltig ist. Wir appellieren hier an jeden Seelsorger, sich nicht blenden zu lassen und seine Auffassung von den Dingen auf die Einfachheit des Wortes Gottes zu gründen. „Die Lampe des Leibes ist das Auge; wenn nun dein Auge klar ist, so wird dein ganzer Leib licht sein" (Mt 6,22). Das „Auge" ist unsere Deutung des Lebens – das Auge eines Seelsorgers darf nur in eine Richtung blicken und muß ein Gefangener des Wortes Gottes sein (2.Kor 10,5).

> Darum, da wir diesen Dienst haben, weil wir ja begnadigt worden sind, ermatten wir nicht; sondern wir haben den geheimen Dingen, deren man sich schämen muß, entsagt und wandeln nicht in Arglist, noch verfälschen wir das Wort Gottes, sondern durch die Offenbarung der Wahrheit empfehlen wir uns jedem Gewissen der Menschen vor Gott.
>
> (2.Kor 4,1-2)

Der Teil unseres Lebens, den wir mit unseren Eltern oder – allgemein gesprochen – mit den „Erziehungsberechtigten" verbracht haben, ist die absolute Grundlage unseres Lebens. Alles, das sich jetzt in der Gegenwart manifestiert, läßt sich auf diese Wurzeln zurückführen. Nachdem wir nun seit zwanzig Jahren bis zu 1200 Stunden jährlich Seelsorge geleistet haben, können Paula und ich voll Zuversicht und Ruhe sagen, daß die Seelsorge im Prinzip wirklich so einfach und das Gesetz Gottes wirklich so fundamental ist.

Es geht hier nicht darum, den Eltern die Schuld in die Schuhe zu schieben. Ob die Eltern nun Engel oder Teufel waren, normale Menschen oder Psychopathen, die Reaktionen der Kinder sind das Entscheidende. Wir haben Fälle erlebt, in denen Kinder wirklich grausam mißbraucht worden waren und trotzdem liebevolle und sanfte Erwachsene wurden. Wie wir an früherer Stelle schon erwähnt haben, geht es uns nicht um einen kulturellen Determinismus oder um den Behaviorismus, der besagt, daß der Mensch von seinen Lebensumständen, von seiner Umwelt und von seinen Mitmenschen geprägt wird. Unser Verständnis gewinnen wir durch das Wort Gottes, das erklärt, daß wir mit unserem Geist entschieden haben, wie wir reagieren. In allen

Bereichen, in denen unsere Reaktion sündhaft war, haben wir Kräfte freigesetzt, die wir solange ernten müssen, bis schließlich die Gnade die Oberhand gewinnt. Wenn wir erkennen, daß die Wurzeln unseres Lebens durch unsere Eltern geformt wurden, verurteilen wir sie jedoch dadurch nicht. Der Mensch, der Seelsorge will, muß immer seine eigene Schuldenlast tragen (Gal 6,5).

Wenn eine Schuld auf ein zweijähriges Kind übertragen wird, dann wird damit nicht das Urteil oder Verdammnis übertragen. In Christus gibt es das nicht mehr (Röm 8,1). Wir sehen die Wirkungsweise der Prinzipien des Gesetzes, die zur Befreiung durch das Kreuz führen. Es geht uns nicht darum herauszufinden, wer denn eigentlich der Schuldige ist. Wir sind vielmehr daran interessiert, zu erkennen, welche Ereignisse, welche Reaktionen stattgefunden haben und welche Chrakterstrukturen in Folge davon in uns geformt wurden, damit wir das Resultat der Sünde ans Kreuz tragen können. Sobald wir erkennen, daß jedes menschliche Wesen durch Vererbung Sünde ist, können wir einander nicht mehr die Schuld in die Schuhe schieben. Es wäre recht, jemandem die Schuld zu geben, der – wie Paulus sagt – schon gereinigt und mit dem Heiligen Geist erfüllt ist und sich dann vorsätzlich für das Böse entscheidet und damit auch dafür, Christus noch einmal zu kreuzigen (Hebr 6,6). Doch wenn es um das ganz normale sündige Wesen eines jeden von uns geht, dann ist die Schuldfrage hier völlig fehl am Platz; sie ist völlig irrelevant wie etwa ein Spieler, der niemals auf den Tenniscourt kommt, geschweige denn seinen Schläger in die Hand nimmt. Jeder von uns ist mit einem sündigen Herzen in eine sündige Welt hineingeboren worden.

> Er hat uns nicht getan nach unseren Vergehen, nach unseren Sünden uns nicht vergolten.
>
> Wie sich ein Vater über Kinder erbarmt, so erbarmt sich der Herr über die, die ihn fürchten.
>
> Denn *er* kennt unser Gebilde, gedenkt, daß wir Staub sind.
> (Ps 103,10.13.14)

Wenn es nun den Anschein hat, wir hätten einerseits behauptet, daß jeder Mensch selbst dafür geradestehen muß, wenn er die falsche Entscheidung fällt und wir nun andererseits sagen, daß jeder Mensch in Sünde geboren wird, was ja bedeutet, daß er keine Chance hat, dann entspricht das ziemlich genau der Wahrheit! Jede Menschenweisheit kapituliert vor diesem gewaltigen theologischen Dilemma, dieser Sackgasse. Wir sagen „sowohl...als auch". Jeder Mensch ist für seine

Entscheidung selbst verantwortlich. Wir sind schuldig. Doch das Erbarmen sagt, daß, auch wenn jedem Menschen etwas angekreidet werden kann, das Erbarmen des Herrn ihn dennoch nicht verurteilt und verdammt; es ist voller Liebe und befreit ihn.

Die Absolutheit des Gesetzes Gottes wird auch zur Gewißheit unserer Heilung.

> Denn als Gott dem Abraham die Verheißung gab, schwor er bei sich selbst – weil er bei keinem Größeren schwören könnte – und sprach: 'Wahrlich, reichlich werde ich dich segnen, und sehr werde ich dich mehren.' Und so erlangte er, indem er ausharrte, die Verheißung. Denn Menschen schwören bei einem Größeren, und der Eid ist ihnen zur Bestätigung ein Ende alles Widerspruchs. Deshalb hat sich Gott, *da er den Erben der Verheißung die Unwandelbarkeit seines Ratschlusses* noch viel deutlicher beweisen wollte, mit einem Eid verbürgt, damit wir durch *zwei unveränderliche Dinge, bei denen Gott doch unmöglich lügen kann, einen starken Trost hätten*, die wir unsere Zuflucht dazu genommen haben, *die vorhandene Hoffnung zu ergreifen*. Diese haben wir *als einen* sicheren und *festen Anker* der Seele, der in das Innere des Vorhangs hineinreicht, wohin Jesus als Vorläufer für uns hineingegangen ist, der nach der Ordnung Melchisedeks Hoherpriester in Ewigkeit geworden ist.
>
> (Hebr 6,13-20)

Nun noch ein letztes Wort der Klärung und des Trostes für alle, die Seelsorger genannt werden, ob sie das nun wissen oder nicht, und die es wagen möchten, sich auf die Absolutheit des Wortes Gottes zu stellen, sich jedoch davor fürchten, weil sie dann vielleicht als engstirnig, bigott, arrogant, rechthaberisch oder töricht gelten würden. Satan und unsere moderne, verwirrte Sicht der Dinge haben vielen Prinzipien einen schweren Schlag versetzt und die geraden Wege Gottes verkehrt (Apg 13,10). Der weltliche Mensch nennt das arrogant, was in Wirklichkeit Demut ist und umgekehrt. Wer zum Beispiel trotz der erschlagenden Flut von wissenschaftlichen Beweisen weiterhin starrsinnig behaupten würde, daß die Welt flach sei, den würden wir doch auch arrogant und töricht nennen, oder? Wenn wir die Beweise in Erwägung ziehen und zugeben, daß die Erde rund ist, dann zeugt das von Demut. Wenn wir dieser Tatsache rückhaltlos Glauben schenken, dann ist das kein Zeichen von Arroganz oder Engstirnigkeit, sondern vielmehr von Besonnenheit (2.Tim 1,7). Wenn wir die Tatsache, daß die Erde rund ist, als etwas Gesichertes anerkennen, das über jeden Zweifel erhaben ist, dann bedeutet das, daß wir sowohl die Flexibilität haben, frühere gegenteilige Auffassungen zu ändern, als auch das Gespür dafür, den Sinn fest in der Realität zu gründen. Das gleiche gilt auch, wenn es um die Absolutheit des Wortes Gottes geht.

Wenn wir zum ersten Mal die Endgültigkeit des Wortes Gottes akzeptieren, dann ist das wohl so, als ob wir eine wissenschaftliche Hypothese akzeptieren würden. Man prüft sie und fragt sich, ob man noch ganz bei Verstand ist. Jeder, der Gott so prüft (Mal 3,10) und dann seinen Satzungen gehorcht, wird bald herausfinden, daß Gott durch Zeichen und Wunder Bestätigungen gibt (Mk 16,17). „Durch zweier oder dreier Zeugen Mund wird (jeder Ausspruch) festgestellt werden" (2.Kor 13,1). Die Bestätigungen Gottes werden sich bald so zu einem Berg von Beweisen auftürmen, daß es der Gipfel (oder eigentlich die tiefste Tiefe) der Anmaßung des Verstandes, der Engstirnigkeit und der Dummheit wäre, ihnen nicht zu glauben und sich nicht ein für alle Mal klar zu ihnen zu stellen.

Sobald man einmal erkannt hat, daß Gott in seinem offenbarten und geschriebenen Wort wirklich ein für alle Mal gesprochen hat, wirft diese Erkenntnis die Denkweise der Welt so über den Haufen, daß es von Demut zeugen wird, in der Tiefe unseres Denkens seine Absolutheit anzuerkennen, und von Arroganz, auf der Basis menschlicher und fleischlicher Spekulation weiterzuspazieren. Christen, die *wissen*, daß die Gesetze Gottes absolut sind, brauchen sich nicht zu fürchten; man braucht eine demütige Gesinnung, um aufrichtig auf der Wahrheit des Wortes Gottes gegründet zu sein, und eine arrogante Haltung, um diese Wahrheit nicht anzuerkennen.

5

Die zentrale Kraft und Notwendigkeit der Vergebung

Und wenn ihr steht und betet, so vergebt, wenn ihr etwas gegen jemand habt, damit auch euer Vater, der in den Himmeln ist, euch eure Übertretungen vergebe. (Wenn ihr aber nicht vergebt, so wird euer Vater, der in den Himmeln ist, auch eure Übertretungen nicht vergeben).

(Markus 11,25-26)

Zunächst läßt sich die Notwendigkeit der Vergebung vom Gesetz ableiten. Erst wenn Vergebung im Herzen wirksam geworden ist, wird die unerbittliche Reaktion des Gesetzes der Vergeltung durchbrochen. „Niemand sage, wenn er versucht wird: Ich werde von Gott versucht. Denn Gott kann nicht versucht werden vom Bösen, er selbst aber versucht niemand. Ein jeder aber wird versucht, wenn er von seiner eigenen Lust fortgezogen und gelockt wird. Danach, wenn die Lust empfangen hat, gebiert sie Sünde; die Sünde aber, wenn sie vollendet ist, gebiert den Tod" (Jak 1,13-15). Die Gesetzmäßigkeiten des Universums erfordern eine schlüssige Auflösung.

Zorn innerhalb einer Familie ist in jedem Fall ein Reiz. Jeder Reiz erzeugt eine Reaktion, ob wir dies nun bewußt anerkennen oder verdrängen. Jede Reaktion wird zu einem Reiz für die andere, entgegengesetzt wirkende Reaktion, die selbst wieder zu einem Reiz wird, der wieder eine Reaktion fordert; so schaukeln sich Streitigkeiten zu Kämpfen hoch, Auseinandersetzungen innerhalb einer Gruppe zu Krawallen, und Spannungen zwischen Nationen zu Kriegen. „Woher kommen Kriege und woher Streitigkeiten unter euch? Nicht daher: Aus euren Lüsten, die in euren Gliedern streiten? Ihr begehrt und habt nichts; ihr tötet und neidet und könnt nichts erlangen; ihr streitet und führt Krieg" (Jak 4,1-2).

Ein emotioneller Reiz folgt genauso bestimmten Gesetzmäßigkeiten wie die Elektrizität. Wir können es wohl versuchen, unsere Leidenschaften zu bändigen, das Reiz-Reaktions-Schema durch unsere Willenskraft oder durch unseren liebenswürdigen Charakter zu durchbrechen oder weitere Reize auszuschalten, indem wir unsere eigenen Reaktionen unterdrücken, doch können wir den Vorgang nur hinauszögern, weil die Eigendynamik des Gesetzes am Werk ist, die man nicht einfach so leugnen kann. Wir *werden* ernten, was gesät wurde (Gal 6,7). Gottes Gesetze (sein Wort) können nicht durchbrochen werden (Joh 10,35).

In Maleachi 3,6 spricht der Heilige Geist von genau dieser Unveränderlichkeit des Gesetzes und von der Unwiderrufbarkeit des Reiz-Reaktions-Schemas: „Denn ich, der Herr, verändere mich nicht, darum seid ihr, Kinder Jakobs, nicht aufgerieben worden" (Schlachter). Wenn sich Gott verändert hätte, *wären* wir aufgerieben worden. Wenn Gott was verändert hätte? „Daher kann er auch völlig erretten, die durch ihn Gott nahen, weil *er immer lebt, um für sie einzutreten*" (Hebr 7,25; Hervorhebung vom Autor). Die logische Schlußfolgerung ist unausweichlich: Wenn Jesus sich verändern würde und damit auch aufhören würde, vor dem Vater für uns Fürbitte zu leisten, dann würde es nur noch – wie in manchen Spionagefilmen – heißen: „Dieses Magnetband zerstört sich selbst in fünf Sekunden!"

Unsere Reize fordern eine stetig wachsende Reaktion. Die Gesetzmäßigkeiten des Säens und Erntens, sowie die des Wachstums bringen es unweigerlich mit sich, daß alle unsere menschlichen Beziehungen, ja das ganze Leben des Menschen kraft unseres ständig sündigenden Wesens immer schneller auf Krieg und Zerstörung zugaloppieren! Nichts außer dem Kreuz Christi kann dieser dynamischen Entwicklung Einhalt gebieten. Das ist der Dreh- und Angelpunkt der Vergebung: „Und fast alle Dinge werden mit Blut gereinigt nach dem Gesetz, und ohne Blutvergießen gibt es keine Vergebung" (Hebr 9,22). Haß tötet: „Jeder, der seinen Bruder haßt, ist ein Menschenmörder, und ihr wißt, daß kein Menschenmörder ewiges Leben bleibend in sich hat" (1.Joh 3,15). Jeglicher Zorn, Groll und Bitterkeit werden aus dem Haß heraus geboren; so sehr wir es auch beschönigen wollen und behaupten, wir würden doch nicht hassen – wir tun es. Unsere Emotionen ermorden (oder segnen) den anderen. Mord zerstört Leben. Leben ist im Blut (1.Mose 9,4). Ein Reiz erfordert eine Reaktion; das, was aus einem Samen herangewachsen ist, muß man ernten; deshalb fordert jeder Haß Blut. Nur das Blut Jesu kann diesen Teufelskreis des menschlichen Hasses durchbrechen. Deshalb ist das Blut das Kernstück der Vergebung, die Grundvoraussetzung, um das menschliche Leben überhaupt weiterführen zu können.

Wenn Mary das Gefühl hat, von ihrem Ehemann Sam ignoriert zu werden, dann fordert dieser Reiz eine Reaktion. Wenn sie ihm Raum gibt, dann reagiert auch Sam. Der Zorn schaukelt sich hoch, und daraus folgt dann ein Kampf. Wenn er seine Reaktion unterdrückt, dann stirbt deswegen der Reiz nicht. Er schürt vielmehr eine innere Erregtheit in seinem Herzen. Irgendwo und irgendwie *wird* er sich zeigen und vielleicht auch nur durch stille Ablehnung, doch unterschwellig und ohne Sams Wissen töten seine Emotionen seine Frau. Durch einen Kraftakt seines menschlichen Willens oder sogar durch die Kraft des Heiligen Geistes kann Sam vielleicht eine liebevolle Antwort geben; dieser Reiz kann dann wiederum eine liebevolle Antwort hervorrufen und der ganze Abend wird in glücklicher Erinnerung bleiben. Dennoch kann man die ursprüngliche Verletzung nicht leugnen. Sie lebt, obwohl verdrängt und vergessen. Doch das Universum folgt bestimmten Gesetzmäßigkeiten, und deswegen muß auf diesen Haß eine Reaktion folgen. Wenn wir nun davon ausgehen, daß sich solche Situationen in der Regel zu Tausenden in jeder Beziehung abspielen, dann erkennen wir auch, daß der Tod der Freude, ja sogar körperliche Zerstörung das unausweichliche Los für einen jeden von uns ist, wenn Jesus aufhören würde, ständig für uns einzutreten.

„Wenn wir aber im Licht wandeln, wie *er* im Licht ist, haben wir Gemeinschaft miteinander, und das Blut Jesu, seines Sohnes, reinigt uns von jeder Sünde" (1.Joh 1,7). Als Sam sich dazu entschlossen hatte zu lieben und dadurch gleichzeitig im Licht zu wandeln, hat er das Blut Jesu eingeladen, sein Herz zu reinigen. Keiner von uns hat eine Vorstellung davon, wieviele unzählige Momente einer menschlichen Beziehung jeden Tag – völlig unbemerkt – durch sein Blut zu unserem Heil mitwirken. Keiner kann je erforschen, wie überwältigend die Gnade Gottes ist!

Es kann auch keiner von uns verstehen, warum so viele ungezählte Ereignisse ohne unser Wissen im Blut gewaschen werden; dennoch ist manchmal unsere bewußte Erkenntnis und unser Bekenntnis erforderlich, um nicht das volle Ausmaß der Konsequenzen erleiden zu müssen. Eins steht fest: Gott, in seiner Weisheit, weiß es. Offensichtlich werden wir von den meisten unserer Sünden gereinigt, ohne daß wir es überhaupt wissen. Es reicht wohl, wenn ich sage, daß das Gebot „Dies tut zu meinem Gedächtnis!" (Lk 22,19-20) vielleicht darauf basiert, daß Jesus weiß, wie sehr wir dieser ständigen Reinigung bedürfen. Wie oft vergibt und reinigt uns Gott, während wir anbeten, ohne daß wir uns dessen bewußt sind? Wenn wir uns dazu entscheiden, in der Liebe zu wandeln, dann erfahren wir eine Reinigung, doch am wirksamsten ist die Entscheidung anzubeten und zu beten. Wie Paulus, müssen wir regelmäßig füreinander beten: „Er selbst aber, der Gott des Friedens, *heilige* euch völlig; und vollständig möge euer Geist und Seele und Leib *untadelig bewahrt* werden bei der Ankunft unseres Herrn Jesus Christus" (1.Thes 5,23). Was für ein Gebet!

Da Paula und ich wie vielleicht nur wenige andere das Vorrecht haben, tagtäglich in die inneren Abläufe des menschlichen Herzens hineinzusehen, lesen wir folgende Schriftstelle mit Freude, aber auch mit Trauer:

> Laßt uns das Bekenntnis der Hoffnung unwandelbar festhalten – denn treu ist er, der die Verheißung gegeben hat -; und laßt uns aufeinander achthaben, um uns zur Liebe und zu guten Werken anzureizen, indem wir *unser Zusammenkommen nicht versäumen*, wie es bei einigen Sitte ist, sondern einander ermuntern, und das um so mehr, je mehr ihr den Tag herannahen seht. Denn wenn wir mutwillig sündigen, nachdem wir die Erkenntnis der Wahrheit empfangen haben, *bleibt kein Schlachtopfer für Sünden mehr übrig*, sondern ein furchtbares Erwarten des Gerichts und der Eifer eines Feuers, das die Widersacher *verzehren* wird.
>
> (Hebr 10,23-27)

Wir freuen uns, weil wir wissen, daß diejenigen die anbeten – ob nun auch Abendmahl gefeiert wird oder nicht – durch ihren Wandel im Licht gereinigt und ihre Ehen und Familien gesegnet werden, ob sie es nun wissen oder nicht. Bei manchen Familien mag es so sein, daß der Kampf gleich wieder weitergeht, sobald man die Kirchentüre hinter sich geschlossen hat, doch einen Großteil der Samen, die sich in der vergangenen Woche angesammelt haben und die zum Haß gesät worden sind, hat unser Herr geerntet. Die Menschen denken wohl noch immer an Streitpunkte und lassen sich durch sie zu neuen Gefechten anstacheln, doch der Vergeltung der vergangenen Dinge, die das Gesetz fordert, wurde in der Anbetung am Kreuz wirksam ein Ende gesetzt.

Wir weinen, wenn wir sehen, wie der Todesschatten auf die Gesichter derer fällt, die sich nie an Jesu Tür blicken lassen; wir wissen eben, welche schrecklichen Ansammlungen des Bösen auf sie zurückfallen und eine Ernte der Vergeltung fordern werden; denn sie haben niemals die Gelegenheit ergriffen, sich für das Leben in ihm zu entscheiden, wodurch sie ihm nur wenig Gelegenheit gaben, sie zu reinigen.

Das Blut Jesu ist die Kraft zur Vergebung. Und das Blut Jesu reicht völlig aus (Hebr 10,19-29). Wir bezweifeln, daß die Kirche jemals ausreichend mit Blut besprengt sein könnte. Menno Simons (1496-1561), auf den die Wurzeln der Mennoniten zurückgehen, war bekannt sowohl für seine Frömmigkeit als auch für seine Betonung des Blutes Jesu – eine Betonung, die seine Nachfahren übernommen haben. Während John Wesley im Jahre 1735 auf einem Schiff nach Amerika fuhr, wurde er so sehr von der Güte und Frömmigkeit einer Gruppe von Moraviern inspiriert, die das Blut Jesu besangen, daß, nach der Meinung vieler, dieses Erlebnis sein Ringen um Erweckung entfesselt habe; aus dieser Erfahrung heraus waren im frühen Methodismus Frömmigkeit und Lieder, die das Blut Jesu feierten, von vorrangiger Bedeutung. Wenn man die amerikanische Kirchengeschichte überfliegt, dann wird man feststellen, daß immer dann, wenn Frömmigkeit und der Lobpreis des Blutes Jesu *als Voraussetzung vorhanden* waren, sich daraus Erweckung und ein echtes Leben der Liebe in unserem Herrn Jesus Christus *entwickelte*. Das Blut Jesu besprengt das Herz, diese Arena tief in uns, in der wir siegen müssen. „(Da wir nun)...einen großen Priester über das Haus Gottes (haben), so laßt uns hinzutreten mit wahrhaftigem Herzen in voller Gewißheit des Glaubens, *die Herzen besprengt und damit gereinigt vom bösen Gewissen* und den Leib gewaschen mit reinem Wasser" (Hebr 10,21-22). Wie oft haben wir gesungen „Zieh mich zu Dir, immer näher, immer näher, teu'rer Herr, an Deine blutend' Seite", und doch nicht gewußt, welche Kraft in diesen Worten lag?

Kein Seelsorger soll je das gewaltigste und machtvollste Werkzeug vergessen, daß ihm der Herr in die Hand gegeben hat – das Blut Jesu. Das Wort Gottes ist dem Seelsorger als ein mächtiges Werkzeug an die Hand gegeben worden, denn es ist „Gottes Kraft zum Heil" (Röm 1,16). Die fundamentale Aufgabe eines Seelsorgers ist die Reinigung des Herzens; dabei wird das Blut zu seiner wichtigsten Kraft: „Und zu Jesus, dem Mittler eines neuen Bundes; und zum Blut der Besprengung, das besser redet als das Blut Abels (das vom Ackerboden her zum Vater schrie)" (Hebr 12,24; 1.Mo 4,10).

> Daher ist auch der erste Bund nicht ohne Blut eingeweiht worden. Denn als jedes Gebot nach dem Gesetz von Mose dem ganzen Volk mitgeteilt war, nahm er das Blut der Kälber und Böcke mit Wasser und Purpurwolle und Ysop und besprengte sowohl das Buch selbst als auch das ganze Volk und sprach: „*Dies ist das Blut des Bundes, den Gott für euch geboten hat.*" Aber auch das Zelt und alle Gefäße des Dienstes besprengte er ebenso mit dem Blut; und fast alle Dinge werden mit Blut gereinigt nach dem Gesetz, und ohne Blutvergießen gibt es keine Vergebung. Es ist nun nötig, daß die Abbilder der himmlischen Dinge hierdurch gereinigt werden, die himmlischen Dinge selbst aber durch bessere Schlachtopfer als diese. Denn der Christus ist nicht hineingegangen in ein mit Händen gemachtes Heiligtum, ein Gegenbild des wahren Heiligtums, sondern in den Himmel selbst, um jetzt vor dem Angesicht Gottes für uns zu erscheinen, auch nicht, um sich selbst oftmals

> zu opfern, wie der Hohepriester alljährlich mit fremdem Blut in das Heiligtum hineingeht – sonst hätte er oftmals leiden müssen von Grundlegung der Welt an -; jetzt aber ist er einmal in der Vollendung der Zeitalter offenbar geworden, um durch sein Opfer die Sünde aufzuheben. Und wie es den Menschen gesetzt ist, einmal zu sterben, danach aber das Gericht, so wird auch der Christus, nachdem er einmal geopfert worden ist, um vieler Sünden zu tragen, zum zweiten Male ohne Beziehung zur Sünde denen zum Heil erscheinen, die ihn erwarten.
> (Hebr 9,18-28; Hervorhebung vom Autor)

Für die Heilung des menschlichen Herzens ist das Blut Jesu also von zentraler Bedeutung. Das Wort ist ein „Richter der *Gedanken und Gesinnungen des Herzens*" (Hebr 4,12), doch das Blut heilt das Herz. Das Paradoxon besteht darin, daß, obwohl das Blut einmal dargebracht wurde und nie wieder neu geopfert werden muß, dessen Anwendung eine tägliche Notwendigkeit darstellt, ohne die das Herz wieder krank und bitter wird. Durch Logik oder Willenskraft können wir das Herz nicht verändern. Gleichgültig wie deutlich wir auch erkennen, was in ihm verborgen ist – dort wird es auch bleiben. An diesem Punkt muß der weltliche Psychologe seinen Bankrott erklären, denn er kann all das, was er sieht, nicht reinigen. Doch der Christ kann es. Wo der weltliche Therapeut einpackt, fängt der Christ erst richtig an. Er muß nur das Blut des Lammes anrufen: „Siehe, das Lamm Gottes (unser vollkommenes Blutopfer), *das die Sünde der Welt wegnimmt*" (Joh 1,29; Hervorhebung vom Autor).

Das Gebet ist nicht vom Glauben abhängig; man braucht nur genug Glauben, um überhaupt bittend den Mund zu öffnen. Selbst der allergeringste Christ hantiert mit der Fülle seiner Macht. Seine Kraft ist unerschöpflich. Barbara Shlemon (Autorin von „Healing Prayer") besuchte einmal eine katholische charismatische Konferenz, in der jeder bei der Kommunion sowohl Brot als auch Wein empfangen konnte. Sehr viele Menschen gingen nach vorne, und gerade als sie vor dem Altar stand, erhob sich ein Priester und brüllte: „Wir haben das Blut Jesu erschöpft!" Barbara wurde fast ohnmächtig! Welch eine unbeschreibliche Größe, daß wir das Blut Jesu niemals erschöpfen können, auch wenn sich die Sünden vervielfältigen, wie die Finsternis die Welt überzieht! Seine Treue garantiert uns, daß es auf unsere einfache Bitte hin immer da sein wird, um unser Herz durch und durch, bis in jeden Winkel zu reinigen.

Wir bitten jeden Seelsorger eindringlich, mit denen, die in die Seelsorge kommen, laut zu beten, daß das Blut Jesu ihre Herzen bei jedem Treffen reinigen möge. Das Gebet ist keine magische Formel.

Es gibt keine bestimmten Formulierungen, die in einer bestimmten Reihenfolge deklamiert werden müssen. Jeder stockende, holperige und verwirrte Schrei reicht aus. Wir müssen lediglich das Blut beim Namen nennen und bitten, daß es an uns wirksam werden möge.

Die größte Schwierigkeit, was die Vergebung betrifft, ist die Tatsache, daß wir es oftmals nicht wissen, wenn wir noch Groll hegen, denn oft belügen wir uns selbst, oder haben ihn schon vergessen. Wir ersuchen jeden Seelsorger, das nicht zu glauben, was ihm der Ratsuchende über seine Gefühle erzählt. Wir dürfen eine vorhandene oder auch nicht vorhandene Überführung von Sünden nicht auf die Gefühle des Ratsuchenden gründen. Gefühle sind bestenfalls hartnäckige Lügner. Unsere Gedanken und Erinnerungen werden durch Beschönigungen und Lügen verzerrt. Auf den Schlüssel haben wir im vorigen Kapitel hingewiesen; wenn eine faule Frucht vorhanden ist, dann muß die Ursache dafür ein verborgene, mangelnde Vergebungsbereitschaft sein. Unsere Seelsorge ist auf die klare Logik des Wortes Gottes gegründet und nicht auf die konfusen Ahnungen und Gefühle, die ein Mensch über sein eigenes Ich hat.

Piloten müssen ein intensives Trainingsprogramm durchlaufen, in dem sie ihre Sinne neu schulen, sich nicht auf ihre eigenen Empfindungen dessen zu verlassen, wo oben und wo unten, was hell und was dunkel ist, sondern sich vielmehr auf die Instrumente und im Blindflug auf die Koordinaten zu verlassen. „Wer ist blind, wenn nicht mein Knecht, und taub wie mein Bote, den ich sende? Wer ist blind wie der Gottgeweihte und taub wie der Knecht des Herrn?" (Jes 42,19; ZÜ) „Er wird *nicht richten nach dem, was seine Augen sehen, noch Recht sprechen nach dem, was seine Ohren hören*" (Jes 11,3; ZÜ; Hervorhebung vom Autor). Seelsorger müssen lernen, blind zu fliegen und allein dem Instrument des Wortes Gottes und nicht menschlichen Sinneswahrnehmungen und Emotionen zu vertrauen. „Das Gesetz des Herrn ist vollkommen und *erquickt die Seele*; das Zeugnis des Herrn ist zuverlässig und *macht den Einfältigen weise*" (Ps 19,8; Hervorhebung vom Autor). Auch wenn wir dieses Verständnis im vorigen Kapitel als Grundlage gelegt haben, wollen wir nun darauf hinweisen, daß es vom Standpunkt der praktischen Anwendung her nirgends mehr Gültigkeit und Durchschlagskraft hat als im Bereich der Vergebung. Viele Menschen haben die unerschütterliche Überzeugung, vergeben zu haben, obwohl das nicht der Fall ist. Wie können wir uns nun sicher sein? Durch eine einfache, klare, schriftgemäße Logik. Wenn das Problem noch immer vorhanden ist, dann war die Vergebung unvollständig.

Es ist eine Sache für den Seelsorger, das Problem zu sehen; doch ist es eine völlig andere Sache, daß das Herz und der Verstand des Ratsuchenden auch dementsprechend handeln. Auch wenn das Gesetz absolut ist, gibt es keine hundertprozentige Gewißheit, was das Verständnis betrifft. Wir sollten uns davor hüten, jemals zu sagen: „Aha, Du hast dies oder jenes Problem." Vielmehr sollten wir uns daran erinnern, dem anderen durch Fragen, Gleichnisse und Geschichten den Ball zuzuspielen. Vielleicht sprach Jesus aus genau diesem Grund zu den Menschen in Gleichnissen, nämlich um ihre Herzen zu erreichen. „Dies alles redete Jesus in Gleichnissen zu den Volksmengen, und ohne Gleichnis redete er nicht zu ihnen" (Mt 13,34). Wir müssen mit Bedacht die ganze Geschichte eines Menschen durchforschen und dürfen uns nicht zu voreiligen Schlußfolgerungen hinreißen lassen; vielmehr sollen wir den anderen einladen, uns auf dieser Suche zu begleiten und das, was in ihm steckt, zu erkennen und die Fragmente zueinander in Beziehung zu setzen.

Viele Menschen sind verwirrt und glauben, daß sie in die Vergangenheit zurückgehen und herausfinden müssen, wer sie geprägt hat, um sich dann mit ihm auszusprechen; doch wenn dieser Mensch schon tot ist, gibt es keine Möglichkeit mehr dafür. Doch dienen wir nicht nur dem erwachsenen Menschen, sondern dem Kind, das noch in seinem Herzen wohnt. Es ist vielleicht nicht nur unnötig, mit der fraglichen Person zu sprechen, sondern darüber hinaus auch schmerzlich. Wer uns verletzt hat, ist sich dessen vielleicht überhaupt nicht bewußt, oder wenn er sich darüber im Klaren ist, dann denkt er womöglich, daß ja alles so lange her und sicherlich vergeben und bereinigt ist. Der Seelsorger kann dafür beten, daß die Vergebung in den verborgenen Bereichen des suchenden Herzens voll und ganz real wird. Wenn der Heilige Geist dann später ein direktes Gespräch und eine Versöhnung initiiert, dann soll das mit Weisheit und Takt vonstatten gehen. Doch dies ist nur selten notwendig. Wenn die betreffenden Personen schon verstorben sind, dann ist es natürlich überhaupt nicht mehr nötig.

Wenn jemand normale und gütige Eltern hatte, dann ist es seltsamerweise viel schwieriger, die Wurzeln ausfindig zu machen, als bei offensichtlich bösen Eltern. Wenn gegenüber letzteren ein Groll gehegt wird, dann kann man das leichter erkennen und sich bewußt dazu stellen. Doch wenn es um die ersteren geht, dann wird sowohl während der Kindheit als auch in der Seelsorge vor den Eltern der Schutzwall der Loyalität errichtet. Auch in diesem Fall ermöglicht es uns wieder die klare Logik des Wortes Gottes, aus Glauben zu handeln und die Gefühle beiseite zu lassen, wie Paula und ich es schon an früherer Stelle in einem Zeugnis erzählt haben.

Der Groll liegt oftmals komplett unterhalb der Ebene von Herz und Verstand verborgen, weil er entweder noch im Mutterleib oder bei der Geburt in unserem Geist entstanden ist, oder weil er von Reaktionen auf Dinge herrührt, die andere nicht getan haben, obwohl sie diese für uns hätten tun sollen. Manchmal haben Eltern fast nie etwas offensichtlich Böses getan, und doch waren sie als Eltern fast völlige Versager. Dieses Phänomen findet man in Familien, in denen die Eltern gottesfürchtig, moralisch einwandfrei, rechtschaffen und pflichtbewußt waren, jedoch ihren Kindern niemals Liebe schenkten. Im Verstand und im Herzen schien den Kindern nichts zu fehlen und sie erinnern sich ausschließlich an die positiven Seiten der Eltern. Doch in ihrem Geist sehnten sie sich nach Berührung und ärgerten sich über diesen Mangel. Der mittlerweile erwachsene Mensch kann keine Liebe geben, und seine Familie geht ein. Vielleicht ist sein Partner untreu. Die faule Frucht ist der Beweis für die bittere Wurzel. Ein Gebet um Vergebung befreit selbst dort, wo man niemals einen Groll verspürt hatte.

Noch ein weiteres, überaus tragisches Beispiel: Oft waren Menschen bei uns in der Seelsorge, deren Eltern nicht nur in fast allem korrekt waren, sondern die noch dazu Liebe in Hülle und Fülle schenkten und doch als Eltern kläglich versagten. Warum? Weil sie es nicht verstanden, dem Kind genügend Raum zu geben, eine eigene Persönlichkeit zu entwickeln. Sie haben alles so sehr übertrieben, daß sie dadurch das scheu und unscheinbar aufblühende Leben des Kindes auslöschten. Wenn solche Kinder erwachsen werden, tun sie sich womöglich extrem schwer zu erkennen, daß Groll in ihren Herzen die Wurzel ihrer gegenwärtigen Schwierigkeiten ist. Auch hier ist die Frucht, die aus einer schlechten Wurzel des Grolls im Geist des Kindes erwächst, ein offenbar ängstliches, enges und unscheinbares Leben. Buße, Bekenntnis und Lossprache müssen hier einzig und allein aus Glauben gemäß dem Wort Gottes geschehen. Ein Seelsorger muß wirklich lernen, so einer Diagnose und Behandlung allein aus Glauben heraus zu vertrauen.

Wir interessieren uns nicht in erster Linie für Ereignisse. Es kann gut sein, daß – je nach Gottes Gnade – schreckliche Geschehnisse überhaupt keine tiefen Spuren im Herz hinterlassen. Die kleinsten Erlebnisse können Wunden und daraus resultierende Handlungsweisen hinterlassen, die von da an Beziehungen zugrunde richten. Die Reaktion des Herzens ist entscheidend. Manchmal sind Reaktionen nur wenig offensichtlich; sie explodieren erst nach einiger Zeit – wie eine spätzündende Bombe.

Doch Vergebung, die bestimmte Ereignisse betrifft, muß noch keine Befreiung bewirken. Reaktionen auf Kindheitserlebnisse verursachen Anpassungen im Verhalten, die sich zu Gewohnheiten oder Handlungsweisen des alten Menschen verfestigen. Wenn diese Verhaltensmuster in der Seele erst einmal eine feste Struktur angenommen haben, kann man sie nur sehr schwer bekämpfen. Wenn einem von den Eltern z.B. nur Kälte entgegenschlug, dann kann man das gleich zu Anfang mit Vergebung kontern. Viel entscheidender sind jedoch Formen des Rückzugsverhaltens und des steinernen Herzens, die Gewohnheit, Rache zu üben, sowie alle anderen sich windenden Tentakel dieses Kraken namens „Ich". Seelsorger sollten sich mehr mit den Verhaltensmustern des alten Menschen befassen (Kol 3,9) als mit den Ereignissen, die sie hervorgerufen haben.

Wir hatten an anderer Stelle schon einmal gesagt, daß in den Fällen, in denen die faule Frucht nicht verschwindet, noch keine Vergebung geschehen ist. Eine Person kann dem Menschen voll und ganz vergeben, der sie anfänglich verletzt hatte, und dennoch ein daraus resultierendes, destruktives Verhaltensmuster beibehalten. Dieses Verhaltensmuster wird in gleicher Weise vom Kreuz und der Vergebung zerstört (oder umgestaltet). Wer dem anderen vergeben hat, muß nun auch noch sich selbst vergeben. Wir können die Zerstörung unserer inneren Verhaltensmuster erst dann zulassen, wenn dadurch, daß wir uns selbst vergeben, unsere Fähigkeit zu vertrauen und loszulassen wiederhergestellt worden ist. Der Tod des Ichs gründet sich auf vollständige Vergebung und wird einzig und allein durch sie ermöglicht. Wir können es nicht aushalten, mit Jesus gekreuzigt zu werden, solange wir weiterhin uns selbst die Schuld geben, uns schelten und versuchen, anders zu sein. Die Fülle der Vergebung, in der wir endlich damit Schluß machen, uns selbst anzugreifen, ist die Grundvoraussetzung dafür, damit aufhören zu können, immer alles in Ordnung bekommen zu wollen.

Vergebung läßt uns in die Ruhe eingehen. Das Blut Jesu wascht uns rein davon, daß wir uns aus einem Schuldbewußtsein heraus abstrampeln; genau so können wir unsere starr strukturierten Gewohnheiten dem Tod übergeben. Wenn wir schon seit langem im Gebet diesen Tod am Kreuz in Anspruch nehmen und dennoch in unseren alten Verhaltensmustern verhaftet bleiben, dann müssen Seelsorger und Ratsuchender wieder zu Grundlage Nummer eins zurückkehren und überprüfen, ob wirklich schon voll und ganz Vergebung – sich selbst und auch Gott gegenüber – ausgesprochen wurde.

Der Weg zum Kreuz führt über Gethsemane; dort identifizieren wir unsere Sünde und eisen im Kampf unsere Emotionen von unseren alten Gewohnheiten los; wenn wir das nicht tun, werden wir in Wirklichkeit unseren alten Lebensstil gerade noch einmal vom Kreuz herunterreißen, bevor Jesus rufen kann: „Es ist vollbracht!" Vergebung kommt *vor* dem Tod, wie auch Jesus bat: „Vater, vergib ihnen", Stunden bevor er bereit war, ein für alle Mal auszurufen: „Es ist vollbracht!" Die Fülle der Vergebung bereitet uns darauf vor, das gehen lassen zu können, an dem wir hängen und dabei glücklich zu sein und eine Art Tod durchzumachen – es erinnert uns an das Loslassen einer Feder, die von einem sanften Wind davongetragen wird. Ohne die Fülle der Vergebung schlagen wir ein Verhaltensmuster ans Kreuz, nur um dann festzustellen, daß es uns an den Händen haften bleibt, festgeklebt durch die Tatsache, daß wir uns selbst und Gott nicht vergeben haben. Ohne die Fülle der Vergebung wird das Werk der Heiligung und Umgestaltung eine schwere und schweißtreibende Angelegenheit. Doch durch die Vergebung wird sie einfach und leicht.

Somit besteht das Werk der Umgestaltung aus zwei Teilen: Das Blut Jesu reinigt das Herz, doch wird es nicht die finsteren Werke der Seele zerstören (1.Joh 3,8). Nur das Kreuz kann dies vollbringen. Vergebung ist ein zentraler Punkt, doch ist sie nur der Anfang. Von da an ist das Werk der Umgestaltung ein täglicher Kampf um die Kreuzigung des Ichs.

Nichtsdestotrotz können einige weitreichende Aspekte der Vergebung die Umgestaltung weiterhin beeinflussen und fördern. Im Kapitel 19 „Forgiveness" aus „Restoring the Christian Familiy" wird auf diese Aspekte näher eingegangen. Hier soll es reichen zu sagen, daß der Ratsuchende ermutigt werden muß, diejenigen zu segnen, die ihn verletzt oder enttäuscht haben (Röm 12,14-21; 1.Petr 3,8-14). Er soll ermahnt werden, anderen, die in ähnlichen Schwierigkeit stecken, zu dienen; wenn er das tut, wird er sich selbst in einem klareren Licht sehen und die Liebe wird seine eigenen Einöden überfluten.

Vor allem sollte man darauf dringen, daß der Ratsuchende Danksagung bringt über alles, was vergangen ist, damit sein Herz den Standpunkt des Selbstmitleids und des Zornes hinter sich lassen kann und schließlich dahin gelangt, das zu rühmen, was Gott in allem und durch alles vollbracht hat.

Erst wenn Gott, der Vater, mit hineingenommen wird, ist die Vergebung vollständig. Die Schrift sagt: „Des Menschen Dummheit verdirbt seinen Weg, und alsdann murrt sein Herz wider den Herrn" (Spr 19,3; Schlachter). Beachten Sie auch hier wieder das Wort „Herz". Der Verstand entrüstet sich: „Wie könnte ich je gegen Gott murren! Er ist doch vollkommen. Er hat mir nie was Schlechtes getan!" Doch das Herz redet anders. Es schreit in seinem perversen Groll: „Oh ja, wenn Du ein guter Vater wärst, dann hättest du mich nicht so tief sinken lassen!" Oder ein Mensch, der in früher Kindheit, im Mutterleib oder bei der Geburt verletzt wurde: „Du hast mich gesandt, um Dir zu dienen, und dann läßt Du es zu, daß mich diese Leute kaputtmachen. Wie meinst Du denn, daß ich Dir dienen soll? Das ist doch wirklich nicht fair!" oder „Wo warst Du, als ich Dich brauchte?" oder „Warum denn ausgerechnet ich, Gott?" und so weiter und so fort. Die Schreie des Herzens sind so endlos wie die Probleme, in die wir hineingeraten.

Deshalb rief auch Hiob: „Es gibt zwischen uns keinen Schiedsmann, daß er seine Hand auf uns beide legen könnte" (Hi 9,33). Zu Zeiten der Bibel war ein Schiedsmann dasselbe wie ein Seelsorger. Die Menschen gingen zu einem Schiedsmann, um ihre Streitigkeiten zu regeln, wie auch die zwei Frauen zu König Salomo kamen, der den Streit schlichten sollte, wem von beiden nun welches Baby gehörte (1.Kön 3,16-28). So ein Ratgeber oder Schiedsmann redete mit beiden Parteien, rechtete mit ihnen und nachdem er den Streit geschlichtet hatte, legte er seine Hände auf die Schultern der beiden und führte sie zusammen, damit sie einander vergeben. Hiobs Schrei ruft nach unserem Herrn Jesus Christus, daß er doch unser Schiedsmann zwischen Gott und den Menschen werde. Und wovon spricht 2.Kor 5,18-20 anderes, als daß „Gott (in Christus)...die Welt mit sich selbst versöhnt hat." Beachten Sie bei diesem Zitat bitte, daß es heißt, wir seien mit Gott versöhnt worden und nicht umgekehrt. Wir müssen mit Gott versöhnt werden, weil wir zornig auf ihn sind. Im nächsten Vers spricht der Heilige Geist davon, daß er uns vergibt: „...ihnen ihre Übertretungen nicht zurechnete...." So handelt ein Schiedsmann: Er legt seine Hand auf beide und schafft gegenseitige Vergebung und Frieden.

Jesus ist unser Schiedsmann. Ein Seelsorger sollte dem nicht hinterherhinken: Es ist unsere Aufgabe, Vergebung zwischen Gott und den Menschen in beiderlei Richtung zu erwirken.

6
Den Teufelskreis durchbrechen

Denn alle, die aus Gesetzeswerken sind, die sind unter dem Fluch; denn es steht geschrieben: „Verflucht ist jeder, der nicht bleibt in allem, was im Buch des Gesetzes geschrieben ist, um es zu tun!" Daß aber durch Gesetz niemand vor Gott gerechtfertigt wird, ist offenbar, denn „der Gerechte wird aus Glauben leben". Das Gesetz aber ist nicht aus Glauben, sondern: „Wer diese Dinge getan hat, wird durch sie leben." Christus hat uns losgekauft von dem Fluch des Gesetzes, indem er ein Fluch für uns geworden ist – denn es steht geschrieben: „Verflucht ist jeder, der am Holz hängt!" –, damit der Segen Abrahams in Christus Jesus zu den Nationen komme, damit wir die Verheißung des Geistes durch den Glauben empfingen.

(Gal 3,10-14)

Die aber dem Christus Jesus angehören, haben das Fleisch samt den Leidenschaften und Begierden gekreuzigt.

(Gal 5,24)

Vergebung allein ist nicht genug. Weil unser fleischliches Wesen immer noch am Leben ist, können wir uns absolut sicher sein, daß wir viele unserer Übertretungen weit mehr als vierhundertneunzig Mal wiederholen werden (Mt 18,21-22). Stellen wir uns doch einmal einen Boxkämpfer vor, der sich gegen einen unnachgiebigen Angreifer verteidigt und dabei Runde um Runde mit großem Geschick die Schläge abwehrt, die auf ihn niedertrommeln – hier haben wir im Ansatz ein Bild für die unaufhörliche Notwendigkeit der Vergebung in einer Familie, so lange man das Fleisch noch nicht in Angriff genommen hat. Fühlen wir uns nicht alle manchmal wie Märtyrer, die in der Familie ständig und ausschließlich vergeben müssen und werden dabei schrecklich ungeduldig, wann Gott denn endlich die anderen verändert? Gewohnheitsmäßige Strukturen fügen uns immer und immer wieder Wunden zu und reiben schließlich selbst den allergeduldigsten Mann Gottes auf. Deswegen ist das Kreuz die absolute Grundvoraussetzung für unser Überleben, denn das Blut kann den Teufelskreis des Hasses nicht durchbrechen. Es wäscht uns lediglich rein von dessen Folgen, die unser Herz in Mitleidenschaft ziehen.

Doch nur das Kreuz setzt dem verheerenden Wüten des Fleisches ein Ende.

Buße ist kein Gefühl; sie ist eine Tat. Es wird sich nicht viel ändern, wenn einem etwas nur leid tut. Beziehungen erfahren nur dann eine Veränderung, wenn der Teufelskreis des Hasses durchbrochen und durch den Ansporn, dem anderen Liebe erweisen zu wollen, umgestaltet wird. In Beziehungen können sich nur Einzelpersonen verändern, eine nach der anderen. Erst wenn die Strukturen, die Anreiz zum falschen Handeln geben und selbst wiederum darauf reagieren, ans Kreuz geschlagen werden, können sich Einzelpersonen verändern. Ohne diese Kreuzigung werden sich die Kampfszenen in endlosen Variationen ständig wiederholen.

Viele Seelsorger und Ratsuchende versuchen, Beziehungen zu heilen, indem sie nur oberflächlich die Umgangsformen im Zusammenleben von Menschen verändern. Da jedoch hinter allen Worten und Taten ein Wust von inneren Absichten und verborgenen Strukturen des fleischlichen Wesens steckt, ist das genauso, als ob man mit dem Finger ein Loch in einem

Deich stopfen wollte, nur um noch einen weiteren Riß zu entdekken, und noch einen und noch einen; schließlich sieht man vor sich einen Mann, der vor einer Mauer steht, hin- und herspringt, mit den Fingern und Zehen die Risse abdichtet, und dennoch strömen die Emotionen und Episoden wie durch ein Sieb auf ihn nieder, bis schließlich die ganze Beziehung zerbricht.

Indem unser Herr Jesus Christus im Garten Gethsemane wie wir wurde, erhielt er auch die Möglichkeit (wozu ihn unser freier Wille zwang), für uns als „ich" und „du" am Kreuz zu sterben. Durch diesen Tod zerbröckeln die Strukturen unseres eigenen Ichs. In dem Moment, in dem unser natürlicher Leib stirbt, wird der Geist freigesetzt und hat keinen Zugang mehr, um seine Strukturen aufrechtzuerhalten: Zusammenbruch und Verwesung sind die Folge. In dem Moment, in dem unseren Herzenshaltungen am Kreuz der Todesstoß versetzt wird, finden auch die Strukturen, die durch sie bisher noch aufrechterhalten wurden, allmählich ihren Tod am Kreuz. In einem inneren Tod nach dem anderen, durchlaufen wir einen Prozeß. Vielleicht finden wir uns in einer Situation wieder, in einer Phase, die vom Vorläufer und Pionier unseres Glaubens vorbestimmt war, denn auch er starb und erstand wieder von den Toten. Wie bei Jesus wird nach einer Weile (drei Tage im Bauch der Erde) ein neuer, auferstandener Geist in uns diese alte, soeben getötete Struktur mit einer neuen und veränderten Zielsetzung erfüllen, die durch „verschlossene Türen und Fenster" (vgl.Joh 20,19-26) gehen kann, um die Herzen anderer zu berühren und zu heilen.

Wenn eine bestimmte Struktur unseres Charakters stirbt, dann versinkt dieser Teil unseres inneren Menschen – bildlich gesprochen – „im Herzen der Erde". „Denn gleichwie Jona drei Tage und drei Nächte in dem Bauch des großen Fisches war, so wird der Sohn des Menschen drei Tage und drei Nächte im Herzen der Erde sein" (Mt 12,40). In der Bibel ist der Bauch ein Symbol für den Hort der Gedanken und Gefühle. „Wer an mich glaubt, aus dessen Leibe* werden, wie die Schrift gesagt hat, Ströme lebendigen Wassers fließen" (Joh 7,38). „Maria aber bewahrte alle diese Worte und erwog sie in ihrem Herzen" (Lk 2,19). Wenn ein Teil unseres Ichs stirbt, geht eine Erschütterung oder ein tiefgehendes Schaudern durch unser Inneres. Wir sind traurig, verwirrt, orientierungslos, niedergeschlagen, schwer, schläfrig oder aufgewühlt. In dieser Phase geht der Tod durch die unterirdischen Regionen unserer Motive und Handlungsweisen. Also verbringen auch wir in der Tat – wie Jesus – unsere drei Tage im Bauch der Erde.

Diese „drei Tage" können nur einen Moment lang oder aber auch Stunden, Tage oder Monate dauern; das hängt davon ab, wer innerhalb der Komplexität unseres Ichs Zusammenhänge versteht und wer welche Einsichten einbringen kann. Paula und ich haben viele Ratsuchende während ihrer „drei Tage" begleitet. Zusammenfassend sagen sie alle in etwa folgendes:

„Ich weiß nicht, was mit mir los ist. Ich bin immer so müde."

„Ich fühle mich so schwer, wie unter Drogen."

„Eigentlich habe ich zu gar nichts Lust."

„Meine Gefühlswelt ist völlig durcheinander."

„Ich wanke nur noch wie ein Zombie herum."

„In mir ist alles so zäh und schwerfällig."

„Ich lebe in einem völligen Durcheinander."

„Ich hab' das Gefühl, in mir tobt ein Erdbeben und ich kann es nicht aufhalten."

„Ich möchte eigentlich den ganzen Tag nur schlafen."

„Du hast mir nie gesagt, daß es so ablaufen würde. Wie lange soll denn das noch so weitergehen? Ist das normal?"

Normalerweise äußert sich dieser Prozeß in massiven Erschöpfungszuständen. Was hier geschieht, läßt sich mit dem vergleichen, was in den ersten Tagen eines längst überfälligen Urlaubs abläuft: Wenn wir alles stehen und liegen lassen, dann holt uns unsere Erschöpfung wieder ein. Diese Abgespanntheit ist nichts Neues. Sie hat uns schon die ganze Zeit über begleitet. Doch wenn wir alle Viere von uns

---

* „Leib" oder „das Innerste", „Herz", bedeutet wörtlich: „Bauch"

strecken, dann empfinden wir hier und jetzt die gesamte Erschöpfung der vergangenen Wochen auf einmal.

Jesus rief den Erschöpften zu: „Kommt her zu mir, alle ihr Mühseligen und Beladenen, und ich werde euch Ruhe geben. Nehmt auf euch mein Joch, und lernt von mir, denn ich bin sanftmütig und von Herzen demütig, und *„ihr werdet Ruhe finden für eure Seelen"*; denn mein Joch ist sanft, und meine Last ist leicht" (Mt 11,28-30). Das Kennzeichen einer jeden Struktur des alten Menschen ist Rastlosigkeit. Alles, was Gott in uns geschaffen hat, ist in die Ruhe eingegangen, wie auch Gott selbst zur Ruhe gelangt ist (Hebr 4,10). Alles, was wir selbst in uns bauen, findet keine Ruhe; es muß immer wieder hinterfragt, neu bearbeitet, verteidigt, gelobt und bestätigt werden. Deswegen fordert jedes Verhaltensmuster Energie, um sich selbst zu erhalten. Deshalb vergißt auch unser Bewußtsein manchmal, was es gerade eben noch getan hat. Unsere inneren Kämpfe rauben der obersten Ebene des Verstandes die Fähigkeit, sich zu konzentrieren, weil die dazu erforderliche Energie für die aufreibenden, inneren Konflikte gebraucht wird. Wenn wir nun mit Jesus am Kreuz sterben, wird auch unser Inneres mit ihm ins Grab gelegt und wir fallen in diese emotionelle, geistige und geistliche Erschöpfung, die schon allenthalben um uns war.

Diese Zeit des inneren Todes darf nicht verkürzt werden. Wie Jesus brauchen auch wir unsere „drei Tage im Bauch der Erde", gleichgültig wie kurz oder lange sie für uns werden. Oh, jeder Seelsorger soll nun gut zuhören: *Wir dürfen den Ratsuchenden nicht zu früh wieder hochziehen!* Auch wir brauchen unseren Joseph von Arimathia und unseren Nikodemus, die bei uns sind, wenn wir vom Kreuz des Todes abgenommen werden, und die uns dann liebevoll zur Ruhe bringen (Mt 27,58-59). Praktisch bedeutet das, daß wir Menschen um uns brauchen, die es aushalten, wenn wir uns verändern, Menschen, die keine Angst bekommen, wenn wir uns auf einmal anders verhalten, oder wenn wir nicht mehr handeln können. Menschen, die zu uns stehen, die uns nicht zwingen, zu den alten Handlungsmustern zurückzukehren. Menschen, die einfach nur da sind und uns annehmen, wenn wir das nicht mehr tun, woran sie sich schon gewöhnt hatten. Menschen, die nicht verärgert sind, weil wir nicht mehr gemeinsam mit ihnen die alten Spielchen spielen. Wir brauchen Menschen, die nicht von uns fordern, daß wir von einer überholten emotionellen Basis aus reagieren, die es mittlerweile gar nicht mehr gibt. Menschen, die sich nicht verletzt fühlen, die uns nicht anklagen oder lenken. Menschen, die uns ein totes Häufchen Elend sein lassen und uns dennoch lieben.

Auch wir brauchen einen römischen Zenturio und seine Soldaten, Menschen die während der langen Nacht unseres Todes über uns wachen. In dieser Zeit des inneren Todes können wir die volle Wucht neuer Ereignisse und Herausforderungen nicht ertragen. Wir brauchen Menschen, die für uns die Segel spannen, die sich um Details kümmern und uns nicht kritisieren, wenn wir ein Detail verpatzen, das wir normalerweise ganz automatisch erledigt hätten. Wir brauchen einen abgesicherten Raum, fast wie ein Torwart, der sich darauf verläßt, daß seine Verteidiger die Stürmer lange genug abfangen, damit sich das Spiel des Lebens in einer neuen Art und Weise vor unseren Augen entfalten kann. Wir müssen die Zeit haben, durch diese Nacht des inneren Todes zu gehen.

Vielleicht sind wir noch nicht gleich bereit, uns berühren zu lassen, so wie Jesus, als er mit Maria im Garten war (Joh 20,17). Genauso wie auch Jesus zu seinem Vater gehen mußte, so kann es gut sein, daß wir unscheinbare Bestätigungen des neuen Lebens brauchen, bis es schließlich anbricht und „...er selbst wird euch, die ihr eine kurze Zeit gelitten habt, vollkommen machen, befestigen, kräftigen, gründen" (1.Petr 5,10). Vielleicht werden uns manche Menschen nicht wiedererkennen (Joh 20,14; Lk 24,16). Sie haben sich an unser neues Ich noch nicht gewöhnt, genauso wie wir selbst. Deswegen müssen wir uns auch die alten und vertrauten Forderungen an uns eine Weile vom Leib halten. Ein weiterer Vergleich ist vielleicht ein generalüberholter Motor, den man noch nicht gleich voll ausfahren sollte, bis die neuen Kolbenringe richtig sitzen. Wir müssen allmählich in unseren neuen alten Leib hineinwachsen.

Ein Seelsorger muß schon mit Weisheit und Erkenntnis gesegnet sein, wenn er einfach zu uns steht und uns diesen Prozeß durchlaufen läßt. Wenn man ihn übermäßig forciert, dann können wir womöglich nicht in die Fülle der Ruhe und in die neue Identität, zu der wir werden sollen, eingehen.

In dieser Situation gibt es eine Art von Verborgenheit, die respektiert werden muß. Keiner weiß, was mit Jesus in diesen drei Tagen im Grab geschah. Wir wissen jedoch, was er *tat*: „Denn es ist auch Christus einmal für Sünden gestorben, der Gerechte für die Ungerechten, damit er uns zu Gott führe, zwar getötet nach dem Fleisch, aber lebendig gemacht nach dem Geist. In diesem ist er auch hingegangen und hat den Geistern im Gefängnis gepredigt..." (1.Petr 3,18-19). Doch wissen wir *nicht*, welche Art von *Metamorphose* – wenn überhaupt – in ihm stattgefunden hat oder wie das vonstatten ging. Wir wissen, daß er durch sein Leiden vollkommen gemacht wurde (Hebr 2,10). Vielleicht wurde dieser Prozeß der Vervollkommnung dort in den Tiefen fortgesetzt, in denen er unseren Tod erlitt, es sei denn, die Worte „Es ist vollbracht" beziehen sich auch auf diese Phase. Ob nun dort *mit* Jesus noch etwas geschah oder nicht – zweifellos geschieht etwas *in uns* während unserer „drei Tage im Bauch der Erde". In dieser Phase muß der Seelsorger diese Verborgenheit schützen. Das bedeutet auch, daß wir *nicht länger in uns hineinsehen dürfen.* Paula und ich haben in der Seelsorge oft erlebt, wie der Heilige Geist eingriff und uns veranlaßte, den Menschen zu sagen, sie sollten in dieser Phase aufhören, in sich hineinzusehen. In solchen Zeiten offenbart der Herr nichts Neues mehr über das Innere des Ratsuchenden und macht uns klar, daß jetzt nicht die Zeit ist, sich irgendwelchen anderen Punkten zuzuwenden als denen, die wir schon im Inneren der Person entdeckt haben. Für andere Dinge mag es im weiteren Verlauf auch noch eine Zeit des Todes geben, doch genau in diesem Moment war das innere Sterben, diese tief verborgene Erneuerung so sehr im Gange, daß wir eigentlich nur dasitzen und feiern, jedoch nichts Neues mehr sehen wollten. Oftmals mußten wir sagen: „Hörst Du endlich auf, den Samen wieder auszugraben und nachzuschauen, wie er sich entwickelt; laß ihn doch einfach in Ruhe!" Unser heiliger und geistvoller Rat in so einem Fall lautet, einen Krimi zu lesen, sich eine lustige Fernsehsendung anzusehen oder ein Spiel zu spielen – irgendeine äußerliche Beschäftigung, die von nach innen gerichteten Spekulationen ablenkt, um das innere Wesen in Ruhe zu lassen.

Es ist von großer Bedeutung, daß Jesus wieder in den gleichen Leib voll körperlicher Wunden zurückkehrte. Abgesehen von allen theologisch bedeutsamen Aspekten dieses Geschehens, die man nie genug betonen kann, hat das eine Bedeutung für den inneren Menschen, die den eigentlichen Kern der Umgestaltung darstellt. Denn auch unsere neue Natur erwacht in genau derselben Persönlichkeitsstruktur, die wir auch vorher schon hatten. Es wäre nicht einfach damit getan, wenn wir uns selbst entkommen, woanders hingehen und eine andere Persönlichkeit werden könnten. Vielleicht wären wir alle gerne wie der Freund oder der Nachbar, dessen Charakter uns ideal erscheint, oder wie irgendein hochgeschätzter Heiliger. Doch Gott hat uns nicht berufen, wie sie zu sein. Er hat uns berufen, wir selbst zu sein und innerhalb des alten Schlamassels dieses neue Ich zu werden, das jetzt durch das Auferstehungsleben Jesu in uns umgestaltet worden ist.

Wenn Jesus an unsere Stelle tritt, dann überlagert er unser Wesen nicht mit seinem Wesen, so wie ein Lebkuchenmännchen nach einer vorgegebenen Form ausgestanzt wird. Sein Wesen ist immer noch so sehr vom Tod seines Ichs gekennzeichnet, daß er zwar das ausfüllt, was wir eigentlich sein sollten, wir dabei jedoch auf einzigartige und atemberaubende Weise wir selbst bleiben. Durch unsere persönliche Kreuzigung wird uns nichts von dem geraubt, was wir vorher waren. Wir werden erfüllt. Sein Leben erfüllt die Struktur unseres Lebens mit seiner Auferstehungskraft, auf daß wir zu der Herrlichkeit werden, die wir, seinem Willen nach, schon von Anfang an werden sollten. „Und es gibt himmlische Leiber und irdische Leiber. Aber anders ist der Glanz der himmlischen, anders der der irdischen; ein anderer der Glanz der Sonne und ein anderer der Glanz des Mondes und ein anderer der Glanz der Sterne; denn es unterscheidet sich Stern von Stern an Glanz. So ist auch die Auferstehung der Toten" (1.Kor 15,40-41).

Unser herrlicher Gott hat seine wahre Freude an der Vielfalt! „Wie lieblich sind deine Wohnungen, Herr der Heerscharen!" (Ps 84,1). „Oder wißt ihr nicht, daß euer Leib ein Tempel des Heiligen Geistes in euch ist, den ihr von Gott habt, und daß ihr nicht euch selbst gehört?" (1,Kor 6,19). „...und in ihm werdet auch *ihr* mitaufgebaut zu einer Behausung Gottes im Geist" (Eph 2,22). Gott wird keine zwei Menschen gleich machen. Niemand kann ersetzt werden. Jedes Kind Gottes ist einzigartig, in sich selbst herrlich geschaffen und unverzichtbar für das Ganze. Deshalb baut ein Seelsorger im anderen nicht an dem, was dieser in seinen Augen sein sollte. Was für ein unschätzbarer Verlust es doch sein würde, wenn auf der Welt viele John und Paula Sandfords herumliefen, die alle völlig identische Verhaltensweisen hätten. Wenn wir identische Kopien erzeugen, haben wir versagt. Jeder Seelsorger hält Wache, während Jesus den anderen zu dem einzigartigen Schöpfungswunder auferstehen läßt, zu dem Gott ihn/sie bestimmt hat. Es ist eine Freude für einen Seelsorger, wenn er zusehen kann, wie sich die individuelle Schönheit eines jeden Schmetterlings langsam herausbildet.

Wie wir schon sagten, wird der Teufelskreis des Hasses erst dann durchbrochen, wenn dieser innere Tod stattfindet und die neuen Geschöpfe, welche wir sein sollen, auferstehen. Unsere alten Verhaltensmuster werden sowohl in uns als auch in anderen immer wieder Anreiz zum Zorn schaffen. So geht der Kampf weiter und immer weiter. Jetzt gehen wir noch einen Schritt weiter: Auch wenn wir schon im Begriff sind, die trügerischen Spielchen unseres Ichs in manchen Bereichen in den Griff zu bekommen, so haben wir in anderen Bereichen gerade erst begonnen, – wenn wir überhaupt schon so weit sind – uns selbst in mühseliger Arbeit in den Griff zu bekommen, unsere Reaktionen zu überprüfen und sie zum Kreuz zu schleppen. Es ist nun mal nicht so, daß man mit dem Finger schnippt und schon ist man heilig. Vielmehr reden wir vom Ausharren (Hebr 3,14; 12,1). Kaum sind wir auch nur einen Augenblick unachtsam, fallen wir wieder zurück in diese Kämpfe, die um uns her toben. Wie satt haben wir sie doch! Der Friede hält erst dann Einzug, wenn wir die Gesamtstruktur angepackt haben. Auch wenn wir im Moment unserer *Bekehrung* bis in unser tiefstes Innerstes erfüllt sind, durchdringt der Friede erst dann alle Ecken und Winkel unseres Lebens, wenn wir den ganzen inneren Menschen angepackt haben und unser Ich umgestaltet ist.

In gleicher Weise hängt diese Umgestaltung von der fortwährenden Gnade der Gegenwart unseres Herrn in uns ab. Wenn wir ausgetrocknet sind und nicht mehr beten, dann wird diese Dürre zum Ausgangspunkt der Auferstehung – jedoch nicht des Neuen, sondern vielmehr des alten Fleischlichen. Jesaja 26,3 kann man auch wie folgt übersetzen: „Du wirst den in vollkommenem Frieden bewahren, dessen Sinn beharrlich auf dich gerichtet wird: weil er dir vertraut." Beachten Sie hier genau, daß nicht *wir* unseren Sinn beharrlich auf ihn richten, sei es durch unseren festen Willen oder durch irgendeine andere Kraft unseres Fleisches; „...*gerichtet wird*," bedeutet: vom Herrn bewahrt. Also bringt nun derjenige viel Frucht, der in ihm *bleibt* (Joh 15,1-5). „Er sprach aber zu allen: Wenn jemand mir nachkommen will, verleugne er sich selbst und *nehme sein Kreuz auf täglich* und folge mir nach" (Lk 9,23). In der Seelsorge haben wir es in den meisten Fällen mit dem noch nicht abgestorbenen Fleisch von wiedergeborenen Christen zu tun. Das Verständnis der Kreuzigung ist für das Heranreifen des Leibes Christi von entscheidender Bedeutung. Deswegen möchten wir auch auf einen Unterschied hinweisen: Der körperliche Tod kann leicht und schnell geschehen, doch die Kreuzigung geht langsam und schmerzhaft vonstatten. Die schrittweise Entwicklung dauert sogar noch länger und ist noch schmerzhafter. So wie es keine Heiligen gibt, die mit einem Schlag vollkommen sind, gibt es auch keine plötzlichen Veränderungen.

Al Durrance, ein Freund von uns, der Pfarrer in einer Episkopalkirche ist, trägt oft ein T-Shirt auf dem steht: „Das Problem bei lebendigen Opfern ist...daß sie immer vom Altar runterkrabbeln." Wie wahr das doch ist! Vielleicht müssen wir oft so sehr unter den Peinlichkeiten unseres Versagens leiden, daß wir es nicht mehr aushalten, so zu sein, wie wir sind; dieser unerträgliche Zustand überwindet sogar unsere Angst vor dem Sterben und schließlich können wir es nicht mehr aushalten, nicht zu sterben.

Wir selbst können uns nicht allzu erfolgreich ans Kreuz bringen. Der Prozeß, den Jesus uns durchlaufen laßt, zwingt uns dazu. Wenn wir es selbst schaffen könnten, dann hätten wir niemals eine Chance, frei von dem Stolz zu werden, es geschafft zu haben, „toter" als unser Mitbruder geworden zu sein. „Nun, mein Freund, Du wirst so heilig sein wie ich, wenn Du genügend gestorben bist." Der Herr arrangiert unsere Errettung so meisterhaft, daß wir – obwohl wir selbst daran teilnehmen – für unsere eigene Kreuzigung niemals selbst die Lorbeeren ernten können. In Christus gibt es keine Prahlerei mehr „...daß sich vor Gott kein Fleisch rühme. Aus ihm aber kommt es, daß *ihr* in

Christus Jesus seid, der uns geworden ist Weisheit von Gott und Gerechtigkeit und Heiligkeit und Erlösung; damit, wie geschrieben steht: '*Wer sich rühmt, der rühme sich des Herrn*!'" (1.Kor 1,28b-31).

Einzig und allein durch die Vorsehung Gottes kommen Tod und Auferstehung zustande. Wir wollen nun sehen, ob jeder Seelsorger, ja eigentlich jeder Christ, die Ohren hat zu hören, was sich aus dieser Tatsache ableitet: Wenn es die Angelegenheit des Heiligen Geistes ist, uns gemäß der gnädigen Planung Gottes, in der richtigen Art und Weise, zur rechten Zeit, zu unserer persönlichen Kreuzigung zu leiten, woher nehmen wir dann das Recht, unseren Bruder darüber zu richten, daß er momentan gerade dort steht, wo er steht? Diese aufreizend-widerborstige Langsamkeit, ja unser Hinterherhinken und das der anderen reizt uns zum Zorn; doch wenn wir verstehen, daß wir alle einzig und allein nach seinem Zeitplan zu unserer Kreuzigung kommen müssen, dann hat Fordern und Hast keinen Platz mehr. Denn wir sehen, daß Gott in seiner Weisheit weiß, wie er uns auf dem Schachbrett des Lebens bewegen muß. Können wir einen Bruder anklagen wegen seiner Unreife? Wenn Gott trotz unseres Starrsinns nicht auf seinem Plan bestanden hätte, dann wären wir selbst auch noch dort. Vielleicht ist die Zeit dieses Bruders noch nicht gekommen. Soll doch Gott urteilen, ob er zu spät dran oder rebellisch ist oder nicht. Somit ist es nicht die Aufgabe des Seelsorgers voranzutreiben, zu schieben oder zu ziehen. Vielleicht legt es der Heilige Geist dem Seelsorger aufs Herz, den anderen zu ermahnen und zu drängen, doch unser Fleisch wird nichts ausrichten.

„Wahrlich, wahrlich, ich sage dir: Als du jünger warst, gürtetest du dich selbst und gingst, wohin du wolltest; wenn du aber alt geworden bist, wirst du deine Hände ausstrecken, und ein anderer wird dich gürten und hinbringen, wohin du nicht willst" (Joh 21,18). Als Jesus diese Worte zu Petrus sprach, nahm er insbesondere auf die Zeit Bezug, in der die Menschen Petrus ergreifen und mit dem Kopf nach unten kreuzigen würden. Doch beachten Sie, im Kontext geht es um die Kreuzigung, und wir können diesen Text für uns als Gleichnis sehen. Als wir am Anfang wiedergeboren und mit dem Heiligen Geist erfüllt wurden, haben wir uns selbst in unseren Emotionen und durch unser persönliches Gebetsleben vorangetrieben (uns gegürtet). Wir eilten von einem Ort zum anderen, gaben Zeugnis, übten diese und jene Gabe aus, um unseren Dienst in Schwung zu bringen. Wir „gingen, wohin wir wollten." Die Reife in Jesus bedeutet Kreuzigung. Der Punkt ist, daß Jesus diese Kreuzigung vollbringt, indem er sich dessen bedient, wo andere uns *hinbringen*. Wir „streckten unsere Hände aus", sowohl um zu dienen als auch, um uns dienen zu lassen. Doch andere ergreifen uns und tragen uns dorthin, wohin wir selbst nicht gehen würden – zum Tod unseres Ichs.

Der Seelsorger kann daraus lernen, daß er andere ermutigen sollte, endlich damit aufzuhören, die Menschen und Umstände zu bekämpfen, die Gott ihnen in den Weg stellt. Gerade diese Ereignisse und Menschen könnten uns zu unserem Tod führen (und genau deswegen *bekämpfen* wir sie ja in der Regel). Vielleicht können wir nicht aufhören zu kämpfen. Vielleicht mögen wir diesen ganzen Prozeß überhaupt nicht. Doch zumindest können wir ihn verstehen und Gott dafür preisen (womöglich zähneknirschend). „Und wenn er mich tötet, ich vertraue ihm doch" (Hi 13,15; wörtl.übers.). Wir singen so oft „Er ist Herr." Doch stehen wir wirklich dahinter? Glauben wir es? Akzeptiert das ungläubige Herz eines Gläubigen überhaupt die Tatsache, daß Jesu Herrschaft bedeutet, daß er uns durch diesen Prozeß durchbringen *wird*? Vielleicht können wir in unserem Leben nichts Wertvolleres lernen als zu vertrauen, daß er wirklich ist, wer er ist, und daß er all das tun wird, was er sich vorgenommen hat. „...damit *er* die Gemeinde sich selbst verherrlicht darstellte, die nicht Flecken oder Runzel oder etwas dergleichen habe, sondern daß sie heilig und tadellos sei" (Eph 5,27). „Dem aber, der euch ohne Straucheln zu bewahren und vor seine Herrlichkeit tadellos mit Frohlocken hinzustellen vermag..." (Jud 24).

Wir können dieses Kapitel nicht abschließen, ohne auch darüber zu lehren, wie man die Heilung bewahren kann. Es ist absolut notwendig, sich fest auf den Glauben zu gründen. Sobald dieser Kreuzigungsprozeß im Gange ist oder auf seine Vollendung zugeht, müssen wir diese Tatsache im Glauben annehmen durch das, was wir uns selbst erlauben zu fühlen, zu denken, zu sagen oder zu tun. Wir müssen diese Angelegenheit, über die wir gebetet haben, weiterhin als tot betrachten. Viele Menschen gehen nahtlos vom Heilungsgebet zur ersten Bewährungsprobe über und wenn sie wieder die alten Gefühle übermannen, schließen sie daraus: „Oh, es hat nicht funktioniert." Dann kann es sehr gut sein, daß sie wieder in ihre alte Gefühlswelt zurückfallen. Dann werden die alten Gewohnheiten wiederbelebt wie kleine Glöckchen, die von ein Windhauch zum Klingen gebracht werden. Doch wenn wir etwas ans Kreuz gebracht haben, dann ist es wirklich nicht mehr als ein Klingen, das vom Wind fortgetragen wird, etwas, das keine wirkliche Kraft mehr hat. Es ist wahrhaft tot, und wir sind neu geworden. Doch wenn wir glauben, daß es noch lebt und uns auf einen Kampf mit ihm einlassen, dann hauchen wir womöglich dadurch diesen alten, gekreuzigten Strukturen ein Scheinleben ein und beginnen unnötigerweise den ganzen Ringkampf wieder von vorne.

Gewohnheitsmäßige Eifersucht, Wutanfälle, Kritiksucht, was auch immer – all das wird wieder aufflammen, auch wenn man schon dagegen gebetet hat. Doch wenn wir die Axt an die Wurzel gelegt und gebetet haben, dann ist diese Sache wirklich tot. Wenn wir uns von dem immer wiederkehrenden Aufleben der alten Gewohnheit beunruhigen lassen, dann können wir von den Geistern der alten, verlassenen Geisterstädte in uns überrollt werden. Oftmals fallen Ratsuchende einzig und allein aufgrund von Unglauben und mangelnder Selbstdisziplin wieder zurück, und „dann ist's mit ihnen am Ende ärger geworden als zuvor" (2.Petr 2,20; LÜ).

Wenn der seelsorgerlich Betreute glaubt, daß diese alte Sache immer noch wirklich und real ist, dann wird er ihr entweder Energie zuführen, indem er sich mit ihr herumschlägt oder resignieren und wieder in die alte Gewohnheit zurückfallen. Beides ist unnötig. Er muß nur das alte Gefühl zurückweisen, nicht mit ihm kämpfen und stattdessen sagen: „Das muß ich nicht mehr tun. Es ist tot"; dann soll er weiterhin das Leben führen, das er erstrebt und von da an gegenteilige Gefühle ignorieren. Oder wenn es sich um einen Gedanken oder eine Tat handelt, dann braucht er lediglich den alten Gedanken oder die Tat von sich zu weisen und von da an diesen Gedanken zu ignorieren und sich dahin zu bringen, in einer neuen Art und Weise zu handeln, ohne mit sich selbst zu streiten, sich zu hinterfragen oder sich gar darüber Sorgen zu machen, daß diese alte Sache immer noch existiert. Dadurch nimmt er ihr jegliche Realität.

Sobald man diese alte Natur einmal abgehakt hat, kann man sie mit dem Pendel einer großen Standuhr vergleichen, deren Haupttriebfeder gebrochen ist. Wenn wir sie für sich alleine lassen, und dem Pendel keinen neuen Schwung geben, dann wird der Mechanismus bald auslaufen und stehenbleiben; oder mit einem Fußball, der – wenn wir aufhören, damit zu dribbeln – nicht mehr zurückspringen und schließlich am Boden liegen bleiben wird. Wir müssen es lernen, toten Symptomen keine Aufmerksamkeit mehr zu schenken. All unsere Gefühle haben ein Eigenleben und wollen nicht sterben. Auch unsere Gedanken kämpfen ums Überleben. Wenn wir wieder in den Ring steigen und mit ihnen kämpfen, dann werden sich die Gefühle und Gedanken vermutlich einen Riesenspaß daraus machen, uns wieder in ein Problem nach dem anderen zu stürzen, nur um selbst am Leben und im Rampenlicht bleiben zu können.

> So *lasset* nun die Sünde nicht herrschen in eurem sterblichen Leibe, Gehorsam zu leisten seinen Gelüsten. Auch ergebet nicht der Sünde eure Glieder zu Waffen der Ungerechtigkeit, sondern ergebet euch selbst Gott, als die da aus den Toten lebendig sind, und eure Glieder Gott zu Waffen der Gerechtigkeit. Denn die Sünde wird nicht herrschen können über euch,

die ihr ja nicht unter dem Gesetze seid, sondern unter der Gnade.

(Röm 6,12-14; LÜ)

Unsere Gesinnung und unser Herz wollen nicht, daß wir heil werden. Sie möchten eine Krise nach der anderen heraufbeschwören. „Weil die Gesinnung des Fleisches Feindschaft gegen Gott ist, denn sie ist dem Gesetz Gottes nicht untertan, sie kann das auch nicht" (Röm 8,7). Nachdem wir gebetet haben, bringen wir *Tag für Tag* solche Gewohnheiten unseres Sinnes und unseres Herzens zu Tode, indem wir dem neuen Leben gemäß handeln und die alten Signale ignorieren.

Eine Frau kam zu mir, die sich ihrem Ehemann nicht sexuell hingeben konnte. Nachdem wir die Wurzeln entdeckt und all die alten Strukturen des Ichs ans Kreuz gebracht hatten, ertappte sie sich immer noch dabei, wie sie sich verkrampfte, wenn ihr Ehemann sich ihr nähern wollte. Ihr Verstand und ihre Gefühle gingen mit ihr durch wie aufsässige Kinder. Sie hatte gelernt, ihre Gefühle oder ihren Verstand nicht zu bekämpfen und nicht durchzudrehen, auch wenn sie immer wieder versagte. Vielmehr sagte sie still: „Ich weise das zurück" und richtete ihre Aufmerksamkeit darauf, sich der Berührung und dem Geist ihres Mannes zu öffnen. Bald hatten beide einen herzlichen und liebevollen Umgang miteinander und amüsierten sich prima.

Eine andere Frau kam zu uns, geknechtet von Gefühlen der Wertlosigkeit, der Einsamkeit und des Selbstmitleids. Nachdem wir an der Wurzel angelangt waren, mußte sie es lernen, sich von den immer wiederkehrenden alten Gefühlen nicht tyrannisieren zu lassen und sich so weit zu bringen, daß sie Dinge tat, die sie von den Symptomen ablenkten. In wenigen Wochen konnte sie sich an ihre ursprünglichen Gefühle schon gar nicht mehr erinnern.

Ein Mann konnte seine Zeit nicht mit seinen Kindern verbringen und sich mit ihnen freuen. Nachdem wir uns um die Wurzeln gekümmert hatten, fand er heraus, daß sich das heiß ersehnte neue Leben nicht automatisch einstellte. Er mußte sich zusammennehmen und sich dafür entscheiden, bei den Kindern zu sein, Spiele zu machen, mit ihnen spazieren zu gehen, zum Angeln zu fahren und ihnen Geschichten vorzulesen; er mußte die Verlockungen des Fernsehens ignorieren, sowie all die alten Gefühle und „Nicht-Gefühle". Nach einer Weile machte es ihm so viel Freude, mit seinen Kindern zusammen zu sein, daß er sich fragte, warum er diese Freude nicht schon früher entdeckt hatte.

Noch ein letztes Wort. Unserer Erkenntnis nach ist es ein Gesetz, daß es denen nicht besser gehen wird, die nur von ihren Schmerzen befreit werden wollen. Wer weiterhin sein selbstsüchtiges, egozentrisches Leben genießen will, wird nie frei und glücklich werden. So ein Mensch möchte nur den Schwierigkeiten entkommen (also exakt dem, was Gott gebraucht, um ihn wachzurütteln), um seinen eigenen, ichbezogenen Göttern Mammon und Vergnügen dienen zu können wie eh und je. Doch wer seine Freude darin findet, im Dienst am Nächsten sein Leben hinzugeben, wird bald gesund und glücklich sein. Das Geheimnis des Lebens ist in der Tat, es zu verlieren (Lk 17,33).

7
Die Rolle des Seelsorgers

Ehe sie Wehen hatte, hat sie geboren; ehe Geburtsschmerzen sie ankamen, wurde sie von einem Knaben entbunden.
Wer hat so etwas je gehört, wer hat dergleichen je gesehen?
Wird ein Land an einem einzigen Tag zur Welt gebracht oder eine Nation mit einem Mal geboren?
Denn Zion bekam Wehen und gebar auch schon seine Söhne.
Sollte ich zum Durchbruch bringen und dann nicht gebären lassen? spricht der Herr.
Oder sollte ich gebären lassen und dabei den Schoß verschließen? spricht dein Gott.
Freut euch mit Jerusalem und jubelt über sie, alle, die ihr sie liebt!
Frohlockt mit ihr in Freude, alle, die ihr über sie getrauert habt!
Damit ihr saugt und euch sättigt an der Brust ihrer Tröstungen, damit ihr schlürft und euch labt an der Fülle ihrer Herrlichkeit.
Denn so spricht der Herr:
Siehe, ich wende ihr Frieden zu wie einen Strom und die Herrlichkeit der Nationen wie einen überflutenden Bach.
Und ihr werdet saugen. Auf den Armen werdet ihr getragen und auf den Knien geliebkost werden.
Wie einen, den seine Mutter tröstet, so will ich euch trösten.
An Jerusalem sollt ihr getröstet werden.

(Jes 66,7-13)

Gott möchte uns durch den Leib Christi täglich eine neue Wiedergeburt und Nahrung schenken. Denn jetzt ist der Leib aufgerufen, dem Leib mehr und mehr eine neue Geburt zu schenken. Wir glauben, daß dies in unserer Zeit die vorrangige Berufung des Leibes Christi ist.

„Und seid nicht gleichförmig dieser Welt, sondern werdet verwandelt durch die Erneuerung des Sinnes, daß ihr prüfen mögt, was der Wille Gottes ist: das Gute und Wohlgefällige und Vollkommene" (Röm 12,2). Beachten Sie bitte das kleine Wörtchen „durch". Wir haben uns schon gefragt, warum wir in manchen Fällen vom Herrn einfach geheilt werden, während es ein andermal den Anschein hat, als ob wir genau das richtige Quentchen Erkenntnis bräuchten, um in einem bestimmten Bereich geheiligt zu werden. Manche haben um das *geistige* Verständnis und um das Bekenntnis zur Erlangung der Fülle des Heils und der Reife so ein Aufhebens gemacht, daß uns scheint, sie haben das Bewußtsein des Menschen auf den Thron gehoben! Umgestaltet werden *durch* die Erneuerung des Sinnes bedeutet nicht, daß wir alle Selbstanalytiker werden müssen, die jeden Moment ihrer Geschichte ans Licht (oder in die Verwirrtheit) des menschlichen Bewußtseins zerren. Manche Dinge bleiben besser verborgen und unausgesprochen. Manchmal erneuert der Herr die Tiefen unseres Sinnes, ohne daß es uns je bewußt geworden wäre. Uns fällt nur auf, daß wir mit einem Mal anders denken, denn „...aus dem Herzen kommen hervor böse Gedanken..." (Mt 15,19). Wenn der Herr das *Herz* verändert, dann wird unser Sinn – im bewußten sowie im unbewußten Bereich – *erneuert*. Manchmal wachsen wir einfach und lassen unsere kindlichen Verhaltensweisen hinter uns. Wir haben wie Kinder gedacht und argumentiert, doch wenn wir Erwachsene in Christus werden, dann legen wir das ab (1.Kor 13,11).

Viele Seelsorger liegen falsch, wenn sie den Ratsuchenden dazu bringen, alles zu sehen und zu untersuchen, so als ob wir durch rechtes Denken gerettet würden. Das ist Gnostizismus. Vielmehr sind wir jedoch durch die Person unseres Herrn Jesus Christus gerettet, und sowohl der Seelsorger als auch dessen Schützling müssen sich für den Heiligen Geist öffnen, um das zu sehen, von dem nur *er* allein weiß, daß es zu unserer Umgestaltung dienlich ist.

Bei dieser Umgestaltung, die vonstatten geht, ohne daß wir uns dessen bewußt sind, kann der allgemeine Leib Christi leicht sowohl als Mutterleib als auch als Hebamme fungieren. Doch in den Fällen, in denen der Heilige Geist möchte, daß wir uns selbst verstehen, ist es nicht gesagt, daß die Priesterschaft aller Gläubigen immer ausreichend ist. Unsere Mitstreiter in Christus sollten unsere ersten Seelsorger sein. Manchmal jedoch bedarf es einer Person mit außergewöhnlicher Erkenntnis. „Tiefes Wasser ist der Ratschluß (oder Vorhaben; ZÜ) im Herzen des Mannes, aber ein verständiger Mann schöpft ihn herauf" (Spr 20,5).

Die biblischen Grundvoraussetzungen für jeden Seelsorger in Christus finden wir in Jesaja 11,1-3, wo ausgedrückt wird, wie Jesus war und ist:

> Ein Reis wird hervorgehen aus dem Stumpf Isais, und ein Schoß aus seinen Wurzeln Frucht tragen. Auf ihm wird ruhen der Geist des Herrn, der Geist der Weisheit und der Einsicht,

der Geist des Rates und der Stärke, der Geist der Erkenntnis und der Furcht des Herrn. Und sein Wohlgefallen wird er haben an der Furcht des Herrn. Er wird nicht richten nach dem, was seine Augen sehen, noch Recht sprechen nach dem, was seine Ohren hören (ZÜ).

Ein Seelsorger darf nicht richten nach dem, was seine Augen sehen oder seine Ohren hören. Er muß mit der Gabe der Einsicht hinter die Geschehnisse und Umstände blicken können. Ein Seelsorger muß, gerade so wie Gott, das Herz ansehen. „...denn der Herr sieht nicht auf das, worauf der Mensch sieht. Denn der Mensch sieht auf das, was vor Augen ist, aber der Herr sieht auf das Herz" (1.Sam 16,7). Wer nur mit den Augen sieht, läuft allzu schnell Gefahr, sich ein Urteil zu bilden. „Richtet nicht, damit ihr nicht gerichtet werdet! Denn mit welchem Gericht ihr richtet, werdet ihr gerichtet werden, und mit welchem Maß ihr meßt, wird euch zugemessen werden" (Mt 7,1-2). Das heißt nun nicht, daß wir niemals urteilen dürften. Wir können nicht leben, ohne die jeweilige Lage einzuschätzen und dementsprechend zu handeln. Wir urteilen, ob eine Brücke tragfähig genug ist, um darüber fahren zu können, ob eine Ware ihr Geld wert ist, oder ob wir unser Leben der Kunstfertigkeit eines bestimmten Arztes anvertrauen sollten. Oder, was noch viel relevanter ist, wir entscheiden, ob wir unser Vertrauen auf einen Menschen setzen oder unsere Emotionen seinem Temperament anvertrauen oder unser Bekenntnis seiner Diskretion oder seinen Vorstellungen von Autorität und Vergebung anvertrauen können. Die Herzenshaltung ist das Entscheidende. Die oben genannte Schriftstelle spricht vom Beschuldigen und Verurteilen. Ein Seelsorger muß das Wissen, daß es in Christus keine Verdammnis mehr gibt, fest in seinem Herzen bewahren (Röm 8,1). Wir stehen gemeinsam am Fuß des Kreuzes und erkennen, daß wir alle unter der Sünde stehen. Niemand ist besser als sein Nächster, gleichgültig wie vorbildlich sich manche auch verhalten mögen. Denn sonst erheben wir uns selbst, wenn wir die Fehler der anderen sehen. Ein Seelsorger sieht und beurteilt, jedoch ohne den anderen jemals zu beschuldigen. Er versucht, nicht nur die Oberfläche, sondern vielmehr die Regungen des Herzens zu sehen; somit beurteilt er nicht den äußeren *Zusammenhang* eines Geschehens, sondern dessen eigentlichen, wahren *Gehalt*.

„Wehe mir, denn ich bin verloren. Denn ein Mann mit unreinen Lippen bin ich, und *mitten in einem Volk mit unreinen Lippen wohne ich*" (Jes 6,5). Ein Seelsorger muß die Sünde seines Bruders als seine eigene betrachten. Wenn wir *mitten unter* Sündern wohnen, dann hat das keine Konsequenzen für uns, es sei denn, wir erachten ihre Sünden als unsere eigenen. Wir sitzen alle im selben Boot, ob wir das nun wollen oder nicht. Wenn ein Seelsorger vielleicht nicht in eine bestimmte Sünde gefallen ist, dann ist das nicht sein Verdienst, sondern vielmehr der Gnade Gottes zu verdanken. Wenn ihm diese Dinge nicht bewußt sind, dann wird er sich unweigerlich besser fühlen als der, dem er Rat gibt.

In dem Maße wie ein Seelsorger glaubt, das Blut habe ihn rein wie eine Lilie gemacht, und sich nicht mehr darüber im Klaren ist, daß sein sündiges Wesen noch wild in ihm wuchert, wird auch sein Dienst eher bedrücken als freisetzen. Er wird auf seine Schützlinge herabsehen. Für jeden Dienst (Predigt, Lehre, Evangelisation) stellt dies eine Gefahr dar, doch am wahrscheinlichsten ist dies hinter der geschlossenen Tür des Seelsorgers der Fall. Mehr als alle anderen waten die Seelsorger in der Kloake des menschlichen Herzens. Wenn ein Seelsorger nicht weiß, daß er auch dorthin (nämlich in die Kloake) gehört, und nichts Besseres verdient hat als irgend ein anderer Mensch, dann wird er unweigerlich aufgeblasen werden wie ein Pharisäer und nicht nur sich selbst, sondern auch den Ratsuchenden ohne Rechtfertigung wieder nach Hause schicken (Lukas 18,9- 14). So ein Seelsorger mag vielleicht versuchen, sehr verständnisvoll zu wirken, doch wird seine Geringschätzung durchscheinen, weil der Ratsuchende früher oder später die Regungen seines Herzens lesen wird. Wenn er nicht sehen kann, daß er genauso elend wie jeder andere Sünder ist, der sich selbst als fehlbaren und gebrochenen Menschen akzeptiert hat, kann er auch keinen anderen zur Ruhe führen, noch Jesus alle Ehre geben. Er wird schimpfen und schelten oder die Sünde beschönigen und die Wände weiß tünchen (Hes 13,10-15). Seine eigene Sündhaftigkeit zu erkennen ist das *sine qua non* der Qualifikation eines jeden Seelsorgers im Herrn Jesus Christus!

> Ist jemand krank unter euch? Er rufe die Ältesten der Gemeinde zu sich, und sie mögen über ihm beten und ihn mit Öl salben im Namen des Herrn. Und das Gebet des Glaubens wird den Kranken retten, und der Herr wird ihn aufrichten, und wenn er Sünden begangen hat, wird ihm vergeben werden. Bekennt nun einander die Vergehungen und betet füreinander, damit ihr geheilt werdet; viel vermag eines Gerechten Gebet in seiner Wirkung.
>
> (Jak 5,14-16)

> Eisen wird durch Eisen geschärft; so schärft ein Mann den andern.
>
> (Spr 27,17; ZÜ)

Wo richtige Führung fehlt, kommt ein Volk zu Fall; doch wo viele sind, die Rat wissen, steht es wohl.

(Spr 11,14; ZÜ)

Als am Anfang meines (John) Dienstes Menschen zu mir in die Seelsorge kamen, drohte ich vor Schreck völlig aus der Fassung zu geraten. Ich hatte das Gefühl, ich müsse sie alle vollkommen machen, alle auf einmal – und wer war ich schon, daß ich so etwas tun könnte! Die Weisheit offenbarte sehr bald, daß das nicht meine Aufgabe war; ich sollte nur die Dinge tun, die mir der Heilige Geist an diesem Tag zeigte. Doch dann griff mich die Furcht von einer anderen Richtung her an. Woher sollte ich denn wissen, was genau an diesem Tag nutzbringend wäre? Ich habe diese Furcht schon lange überwunden, doch lauert sie noch immer in mir. Jeder Seelsorger sollte beten: „Herr, laß mich ihn genau dort abholen, wo er gerade steht." „Gib' mir die Gnade, die richtigen Stichworte nicht zu versäumen." „Mach mich sensibel für das, was Du im anderen gerade tust. Gib mir Weisheit, zu helfen, mich nicht einzumischen oder den anderen aus der Bahn zu werfen."

Im Gegensatz zu einem Psychiater wird ein Seelsorger höchstwahrscheinlich keine psychologischen Tests durchführen, um herauszufinden, was im anderen verborgen liegt. Wenn er das doch tut, dann nur, um sich ein allgemeines Bild vom anderen zu machen. Er muß sich nach wie vor darauf verlassen, daß der Heilige Geist die Details offenlegt, die man an dem speziellen Tag anpacken soll. Das gleiche macht auch ein Psychiater (auch wenn er wohl nicht auf den Heiligen Geist achtet); der Unterschied besteht darin, daß alles, was offenbar wird, nicht als das eigentliche Problem betrachtet wird, das man angreifen und überwinden muß, sondern vielmehr als Kontext, in dem der Heilige Geist „vollkommen mach(t), befestig(t), kräftig(t), gründe(t)" (1.Petr 5,10).

Folglich gibt es verschiedene Modelle, nach denen man einen Seelsorger beschreiben kann. Erstens der „Beichtvater", wie in Jakobus 5,16. Er hört dem Bekenntnis des anderen zu, forscht nach den Ursachen, ermahnt und lehrt wie ein Vater und spricht als Funktion seiner Priesterschaft innerhalb der Priesterschaft aller Gläubigen Vergebung aus.

Zweitens der Hirte; er salbt das Haupt mit Öl und führt zu stillen Wassern. Die dicke Wolle der Schafe schützt mit Ausnahme von Gesicht und Ohren den ganzen Körper vor Zecken. Ein Hirte untersucht jeden Abend genauestens all seine Schafe, und wenn er eine Zecke findet, gießt er Öl darauf, bis sie tot ist und sich entfernen läßt. „Eine Zecke im Kopf" ist ein orientalischer Ausdruck für eine Denkweise, die einem die ganze Kraft raubt, die das „Lebensblut aufsaugt" wie z.B. Haß, Rache oder Groll. Das Öl ist natürlich die Salbung des Heiligen Geistes.

Schafe können kein fließendes Wasser trinken, weil sie davon Blähungen bekommen. Sie brauchen stilles Wasser. Wenn der Hirte in der Natur keine Tränke mit stillem Wasser findet, gräbt er in der Nähe eines Baches ein kleines Loch und verbindet es durch einen Kanal mit dem Bach. Die reißenden Wasser sind die rasenden und beunruhigenden Gedanken und Emotionen der Seele. Im Hirten-Seelsorger findet man somit einen ruhigen und stillen Ort des Zuhörens, des Angenommenseins und des Rates.

Drittens der Seelsorger als Geburtshelfer. Manche Menschen träumen häufig von Geburtswehen oder den Kampf, keine Fehlgeburt zu bekommen oder haben irgendeinen anderen Geburts- oder Babytraum bzw. Alptraum. Dadurch vermittelt unser Innerstes unserem Bewußtsein ein inneres Trauma, daß irgend etwas in uns geboren wird – eine neue Idee, eine Erkenntnis, ein neues Talent oder auf der anderen Seite ein böser Gedanke oder das Erwachen des Fleisches. Einige dieser Geburten müssen geschehen, einige verhindert werden. An einen Seelsorger ergeht manchmal der Ruf, der Geburtshelfer des Herrn zu sein, um dem anderen bei diesem Geburtsprozeß hilfreich zur Seite zu stehen.

Viertens ist er auch ein Scharfrichter, der die kleinen Monster tötet, die aus dem sündigen Schoß des Verstandes, des Herzens und der Seele geboren werden. Er leitet den anderen auf seinem Weg ans Kreuz und hilft ihm, dort zu verharren, bis alles vorbei ist.

Fünftens der geistliche Direktor, der das Leben in seiner Gesamtheit sieht und Ausgeglichenheit fordert oder der als Wegweiser und Schrittmacher fungiert. Vielleicht sagt er: „Du arbeitest zu hart an dieser Sache. Es würde Dir wirklich nicht schaden, mal mit Deiner Frau zum Essen oder ins Theater zu gehen" oder „Lies doch mal dies (oder das)" oder „Hast Du schon mal daran gedacht, in diese Richtung zu beten?" oder „Lies mal eine Weile nicht mehr so viel." Er schlägt das vor, was er als hilfreichen nächsten Schritt im Leben des Ratsuchenden sieht oder was als ausgleichende Maßnahme notwendig ist.

Schließlich kann er auch zu einem Vater oder einer Mutter in Christus werden (vgl. Kapitel 21: „Väter und Mütter in Christus").

Ein Seelsorger ist ein dienender Freund. Er ist nicht nur ein Christ, der zufällig auch seelsorgerlich tätig ist. Jeder Christ ist immer wieder mal Seelsorger und sollte seine Fähigkeiten auf diesem Gebiet verbessern. Viele Leute sind verwundet und aufs äußerste verwirrt zu uns gekommen, weil ihnen so viele einen Rat gegeben und manche sie seelsorgerlich betreut haben, die aus aufrichtigem Herzen helfen wollten, jedoch untrainiert und unerfahren waren. Viel zu oft tendiert der „Seelsorger" dazu, seine eigenen Erfahrungen oder Probleme in denjenigen hineinzuprojizieren, den er betreut, ob der nun damit etwas anfangen kann oder nicht. Ein Seelsorger muß Tag für Tag seine eigene Erkenntnis und Erfahrung zum Tod am Kreuz rufen und sich dadurch auf den Ratsuchenden einstellen – in einer Frische und Offenheit für ihn und für den Heiligen Geist. Dazu gehört eine gut geschulte Disziplin. Es ist unsere Hoffnung, ein Teil dieser Ausbildung zum Dienst für den ganzen Leib Christi zu sein. Jedoch sind einige innerhalb des Leibes Christi ganz speziell zur Seelsorge berufen. Wenn wir in diesem Buch von Seelsorgern sprechen, dann haben wir solche Christen vor Augen, die eine spezielle Berufung haben, die vom Heiligen Geist die Gabe der Seelsorge empfangen haben und die hoffentlich von ihren Pastoren und Gemeinden anerkannt, gesalbt und in ihr Amt eingesetzt werden.

So ein Seelsorger will keine Entlohnung für seinen Dienst. Das darf er auch nicht; jedoch wenn er eine spezielle, abgeschlossene psychologische Ausbildung hat, die staatlich anerkannt ist, dann ist er dazu berechtigt, Geld zu nehmen. Es gibt professionelle Berater, die darüber hinaus auch noch Christen sind und somit auch seelsorgerlich tätig sind. Auch wenn ihnen unser Material hilfreich sein mag, schreiben wir doch in erster Linie für nicht-professionelle Seelsorger innerhalb des Leibes Christi.

(Wir wollen jedoch in aller Deutlichkeit darauf hinweisen, daß wir an der Psychologie oder an psychologischer Beratung nichts auszusetzen haben. Einer unserer besten Freunde und Ratgeber ist Dr. William Johnson, Leiter der psychologischen Abteilung des Whitworth College. Wir stimmen uns mit ihm ab, um sicher zu gehen, daß alles, was wir sagen, auch vom psychologischen Standpunkt her Hand und Fuß hat. Wir schätzen die Erkenntnisse der Psychologie. Doch verstehen wir uns in unserem seelsorgerlichen Dienst nicht als Psychologen. Wir sind als Christen gemäß dem Wort Gottes seelsorgerlich tätig. In diesem Zusammenhang sind ausgewogene psychologische Einsichten, die in der Bibel verankert sind, hilfreich.)

Andererseits kann es sein, daß eine Gemeinde dem Prinzip folgt, daß der Arbeiter seines Lohnes wert ist, oder: „Du sollst dem Ochsen, der da drischt, nicht das Maul verbinden" (1.Tim 5,18). Die Gemeinde oder eine andere Organisation kann dem Seelsorger ein Gehalt oder eine andere Art von Vergütung geben. Wir glauben jedoch, daß, wenn eine Gemeinde oder Organisation so vorgeht – und wir kennen einige, die das tun – weder der Seelsorger, noch die Organisation, noch die Gemeinde am Anfang für die geleisteten Dienste eine Gebühr erheben sollte. Eine Gemeinde in Spokane bat mich, dort mehrere Jahre lang jeden Dienstag zu lehren und seelsorgerlich tätig zu sein. Die Sekretärin legte meine Termine und die der anderen dort tätigen und von mir betreuten Seelsorger mit den Ratsuchenden fest, doch man sprach nie über Geld. Die Gemeinde bezahlte mich für diesen Dienst, doch entlohnte sie keinen der anderen Seelsorger, die innerhalb dieser Gemeinde tätig waren. Elija House zahlt mir und Paula und auch Janet Wilcox, die regelmäßig für uns seelsorgerlich tätig ist, ein Gehalt, doch für die Seelsorge werden niemals Gebühren erhoben. Einige Ratsuchende geben uns Geschenke oder schicken nachträglich etwas. Ungefähr neun Jahre lang betrugen die Einnahmen durch Geschenke, die der „Lohn" für die Seelsorge waren, nur etwa neun Prozent der Gesamteinnahmen von Elija House. Wir *geben* Jesu Dienst und glauben, daß das auch so sein soll. Die Seelsorge, über die wir schreiben, soll in erster Linie der Umgestaltung von Christen dienen und dann erst den Ungläubigen. Sie gehört der Gemeinde und wird in jederlei Hinsicht von der Gemeinde getragen.

Einige Seelsorger und Organisationen haben herausgefunden, daß sich die meisten Menschen bereitwilliger ihren inneren Problemen stellen und das in die Praxis umsetzen, was sie gelernt haben, wenn jede Seelsorgestunde sie *etwas* kostet. Der Mensch ist nun mal so, daß er das wertschätzt, wofür er bezahlen muß. Sie arbeiten härter, damit jede Seelsorgestunde auch etwas zählt. Genauso sind auch bei vielen Seelsorgern und Organisationen die ersten paar Stunden gratis, und dann verlangt man zwischen fünfzig und achtzig Mark für jede weitere Stunde. Natürlich hilft das Geld dem Seelsorger, doch geht es in erster Linie darum, den Ratsuchenden dadurch anzuspornen. Einige Ratsuchende werden die Großzügigkeit eines gebenden Seelsorgers ausnutzen, sich in seiner Aufmerksamkeit sonnen und nicht die feste Absicht haben, Probleme anzupacken und die Seelsorge zu Ende zu führen. Eine hohe Gebühr schafft dem normalerweise schnell Abhilfe.

Gelegentlich kommt auch mal ein Ungläubiger zu uns in die Seelsorge. Wir sind so geradeheraus wie es geht und sagen: „Wir sind christliche Seelsorger. Unsere Methode und unsere einzige Kraft sind das Kreuz und das Gebet. Wenn Sie das akzeptieren können, dann werden wir Ihnen gerne helfen, doch wenn nicht, dann fühlen Sie sich bitte frei, sich einen anderen Berater zu suchen." Vielleicht fügen wir auch noch hinzu, daß wir zwar weder fordern, daß der Ratsuchende Jesus als seinen Herrn und Heiland annimmt, noch ihn auffordern, Glauben zu haben (Lk 5,23-24), doch daß wir uns frei fühlen werden, aus Glauben heraus zu dienen, und das sollte er wissen und akzeptieren. Irgendwann im Laufe des Seelsorgeprozesses nimmt der Ratsuchende normalerweise Jesus als seinen Herrn und Heiland an.

Bei einem Menschen, der nicht bei uns in der Seelsorge ist oder der überhaupt nicht anwesend ist, haben wir keinen Glauben für das Gebet um Umgestaltung. Das Innenleben des anderen ist heilig und eine absolut private Angelegenheit. Wir haben kein Recht einzugreifen, es sei denn, wir wurden ausdrücklich und persönlich darum gebeten. Vor einiger Zeit begann ein Lehrer im Leib Christi die Menschen anzuleiten, für andere zu beten, während diese schliefen, und Gott zu bitten, er möge sie verändern. In unseren Augen ist das tadelnswert. Das ist unfair, eine Manipulation des anderen, die an Zauberei grenzt. Auch wenn Gott all die Macht hat, wird er doch niemanden verändern, wenn dies eine Vergewaltigung des freien Willens dieses Menschen darstellen würde.

Wir machen jedoch zwei Ausnahmen: Eltern haben von Gott her die Aufgabe, Kinder großzuziehen und somit auch ihren Charakter zu formen. Bevor die Kinder das Teenageralter erreicht haben, können Eltern über deren inneren Menschen beten, auch wenn sie schlafen. Eines Tages kam ein Ehepaar zu mir, das sich über ihren kleinen Jungen Sorgen machte, der immer noch Bettnässer war. Wir rieten ihnen, nachdem er eingeschlafen war, in sein Zimmer zu gehen, sanft, jedoch hörbar ein Gebet zu sprechen, das ihn ihrer Liebe versichert, dabei für ihren Sohn zu danken und ihn mit Liebe zu erfüllen. Sie befolgten diesen Rat und innerhalb einer Woche war ihr Sohn kein Bettnässer mehr. Wir rieten ihnen nicht, über dieses spezielle Problem zu beten, noch es zu erwähnen, sondern lediglich Gebete zu sprechen, die dem kleinen Kind in ihm ihre Liebe zusagte und bestätigte.

Meine (Johns) Cousine wurde von den Psychiatern als hoffnungsloser Fall aufgegeben. Sie hätte den Rest ihres Lebens in einer Anstalt verbringen müssen. Doch hier ist die zweite Ausnahme. So ein Mensch ist nicht im Vollbesitz seiner geistigen Fähigkeiten oder der Durchsetzungskraft seines Willens. Dennoch betrachteten wir ihr Innerstes als heiligen Boden. Wir beteten um Heilung für den inneren Menschen, jedoch ohne ihr Mitwirken und ohne es ihr oder meinem Onkel zu sagen. Nach einigen Wochen wurde eine neue Diagnose gestellt und sie wurde als völlig geheilt wieder entlassen. Heute ist sie verheiratet, hat Kinder und führt ein absolut normales Leben. Wir haben ihr niemals gesagt, daß wir gebetet hatten, ganz besonders nicht wofür und wie. Hätte es uns der Heilige Geist nicht aufgetragen, hätten wir überhaupt nicht gebetet (wir sehen jetzt Christen vor uns, die dies lesen und nun die Anstalten leerbeten wollen – jedoch mit geringem Erfolg; obendrein reiben sie sich dabei auf!).

Wir glauben, daß der Dienst des Leibes Christi regelmäßig in jeder Gemeinde stattfinden sollte, insbesondere in Hauskreisen. Im Verlauf dieses Dienstes wird es Menschen geben, bei denen der Hauskreis den

Eindruck hat, daß der kompetente Rat eines Menschen vonnöten ist, der für die Seelsorge eine spezielle Begabung hat. So jemand könnte dann innerhalb des Leibes zu Seelsorgern geschickt werden, die von den Pastoren und Ältesten anerkannt sind. In der Gemeinde in Spokane arbeiteten wir nach genau diesem Prinzip. Die Seelsorger arbeiteten mit denen, die von den Hauskreisen zu ihnen geschickt wurden und entließen sie dann wieder in ihren Hauskreis, damit sie dort halfen und weiterdienten. Manchmal wurde das, was man – ohne das Vertrauen zu mißbrauchen – sagen konnte, dem Hauskreisleiter mitgeteilt, um ihm wiederum in seinem Dienst weiterzuhelfen.

Pastoren können seelsorgerlich tätig sein, doch unserer Erfahrung nach können sie nicht die volle Last der Seelsorge tragen und gleichzeitig weiterhin die ganze Herde betreuen. Einer der Hauptgründe, warum wir dieses Buch schrieben, war, Pastoren und Gemeinden den Rat des Jitro an Mose weiterzugeben:

> „Die Sache ist nicht gut, die du tust ‹von Morgens bis Abends Seelsorge zu leisten›. Du reibst dich auf, sowohl du als auch dieses Volk, das bei dir ist. Die Aufgabe ist zu schwer für dich, du kannst sie nicht allein bewältigen. Höre nun auf meine Stimme, *ich will dir raten*, und Gott wird mit dir sein: Vertritt du das Volk vor Gott, und bringe du die Sachen vor Gott. *Belehre* sie über die Ordnungen und Weisungen und zeige ihnen den Weg, den sie gehen, und das Werk, das sie tun sollen. *Du aber suche (dir)* aus dem ganzen Volk *tüchtige, gottesfürchtige Männer aus, (wahrhaftige) Männer, die ungerechten Gewinn hassen*, und setze sie über sie: Oberste von Tausend, Oberste von Hundert, Oberste von Fünfzig und Oberste von Zehn, *damit sie dem Volk jederzeit Recht sprechen*! Und es soll geschehen, daß sie jede *große* Sache vor dich bringen, jede *kleine* Sache aber selbst richten. (Auf diese Weise) entlaste dich, und *sie mögen es mit dir tragen*! Wenn du dies tust und Gott es dir gebietet, dann *wirst du bestehen können*, und auch dieses ganze Volk *wird in Frieden an seinen Ort kommen*."
>
> (2.Mo 18,17-23)

Man darf nicht vergessen, daß Mose ja das Haupt eines Kirchenstaates war. Es gab keine Trennung zwischen Kirche und Staat. Mose war als Schiedsmann Vorsitzender eines Zivilgerichtes und regelte Streitigkeiten unter Bürgern inherhalb der öffentlichen Körperschaft. Aus dem Rat Jitros an Mose hat sich unser gesamtes Rechtssystem entwickelt.

Dennoch gilt dieser Rat auch für alle Pastoren. Pastoren können nicht alles regeln, was die Herzen aller Gemeindemitglieder bewegt, nicht einmal in einer kleinen Gemeinde mit 100 Mitgliedern. Kein Pastor hat so viel Zeit und Energie. Deswegen werden heute Älteste als Hirten ausgebildet. Leider haben sich in den theologischen Irrtümern und den Formen psychologischen Mißbrauchs, wie z.B. Dominanz und Kontrolle, wie sie vor einigen Jahren an manchen Stellen der Hirtenschafts- und Jüngerschaftsbewegung geschehen sind, viele die Finger verbrannt, die eigentlich eine Aufteilung der Leiterschaft hätten lernen sollen.

Die Faith Lutheran Church in Geneva, im Bundesstaat Illinois, setzte zwölf Älteste als Hauskreisleiter ein. Nach einigen Jahren fand man heraus, daß nur die Hälfte dieser Männer auch die Gaben, die Zeit etc. hatten, die zur Seelsorge und Hirtenschaft notwendig waren. Sie ließen sich nicht entmutigen und reformierten diese Aufteilung einfach und versuchten es noch einmal, wobei sie die Hirtenschaft an diese sechs weiterleiteten, bei denen die Zeit und die Erfahrung gezeigt hatten, daß sie eine wirklich Begabung dafür hatten; für die anderen sechs fand man neue Aufgabenbereiche als Älteste. Unter der weisen Leitung von Pastor Del Rossin und Pastor David Dorpat hat diese Gemeinde die Stolpersteine umgangen, über die einige frühere Gruppen gefallen waren. Jim Clapper, der für die Hirtenschaft hauptverantwortliche Älteste, verfaßte ein Handbuch für Älteste; die Pastoren bilden gemeinsam mit Jim Delegationsteams, die ihre Erfahrungen an andere Pastoren und Gemeinden weitergeben. Paula und ich hatten schon öfters die Gelegenheit, dort zu sprechen und Älteste und den ganzen Leib zu lehren. Der Leib Christi *kann* diesen Dienst erlernen. Er *kann* eine Hirtenschaft durch Älteste ermöglichen ohne einen kontrollierenden Geist ohne sich in das Privatleben der Mitglieder einzumischen und ohne den Einzelpersonen das Recht zu nehmen, im Herrn ihre eigenen Entscheidungen zu treffen.

Einige Seelsorger müssen vielleicht unbiblische und unausgewogene Lehren über das Sündenbekenntnis hinter sich lassen, die ihnen während ihrer Kindheit vermittelt worden sind. Als Paula und ich aufwuchsen, reagierte das Protestantische in uns überempfindlich auf alles, was nach einem Mißbrauch der Beichte in der römisch-katholischen Kirche aussah. Wir hörten viele falsche Lehren, wie z.B.: „Man sollte seine Sünden niemals vor einem anderen Menschen bekennen, sondern ausschließlich vor Gott." „Man sollte seine Sünden ausschließlich im stillen Kämmerlein vor Gott bekennen; Gott wird im Verborgenen hören und uns öffentlich belohnen." Nirgends in der Bibel finden wir ein Gebot, daß wir die Sünden im Verborgenen bekennen sollten! Die einzige Stelle, wo es darum geht, im Verborgenen zu beten, finden wir in Matthäus 6,6: „Wenn du aber betest, so geh in deine Kammer, und nachdem du deine Tür geschlossen hast, bete zu deinem Vater, der im Verborgenen ist, und dein Vater, der im Verborgenen sieht, wird dir vergelten." Aus dem Zusammenhang sieht man, daß diese Stelle von persönlicher Hingabe und von Almosen spricht (Vers 4) und nicht vom Sündenbekenntnis. In Bezug auf das Fasten wiederholte Jesus die Ermahnung zum Beten im Verborgenen (Vers 18). Doch keine dieser Stellen ist ein Gebot, die Sünden im Verborgenen zu bekennen. Vielmehr heißt das Gebot: „Bekennt nun *einander* die Vergehungen..." (Jak 5,16).

Das hat zur Folge, daß es viele Älteste und Seelsorger unnötigerweise als peinlich und deplaziert empfinden, Gottes Vergebung auszusprechen. Preis dem Herrn, daß er uns heute wieder neu entdecken läßt, daß das Aussprechen der Vergebung nicht nur unsere Aufgabe ist, sondern auch die *erste* Gabe, die uns zuteil wird, wenn wir den Heiligen Geist empfangen! „Und nachdem er dies gesagt hatte, hauchte er sie an und sagte zu ihnen: Empfanget (den) Heiligen Geist! Wenn ihr jemandem die Sünden vergebt, sind sie ihm vergeben; wenn ihr sie jemandem nicht vergebt, sind sie ihm nicht vergeben" (Joh 20,22-23; ZÜ). Als Jesus den Jüngern die Autorität gab, Sünden zu vergeben, gleich nachdem er sie mit dem Heiligen Geist angehaucht hatte, sagte er, daß die erste Folge der Anwesenheit des Heiligen Geistes die Autorität zur Sündenvergebung ist! Indem er beide miteinander verband, sagte Jesus, daß die Kraft, anderen die Sünden zu vergeben, das natürliche Erstgeburtsrecht und der Stand eines jeden geisterfüllten Sohnes Gottes ist! Er machte damit auch eine gewaltige und bedeutsame Aussage, nämlich daß die Sündenvergebung die erste und vordringlichste Aufgabe eines jeden normalen Christen darstellt. Beachten Sie bitte auch, daß die Autorität, die Sünden zu vergeben, verliehen wurde, bevor sich die Gegenwart des Heiligen Geistes in irgendeiner anderen Form offenbarte! Erst zehn Tage später kam die Kraft des Heiligen Geistes über sie. So als ob Jesus wollte, daß die Jünger verstehen, daß die Fähigkeit, Vergebung auszusprechen, überhaupt nicht von der Kraft (*dynamis*) sondern einzig und allein von der Autorität (*exousia*) abhängt. Sie sollten Sünden vergeben, noch bevor sie die Kraft des Heiligen Geistes besaßen! Vielleicht mußten sie auch dieses Geschenk sofort, also noch vor Pfingsten, erhalten, weil die einhundertzwanzig Jünger in diesen zehn Tagen einander ihre Sünden bekennen und gegenseitige Vergebung aussprechen mußten, um sich auf die Fülle des Heiligen Geistes zu Pfingsten vorzubereiten!

Das gilt auch heute noch. Es ist so, als ob der Leib Christi angehaucht worden wäre, jedoch noch nicht in der Fülle lebt. Pfingsten liegt noch vor uns, denn wir dachten, die ersten Zeichen wären schon die

Fülle gewesen. Doch noch kann niemand zu einem Menschen hingehen, der *von Geburt aus* lahm ist und sagen: „Silber und Gold besitze ich nicht; was ich aber habe, das gebe ich dir: Im Namen Jesu Christi von Nazareth: Gehe umher!" (Apg 3,6; Menge) Beachten Sie, daß Petrus das Pronomen „ich" gebraucht: *Ich* besitze, *ich* gebe. Auch heute geschehen Wunder. Wir erleben die erste Welle des Geistes. Doch wer unter uns hat die Kühnheit zu *gebieten*, weil er *weiß*, daß das Wunder genau dann, wenn er es sagt und erwartet, auch geschehen *wird*? Wer unter uns hat die Demut zu sagen: „Was habe *ich* schon, was kann *ich* schon geben?" Kathryn Kuhlman und andere können sagen, wann und wo Gott ein Wunder wirkt, doch das geschieht durch eine Beschreibung und nicht durch einen persönlichen Befehl, bei dem man – wie Petrus – über jeden Zweifel erhaben weiß, daß es geschehen wird. Keiner von uns wagt so zu sprechen, wie sie es taten: „Sieh uns an!" (Vers 4) Sie sehen also – wir haben nicht die ganze Fülle des Pfingstwunders. Wir behaupten, daß vielleicht der Hauptgrund, warum die Fülle noch nicht gekommen ist, darin besteht, daß wir noch nicht unsere zehn Tage im gegenseitigen Bekenntnis unserer Sünden zugebracht haben! Wir kennen dieses Wort „verharren", und einige haben gefastet und lange gebetet – *jeder für sich*. Doch „Gemeinde" gibt es noch nicht. Wir sind noch kein Leib. Wir haben zu viele falsche Lehren gehört, haben zu viel Angst vor der Verwundbarkeit, sind viel zu wenig bereit, offen, ehrlich und wahrhaftig zu sein. Pfingsten kam, als „sie alle an *einem* Ort beisammen (waren)" (Apg 2,1). Wir sind noch nicht „beisammen", auch wenn wir alle in ein und demselben Raum sitzen. Es ist die Aufgabe der Seelsorger, den Sündenbekenntnissen zuzuhören, um den Leib Christi an einem Ort zusammenzuführen, damit endlich das wirkliche Pfingsten stattfinden kann.

Wem das Sündenbekenntnis eines anderen vorgetragen wird, der sollte die Vergebung immer in der ersten Person aussprechen: „Im Namen unseres Herrn Jesus Christus, gemäß seinem Wort, spreche *ich* aus, daß Dir Deine Sünde der(s)...vergeben ist. So weit der Osten ist vom Westen, so weit..." Es hat nicht dieselbe Wirkung, wenn man nur sagt: „Deine Sünden sind Dir vergeben in Jesu Namen", oder „Die Bibel sagt, Du hast Vergebung empfangen." Wenn ein Mensch sündigt, verunglimpft seine Sünde die ganze Menschheit. Als Achan sündigte, verlor ganz Israel seine Macht (Josua 7). Als David sündigte, starb sein Sohn (2.Sam 12,13-14). „Und wenn ein Glied leidet, so leiden alle Glieder mit" (1.Kor 12,26), kann man auch lesen als: „Wenn ein Glied *sündigt*, dann leiden alle mit." Immer wenn wir ein Sündenbekenntnis hören, nehmen wir eine Position ein als Stellvertreter der ganzen Menschheit. Die Menschheit wurde verletzt, sie muß auch vergeben. Der Satz „*Ich* vergebe Dir" ist wesentlich, um von Menschen Vergebung zu empfangen. „In Jesu Namen" bewirkt die Vergebung Gottes und des Himmels. Wir müssen die Vergebung nach verschiedenen Richtungen hin immer wieder aussprechen, bis schließlich das Innerste voll und ganz getröstet und zuversichtlich ist.

Es ist absolut notwendig, daß einer das Sündenbekenntnis des anderen hört, da der Grundstein der christlichen Umgestaltung das Kreuz Christi ist! Neben dem Kreuz kann es für einen Christen keine Heilung und keine Umgestaltung geben. Jedem Seelsorger muß dies unwiderruflich und unauslöschlich eingeprägt sein. Deswegen ist die Hauptmethode immer Gebet, der Weg immer Buße und Vergebung. Nachdem uns z.B. etwas über einen gewalttätigen Vater erzählt worden ist, arbeiten wir am Ziel der Umgestaltung vorbei, wenn wir nur Trost spenden. Durch diese Art von „Heilung" allein kann sich das Opfer nun in Selbstmitleid suhlen. Nichts wurde gelöst. Die Person empfindet lediglich eine momentane Erleichterung, weil ihr jemand zugehört und ihren Standpunkt, mit dem sie sich selbst entschuldigt, nur noch unterstützt hat. Tatsächlich hat aber der Seelsorger ein Feuer gelöscht, das Gott gelegt hat, und somit ein Bekenntnis des Zornes und der Bitterkeit nur hinausgezögert. Der Ratsuchende wird sich fälschlicherweise für gerechtfertigt halten und mit großer Sicherheit in seinem Verhaltensmuster der Vergeltung verharren, sei es durch Aggression oder durch Selbstisolation.

Nichts, was von außen auf uns einwirkt, kann uns verunreinigen. Nur, was aus unseren Herzen kommt, kann uns verunreinigen (Mk 7,15-21). Deswegen haben wir nie so sehr mit dem zu tun, was uns angetan worden ist, sondern vielmehr mit unseren sündhaften Reaktionen darauf. Reaktionen des Grolls oder des Verurteilens – auch wenn sie noch so gut im Herzen versteckt sind oder wenn sie schon längst vergessen sind – müssen ihren Weg ans Kreuz finden; wenn nicht, bleibt die Schuld – mit allem was dazugehört. Gewohnheitsmäßige Reaktionsmuster müssen durch Buße, Sterben und Wiedergeburt umgestaltet werden, sonst kann keine permanente oder wertvolle Veränderung der Persönlichkeit oder des Verhaltens stattfinden.

Jeder Seelsorger muß wissen und verstehen, daß die Heiligung einzig und allein das Werk des Heiligen Geistes ist. Er geht – innerhalb des väterlichen Zeitplans mit uns – seine eigenen, geheimnisvollen Wege. Sein Plan ist der Plan des Vaters. Seine Handlungen sind in absoluter Übereinstimmung mit dem vollkommenen Willen des Vaters für uns. Psychologische Berater arbeiten vielleicht mit bestimmten Methoden in der Hoffnung, damit Resultate zu erzielen. Ein Seelsorger darf sich auf keine Methode verlassen. Er darf nur das sagen und tun, was ihm der Heilige Geist eingibt oder er stört dessen Wirken.

Durch Einbeziehung von Hypnose in die Seelsorge beschreitet man eine gefährliche okkulte Sackgasse; darüberhinaus können dadurch dämonische Einflüsse und/oder Kräfte des Fleisches freigesetzt werden, die das enthüllen, was der Heilige Geist noch nicht oder aber auch überhaupt nie enthüllen würde (nebenbei bemerkt kann das gleiche auch bei vielen anderen seelsorgerlichen Techniken geschehen, auch wenn sie unter der Kontrolle des Heiligen Geistes angewandt werden; was für ein großes Risiko geht der Herr doch mit uns unzulänglichen Arbeitern ein!). Jeder Seelsorger sollte die Finger von der Hypnose lassen. „...daß nicht jemand unter dir gefunden werde, der seinen Sohn oder seine Tochter durchs Feuer gehen läßt oder Wahrsagerei, Hellseherei, geheime Künste oder Zauberei treibt oder *Bannungen* oder Geisterbeschwörungen oder Zeichendeuterei vornimmt oder die Toten befragt" (5.Mo 18,10-11; LÜ; Hervorhebung vom Autor). Wenn er wissen muß, was verborgen ist, dann soll er im Heiligen Geist die Gabe der Erkenntnis ausüben und nicht verbotene Quellen des Fleisches anzapfen.

Gleichgültig wie fundiert seine psychologische Ausbildung, wie gut informiert er auch sein mag, ein Seelsorger ist und bleibt – wie wir schon gesagt haben – ein Geburtshelfer, der dem Heiligen Geist und dem Ratsuchenden bei der Geburt assistiert. Er darf weder gewaltsam oder verfrüht zu ziehen beginnen, noch sollte er regungslos den Hinweis an sich vorbeiziehen lassen, der aus den Tiefen der Gedankenwelt an die Oberfläche steigt. Somit ist es nicht die Aufgabe des Seelsorgers, das Geschehen zu initiieren oder zu steuern. Er ergreift die Vision dessen, was Gott gerade im anderen tut, freut sich mit ihm und steht ihm bei. Er steht nicht passiv daneben. All seine Energie verwendet er darauf, sich mit Gott und dem Menschen zu identifizieren, sich in den Heiligen Geist und den Ratsuchenden hineinzuversetzen, um zu spüren, in welchen Bereichen und wie der Heilige Geist in diesem Menschen arbeitet und was im Innersten des Ratsuchenden zu keimen beginnt. Folglich wird er eben nicht versuchen, den anderen nach bestimmten psychologischen Modellen zu analysieren. Er ist ruhig und wendet doch aktiv die Gabe der Erkenntnis an, ein Trainer am Spielfeldrand (Jes 11,2).

Weil der Heilige Geist leitet, reagiert der Ratsuchende. Die Gesprächstherapie nach Rogers lehrt, daß der Berater den Ratsuchenden nicht unterbrechen oder ablenken sollte von dem, was aus den inneren Bereichen der Psyche zum Vorschein kommt. Dieser Ansatz gibt dem Fleisch die Initiative und nicht dem Heiligen Geist. Jedoch liegt für den Seelsorger ein Körnchen Wahrheit darin: Er sollte von dem nicht ablenken, was der Heilige Geist ans Licht bringt. Leider hatten viele, die die Methode nach Rogers anwandten, kein ausreichendes Gespür für den Heiligen Geist und waren sich nur unzureichend darüber bewußt, wie leicht sich der Mensch durch sein sündiges Wesen täuschen läßt. Sie haben sich dabei ertappt, wie sie den trügerischen Spuren des Fleisches nachgingen und sie durch ihr Schweigen oder ihre vermeintliche Zustimmung nur noch verstärkten; stattdessen hätten sie die Wahrheit in Liebe aussprechen müssen, um den Ratsuchenden auf dem Kurs der Wahrheit des Heiligen Geistes zu halten. Manchmal muß es ein Seelsorger auf eine direkte Konfrontation anlegen und den Ratsuchenden streng zurechtweisen (Tit 1,13). Wenn er das nicht tut, dann werden beide verwundbar für die Warnungen in Hesekiel 33,1- 9 (nämlich wenn ein Prophet nicht warnt, das Blut des anderen über ihn kommt, und beide leiden). Es ist die Aufgabe des Seelsorgers, den Ratsuchenden wiederholt zur leise ins Ohr geflüsterten Wahrheit des Geistes zurückzurufen. Kurz gesagt, ein Seelsorger hilft dem anderen zu verstehen, wie der Heilige Geist in seinem Leben wirkt und wie er darauf mit Buße, Sündenbekenntnis, Tat oder was auch immer der Heilige Geist haben möchte, reagieren soll.

In zahllosen kleinen Details arbeitet der Heilige Geist im Leben eines jeden von uns, um uns zu informieren, zu lehren, vorzubereiten, um uns eine Freude zu machen, uns zu begeistern, zu überführen, Neues zu schaffen, in die Anbetung zu führen – alles, was der Gemeinschaft von Gott und Mensch dient, alles, was uns heiligt und uns im Glauben reifer macht. Es ist nicht die Aufgabe eines Seelsorgers, dieses Werk in all seinen Schattierungen zu beaufsichtigen, womit er Gottes Position beanspruchen würde, sondern vielmehr aufmerksam auf den Bereich des Wirkens des Heiligen Geistes zu achten, worauf Gott in diesem Moment das Augenmerk des Seelsorgers richtet. Vielleicht sieht der Seelsorger unweigerlich viele Strukturen, in denen sich Täuschung eingeschlichen hat, oder Talente, zu deren Ausübung ermutigt werden sollte. Er soll jedoch nicht immer gleich handeln, wenn er etwas sieht. Er legt seinen Finger nur auf den Punkt, den der Heilige Geist ihm zeigt, oder bestätigt, wenn es der Heilige Geist ihm sagt.

Es reicht nicht aus, das zu sehen, was der Heilige Geist bewirkt oder was er im Herzen des Ratsuchenden offenlegt; Weisheit ist gefragt, wenn es darum geht, herauszufinden, welche Rolle der Heilige Geist dem Seelsorger gerade zuteilt. Soll er mit einer Erkenntnis jetzt herausplatzen? Eine Frage stellen? Durch ein Gleichnis etwas veranschaulichen oder ein Rätsel aufgeben? Eine Geschichte erzählen? Oder eine Falle stellen, so wie Nathan David dazu brachte, seinen eigenen Fall zu beurteilen (2.Sam 12,1-14)?

Das Problem liegt normalerweise nicht im Erkennen einer Sache, auch nicht darin, dem anderen vom *Verstand* her etwas begreiflich zu machen, sondern vielmehr darin, in diesem Entdeckungsprozeß so Hilfestellung zu leisten, daß der Heilige Geist das *Herz* verständig machen kann. Angesichts dieser Schwierigkeit betete Paulus: „Er erleuchte die *Augen eures Herzens...*" (Eph 1,18; Hervorhebung vom Autor). Darüberhinaus betete er für Stärke am inwendigen Menschen durch den Glauben, damit „ihr imstande seid...zu erfassen..." (vgl. Eph 3,14-21).

Ein Seelsorger muß durch die Erkenntnis, daß der Heilige Geist das Heiligungswerk vollbringt, indem er uns von unseren alten Wegen weg, hin zu dem Weg schlechthin führt, in Zaum gehalten werden. Wie früher schon einmal erwähnt, reinigt er uns manchmal, ohne daß wir je wissen oder erfahren (müßten), was denn eigentlich falsch war. Ein Seelsorger ist versucht, zu viel zu tun oder den Prozeß zu beschleunigen. Der Herr durchdringt uns mit seinem Tod, der auch unser Tod wird und erweckt uns zum Auferstehungsleben. Doch da sich der Seelsorger in den Prozeß hineinversetzt und ihn schon mehrmals für sich selbst und für andere durchgemacht hat, nimmt er vielleicht zu leichtfertig an, daß der andere schon versteht, was abläuft, oder springt vorschnell weiter zur erfolgreichen Auflösung. Wenn er das tut, dann wird er – wie ein hastiger Schiffskapitän – zu seinem Leidwesen herausfinden, daß nach dem Auslaufen ein Großteil der Ladung noch immer am Dock steht! Möglicherweise ermutigt er den Ratsuchenden auch zu sehr, Verschiedenes selbst auszuprobieren und gibt ihm damit dem weithin verbreiteten Irrtum einer psychologischen Seelsorge anheim – Pelagianismus* – „Du kannst es selbst schaffen" oder „Ich kann mich an den eigenen Haaren aus dem Sumpf ziehen" oder „Ich kann Einsichten gewinnen und meinen Charakter selbst verändern." Pelagianismus ist die Falle des „Sich-Selbst-Abrackerns", was am Ende unweigerlich schief gehen muß. Nur Jesus allein wird uns bis zur Geburt bringen und ganz sicher gebären (Jes 66,9-11). Nur er allein wird uns ohne Flecken und Runzeln vor den Vater stellen (Eph 5,27). Darin können wir ruhen, sowohl der Seelsorger als auch der Ratsuchende. Wir müssen das Wachstum des anderen (oder unser eigenes) nicht ankurbeln. Gott wird uns durch und durch heiligen – Geist, Seele und Leib (1.Thes 5,23).

Das ist der *Haupt*unterschied zwischen psychologischer Beratung und Seelsorge. Vielleicht sehen beide oftmals ein und dieselbe Sache. Der weltliche Psychologe wartet darauf, daß im anderen etwas geschieht, sobald er es erkannt und verstanden hat. Er glaubt daran, daß sich das Fleisch des anderen ändern kann. Der Seelsorger, ob er nun

---

* Lehre aus dem 5.Jh.; menschl. Willensfreiheit; Ablehnung der Erbsünde; Mensch kann durch eigene Bemühungen zum Heil gelangen; (Anm.d.Übers.)

eine psychologische Ausbildung hat oder ein unerfahrener Laie ist, steht dem anderen bei und sieht zu, wie Christus durch die Kraft des Kreuzes befreit und umgestaltet. Wie oft sind schon Männer und Frauen zu uns gekommen, die sagten: „Ich gehe jetzt schon seit sechs Jahren (in etwa) zum Psychiater. Ich kenne alle meine Komplexe und weiß auch, warum ich sie habe. Aber ich habe sie immer noch!" Wir wollen auch hier nicht an Psychologen oder Psychiatern herumkritisieren; ein Seelsorger hat vielleicht von beiden etwas. Wir wollen vielmehr all denen, die als Christen im Seelsorgedienst stehen, noch einmal sagen, daß unsere Grundlage nicht die Psychologie ist, ob es nun um das Hören oder um das Eingreifen zugunsten des Ratsuchenden geht. Unsere Kraft ist das Kreuz und der Geist. Wir haben die Antwort, die funktioniert. Deshalb wollen wir sie auch anwenden.

Seelsorger sollten auch an folgendes denken: Die Heiligung ist das Werk des Heiligen Geistes in uns, zu dem es lediglich immer und immer wieder der Reaktion und der Bereitwilligkeit des Ratsuchenden bedarf; doch mit der Umgestaltung verhält es sich nicht so. Umgestaltung erfordert mehr als Bereitwilligkeit. Die Heiligung wird uns größtenteils *verliehen.* Die Umgestaltung erfordert *unsere* aktive *Teilnahme*, während der Herr in uns das Werk vollbringt. Die Umgestaltung geschieht durch die „Erneuerung des Sinnes" (Röm 12,2). Da ja, wie wir schon gesagt haben, die Erneuerung des Sinnes mehr umfaßt als nur eine bewußte geistige Disposition, und unser Sinn – die oberen wie die unteren Schichten – alles in sich „bewegen" muß (Lk 2,19), spielen wir eine außerordentlich wichtige Rolle in diesem Kampf. „Maria aber behielt alle diese Worte und *bewegte* sie in *ihrem Herzen*" (Lk 2,19; LÜ). „Ich züchtige meinen Leib..." (1.Kor 9,27; LÜ). „Ich ‹ich selbst, aus meiner eigenen Disziplin im Herrn heraus› (achte) es ‹alle Dinge› für Dreck..." (Phil 3,8). „...weil die Gesinnung des Fleisches Feindschaft gegen Gott ist..." ‹deswegen müssen wir persönlich kämpfen, um es zu töten› (Röm 8,6-8). Um so eine Veränderung zu erreichen, müssen wir Moment für Moment, Tag für Tag unseren *Willen* anstrengen. *Wir* müssen unser Wesen dem Kreuz übergeben. In Galater 2,20 heißt es: „...*ich bin* mit Christus *gekreuzigt*..." – also etwas, das an uns vollzogen wird. Doch in Galater 5,24 lesen wir: „*Wir* haben...gekreuzigt" – etwas, das wir selbst an uns tun. Hierin liegt eine Ausgewogenheit, denn einerseits werden wir gekreuzigt, doch andererseits kreuzigen wir uns selbst. Wir helfen ihm, das mit uns zu tun. Der Seelsorger muß uns hilfreich zur Seite stehen, doch darf er nie so viel tun, daß der Ratsuchende sich nicht mehr selbst ans Kreuz zu bringen braucht.

Die Umgestaltung ist erst dann vollständig, wenn wir unser ganzes Leben wertschätzen und Gott von Herzen dafür danken. Das Endresultat ist eine Dankbarkeit für alles im Leben, da wir erkennen, daß in allem, was geschehen ist, Segen verborgen lag, der von Gott kam oder zumindest von ihm gestattet wurde. Der Vater wußte, welche Erniedrigungen wir freiwillig oder unfreiwillig auf uns nehmen würden, was uns auferlegt werden würde, wie wir darauf reagieren würden; in seinem vorherbestimmten Willen war es sein Plan, in Christus Jesus Staub und Asche in Liebe und Freude zu verwandeln, Häßlichkeit in Schönheit und Schwäche in Stärke.

> Der Geist Gottes des Herrn ist auf mir, weil der Herr mich gesalbt hat. Er hat mich gesandt, den Elenden gute Botschaft zu bringen, die zerbrochenen Herzen zu verbinden, zu verkündigen den Gefangenen die Freiheit, den Gebundenen, daß sie frei und ledig sein sollen; zu verkündigen ein gnädiges Jahr des Herrn und einen Tag der Vergeltung unseres Gottes, zu trösten alle Trauernden, zu schaffen den Trauernden zu Zion, daß ihnen Schmuck statt Asche, Freudenöl statt Trauerkleid, Lobgesang statt eines betrübten Geistes gegeben werden, daß sie genannt werden „Bäume der Gerechtigkeit", „Pflanzung des Herrn", ihm zum Preise.
>
> (Jes 61,1-3; LÜ)

Teil II

Die Frühphase des Lebens – Verborgene Sünden

8
Die Zeit im Kinderbett

Das Baby schreit. Am Schreien erkennt die Mutter, daß es Hunger hat. Sie nimmt es aus dem Kinderbettchen und das Kind reagiert aufgeregt – es streckt seine Arme aus, atmet schnell, mal lacht es und mal weint es, kuschelt sich in die Mutter hinein, Tätscheln, Knuddeln und Kneifen, es trinkt ungehindert von einer Quelle – die Milch rinnt ihm aus den Mundwinkeln, es quietscht und schluckt – dickes Bäuchlein und runde Bäckchen, die Füße strampeln, so als ob sie sich mehr Platz schaffen wollten, bald werden die Lider schwer, Zufriedenheit und schon schläft es erschöpft wieder ein – im Schlaf nuckeln die kleinen Lippen und träumen von mehr und mehr...

Jede Mutter, die ihr Kind wirklich geliebt hat, während sie es stillte, weiß, daß das Baby viel mehr trinkt als nur Milch. Es fand eine Begegnung statt, in der sie die manchmal wirklich atemberaubende Freude kannte, als der neue Geist ihres Babys mit ihrem eigenen eins wurde, sie suchte und sie bat. Und ihr eigener Geist, der vor Zuneigung fast zerbersten wollte, erhob sich, um das kleine Wesen zu umarmen und sich darin mit einer Kraft zu verströmen, von der sie nicht die leiseste Ahnung hatte. Sie weiß, daß sie ihr Leben und ihre Liebe in einer unbeschreiblichen Art und Weise mitgeteilt hatte, durch ein Miteinander, das beiden Nahrung gab und Erfüllung schenkte.

Diese Qualität der Nahrung findet man nie in der Flasche. Es war immer schon die beste Einrichtung des Herrn, jeden Säugling mit der Liebe der Mutter zu füttern, die „flüssig ist und auch noch Haut 'rum hat." Der Mensch wird diesen Plan nie verbessern können, auch wenn der Herr selbstverständlich in der Lage ist, alle notwendigen Ersatzvorrichtungen zu segnen.

Wir möchten hier keine Schuldgefühle wecken, noch wollen wir einer Mutter das schmerzliche Gefühl geben, etwas versäumt zu haben, wenn sie ihr Baby nicht gestillt hat, sei es weil sie falsch informiert wurde oder dazu nicht imstande war. Wir möchten lediglich den Leser darauf aufmerksam machen, daß in einem Erwachsenen ein nicht identifiziertes Gefühl des Hungers, der Unsicherheit, der Ablehnung, des Zornes, der Frustration, der Enttäuschung oder der Leere vorhanden sein kann, das sich auf sehr frühe Erlebnisse an der Mutterbrust oder deren Ermangelung zurückführen läßt.

Vielleicht hat eine Mutter auch versucht zu stillen, doch ihre Milch hatte zu wenige Nährstoffe. Sie stillte ihr Kind, und es wurde doch nicht satt. Diese immer wiederkehrende Enttäuschung kann sich in der Grundstruktur seines Wesens niederschlagen und eine Erwartungshaltung erzeugen, daß man bittet und doch nicht im Überfluß empfängt. Sie kann sich in ihm festsetzen als undefinierbare und rätselhafte Angst oder Unfähigkeit, sich in der Liebe oder dem Dienst eines anderen auszuruhen und ihm zu vertrauen. Es kann zu einem inneren Drang beitragen, mehr zu suchen und sich abzumühen, als eigentlich notwendig wäre. Auch wenn so ein Mensch im Laufe seines Lebens dann reichen und vielfältigen Segen empfängt, scheint er doch (auf einer tieferliegenden Ebene) niemals genug zu haben.

Es kann auch sein, daß das Kind zwar durch die Muttermilch wächst und gedeiht, doch verschiedene Umstände dem ein jähes Ende bereiten: Die Mutter wird plötzlich krank. Das Baby bekommt schon sehr früh die ersten Zähne. Es beißt und man lehrt es nicht, damit aufzuhören. Die Brustwarze entzündet sich. Das Baby ist plötzlich – aus welchem Grund auch immer – benachteiligt. In seinem Geist ärgert es sich über den Flaschenersatz. Vielleicht hat es auf einer tiefen, unterbewußten Ebene seines Wesens das Gefühl, abgelehnt zu werden und das nicht zu bekommen, was ihm rechtmäßig zustehen würde. Es hat noch keine voll entwickelten intellektuellen Fähigkeiten, mit deren Hilfe es seine Gefühle in die rechten Bahnen leiten könnte. Es reagiert einfach, doch in ihm keimen die Gedanken: „Ich wurde beraubt" und „Das, was mir gehört, bekomme ich nicht." Diese tief verwurzelten Gefühle können durch spätere Erlebnisse verstärkt oder wieder ausgelöst werden. Als Erwachsener verhält er sich dann in einer Beziehung aus scheinbar unerklärlichen Gründen kindisch und selbstbezogen. Wir haben herausgefunden, daß manche Menschen nicht mit dem Rauchen aufhören können, weil sie nicht gestillt wurden; diese orale Empfindung, das Tröstliche und Friedvolle am Rauchen reicht einfach zu tief in Bereiche, in denen ein Mangel vorhanden ist.

Wenn uns bewußt wird, daß wir auf so eine Art und Weise reagieren, dann besteht die frohe Botschaft unseres christlichen Glaubens darin, daß wir einfach im Glauben bekennen, daß Groll in uns verborgen liegt, und uns unter den Segen stellen, der darin liegt, Vergebung zu schenken und zu empfangen. Wir können den Herrn Jesus einladen, uns auf dieser tiefliegenden Ebene unseres Seins zu begegnen; in der Person seines Heiligen Geistes wird er das kleine Kind in uns trösten und zufriedenstellen. Dann wird er uns von dieser Bindung an kindische Verhaltensweisen befreien und wir werden feststellen, daß wir uns nun in mittlerweile klar erkennbaren Verhaltensmustern, über die wir eine gewisse Autorität haben, selbst auch mehr und mehr im Griff haben. Während dieses Prozesses wird uns der Herr in seiner Gnade das Geschenk eines wachsenden Vertrauens machen, das unser Herz zu einer größeren Bereitschaft aufschließen wird, um die menschliche Wärme eines Freundes zu empfangen, der dann die Möglichkeit hat, uns dabei zu helfen, wieder mehr ins Leben zurückzukommen.

Ziemlich oft haben wir Ehepaare in der Seelsorge, die unfähig sind, ihre Meinungsverschiedenheiten auszutragen; denn sobald eine gereizte Stimmung in der Luft liegt oder ein Streit unvermeidlich zu sein scheint, bekommt einer von ihnen (oder auch beide) sofort Angst und flüchtet entweder in die Isolation oder in wahnwitzige Versuche, alles zu erklären, zu beschwichtigen oder zu besänftigen. Oder sie werden von ihren Emotionen schlichtweg überwältigt, stehen wie gelähmt da und sind unfähig, in irgendeiner Weise auf den anderen einzugehen. „Ich komme mir vor wie in einer Falle. Ich möchte da raus, aber ich kann es nicht!" Vielleicht sind sie auch schon miteinander übereingekommen, daß sie die Ehe insgesamt aufgeben wollen und daß sie nur noch durch die Kinder zusammengehalten werden, oder durch ihre Verantwortung vor Gott oder durch zu wenig Geld, um allein leben zu können, oder durch Menschenfurcht oder wodurch auch immer. Dieses Phänomen läßt sich vielleicht darauf zurückführen, daß in ihnen ein Same der Ängstlichkeit liegt, der tief in ihnen eingegraben wurde, als sie noch im Kinderbett lagen und die Eltern vor ihnen laut miteinander stritten. Sie fühlten die Spannung, nahmen die destruktive Energie des Zornes in sich auf und reagierten panisch, als sie fühlten, wie der stabile Schutzschild der Liebe zwischen Mutter und Vater Risse bekam und einzustürzen drohte. Der Himmel brach über ihnen zusammen! Die Welt ging unter! So wurde dieser Selbstverteidigungsmechanismus der Flucht oder des Abschaltens geboren. Im Erwachsenen löst nun jede Meinungsverschiedenheit eine gewaltige Explosion des frühkindlichen Schreckens aus, der die Jahre hindurch jedesmal nur noch verstärkt wurde, wenn der Haussegen schief hing, wenn eine bestimmte Position bedroht wurde oder wenn man Geschrei hörte.

Solchen Menschen ist der Herr nahe, um diese Samen der Angst zu identifizieren, zu ordnen und ans Kreuz zu bringen. Ein hierzu passendes Gebet wäre: „Ich sehe, daß ich ängstlich reagiert habe, als meine Eltern sich anschrien. Ich reagierte in sündhafter Weise darauf. Ich floh aus dem Leben (oder das Gegenteil: Ich klagte an, um die Sache in den Griff zu bekommen). Vergib mir, Herr. Hilf mir, in den tiefsten Tiefen meines Herzen zu vergeben. Befreie mich von diesem Verhaltensschema. Erfülle mich mit Deiner Liebe, die niemals bedroht ist und selbst nie bedroht. Gründe mich in Dir, pflanze und verwurzle meinen Geist in der Liebe und schütze mein Herz, damit ich nicht mehr falsch reagieren muß." Es reicht nicht, nur um Befreiung für den

Erwachsenen zu beten; tief in Ihnen würde ein kleines Baby zurückbleiben, das sich immer noch angstvoll einigelt. Wir laden den Herrn ein, genau dieses Baby anzurühren.

Meist ist es effektiver, jemand anderen für sich beten zu lassen, als selbst für sich zu beten. Sich durchzuringen, die Ängste des Kindes in uns preiszugeben und unser Herz einem anderen Menschen zu öffnen, ist ein Vertrauensbeweis, der der Tyrannei unserer Gefühle trotzt. Dieser Schritt bereitet uns auf die Handlungsweise des Herrn vor, die schon immer darin bestand, uns durch die liebevolle Unterstützung der Familie und unserer Freunde wieder zum Leben zurückzubringen. Was am Anfang unseres Lebens für uns nicht getan wurde, kann jetzt in uns durch das Gebet anderer getan werden, die sich um uns kümmern. Ausdrucksformen der Fürsorge und des Gebets müssen vielleicht oftmals wiederholt werden, bis wir in der Tiefe unseres Wesens diesen neuen Weg aufgreifen und auf eine neue Art und Weise reagieren können.

Da sich das Herz eines Kindes ganz natürlich und vertrauensvoll einer ruhigen und empfindsamen Stärke öffnet, muß auch die Stimme des Menschen, der für das innerste Wesen eines anderen betet, die Zärtlichkeit, die Wärme und die umfassende Liebe des Vaters vermitteln. Die Grundeinstellung des Betenden muß die bedingungslose Liebe Gottes durch Jesus Christus vermitteln. Der Seelsorger sollte dem anderen während des Gebets einen Arm um die Schulter legen oder ihn fragen, ob er nicht seinen Kopf an ihn anlehnen möchte. Ein Gebet für das Kind im anderen ist besonders effektiv, wenn es lebendig und bildhaft ist. Wir haben herausgefunden, daß diese Art zu beten überhaupt nicht von unserer Erkenntnis abhängt, sondern vielmehr ein Geschenk Gottes ist, das durch hingegebene und geheiligte Phantasie vermittelt wird. Der Heilige Geist versteht es meisterhaft, das, was wir vom Bekenntnis des anderen auffassen, in ein wunderbares Bild seiner Heilung umzuwandeln und dieses Bild vor unser inneres Auge zu stellen, während wir im Gebet die neue Wirklichkeit, die Gott vermitteln will, laut aussprechen. Vielleicht beten wir auf einmal in etwa folgendes: „Herr, ich sehe, daß in meinem Freund tief verborgen ein kleines Kind sitzt, das Angst hat, einsam ist, Schmerz empfindet und Hunger hat. Es sehnt sich danach, von Armen der Geborgenheit und der Stärke gehalten zu werden. Danke Vater, daß Du solche Arme hast und daß Du dich genau jetzt in die Tiefe ausstreckst, um dieses Baby mit der Wärme und Stärke Deines Wesens zu umarmen. Ich weiß, Vater, daß Du deine Freude an diesem kleinen Kind hast, das Du aus Deinem liebevollen Herzen heraus geformt hast. Herr, es ist auserwählt und kostbar für Dich, ein Schatz. Du erfüllst Dein Kind mit Deinem Licht, bis es nicht mehr hungrig ist, bis alle Ängstlichkeit vergangen und alle Furchtsamkeit zur Ruhe gekommen ist. Halte ihn fest, Herr, bis die Liebe, die Du selbst bist, jede Zelle seines Wesens durchdringt und es ihm möglich macht, vertrauensvoll mit Dir eins zu werden. Danke Vater, daß Dein Licht die Finsternis zurückdrängt und Deine Musik den Lärm verstummen läßt; Du bist ein vollkommen sicherer Ort, an dem man sich ausruhen kann. Du wirst ihn nie verlassen; Deine Liebe wird nie ihre Arme sinken lassen." Vielleicht inspiriert der Herr das Gebet durch Bilder vom Wiegen, Herumkrabbeln und Trösten, vom Herzen und Tätscheln, vom Ins-Bett-Hineinkuscheln, vom Über-den-Schlaf-Wachen, kurz: von all den Dingen, die Eltern für ihr Kind tun sollten.

In einer Frau, die es sehr schwierig findet, ihrem Ehemann oder auch irgend einem anderen Mann zuversichtlich ihre Not oder ihre Meinung mitzuteilen, steckt vielleicht tief verborgen ein kleines Kind, das in der Nacht geschrien hat, doch die Antwort war nur ein zorniges Gesicht, das sich bedrohlich über das Kinderbett beugte und eine ärgerliche Stimme, die ihr Mißfallen ausdrückte. Übermächtige, irrationale Gefühle der Einsamkeit können in vielen Kindheitserlebnissen wurzeln, in denen das Kind stundenlang zu einer Zeit, in der es normalerweise schrie, allein eingesperrt wurde. Hinter dem Äußeren eines Erwachsenen, der sich ständig entschuldigt und dem es unheimlich schwer fällt, Liebe und Aufmerksamkeit zu empfangen, weil er fürchtet, andere damit zu belasten, schlägt womöglich noch immer das Herz eines Babys, das sich in seinem Unterbewußtsein daran erinnert, wie es z.B. beim Wechseln der Windeln von einem übellaunigen Elternteil grob, unsanft und lieblos behandelt wurde.

Wenn man hinter den Strukturen seines Wesens den Einfluß grundlegender Erfahrungen entdeckt und somit auch die Triebkräfte sieht, von denen man heute gesteuert wird, dann hat man lediglich den ersten Schritt auf dem Weg zur Umgestaltung getan. Dann müssen wir für die Entscheidungen, die wir getroffen haben, die Verantwortung auf uns nehmen, Grundeinstellungen bekennen, mit denen wir zu Anfang den Unkrautsamen in unser Leben gesät haben, die ganze Angelegenheit auf den Altar Gottes legen und uns ihm ohne Vorbehalte oder Erklärungen ausliefern. Der Herr wird dann diese Vergebung im Herzen bewirken (1.Joh 1,8); er wird die alte Struktur mit ihren Verhaltensmustern töten (Kol 3,9), uns von innen her trösten und stärken (Eph 3,16; 2.Kor 1,3-4; Jes 51,3), uns ein neues Herz schenken (Hes 11,19; 36,26; Jer 24,7) und uns zu einem neuen Leben heranwachsen lassen (Gal 2,20). Wir sind nicht in der Lage, unser Herz durch eine Willensanstrengung zu verändern. Wenn wir uns jedoch mit unserem Willen immer und immer wieder dazu entscheiden, den Heiligen Geist einzuladen, dieses Umgestaltungswerk in uns zu vollbringen, und wenn wir in einer beharrlichen und ruhigen Disziplin diese Symptome „als (tot) ansehen" (Röm 6,11; ZÜ), die vielleicht noch eine kleine Weile weiterexistieren, dann können wir wesentlich zu dem Prozeß beitragen, im Laufe dessen wir wieder lebendig werden; wir können jedoch auch durch Stolz, Starrsinn und Mißtrauen in unserem Dilemma gefangen bleiben.

Viel schwieriger noch als sich den negativen Erfahrungen unserer frühen Kindheit zu erwehren, ist es, mit einem Mangel an positiven Erfahrungen fertig zu werden, die uns hätten Leben schenken sollen. Durch herzliche und liebevolle Berührungen und Umarmungen kann der Geist eines Kindes in die Fülle eintreten. Wer es als Baby nicht erlebt hat, daß er festgehalten, geknuddelt und gewiegt wurde, daß ihm ein Lied vorgesungen, mit ihm herumgegangen und geredet wurde, und wer Fürsorge nur in Form von starr eingehaltenen Still- und Bettgehzeiten erfahren hat, wird als Erwachsener höchstwahrscheinlich seine ganzen Lebensumstände auch nach diesem Muster interpretieren. Er wird sich zum Beispiel bei Spontanaktionen sehr unwohl fühlen und unfähig sein, sein Herz weit aufzumachen und sich voll Vertrauen in die Liebe eines anderen hineinfallen zu lassen. Die glatte Abwicklung eines Zeitplans und eines Programms wird ihm Sicherheit und Genugtuung geben, das Geben materieller Geschenke und Dienstleistungen seine Definition von Liebe sein. Doch weil sein Geist weiß, daß mehr aus dem Leben herauszuholen ist, wird er einen Hunger nach mehr haben, den er jedoch nicht identifizieren kann. Es kann sein, daß Zorn in ihm hochkommt, den er in der Regel auf die Menschen um sich herum projiziert, so als ob sie dem Mangel in ihm Abhilfe schaffen sollten, dessen Namen er jedoch selbst nicht kennt. Seine Familie und seine Freunde werden ihm vielleicht immer wieder „Speise" und Trost in Hülle und Fülle anbieten, doch wird er wohl diese Gaben nicht erkennen und annehmen. Er denkt nach wie vor, daß er inmitten eines Familienfests, auf dem die Liebe kostenlos und in Hülle und Fülle verteilt wird, verhungern muß.

Die Seele eines Menschen (wie wir sie verstehen) ist der Bereich des Charakters und der Persönlichkeit, in dem sich sein Geist befindet. Wenn dieser Bereich unzulänglich ausgeprägt ist, weil der Mensch in der Frühphase seines Lebens seinen Hunger nach Liebe nicht stillen durfte und keine Disziplin erlernte, oder wenn er durch Mißbrauch Schaden litt, dann kann sich der Geist des Menschen überhaupt nicht entwickeln oder es fehlen ihm die Hilfsmittel, sich richtig ausdrücken zu können. Als Erwachsener wird seine Fähigkeit, von Freunden und Vertrauten geistliche Nahrung annehmen und behalten zu können, nur unzureichend ausgebildet sein. Man kann ihn mit Segen überhäufen, aber er kann ihn sich nicht zueigen machen. Für ihn liegt die Antwort nicht in verschiedenen Ermahnungen wie: „Schau doch mal, wie gesegnet Du bist", „Versuch's noch mehr", „Wach' doch endlich auf." Ihm fehlt das Werkzeug, um diesen Hinweisen Folge zu leisten. Er ist einfach unfähig, es zu tun, so sehr er sich auch anstrengen mag. Die Antwort für ihn lautet: wiederholtes und konsequentes Gebet für den Geist des kleinen Kindes in ihm, daß er in den liebevollen Armen des Vaters festgehalten werden möge, daß der Geist des lebendigen Gottes ihn mit lebensspendender Kraft durchströmen und ihm dabei Gewißheit schenken, ihn beflügeln, auferwecken und im Vater zur Fülle des Lebens führen möge (Eph 3,19). Der innere Mensch ist wie ein kleines Kind und spricht: „Sag's mir nochmal...sag's mir nochmal." Er braucht immer und immer wieder Gebet. Christen, die mit ihm beten, müssen vielleicht regelmäßig die Rolle der geistlichen Mutter oder des geistlichen Vaters in Christus übernehmen, um das für ihn zu tun, was seine leiblichen Eltern versäumt haben.

Auch wenn wir uns nicht auf die Methoden des Rollenspiels, des Psychodramas oder dergleichen verlassen, um den Menschen in ihren tiefsten Nöten zu dienen, sondern vielmehr auf das durch Gebet vorbereitete schnörkellose Eingreifen des Heiligen Geistes im Herzen der Menschen, so befürworten wir dennoch deren Gebrauch unter der Leitung des Herrn. Oft sahen wir die Tränen eines Menschen, der seine Haltung der kalten, intellektuellen Selbstsicherheit perfekt eingeübt hatte. Der Reiz, der den Emotionen den Weg bahnte, war nicht mehr als eine Hand auf seiner Schulter und hie und da eine Umarmung, während er zwischen zwei Reihen von Menschen durchging, die ihm ihre Liebe ausdrückten und sangen: „Zieh mich hin zu Deinem Strom der Liebe, Herr!" Was als Spiel begann, das die Tatsache veranschaulichen sollte, daß wir vom Strom des Lebens mitgenommen werden, der durch die Unterstützung und Liebe von Freunden in seinem Bett gehalten wird, wurde zu einem Werkzeug, mit dem Gott bis in die Tiefen des Herzens vordringen konnte. Der Verstand, der davon ausgegangen war, daß diese Übung ohnehin nur ein sentimentales Ritual sei, war nicht mehr auf der Hut und die Liebe trug einen Sieg davon, weil sie sich über seinen Schutzwall hinweggesetzt hatte.

Wir haben schon erlebt, wie starke Männer auf einmal zu schluchzen begannen, während sie von Gruppen von zwei oder drei anderen gewiegt wurden. Man sang „Wiege meine Seele im Schoße Abrahams" als Wiegenlied und in der Schlichtheit dieser Erfahrung durchbrach die Liebe irgendwie das Bollwerk der Gefühle, die immer unter Kontrolle gehalten werden müssen, erreichte einen verborgenen Mangel und schmolz das steinerne Herz. In den meisten Fällen hatte das zur Folge, daß der Betreffende wieder neu empfinden und sich ausstrecken konnte, weil der Geist des Babys im Erwachsenen eine

Portion Liebe empfangen hatte, die ein so wesentlicher Bestandteil des Lebens ist.

Auf solche Erfahrungen muß jedoch eine geistliche Betreuung folgen, die Unterstützung, Ermutigung und Schutz gibt, damit es dem Neugeborenen nicht ergeht wie dem Samenkorn im Gleichnis vom Sämann, das unter die Dornen fiel und erstickte (Mt 13,1-23). Ohne konsequente Betreuung, die ihm die Möglichkeit gibt, sich in seiner neugewonnenen Fähigkeit, das Leben erleben zu können (wozu sowohl eine Verletzbarkeit gegenüber Schmerz als auch eine Offenheit für Segen gehört) fest im Herrn zu verwurzeln und zu gründen, kann er sich leicht im Stich gelassen, bloßgestellt und ängstlich fühlen. Wenn er sich wieder in sein Inneres zu der scheinbaren Sicherheit seiner altbekannten Person zurückzieht, kann es sehr lange dauern (wenn überhaupt), bis er es wieder zuläßt, daß er an einen Punkt kommt, an dem er vielleicht wieder erweckt werden kann.

In der Seelsorge ist es für einen Ratsuchenden oft schwierig, die Tatsache zu akzeptieren, daß seine momentanen emotionalen Reaktionsschemata in frühkindlichen Erfahrungen und Reaktionen verwurzelt sind und von ihnen immer noch Nahrung erhalten. Das gilt ganz besonders, wenn das Leben auf der bewußten Ebene des Verstandes lebhafte Erinnerungen an eine positive Nahrung hinterlassen hat.

Ein junger Mann von ungefähr 22 Jahren kam mit einem zerbrochenen Herzen zu mir (Paula), weil seine Frau ihn verlassen hatte; er verdammte sich selbst, weil seine Frau vor allem vor seinem Jähzorn geflohen war. Er konnte nicht verstehen, warum immer wieder Gewalttätigkeiten aus ihm hervorbrachen und er sie gelegentlich schlug, wenn er sich bei einem Streit in die Ecke gedrängt fühlte. Sein vehement besitzergreifendes Wesen und seine fast panische Angst, die Beziehung sei nicht mehr zu retten, waren ihm ein Rätsel. Noch rätselhafter waren für ihn jedoch seine Gefühle, die ihm sagten, er könne nicht ohne sie leben. Er wurde von liebevollen, aufmerksamen und herzlichen Großeltern in einer engen gemeindlichen Einbindung großgezogen. Sie hatten ihm Disziplin beigebracht und ihn immer wieder bestätigt. Die anderen Kinder im Haus waren seine besten Spielkameraden. Er konnte sich weder daran erinnern, je mißbraucht, grundlos kritisiert oder abgelehnt worden zu sein, noch daran, daß ihm je etwas vorenthalten worden wäre. Es war ihm auch nicht aufgefallen, daß die anderen bevorzugt worden wären oder daß sich in ihm ein Wettbewerbsdenken entwickelt habe. Die Familie schien immer da zu sein, wenn man sie brauchte. Alles in seinem Leben, an das er sich bewußt erinnern konnte, schien eine gute Vorbereitung auf eine angenehme und glückliche eheliche Beziehung zu sein; sein Verhalten stand jedoch hierzu völlig im Widerspruch.

„Was geschah mit Deinen leiblichen Eltern?"

„An meine Mutter kann ich mich überhaupt nicht erinnern. Ich glaube, meine Eltern ließen sich bald nach meiner Geburt scheiden, aber ich weiß es nicht. Mein Vater kam gelegentlich mal vorbei. Doch meine Großeltern waren immer Mama und Papa für mich. Ich kann mich nicht erinnern, ein unglückliches Kind gewesen zu sein."

Ich erklärte ihm, daß der Geist eines kleinen Kindes viel mehr Erfahrungen registriere als der Verstand und meinte, daß es wahrscheinlich sei, daß er in seinem Geist die Abwesenheit seiner Eltern miterlebt und einen verborgenen Haß gegenüber seiner Mutter aufgebaut habe, weil sie ihn verlassen hatte. Weiterhin sagte ich ihm, daß es sein könnte, daß ihn ein unbewußtes Verlangen seine Mutter zu bestrafen dazu gebracht haben könnte, den Zorn und die Angst, die eigentlich an die Adresse der Mutter gehen sollten, auf seine Frau zu richten; das führte schließlich so weit, daß er seine Frau schlug, wenn sie ihn in einem Wortgefecht gefühlsmäßig zu verlassen schien. Ich fragte ihn, ob diese besitzergreifende Art gegenüber seiner Frau nicht eigentlich ein intensives und unidentifiziertes Ausstrecken sein könnte, um endlich die Mutter beanspruchen zu können, die er niemals hatte. Ich fragte, ob die Eifersucht, mit der er auf jeden reagierte, der die Aufmerksamkeit seiner Frau auf sich zog, nicht richtigerweise auf all die gesichtslosen Menschen und Umstände gerichtet sein könnte, die ihm die Mutter weggenommen hatten, die er jetzt sogar nicht einmal mehr in seiner Erinnerung wiederfinde.

„Puh, das hört sich ja unglaublich an! Doch ich glaube, es *könnte* so sein. Ich hab' noch keine andere Antwort gefunden."

Der junge Mann erklärte sich bereit, aus Glauben heraus Gott all das hinzulegen, von dem er sich vorstellen konnte, daß es im Herzen eines Babys hätte sein können, das sich von seinen Eltern, durch die es sein Leben empfangen hatte, verlassen fühlte. *Im Glauben* tat er Buße über seinen Zorn und seinen Groll über diese Ablehnung und über all die Urteile, die er über seinen Eltern, besonders über seiner Mutter, gefällt haben könnte. *Im Glauben* tat er Buße über möglicherweise vorhandenen Zorn und Mißtrauen gegenüber Gott, daß er so etwas zugelassen hatte. In all dem bemerkte er in sich keinerlei negative Gefühle. „Denn ich bin mir wohl keiner Schuld bewußt, aber dadurch bin ich noch nicht gerechtfertigt; nein, der Herr ist's, der das Urteil über mich abgibt" (1.Kor 4,4; Menge). „Verirrungen – wer bemerkt sie? Von den verborgenen Sünden sprich mich frei!" (Ps 19,13)

Ich (Paula) sprach aus, daß ihm durch die Autorität des Wortes Gottes (1.Joh 1,9) die unbewußte Sünde, seine Eltern nicht geehrt zu haben, vergeben sei. Gemeinsam luden wir den Herrn ein, Schritt für

Schritt in die Vergangenheit zurückgehend, sein Herz zu reinigen, das kleine Kind in seinem Innersten zu trösten und zu stärken und ihn mit der Gottesgabe der Vergebung zu erfüllen, die seine Eltern erreichen könnte, wo auch immer sie sein mochten. Wir beteten, daß das Kreuz Christi in einer sehr realen Art und Weise zwischen ihn und seine Vergangenheit treten möge und daß er von innen her frei sein möge, um derjenige neue Mensch zu werden, der er Gottes Berufung zufolge sein sollte.

Er verließ unser Büro, berührt von dem Gebet, dankbar für die Seelsorge, doch mit der Haltung: „OK, ich warte mal ab und schaue, ob jetzt was passiert. Alles andere hat ja nicht funktioniert."

Nach einigen Wochen läutete unser Telefon. Am anderen Ende war ein überglücklicher junger Mann, der es kaum erwarten konnte, das Unglaubliche zu erzählen:

„Da kommen Sie nie drauf, was geschehen ist! Meine leibliche Mutter hat mich besucht! Aus heiterem Himmel rief sie mich an! Dann verabredeten wir uns, und es war wirklich großartig!"

Dann erzählte er mir all die Teile des Puzzles, die er nie zusammensetzen konnte:

„Meine Mutter hat mich geliebt! Doch meine Eltern waren noch so jung. Sie konnten die Ehe nicht weiterführen. Meine Großeltern ließen gleich nach meiner Geburt die Ehe für ungültig erklären. Dann ging es vor Gericht hin und her, wer denn nun das Sorgerecht über mich bekommen sollte, und meine Großeltern haben gewonnen. Meiner Mutter wurde nicht erlaubt, mich zu sehen! In all den Jahren hatte sie Angst und war verletzt. Ich muß noch daran arbeiten, einigen anderen Menschen zu vergeben, doch meine Mutter hat mich wirklich geliebt! Ist das nicht unglaublich? Ich weiß nicht, ob meine Frau und ich noch einmal zusammenfinden können oder nicht. Doch in meinem Innersten stehe ich dem ganzen jetzt anders gegenüber. Ich werde *leben*, gleichgültig, was geschieht. Ich weiß, daß ich sie nicht mehr *zwingen* muß, etwas zu tun."

Die Lebensumstände dieses jungen Mannes veränderten sich nicht dadurch, daß er sich mehr anstrengte, christliche Liebe oder christliche Qualitäten zu zeigen oder daß er sich abmühte, ein liebevoller Ehemann zu sein. Es ist wichtig zu beachten, daß die bitteren Wurzeln in ihm, die aus seiner Kindheit stammten (sein verborgenes sündiges Wesen, das nie bekannt wurde), im Laufe seines Lebens ständig schlechte Frucht hervorbrachten, obwohl er sich doch bewußt bemüht hatte. Erst das im Glauben ausgesprochene Bekenntnis dieses versteckten Bereichs der Sünde war für den Herrn die Einladung, in dieser abgesicherten und unbekehrten Tiefe seines Herzens Wohnung zu nehmen.

Im Rahmen der Umgestaltung (wie schon in Kapitel 2 beschrieben) verkünden wir stets das Evangelium und bekehren eine Ebene des Herzens nach der anderen, um voll und ganz auf das einzuschwenken, was die bewußte Ebene unseres Verstandes dem Herrn schon hingegeben hat; all dies verfolgt das Ziel, diesen inneren Kampf, wie ihn Paulus in Römer 7,18-19 und 21-24 beschreibt, schließlich zu Ende zu bringen:

> Denn ich weiß, daß in mir, das ist in meinem Fleisch, nichts Gutes wohnt; denn das Wollen ist bei mir vorhanden, aber das Vollbringen des Guten nicht. Denn das Gute, das ich will, übe ich nicht aus, sondern das Böse, das ich nicht will, das tue ich...Ich finde also das Gesetz, daß bei mir, der ich das Gute tun will, nur das Böse vorhanden ist. Denn ich habe nach dem inneren Menschen Wohlgefallen am Gesetz Gottes. Aber ich sehe ein anderes Gesetz in meinen Gliedern, das dem Gesetz meines Sinnes widerstreitet und mich in Gefangenschaft bringt unter das Gesetz der Sünde, das in meinen Gliedern ist. Ich elender Mensch! Wer wird mich retten von diesem Leibe des Todes?

„Leib des Todes" bezieht sich hier nicht auf den natürlichen Körper, sondern auf das sündige Wesen, zu dem wir geworden sind.

Ich (Paula) war immer schon höchst erstaunt darüber, daß wir in der Familie aller Gläubigen Dinge tun, die für uns in einer natürlichen Familie undenkbar wären. Wer von uns würde schon ein Baby vom Krankenhaus nach Hause fahren, es ins Kinderbettchen legen, ihm die Autoschlüssel geben, sowie eine Liste von Aufgaben, die es innerhalb eines Ultimatums fehlerfrei erledigen muß, in die Hand drücken, ansonsten...? Doch genau das haben wir mit unzähligen neugeborenen Christen getan. Weil sie ja „wiedergeboren" sind, haben wir sie mit verschiedenen Verantwortlichkeiten überhäuft und sofortige Leistung nach dem Maßstab Christi gefordert; sie sind jedoch weder von ihren Emotionen noch von ihrer Erfahrung her darauf vorbereitet oder dafür ausgerüstet. Und wie schnell richten wir doch ihre Fehler mit Verdammnis!

Bevor ich der Versuchung, die zu verurteilen, die andere verurteilen, auf den Leim gehe, möchte ich dieses Kapitel beenden, indem ich mein Urteil (der Leib Christi *sollte* es wirklich besser wissen) auf den Altar lege und noch ein Glas Milch trinke (1.Kor 14,20).

9
Bedrohungen für Kleinkinder

Aus der Sicht des Erwachsenen ist ein Kleinkind eine überaus reizende Mischung aus einem knuddeligen Komiker, einem „Hoppe-Hoppe Reiter", einem Schrankkletterer, einem Gardinenturner, einem Meister der Unordnung und einem lebendigen Mop. Kaum kommt es mit offenen Armen dahergelaufen und will umarmt werden, schon entwischt es uns wieder, kichert und versteckt sich vor dem Kuß. Manchmal tut es uns stolz einen Gefallen, oftmals will es geneckt werden, geht – sehr zu unserem Unbehagen – wie ein furchtloser Abenteurer an die Grenze seiner Fähigkeiten und erprobt, wie weit es seine Flügel schon tragen und wie wir dies ertragen. Blaue Flecken und Schrammen, aufgeschürfte Knie und Nasen gehören zum Alltag. Wenn John und ich zurückblicken, dann sind wir höchst erstaunt und Gott sehr dankbar, daß unsere sechs die Unzahl von Bedrohungen, denen Kleinkinder ausgesetzt sind, so gut überlebt haben; so geht es wohl den meisten Eltern.

Körperlichen Schrammen kann man leicht Abhilfe schaffen durch Küsse, die wirklich „alles heile" machen, durch wundersame Verbände, durch einen Huckepack-Ritt und Kekse, während wir den verletzten „Patienten" wiegen und in den Schlaf singen. Ein Schläfchen scheint kleinere Unfälle und Verletzungen vergessen zu machen. Nach einigen Stunden Schlaf wird das Kleinkind wieder – quirlig und energiegeladen wie eh und je – aktiv werden, ob es nun auf allen Vieren krabbelt oder auf Beinen steht, die immer zu kurz zu sein scheinen, um mit der enthusiastischen und dynamischen Neugier mithalten zu können, die in einem heillosen Durcheinander endet. So eine Dynamik, Enthusiasmus und Neugier brauchen Ermunterung, um wachsen zu können, sowie eine liebevolle Disziplin, die die Grenzen setzt, die für das Kleinkind Sicherheit bedeuten. In seinen Emotionen und Erfahrungen ist es das Zentrum seiner eigenen Welt und weiß noch nichts von den zahllosen Herausforderungen und Herausforderern, die ihm noch über den Weg laufen werden.

John und ich haben manchmal versucht, uns in Gedanken in ein Kleinkind hineinzuversetzen, um seine Sichtweise nachvollziehen zu können – es sieht eine Welt von Beinen, riesenhafte Allerwerteste, große und kleine Köpfe, die uns immer nur mit eigenartigen Lauten anzuquasseln scheinen. Und wir sollen auf diese verwirrenden Laute reagieren. Ein Laut wiederholt sich immer und immer wieder: „Nein, nein!" Manchmal werden diese Laute begleitet von einem Schrei, einem finsteren Blick und einer schmerzhaften Tat. Dann wundern wir uns nur noch. Wir *fühlten* uns so gut, als wir es taten! Wir tun das gleiche wieder und erwecken erneut das Mißfallen der Menschen, die viermal so groß sind wie wir. Bald lernen wir, unsere Tat mit dem Schmerz zu assoziieren, der uns durch die gewaltigen Hände riesenhafter Menschen zuteil wird. Dieser Schmerz heißt: „Nein, nein". Diese Hände geben uns aber auch Nahrung, streicheln uns zärtlich und richten uns auf, wenn wir fallen. Deshalb lernen wir sehr schnell, das „gute Gefühl", das wir bekommen, wenn wir das „Nein, nein" tun, gegen den vorübergehenden Schmerz eines Schlags auf unseren Hintern abzuwägen. Den leichten Schmerz können wir auch begreifen. Er ist eine prägnante und einfache Demonstration des Prinzips von Ursache und Wirkung, auch wenn er uns eine tränenreiche und zornige Reaktion entlockt. Jedoch eine wahrer Schwall zornerfüllter Worte verwirrt uns; wir fühlen uns gezwungen, auf Erwartungen zu reagieren, die uns durch und durch rätselhaft sind. Genauso unübersetzbar ist für uns der Begriff „lieb und brav sein"; er überzuckert diese wütenden Energien, die wir auf uns zuschießen sehen. Wir fürchten uns. Wir laufen schnell in die großen Arme und Hände, die uns manchmal liebevoll streicheln und wollen angenommen sein. Wenn wir getadelt werden, suchen wir Zuflucht in den Tränen oder im Jähzorn. Doch bald schon lernen wir, uns das beste aus beiden Welten herauszupicken: Wir können das „Nein, nein" tun, wenn uns keiner sieht!

Wenn man sich so in ein Kleinkind hineinversetzt, versteht man auch sehr leicht, wie Selbsterhaltungsstreben und Manipulation in normalen, gesunden Familien entstehen und durch verantwortungsbewußte, fürsorgliche Eltern, die tun, was sie nur tun *können*, nur noch verstärkt werden. *Wenn* es möglich wäre, ein perfekter Vater oder eine perfekte Mutter zu werden, wäre es dennoch unmöglich, ein perfektes Kind aufzuziehen. Noch bevor sich in uns ein Bewußtsein über richtig und falsch entwickelt hat, noch bevor das Gewissen zum Leben erwacht, „sündigen" wir aus persönlicher Genugtuung oder um einen Vorteil zu erringen. Bis wir mit einem Bewußtsein und einem Gewissen zu leben beginnen, haben wir schon Verhaltensweisen der Manipulation, der Kontrolle, des Kampfes, des „Sichdurchschummelns" und der Lüge entwickelt, die sich tief in uns eingeprägt haben; so bilden sie – ohne unser Wissen – die fundamentalen Beweggründe, aus denen heraus wir alles richtig machen können, jedoch von falschen Motiven ausgehend. Der Herr Jesus möchte uns bis in die Tiefen unseres Fundaments erlösen und umgestalten.

Zu den ersten Dingen, die ein Kleinkind lernen muß, gehört die Kontrolle über seine Blase und seinen Darm. Verständlicherweise sehnt sich eine Mutter danach, daß das Windelwaschen endlich vorbei ist. Doch wenn sie nur noch darauf fixiert ist, endlich wieder frei zu sein, drängt sie das Kind in eine Disziplin, mit der es weder vom Körperlichen noch vom Emotionellen her umgehen kann; sie fördert dadurch in ihrem Kind womöglich Verbissenheit, Starrheit und eine pingelige Grundeinstellung, die seine Freiheit beschneiden, seine Identität zu finden und auch auszudrücken. Diese Strukturen werden sich dann später im Verhalten des Erwachsenen niederschlagen.

Vielleicht ist eine Mutter mächtig stolz darauf, daß ihr sechs Monate altes Kind schon sauber ist; doch in Wahrheit war die Mutter darauf trainiert, den entscheidenden Zeitpunkt vorwegzunehmen und die Symptome einer sich abzeichnenden Not zu erkennen und zu beseitigen. Die Mutter hat ihr eigenes Training dem Kind übergestülpt, wofür jedoch das Kind einen enorm hohen Preis bezahlen muß. Wenn dem Kind, das noch nicht sauber ist, ein „Malheur" passiert, dann zeigt sich besonders deutlich, wie sehr die Mutter mit ihrem Ego an diesem Lernprozeß beteiligt ist: „Pfui, schäm' Dich! Bäh! Schmutzig!" An diesem Punkt erachtet das Kind unter Umständen zum ersten Mal seinen Körper und dessen normale Funktionen als etwas Schändliches und Verachtenswertes. Diese Sichtweise bildet einen unbewußten Bestandteil seiner grundsätzlichen Einstellung gegenüber seinem Körper und – um auf den Punkt zu kommen – seiner Sexualität.

Noch viel verheerendere Auswirkungen auf das Kleinkind hat der Druck, der Liebe mit Leistung verwechselt. Das Kind hat gerade sein „Geschäftchen" verrichtet. Die Mutter möchte es ermutigen und sagt: „Das hast Du fein gemacht! Mama ist stolz auf Dich! Mama *liebt* Dich!" Das Kind braucht die Anerkennung seines Erfolges, doch Leistung sollte niemals mit Liebe in Verbindung gebracht werden, und Versagen sollte niemals mit Liebesentzug beantwortet werden. Liebe muß bedingungslos sein, ganz besonders, wenn es darum geht, das Kind zu bestätigen und zu ermutigen, im Erlernen neuer Fähigkeiten voranzugehen. Das Kleinkind, das sich angesichts eines übelriechenden Häufchens in seinem Höschen erniedrigt und abgelehnt fühlt und tönt, es hätte nichts gemacht, kann zu dem Erwachsenen werden, der seine Fehler nicht zugeben kann, weil er sich in seiner Fehlerhaftigkeit nicht angenommen fühlt; oder auch zu dem Ehemann, der sich unbewußt von seiner Frau zurückzieht und tiefgründige Gespräche meidet, weil er in der tiefsten Tiefe seines Wesens nicht glauben kann, daß die Frau in einer einfühlsamen Art und Weise auf ihn und seine Unvollkommenheit eingehen kann. Er scheut sich davor, sich verletzbar zu machen, weil ihm das Bild seiner Mutter wie ein Schreckgespenst vor

Augen steht – ihr Geschrei, ihre bissige Zunge und ihr mahnender Finger. Er hat sich vielleicht tief in seinem Innersten geschworen, sich nie „erwischen" zu lassen und rackert sich ab, nach außen hin den umgänglichen und selbstgenügsamen Macho zu spielen, während er – in Ermangelung wirklicher Vertrautheit – in seinem Innersten stirbt.

Wenn man so einen Erwachsenen ermutigen will, wieder Vertrauen zu investieren, offen und wahrhaftig zu sein, sich zu entkrampfen, sich verletzbar zu machen, dann muß man darauf bestehen, daß er das tun soll, von dem seine innere Struktur und „Programmierung" sagt, er solle es *nicht* tun! Daraufhin wagt er vielleicht einen Versuch. Doch seine frühere Angst wird aus den Tiefen seines Innersten hochkommen und ihn davon abhalten; der Auslöser dafür bestand darin, daß seine Frau ihm ein klein wenig ungeduldig einen Schubs geben wollte.

Wenn ein Mann stark darauf programmiert ist, sich nur innerhalb einer höchst verwirrenden Leistungsanforderung geliebt zu fühlen, wird ihn jede Ermahnung in selbstzerstörerische Mühsal werfen. Je mehr er versucht, sich zu entspannen, desto verkrampfter wird er Erfolg haben wollen. Je mehr er versucht, offen und wahrhaftig zu sein, desto mehr wird er seinen eigenen Erfolg oder seine eigenen Fehler kontrollieren und richten. Wenn er versagt – was ja früher oder später der Fall sein wird – dann wird er um so verzweifelter seine Fehler vertuschen wollen, um nicht abgelehnt zu werden. „Sagt mir bloß nicht, daß ich etwas falsch mache!" (vgl.Kap.3 „Orientierung am Leistungsdenken")

Wenn der Dienst an solch einem Menschen effektiv sein soll, dann muß er zum Herzen des kleinen Kindes sprechen, das immer noch in den tiefsten Schichten des Erwachsenen lebt. Der Kleine drangsaliert den Großen immer noch mit Ängstlichkeit und kettet ihn an seine kindlichen Emotionen. Jesus kam, um Gefangene zu befreien. Nur er allein kann das Kind in ihm erreichen und dem Kleinen die Möglichkeit geben, zu vergeben und selbst Vergebung zu erlangen. Nur er ist die Antwort auf den Ruf: „Erschaffe mir Gott, ein reines Herz, und erneuere in mir einen festen Geist" (Ps 51,12). „Als ich ein Kind war, redete ich wie ein Kind, dachte wie ein Kind, urteilte wie ein Kind; als ich ein Mann wurde, tat ich weg, was kindlich war" (1.Kor 13,11). Dieser Reifungsprozeß wartet darauf, daß ihm der Herr die Kraft schenkt; anderweitig kann der Ratsuchende dieses „tat ich weg" niemals schaffen.

Wenn wir für jemand beten, dann muß das Kind in ihm immer und immer wieder hören, daß es nicht mehr geliebt wird, wenn es etwas richtig macht, und auch nicht weniger, wenn es etwas falsch macht, gleichgültig, was dieses „etwas" ist. Das Kind in ihm muß für sich persönlich als absolute Realität begreifen, daß es vom Herrn *bedin-*

gungslos geliebt wird, *jederzeit*, gleichgültig, ob es nun viel leistet oder wenig.

Als unser Enkel Nathan kaum drei Jahre alt war, war er schon extrem eigensinnig und selbständig und aß mit Leidenschaft Erdnußbutter. Eines Tages ließ ihn Beth, seine Mutter, allein mit seinem Erdnußbutterbrot und sagte ihm mit Nachdruck er solle sein Lätzchen anbehalten. Nathan hatte jedoch beobachtet, daß ältere Menschen nicht mit Lätzchen essen. Weil er selbst natürlich auch älter sein wollte, nahm er prompt sein Lätzchen ab. Beth kam zurück und Nathan hatte sein Mittagessen beendet, jedoch war überall Erdnußbutter – an seinen Händen, an seinem Gesicht, an seinem Hemd, am Tisch und am Stuhl! Bevor sie noch etwas sagen konnte, platzte er heraus: „Bin sauber! Bin sauber!" Sie nahm ihn fest an der Hand, gab ihm einen Klaps auf den Po, marschierte liebevoll mit ihm ins Badezimmer und sagte sanft aber bestimmt: „Du bist nicht sauber. Du hast mir nicht gehorcht und ohne Dein Lätzchen gegessen. Jetzt müssen wir Dich und Deine Wäsche waschen." Sie zog ihn zur Rechenschaft. Durch den Klaps rückte sie die Disziplin vorübergehend in ein schmerzhaftes Licht. Doch in keiner Weise entzog sie ihm ihre Liebe. Sie hat ihn weder gedemütigt noch beschimpft. Erzieherische Maßnahmen, die in Bestimmtheit und in Liebe vorgetragen werden, schaffen in Kleinkindern grundlegende Fähigkeiten, durch die es ihnen dann als Erwachsene möglich sein wird, vor Gott, dem Vater, oder einem anderen Menschen zu bekennen: „Ich habe etwas falsch gemacht. Vergib mir. Wie kann ich es wiedergutmachen?" Doch eine Kindheit, die auf Ablehnung und Erniedrigung aufgebaut ist, kann einen Menschen dazu bringen, Fehler wegrationalisieren zu wollen, zu lügen, seine Spuren zu verwischen und immer in Abwehrhaltung zu sein, bis das Kreuz Christi die alten Denkweisen des Kindes in ihm tötet und ein neues Denken, Fühlen und Handeln zum Leben erweckt. „Wahrlich, wahrlich ich sage dir: Wenn jemand nicht von neuem geboren wird, kann er das Reich Gottes nicht sehen" (Joh 3,3). Das Reich Gottes ist erst in zweiter Linie ein Ort; in erster Linie ist es eine Haltung gegenüber Gott und dem Nächsten ohne Arglist und ohne Scham.

Erzieherische Maßnahmen, die immer wieder mit Bestimmtheit vorgetragen werden, schenken einem Kleinkind die Gewißheit, daß man ihm nicht erlauben wird, Amok zu laufen. In dieser Gewißheit kann es sicher ruhen und braucht keine Angst haben, wenn es auf Abenteuersuche geht. Liebevolle Disziplin vereint Bestimmtheit mit Annahme. Die Liebe mäßigt die Konsequenz in der Disziplin, damit sie nicht zu einer starren Strenge wird; dadurch wird die Disziplin der Situation und den wechselnden Bedürfnissen des Kleinkindes angemessen.

Norman, mein kleiner Bruder, sollte von der alten Waschmaschine wegbleiben, die noch wie eine Wäschemangel aussah. Seine Neugier und sein Verlangen, so groß zu sein wie wir anderen, die unserer Mutter halfen, brachten ihn zur Strecke. Er brachte seinen Arm in die Mangel und wurde bis zu den Achseln hineingezogen. Einem allgemeinen Prinzip zufolge, wäre die Antwort auf diesen Ungehorsam Schimpfen und Schlagen gewesen. Doch keines von beidem wäre hier angemessen gewesen. Er hatte den Preis für diesen speziellen Ungehorsam ja schon bezahlt. Jegliche weitere erzieherische Maßnahme hätte nichts mehr mit Disziplinierung zu tun gehabt, sondern wäre eine grausame Bestrafung gewesen. Züchtigung soll ja in erster Linie Strukturen schaffen und nicht bestrafen. An diesem Tag hallte schon folgende Botschaft in seinem Innersten wieder: „Wenn Du die Regeln mißachtest, die diejenigen vorgeben, die aufgrund ihrer Erfahrung mehr wissen als Du, dann wirst Du eine schmerzhafte Lehre daraus ziehen. Wenn Du Schmerz emfpindest, dann wirst Du nicht verdammt, weil Du so bist, wie Du bist, sondern Du wirst aufgefangen, geliebt und geheilt von denen, die Dich zu Anfang gewarnt hatten." Vermitteln Eltern nicht auf diese Weise das Wesen Gottes, noch bevor das Kind die intellektuellen Fähigkeiten zum Verstehen hat? „Er ruft mich an, und ich antworte ihm. Ich bin bei ihm in der Not. Ich befreie ihn und bringe ihn zu Ehren" (Ps 91,15). Kinder können nicht abstrahieren. Sie erleben *einzelne*, spezifische Leiden und Freuden. Gott kommt zu ihnen in der Hand der Eltern.

Eltern, die ihren Emotionen Luft machen und sie an einem Kind austoben, das schon verängstigt ist und „blutet", vermitteln dem Herzen des Kindes eine völlig andere Botschaft. Weil es ja etwas „Dummes" getan hat, verdammen sie es und ketten es nur noch viel stärker an seinen Schmerz. Als Erwachsene müssen wir die Freiheit haben, das Risiko eingehen zu können, auch mal Dinge zu tun, die sich vielleicht später als dumm herausstellen werden. Aufgrund unserer eigenen persönlichen, tief in uns getroffenen Entscheidung müssen wir die Freiheit haben, ja oder nein zu sagen und die Früchte dieser Entscheidung ohne Verdammnis ernten zu können. Gott hat uns zu Söhnen, nicht zu Robotern berufen. Emotionell oder körperlich verletzte Kinder können als Erwachsene selten wirkliche Freiheit finden.

Noch während wir Kleinkinder sind, proben wir die Freiheit. Freilich müssen Kleinkinder gelenkt und beschützt werden. Sie haben aus ihrer Erfahrung noch nicht die Weisheit gewonnen, die sie davon abhält, sich selbst und andere umzubringen. Man betrachte nur ein fünfzehn Monate altes Kind, das seinem Freund in den Arm beißt und dann über dessen Reaktion höchst erstaunt ist. Jedoch darf unser lenkendes Eingreifen dem Kleinkind niemals ganz den Mut nehmen, auch mal „Nein" zu sagen oder sein Mißfallen auszudrücken. Ein Teenager, der genügend Rückgrat hat, um zu seinen Kameraden auch einmal „Nein" zu sagen, hatte wohl auch schon als Kleinkind die Freiheit, „Nein" zu sagen, ohne verdammt zu werden, jedoch nicht die Erlaubnis, sich durch sein „Nein" eigensinnig über eine Autorität hinwegzusetzen.

Ich (Paula) saß eines Nachmittags auf der Couch. An einem Ende der Couch war ein Tisch, auf dem eine meiner Lieblingspflanzen stand. Unser Enkel Jason, der damals noch nicht ganz zwei war, begann mit den Fingern in der Erde herumzustochern. Ich sagte: „Nein, Jason." Schnell zog er seine Hand zurück, schaute mich einige Augenblicke aufmerksam an und vergrub dann seine Hand absichtlich wieder in der Erde, um sie in seiner Hand zu Klumpen zu formen. Ich zog seine Hand heraus, wischte ihm den Schmutz von den Fingern und wiederholte ein bestimmtes „Nein, nein, nein!". Sogleich wiederholte er seine aggressive Reaktion, und ich klopfte ihm auf die Finger. Er ging einen Schritt zurück, ballte seine Fäuste, verzog seine Miene, tat einen langen Schrei der Mißbilligung und setzte sich daraufhin in meinen Schoß. Die Sache war erledigt. Ich sah keine Veranlassung, ihn dafür zu bestrafen, daß er sich sein Gefühl von der Seele geschrien hatte. Seither spielte er nie wieder mit meinen Topfpflanzen. Als Sechsjähriger hat er schon eine eigene Persönlichkeit, einen für einen Sechsjährigen angemessenen Respekt vor Autorität und spielt immer noch gerne im Dreck, wann und wo es erlaubt ist.

Manchmal sagen Kleinkinder „Nein", nicht weil sie „Nein" meinen, sondern nur, weil sie sich an dem Privileg erfreuen, dieses Wort überhaupt sagen zu können. Unsere Kinder liebten es, im Auto spazierenzufahren, mit Papa auf dem Boden herumzutollen und Eis zu schlecken. Als sie noch im Kleinkindalter waren und man sie zu einer dieser Aktivitäten einlud, sagten sie oft „Nein" und machten dann überglücklich mit. Wir wußten, daß sie dieses „Nein" nicht ernst meinten. Mit jedem unserer sechs Kinder gingen wir durch Phasen des Kleinkindalters, in denen sie das „Sagen"- Spiel spielten – sie sagten etwas, nur um des Sagens willen.

„Ja", sagten wir als erstes.

„Nein", erwiderten sie.

„Ja", wiederholten wir.

„Nein", entgegneten sie bestimmt.

Dann antworteten wir auf einmal mit „Nein" und sie gingen mit einem Kichern zu „Ja" über.

Genauso wie sie beim „Guck-guck-Spielen" lernen konnten, daß wir aus ihrem Blickfeld verschwinden und dann wiederkommen können, und daß es in Ordnung ist, uns zu vertrauen, lernten sie beim

„Ja-Nein-Spiel", daß es in Ordnung ist, eine konträre Meinung zu vertreten. Sie wurden nicht abgelehnt, weil sie anders waren. Das war jedoch keine Garantie dafür, daß sie später allen Überredungskünsten ihrer Spielkameraden immer widerstehen würden. Auch sie haben gesündigt, doch war in ihnen die prinzipielle Struktur der Entscheidungsfreiheit gefestigt worden; und in den Bereichen, die durch unsere Fehler verzerrt erschienen, schenkte der Herr in seiner Gnade Erlösung und eine Umstrukturierung. Im Lauf der Jahre lernten wir, daß das Gebet des Paulus, sie mögen mit Kraft am inneren Menschen gestärkt werden (Eph 3,16), das beste und effektivste Gebet ist, um unsere Kinder in Einklang mit den Zielen Gottes zu bringen. Das sind nur andere Worte für: „Herr, befreie sie von jeder Bindung – auch von meiner Ängstlichkeit um sie – und schenke ihnen in der Tiefe ihres Wesens den Mut, gute Entscheidungen zu treffen und der Mensch zu werden, der *sie* in Dir sind, und nicht etwas derjenige, zu dem ich sie machen möchte."

Was ist nun zu tun, wenn man einem Erwachsenen dient, dessen Freiheit, sich ungehindert auszudrücken und jener zu sein, der er wirklich ist, schon ganz am Anfang Schaden erlitten hat oder gar zerstört wurde?

Bud war einer der „nettesten" Menschen, die mir je begegneten. Er würde sich alle Gelenke verrenken, nur um einem anderen irgendwie helfen zu können. Er redete niemals schlecht über andere. Und dennoch hatte er ständig mit Zorn zu kämpfen. Er fühlte einen Zwang, die „richtige" Art zu finden, Dinge zu tun, und ohne es zu sagen, hatte er nur wenig Geduld mit den Menschen, die nicht der Norm entsprechend Leistung brachten. Doch niemals konnte er seinen Frustrationen freien Lauf lassen – außer in Gegenwart seiner Frau, die die volle Wucht von all dem traf, was er in sich aufgestaut hatte. Er verdammte sich selbst für diese Zornesausbrüche. Er hatte mit sexuellen Lüsten zu kämpfen, ein Problem mit Voyeurismus und fand es überaus anstrengend, Beziehungen zu Frauen aufzubauen, speziell zu ausgesprochen netten Frauen. Je mehr seine Frau liebevoll auf ihn einging und ihm vergab, desto ärgerlicher wurde er. Als wir mit ihm sprachen und die Weisheit des Herrn erbaten, um zu erkennen, wie wir beten sollten, fanden wir heraus, daß Bud von Kindesbeinen an von der liebenswerten, beklemmenden, manipulativen und vernunftbetonten Haltung seiner Mutter drangsaliert wurde:

„Aber Bud, solchen Gefühlen wollen wir doch nicht nachgeben, oder?"

„Wir tun doch so was nicht, oder?"

„Nun, Liebling, brave Jungen stampfen nicht mit dem Fuß auf."

Er hatte gelernt, jeden wirklichen, verwerflichen Impuls in sich zu unterdrücken, den Haß auf seine Mutter eingeschlossen, die ihm nie erlaubt hatte, er selbst zu sein! Er hatte mittlerweile überhaupt keinen Sinn für Humor mehr, sollte er den je gehabt haben.

Wir setzten also das Gebet für das kleine Kind in ihm, daß es vergeben und selbst Vergebung empfangen könnte, gleich an den Anfang. Dann beteten wir, daß die Liebe die Furcht austreibe. Wir baten den Herrn, er möge doch dem kleinen Jungen die schwere Last abnehmen, immer etwas leisten zu müssen und ihn in seinem Innersten freizusetzen, damit er er selbst sein könne. „Herr, nimm diese schreckliche Ernsthaftigkeit des Lebens weg und schenke doch dem kleinen Jungen die Freiheit herumzualbern, über sich selbst zu lachen, mit dem Fuß aufzustampfen, ein unanständiges Wort zu sagen, sich über und über schmutzig zu machen und zu wissen, daß Du immer noch mit offenen Armen und einem verständnisvollen Herzen für ihn da bist." Wir verharrten in diesem Gebet und sahen, wie der Herr Bud auferweckte. Er hat es sogar gelernt, über den Bud von damals zu lachen.

Kleinkinder sind natürlich die Neugier in Person, suchen stets das Abenteuer, sind auf Entdeckungsreise, tasten, testen und finden heraus, was ihr Körper tun kann und was nicht. Jedes ist für sich einzigartig. Man kann sie nicht nach einem Prinzip alle über einen Kamm scheren, und dann funktioniert es auch schon. Jedem Kind muß man als individuelle Persönlichkeit begegnen und es auch so behandeln. Wir liefen unseren Kleinen immer bis zum Rand der Pier hinterher, rissen sie von der Straße zurück oder fingen sie auf, als sie gerade von der Veranda sprangen; völlig außer Atem fragten wir uns dann, ob sie es je bis zur Volljährigkeit schaffen würden. Mit achtzehn Monaten ist Loren, ohne mit der Wimper zu zucken, in den Michigan-See gesprungen. Schließlich hatte er seinem Vater schon oft dabei zugesehen und schließlich war das doch genauso naß wie das Wasser, in dem wir mit Begeisterung zu Hause immer 'rumplanschen, oder? Mit derselben Todesverachtung rannte er jede Straße oder Allee hinunter, um Tauben zu fangen: „Schau Vogi, schau Vogi!" Mit Ami im Buggy, mit einem spontanen und enthusiastischen Loren und mit den Händen voll Gemüse habe ich herausgefunden, daß es das Beste sein würde, ihm in der Innenstadt von Chicago ein Geschirr anzulegen und ihn am Buggy anzubinden, damit er nicht in einer plötzlichen Inspiration in die nächste Querstraße abbiegt. Kleine alte Damen, die Loren nicht so gut kannten, sahen das mit Entsetzen und dachten wohl: „Was für eine Rabenmutter!" Als Loren zehneinhalb Monate alt war, öffnete einer unserer Nachbarn im Wohnblock der Universität von Chicago für ihn die Tür (denn: „Er schaute so, als ob er wisse, wo er hingehen müsse.") und wir fanden ihn dann auf der anderen Straßenseite auf der Feuertreppe im ersten Stock des Studentenheims wieder. Einige Monate später fand ihn jemand auf der nahegelegenen Midway Plaissance und brachte ihn zum Büro der Rockefeller Chapel. Als wir ihn abholten, schien er sichtlich unbeeindruckt zu sein. Er wußte, wo er war, denn dort war er früher schon mal gewesen. Ami war etwas konservativer. Sie steckte mit ihrem Fuß in der Abflußrinne im Keller fest und eine Zeitlang glaubten wir, wir müßten sie mit dem Preßlufthammer loseisen; aber immerhin wußten wir, wo sie war. Andererseits genierte sie sich an heißen Tagen überhaupt nicht, sich splitternackt auszuziehen, um die sanfte Brise wirklich auskosten zu können; alle Nachbarn nannten sie „Schnuckiputz".

Bei Mark konnten wir erstmal wieder richtig durchatmen. Er war zufrieden damit, stundenlang in einer Ecke zu spielen, in Magazinen Bilder anzuschauen, Gedanken lange nachzuhängen und die inneren Gefilde zu durchforschen; er konnte aber auch aktiv sein, wenn er wollte. Er lief so lange vor der Katze davon, bis sie ihn ansprang und ihre Krallen in seine halb herunterhängenden Windeln schlug. Dann kugelten sie alle zusammen auf dem Boden herum, er kicherte und die anderen sprangen, um es nochmal zu machen.

Dann kam Johnny. Mit fünf Monaten stand er in seinem Kinderbettchen schon auf; mit neun Monaten machte er seinen ersten Schritt, dem schnurstracks neununddreißig weitere folgten, bis er schließlich an der Wohnzimmergardine hin- und herschwang; von da an machte er unverzagt weiter. Wir wollten ihn schon als „Die menschliche Fliege" ankündigen; er konnte auf alles klettern, was er für gewöhnlich auch tat. Timothy stürzte mit drei Jahren auf der Herrentoilette eines Campingplatzes in British Columbia (weil er es „ganz alleine" machen wollte), und nachdem er mit dem Mund auf der Toilettenschüssel aufgeschlagen war, hatte er sich glatt vier Schneidezähne ausgeschlagen. Andrea kam in unseren späteren Jahren; der Herr hatte Gnade mit uns und schenkte uns nochmal ein ruhiges Kind, das wie ihre Schwester, glücklich damit war, Schränke zu durchstöbern und Gegenstände ins Klo hinunterzuspülen, anstatt sich mit gefährlicheren Hobbies die Zeit zu vertreiben. Nur einmal war ich wirklich zornig über Andrea, als sie noch ein Kleinkind war; es war an jenem Tag, als sie und ihre kleine Freundin beschlossen, die Schlafzimmerwand mit einem großen Buntstift-Wandgemälde zu verschönern. Sie waren so stolz auf das, was sie vollbracht hatten und so vor den Kopf gestoßen durch unsere nicht allzu ungezügelte Rage!

Wir schreiben all das, um zu sagen: „Jedes Kind ist anders! Versuchen Sie nicht, alle über einen Kamm zu scheren; was bei dem einen funktioniert, kann bei dem anderen ein Fehlschlag sein. Freuen Sie sich wie Gott an dieser Vielfalt."

In all den Jahren haben wir die Weisheit des Herrn mehr und mehr schätzen gelernt, mit der er uns Kinder schenkte, als wir noch jung waren und – bei den meisten von uns – immer eins nach dem anderen. Gleichzeitig bereiten uns diese modernen jungen Menschen Kummer, die vor der Verantwortung oder den Unannehmlichkeiten der Kindererziehung fliehen. Für uns waren es Jahre des Reichtums und der Aufregung, wenn oft auch des Schreckens; wir wissen, daß mit jedem Kind eine neue Dimension der Fähigkeit zu leben, Segen zu geben und zu empfangen hinzukam.

Wir Eltern müssen uns der Versuchung erwehren, unsere Kinder zu sehr zu beschützen. Es gibt eine dünne Trennungslinie zwischen „Bemutterung" und Unterdrückung, sowie zwischen „Bevaterung" und Besorgnis. Wir kennen Erwachsene, die sich noch nie haben daran erfreuen können, barfuß durch das kühle Gras zu gehen oder nach einem harten Arbeitstag ihre nackten Zehen vor dem Fernseher auszustrecken, weil sie sich als Kinder schuldig fühlen mußten, als sie die Schuhe auszogen: „Vielleicht trittst Du wo drauf und schneidest Dir den Fuß auf!" Manche Erwachsene leiden unter verschiedenen Ausprägungsformen von Höhenangst, weil es ihnen nie erlaubt worden war, auf Bäume zu klettern oder in Baumhäusern zu spielen: „Sei vorsichtig! Fall' nicht herunter!" Viele Menschen haben ihr Leben lang Angst vor Tieren, weil sie immer nur gewarnt wurden: „Geh' nicht so nahe zu dem Hund hin, sonst beißt er Dich noch!" Einige können nie über ihren eigenen Schatten springen und neue Erfahrungen machen, weil ihnen ständig vorgesagt wurde: „Du bist noch zu klein, um das zu tun." „Laß mich das für Dich tun." „Paß auf!" „Warum denkst Du nur, Du könntest so reiten?" „Laß das jemanden machen, der sich damit auskennt." „Du könntest Dich verirren."

Übervorsichtige Eltern glauben, sie bewahren das Leben, doch in Wirklichkeit hauchen sie es aus und projizieren ihre Ängste auf die Kinder. Eigentlich beruhigen sie sich selbst. Was *können* wir tun, um die Hirten unserer Kinder in all ihren Abenteuern zu sein? Wir müssen diese Dinge in unserem Fleisch, die unseren eigenen Ängsten Nahrung geben, anpacken, im Gebet diesen Zwang zu kontrollieren und zu manipulieren in den Tod schicken und um Weisheit bitten, um den „Knaben *seinem* Weg gemäß" (Spr 22,6) erziehen zu können. Für einen Erwachsenen, dessen Angst vor dem Risiko aus den Erfahrungen mit seinen Eltern herrührt, die sich stets gegen alle Eventualitäten absichern wollten, sieht der Weg in die Freiheit immer folgendermaßen aus: Vergeben Sie die Sünde, die gegen Sie gerichtet war, erlangen Sie Vergebung für ihre Reaktion auf diese Sünde, lassen Sie sich ein neues Herz und die Gabe des Vertrauens schenken und werden Sie schließlich frei, um leben und lachen und laufen und etwas riskieren zu können.

In unserem Buch „Restoring the Christian Family" widmen wir das ganze Kapitel „A Place for Fantasy" dem Thema, wie man die Phantasie eines Kindes in die richtigen Bahnen leitet. An dieser Stelle möchten wir nur so viel sagen, daß ein Kleinkind eine überaus rege Phantasie hat. Seine geistliche Wahrnehmungsfähigkeit ist stark ausgeprägt, und es ist sich oft geistlicher Realitäten bewußt, für die Erwachsene schon lange nicht mehr empfänglich sind. Ein Kleinkind kann mitten in der Nacht schreien, weil jemand in seinem Zimmer ist und es sich fürchtet. Vielleicht hat es die Gegenwart eines Wesens nur geträumt, sie sich nur vorgestellt oder aber es fühlt sie sehr real um sich herum. Nicht so wichtig, wie die Lokalisierung des Grundes seiner Angst ist es, *bei* dem Kleinen zu sein, wenn er Angst hat, mit dem stillen Vertrauen, daß Jesus da ist, um ihn in jeder Situation zu beschützen und für ihn zu überwinden. Durch unser Verhalten vermitteln wir dem Kind, daß es sich nicht zu fürchten braucht. Das können wir auch durch ein einfaches Gebet vermitteln. Wenn wir die Wahrnehmungen des Kindes ins Lächerliche ziehen, untergraben wir sein Vertrauen in seine Fähigkeit, Dinge erkennen zu können. Wenn es darauf besteht, etwas wahrgenommen zu haben und wir darüber zornig werden, sagen wir ihm damit, daß es sich nicht auf uns verlassen kann, wenn es darum geht, ihn zu verstehen, zu akzeptieren und ihm zu helfen, die Feinde zu überwinden, die ihn des Nachts bedrängen. Doch wenn wir die Realität seiner Wahrnehmungen respektieren und den Herrn in diese Wirklichkeit einladen als den, vor dem sich jedes Knie im Himmel und auf Erden beugen muß (Phil 2,10-11), werden wir in dem Kind das Vertrauen fördern, daß Gott immer da, voll Verständnis, bereit zum Eingreifen und der vollkommene Überwinder jeglicher Bedrohung ist. Der Herr, der in die Hölle hinabstieg und Gefangene befreite (1.Petr 3,18-19; Eph 4,8), hat sicherlich kein Problem damit, Schatten aus dem Kinderzimmer zu verbannen, ob sie nun real oder nur erdacht sein mögen.

Wie die Jünger, die nicht wollten, daß kleine Kinder Jesus belästigten, schieben viele Menschen kleine Kinder beiseite, weil sie sich nicht darüber im Klaren sind, daß man die entscheidenden Lektionen des Lebens in den ersten Jahren lernt, in den winzigsten und oft monoton wiederkehrenden Details.

Innerhalb der Gemeinde schicken wir die Kinder unter drei Jahren oft zu Babysittern, die sich der Notwendigkeit, sie zu lehren, nicht bewußt sind oder einfach nicht sein wollen, weil wir keine Ahnung davon haben, wie aufnahmebereit und formbar ein Kind in diesem sensiblen Alter ist. Wir sollten unsere liebevollsten und kreativsten

Lehrer zu den Kleinen schicken! Ich erinnere mich noch genau an eine Gruppe zweijähriger Kinder, die ich einmal betreute. Eines Sonntags stiegen wir mit Jesus in das Boot (der Tisch), dann kam der Sturm, das Boot wurde hin- und hergeworfen und wir hatten alle schreckliche Angst, so daß einige von uns sogar zu weinen begannen. Dann „sahen" wir alle, wie Jesus aufwachte und „hörten", wie er zum Wind und zu den Wellen sprach und das Meer gehorchte. Dann stiegen wir aus dem „Boot" und dankten Jesus, daß er so gut auf uns aufgepaßt hat. Nach vielen Jahren erinnerte mich eines dieser Kinder, das mittlerweile erwachsen war, daran, wie lebendig diese Erfahrung doch gewesen war.

Bei einem Todesfall in der Familie gehen alle Erwachsenen manchmal viel zu leichtfertig davon aus, daß das Baby ja noch viel zu klein ist, um so etwas zu verstehen; doch es nimmt die Energien der trauernden Familie in sich auf und wird dabei allein gelassen; niemand steht ihm bei und geht sensibel auf seine verwirrten Gefühle ein, jemanden verloren zu haben. Es kann das Geschehen noch nicht mit seinem Intellekt verarbeiten, doch sein kleiner Geist bemerkt sehr wohl, was geschehen ist. Bei einem Trauerfall in der Familie erachtet die überbeschäftigte Erwachsenenwelt vielleicht nicht einmal eine tröstende Umarmung des Kleinen für notwendig, obwohl das doch völlig normal wäre.

Auch der Verlust verschiedener anderer Dinge kann für ein Kleinkind überaus bedeutsam sein, für einen Erwachsenen jedoch belanglos. Vielleicht fährt jemand in der Hauseinfahrt sein Lieblingsspielzeug kaputt: „Das ist ja nur ein Spielzeug, das wird ihm schon nichts ausmachen." Oder ein Haustier wird überfahren: „Macht euch keine Sorgen. Wir kaufen ihm einen neuen kleinen Hund. Nächste Woche denkt er schon gar nicht mehr dran." Oder die Eltern streiten; das Kleinkind hört es und – was noch wichtiger ist – fühlt die Spannung zwischen beiden Elternteilen. Sie wissen nicht, daß ihm sein fester Grund und damit seine Sicherheit unter den Füßen weggezogen wird oder daß es in seinem Geist zerrissen ist, so wie die Eltern durch einen Riß getrennt sind. „Er ist doch noch viel zu klein, um das zu verstehen."

Der Leser soll wissen, daß das Kind in seinem ersten Lebensjahr das Urvertrauen gewinnt oder verliert. Urvertrauen ist die Fähigkeit, das Herz offen zu halten und in dauerhaften Herzensbeziehungen zu unvollkommenen Menschen immer wieder ein Wagnis einzugehen. Urvertrauen ist diese innere Stärke und die Kraft, immer wieder aufzustehen, die für zwischenmenschliche Beziehungen so wichtig ist; Urvertrauen ist die Fähigkeit, für Menschen verletzbar zu bleiben, denen man nicht immer Glauben schenken kann.

Wenn ein kleines Kind fällt und sich ein Bein bricht und das Bein nicht wieder verheilt, dann würde es durchs Leben humpeln. Wir können den Bruch und dessen Ursache sehen und leicht mitfühlen. Doch emotionale Wunden sind genauso real wie gebrochene Beine und auch aufgrund einer solchen Wunde kann ein Kind durchs Leben humpeln. Solche Brüche kann man nicht sehen, außer durch den Röntgenblick der Einsicht. Wenn die Menschen so einen Bruch nicht sehen können, dann sind sie sich dessen auch nicht so leicht bewußt und haben weniger Mitleid. Wiederholte Verwundungen und wiederholte sündige Reaktionen auf Verletzungen führen zu Gewohnheiten, die mit der Charakterstruktur verwoben sind, zu defensiven oder schmerzlich- aggressiven Aktionen als Reaktionen auf das Leben. Der Leib Christi und insbesondere die Seelsorger müssen der schrecklichen Tatsache ins Auge sehen, daß ein Großteil der Handlungsweisen unseres alten Menschen, gegen die wir als Christen so erbittert kämpfen, in den ersten zwei oder drei Jahren unseres Lebens auf Erden entstanden sind! Sobald wir die ehrfurchtgebietende Tragweite dieser Tatsache voll verstehen, wird in unserem Herz und in unserem Sinn das sanftmütige Erbarmen unseres Herrn rasch wachsen.

„Jedoch unsere Leiden – er hat sie getragen, und unsere Schmerzen – er hat sie auf sich geladen" (Jes 53,4). Die Gewißheit, die wir aus dieser Stelle aus dem Wort Gottes empfangen, gilt nicht nur für gegenwärtiges Leiden, sondern auch für alles, was vergangen ist, ja bis zurück zu unseren Anfängen. Jesus Christus kann *alles* Vergangene, *alles*, was uns geprägt hat, *alles*, was uns seit unseren ersten Jahren auf Erden aus dem Innersten unseres unbewußten Ichs umhergetrieben hat, anrühren, heilen und grundlegend verändern. Er löscht die Vergangenheit nicht einfach aus, noch wirft er etwas in das Meer des Vergessens. Er verwandelt jede Erfahrung, die wir im Laufe unseres Lebens gemacht haben, in Stärke, Verständnis, Erbarmen und zu einem Werkzeug der Heilung – und zwar genau auf der Grundlage unserer früheren Verwundungen und Demütigungen, die wir unserer Sünde zuzuschreiben haben.

10
Von den ersten Schritten bis ins Schulalter

Gewöhne einen Knaben an seinen Weg, so läßt er auch nicht davon, wenn er alt wird.

(Spr 22,6; LÜ)

Besorgte Eltern reagieren auf diese Aussage in Sprüche 22,6 meistens wie folgt: „Das möchte ich ja gerne glauben, doch wie alt muß denn das Kind noch werden, bis es endlich mit dem 'davon lassen' aufhört!" „Wenn das stimmt, wo haben wir dann etwas falsch gemacht?" „Wir haben Susi doch alles gegeben! Sie schätzt nichts von all dem!" All diesen Kommentaren fehlt das grundlegende Verständnis des Wortes, das unserer Meinung nach das Schlüsselwort in dieser Bibelstelle ist: „Gewöhne einen Knaben an *seinen* Weg..." Es ist wichtig, herauszufinden, welchen Weg *er* nach *Gottes Willen* gehen soll, und ihn liebevoll, einfühlsam und einladend an diesen Weg zu gewöhnen, um ihn freizusetzen, damit er – soweit nur irgend möglich – in seine gottgewollte Bestimmung eintreten kann. „Denn wir sind sein Werk, geschaffen in Christo Jesu *zu* guten Werken, zu welchen Gott uns zuvor bereitet hat, daß wir darin wandeln sollen" (Eph 2,10; LÜ).

Wie Gott nun ganz speziell für unseren Sohn oder für unsere Tochter gute Werke vorbereiten will, kann in einer Linie mit unseren Familientraditionen liegen, oder auch nicht. „Wir hofften, Jimmy würde Rechtsanwalt werden, wie sein Vater und sein Großvater." Gottes Plan kann absolut gegen unsere Träume, Hoffnungen und Planungen gerichtet sein...„Ich habe doch immer davon geträumt, einmal einen Arzt in der Familie zu haben!" „Die Liebe sucht nicht das Ihre" (1.Kor 13,5); es ist kein Zeichen von Liebe, wenn wir unseren Kindern unsere Hoffnungen überstülpen, auch wenn sie uns noch so sehr ehren. Ich (Paula) bin der festen Überzeugung, daß absolut jeder Mensch zu guten Werken geschaffen ist und dafür von Gott durch ein natürlich vorhandenes, vielleicht noch recht geringes Interesse und Talent ganz vorzüglich zugerüstet worden ist. Dadurch sind Gott freilich keine Grenzen gesetzt; denn Gott kann den Horizont eines jeden Menschen für eine spezielle Aufgabe erweitern, indem er es ihm ermöglicht, neue Fähigkeiten zu erlernen, um damit bestimmten Bedürfnissen Abhilfe schaffen zu können. Doch ein Mensch kann am besten in eine friedvolle Fülle eintreten und am gewinnbringendsten und freudigsten zu diesem Unterfangen beitragen, wenn er von Eltern und Lehrern akzeptiert, mit Respekt behandelt, unterstützt, gezüchtigt und zur Reife seiner eigenen natürlichen Gaben geführt wird. Wenn ein Kind auf diese Weise gemäß dem Weg erzogen wird, den *es* gehen soll, wird es sich am richtigen Platz belohnt und erfüllt fühlen, ja sogar darin heimisch werden. Dieser Weg wird ein Teil von ihm werden, und umgekehrt.

Ein Freund von uns, Dr.med.Roger Youmans, außerordentlicher Professor der Chirurgie an der Oral Roberts University Medical School, definierte den Begriff „Gesundheit" einmal wie folgt: „Gesundheit ist die Beziehung zwischen einem Organismus und seiner Umwelt, die es dem Organismus ermöglicht, seinen Zweck zu erfüllen." Die Liebe in einer Familie sollte genauso wie der Unterricht in der Schule darauf abzielen, gesunde menschliche Organismen zu schaffen. Laut Rogers Definition ist ein Kind, das man dazu gebracht hat, in erster Linie einen Zweck zu erfüllen, der nicht sein eigener ist, kein gesunder Organismus. Vielleicht humpelt es durchs Leben und müht sich ab, anderen Menschen zu gefallen, doch es tut niemals das, wozu Gott es ausersehen hat. In seinem Innersten stirbt es vielleicht langsam aus Angst vor Versagen und Ablehnung. Oder es wird von Schamgefühl überwältigt, weil es den Erwartungen nicht entspricht. Oder es verunreinigt die Atmosphäre durch Sünden, wie etwa rebellischer Zorn und Groll, weil es nie so angenommen wird, wie es tatsächlich ist, sondern nur in der Maske, die zu tragen es eingewilligt hat.

Zu den Grundvoraussetzungen für das Gebet um Heilung am inneren Menschen gehört immer die Entscheidung zu vergeben, die Bitte um Vergebung und ein disziplinierter Wandel im neuen Leben. Die Heilung dient nicht nur dem Zweck, es dem Menschen möglich zu machen, das erfolgreich tun zu können, was die anderen schon immer von ihm wollten. Sie dient weiterhin nicht nur dazu, ihm ein gutes Gefühl zu geben. Sie soll eine Person für ihre ursprüngliche Bestimmung, zu der sie geschaffen wurde, wiederherstellen und sie mit dem Mut ausstatten, dann auch so zu sein. Die Heilung soll die Person befreien von verschiedenen Urteilen, von Verdammnis und von der Angst, was denn die anderen wohl über sie denken.

Das ist kein komplizierter Prozeß. Es geht nur einfach darum zu erkennen, daß ein Teil unseres Lebenshauses schwach und morsch ist oder Unglück und Streitereien darin nisten, weil das charakterliche Fundament, auf dem unser Haus aufgebaut wurde, einen schwerwiegenden Defekt aufweist. In Lukas 6 heißt es, daß wir in die Tiefe graben und unser Fundament auf den Felsen (Jesus) bauen sollen; wenn dann die Fluten kommen, werden wir bestehen können, gleichgültig welche Widrigkeiten sich uns in den Weg stellen.

> Der gute Mensch bringt aus dem Schatz seines Herzens das Gute hervor, und der böse bringt aus dem bösen das Böse hervor; denn aus der Fülle des Herzens redet sein Mund. Was nennt ihr mich aber: Herr, Herr! und tut nicht, was ich sage? Jeder, der zu mir kommt und meine Worte hört und sie tut – ich will euch zeigen, wem er gleich ist. Er ist einem Menschen gleich, der ein Haus baute, grub und vertiefte und den Grund auf den Felsen legte; als aber eine Flut kam, stieß der Strom an jenes Haus und konnte es nicht erschüttern, denn es war auf den Felsen gegründet. Der aber gehört und nicht getan hat, ist einem Menschen gleich, der ein Haus auf die Erde baute ohne Grundmauer; der Strom stieß daran, und sogleich fiel es, und der Sturz jenes Hauses war groß.
>
> (Lk 6,45-49)

Oftmals erkennen wir, daß in unserem Leben manche Taten und Grundhaltungen nicht darauf hinweisen, daß ein guter Schatz in unseren Herzen wäre. Wenn wir nicht nachforschen, welche Steine in unserem Fundament brüchig sind (die frühen Jahre unseres Lebens, auf denen all die darauffolgenden Jahre aufgebaut werden) und dem Herrn nicht erlauben, diese Steine in solides Baumaterial nach seinem eigenen Wesen umzuwandeln, dann wird es nur eine Frage der Zeit sein, bis der Druck der Verantwortung und schwierige Lebensumstände (die Flut) uns geistlich, emotional und körperlich aushöhlen und unterspülen.

Die folgenden Geschichten veranschaulichen viele der Mängel, die Grundsteine aufweisen können und die im Vorschul- und im frühen Schulalter entstehen:

Wie man seine Kinder zusammen mit ihren Talenten beerdigt

Eugen war das erste von zwei Kindern. Weil die Eltern sich übermäßige Sorgen um die Sicherheit ihres Jungen machten, beschlossen sie, ihn vor jedem Übel zu beschützen. Er durfte den Hof nicht verlassen, um mit Freunden zu spielen. Die Kinder aus der Nachbarschaft wurden immer eher abweisend empfangen. Er konnte nie sorglos spielen, weil die Mutter immer wieder dazwischenfuhr. Er durfte auch keine Unordnung hinterlassen. Nie durfte er Radfahren oder den Bürgersteig auf Rollschuhen hinuntersausen. Als er in die Schule kam, begleitete ihn seine Mutter jeden Tag bis zur Schule und holte ihn danach wieder ab, damit er ja sicher wieder nach Hause kam. Das ging so weiter, bis er in die dritte Klasse kam. Dann durfte er auch den eigenen Hof und Garten verlassen, aber er hatte keine Freunde. Seine ganze Schulzeit über war er ein Einzelgänger und ziemlich schlecht in der Schule, obwohl im doch seine Mutter aus Leibeskräften „half"; sie hatte überhaupt keine Ahnung davon, daß sie durch ihre übertriebene Bemutterung und durch ihre unterschwelligen Botschaften „Du kommst ja doch nicht ohne mich aus" sein Vertrauen unterminierte. Als er verheiratet war, konnte er nie lange an einer Arbeitsstelle bleiben und wurde von jeglicher Art emotionaler und später auch materieller Unterstützung seiner Ehefrau abhängig. Er begann zu trinken, um sich über sein labiles Selbstverständnis als Mann hinwegzutrösten und scheute sich immer davor, mehr als ein paar Kilometer abseits von altbekannten Wegen zu gehen. Er nahm den Herrn an und hatte ein wirkliches Bekehrungserlebnis, doch war es ihm zu peinlich, sich durch den Beitritt in eine Gemeinde selbst zu offenbaren. Er wuchs nie zu seiner Errettung (1.Petr 2,2).

Eifersucht verhinderte eine Beziehung zwischen ihm und seinem jüngeren Bruder, der seine eigene Persönlichkeit entwickeln und um jeden Preis Erfolg haben wollte.

Eugen starb früh und hatte nie etwas aus der herausragenden Gabe des Schreibens und Geschichtenerzählens gemacht, mit der ihn der Herr schon ganz von Anfang an ausgestattet hatte.

> Denn wer da hat, dem wird gegeben werden, damit er Überfluß habe; von dem aber, der nicht hat, wird auch das genommen werden, was er hat.
>
> (Mt 25,29; Schlachter)

Im Falle Eugens war es nicht nur so, daß einige Steine des Fundaments Defekte aufwiesen. Das Problem war vielmehr, daß sein Leben auf einem Durcheinander aufgebaut war: Man tat immer alles für ihn, und es wurde ihm nie gestattet, seine eigenen Muskeln der Verantwortung zu trainieren, die ihm ein gewisses Maß an Selbstvertrauen gegeben hätten. Sollte er zu Anfang einen wirklichen Abenteuergeist gehabt haben, so wurde dieser jedoch durch die Ängste und die Kontrollsucht seiner Eltern so gefesselt, daß er jeglichen Mut zum Risiko verlor. In seinem Fall wäre Vergebung erst *der Anfang* der Heilung gewesen. Er hätte konsequentes Gebet gebraucht sowie die Gemeinschaft mit anderen, die ihn ins Leben hätten rufen können. Als neugeborener Christ hätte er Geschwister gebraucht, die diesen inneren Aufbruch ermutigen und bestätigen, indem sie mit ihm Zeit verbringen; dadurch hätte sein Fundament durch Ausdrucksformen der Liebe Jesu in alltäglichen Handlungen völlig wiederaufgebaut werden können. Doch fiel er seiner fleischlichen Konditionierung zum Opfer – er floh vor dem Leben.

Wenn man unter seinem Bruder leidet

> Wir wollen uns sogar des rühmen, daß wir jetzt Trübsal leiden. Wir wissen ja: Trübsal wirkt Standhaftigkeit, Standhaftigkeit wirkt Festigkeit, Festigkeit wirkt Hoffnung.
>
> (Röm 5,3-4; Albrecht)

Als Erwachsene neigen wir dazu, die Prüfungen und Aufregungen kleiner Kinder als relativ belanglose Zeichen der Unreife abzutun, die sich bald wieder geben werden. Oder wenn uns ihre Auseinandersetzungen und Tränen Unbehagen verursachen, ignorieren wir sie völlig, machen uns über ihre Dummheit lustig oder greifen ein, um die Angelegenheiten vor ihrer Zeit zu regeln. Wir müssen erkennen, daß diese geringfügigen Wirrungen für ein kleines Kind von kolossaler Bedeutung sind und seine Emotionen alles andere verzehren. Wohl wird sich das Kind an die eigentlichen Vorfälle, mit denen es ringt, bald nicht mehr erinnern können, doch die Reaktionen primärer Bezugspersonen auf seine Bewältigung solcher Situationen werden im Speicher seines Herzens abgelegt und beeinflussen es im weiteren von innen her. Ein kleines Kind hat noch nicht die Fähigkeit, seine Erfahrungen zu verarbeiten und sie in Verbindung mit der Vergangenheit und der Zukunft zu bringen. Jetzt empfindet es Schmerz und macht diesem Schmerz Luft, als Ruf nach sofortigem Trost und Hilfe. Jo z.B. baut schon eine ganze Weile an einem riesigen Turm aus Bauklötzen. Er geht hinaus und holt seine Mutter, auf daß sie sein Werk sehe und bewundere. Während er draußen ist, bringt sein kleiner Bruder die ganze Konstruktion zum einstürzen und setzt sich voll Schadenfreude auch noch obenauf. Die Mutter tröstet Jo und gibt ihm ein Eis, das ihm prompt der Hund wegschnappt; als er dann in seiner Not versucht, dem Dieb seine Beute wieder zu entreißen, stolpert er über seinen Bruder und die Bauklötze, fällt auf den Boden und schlägt sich den Kopf an der Stuhlkante auf. Weil er seinen Schmerz und seinen Zorn abreagieren muß, haut er seinem kleinen Bruder mit einem Bauklotz auf den Kopf. Für Jo ist diese Kette von Ereignissen genauso katastrophal wie für den Mann, dem nach stundenlanger harter Arbeit aufgrund der

Stümperei eines unfähigen Arbeitskollegen schließlich ein heißersehnter Geschäftsabschluß durch die Lappen geht; dann kann er den Kunden zwar zurückgewinnen, doch verliert er seine Glaubwürdigkeit, weil er von einem der „Sonnyboys" in der Firma, der gerade noch in letzter Minute auf den fahrenden Zug aufgesprungen war, falsch dargestellt wurde. In beiden Fällen muß man dem wutentbrannten Ruf „Das ist doch nicht fair!" zuerst einmal mit Einfühlungsvermögen und dann erst mit Lehre begegnen. Wenn Jos Mutter ihn bestraft, nur weil er wild um sich schlägt, dann wird sie in ihm sein Urteil erhärten, er werde ja doch nicht verstanden, er werde zugunsten des jüngeren Bruders beiseite gestoßen, er werde von denen ungerecht behandelt, denen er doch eigenlich vertrauen können sollte. Viele Menschen kommen in die Seelsorge, weil sie als Erwachsene Schwierigkeiten mit „Brüdern" in der Geschäftswelt oder Organisationen haben. Bei solchen Menschen kann man im Fundament wohl Steine finden, die die Abdrücke vieler solcher Erlebnisse mit leiblichen Geschwistern tragen. Sie haben gerichtet, gehaßt, eine Erwartungshaltung aufgebaut, und jetzt ernten sie.

Eifersucht

Marilyn wird wegen einer anderen Frau, ihrer besten Freundin, von ihrem Mann verlassen. Sie fühlt sich verraten, abgelehnt, häßlich und wertlos. Die Seelsorge bringt ans Licht, daß sich Marilyn seit der Geburt ihrer jüngeren Schwester immer zweitklassig gefühlt hat – nicht so hübsch, nicht so talentiert, nicht so liebenswert wie sie. Mama und Papa schienen die Jüngere immer zu bevorzugen. Entrüstet erwidert sie, sie liebe ihre Schwester, doch ihre Schwester wurde eben immer als Erste von Freunden angerufen, hatte später immer einen Freund, bekam alle möglichen Auszeichnungen usw. Andere Familienangehörige schildern Marilyns Geschichte anders als sie. Sie kannten diese Feindseligkeiten. Der Seelsorger soll nun nicht als allererstes Marilyns Sicht der Dinge zurechtrücken, die wirklich geschahen, als sie noch ein kleines Kind war. Er soll vielmehr das kleine Kind in ihr durch Gebet mit Jesus in Verbindung bringen; so kann Jesus damit beginnen, ihr die Wahrheit über sich selbst zu offenbaren und ihr die Möglichkeit geben, alle Urteile, die sie seit ihrer Kindheit über ihre Schwester, ihre Eltern, über Gott und über sich selbst gefällt hat, loszulassen. Dann kann ihr der Herr – unter Mithilfe von Seelsorgern und der Gemeinde – helfen, sich allmählich ihrer Schönheit und ihres Selbstwerts in ihm bewußt zu werden und sich zu schätzen.

Nicht alle Urteile, die wir während unserer Kindheit über Geschwister fällen, werden zu einem bleibenden Teil von uns. Meine (Paulas) Brüder Jerry und Stan kamen im Abstand von nur zwölf Monaten auf die Welt. Gemeinsam durchlebten sie viele frühe Abenteuer, wozu auch eine Menge gesunder Raufereien und Kraftproben gehörten. Als Jerry, der Ältere, in die Schule kam, dachte Stan natürlicherweise, daß es ihm auch erlaubt sein sollte, in die Schule zu gehen. Als ihm dieses Vorrecht vorenthalten blieb, wurde er böse auf Jerry und dachte, daß es dessen Fehler war. Offensichtlich hegte er mindestens ein Jahr lang diesen Groll, denn als er in den Kindergarten kam, bestand er darauf, auf der anderen Straßenseite zum Unterricht zu gehen als Jerry. Doch dieses Mißverständnis hat keine tiefen Wurzeln geschlagen. Das liegt wohl zum Teil an den Eltern, die in Liebe einen Streit schlichten konnten, ohne eine Seite zu bevorzugen. Der Hauptgrund liegt jedoch darin, daß die Jungen sich schon sehr bald dazu entschlossen, einander zu vergeben und „Ja" zueinander zu sagen. Bis auf den heutigen Tag sind sie gute Freunde und jeder von ihnen hatte Erfolg in seiner Tätigkeit.

Wenn die Weichenstellung erfolgt, ob Schwierigkeiten letztlich doch einen stabilen Charakter und Hoffnung bewirken werden, spielt die Entscheidung eine große Rolle. Keine noch so intensive Seelsorge und kein Gebet um innere Heilung kann das Herz eines Menschen verändern, der sich in seinem Innersten noch nicht dazu entschlossen hat, das zu vergessen, was hinter ihm liegt und auf das zuzulaufen, was vor ihm liegt (Phil 3,13- 15). Demjenigen wird Heilung zuteil, der sich dazu entschieden hat, die Ereignisse in seinem Leben nicht dazu zu „verwenden", sich selbst ein Alibi zu verschaffen oder anderen zu beweisen, daß sie falsch liegen.

Wer in Wirtschaftskrisen alte Sachen auftragen muß

Wir hatten viele Menschen in der Seelsorge, die die Weltwirtschaftskrise und die darauffolgenden Jahre als kleine Kinder erlebt hatten. Sie reagieren auf zweierlei Weise auf ihre Erfahrung des damals herrschenden Diktats der Sparsamkeit. Einige von ihnen haben immer noch das Gefühl, ihnen sei etwas vorenthalten worden und versuchen das durch regelmäßige Einkaufsorgien zu kompensieren. Oder sie haben sich in den Kopf gesetzt, ihren Kindern solle es besser ergehen als ihnen und überschütten sie förmlich mit materiellen Dingen. Wenn man ihnen etwas Gebrauchtes anbietet, reagieren sie gekränkt: „Ich hatte nie was Neues, das ich mein eigen nennen konnte! Ich werde dafür sorgen, daß meine Kinder nur das Allerbeste bekommen!" Andere haben während der Weltwirtschaftskrise anscheinend ein ausgeprägtes Gefühl für den Unterschied zwischen Wunsch und Bedürfnis entwickelt; mit diesem Talent machen sie kreativen Gebrauch von ausgemusterten Gegenständen und schätzen den Handel sowie die gemeinsame Nutzung bestimmter Dinge und Einrichtungen. Manchmal muß so ein Mensch Gebet empfangen, bis er sich selbst etwas kaufen oder ein luxuriöses Geschenk empfangen kann, ohne sich mit undefinierbaren Schuldgefühlen plagen zu müssen; er fühlt jedoch nicht den Zwang, sich Exzessen hinzugeben, um das emotionelle Defizit der Entbehrung in ihm auszugleichen. Auch hier liegt der Unterschied wieder in der Beschaffenheit der Steine des Fundaments. (Gewöhne einen Knaben an irgendeinen Weg, so läßt er nicht davon, es sei denn, es greift eine verändernde Kraft ein.) Wenn einem Kind immer viel Zuneigung geschenkt wurde, wenn der Familienverband immer eine Einheit war, wenn nie gestritten wurde, wenn das Teilen ein Ausdruck aufopfernder Liebe war, wenn die Familie viel Spaß hatte und gemeinsam Spiele machte, dann fiel es dem kleinen Kind vielleicht gar nicht auf, daß es keinen materiellen Reichtum hatte! Und wenn es ihm aufgefallen ist, dann war es vielleicht nicht weiter schlimm. In Familien, in denen man es zuließ, daß der finanzielle Druck die Liebe überwand, die Harmonie zerstörte, und die Einheit sprengte, nahmen die kleinen Kinder höchstwahrscheinlich diese Ängstlichkeit in sich auf; die daraus resultierende Unsicherheit wurde ein Teil ihrer grundlegenden Einstellung dem Leben gegenüber.

In kinderreichen Familien läuft das gleiche ab, ob sie nun arm oder wohlhabend sind: Die jüngeren Familienmitglieder bekommen ganz selbstverständlich die Sachen der Älteren. In manchen Familien sind die Kleinen mächtig stolz darauf, die abgetragene Kleidung des großen Bruders oder der großen Schwester anziehen zu dürfen; das ist für sie womöglich ein Signal, daß sie jetzt auch langsam so werden wie die vielbewunderten großen Geschwister. Wenn die Geschwister jedoch keine Idole sind, dann können sie eifersüchtig oder aufgebracht reagieren, weil es ihnen so vorkommt, als ob sie Kinder zweiter Klasse wären. Was im Speicher des Herzens abgelegt wird und entweder verletzt oder segnet, *ist nicht ein bestimmtes Ereignis oder ein spezieller Umstand, sondern immer die Reaktion der jeweiligen Person darauf.* Wenn man in seinem Herzen den Eindruck hat, ein Mensch zweiter Klasse zu sein, dann kann das im Leben viele verschiedene Ausdrucksformen finden: Die Erwartungshaltung, daß man bei der nächsten Beförderung oder bei Auszeichnungen ja doch übergangen wird, die Unfähigkeit zu glauben, daß man vom Partner mehr geschätzt wird als jeder andere, eine zurückhaltende Reaktion, wenn es darum geht, seine Dienste anzubieten oder seine Stellung zu behaupten,

Verlegenheit, wenn einem ein Kompliment gemacht wird, ja man kann sogar Schwierigkeiten haben, zu glauben, daß man von Jesus geliebt wird, usw.

Zugehörigkeit – Verwirrung und Ausgeschlossensein

Ein Kind macht seinen ersten Schritt in eine „Bande", wenn es das wohlbehütete Umfeld der Familie verläßt und sich in den eigenen Hof oder den des Nachbarn wagt, um dort zu spielen. Bald schon erlebt es eine verwirrende Diskrepanz zwischen dem Verhalten seiner Eltern und dem Verhalten der anderen Leute im Block. Es eignet sich zum Beispiel einen neuen Wortschatz an, mit dem es sich unter seinen Spielkameraden Anerkennung verschafft; wenn es diese Worte zu Hause gebraucht, wird ihm der Mund mit Seife gestopft! Es schlägt sich mit der Frage nach der Gerechtigkeit herum, wenn es über die Stränge geschlagen hat und verhauen wird, sein Freund jedoch nicht. Ich (Paula) erinnere mich noch daran, wie unser Sohn Loren, der damals vier oder fünf war, mit seinem Freund Ernie die Straße hinunterlief, die beiden reife Tomaten abrissen und damit herumwarfen, weil das so schon platschte. Loren wurde der Hintern versohlt, und er mußte sich bei unseren Nachbarn dafür entschuldigen; Ernie jedoch nicht; Loren war außer sich vor Wut.

Die Loyalität innerhalb einer Gruppe von Spielkameraden wird für ein Kind immer wichtiger werden; weise Eltern werden daher voll Sympathie auf den Druck eingehen, der auf dem Kind lastet, während sie angemessene disziplinierende Maßnahmen ergreifen, um in ihm ein gesundes Wertesystem zu schaffen. Ein Kind kann mit gewaltigen emotionellen Ausbrüchen auf das reagieren, was ihm im Moment unfair erscheint. Doch wenn Ausdrucksformen der Liebe und Einfühlsamkeit mit der jeweils angewandten Züchtigung einhergehen, wird das zu einer fest zementierten Basis werden, auf die man die soliden Steine des Fundaments legen kann.

Wenn Kinder ihre Eltern aufgrund von übermäßig harter Züchtigung (oder was ihnen als übermäßig hart vorkommt) verurteilen, kann Vergebung dem später entgegenwirken. Doch wenn ein Kind in keiner Weise Disziplin erfährt, dann liefert man es ohne Einschränkungen seinen Trieben und Energien aus; als Erwachsener wird es dann mehr als innerer Heilung bedürfen. An einem bestimmten Punkt wird ihm das gegeben werden müssen, was ihm damals nicht gegeben wurde – jemand wird ihm als Vater oder Mutter in Christus Disziplin lehren müssen, oder er wird sich bis an sein Lebensende abstrampeln und ohne Strukturen herumirren. Sein Innerstes wird ihm selbst keine

Grenzen setzen und ihn nicht erkennen lassen, wann er auf anderen herumtrampelt oder sich einen unfairen Vorteil verschafft. Er wird für momentane Dringlichkeiten sehr empfänglich sein und sich sehr schwer tun, die dynamische Beziehung zwischen Ursache und Wirkung in Betracht zu ziehen. „Eine aufgebrochene Stadt ohne Mauer, so ist ein Mann, der keine Schranke seinem Geist setzt" (Spr 25,28). Wir haben oft schon mit Menschen gebetet, damit sie ihren Eltern dafür vergeben konnten, daß sie sie nicht gezüchtigt hatten. In seinem Verstand ruft ein Kind vielleicht „Halleluja", weil es trotz eines Regelverstoßes noch einmal heil davongekommen ist, doch in seinem Herzen fühlt es sich ungeliebt und hat Angst.

Für jedes Kind ist es ausgesprochen wichtig, daß es von seinen Kameraden akzeptiert wird. In den fünfziger Jahren demonstrierte unser ältester Sohn das einmal sehr drastisch, als wir noch auf dem Gelände der Universität von Chicago wohnten. Die Studenten in den Seminarwohnungen waren darüber begeistert, daß Loren als Zweijähriger den aktuellen theologischen Wortschatz nachahmen konnte, ohne auch nur eine Silbe falsch auszusprechen. Während er vor dem Kimbark House spielte, blieben oft Lehrer und Schüler stehen, die auf dem Weg in ihre Klassen waren, um mit unserem kleinen Blondschopf zu plaudern. Alle ohne Ausnahme waren höchst erstaunt, als sie herausfanden, wie jung er noch war, da er schon ein überaus gewandter Gesprächspartner war. Schon bald fühlte sich Loren zum anderen Ende des Blocks hingezogen, wo viele Kinder auf einem Innenhof hinter einigen Appartmenthäusern spielten. Er hatte ein kleines blaues Dreirad bekommen, und jeden Tag fuhr er damit, auf der Suche nach Spielkameraden, auf dem Gehsteig herum. Immer wieder kam er weinend nach Hause, weil ihn die Kinder verspottet hatten: „Du bist ein Dummkopf! Du weißt doch nicht einmal, wie alt Du bist!" Es war für sie kaum zu glauben, daß jemand, der auf einem Dreirad fuhr und fast wie ein Erwachsener sprechen konnte, nur zwei Jahre alt sein sollte. Wir umarmten ihn und wischten seine Tränen ab, und dann versuchte er noch einmal, ein Teil der Bande zu werden, die er immer die „Rauhbeine" nannte. Durch diese Anstrengung entwickelte Loren die Fähigkeit, inmitten von Schwierigkeiten seinen Stand zu bewahren. Doch dadurch bekam er auch ein großes Verlangen nach Bestätigung, um das wir uns in späteren Jahren kümmern mußten.

Ami, unsere Zweitälteste, war in ihren Vorschuljahren in Streator, im Bundesstaat Illinois, das einzige kleine Mädchen im ganzen Block. Manchmal durfte sie mit Loren und seiner Bande zusammensein, doch sie war nie ein ganz und gar anerkanntes Mitglied. Sie war sich sehr stark dieses Ausschlusses bewußt und reagierte darauf in zweierlei Weise. Erstens: Sie gewann dadurch die Oberhand, daß sie ihrer

Meinung nach gerechter wurde, als ihr älterer Bruder; dadurch erinnerte sie ihn still, doch ziemlich hartnäckig, an den Lohn eines tugendsamen Lebens. Mit diesem Verhalten konnte sie sich jedoch keinen Platz in der Gruppe erkämpfen. Sie bekam jedoch dadurch eine eigene Identität, durch die sie in Beziehung zu den anderen Kindern treten konnte. Zweitens: Sie wurde die Miniaturausgabe einer wahren Streiterin für die Schwächeren; ihr Herz blutete für alle Unterprivilegierten, ob sie nun verspottet oder gehänselt wurden. Sie nahm sie unter ihre Fittiche und bemutterte sie, gleichgültig was es kostete. In einem Wohngebiet, in dem wir lebten, wohnte eine sehr arme Familie namens „Pitts". Die Eltern Pitts kümmerten sich wirklich gut um ihre Kinder, und die Familie war in jederlei Hinsicht ehrbar; doch ihre Kleidung paßte ihnen überhaupt nicht, und es sah immer so aus, als ob sie eine unnötige Abmagerungskur hinter sich hätten. Die Kinder aus der Nachbarschaft dichteten den gemeinen Reim: „Pitts, Pitts, fällt durch jeden Ritz!" Neuankömmlinge warnten sie: „Paß auf, daß Du nicht die Pitts bekommst!" Ami identifizierte sich mit den Verachteten, wurde eins mit ihnen und verteidigte sie wacker. Wir bewunderten sie für die Liebe und Stärke, die sie zeigte. Wir sorgten uns ein wenig, weil wir sie nämlich in ihrer Selbstgerechtigkeit nicht bestärken wollten. Wir sorgten uns mehr über das bemutternde Wesen, das so sehr zu einem Teil von ihr geworden war. Als sie heiratete, segnete der Herr diesen Wesenszug in Bezug auf ihre eigenen Kinder. Jedoch mußte er dieses Bemutterungsbestreben auch reinigen und läutern, da sie es eine Zeitlang unbewußt und in unangemessener Weise auch auf ihren Ehemann übertrug. Es reichte nicht aus, der Erwachsenen vom Verstand her klar zu machen, was sie eigentlich tat. Das kleine Kind in ihr mußte Trost und Vergebung erfahren und von diesem zwanghaften Bestreben in ihrem Herzen freigesetzt werden. Dann konnte sie sich dafür entscheiden, sich Ron in einer Liebe frei zuzuwenden, die ihn mit dem versorgte, was er brauchte.

Auf den Arm nehmen

Auch wenn eine Hänselei nicht lächerlich machen soll, sondern lediglich ein Ausdruck der Zuneigung sein soll, kann sie bei Vorschulkindern Schaden anrichten. Sie verstehen es nicht, wenn sie auf den Arm genommen werden, und neigen dazu, das Gesagte wörtlich zu nehmen. Die meisten von uns haben schon gesehen, wie ein kleines Kind zu weinen beginnt, wenn man zu ihm „Da beißt Dir die Katze in die Zunge" oder „Ich hab' Deine Nase!" sagt und ihm gleichzeitig in die Zunge oder in die Nase zwickt (den Daumen schiebt man dann zwischen Zeige- und Mittelfinger, um das Gesagte zu beweisen). Oder denken wir an die laute Reaktion auf „Du bist ja überall voll Haut!" – „Bin ich nicht!". Die meisten von uns sind sich darüber nicht im klaren, wie sehr wir Kinder durch den wiederholten Gebrauch von Worten verletzen können, wie z.B.: „Hallo, Hohlkopf!", „Warum bist Du nur so klein?", „Komm schon, Dummkopf!", „He, Dummchen!" Wir Erwachsenen denken vielleicht, wir machen durch unser Lachen deutlich, daß diese Beinamen lustig gemeint sind, doch das Herz des Kindes empfindet sie als Spott und Ablehnung. Es glaubt, wegen seiner Größe oder seiner Unkenntnis, für die es ja nichts kann, ungerechtfertigterweise angegriffen zu werden. In einem Gebet, in dem ein Mensch frei werden soll von Gefühlen, die ihm ständig sagen, er würde in eine bestimmte Gemeinschaft von Erwachsenen nicht hineinpassen oder nicht akzeptiert werden, beziehen wir uns vielleicht am Häufigsten auf den Spott, der ihm vor vielen Jahren durch andere Kinder zugefügt wurde. Der Verstand eines Erwachsenen kann sich an die Vorfälle und die Verwirrung erinnern und sie identifizieren. Das kleine Kind in ihm muß vergeben und selbst Vergebung dafür empfangen, daß es zornig war und möglicherweise immer wieder regelmäßg wild um sich schlug oder sich von anderen zurückzog, und schließlich muß es die erneuerte Identität annehmen.

Spott

Ein Kind, das vor seinen Klassenkameraden verspottet wird, kann die Wunden dieses Dolchstoßes durchaus jahrelang mit sich herumtragen. Vielleicht hat es Angst davor, vor anderen Menschen in eine peinliche Situation zu geraten. Ein Kind, das sich in der Klasse in die Hosen macht und dann als Baby hingestellt wird, das sich nicht beherrschen kann, hegt vielleicht von da an Gefühle der Beschämung und Ablehnung über seinen Körper und dessen natürlichen Funktionen. In seinem Herzen haßt es vielleicht den Lehrer, der seine Not, austreten zu müssen, nicht erkannt hat. Dann kann es diesen Haß auf jeden projizieren, der seine Wünsche ignoriert oder es – aus welchen Gründen auch immer – in Schwierigkeiten bringt. Doch die frohe Botschaft lautet, daß dieser Mensch heute, aus einer Entscheidung heraus, diesen schmerzhaften Vorfall dem Herrn schildern und jemand für sich beten lassen kann, damit Vergebung ausgesprochen werden kann. Er kann beten, daß die Macht dieses Vorfalls, die ihn herumtreibt oder behindert, gebrochen werde. Jesus wird auf dieses Gebet antworten.

Als Kind war ich (Paula) sehr leistungsorientiert; als ich einmal eine neue Brille bekommen sollte, ging das so weit, daß ich nur so tat, als ob ich die Schrift in einem Buch lesen könnte (ich hatte die Geschichte durch wiederholtes Zuhören auswendig gelernt), weil ich dachte, eine neue Brille bedeutete, daß ich klar sehen können *sollte*. Ich konnte es niemanden wissen lassen, daß ich etwas nicht tun konnte, wozu ich eigentlich fähig sein sollte. Heute kann ich darüber lachen, doch für das kleine Mädchen war das eine sehr ernste Angelegenheit. Ich brachte meine Welt (wie sie sein sollte) mit ins Klassenzimmer plus eine gehörige Portion Scheu. Ich kann mich nicht mehr an die Namen der Lehrer erinnern, die einfühlsam und rücksichtsvoll waren; dieser Teil meines Herzens hat Frieden und Ruhe gefunden. Im Alter von sechs Jahren fällte ich ein machtvolles, haßerfülltes und geheimes Urteil über eine Lehrerin, die mich „Dummchen" nannte, weil ich meinen Namen nicht so buchstabieren wollte, wie sie es mir sagte. Wenn ich an der Tafel stand, bestand ich still auf der Schreibweise „P A U L A", während sie, auf meine Kosten, vor allen anderen ihrem Unmut Luft machte, weil ich nicht wüßte, wie ich meinen Namen „richtig" zu schreiben hätte, nämlich „P A U L I N E". Später sollte ich irgendetwas erledigen und verpatzte es, weil ich ihre Worte nicht richtig verstanden hatte; dafür überhäufte sie mich vor allen anderen mit schneidendem Hohn, wie „dumm" ich doch sei. Ich erinnere mich noch an ihren Namen, weil er mit Blut in meinem Herzen geschrieben stand und ich grollend immer wieder an sie dachte. Jahrelang reagierte ich überempfindlich auf gedankenlose Bemerkungen, die nicht böse gemeint waren, die ich jedoch als Beleidigungen auffaßte. Nachdem ich sie verurteilt hatte, weil sie mich immer als dumm bezeichnete, erntete ich schließlich die Frucht dieses Urteils, indem ich selbst begann, andere abzukanzeln. Sie fühlten sich „dumm", auch wenn ich sie niemals so bezeichnet hatte. Erst vor kurzem bin ich in eine tiefere Dimension der Freiheit von dieser Bindung eingetreten. Jesus kann uns nicht von Haß und Groll befreien, solange wir glauben, wir hätten ein Recht zu hassen und zu grollen. Gott segne Frau Shackleton.

Die Familienposition und diverse andere Gelegenheiten, ein Foul zu begehen

Wir können ausgezeichnete Liebe, Lehre und Nahrung empfangen und doch unvollkommen und sündig sein. Ein Mensch, der ein Einzelkind war, strampelt sich vielleicht in seinem Leben ständig ab, weil er immer auf Zehenspitzen ging, um dem Modell eines Erwachsenen gerecht zu werden. Er dreht sich womöglich ausschließlich um sich selbst, weil zu Hause auch immer die ganze Aufmerksamkeit auf ihn gerichtet war. Vielleicht ist es schwierig für ihn, seinen Platz mit jemandem zu teilen, weil er das nie hat tun müssen. Er kennt diese Freiheit nicht, auf eine gute Art mit anderen herumzutollen und zu raufen, um eine Sache zu klären, weil er sich niemals mit Geschwistern balgte, auf dem Boden herumkugelte und raufte und dann wieder lachend aufstand. Als Letztgeborene fühlen wir uns vielleicht immerzu angehängt, trotten in Beziehungen einfach hinterher oder haben den Eindruck, daß wir nie so leistungsfähig sind wie die anderen. Als Erstgeborene sind wir vielleicht zu pflichtbewußt und ernsthaft oder haben die Angewohnheit, der Verantwortung auszuweichen, weil uns zu bald zu viel davon übertragen wurde. Wir haben den Eindruck, ständig kontrolliert und hin- und hergeschubst zu werden, weil wir ja das erste Projekt unserer Eltern waren, die an uns noch übten. Die Mittleren von mehreren Geschwistern sitzen immer zwischen zwei Stühlen, weil sie nicht wissen, ob sie nun zu den Jüngeren oder zu den Älteren gehören. Wenn die Familienmitglieder sehr talentiert sind, dann haben wir vielleicht Schwierigkeiten, etwas zu finden, das nur wir allein tun können. Wenn in unserer Familie keine Talente vorhanden sind, dann haben wir den Eindruck, aus so einer Situation kann ja wirklich nichts Besonderes entstehen. Wenn unser Zuhause immer sauber aufgeräumt war, dann sind wir womöglich unfähig, Unordnung zu ertragen. Wenn wir in einem ständigen Chaos gelebt haben, dann fühlen wir uns deshalb in unserem Innersten dafür vielleicht schuldig und hilflos, besonders wenn wir als Kinder immer und immer wieder Entschuldigungen hörten für die Unordnung, „die Kinder nun mal machen".

Jeder von uns erinnert sich an kleine Dinge, die wir zu einem Meisterstück machten. Als ich in der zweiten Klasse war, trug jeder kurze Socken, während ich Kniestrümpfe tragen mußte; also rollte ich meine Kniestrümpfe hinunter, um wie die anderen auszusehen. Unser Sohn Tim fühlte sich mit Brille überhaupt nicht wohl; also hat er eine nach der anderen „verloren". Vielleicht hatten unsere Jeans nicht die „richtigen" Taschen. Vielleicht sind die anderen so mit der Tatsache umgegangen, daß wir anders sind, daß sie uns dadurch Verletzungen zufügten. All diese Dinge können in uns verborgene Zeitzünder hinterlassen oder relativ offensichtliche schädliche Verhaltensweisen. Doch in Jesus werden wir geheilt, indem wir ihn einfach einladen, dem Kind in uns zu dienen und solche Verhaltensweisen ans Kreuz zu schlagen. Von da an zwingt uns keiner mehr, an unserem Schorf zu kratzen.

Mißbraucht

Wenn wir als Kinder emotionell oder körperlich mißbraucht wurden, finden sich in unserem Fundament zweifellos Steine der Furcht, der Ablehnung und des Zornes in tausenderlei Variationen. Zunächst muß in uns das Urvertrauen wiederhergestellt werden, bevor wir uns vertrauensvoll zu Gott Vater oder zu einer anderen Autoritätsperson ausstrecken können. Wenn ein Seelsorger im Wesen Jesu und durch die Weisheit und Kraft Jesu dient, sich seiner Richtungsweisung unterordnet und den Prozeß nicht abwürgt und einfühlsam immer darauf abzielt, den Ratsuchenden mit Jesus zu verbinden, dann gibt es keine Wunde, die nicht geheilt werden könnte, und keine Erfahrung, die nicht gelöst werden könnte. Wir müssen uns jedoch immer daran erinnern, daß wir dazu berufen sind, dem Innersten des Herzens zu dienen, und daß die einzige effektive Methode das Kreuz ist.

> *Er erleuchte die Augen eures Herzens*, damit ihr wißt, was die Hoffnung seiner Berufung, was der Reichtum der Herrlichkeit seines Erbes in den Heiligen und was die überschwengliche Größe seiner Kraft an uns, den Glaubenden, ist, nach der Wirksamkeit der Macht *seiner* Stärke.
>
> (Eph 1,18)

Wir können nicht durch die enge Pforte in die Fülle des Lebens im Königreich eintreten und einen Haufen Müll mit uns herumschleppen. Nachdem wir unser Herz durchforscht haben, um herauszufinden, was davon Müll ist, müssen wir ihn auf dem Altar Gottes niederlegen und weitergehen. Wenn wir das nicht tun, können wir nicht zur Freiheit und Reife voranschreiten.

Ich (Paula) war eine Erstgeborene. Meine Eltern hatten im Eltern-Sein in etwa so viel Erfahrung wie ich darin Erfahrung hatte, was es heißt, ein Kind Gottes zu sein. Wir segneten einander. Wir machten Fehler. In unserer Unwissenheit und Unreife und aufgrund unseres grundsätzlich sündigen Wesens sündigten wir aneinander. Doch in Jesus erfahren wir Vergebung, vergeben selbst, werden umgestaltet und erneuert. Ich mußte sehen, was wirklich in mir ist und bis zu den Steinen des Fundaments hinuntergraben, damit Jesus in mir wirken kann. Jetzt, als erwachsenes Kind meiner Eltern, lasse ich den schmerzhaften Teil meiner Vergangenheit hinter mir, gehe voran und wachse mit diesem herrlichen, bewußten Erbe des Reichtums meiner Eltern, der mir Kraft gibt, mich ermutigt und mir Unterweisung fürs Leben schenkt.

Mein Sohn, bewahre das Gebot deines Vaters und laß nicht fahren die Weisung deiner Mutter. Binde sie dir aufs Herz allezeit und hänge sie um deinen Hals, daß sie dich geleiten, wenn du gehst; daß sie dich bewachen, wenn du dich legst; daß sie zu dir sprechen, wenn du aufwachst.

(Spr 6,20-22; LÜ)

Zu ihrer Goldenen Hochzeit schrieb ich meinen Eltern folgende Zeilen:

Aus dem Reichtum meines Herzens, denk' ich an Papa

Hand in Hand im Schlittschuhlauf
Als ich zwei Jahre alt war
Der linke Fuß auf seinem,
Der rechte auf dem Eis,
Empfinden wir gemeinsam.

Er nannte mich „Baby"
Doch gab mir nie das Gefühl
Ein Baby zu sein.
„Du kannst alles tun,
Was Du wirklich tun willst."

Er schaut ja nur mal nach...
In unserem Mund,
Sucht lockere Zähne,
Kommt grinsend heraus,
Hat schnell und schmerzlos gezogen.

Nach Tagen auf Achse
Kam er endlich nach Hause.
Fuhr mit uns spazieren,
Kaufte uns Süßigkeiten
Nach unserer Wahl
Als wunderbare Köstlichkeiten
Man noch für Pfennige kaufen konnte,
Und ein Pfennig schwer zu bekommen war.

Auf dem Klavierstuhl
Seine Ankunft verkündet
Mit einem Klarinetten-Dideldei

Ordnung kehrt ein, ganz besonders,
Bringt zur Ruhe das Haus
Mit dem Lied seiner Anwesenheit.

Er wiegt die Kleinen mit den einzigen Liedern,
Die er je sang:
„Der graue Esel" und „Wink' Ade, kleines Baby".

Wie er Mutter humorvoll neckte
Mit einem lachenden Auge
Als das Leben zu ernst und die Sorgen zu schwer;
So lernten wir, über uns selbst zu lachen;
Vermachten es weiter an unsere Söhne.

Ich denke an ihn
Vergraben unter wochenendlichen Berichten
Die er auf der Maschine hackte.
Machte Pause von der wichtigen Pflicht,
Um sein Gebiß im Mund hin und her zu schieben
Zu unserem Vergnügen.

Seine kreative Küche – die feine Soße zu Schwein und Bohnen
Seine Bücher, Tomatenstauden, Bilderschießen
Sein „Grummelbrummel" wenn etwas schief ging,
Nie hört' ich ihn fluchen.

Er konnte zärtlich Gefühle zeigen
Und doch
Standfest angesichts unserer Angst
Bleiben und sagen:
„Es wird gut werden."
Mit greifbarer, glaubhafter Autorität.

Mit seinem Charme konnte er alles erreichen
Ohne von der Wahrheit zu weichen
Sich mit dem Leben herumschlagen unverdrossen,
Sein Leben hingeben und niemanden dadurch verpflichten,
Und einen Preis gewinnen für Menschlichkeit,
Ohne Hoffnung auf eine Medaille.

Er weinte sogar mit uns, als unser Kätzchen starb.

An jedem besonderen Tag-
Geburtstag
Weihnacht
Vatertag
Dasselbe:
Ich gab meine Mark,
Die in zwei Wochen gespart
Für ein Geschenk für Papa -
In weißem Papier,
Mit Bändern verziert,
Klein und flach –
Immer dasselbe und immer wieder überraschend
Für ihn.
Er lächelt, sprudelt freudig heraus:
„Schaut, was es ist!!"
Dann trägt er stolz
Meine Liebe
Und mich
In seiner Tasche.

Ich denke an Mama

An der Wiege singt sie
Bietet dar ihr Repertoire -
Hunderte von Reimen für ihre Kinder.

Zeigt uns ihre Liebe
Wenn Schrammen und Mumps, Schnupfen und „Auweh!"
uns grämen
Durch Toasts und feine, weiße Laken
Und manchmal durch weiche, rosa Plaster
Auf unserer Brust
Hei, so ein Spaß, sie dann wieder runterzuzich'n.

Ich denke
An die feinen Düfte aus ihrer Küche –
  Das Hähnchen im Bratrohr
  Leberkäs' – selbstgemacht!
  Traubengelee im Einweckglas
  Erdnußbutterplätzchen
  Grüne Bohnen mit Schinken und Zwiebeln -

Gemeinsam saßen wir um den Tisch
Und lobten den Einen, der uns versorgt.

Sie spielte Klavier und wir sangen
Stundenlang.

Auch wenn wir tausend verlockende Wege gegangen,
Kamen wir doch gemeinsam zum einen Grund
Der großen, alten Lieder der Christen.
Und sie blieben,
Wo immer wir blieben.

Ich denk' an ihre Teilnahme an unserem schulischen Leben.
Wir wußten um ihr Interesse,
Wir verstanden Autorität;
„Kriegst Du in der Schule eins hintendrauf,
Kommt zu Hause gleich noch eins hinten nach."
Unser Heim war mit sich selbst im Reinen,
Es stand einig fest.

Sie konnte sich durch einen Berg frischer Wäsche bügeln
Und doch mit uns
Mit schmerzenden Beinen
Zum Zoo oder in die Kunsthalle schlendern.
Ihre Antwort auf die verheerende Invasion
Von tausend Jungen aus der Straße
War ein Ausflug in einen Abpackbetrieb oder die Marmela-
denfabrik.
In unserer Familie
Waren wir frei auch mal böse zu sein
Doch blieb das freilich nicht ohne Wirkung:
Disziplin hieß, zurechtgestutzt werden,
Doch nie aus der Gemeinschaft verstoßen.

Sonntag
War schon von Anfang an bei uns zu Haus'
Immer der erste Tag der Woche und
Der Sabbat:
Sonntagsschule, Anbetung
Familienessen und Rast
Comics und Spiele
Musik an einem stundenlangen Nachmittag.
Edgar Bergen und Charlie McCarthy und „One Man's Fami-

ly"
Schließlich am Abend
Und der Duft von geschmolzenem Käse, Erdnußbutter
Und Sassafrastee.
Das Leben und Gott waren eins.
(Am Sonntagabend duftet es immer noch so
Auch wenn wir mal keine Brote essen.
Und wenn dir den Tag des Herrn vergeuden
Wird der Monat zu einer öden, endlosen Woche.)

Charlie und Edgar sind nicht mehr
Doch die Familie lebt weiter
Segen mal sieben mal siebzig...

Täglich erneuert durch lebendige Wurzeln
Die niemals vergeh'n.

Heiß brannte die Sommersonne
Auf lange Reihen strahlender Wäsche
Weiße Fahnen im Wind.
Mutter:
    Sie bückt sich,
    Sie streckt sich,
    Legt alles zusammen
    Und trägt es ins Haus,
Während wir im Hof und im Garten spielten –
    Fährtensucher
    Knupfen Kleeblatt-Girlanden
    Fangen Heuschrecken
    Für den Steingutkrug-Zoo.

Manch einer plant und schmiedet Ränke
Schubst wenn sie älter
Die Kinder nur hin und her.

Will den Nachwuchs fest an sich ketten
In selbstsücht'gem Streben
Wenn er schon die Flügel spreizt.

Doch Mutter träumte laut am Bügelbrett
Und gab der Vision ihren Segen mit.

Teil III

Von Sechs bis Zwölf – die häufigsten und folgenschwersten Charakterfehlentwicklungen

11
Innere Schwüre

Wohlan nun, die ihr sagt: Heute oder morgen wollen wir in die und die Stadt gehen und dort ein Jahr zubringen und Handel treiben und Gewinn machen – die ihr nicht wißt, wie es morgen um euer Leben stehen wird; denn ihr seid ein Dampf, der eine kleine Zeit sichtbar ist und dann verschwindet -; statt daß ihr sagt: Wenn der Herr will und wir leben, werden wir auch dieses oder jenes tun. Nun aber rühmt ihr euch in euren Großtuereien. Alles solches Rühmen ist böse. Wer nun weiß, Gutes zu tun, und tut es nicht, dem ist es Sünde.

(Jak 4,13-17)

Wiederum habt ihr gehört, daß zu den Alten gesagt ist: Du sollst nicht falsch schwören, du sollst aber dem Herrn deine Eide erfüllen. Ich aber sage euch: Schwört überhaupt nicht; weder bei dem Himmel, denn er ist Gottes Thron; noch bei der Erde, denn sie ist seiner Füße Schemel; noch bei Jerusalem, denn sie ist des großen Königs Stadt; noch sollst du bei deinem Haupt schwören, denn du kannst nicht ein Haar weiß oder schwarz machen. Es sei aber eure Rede: Ja, ja! Nein, nein! Was aber mehr ist als dieses, ist vom Bösen.

(Mt 5,33-37)

Es kam einmal eine Frau zu uns, die keinen Jungen austragen konnte. Sie war schon mehrmals schwanger geworden, doch hatte sie Jungen immer als Fehlgeburten verloren. Gynäkologen konnten keine körperliche Ursache dafür finden. Doch sie wollte ihrem Ehemann unbedingt einen Sohn schenken. Wir fragten sie, wie ihre Beziehung zu ihrem Vater gewesen sei, konnten auch einige Verletzungen entdecken, doch ihre Reaktionen schienen nicht auf etwas so Schwerwiegendes hinzuweisen, das dieses destruktive und offensichtlich psychosomatische Phänomen hätte hervorrufen können. Nur ihr Bruder verhielt sich nicht wie jeder andere Bruder, der die Schwester neckt, um seine Liebe auszudrücken. Der Bruder war bösartig, brachte sie immer wieder in peinliche Situationen und fügte ihr körperliche Verletzungen zu. Ihr Vater konnte sie nicht vor ihm schützen. Dann erinnerte sie sich daran, wie sie im Alter von etwa neun oder zehn

Jahren eines Tages an einem Fluß spazierenging, Steine aufhob, sie ins Wasser schleuderte und schrie: „Ich werde nie einen Jungen auf die Welt bringen. Ich werde nie einen Jungen auf die Welt bringen." Das war ein innerer Schwur, eine Weisung, die durch das Herz und den Verstand hindurch an den Körper gerichtet war. Auch wenn ihr Bewußtsein diesen Schwur schon längst vergessen hatte, hatte ihn doch ihr Innerstes noch nicht vergessen. Auch wenn sie nun einen Jungen zur Welt bringen wollte, war doch die alte Programmierung immer noch intakt und funktionsfähig.

Wir ergriffen die Autorität in Christus und wußten, daß alles, was wir lösen würden, auch gelöst sein würde (Mt 16,19; 18,18). Wir sprachen ihr Vergebung für ihren Haß auf ihren Bruder zu, brachten sie dazu, Vergebung auszusprechen, und dann sprachen wir direkt zu ihrem Körper, so wie Jesus auch dem Fieber gebot (Lk 4,39). Wir geboten dem Körper, diesen haßerfüllten Befehl zu vergessen und zum ursprünglichen Gebot Gottes, nämlich untertan zu sein und die Erde zu füllen, zurückzukehren (1.Mo 1,28). Dieses Wort „untertan sein" war eine höfliche Aufforderung an den Körper, der ja ein Teil der Natur ist, daß er der Stimme des Herrn gehorchen müsse, so wie auch Jesus den Winden und Wellen gebot und sie ihm gehorchten (Mt 8,23-27). Wir beteten um Trost und Heilung für ihr Herz und ihren Geist und für ihren Körper. Während des Gebets sahen wir sie vor uns, wie sie nun fähig war, einen normalen, gesunden Jungen zur Welt zu bringen. Sie empfing und konnte einen normalen, gesunden Jungen voll austragen.

Ein innerer Schwur ist ein vom Verstand und vom Herz gefaßter Beschluß, der sich im Frühstadium des Lebens auf das ganze Wesen auswirkt. Schwüre, die wir heute noch machen, beeinflussen uns zwar auch, doch ein *innerer* Schwur setzt sich während der Kindheit in einem Menschen fest; in der Regel können wir uns nicht mehr an ihn erinnern. Beharrlich bewahrt unser Innerstes eine derartige „Programmierung", gleichgültig wie sich der Verstand und das Herz im weiteren auch verändern mögen. Das Erkennungsmerkmal eines inneren Schwures ist die Tatsache, daß er sich dem normalen Reifungsprozeß widersetzt. „Als ich ein Kind war, redete ich wie ein Kind, dachte wie ein Kind, urteilte wie ein Kind; als ich ein Mann wurde, tat ich weg, was kindlich war" (1.Kor 13,11). Wir haben wohl zahlreiche kindliche Eigenheiten, doch wir reifen heran und lassen sie hinter uns; lediglich Freunde, Verwandte und die Familie werden sich noch daran erinnern. Normale kindliche Vorlieben schaden uns nicht; sie bringen uns höchstens in Verlegenheit oder behindern uns in unserem Kindsein und stacheln uns deshalb auch an, reifer zu werden, bis wir sie „weggetan" haben; die Rede ist hier von Scheu, Unbeholfenheit, Geistesabwesenheit, mangelndem Einfühlungsvermögen in die Gefühle anderer etc..

Doch innere Schwüre unterliegen keiner Veränderung. Wir wachsen aus ihnen nicht heraus.

Innere Schwüre manifestieren sich vielleicht nicht unmittelbar in unserem Verhalten. Wie ein Zeitzünder, der mit einer Uhr gekoppelt ist, schlagen sie erst dann zu, wenn die von ihnen festgelegte Zeit gekommen ist. Sie können völlig vergessen sein und latent in uns ruhen, bis sie von den richtigen Personen oder Situationen „gezündet" werden. Da wir sie vergessen haben, sind wir uns dessen nicht mehr bewußt, daß sie überhaupt noch existieren, geschweige denn auch noch eine Auswirkung auf uns haben.

Jeder von uns hat innere Schwüre von verschiedener Intensität und Hartnäckigkeit geleistet. Bei kleinen Kindern sind innere Schwüre so gang und gäbe wie Erdnußbutter in Amerika. Es gibt gute und hilfreiche Schwüre, aber auch zerstörerische. Auch die guten Schwüre müssen gebrochen werden, damit wir nicht von unserem Fleisch getrieben werden, sondern vielmehr in Freiheit vom Heiligen Geist. Schwüre müssen offensichtlich werden, da es in ihrem Wesen liegt, es zu verhindern, daß man sich von ihnen trennt. Sie zeichnen unseren Weg vor, wie die Gleise den Weg des Zuges vorzeichnen. Die bewußte Ebene des Verstandes ist vielleicht eine gute Zugmaschine, doch kann sie auch nur in der Spur laufen, die ihr der innere Schwur in der Kindheit vorgegeben hat. Gleichgültig, wohin der Lokführer auch fahren mag, der Zug wird seine Richtung nicht ändern, es sei denn, jemand stellt die Weichen anders. Innere Schwüre, die im Herzen wie ein Erinnerungsbild eingegraben sind, reagieren überhaupt nicht auf den fleischlichen Willen des betroffenen Menschen. Ohne Hilfe von außen kann dieser Mensch diese Gleise nicht zerstören oder deren Richtung ändern. Solchen Schwüren muß man mit Autorität begegnen. Nur jemand, der um seine Autorität im Herrn Jesus Christus weiß, kann einen Schwur brechen und das Innerste des Menschen auf ein neues Handlungsschema umstellen.

Viele Ehen gleichen einem Rangierbahnhof: Zahlreiche Gleise treffen sich hier. Doch die Zugmaschine fährt nicht auf dem Gleis, das zur ehelichen Freude führt. Sie fährt auf den Gleisen innerer Schwüre, weitab vom Glück. Wenn niemand die Weichenstellung ändert, wird der Zug zur ehelichen Freude niemals ankommen. Auch wenn ein Mensch allein mit Jesus die Richtung der Gleise ändern könnte, auf denen er dahinfährt, ist es nicht ratsam, das zu tun. Es ist viel leichter, demütiger und besser, sich innerhalb des Leibes Christi diesbezüglich dienen zu lassen. Der Stolze wird am leichtesten demütig, wenn ihm der Leib Christi dient.

Einmal kam eine junge Frau zu uns, die keine Kinder haben konnte. Sie wollte ihrem Ehemann so gerne Kinder schenken. Der Gynäkologe sagte, es sei in verschiedenen Tests festgestellt worden, daß weder bei ihr noch bei ihrem Mann medizinische Gründe für ihre Unfruchtbarkeit vorlägen. Eigentlich hätte sie schon vor langem ein Kind empfangen sollen. Durch verschiedene Fragen fanden wir heraus, daß sie das älteste von neun Kindern war; ihre Mutter, eine Katholikin, wurde bei jeder Schwangerschaft sehr schwach und das blieb so, bis lange nach der Niederkunft. Man kann sich leicht vorstellen, was jedesmal geschah, wenn ihre Mutter schwanger wurde: Jede weitere Schwangerschaft erachtete die Erstgeborene als eine Zumutung, da sie jedesmal den Haushalt übernehmen mußte. Tag für Tag, Jahr für Jahr wuchs der Zorn in ihr, der Zorn über ihre Mutter, weil sie immer wieder schwanger wurde, über ihren Vater, der sie immer wieder schwanger machte, über die Kirche wegen ihrer Vorschriften und über alle Babies, die nichts als Aufregung und Mühe verursachen. Schließlich schrie sie es immer und immer wieder aus sich heraus: „Ich werde nie wie meine Mutter werden; niemals werde ich mich so verhalten!" Ihr Innerstes interpretierte diese Schwüre leicht als Befehl, eine Schwangerschaft niemals zuzulassen. Wer kann ermessen, mit welcher Macht unsere Beschlüsse die Funktionen unseres Körpers beeinflussen? Als sie erwachsen war, konnten dann weder ihre gesunden, natürlichen Instinkte und Wünsche noch ihre Liebe zu ihrem Ehemann diese frühere Direktive überwinden. Ich (John) sprach Vergebung über die Respektlosigkeit ihrem Vater, ihrer Mutter und der Kirche gegenüber aus, brach mit der Autorität im Namen Jesu diesen Schwur und gebot dem inneren Menschen und ihrem Körper, Leben zu empfangen und zu fördern. Während ich diese Zeilen schreibe, erwartet sie bereits ihr zweites Baby. Hätte sie nun zur rechten Zeit ohnehin empfangen, oder hatte ihr innerer Schwur dies wirklich verhindert, solange er noch aktiv war? Wer kann das schon sagen? Wir haben schon so oft gesehen, wie im Gebet innere Flüche wie der eben beschriebene gebrochen wurden, und die unmittelbar darauffolgenden positiven Resultate miterlebt, daß für uns diese Offenbarung dadurch bestätigt wurde.

Viele Ehefrauen haben erkannt, daß Probleme entstehen, wenn ihre Ehemänner von Müttern erzogen wurden! Wir sagen das nun nicht als Kritik, wenngleich mit einem Augenzwinkern. Jungen verstehen sehr schnell, daß Mütter ein Erinnerungsvermögen wie Elefanten haben. Was sie herausfinden, könnte man mit folgenden offiziellen Worten wiedergeben: „Alles, was Sie sagen, kann und wird bei einer Gerichtsverhandlung gegen Sie verwendet werden." Oft wird Mama jede offensichtliche Emotion, ob sie nun gut oder böse ist, dazu verwenden, den Jungen zu steuern. Somit lernen Jungen, sich vor ihren Müttern zu verstecken. Je weniger sie weiß, desto besser. Alles, was sie weiß, gräbt sie womöglich irgendwann aus, um ihn zu kritisieren oder zu rügen –

nach Wochen, nach Monaten, vielleicht erst nach Jahren. Auch wenn all das normal ist, ist die Situation dennoch manchmal so angespannt oder die Reaktion so vehement, daß der Knabe schließlich einen höchst widerspenstigen Schwur ablegt: „Offenbare einer Frau niemals deine wahren Gefühle. Das ist zu unsicher."

Später dann, wenn die Chromosome und Hormone die negative Einstellung eines Jungen gegenüber Mädchen verändern, will er sich vielleicht mitteilen und stellt fest, daß er dazu unfähig ist. Höchstwahrscheinlich fällt es ihm leicht, sich bis zum Zeitpunkt seiner Hochzeit mit Mädchen auszutauschen. Doch die Ehe rückt nun die Frau in eine Position, von der aus sie in ihm innere Schwüre auslösen kann, die er in Bezug auf primäre Bezugspersonen wie Mütter, Großmütter und Schwestern früher einmal gefällt hatte. Wir hatten häufig Ehepaare in der Seelsorge, die völlig konsterniert vor der Tatsache standen, daß ihre Kommunikation bis zu ihren Flitterwochen ausgezeichnet funktioniert hatte. Jetzt klagt sie:

„Er erzählt mir überhaupt nichts mehr."

Die allabendlichen Gespräche hören sich ungefähr so an:

„Hallo Schatz, wie war Dein Tag heute?"

„Gut, ja, recht gut."

„Erzähl mir doch was."

„Was möchtest Du denn wissen."

„Wie lief's denn so? Was war heute so los?"

„Ausgezeichnet. Es lief ausgezeichnet."

„Was denn?"

„Wie 'Was denn?'?"

„Na, irgendwelche Ereignisse. Was hast Du denn den ganzen Tag über getan?"

„Oh, ich weiß nicht. Auch nichts anderes als sonst, denke ich."

„Und was war los?"

„Was meinst Du mit: 'Was war los?'?"

„Na, irgendwelche Begebenheiten. Wie war denn Dein Tag?"

„Ich hab' Dir doch gerade gesagt, wie immer. Du weißt doch, was ich so im Büro tue, oder?"

Er ist sich überhaupt nicht darüber im klaren, daß sein Innerstes nicht die Absicht hat, das mitzuteilen, was ihn beschäftigt. Ohne sein oder ihr Wissen wurde eine frühere Programmierung aktiviert. Auch wenn er die Worte seiner Frau hört und es ihm weh tut und er völlig perplex darüber ist, daß er sich ihr gegenüber nicht verwundbar machen kann, ist es ihm dennoch nicht möglich, sein Herz zu verändern und offen und mitteilsam zu werden. Vielleicht tut er ein dutzendmal darüber Buße, nur um automatisch wieder in das alte Schema zurückzufallen. Das Problem liegt darin, daß seine jetzige Buße, die er wegen seiner Frau tut, die frühere Programmierung durch den Schwur, den er wegen seiner Mutter abgelegt hat, nicht überwinden kann. Die Buße ist zwar echt, doch bezieht sie sich auf die falsche Sünde wie ein Pfeil, der genau ins Schwarze trifft, jedoch auf der falschen Zielscheibe. Buße und Gebet sind notwendig für den kindlichen Groll gegenüber der Mutter (oder einer anderen weiblichen primären Bezugsperson), und um diesen inneren Schwur zu brechen, den er in sein Wesen fest eingegraben hat. Eine sich nur auf das Heute beziehende, oberflächliche Buße kann zu derartig tief verankerten Weisungen nicht vordringen.

Innere Schwüre gehören zu den am weitesten verbreiteten Problemen, die Männer und Frauen zu schaffen machen. So mancher Ehemann ist sich vielleicht dessen nicht bewußt, daß er sich nicht mehr mitteilt und sich mehr und mehr von seiner Frau entfremdet. Da er nun als Gesprächspartner ausfällt, kann es gut sein, daß die Emotionen in ihr erstarren und absterben und sie schließlich andere Orte der Kommunikation und der Erfüllung findet, wie z.B. einen Verein oder die Gemeinde. In der Zwischenzeit wird der Ehemann zusehends einsamer. Jetzt beginnen in ihm die ersten Schritte zum unausweichlichen Seitensprung heranzureifen. Doch über folgendes ist er sich überhaupt nicht im klaren: Wenn er sich von seiner Frau scheiden läßt und diese Frau heiratet, die ihn „Gott sei Dank versteht", dann wird nach der Hochzeit diese Frau dieselbe Position einnehmen, die seine jetzige Frau auch hat – er hält das jedoch für ausgeschlossen. Dieser innere Schwur verbannt ihn in die Isolation gegenüber jeder Ehefrau und macht ihn – zwar nur im begrenzten Maße, wenngleich auch mehr als im Falle seiner Frau – verwundbar für jeden, der den Mechanismus des Schwures nicht aktiviert. Er muß unweigerlich vereinsamen und sich möglicherweise in oberflächliche Liebschaften stürzen, bis der Schwur endlich erkannt und gebrochen wird.

Anders als in den beiden vorigen Fällen wird der Mann nicht allein dadurch frei, daß man seinen inneren Schwur erkennt und bricht. In den ersten beiden Fällen konnte ich (John) zum Körper sprechen, der sehr gerne dazu bereit war, zum ursprünglichen Gebot Gottes zurückzukehren, nämlich Leben hervorzubringen. Wie entfesselt machte sich der Körper dann daran, seinen Zweck innerhalb der Schöpfung zu erfüllen. Es blieben nur wenige Strukturen in der Seele übrig, die ihm hätten hinderlich sein können. Doch im Falle eines Schwures, sich nicht mehr mitteilen zu wollen, bleiben viele andere Charakterstrukturen intakt, nachdem der ursprüngliche Schwur gebrochen ist. Wer von Ihnen den Film „Star Trek" gesehen hat, wird sich daran erinnern, daß bei der Rückkehr von Voyager VI ein „Planet der Maschinen" einen gigantischen, komplexen Unterplaneten von Mechanismen um die ursprüngliche kleine Sonde herum aufgebaut hatte, die immer noch ihre anfängliche Mission erfüllen wollte! Genauso haben auch derartige innere Schwüre in der Charakterstruktur eines Menschen gewaltige, sie umgebende Komplexe aufgebaut, die alle noch darauf ausgerichtet sind, ihren ursprünglichen Zweck zu erfüllen, nämlich die Person vor Verletzungen zu schützen. Hierzu gehören z.B. ein steinernes Herz; unbewußte, ausweichende, defensive, gewohnheitsmäßige Fluchtmechanismen; automatisch ausgelöster Zorn; viele von bitteren Wurzeln herrührende Erwartungshaltungen; Wörter, Sätze oder Handlungen, die eine Schlüsselfunktion spielen und automatische Reaktionen hervorrufen; tief verwurzelte Ängste und Furcht; die Unfähigkeit zu vertrauen etc.. Auch wenn all diese negativen Verhaltensweisen überwunden werden, wird es immer noch notwendig sein, völlig neue Verhaltensstrukturen zu schaffen, die die alten ersetzen können. Weitreichende Seelsorge wird erforderlich sein, wenn eine Hilfsstruktur nach der anderen vernichtet oder umgestaltet wird. Alle beteiligten – Ehefrau, Seelsorger, Ehemann – werden Geduld, Nachsicht und Erbarmen haben und immer wieder vergeben müssen. Es kann sehr lange dauern, die vielen komplexen „Maschinerien" eines kleinen Schwures zu vernichten.

Die am weitesten verbreitete Fehlentwicklung, der wir bei Frauen begegnen, ist eine Unfähigkeit, dem Mann ihres Lebens mitteilen zu können, wer sie wirklich sind. Das bezieht sich jedoch normalerweise nicht auf den Bereich des Redens. Wenn man nur die Oberfläche betrachtet, sind Frauen, was die Kommunikation betrifft, fast ausnahmslos mehr darauf erpicht, sich mitzuteilen, als Männer. Dieses Verlangen ist manchmal so stark ausgeprägt, daß es selbst zu einem Teil des eigentlichen Problems wird – „Nach deinem Mann wird dein Verlangen sein" (1.Mo 3,16). Das Verlangen Evas nach Adam wurde schon bei der Schöpfung in sie hineingelegt. Somit meinte der Herr mit diesen Worten folgendes: Aufgrund ihrer Unsicherheit sollte ihr Verlangen nach ihm unmäßig werden. „Wie ein sandiger Aufstieg für die Füße eines Greises ist eine zungenfertige Frau für einen stillen Mann" (Jes Sir 25,20; Apokryphen; Einheits-Ü.). Gott schuf die Frau mit dem Verlangen, ihrem Ehemann zu gefallen, doch genau hier können auch schon Schwierigkeiten entstehen, denn Frauen wurden ja auch von ihren Vätern erzogen.

Ein kleines Mädchen möchte unbedingt Papas Liebling sein. Sie erblickt das Licht der Welt, und das Wissen, daß sie Gottes Geschenk an ihren Papa ist, um ihn hinzureißen, zu trösten, zu erfreuen und ihm zu gefallen, ist ihr quasi angeboren. Wenn sie von einem Vater aufgenommen wird, der sie schätzt, dann gewinnt sie in ihrem Frausein Selbstvertrauen. Durch ihre eigenen Vorstellungen von Schönheit und einem begehrenswerten Wesen schenkt eine Frau ihrem Ehemann Erfüllung. Wenn sie weiß, daß sie Gottes kostbares Geschenk an ihn ist, kann sie ihn mit sich segnen und dabei in die Ruhe eintreten. Wenn sie das nicht weiß und somit der ständigen Zustimmung und Bestätigung bedarf, wird sie eine beschwerliche Last für ihren Ehemann; er muß ihr immer wieder neu beweisen, daß sie für ihn begehrenswert ist. Das zehrt den Mann aus. Er wird empfänglich für irgendeine „Sirene", die sich absolut gewiß ist, daß sie begehrenswert ist.

Leider sind sich viel zu wenige Väter dessen bewußt, wie kostbar ihre Töchter sind. Viel zu wenige Väter sind ihrer Ichbezogenheit schon so abgestorben, daß sie den Wert ihrer Töchter um deretwillen und nicht um ihres eigenen Genusses willen schätzen könnten. Allzu oft sind kleine Mädchen schon quietschlebendig auf ihre Väter zugelaufen, nur um ignoriert oder abgeschoben zu werden. Wenn sie ein neues Kleid anhaben, dann bemerkt er es überhaupt nicht oder sagt nur: „Ja, ja, ist schon gut", oder zur Mutter: „Was hat denn das wieder gekostet?" Vielleicht hat das Mädchen für gute Noten in der Schule nicht einmal ein Kompliment bekommen. Oder, was noch viel schlimmer ist, das kleine Mädchen, das immer noch in einer emotionellen, romantischen Welt lebt, die der Vater schon längst vergessen hat, mußte immer und immer wieder zusehen, wie es in den meisten Fällen der Mutter das Herz bricht, wenn Papa so wenig bemerkt. Schließlich betrachtet es Männer als „doof" und „abgehoben"; sie bekommen einfach nichts mit oder wissen nicht, wo sich das Leben eigentlich abspielt. Deswegen muß Gott auch in seinem Wort die Frau fast nie daran erinnern, ihren Mann zu lieben; sie tut das wohl schon; jedoch aber daran, „...daß sie *Ehrfurcht* vor dem Mann habe" (Eph 5,33; Hervorhebung vom Autor). „Wie Sara dem Abraham gehorchte und ihn Herr nannte, deren Kinder ihr geworden seid, indem ihr Gutes tut und keinerlei Schrecken fürchtet" (1.Petr 3,6). Der „Schrecken" bezieht sich normalerweise nicht auf körperlichen Mißbrauch, sondern auf eine Ängstlichkeit, die von dem Mißtrauen herrührt: „Der Mann wird das, was mir Sicherheit schenken könnte, ja doch nicht sehen und tun."

Weil das kleine Mädchen immer wieder vernachlässigt und gekränkt wird, fällt es einen subtilen inneren Schwur. Der kindliche Schwur eines Mannes ist nicht so subtil. Er lautet einfach: „Nur nichts mitteilen." Doch die Frau verlangt immer noch danach, ihrem Mann zu begegnen und ihn zu erfüllen. Der erwachsenen Frau mag es verborgen sein, doch der am weitesten verbreitete, vergessene innere Schwur eines kleinen Mädchens lautet: „Laß'ihn nicht wirklich alles von dir haben oder wissen.". „Anteil haben" bedeutet von da an in erster Linie, daß die Frau Anteil an *seinem* Leben haben, *ihn* kennen und über *ihn* sprechen möchte und nicht andersherum. Weiterhin macht ihr innerer Schwur daraus ein cleveres Spielchen, was sie ihm nun mitteilt und was nicht. Es kann gut sein, daß sie genug von sich mitteilt und ihm genug gibt, um selbst davon überzeugt zu sein, daß sie diejenige von beiden ist, die offen und mitteilsam ist; sie ist sich aber nicht darüber im klaren, daß sie unbewußt und sorgfältig kontrolliert, wieviel sie überhaupt mitteilt. In den Momenten des Austauschs, in denen sie sich nach außen hin damit brüstet, sie teile ihm doch alles mit, bekommt er jedoch nicht wirklich alles von ihr.

Wie oft haben kleine Mädchen ihre Hände schon zu Fäusten geballt, weil sie darüber frustriert waren, daß Papa keine Notiz von ihnen nahm? Wie oft haben ihr Papas Worte gezeigt, daß er sie niemals wirklich verstanden hat? Aus den Reaktionen auf derlei Erfahrungen erwachsen Mißtrauen und Respektlosigkeit, die dem inneren Schwur, sich ja nicht verwundbar zu machen und ihre Identität als Frau ja nicht mit einem Mann aufs Spiel zu setzen, nur noch neue Nahrung geben: „Sollte ich jemals...". Wie bei einem Jungen kehren sich im Laufe der Zeit aufgrund des natürlichen Verlangens die kindlichen Aversionen um; doch die früheren Festlegungen sind nicht nur vergessen, meistens werden sie mit äußerstem Nachdruck geleugnet.

Für eine von fünf Frauen in Amerika ist dieser innere Schwur nur die Spitze des Eisbergs; denn dahinter entdeckt man, daß sie von einem Mann, dem sie vertraut haben, mißbraucht wurden – vom Vater, Großvater, Stiefvater, Bruder, Onkel oder Cousin.* Wenn kleine Mädchen den männlichen Bezugspersonen vermitteln, daß sie bewundert und festgehalten werden möchte, empfangen viele Männer diese Signale und interpretieren sie auf eine bestialische Art und Weise. Sie ehren ihre Berufung als Väter und ehrenwerte Männer nicht, die ein Mädchen lieben können, bis schließlich eine begehrenswerte Frau daraus geworden ist. Sie reagieren auf der sexuellen Ebene und vergewaltigen damit nicht nur den Körper des Mädchens, sondern vielmehr auch ihre kostbare Fähigkeit, sich in aller Offenheit der Gewißheit anzuvertrauen, daß ihr eigenes wunderbares Wesen beim richtigen Mann gelandet ist. Von diesem Zeitpunkt des Mißbrauchs an, fürchtet sie sich womöglich davor, die Schönheit ihres Wesens erstrahlen zu lassen, weil sie Angst davor hat, daß das böse Konsequenzen haben könnte. Ein vehementer, leidenschaftlicher innerer Schwur gellt durch ihr Wesen: „Mach zu!". Auch wenn sie dadurch entweder frigide oder

---

* Dies wurde 1980 geschrieben. Im August 1981 berichtet Rachel Johnson von aktuellen Statistiken, die belegen, daß eine von vier Frauen schon von einem Familienmitglied mißbraucht wurde.

promiskuitiv werden kann – beide Verhaltensweisen entspringen derselben Wurzel –, wird sie doch von da an unfähig sein, sich dem Mann ihres Lebens voll und ganz hinzugeben. Sie sieht vielleicht recht sexy aus und hat oft Geschlechtsverkehr – geheiligt oder ungeheiligt. Sie hat Spaß am Sex oder haßt ihn. Doch hinter all dem steht eine verborgene Unfähigkeit, ihr ganzes Wesen einem Mann hinzugeben. Sie kann ihrem Mann nicht vorbehaltlos von ganzem Herzen, mit ihrem ganzen Geist durch ihren Körper begegnen. Sex beschränkt sich für sie lediglich auf körperliche Stimulation, da ihr Geist nicht die Freiheit hat, loszulassen und sich in den Mann hineinzukuscheln. Ihr Mann ist vielleicht verwirrt, weil er bemerkt, daß etwas fehlt, doch er weiß nicht, was. Ohne es zu verstehen und obwohl seine Frau willig ist (wenn es sich bei ihr so verhält), sehnt er sich immer noch nach anderen. Die Wahrheit ist, daß er sie noch nie richtig gehabt hat. Einsamkeit ist am schmerzlichsten, wenn sie grundlos zu sein scheint.

Für einen Seelsorger besteht die erste Schwierigkeit zunächst einmal darin, das Problem überhaupt zu erkennen. Alle offensichtlichen Hinweise deuten darauf hin, daß sie gibt, der Mann jedoch nicht; ja anscheinend kann er oder will er sich ihr gar nicht öffnen. Zum mangelnden

Durchblick kann noch erschwerend die Tatsache hinzukommen, daß er sich wirklich weder ihr öffnen noch sie aufnehmen kann, sei es in der ehelichen Kommunikation oder beim Sex. Unserer Erfahrung nach ist es weise, davon auszugehen, daß Eheprobleme niemals einseitig sind. Wenn ein Partner ein Problem hat, findet man beim anderen entweder etwas diametral Entgegengerichtetes oder aber auch etwas Identisches, das normalerweise genauso störend oder destruktiv ist. Es ist besonders dann sehr wichtig, sich an dieses Prinzip zu erinnern, wenn man dem Augenschein nach von einer wunderbaren, heiligen Frau schwärmen möchte, die eben nun mal einen gefühllosen und grobschlächtigen Mann hat. In diesem Zusammenhang empfehlen wir 1.Johannes 2,16 zu lesen: „Denn alles, was in der Welt ist, die Lust des Fleisches und die *Lust der Augen* und der *Hochmut des Lebens*, ist nicht vom Vater, sondern ist von der Welt." Wiederum dürfen wir nicht nach dem richten, was uns vor Augen ist.

Die erste Aufgabe des Seelsorgers ist es, dieser Frau die Augen zu öffnen. Sobald sie klar sehen kann, muß er ihr helfen, dieses Verhaltensmuster ihres alten Menschen, das sie vom wirklichen Leben fernhält, voll und ganz zu hassen und nicht irgendeinen Menschen oder eine Sache außerhalb ihrer selbst. Sie muß an einen Punkt kommen, an dem sie diesen inneren Schwur haßt, der für die Blockierung verantwortlich ist. Ein derartiger Haß kommt nicht automatisch und sollte auch, ungeachtet der Proteste der Ratsuchenden, nicht als selbstverständlich betrachtet werden. Nicht die Worte, sondern die Früchte offenbaren die Wahrheit. Es dauert eine Weile, bis sich Früchte konstant manifestieren. Man sollte sofort beten, daß ihr die Verunehrung ihrer Eltern vergeben, die Schwüre gebrochen und das neue Leben in Freiheit offenbar wird, doch es kann eine Weile dauern, bis sie ihr altes Ich richtig hassen und folglich sich selbst absterben kann.

Auch hier gilt: Man kann erst durch die Auferstehung in die Fülle der Umgestaltung eintreten. Eine Frau, die von ihrem Vater niemals lebensspendende Liebe erfahren hat, findet sich vielleicht nach außen hin hübsch und begehrenswert und stellt ihre Reize gar zur Schau; doch innerlich fühlt sie sich häßlich und völlig unattraktiv. Ein Mensch, der wirklich Vertrauen hat, braucht sich nicht zur Schau stellen oder sich herausputzen oder angeben. Das Flirten oder selbst das unscheinbarste Spiel mit sexuellen Reizen läßt in der Regel auf eine innerliche Trockenheit und Verzweiflung schließen. Gleichgültig wieviele Dinge am Kreuz sterben, ohne Auferstehung gibt es keine bleibenden Resultate. Auferstehung geschieht nur durch Liebe. Ein Mensch kann kein Leben finden, wenn er nicht durch die Liebe zum Leben erweckt wird (1.Joh 4,19). Das kleine Mädchen braucht einen Vater.

Paula und ich übernahmen schon für viele solcher Frauen die Rolle des Vaters und der Mutter in Christus. Doch allzu oft haben wir auch schon miterlebt, wie Leiter und andere Seelsorger durch Übertragungen und Verführungen zu Fall kamen. Eindringlich warnen wir jeden Seelsorger, das Kreuz zwischen sich und den Ratsuchenden zu stellen, sein eigenes Herz und seine Gefühle sorgfältig zu schützen, sich sicher und fest an seinen eigenen Partner zu binden (oder – bei Ledigen – an den wachsamen Rat anderer), fest mit dem Moralgesetz des Wortes Gottes umgürtet zu sein und regelmäßig in Andacht und Anbetung vor Gott zu treten. Der Versuch, andere durch Liebe zum Leben zu erwecken, muß vom Seelsorger und nicht vom Ratsuchenden innerhalb von Beziehungen gehalten werden, die so sicher und tragfähig sind, wie nur irgend möglich. Seelsorger müssen sich als Väter oder Mütter in Christus sehen und als nichts anderes.

Früchte sind offensichtlich. Man kann sie nicht verbergen. „Ihr seid das Licht der Welt; *eine Stadt, die oben auf einem Berg liegt, kann nicht verborgen sein*" (Mt 5,14; Hervorhebung vom Autor). Eine Frau mag schon von Natur aus durch ihren schönen Körper glänzen – doch erst wenn sie auch noch von innen her schön wird, kann es jedermann sehen. Die Schönheit kommt von innen her und umgibt sie, ohne falsche Aufmerksamkeit auf sich zu ziehen. Die Männer behandeln sie als die Frau, zu der sie nun geworden ist. Aus ihr strahlt eine stille, innere Freude, und ob sie nun momentan traurig oder glücklich ist, ist einerlei. Sie hat die Freiheit, ihrem Ehemann zu geben, ohne es von ihm bis ins letzte Detail zurückbezahlt haben zu wollen. Weil von ihm nun nichts mehr gefordert wird, beginnt er in der Regel zu reagieren. Voll Freude erzählte eine Dame folgendes: „Er kann einfach seine Finger nicht mehr von mir lassen. Immer tätschelt er mich und sagt mir, daß er mich liebt.". Weil sie nun frei geworden ist, kommen nun allmählich viele Talente zum Vorschein, ja zur vollen Blüte, die lange gebunden waren (Lk 13,16). Der Seelsorger muß sich nun zurückziehen und sie sich entfalten lassen.

Innere Schwüre sind so vielfältig wie die Menschen selbst. Einige von ihnen sind unkompliziert, wie z.B. im Falle eines Jungen, der schwört, er werde niemals singen (vielleicht weil er dadurch früher schon mal in eine peinliche Situation geraten war oder die Eltern es von ihm gefordert hatten); einige Jahre später entdeckt er auf einmal, wie eine schöne, volle Stimme von seinen Lippen erklingt. Einige sind komplizierter wie z.B. im Falle eines kleinen Mädchens, das sich weigert, beim Schwimmen mit dem Kopf unterzutauchen; in der Seelsorge findet man dann heraus, daß das nicht auf etwaige frühe Erlebnisse im Zusammenhang mit dem Schwimmen zurückzuführen ist; der alleinige Grund dafür war vielmehr ein Schwur, sie werde niemals ein für sie unkalkulierbares Risiko eingehen. In Paulas Fall fand dieser Schwur schon im Fruchtwasser des Mutterleibs seinen Anfang und wurde durch Leistungsanforderungen nur noch verstärkt, bevor sie überhaupt darauf reagieren konnte. Erst jetzt, Jahre nach ihrer Erfüllung mit dem Heiligen Geist und nach weiteren Jahren der Nachforschung und des Gebets über tief verwurzelte Ursachen, fängt sie an, sich frei im Wasser zu bewegen!

Menschen können schwören, niemals in aller Öffentlichkeit reden zu wollen, niemals Brüste haben zu wollen oder niemals erwachsen werden zu wollen; niemals etwas von sich hergeben zu wollen, nicht einmal so einfache Dinge wie Kleidung; es niemals zuzulassen, daß man in ihren persönlichen Freiraum eindringt, oder niemals gebrauchte Sachen aufzutragen. Viele innere Schwüre beziehen sich auf unsere Ambitionen oder unsere Rebellion: „Ich werde nie wieder danebenhauen", „Ich werde immer der Beste sein" oder, ganz im Gegenteil „Ich werd's nie wieder versuchen."

Schwüre, die persönliche Beziehungen betreffen, sind die folgenschwersten von allen. Kinder können andere mächtige Festlegungen gegenüber ihren Eltern treffen als die, die wir schon besprochen haben; auch durch sie werden eheliche Beziehungen zerstört: „Das werd' ich ihr (der Mutter oder der Schwester) heimzahlen." Später projiziert dieser Mann ein daraus resultierendes, unbewußtes Verlangen nach Rache auf alle Frauen, insbesondere auf die Ehefrau und die Kinder. „Ich werd' mich von ihm/ihr (Bruder oder Schwester) nicht nochmal unterkriegen lassen (sei es als Reaktion auf eine Hänselei oder im Rahmen der geschwisterlichen Rivalität)." Daraus resultieren automatische, verborgene, vom Konkurrenzdenken geprägte und/oder ausweichende Verhaltensmechanismen gegenüber dem Partner und engen Freunden.

Einige innere Schwüre halten einen Menschen auf einem unhaltbaren Kurs fest, der schließlich zu einem Zusammenbruch oder zu einer Explosion führt: „Ich werde mich nicht noch mal so gehen lassen; schau nur, was dabei rauskam." So ein Mensch staut vielleicht von da an ständig seinen unterdrückten Zorn auf, bis auch nur der allerkleinste Funke eine wahre Katastrophe hervorruft. „Nie wieder werde ich unvorbereitet sein, wenn mir eine Frage gestellt wird." So jemand leidet in jeder Gruppe unter ständigen Verkrampfungen, bis er herausgefunden hat, wie er auf jede nur denkbare Frage antworten kann. Wenn er sich jedoch in zu vielen Situationen wiederfindet, die zu viele rasche Anpassungen erfordern, wird sein innerer Schwur maßgeblich zu seinem Zusammenbruch beitragen.

Auch gute innere Schwüre müssen gelöst werden, damit sie einen normalen und gesunden Austausch nicht blockieren können. Ich (John) verwandelte jede gute Lehre meiner Eltern in einen machtvollen inneren Schwur: „Schlag niemals eine Frau", „Erhebe nie Deine Stimme gegen eine Frau", „Sei nicht jähzornig", „Behandle jede Frau wie eine Dame." Solche Schwüre sehen vielleicht gut aus, doch entstammen sie dem Fleisch und knechten uns; sie kommen nicht aus der Freiheit des Geistes. Solche und dergleichen Schwüre machten meine Beziehung zu Paula unrealistisch. Indem ich sie zurückwies, setzte ich keine Lawine der Gewalt in Bewegung. Nie habe ich Paula geschlagen oder versucht, sie mit Worten zu verletzen, und die Tatsache, daß ich jetzt die Freiheit habe, jähzornig zu werden oder zu schreien, hat nicht dazu geführt, daß ich ein lauter und ärgerlicher Mensch wurde. Ganz im Gegenteil – es ist vielleicht sogar weniger wahrscheinlich, daß ich mich so entwickle, da mich jetzt der Herr und nicht mein fleischlicher Wille auf diesem Gebiet festhält. Wären meine Schwüre vom Herrn nicht gelöst worden, hätten sie mich in Reaktionsschemata eingesperrt, die später vielleicht eine Art von Ventil gebraucht hätten. Was noch viel wichtiger ist: Unsere Gerechtigkeit muß Jesu Gerechtigkeit werden und zwar durch den Einfluß seines Heiligen Geistes, der uns durchströmt, und nicht durch die Plagerei und die immer wieder stolz präsentierten Resultate der Entschlossenheit unseres Fleisches.

Wie können wir innere Schwüre aufspüren? Indem wir fragen. Bei hartnäckigen Verhaltensmustern des alten Menschen sollte ein Seelsorger prüfen, ob ein innerer Schwur dahintersteckt. Bei zwanghaftem

Verhalten kann man auf einen inneren Schwur als Ursache schließen (oder auch nicht); es können auch noch andere Faktoren eine Rolle spielen. In jedem Fall müssen wir neu entscheiden, ob wirklich ein Schwur der Dreh- und Angelpunkt des Problems ist. Wenn innere Schwüre an der Wurzel des Problems zu finden sind, dann sind sie in den seltensten Fällen der einzige Faktor, ja es kann sogar sein, daß sie nur eine untergeordnete Rolle spielen. Sie wirken in Verbindung mit bitteren Wurzeln, verborgenem Groll, Ängsten etc.. Das Entscheidende hierbei ist, wenn ein innerer Schwur wirklich an der Wurzel eines Problems zu finden ist, daß er oftmals der Schlüssel zu dessen Lösung ist. Sein hartnäckiger Widerstand gegen jegliche Veränderung, der solange bestehen bleibt, bis er schließlich ans Licht gebracht und über ihn Buße getan wird, kann die Befreiung von Problemen in allen anderen Bereichen behindern, ob diese nun sichtbar sind oder nicht. Insbesondere wenn der Seelsorger fassungslos vor der Tatsache steht, daß sich der Ratsuchende selbst nach längerer Zeit immer noch nicht verändert hat, und ganz speziell, wenn schon viele Faktoren erkannt worden sind und die Buße doch eigentlich schon hätte Freiheit bewirken müssen, dann sollte man einen inneren Schwur in Betracht ziehen und dieser Spur nachgehen.

Wiederum bedarf es nicht der Kraft (*dynamis*), die den Leib heilen könnte, sondern nur der Kraft (*exousia*) der Autorität. Selbst der allergeringste Christ, der ein Verständnis seiner Autorität (*exousia*) in Christus hat, kann jeden inneren Schwur brechen. Das Gebet sollte weder auffordernden Charakter haben, etwa: „Herr, hilf ihm, diesen inneren Schwur zu überwinden" noch sich wie eine Bitte anhören: „Lieber Herr, bitte nimm diesen inneren Schwur weg." So ein Gebet wird nur wenig, wenn überhaupt etwas ausrichten. Die Situation erfordert ein Gebet, in der der Sprecher selbst in der Ich-Form Autorität ausübt: „Im Namen Jesu breche ich diesen inneren Schwur." Jemand, der den Herrn nicht wirklich kennt und nicht auf seine eigene Autorität in Jesus vertraut, kann ein derartiges Gebet nicht als Zauberformel sprechen. Auch wenn wir es hier normalerweise nicht direkt mit Dämonen zu tun haben (da ein innerer Schwur eine Struktur unseres fleischlichen Wesens ist), wäre ein Gebet, das im Unglauben ausgesprochen wird, oder ein Gebet, das die hier niedergeschriebenen Gedanken nur kopiert, genauso kraftlos sein; denn so erging es den sieben Söhnen Skevas, als sie versuchten, aus Unglauben heraus den Namen Jesu anzuwenden (Apg 19,13-16). Wer möchte schon nackt und verwundet fliehen? Ein Ratsuchender wird nur dann frei, wenn sein Seelsorger einen persönlichen Glauben an die Macht und den Handlungswillen des Herrn hat.

Das Gebet sollte um des kleinen Kindes im anderen willen laut und deutlich und auf verschiedene Art und Weise ausgesprochen werden: „Ich breche diesen inneren Schwur des Sich-Zurückziehens. Ich spreche direkt zu dem Kind in Dir und sage im Namen Jesu: Ich löse Dich nun von dieser Gewohnheit des Sich-Zurückziehens. Ich stelle nun in Dir die ursprüngliche Freude Deiner Seele daran wieder her, sich Deinen Geschwistern in Christus mitzuteilen. Ich setze Dich frei, damit Du Dein Herz öffnen und *mit* den anderen zusammen sein kannst. Danke Jesus; ich sehe, wie...(der Name des Ratsuchenden) spricht und lacht, daß er sich nicht mehr davor fürchtet, einen Fehler zu machen und wie er kichert, aber in Freiheit und nicht mehr aus Verlegenheit. Ich preise Dich, Herr, daß Du das Werk fortführen wirst bis...(der Name des Ratsuchenden) eines Tages mit einem Freudenschrei erkennen wird: 'He, das stimmt! Ich bin frei, so wie wir damals gebetet haben.' Danke, Jesus. Amen."

12

Ein steinernes Herz

Und ich werde euch ein neues Herz geben und einen neuen Geist in euer Innereres geben; und ich werde das steinerne Herz aus eurem Fleisch wegnehmen und euch ein fleischernes Herz geben.

(Hes 36,26)

Verhärtet euer Herz nicht, *wie zu Meriba, wie am Tag von Massa in der Wüste, wo eure Väter mich versuchten, mich auf die Probe stellten, obwohl sie mein Werk gesehen hatten. Vierzig Jahre empfand ich Ekel vor diesem Geschlecht, und ich sprach: Ein Volk irrenden Herzens sind sie, und sie haben meine Wege nicht erkannt. Darum schwur ich in meinem Zorn: Sie sollen nicht in meine Ruhe eingehen.*

(Ps 95,8-11; Hervorhebung vom Autor)

Gott möchte ein Volk, mit dem er Gemeinschaft haben kann: „...damit auch ihr mit uns Gemeinschaft habt; und zwar ist unsere Gemeinschaft mit dem Vater und mit seinem Sohn Jesus Christus" (1.Joh 1,3). Er hat uns gerettet, damit wir sein eigen würden. Er möchte nicht so sehr Diener als vielmehr Freunde (Joh 15,15). „Und die Schrift wurde erfüllt, welche sagt: 'Abraham aber glaubte Gott, und es wurde ihm zur Gerechtigkeit gerechnet', und *er wurde 'Freund Gottes' genannt*" (Jak 2,23; Hervorhebung vom Autor). „Jesus antwortete und sprach zu ihm: Wenn jemand mich liebt, so wird er mein Wort halten, und mein Vater wird ihn lieben, und wir werden zu ihm kommen und *Wohnung bei ihm machen*" (Joh 14,23; Hervorhebung vom Autor).

Um mit Gott Gemeinschaft haben zu können, muß in unserem Geist die nötige Kapazität dafür vorhanden sein: „Gott ist Geist, und die ihn anbeten, müssen in Geist und Wahrheit anbeten" (Joh 4,24). In unseren Gesprächen mit anderen Menschen hat wohl fast jeder von uns schon einmal so einen seltenen Moment erlebt, in dem man sich im Geiste so eins war, daß man im Herz des anderen lesen konnte und es schien, als ob man ihn verstünde, bevor er überhaupt etwas gesagt hatte. Ein andermal scheinen unsere Worte wie an einer unsichtbaren Mauer abzuprallen. Dann wissen wir, daß wir *zueinander*, jedoch nicht *miteinander*, gesprochen haben. Echte Gemeinschaft hängt davon ab, inwieweit unser Geist fähig ist, sich nach dem anderen auszustrecken und mit ihm eins zu werden.

In Gegenwart eines anderen können wir Einsicht und Erfrischung bekommen, einzig und allein dadurch, daß unser Geist über den Leib hinausgeht, dem anderen begegnet und ihm Nahrung schenkt. Jeder, der schon einmal eine Leiche berührt hat, hat an der Klammheit wohl erkannt, daß kein Geist mehr in ihr ist. Wenn man jemandem die Hand schüttelt und es sich anfühlt, als ob man nach einem toten Fisch greift, wird einem klar, daß hier keine echte Begegnung, keine Umarmung stattfinden kann. Wie oft habe ich schon Stunden mit einem anderen Menschen zugebracht, nur um danach zu dem Schluß zu kommen: „Ich bin ihm eigentlich nicht wirklich begegnet." Doch wie oft habe ich auch schon jemanden umarmt, den ich soeben zum ersten Mal in meinem Leben gesehen habe und es war so, als ob wir schon ein Leben lang Freunde gewesen wären.

Um Gott begegnen zu können, müssen wir Gottes Geist in uns haben. „Denn wer von den Menschen kennt das innere Wesen eines Menschen? Doch nur der Geist, der in dem betreffenden Menschen wohnt. Ebenso hat auch niemand das innere Wesen Gottes erkannt als nur der Geist Gottes" (1.Kor 2,11; Menge). Ein Mensch kann den anderen verstehen, weil beide den Geist eines Menschen haben. Ebenso gesellt sich in der Schöpfung Gleiches mit Gleichem – Katze mit Katze, Hund mit Hund usw. Keine Kuh wird je ein Pferd für eine andere Kuh halten, denn der Geist einer Kuh kennt seinesgleichen. Gott *schuf* jede Art zur Gemeinschaft mit ihresgleichen. Gott schuf uns als Menschen und dennoch möchte er gerne Gemeinschaft mit uns haben! Am Anfang befähigte er uns und legte seinen eigenen Geist in uns (1.Mo 2,7). Adam und Eva lebten und sprachen mit ihm im Garten (1.Mo 3,8-24). Doch beim Sündenfall verlor der Mensch diese Fähigkeit. Wir starben in Sünde. Unsere Versuche, Gemeinschaft mit Gott zu haben, kann man mit einer Maschine vergleichen, die mit 220 Volt läuft, die man aber an eine Milliarde Volt anschließen möchte. Kein Wunder, daß die Israeliten zu Mose schrien: „Rede du mit uns, dann wollen wir hören! Aber Gott soll nicht mit uns reden, damit wir nicht sterben" (2.Mo 20,19).

Also wurde Gott in Jesus Mensch, damit durch ihn die Gemeinschaft zwischen uns und ihm wiederhergestellt würde. Unser Herr Jesus Christus goß den Heiligen Geist über uns aus, damit in uns wieder die Kraft wäre, ihn und seine Liebe zu verstehen (1.Kor 2; Eph 3,18), und im Geist mit ihm wandeln und kommunizieren zu können (Röm 8).

Die Schwierigkeit besteht darin, daß der Heilige Geist seine Wohnung innerhalb des mit Stacheldraht umfriedeten Bereiches unseres –

immer noch allzu unmenschlichen – Wesens errichten möchte. Der Wasserstrom des Heiligen Geistes muß die durch unser Wesen vorgegebene Form durchbrechen. Gottes Annäherungsversuche müssen von unserer – immer noch unvollkommenen und korrupten – Mentalität interpretiert werden. Die Einheit zwischen dem Heiligen Geist und unserem *Geist* kann wahrhaftig und voll ausgebildet sein; doch das *Herz* und der *Verstand* können viele Bedeutungen immer noch durcheinanderbringen. Wenn der Heilige Geist nun z.B. kommt, um uns, aus seiner Liebe und aus seinem Erbarmen heraus inmitten unseres Leidens zu umarmen, könnten wir (ja, wir tun es wirklich!) diesen Moment der Herrlichkeit in seiner Gegenwart nicht nur als Bestätigung dafür sehen, daß unser falscher Weg richtig ist, sondern auch, daß er überdies seinem Willen gemäß ist.

Daraus folgt nun: Je offener unsere Herzen für ihn sind und je mehr wir mit unserem Verstand erfassen, desto besser wird unsere Gemeinschaft. Umgekehrt wächst unsere Unfähigkeit, in Gemeinschaft mit ihm zu bleiben, je härter und starrsinniger unser Herz ist und je weniger sich unser Sinn auf den Seinen einstellt. Wenn unser Geist seinem begegnet, dann muß die Ebene des Verständnisses mitziehen können, sonst können wir diese Phase der Beziehung nicht aufrechterhalten. Deswegen sagte Jesus auch: „In Geist *und Wahrheit*" (Joh 4,24). Eine Beziehung, die nur von Geist zu Geist, jedoch ohne Wahrheit besteht, wird wie ein Fluß ohne Ufer in der Wüste schnell versiegen! Nur die Wahrheit allein – also von Verstand zu Verstand – ist hingegen leblos! Kein Teil kann ohne den anderen eine Beziehung aufbauen oder in Gang halten. Erst im Zusammenklang von Geist und Wahrheit springt der Funke über und die Beziehung kann mehr und mehr im Segen wachsen.

Am Anfang setzt sich unsere Ehe mit dem Herrn über alle Grenzen hinweg, wie eine Flut, die einen Deich durchbricht. Doch sind wir noch zu fleischlich und zu unreif im Glauben, um diese Fülle der Beziehung bewahren zu können. Bald weicht die Flut wieder hinter den Deich zurück und wir fragen uns, wo der Herr denn geblieben ist. Natürlich ist er immer noch da, doch wir können eine vollständige und erfüllte Beziehung nicht aufrechterhalten, weil unsere Herzen hart sind und weil es uns an Glauben fehlt. Die Wahrheit und der Geist paßten nicht zusammen; wir konnten nicht bestehen.

Das gleiche geschieht auch in menschlichen Beziehungen. Manchmal springt unser Geist über alle Mauern und wir genießen eine wirklich erfüllte Beziehung. Doch manchmal leben wir in der Höhle der Einsamkeit.

Um eine echte Beziehung zwischen Menschen und mit Gott zu ermöglichen, muß er unsere steinernen Herzen durchdringen oder weich machen, so daß sich sein Geist und unser Geist gegenseitig *durch*strömen können und nicht nur gelegentlich mal *übereinander* hinwegfließen. Als gefallene Menschen sind wir wie ein mittelalterlicher Ritter in seiner Rüstung: Wir lugen mal aus diesem, mal aus jenem Spalt, um nach dem anderen zu stochern und ihn zu schlagen und wünschten uns, unser Gegenüber würde sich öffnen, damit wir ihm wirklich begegnen könnten.

Das Problem besteht in einer Charakterfehlentwicklung, die sich lange vor dem sechsten Lebensjahr ausgebildet hat; jedoch wird sie zwischen Sechs und Zwölf entweder überwunden oder fest eingemauert. Der Geist, den Gott bei der Schöpfung in uns blies (1.Mo 2,7), findet sich im Gefängnis des Leibes wieder und muß sich nun durch die verdorbene Seele des vererbten menschlichen Wesens ausdrücken. Ob wir nun schon bei der Schöpfung zu leben begannen, wie einige meinen, oder erst bei der Empfängnis, wie andere behaupten – sobald wir erst einmal im Fleisch sind, ist zwar jeder von uns in gleicher Weise dem sündhaften Erbe der Menschheit unterworfen, doch jeder Geist kann darüber hinaus Faktoren erfahren, die speziell für ihn schädlich sind. Die Eltern nehmen die Schwangerschaft womöglich nicht an. Streit, Spannung und übermäßige Gewalt zerreißen die Atmosphäre. Bis ein Mensch dann schließlich das Licht der Welt erblickt (oder kurz danach), ist die Fähigkeit seines Geistes, zu vertrauen und sich dem Leben zu öffnen, vielleicht schon begrenzt, wenn nicht schon völlig blockiert. „Abgewichen sind die Gottlosen von Mutterschoße an, es irren von Mutterleibe an die Lügenredner" (Ps 58,4). Diese „Gottlosen" sind wir alle, „da ist keiner, der Gutes tut" (Ps 14; Röm 3).

Alle gewissenhaften und wohlmeinenden Mütter sind normalerweise öfters nicht in der Lage, die Signale ihres Babys richtig zu deuten. Das Baby hat Hunger, doch die Mutter wechselt seine Windel. Oder aber das Kind ist nicht hungrig – vielleicht kneift eine Sicherheitsnadel, oder es hat vom Stoff der Windel einen unangenehmen Ausschlag bekommen, oder es wurde von lauten Stimmen erschreckt oder vielleicht will es einfach nur mal richtig losschreien, doch die Mutter steckt ihm ihre Brust in den Mund! Vielleicht ist Papa gerade dabei, den Säugling mit rauher Hand aufstoßen zu lassen, wo er doch nur sanft in den Schlaf gewiegt werden wollte. Oder die Geschwister gehen ihm auf die Nerven, quietschen herum und schneiden Grimassen, wo er doch nur Ruhe und Frieden wollte. Oder – was sehr wahrscheinlich ist – so gegen zwei Uhr morgens möchte Baby kichern und spielen, doch alle anderen wollen schlafen! Wohin mit seinen Emotionen? Mit seinem Zorn? Mit Groll, Einsamkeit, Angst und Sehnsucht? Oder mit seinem Verlangen nach Ruhe? Es kennt den Herrn noch nicht, so daß es vergeben könnte. Der Verstand ist noch nicht so ausgebildet, daß es Dinge vernünftig sehen könnte. Es kennt noch keine Selbstkontrolle. Es hält nicht von selbst inne; es muß inne gehalten *werden*, sei es durch eine Berührung, durch Trost, durch väterliche Stärke oder durch mütterliche Wärme; doch wie oft sind die Eltern dann nicht da oder verstehen nicht. Jede Verletzung verletzt das Kind direkt und unmittelbar, jeder Spaß macht ihm wirklich Spaß.

Zu diesen ganz alltäglichen und normalen Ärgernissen kommen in manchen Fällen noch Ablehnung, lange Abwesenheit der Eltern und eine ständige und nicht nachlassende Einsamkeit hinzu. Jedes Baby kennt seine Mama und seinen Papa und sucht sie. So wie Johannes der Täufer mit sechs Monaten, also noch im Mutterleib, schon Jesu Gegenwart in Maria erkennen konnte (Lk 1,44), kennt jedes Baby von seinem Geist her die Seinen. Doch viele werden zur Adoption freigegeben. Wie vernünftig die Erwachsenen dabei auch denken mögen und glauben, das Beste für das Kind zu tun, in den Augen des Babys ist das nichts anderes als schreckliche Ablehnung. Oder aber der Vater hat selbst kein stark ausgeprägtes Selbstwertgefühl und deshalb wird er während den langen Stunden der Nacht nicht mit dem Baby spielen, es nicht wiegen, festhalten und trösten, nicht mit ihm herumgehen und mit ihm sprechen. Mama ist vielleicht durch diese schreckliche Schule gegangen, die besagt, man solle das Kind niemals in den Arm nehmen, um ja nichts zu verpatzen; deshalb heißt es: vier Stunden im Bettchen, füttern und nochmal vier Stunden im Bettchen. Oder die Mutter kann oder will nicht stillen. Wie kann ein Baby mit solchen Verletzungen umgehen? Welche emotionalen Hilfsmittel sind ihm an die Hand gegeben?

In viel zu vielen Fällen kommen noch Gewalt und Schrecken hinzu. Manche Eltern sind wahre Bestien. Mit hochrotem Kopf und laut gellenden Stimmen beugen sie sich beängstigend über das Kinderbettchen. Immer wieder wird die Ruhe des Schlafes vom Toben und Brüllen eines Betrunkenen zerrissen. Die schreckliche Erwartung des Schlagens und Schreiens! Es gibt keinen ruhenden Pol mehr, auf den es sich verlassen könnte.

Was kann ein Baby tun, um sich selbst zu schützen? Es wird so schnell wie möglich eine Mauer um sein Herz bauen! Es lernt den Impuls, sich mit seinem Geist ungeschützt nach einem anderen Menschen auszustrecken, zu steuern. Allmählich, doch mit ziemlicher Sicherheit formt es ein steinernes Herz. Babies, die ein wirklich bedauernswertes Elternhaus haben, kommen fast nicht umhin, sich hinter einem soliden Schildkrötenpanzer zu verkriechen. Jeder Mensch auf Erden hat ein derartiges Herz, der eine etwas weicher, der andere etwas härter und undurchdringlicher; das hängt normalerweise von dem Schmerz ab, den der jeweilige Mensch erlitten hat.

Eine Familie in unserem Bekanntenkreis machte es zu ihrem Dienst, Pflegekinder aus gewalttätigen oder zerrütteten Familien bei sich aufzunehmen. Als die kleinen Babys ankamen, waren sie starr und angespannt; sie konnten sich nicht in eine Umarmung hineinfallen lassen. Sie starrten an die Decke und sahen doch nichts. Nach einigen Wochen der Liebe und des Gebets, wurden die Babys herzlich, knuddelig, weich und begannen zu lachen. Jetzt konnte der Geist dieser Kleinen voll Freude demjenigen auf den Schoß hüpfen, der sie gerade hielt.

Doch was geschieht mit den vielen, die tragisch verletzt sind und nicht auf diese Weise durch Liebe geheilt werden?

Je nachdem, wie stark das steinerne Herz in einem jeden von uns ausgeprägt ist, hat er dadurch seine volle Bestimmung als Mensch verfehlt. Im gleichen Maß haben wir auch die Fähigkeiten vergraben, derer wir zu einem echten Austausch auf der Ebene des Herzens und des Verstandes bedürfen. Wir geben unseren Geist nicht der Verletzbarkeit preis und öffnen uns keiner Berührung oder Umarmung. All das tut viel zu weh. Wir verstecken uns hinter steinernen Mauern. Wir sind wie der Junge in Wordsworths Gedicht „Andeutung der Unsterblichkeit":

Unsere Geburt ist nur Schlaf und nur Vergessen:
Die Seele, die mit uns erwächst, des Lebens Stern,
Hat seine Heimat anderswo
Und kommt von weit, weit her:
Nicht ganz dem Vergessen preisgegeben,
Nicht ganz erbärmlich nackt;
Eine herrliche Wolke, die vorüberzieht,
So kommen wir von Gott, der uns're Heimat ist:
Solange Kinder wir noch sind,
Umgibt der Himmel uns von allen Seiten!
Doch Schatten düst'rer Kerkermauern
Bunkern mit der Zeit den Jungen ein,
Doch sieht er das Licht und wohin es geht,
Bemerkt er es in seiner Freude;
Die Jugend, die täglich weiter sich entfernt
Von ihrem Aufgang, ist immer noch der Priester der Natur,
Und wird von jener herrlichen Vision
Schritt für Schritt begleitet;
Im weiteren bemerkt der Mensch, wie sie vergeht,
Und übergeht ins Licht des Menschen Tag.
(sinngemäße Übertragung)

Die Fähigkeiten unseres Geistes verwelken hinter den Gittern ihres Gefängnisses und verkümmern wie Muskeln, die man nie gebraucht. Wir liegen wie Schneewittchen in einem tiefen inneren Schlaf, während draußen alle Zwerge (unsere Talente) weinen. Es muß schon ein Märchenprinz (Jesus) kommen, der unseren regungslosen Geist wieder zum Leben erwecken kann. Oder es geht uns wie dem Zinnmann, der eingerostet ist; dann brauchen wir das Öl des Heiligen Geistes, um wieder – auf der Suche nach einem Herzen – auf der langen, gelb gepflasterten Straße gehen zu können. Deswegen leben auch solche Geschichten wie die des Schneewittchens oder des Zauberers von Oz immer weiter; denn sie erzählen uns die Wahrheit über uns selbst und irgendetwas in uns ist immer noch lebendig genug, um das zu wissen!

Manche Menschen haben ihr Leben lang geredet und doch nie auch nur für einen Moment wirkliche Kommunikation erlebt. Einige haben noch nie eine echte Beziehung zu einem Menschen genossen, geschweige denn zu Gott. Doch, was noch viel schlimmer ist: Solche Menschen sind sich nur wenig oder überhaupt nicht ihres Mangels bewußt. Sie kommen ganz gut über die Runden mit ihren oberflächlichen „Hier-ich-dort-Du" Gesprächen und fühlen nicht, daß ihr Herz und ihr Geist dem anderen noch nie richtig begegnet sind, ja sie wissen nicht einmal, daß es überhaupt noch etwas anderes gibt. Wie Zombies gehen sie durch einen saftig-grünen Garten und tragen eine Brille, durch die sie nichts anderes sehen können als nur Löwenzahn.

Das wahre Gewissen erwacht allein durch die Fähigkeit unseres Geistes zu lieben, dem anderen zu begegnen, einzutreten und am Leben des anderen teilzuhaben um des anderen willen. Deshalb schrieb Jeremia: „Sie werden zuschanden, weil sie Greuel verübt haben. Doch sie schämen sich keineswegs, ja, Scham kennen sie nicht. Darum werden sie fallen, wenn alles fällt" (Jer 6,15). Ihr Geist „funktionierte" zu wenig, um ihnen wirklich ein Gewissen schenken zu können. Das ist auch ein Grund, warum Paulus schrieb: „...und weißt (du) nicht, daß die Güte Gottes dich zur Buße leitet?" (Röm 2,4). Gottes Güte berührt unser Herz mit dem Kuß des Lebens; dadurch wird der Geist lebendig und ermöglicht es dem Gewissen, zu „funktionieren"; erst dann kann die Buße beginnen.

In jeder „Ich-Du" Begegnung begegnet und behandelt jedes „Ich" jede andere Person als ein verehrtes „Du", von Geist zu Geist, von Herz zu Herz, von Verstand zu Verstand, offen und ohne Vorbehalte. Dieses „Ich-Du" kann man vergleichen mit einem blauen und einem gelben Funken, die gemeinsam ineinander und durcheinander Licht erzeugen, bis ein grünes leuchtendes Feld von beiden in gleichem Maße ausgeht, ohne daß einer den anderen übertönt; dabei wird der Schein sowohl des ursprünglichen gelben als auch des blauen Funken intensiviert. Jeder, der es lernt, in einer „Ich-Du" Beziehung zu leben, lernt den anderen auch schätzen. Er empfindet Schmerz als Vorwegnahme des Leids des anderen und hält deshalb auch inne, *bevor* die Tat seiner Person der anderen Person Schaden zufügen würde. Das ist die eigentliche Funktion des Gewissens.

In dem Maße wie Menschen in ihren Herzen verhärtet sind (Härte, Gefangensein, Starrsinn), sind sie auch unfähig, in eine „Ich-Du" Beziehung einzutreten. Deshalb beschränken sich ihre Begegnungen auf ein „Ich-Es" (Martin Buber, „Ich und Du"). Nicht nur das „Ich" selbst startet einen Versuch, sondern auch die äußere Schale; sie kann sich jedoch nur höchst unzureichend nach dem anderen ausstrecken und erreicht hauptsächlich auch nur dessen Schale. Das Bild setzt sich also fort mit zwei stark reduzierten Lichtquellen, die hinter Nußschalen stehen und deren blaue und gelbe Strahlen unverrichteter Dinge wieder vom anderen abprallen. Das grüne Leuchten der Gegenseitigkeit ist nicht zu sehen, es sei denn, die abgelenkten Strahlen blitzen zufällig einmal kurz grün auf. Das Gewissen dieser Menschen ist nicht intakt, weil für sie noch niemals ein anderer zu einem hochgeschätzten „Du" geworden ist. Jeder andere bleibt ein „Es", an dem man abprallt, das man angreift oder übergeht.

Eine tragische Entwicklung in unserer Kultur zeigt sich darin, daß Männer und Frauen immer „un-menschlicher" werden. Gott möchte menschliche Wesen erwecken. Jesus, der geduldig und gütig, sanft und voller Erbarmen, liebevoll und voller Vergebung ist, ist die einzig wirklich menschliche Person. Wir müssen immer menschlicher werden, immer herzlicher und liebevoller, immer verletzbarer und mitfühlender.*

Es ist die Aufgabe der Väter und Mütter, das Menschliche in ihren Kindern ans Tageslicht zu bringen. Am Anfang sollen sie den Geist, aus seiner Umfriedung heraus, in die Umarmung hineinrufen. Dann sollen sie ihn aufrufen, „Wahrheit" zu bauen, sprich, die Fähigkeit des Herzens und des Verstandes, Sinngehalte zu deuten und die Absichten des anderen zu schätzen. Auch wenn jedes Kind für die Entscheidung, die es in seinem Geist trifft, verantwortlich ist, sind die Eltern dennoch auch Gott rechenschaftspflichtig (Hebr 13,17), da sie „Ich-Du" Begegnungen entweder ermöglichen oder blockieren. Soweit uns andere *fürs*

---

* Wir verteidigen hier nicht den „Humanismus", der Satans Kopie ist, in der der Mensch sich selbst erhöht, sondern vielmehr die Tatsache, daß unser Herr die Menschheit zu seiner Fülle des Menschseins auferweckt.

Leben prägen können, sind es die Eltern, die uns entweder menschlich oder unmenschlich machen!

In der Weisung „...zieht sie auf in der Zucht und Ermahnung des Herrn" (Eph 6,4), sind die letzten Worte das Entscheidende. Nur eine Unterweisung *im Herrn* bringt Kinder hervor, die es gelernt haben, wie sie in Liebe ihr „Ich" zum „Du" eines anderen beitragen können, ohne ihn zu überrollen oder selbst überrollt zu werden. Vor allem sollten Eltern Kinder großziehen, die das Geheimnis der Freude entdeckt haben, daß das überfließende Leben dem zuteil wird, der sein Leben im aufopferungsvollen Dienst an jedem anderen „Du" hingibt. Wir sollten Kinder aufziehen, die sich dann als Erwachsene stets dafür entscheiden, ein anderes „Du" niemals wie ein „Es" zu behandeln, das man benutzen, ausrangieren und zerstören kann!

„Dies aber wisse, daß in den letzten Tagen schwere Zeiten eintreten werden; denn die Menschen werden selbstsüchtig sein, geldliebend, prahlerisch, hochmütig, Lästerer, den Eltern ungehorsam, undankbar, unheilig, lieblos, unversöhnlich, Verleumder, unenthaltsam, grausam, das Gute nicht liebend, Verräter, unbesonnen, aufgeblasen, mehr das Vergnügen liebend als Gott, *die eine Form der Gottseligkeit haben, deren Kraft aber verleugnen*; und von diesen wende dich weg" (2.Tim 3,1-5).

Diese Prophetie erfüllt sich heute besonders deshalb zusehends, weil Väter und Mütter ihre Kinder nicht mehr schätzen. Verhärtete, unmenschliche Herzen sind die Folge. Somit haben solche Menchen auch kein wirkliches Gewissen. Sie haben keinen Bezug zur Kraft Gottes – der Liebe – weil sie sie niemals selbst empfangen haben. Ihr Geist schlummert in Unfähigkeit vor sich hin (tot in den Vergehungen; Eph 2,5). Deshalb treibt auch der Fluch der Straßenbanden in den Großstädten sein Unwesen. Der Vandalismus zwingt Architekten dazu, Schulen zu bauen, die wie Gefängnisse aussehen und bruchsichere Fenster haben. In Parks müssen unzerbrechliche Toiletten und Waschbecken installiert werden. Die Zahl der Verbrechen schnellt in die Höhe. Der unterdrückte Zorn auf die Eltern muß ein Ventil finden. Der Fluch *kommt jetzt* mehr und mehr über unser Land: „Siehe ich sende euch den Propheten Elia, bevor der Tag des Herrn kommt, der große und furchtbare. Und er wird das Herz der Väter zu den Söhnen und das Herz der Söhne zu ihren Vätern umkehren lassen, damit ich nicht komme und das Land mit dem Bann schlage" (Mal 3,23-24).

Jede Sünde, die in 2.Timotheus 3,1-5 aufgelistet ist, ist nur deshalb möglich, weil die Übeltäter kein anderes „Du" anerkennen und schätzen können. Ich (John), der ich eigentlich ein ganz normaler Mensch bin, würde in meinem Verstand meinen Bruder zum Untermenschen machen müssen, um ihn berauben zu können, denn sonst würde der

Schmerz einfach zu groß sein. Das gleiche gilt für Ehebruch, üble Nachrede, Verrat oder was auch immer. Um die Indianer betrügen zu können, vernebelten die Amerikaner ihr Gewissen, indem sie die Indianer „Wilde" nannten, also etwas, das weniger wert war als Menschen, Objekte, die man loswerden mußte: „Nur ein toter Indianer ist ein guter Indianer." Sklavenhalter mußten die Schwarzen auch als etwas betrachten, das weniger wert war als ein Mensch, sonst hätten sie sie zur Zeit der Sklaverei nicht zu einer „Ware" degradieren können. Jemand, der nie geliebt und geschätzt wurde, kann möglicherweise niemand anderen als „Du" betrachten. Lady Macbeth wollte Böses tun und rief: „Kommt, Geister, die ihr lauscht auf Mordgedanken, und entweibt mich hier; füllt mich vom Wirbel bis zur Zeh', randvoll, mit wilder Grausamkeit! Verdickt mein Blut; sperrt jeden Weg und Eingang dem Erbarmen, daß kein anklopfend Mahnen der Natur den grimmen Vorsatz lähmt..." (William Shakespeare, Macbeth, Akt I, Szene 5); so wollte sie verhindern, daß ihre allzu menschlichen Gefühle ihr Vorhaben vereitelten. Doch alle, die in 2.Timotheus 3 aufgelistet sind, brauchen sich nicht erst selbst zu Untermenschen zu machen; sie sind schon zu Untermenschen geworden! Sprunghaft ansteigende Verbrechensraten sind deshalb nicht mehr und nicht weniger als das Merkmal unseres Abfalles von der wahren Elternschaft im Herrn.

Die Menschlichkeit will Satan zerstören.

Das steinerne Herz ist das Werkzeug Satans im Kampf gegen die Menschlichkeit.

Die Eltern sind es, die Gott dazu berufen möchte, es möglich zu machen, daß sich fleischerne Herzen in ihren Kindern entwickeln.

Die Eltern sind es, die ein „Du" ins Leben rufen müssen.

Die Eltern sind es, die ein Kind oft dazu zwingen, steinerne Mauern aufzubauen.

Jesus ist es, der menschlich wurde, um den steinernen Herzen zu begegnen und sie weich zu machen und uns fleischerne zu schenken.

Ein fleischernes Herz in Jesus ist Gottes Geschenk zur Wiederherstellung der Menschlichkeit.

Jesus ist es, der uns menschlich macht.

Es ist die Aufgabe eines Seelsorgers in Christus zu erkennen, wie und wann ein Kind unter Schmerzen seine Flucht in sein Versteck ergriff. Es ist seine Aufgabe, das steinerne Herz zu erkennen und es im Feuer der Liebe zu schmelzen. Auch wenn die Eltern die Ursache des Problems sind, muß sich der Seelsorger mit der Schuld des Kindes wegen dessen Reaktion befassen. Somit sind Bekenntnis und Vergebung wiederum der Zugang zur Wirksamkeit des Kreuzes im Leben des Kindes. Doch auch wenn man mit Autorität einen inneren Schwur brechen und auch wenn das Blut von Schuld reinwaschen kann und der tägliche Tod des selbstbezogenen Wesens am Kreuz eine Handlungsweise der alten Natur zum Tod am Kreuz bringt, geht es doch hier um mehr als all das. Deswegen kam Jesus, um „mit Heiligem Geist *und Feuer* (zu) taufen" (Mt 3,11; Hervorhebung vom Autor). Nur das Feuer der Liebe kann ein steinernes Herz weich machen.

Kay und Gerda waren Geschwister und spielten fröhlich miteinander auf der Wiese. Dann kam die böse Schneekönigin und warf Kay einen Splitter ihres Zauberspiegels ins Auge; dadurch erstarrte sein Herz zu einem Eisklumpen, und die Königin entführte ihn. Gerda nahm auf der langen Suche nach ihm viele Gefahren auf sich, und als sie Kay schließlich fand, war er überhaupt nicht froh darüber. Er verunglimpfte sie, schrie sie an und spuckte sie an. Doch schließlich konnte ihre Liebe ihn erwärmen, der Spiegelsplitter verließ seinen Körper, und er kam wieder zu sich. Dann konnten Kay und Gerda wieder fröhlich miteinander auf der Wiese spielen.

Genauso müssen auch Gefährten und Seelsorger geduldig suchen, um die erfrorenen Herzen ihrer Freunde zu finden. Doch das häufigste Merkmal wiederkehrenden Lebens ist die Tatsache, daß die Reaktion des anderen um so gemeiner ist, je herzlicher die Liebe ist, die ihm zuteil wird. Die Angst vor der Verletzbarkeit erzeugt Haß. Jedes steinerne Herz hat ein Eigenleben. Es flüstert dem Verstand Lügen ein: „Du weißt doch, was letztens geschah, als Du ein Risiko eingingst?", „Du willst doch sicherlich nicht nochmal verletzt werden, oder?", „Vielleicht bist Du unter den momentanen Umständen einsam, doch wenigstens bist Du sicher." Einige dieser Stimmen sind vielleicht sogar wahr. Doch daß es besser sei, allein und dem Tode nahe zu sein, ist eine Lüge. Der Mensch, den wir durch Liebe wieder zum Leben zurückzubringen versuchen, wird also zurückschlagen.

Jesus sagte: „Glückselig seid ihr, wenn sie euch schmähen und verfolgen und alles Böse lügnerisch gegen euch reden werden um meintewillen. *Freut euch und frohlockt, denn euer Lohn ist groß...*" (Mt 5,11-12; Hervorhebung vom Autor). Warum sollen wir uns freuen? Unser Lohn besteht darin, daß der andere wieder zum Leben zurückfindet! Das Leben des Menschen ist unsere Freude, unser Lohn. Das Zeichen, das darauf hindeutet, daß der andere Mensch wieder zu leben beginnt, ist der Schmerz; denn wenn uns der Fuß „eingeschlafen" ist, dann bemerken wir es erst, wenn wir eine Million stechender, schmerzhafter Nadeln spüren – und das ist ein Zeichen dafür, daß wieder Leben in ihn kommt! Doch der von uns so geliebte Mensch baute dieses Versteck ja genau deswegen, weil er dem Schmerz entkommen wollte. Deshalb erfolgt der Angriff automatisch, um die Bedrohung zu beseitigen, bevor die Mauern ganz zusammenfallen. Die Freude ist ein Teil des Lobpreises und der Anbetung, die den Lebensstrom Jesu auf die Mauern des anderen mit Fackeln der Liebe eintrommeln läßt.

Wer hat es noch nicht miterlebt, daß Paare, die miteinander befreundet sind, wieder auseinandergehen? Das ist um so eigenartiger, da sie ja eine solche Nähe zueinander hatten, daß ihre Herzen allmählich verletzbar wurden. Ehemänner – mehr als Ehefrauen – werden oftmals um so gemeiner, je mehr ihnen ihre Frauen Liebe schenken. Deshalb wird die Umgestaltung eines steinernen Herzens nicht durch Gebete aus sicherer Distanz und durch gute Wünsche bewirkt. Steinerne Herzen können nur durch geduldige Herzen geschmolzen werden, die Leid tragen können, die bereit sind, sich Tag für Tag hinzugeben, die verstehen und jedesmal vergeben, wenn der andere wieder angreift, bis der eisige Stachel endlich schmilzt. Genau diese Art von Liebe ist Feuer. „Gott ist Liebe" (1.Joh 4,8), und „unser Gott 'ist ein verzehrendes Feuer'" (Hebr 12,29). Die Liebe Gottes wird in Jesus sichtbar, dessen Wandel auf Erden in Liebe seinen Höhepunkt darin findet, daß er sich aus Liebe zu den Menschen kreuzigen läßt. „Ich habe eine Taufe, womit ich getauft werden muß, und wie bin ich bedrängt, bis sie vollbracht ist!" (Lk 12,50). Am Kreuz rief er dann: „Es ist vollbracht!" Den anderen mit Erlöserleiden zu taufen, ist Feuer. Wenn ein Herz den Angreifer liebt und dabei ungerechterweise leidet, verwandelt sich diese Liebe in Feuer. Diese Art von Liebe läßt Stein zu Lava schmelzen – ist es nicht bezeichnend, daß gewaltige Berge Druck ausüben müssen, um Feuer und schmelzflüssiges Gestein hervorzubringen!

Sam versteht einfach nicht, worüber seine Frau redet. Er verdient die Brötchen. Er geht nie mit seinen Freunden aus, trinkt nie, flucht nie, schlägt sie nie und geht regelmäßig mit ihr in den Gottesdienst. Doch sie fühlt sich elend. Er weiß nicht, daß er all das nur tut wie ein Roboter, aus einem Pflichtgefühl heraus. Wenn er sie küßt – was selten geschieht –, dann tut er es aus einem Pflichtgefühl heraus und weil unmißverständliche Signale es fordern. Doch für Lucy ist das Leben mit ihm so, als ob man immer wieder an die Haustür eines leerstehenden Hauses klopft. Jedesmal, wenn sie eintritt und ruft: „Ist jemand zu Hause?", dann antwortet ihr nur ihr eigenes Echo. In Sams innerem Haus ist nie jemand zu Hause! Keiner von beiden versteht, was abläuft. Oberflächlich betrachtet ist er sogar in ihren Augen ein richtig netter Kerl. Sams Eltern waren wirklich fürsorgliche Menschen. Sie kümmerten sich gut um ihn. Nie hatte ihm etwas gefehlt. Nie waren sie unfreundlich oder gar brutal. Doch niemals berührten sie ihn und niemals hielten sie ihn im Arm. Sam kam mit einem verborgenen steinernen Herzen in die Ehe. Er ist immer noch wie der Zinnmann aus dem Märchen. Er hat keine Empfindungen, kann niemandem begegnen, niemanden schätzen und von niemandem geschätzt werden. Lucy lebt in einer Wüste, die immer adrett und freundlich, aber dennoch eine Wüste ist.

Entmutigt kam Ann zu mir (John), weil Depression und Selbstmordgedanken sie ständig quälten. Sie hatte einen guten Ehemann, gesunde Kinder, genügend Geld, Freunde und gute Dinge, die sie umgaben; kurz, Ann hatte es geschafft. Sie hatte alles. Durch ihre Leistung hatte sie sich ein angenehmes Leben aufgebaut. Doch dieser ganze Segen war hohl und leer. Es schien kein Grund zur Traurigkeit vorhanden zu sein, und deswegen verschlimmerten Schuldgefühle die Depression nur noch mehr. Ann war keiner Gefühle fähig. Sie hatte nie etwas empfinden können. Ihre Eltern waren unnahbare und prinzipientreue Menschen. Sie war gut in der Schule gewesen und hatte wirklich ein außergewöhnliches künstlerisches Talent entwickelt. Erst vor kurzem konnte sie in ihrer Gemeinde echtes Leben in einer Gebetsgruppe mit geisterfüllten Geschwistern erleben; das gab ihr einen Vorgeschmack, wie das Leben eigentlich aussehen könnte. Sie wollte mehr, doch sie konnte nicht am Ball bleiben; immer wieder fiel sie in die Gleichgültigkeit zurück und konnte sich nicht aufraffen weiterzugehen. Sie hatte ein steinernes Herz.

Menschen, die ein steinernes Herz haben, sind oft wie Sam und Ann: Sie leisten viel, sie arbeiten für andere, doch sind sie zu keiner Empfindung fähig. In den meisten Fällen ist das ausschlaggebende Merkmal, daß sie es nicht zulassen können, wenn andere etwas für sie tun. In Menschen, die für andere nichts mehr tun können, ist das steinerne Herz schon offensichtlich geworden. Jeder kann es sehen und unter uns sagen wir: „Wer? Der hartherzige Soundso?" Doch bei Menschen wie Sam und Ann ist das steinerne Herz überaus schwer zu erkennen, da jedermann ihre Taten sieht und denkt, sie seien liebevolle Menschen. Das letzte, was die meisten von ihnen erwarten würden, ist ein verhärtetes Herz.

Minister, Ärzte und Rechtsanwälte leiden am häufigsten unter einem verborgenen, verknöcherten Herzen. Wer mit einem liebevollen Wesen auf die Welt kam, jedoch davon abgehalten wurde, ein echtes Geben und Nehmen zu lernen, baut starke Mauern um sich herum auf, um sein von Natur her sanftes Herz zu beschützen. Das liebevolle Wesen findet z.B. seinen Ausdruck im Hausarzt, der mit herzlicher Anteilnahme am Bett des Patienten sitzt. Für fast jeden in der Stadt wird er eine hochgeschätzte Vater- /Seelsorgerfigur sein. Jeder lobt ihn in den höchsten Tönen. Die ganze Stadt und die Gemeinde sagen der Arztfrau immer wieder, was für eine glückliche Frau sie doch sein müsse mit so einem engelsgleichen, sanften und liebevollen Ehemann. Sie unterdrückt ihr Verlangen, laut aufzuschreien, und stimmt dem

Gesagten höflich zu; dann eilt sie nach Hause und kippt heimlich noch ein Glas Whisky, in der Hoffnung, noch einen Tag überleben zu können. „Wenn sie ihn nur so sehen könnten, wie ich ihn sehe!" Er läßt sich von niemandem liebhaben, besonders nicht von den Familienmitgliedern, die ihm am nächsten stehen. Er muß immer allen anderen dienen. Jeder, der ihr „Problem" kennt, bedauert dieses wundervollen Mann, weil seine Frau eine Trinkerin ist. Doch in Wirklichkeit wissen sie überhaupt nichts; „Er wird nicht richten nach dem, was seine Augen sehen, und nicht zurechtweisen nach dem, was seine Ohren hören" (Jes 11,3). Hoffentlich wird irgendetwas diese Mauer durchbrechen. Im Thessalonicherbrief heißt es, daß Gott nicht so ungerecht ist, daß er unsere Mühe des Glaubens und der Liebe übersehen würde (1.Thes 1,3). Gott möchte seinen Diener belohnen, indem er ihn befreit.

Gott selbst kann so einen Menschen in den Zerbruch führen. Vielleicht lernt er zu empfangen, wenn er schwach ist. Uns ist aufgefallen, daß starke Menschen, die immer allen anderen dienen (und die nie gelernt haben, auch selbst etwas zu empfangen), oft lange an Schwachheit und Krankheit leiden, bevor sie sterben. Wenn jeder im Himmel nur das Dienen gelernt hätte, wer sollte denn dann empfangen? Es kann auch sein, daß der Herr einen aufrichtigen und hartnäckigen Freund schickt, der das Risiko eingeht, diesem Menschen die schmerzliche Wahrheit zu sagen. „Treu gemeint sind die Schläge (oder: Wunden) dessen, der liebt, aber überreichlich die Küsse des Hassers" (Spr 27,6). Vielleicht beginnt dieser Mensch dadurch, in seinem Innersten Fragen zu stellen – „Der Geist des Menschen ist eine Leuchte des Herrn, durchforscht alle Kammern des Leibes" (Spr 20,27). „Blutige Striemen reinigen den Bösen, und Schläge die Kammern des Leibes" (Spr 20,30). Irgendwie wird Gott das Herz erreichen. Wir möchten Freunde und Seelsorger nur darauf hinweisen, daß so ein Segen meistens in Verkleidung auftritt. Wir müssen das Eingreifen der gestrengen Hand Gottes feiern und daneben stehenbleiben, bereit, um die Scherben aufzuheben.

Es ist natürlich besser, wenn es einen leichteren Zugang zu einem Herzen gibt. Ein Seelsorger muß durch Logik, Berührung, und das Wort Gottes, durch alles, was Einsicht schenkt, ins *Herz* des anderen vordringen (und nicht etwa in den Verstand). Alle Gespräche und Gebete müssen auf dieses Ziel hinführen, nämlich bis zu den Ursachen vorzudringen, die im frühen Familienleben zu finden sind. Doch von da an ist der Kampf noch nicht zu Ende; er hat erst begonnen. Das Herz springt hin und her zwischen Annahme und Ablehnung, zwischen Öffnung und Rückzug, Umarmung und Angriff, stürmischen Ausbrüchen und dem Fall in die Stille. Seelsorger sollen sich an diese Lehre erinnern und sich nicht erschrecken oder entmutigen lassen, wenn der

Patient ausflippt und wieder einen Gegenkurs steuert, zu einer Zeit, da doch alles schon so gut ausgesehen hatte. Wir können solche Menschen nicht nach vorne zerren und ins Leben hineinprügeln. Sie müssen von den „Küssen" des Märchenprinzen (Jesus) durch uns dorthin gebracht werden. (Wir sprechen nicht von echten Küssen oder unangemessenen Berührungen, sondern von herzlichen Berührungen im Herrn.)

Seelsorger dürfen vor ihrer Verantwortung nicht zurückweichen. Das aufkeimende Leben des Ratsuchenden hängt während dieser Zeit von der Standfestigkeit unserer Liebe ab. Wir dürfen den Menschen nicht einfach so an Jesus zurückgeben. Agnes Sanford, die damals Herausragendste im Heilungsdienst, kam zu uns (John und Paula) und brauchte Liebe, um aus ihrem Gefängnis der Depression herauskommen und wieder leben zu können (nach dem Tod ihres Ehemannes). Wir konnten es nicht glauben, daß diese heilige Frau Gottes uns brauchen würde. Im Gebet überantworteten wir sie wieder dem Herrn. Völlig zerknirscht ging sie von uns weg. Sie konnte durch Glauben Berge versetzen, wenn es darum ging, unzählige andere zu heilen, und hatte doch überhaupt keinen Glauben, um etwas von Gott für sich selbst zu empfangen. Sie bedurfte der Liebe Gottes durch menschliche Gefäße. Ein Seelsorger muß seinen Wert als Gottes Botschafter der Liebe kennen.

Manchmal wird der Herr ein steinernes Herz rasch und souverän weich machen. Es gibt eine Unmenge von Zeugnissen darüber. Doch viel öfter beschließt er, dies mit Hilfe von menschlichen Gefäßen langsam zu tun – und ach, wie langsam! Vielleicht will er dadurch die Bande der Liebe in seiner Kirche stärken. Um steinerne Herzen zu heilen, beruft er uns zu wahren Freundschaften. Dann ist die Seelsorge keine Effekthascherei und besteht auch nicht hauptsächlich aus Gebet, sondern sie ist vielmehr eine Freundschaft. Es gibt Freunde, die nur vorgeben, Freunde zu sein, „aber mancher Freund ist anhänglicher als ein Bruder" (Spr 18,24). „Zwei sind besser daran als ein einzelner, weil sie einen guten Lohn für ihre Mühe haben. Denn wenn sie fallen, so richtet der eine seinen Gefährten auf. Wehe aber dem einzelnen, der fällt, ohne daß ein zweiter da ist, ihn aufzurichten! Auch wenn zwei beieinander liegen, so wird ihnen warm. Dem einzelnen aber, wie soll ihm warm werden? Und wenn einer den einzelnen überwältigt, so werden doch die zwei ihm widerstehen; und eine dreifache Schnur wird nicht so schnell zerrissen" (Pred 4,9-12).

Der beste „Ofen", um ein steinernes Herz zu schmelzen, ist nicht ein einzelner Seelsorger, sondern eine Gruppe innerhalb der Gemeinde. Ein verknöcherter Intellektueller in unserer Gemeinde suchte mal die Gemeinschaft, mal floh er vor ihr, und so ging es ständig hin und her. Doch die Gebetsgruppen beteten beharrlich für ihn und begrüßten ihn an der Tür mit einer dicken Umarmung. Zwanglos wichen sie seinem brillianten Intellekt aus und begegneten ihm durch eine Umarmung des Geistes und des Körpers. Bald fand er irgendwelche Vorwände, um es die anderen wissen zu lassen, daß er jetzt geht, damit er nicht durch die Tür rausgehen mußte, ohne dabei ein halbes Dutzendmal umarmt zu werden. Er war überhaupt nicht bereit zuzugeben, was er eigentlich tat und was in ihm geschah. Schließlich nahm er den Herrn auf und wurde einer der herzlichsten Menschen des Begrüßungskomitees an der Tür, der jeden umarmte.

Zusammenfassend kann man sagen, daß steinerne Herzen wie innere Schwüre im Verborgenen liegen und sich oft hinter einem herzlichen Äußeren verbergen. Das sicherste Zeichen dafür ist nicht ein Wesen, das Liebe ausdrücken kann, sondern vielmehr die Unfähigkeit, Liebe zu empfangen. Wie ein innerer Schwur widersteht auch ein steinernes Herz jeglicher Veränderung. Doch anders als im Fall eines inneren Schwures, kann Autorität ein steinernes Herz nicht günstig beeinflussen. Nur Gebet und ständige Berührung werden ein Feuer legen und Leben schaffen. Die Liebe, die zurückgewiesen, angegriffen und dennoch gegeben wird, wird zu einem Feuer. Freut euch und seid beharrlich.*

---

* Weitere Informationen zu diesem Thema finden Sie in Kapitel 2 des Buches *Restoring the Christian Family* mit dem Titel: „A Heart of Flesh and a Heart of Stone".

13

Flucht, Kontrolle, Talente vergraben und eine besitzergreifende Art

Brüder! Das Wohlgefallen meines Herzens und mein Flehen für sie zu Gott ist, daß sie errettet werden. Denn ich gebe ihnen Zeugnis, daß sie Eifer für Gott haben, aber nicht mit rechter Erkenntnis. Denn da sie Gottes Gerechtigkeit nicht erkannten und ihre eigene aufzurichten trachteten, haben sie sich der Gerechtigkeit Gottes nicht unterworfen. Denn Christus ist des Gesetzes Ende, jedem Glaubenden zur Gerechtigkeit.

(Röm 10,1-4)

Weil nun die Kinder Blutes und Fleisches teilhaftig sind, hat auch er in gleicher Weise daran Anteil gehabt, um durch den Tod den zunichte zu machen, der die Macht des Todes hat, das ist den Teufel.

(Hebr 2,14-15)

Versetzen Sie dich doch einmal in die Lage eines Kindes im Alter zwischen zwei und zwölf. Alle im Haus, Vater, Mutter und eventuell noch die Großeltern sind Erwachsene. Vielleicht sind auch noch ältere Geschwister da. Am Anfang ist alles, was diese Erwachsenen wissen, für das Kind fremd. Es muß sich all das erst noch aneignen, was sie schon seit langem für selbstverständlich erachten: gehen, sprechen, die Körperfunktionen kontrollieren, essen (richtig essen!), umarmen, vor einer Umarmung zurückweichen, nicht stören, sich anziehen, sich anständig aufführen, necken, lachen und witzeln, sich an Dinge erinnern, Dinge vom Boden aufheben, Dinge ordnen und zahllose andere Fähigkeiten. All das muß es erst noch meistern, und dies anscheinend ziemlich rasch. Die Erwachsenen biegen schon in die letzte Kurve des Marathonlaufes ein, doch ein Kleinkind ist gerade eben erst weggelaufen. Sein Versagen geht oft einher mit Strafe, Hohn und Gelächter. Deshalb ist auch die Angst ein ständiger Begleiter des Kindes. Sie gehört zu dem ganzen Paket mit dazu.

Kleinkinder leiden unter verschiedenen Ängsten, die sie dann in ihrem Reifungsprozeß weiter begleiten. Die wichtigste unter ihnen ist die Furcht. Die Furcht ist normalerweise eine gesunde Vorform der eigentlichen Angst. Die Furcht ist ein Zustand der Alarmiertheit (vgl. *Anxiety* von Rollo May), in dem unser Geist fühlt, daß etwas faul ist. Sie ist ein Frühwarnsystem. Die Furcht soll die Energien auf die Tat vorbereiten. Wir fühlen, daß etwas nicht stimmt (das ist Furcht); sofort schießen vielfältige Botschaften durch unseren Körper, produzieren Adrenalin und bereiten den Körper vor. Wir lokalisieren die Energie (ein knurrender Hund, ein zorniges Gesicht, etwas, das auf uns zu rast), und diese Energie wird sogleich in die angemessene Reaktion umgesetzt – Flucht, Kampf oder was auch immer.

Furcht, Schmerz, Angst, Zorn sind, wie auch die meisten anderen Emotionen, in sich nicht falsch. Sie sind normale, gesunde Funktionen. Es gehört zum Reifungsprozeß zu lernen, wie man mit ihnen umgeht. Ohne Furcht würden die Energien nicht zur rechten Zeit bereitstehen. Ohne Angst würden wir nicht wissen, daß wir vor einem heranrasenden Auto beiseite springen müssen. Ohne Schmerz sähen wir keine Notwendigkeit, unsere Hand von einer heißen Herdplatte zu nehmen. Furcht, Angst und Schmerz sind höchst gesegnete Bestandteile unserer „Ausrüstung". Sie haben eine Wachfunktion und bewahren uns vor Unheil oder alarmieren uns zu unserem Besten.

Doch all diese Emotionen sollen nur eine zeitlich begrenzte Funktion ausüben. Wie Bereitschaftssoldaten sollen sie uns ständig voll und ganz zur Verfügung stehen und in Spontanaktionen lange genug aktiv werden, um den Körper in Sicherheit zu bringen oder ein anderes gewünschtes Ziel zu erreichen und dann wieder an ihre Ruhestätte zurückkehren, bereit, doch schlummernd. Wir können es nicht ertragen, allzu lange mit hellwachen Emotionen zu leben, nicht einmal mit Freude, ohne dabei wie unter Strom zu stehen oder ausgelaugt zu werden.

Wenn ein Tier seinen Feind nicht orten kann oder sich danach nicht entscheiden kann, wie es sich verhalten soll, wird es durch Furcht gelähmt werden. Hirsche und Hasen sind schnell wie der Wind, und dennoch werden sie oft auf Straßen überfahren; denn auch wenn die Furcht alle zur Verfügung stehenden Energiepotentiale aktivert, rauben ihnen die grell blendenden Scheinwerfer eines Autos die Fähigkeit, sich für einen Fluchtweg zu entscheiden; schließlich wird genau diese Energie, die ihnen das Leben retten sollte, zur Todesursache, weil sie die „Stromkreise überlastet" und das Opfer lähmt.

Kleinkinder und Kinder im allgemeinen bekommen – wie Erwachsene – sehr schnell ein Gespür dafür, wenn eines ihrer Worte oder eine bestimmte Handlung bei anderen eine Reaktion hervorruft. Wie oft spürten wir alle schon einen Widerstand, ja sogar eine schockierte Reaktion auf unsere Worte und änderten rasch die Betonung oder unsere Grundhaltung? Im Bruchteil einer Sekunde wurden Energien aktiviert, Entscheidungen getroffen, die Schlacht beendet oder begonnen, und wir wurden dadurch gesegnet.

Wir treffen diese blitzartigen Entscheidungen auf der Grundlage von integrierten Reaktionsschemata. Einige dieser in der Praxis aktiv werdenden Schemata leisten uns gute Dienste und intensivieren die Kommunikation, andere zerstören unsere Beziehungen. Schemata der Flucht, der Manipulation und der Kontrolle zerstören einen gesegneten Wandel. Schemata der Einfühlsamkeit, des Erbarmens, des Mutes, der Offenheit, des Verständnisses und der Liebe ermöglichen ihn. Diese in der Praxis angewandten Reaktionsschemata entstehen im Kleinkindalter und in der frühen Kindheit; sie sind die „Grundsteine" unseres „Charakterhauses" geworden.

Der entscheidende Faktor, der zu ihrer Entstehung beiträgt, ist eine zärtliche Liebe oder ihr Mangel. Wo unter den Erwachsenen die Liebe wie ein Strom von Geist zu Geist fließt, eingebettet in entschlossene, doch sanfte und einfühlsame Handlungen, konnte unser frühkindlicher Geist einen Moment des Irrtums erleben, ohne dabei Schrecken zu empfinden. In diesem Fall konnte sich die Furcht nicht an ein schon vorhandenes Angstpotential ankoppeln. Glückliche Erwachsene, die entspannt sind und denen es nicht schwer fällt zu vergeben, ermutigen die Entstehung von Gewohnheiten, die Beziehungen eher erleichtern als behindern. Ein Beispiel hierzu finden wir in dem, was geschieht, wenn ein Baby schreit. Babys müssen schreien. Vom Standpunkt der körperlichen Entwicklung her, stärkt das die Lungen. Vom emotionellen Standpunkt her, löst das Schreien aufgebaute Spannungen. Wenn das Baby schreit, bemerkt sein Geist, daß die Erwachsenen um ihn herum darauf reagieren. Wenn derjenige, der es festhält, ärgerlich wird, tritt die Furcht auf den Plan und intensiviert die Klage. Eine sanfte, liebevolle Reaktion beruhigt den Geist, besänftigt die Furcht und verwandelt die Energien in eine herzliche Umarmung. Wiederholte negative Erfahrungen erzeugen automatische Reaktionsschemata: Entweder verkrampft sich das Kind vor lauter Furcht oder es rebelliert mit Zornesausbrüchen. Wenn es jedoch immer wieder sanft gestreichelt wird, dann wird das Kind dies folgendermaßen deuten: „Es ist in Ordnung, wenn Du schreist. Es ist in Ordnung, wenn Du Du selbst bist. Ich nehme Dich an, gleichgültig, was Du tust." Somit macht Liebe frei; frei, um so zu sein, wie man ist; frei, um etwas wagen zu können; frei vom Schrecken eines etwaigen Irrtums und schafft die daraus resultierende Fähigkeit, spontan und glücklich zu sein. Genau hier, nämlich in unseren ersten Erfahrungen, wird der Grundstein für die Strukturen gelegt, nach denen wir während unseres ganzen Lebens auf andere reagieren.

Durch die Unzahl von frühkindlichen Begegnungen lernen wir entweder zu lachen, zu lieben und uns etwas zuzutrauen oder uns ängstlich hinter einer Verteidigungsmauer und bitteren Erwartungen zurückzuziehen. Wir bauen in uns gewohnheitsmäßige Strukturen, die etwa mit dem Gehenlernen vergleichbar sind. Genauso wie wir uns später nie mehr Gedanken darüber machen müssen, wie man geht, so brauchen wir auch über die allmählich entwickelten und praktizierten Strukturen, durch die wir mit anderen in Beziehung treten, nicht mehr nachzudenken. Schon bald ist das Muster, nach dem wir die Art und Weise interpretieren, wie andere uns begegnen, entweder sachlich richtig oder irreführend, und unsere von da an stattfindenden Reaktionen werden echte Kommunikation und Freundschaft entweder ermöglichen oder verzerren und verhindern.

Die häufigsten Fehlbildungen sind Fluchtmechanismen. Wir bilden sie während den ersten sechs Lebensjahren, doch zwischen sechs und zwölf wachsen wir entweder aus ihnen heraus und überwinden sie oder aber wir verfestigen sie. Bis zu unseren Teenagerjahren hat unser Charakter seine endgültige Form gefunden. Ärzte können aus der Knochen- und Knorpelentwicklung auf das Alter eines Kindes schließen. Ein erfahrener Seelsorger kann anhand der Entwicklung und dem Grad an Stabilität oder Starrheit geistiger und unterbewußter Schemata auf das geistige Alter eines Menschen schließen. Was noch viel entscheidender ist – der Grad an Starrheit läßt normalerweise Rückschlüsse auf das Ausmaß des erlittenen Traumas zu.

Fluchtmechanismen vergraben unsere Talente!

> Es trat aber auch herzu, der das eine Talent empfangen hatte, und sprach: Herr, ich kannte dich, daß du ein harter Mann bist: du erntest, wo du nicht gesät, und sammelst, wo du nicht ausgestreut hast; und ich fürchtete mich und ging hin und verbarg dein Talent in der Erde; siehe, da hast du das Deine. Sein Herr aber antwortete und sprach zu ihm: Böser und fauler Knecht! Du wußtest, daß ich ernte, wo ich nicht gesät, und sammle, wo ich nicht ausgestreut habe? So solltest du nun mein Geld den Wechslern gegeben haben, und wenn ich kam, hätte ich das Meine mit Zinsen erhalten. Nehmt ihm nun das Talent weg, und gebt es dem, der die zehn Talente hat; denn jedem, der da hat, wird gegeben werden, und er wird Überfluß haben; von dem aber, der nicht hat, von dem wird selbst, was er hat, weggenommen werden. Und den unnützen Knecht werft hinaus in die äußere Finsternis: da wird das Weinen und das Zähneknirschen sein.
>
> (Mt 25,24-30)

Dieses Gleichnis ist nicht nur eine Geschichte, die ein Argument untermauern soll. Es ist vielmehr eine exakte Beschreibung dessen, wie es in Wirklichkeit abläuft! Es beschreibt die unabwendbare Wirkung des unpersönlichen Gesetzes der Vergeltung – jeder, der sein Talent vergräbt, *wird* das verlieren, was er seiner Meinung nach hat!

Was zeichnet denjenigen aus, der noch mehr dazubekommt? Vertrauen, Mut und die Bereitschaft, ein Risiko einzugehen. Was fehlt dem, der nichts mehr hat? Dasselbe.

Die erste und tiefgehendste Fehlbildung wird von Psychologen als Amniosis bezeichnet. Es ist dies die Unfähigkeit, das Amnionwasser (= Fruchtwasser) zu verlassen und geboren zu werden oder eine Flucht durch Rückzug in das sichere Versteck des Mutterleibs; man kann also sagen, der Mensch ist entweder nie herausgekommen oder wieder dorthin zurückgeflohen. Amniotische Menschen möchten, daß man sich um sie kümmert. Sie sind auf der Suche nach starken Menschen, bei denen sie sich geborgen fühlen, auf die sie sich verlassen können, und von denen sie verhätschelt werden. Sie scheuen sich vor Entscheidungen, Konfrontationen, öffentlichem Sprechen oder Handeln, körperlichen Risiken, Wettkämpfen, neuen Situationen, Begegnungen mit unbekannten Menschen und kreativen Herausforderungen. Sie wollen Sicherheit, Petting, doch keine Intimität, Liebkosungen, doch keinen richtigen Sex, Wände statt offener Räume, gedämpfte Beleuchtung, anstelle von grellem Licht oder Dunkelheit, sichere Sachen statt Glücksspiel, Bequemlichkeit statt Härte.

Für amniotische Menschen findet das ideale Leben in einer behaglichen Höhle statt (vergleichbar mit dem Mutterleib). Ihre Antworten lauten immer ähnlich: „Oh, bitte mich nicht, Dir...", oder: „Ich würde es nie wagen,..." (begleitet von klimpernden Wimpern und einer Hand auf der Brust), oder: „Wer würde jemals an so etwas auch nur denken?" Propheten und jeder andere, der die Idylle zerstören könnte, stellen für so einen Menschen eine Bedrohung dar und er meidet sie wie die Pest – oder läßt sie von seinem Ehemann oder seiner aggressiven Ehefrau aus der Gemeinde verjagen.

Paula und ich kannten eine sehr liebe Frau, die auf dem College einen jungen Mann kennenlernte und ihn heiratete; danach fiel sie augenblicklich in das „Nestbau-Syndrom". Nichts konnte sie nun davon weglocken. Sie hatte ihr Nest und ihren fürsorglichen jungen Mann und niemand würde sie davon wegbringen. Sie ging mit ihm weder Skilaufen noch Segeln, noch Wasserskilaufen. Sie wollte mit ihm nicht am gesellschaftlichen Leben teilnehmen. Bald hatte sie drei Jungen, und ihr ganzes Leben drehte sich um das Füttern und das „Zu-Bett-Bringen". Sie hätte ihre Söhne mit ihrem Schutzbedürfnis förmlich erdrückt, wenn ihr prächtiger Ehemann sie nicht davon abgehalten und die Jungs energisch mit Aktivitäten von ihr losgeeist hätte. Immer wieder versuchte er, seine Frau an den Busen der Natur zu zerren. Wenn sie mitmachte und z.B. versuchte, Wasserski zu laufen, dann war sie so geistesabwesend und die Koordination ihrer Beine dementsprechend schlecht, daß sie den ganzen Spaß verpatzte und schließlich ungemein erleichtert wieder in ihr sicheres Heim fliehen konnte. Der Geist ihres Ehemanns, der abenteuerlustig und auf Spaß aus war, wurde schnell einsam und schließlich verzweifelt und zornig. Er hatte Vertrauen, Schwung, Elan, Begeisterung und einen Hunger nach Leben. Sie hatte nichts von all dem. Sie ließ nicht davon ab, ihr Talent zu vergraben. Er hatte viele Fehler und sie – neben ihrer Flucht und dem Vergraben ihrer Talente – auch noch einige. Die Eheseelsorge konnte sie von einigem befreien, doch der Grundtenor blieb, daß sie nicht bereit war, ein Wagnis einzugehen – weder im gesellschaftlichen Leben, noch wenn sie gemeinsam Spaß hatten, noch in ihrer ehelichen Sexualität. Was schließlich daraus folgte, war keine Überraschung – er ließ sich scheiden. Was ihr gehörte, wurde ihr genommen und einer anderen gegeben, einer Frau, die schon etwas hatte. Was hatte sie? Vertrauen, Abenteuerlust und Lebensfreude; sie war eine Frau, die sich für das Leben entschieden hatte und dafür, den hohen Preis des Meisters zu zahlen, nämlich den Schmerz, offen und verletzbar zu sein.

Paula und ich sehen, wie sich das Gleichnis von den anvertrauten Talenten unzählige Male im Leben wiederholt, ganz besonders in Ehen. Wir kennen Männer, die in der Erziehung oder im Geschäftsleben sagen: „Bis hierher und nicht weiter!"; sie riskieren nichts und gehen nicht voran und schließlich wird ein anderer, der bereit ist, ein Risiko einzugehen, befördert oder er kann den Vertrag abschließen, was der erstere mit nur ein wenig mehr Wagemut auch hätte schaffen können. Wir treffen unzählige Menschen, die gerne mit Gott auf einem Berg sitzen und aus ihren vergangenen Erfahrungen Altäre bauen möchten, anstatt sich der Herausforderung des nächsten Gipfels zu stellen; wir begegnen Menschen, die weder die Fülle des Heiligen Geistes empfangen, noch eine Gabe ausüben, die sie schon bekommen haben (vgl. 1.Tim 4,14; 2.Tim 1,6). Wir alle kennen Menschen, die sich ein paar Freunde schnappen und mit ihnen tagein, tagaus in der gleichen bequemen Routine verharren, anstatt sich an etwas Neues heranzutrauen; für solche Menschen ist wirklich jedes Wagnis ein Schrecken, der nun wirklich überhaupt keinen Spaß macht; für sie heißt es: „Frieden um jeden Preis."

Doch das Leben ist kein brackiger Tümpel, sondern vielmehr ein reißender Strom. Früher oder später ist er an ihnen vorübergezogen, und das Boot ist ohne sie abgefahren. Schließlich zerbricht sogar das noch, was sie noch zu haben glauben und vergeht.

Menschen, die ihre Talente vergraben, haben in der Regel auch gelernt, ihre Lieben auf subtile und/oder aggressive Art und Weise an ihren Lebensstil zu fesseln. Amniotische oder furchtsame Mütter ersticken ihre Kinder und lassen es nicht zu, daß sie sich frei im Nest bewegen oder es früher oder später auch verlassen können. Väter, die ständig so aussehen, als ob sie Angst davor hätten, ihnen würde die Decke auf den Kopf fallen, verbergen ihre Furcht hinter der Verantwortung zur Zucht und zum Schutz; auf diese Weise beschneiden und töten sie die kindliche Begeisterung, etwas zu riskieren und zu entdekken. Paula und ich sind immer traurig, wenn wir Kinder und Erwachsene aus wohlerzogenen Familien sehen, die alles richtig machen, mit einem toten Gesichtsausdruck durchs Leben gehen und zu überhaupt nichts Energie aufbringen können. Sie scheinen zu sagen: „Wenn ich nur irgendwie durchs Leben gehen kann, ohne Spuren zu hinterlassen..." Am liebsten würden wir sie von einem Steilufer ins Wasser werfen und sagen: „Geh' unter oder schwimm', Kumpel!" Doch wir tun es nicht; wir wissen, daß das nicht der richtige Weg ist. Aber wir würden es gerne tun.

Wenn die Furcht positive Konfrontationsmöglichkeiten aus dem Weg räumt und die Kontrollmechanismen der Zucht innerhalb der Familie praktiziert werden müssen, suchen solche Eltern ihr Heil in der Manipulation. Amniotische Menschen versuchen dann, den anderen herumzukriegen: „Bitte! Mami möchte nicht, daß Du das tust. Komm her und sei Mamas lieber Junge (oder liebes Mädchen)." „So kenn' ich Papas braves Mädchen! Du möchtest doch sicher nicht, daß ich traurig bin, oder?" Ein knappes und deutliches „Hör' auf!" hätte es auch getan. Manipulative Eltern koppeln so lange gewisse Steuermechanismen an natürliche Zeichen der Zuneigung, bis schließlich jeder Impuls eines Kindes – bzw. dann später eines Erwachsenen – so viele Kontrollen zu durchlaufen hat, daß es sich nichts mehr zutraut, nur um niemandem einen Anstoß zu bereiten und niemanden zu übergehen. Solche Mütter werden ziemlich oft todkrank, wenn der Sohn kurz davor ist zu heiraten, und natürlich muß er sich dann „um Mutter kümmern; es wäre viel zu egoistisch von mir, gerade jetzt ans Heiraten zu denken."

Wir glauben, daß die Hauptursache für Gemeindespaltungen, die genau dann stattfinden, wenn der Herr etwas Neues tut, in einer einfachen Flucht oder dem besagten „Vergraben" zu finden ist; denken wir doch nur z.B. an die ängstlichen Reaktionen und an den Widerstand, wenn Gott seinem Volk sagt, es solle einen neuen Altarraum bauen oder ein neues Programm ins Leben rufen; oder wenn er auf einmal den Heiligen Geist ganz neu ausgießt; oder wenn er möchte, daß sein Volk neue Dimensionen und vollmächtige Gaben in ihm entdeckt: „Wieso tut's denn das alte Gebäude auf einmal nicht mehr?" „Wir sind schon so weit gegangen, wie wir nur können." „Kommt uns ja nicht mit irgendwelchen Neuerungen." „Wir haben doch alles, was wir brauchen." „Wir sind mit dem zufrieden, was wir inzwischen meistern können." „Weißt Du, Mission beginnt zu Hause." „Wir müssen es lernen, uns zuerst einmal um unseren eigenen Kram zu kümmern." Doch diese Worte bedeuten eigentlich: „Hier ist es bequem." „Unser eigentlicher Gott ist das süße Leben." „Wir haben alles unter Kontrolle." „Verpatzt doch nicht alles." Manchmal wird Propheten und Pastoren einfach deswegen hart zugesetzt, weil sie den Rhythmus eines neuen Schlagzeugers hören. Sie sagen: „Steht auf und bewegt euch."

Die neun Plagen über Ägypten sollten vielleicht mehr die Geißel der Knechtschaft und den bequemen Trott Israels vernichten als den Pharao rangsalieren. Beachten Sie, daß Gott das Herz des Pharao *verhärtete*, damit er Israel nicht gehen lasse (2.Mo 4,21; 7,3). Warum? Wenn er Israel nicht durch die neun Plagen ausreichend mit Schrecken und Abscheu vor Ägypten schlagen würde, so wußte er, daß sie bald wieder in die Bequemlichkeit der Knechtschaft fliehen würden, weil sie damit die Verantwortlichkeiten der Freiheit nicht auf sich zu nehmen bräuchten. Und tatsächlich wollten sie auch wieder zurück (2.Mo 17,2-3). So viele Menschen wurden in ihrer Kindheit von Angst und Bequemlichkeit geprägt, daß sich die Menschheit noch nie richtig konsequent für die Härten der Freiheit entschieden hat! Heute flüchtet sich unsere Nation (die USA) wieder so sehr in eine übersteigerte Abhängigkeit von Dingen, die normalerweise gut sind, wie z.B. Sozialhilfe, Hilfe für Almosenempfänger, Arbeitnehmerausgleich, Renten, Lebens- und andere Versicherungen, daß anscheinend kein Abgeordneter mehr darauf hoffen kann, gewählt zu werden, wenn er es sich zum Ziel gesetzt hat, diese Dinge zu kürzen. Die Nation, die in einer Revolution ihr Recht durchgesetzt hat, von der Versorgung durch einen König frei zu werden, sagt jetzt zu ihrer Regierung: „Kümmere Dich um uns." In einer Gesellschaft, die sich von Gott abwendet, fliehen immer mehr Menschen und vergraben ihre Talente. Die Freiheit, die wir noch zu haben glauben, wird bald preisgegeben sein und uns dann ohne Schwierigkeiten entrissen werden.

In Arkansas wollten Wissenschaftler jahrelang das Verhalten freilebender Wildschweine studieren, doch konnten sie nie genug fangen und halten, um ihre Untersuchungen durchzuführen. Ein weiser alter Schwarzer meldete sich freiwillig, und nach sechs Wochen hatte er eine ganze Herde beisammen. „Wie haben Sie das denn gemacht?"

„Simpel, nur Futter ausgelegt. Bald riechen die den Braten, gewöhnen sich dran, kommen nich' mehr ohne aus. Dann war's leicht, sie zu fangen." Der springende Punkt ist Manipulation und Kontrolle durch Bequemlichkeit und Fütterung.

„Wo aber der Geist des Herrn ist, ist Freiheit" (2.Kor 3,17). Die Umkehrung dieses Satzes ist ein Gesetz: „Wo aber der Geist des Herrn nicht ist, gibt es keine Freiheit." Wo es keine Freiheit gibt, steht ein Gefängnis aus Manipulation und Kontrolle. In Familien manipulieren und kontrollieren wir einander, bis es uns ganz natürlich und richtig erscheint, das zu tun und unter einer Gesellschaft und Regierung zu leben, die auch so handelt.

Amniotische Menschen sind nicht immer lammfromm. Aggression ist ein häufiges Mittel der Kontrolle. Sobald ein Freund oder ein Familienmitglied sich den Kontrollmethoden eines amniotischen Menschen fügt, wird dessen Herz mutig, und in dieser Arena wird er neue Methoden ausprobieren. Zum Waffenarsenal der Kontrolle kommt bald noch der Zorn hinzu.

Aufrichtiger Zorn ist hilfreich. Unaufrichtiger Zorn manipuliert. Zorn ist keine Sünde. Jesus sündigte nie, doch er „blickte auf sie umher mit Zorn, betrübt über die Verhärtung ihres Herzens" (Mk 3,5). „'Zürnet (das ist ein Gebot) und sündigt dabei nicht!' Die Sonne gehe nicht unter über eurem Zorn" (Eph 4,26). Was wir mit unserem Zorn *tun*, gereicht uns entweder zur Sünde oder zum Segen.

Paula wurde immer zornig, wenn ich mich in meine Höhle zurückzog. Ihr Zorn war keine Manipulation. Er entstammte ihrer Liebe zu mir. Er zog mich zurück zu dem Versprechen, bei ihr zu sein. Er gab mir die Freiheit, mich für meine Höhle zu entscheiden, wenn ich wollte, aber er gab mir auch zu verstehen, daß sie das nicht mochte. Das war aufrichtiger Zorn und somit hilfreich.

Unaufrichtiger Zorn entstammt nicht der Liebe zum anderen. Er entstammt vielmehr dem Wunsch, eigenen Wege gehen zu können, und wirkt auch auf dieses Ziel hin. Er ist nicht *für* den anderen, um *seinetwillen*, sondern *gegen* ihn, also ausschließlich *um dessentwillen der manipuliert*. Sein erklärtes Ziel ist nicht der Segen und die Fülle des anderen, damit dieser in seinen Ruf eintreten könnte. Sondern er zielt exakt darauf ab, den anderen davon abzuhalten, derjenige zu werden, der er sein soll; dann kann sich der „Manipulator" wieder zur Ruhe setzen, nachdem er den anderen aus selbstsüchtigen und egozentrischen Motiven heraus abgewürgt und kontrolliert hat. Aufrichtiger Zorn wird in einem Ich geboren, das aus Liebe zum anderen stirbt und das bereit ist, das Risiko einzugehen, nicht mehr angenommen zu sein und seine Position zu verlieren, wenn nur der andere frei wird, um er selbst zu sein. Unaufrichtiger Zorn ist genau das Gegenteil. Er entstammt einem selbstsüchtigen Willen, hat Methode, und der Übeltäter würde ihn sofort zurückziehen, wenn er den Eindruck hätte, er würde dadurch etwas verlieren. Sein Ziel ist es, zu halten, nicht um des anderen willen, sondern um dessentwillen, der manipuliert. Er soll den anderen davon abhalten, er selbst zu werden, damit dieser nur eine Erweiterung des Ichs des Manipulators wird, quasi ein Satellit in dessen Orbit.

Viele Ehepaare haben noch nie Befreiung von den Kreisläufen des Zornes und der Manipulation in ihren Elternhäusern erlebt. Sie kennen keinen anderen Lebensstil. Deshalb wird ihr Eheleben zu einer einzigen Hin- und Herschaukelei: „Jetzt bin ich dran, ich hab' die Kraft dazu. Laß mich Dir eine Zeitlang den Weg zeigen (oder, was noch besser ist: immer)" oder „*Es* bist immer nur Du. Du beginnst zu schreien und zu toben und ich gebe klein bei." Wer die Wahrheit hat, wer es schafft, die anerkannte Gerechtigkeit des Moments für sich zu beanspruchen, ist berechtigt „es" zu sein; also schlagen die beiden Parteien aufeinander ein, bis sich abzeichnet, wer von beiden die Oberhand gewinnt, da er näher an der Wahrheit ist (fast wie in einem Spiel, in dem alle Mitspieler den „fürchten" müssen, der als letzter die Karte der Wahrheit in Händen hält). Fast alle „Kämpfe" innerhalb einer Familie enden in dem Trugschluß, daß derjenige, der der Wahrheit am nächsten ist, die Macht hat, vor der sich alle anderen beugen müssen (all das ist jedoch für ein Leben in Christus völlig irrelevant, auch wenn durch die Jahrhunderte hindurch Kämpfe zwischen Konfessionen auch auf genau diesem Trugschluß aufgebaut wurden!).

Wer andere manipuliert, braucht eine besondere Form der Heilung. Durch Autorität bricht man einen inneren Schwur. Durch Freundschaft überwindet man ein steinernes Herz. Die Vergebung, die ein Seelsorger ausspricht, wäscht rein von Schuld. Durch Verappeln und Necken hilft man einem leistungsorientierten Menschen, sein Verhalten loszulassen. In all diesen Fällen tut der Seelsorger etwas für den Ratsuchenden. Doch der Seelsorger kann nichts tun, das einem manipulierenden Menschen helfen würde, wenn dieser nicht loslassen will! Sicherlich gilt dies auch für alle anderen Phänomene, jedoch insbesondere für Rückzugsverhalten und Manipulation. Dem Manipulator wird nur durch eine *persönliche*, individuelle, innere *Entscheidung* geholfen werden.

Der Seelsorger muß alle anderen Arten der Hilfe anbieten. Er muß dem Bruder (oder der Schwester) helfen zu verstehen, was er eigentlich tut, und ihm helfen, die Wurzel seines Verhaltens in seiner Kindheit zu suchen. Für einen amniotischen Menschen wird der Seelsorger mehr als in allen anderen Fällen zum Geburtshelfer. Er unterstützt Gott bei der Geburt des anderen. Er hilft Gott, den anderen zum Leben zu führen. Er schafft einen Rahmen für die Vergebung für den gegen die Eltern gerichteten Haß des Kindes in ihm und spricht sie aus. Er betet, daß Liebe das ausgehungerte Innere des Findelkindes erfüllen möge. Er ermutigt, ermahnt, schimpft und wird vielleicht zu einem Vater oder einer Mutter in Christus.

> Wie ihr ja wißt, daß wir euch und zwar jeden einzelnen von euch, wie ein Vater seine Kinder ermahnt und getröstet und beschworen haben, des Gottes würdig zu wandeln, der euch zu seinem Reich und seiner Herrlichkeit beruft.
>
> (1.Thes 2,11-12)

Doch all dies wird letztlich wirkungslos sein, wenn die betreffende Person sich nicht mit Bestimmtheit und Beherztheit dafür entscheidet, „Ja" zum Leben zu sagen, und sich nicht entschlossen weigert, seine Talente zu vergraben, vor den Risiken des Lebens zurückzuschrecken und andere zu manipulieren.

Menschen, die ihre Talente vergraben und andere manipulieren, haben – mehr als alle anderen – hinter ihrer Sünde riesige Belohnungssysteme aufgebaut. Sie haben gelernt, die anderen nach ihrer Pfeife tanzen zu lassen. Jemand, der sich kraftlos fühlt, weil er sein Leben durch Angst verwirkt hat, fühlt sich *gut*, wenn er diese Macht hat! Er möchte sich stark fühlen. Wie oft haben wir schon miterlebt, wie jemand, der klein an Wuchs war, andere mit eiserner Faust regierte! Die schwache, kleine, alte Oma fühlt sich *gut*, wenn sie diese großen, hünenhaften, kräftigen Söhne nach Belieben hin- und herschicken und springen lassen kann. Nebenbei bemerkt, gibt die Sünde (dem Fleisch) fast immer ein gutes Gefühl. Wir würden sie nicht mehr tun, wenn sie keinen Spaß machen würde (auch wenn sie noch so schmerzhaft ist).

Der einzige Ausweg für Menschen, die zwar ein hartes Äußeres haben und andere kontrollieren, jedoch immer den Kopf einziehen, heißt: Hassen lernen. „Hasset das Böse" (Röm 12,9; Schlachter). Nur ihr eigener rücksichtsloser Haß auf diese gräßliche Gewohnheit der Manipulation und der Kontrolle, kann diese Sache lange genug am Kreuz hinhalten, bis sie schließlich stirbt. Wir müssen uns selbst zwar dafür vergeben, daß wir andere manipuliert haben, die Sache selbst jedoch wie ein todbringendes Geschwür hassen, sonst können wir uns nicht zu der Entscheidung durchringen, auf den Lohn der Macht lange genug zu verzichten, um sie endlich loszuwerden.

Der Seelsorger sollte den Ratsuchenden auffordern, selbst das Gebet zu sprechen. Wenn der Seelsorger betet, kann vielleicht Heilung für diverse andere Dinge geschehen, jedoch nicht für die Gewohnheit der Manipulation. Der Seelsorger kann vielleicht den ganzen Groll und die Ursachen des Rückzugsverhaltens und der Manipulation hinwegbeten, doch am Ende muß der Ratsuchende selbst in Gegenwart des Seelsorgers zwei Gebete sprechen, und zwar am besten laut. Erstens: „Ich entscheide mich für das Leben, Jesus. Ich entscheide mich dafür, hier zu stehen wie ich bin, nackt und ohne Schutzmechanismen. Ich entscheide mich dafür, Dir zu vertrauen und für das Leben offen zu sein." Und dann, was am allerwichtigsten ist: „Ich weise all diese Mittel und Wege zurück, mit denen ich Menschen kontrolliert habe und entsage ihnen, Herr. Es tut mir leid, ich weise sie von mir. Reiß' mich jedesmal immer gleich wieder raus, Herr, wenn ich wieder zurückfalle. Ich hasse sie. Hol' mich da 'raus, Herr. Wo ich sie noch nicht genug hasse, schaffe in mir einen vollkommenen Haß auf diese Sache, die mich für meine Freunde und Lieben zu einem Zerstörer macht."

Eine Person muß nicht unbedingt amniotisch sein, wenn sie flieht oder ihre Talente vergräbt. In Streitsituationen fallen wir leicht wieder in frühere, angenehmere oder erfolgreichere Verhaltensweisen zurück. Oftmals wird Gott auf unseren Hilferuf nicht antworten, nicht weil er nicht helfen möchte, sondern weil unser Ruf der Ruf eines Menschen ist, der sich wieder in ein Kind zurückversetzt hat. Wenn er antworten würde, würde das zu einem kindlichen Verhalten führen. Er würde damit unsere Unreife nur bestätigen, durch die wir bitten, wie Kinder ihre Eltern bitten. Er möchte jedoch gereifte Söhne.

Manchmal haben es Kinder gelernt, daß Eltern nicht wissen, wie sie mit einem Wutanfall umgehen sollen. Vielleicht reifen sie heran, ohne in rechte Bahnen gelenkt zu werden und wissen womöglich nicht, daß sie etwas gelernt haben, das viel tödlicher ist. Von da an kann ihr Zorn oft unaufrichtig sein; sie haben gelernt, daß die anderen sich benehmen oder zurückweichen, wenn sie wie verrückt aufbrausen und dabei doch nur bluffen. Manchmal sagen wir über so jemand: „Er ist wirklich eine starke Persönlichkeit." Doch in Wirklichkeit ist genau das Gegenteil der Fall. Hinter dieser scheinbaren Courage und Aggressivität steckt ein erlernter Fluchtmechanismus. Jenseits der bewußten Ebene sagt das Ich: „Wenn ich angreife, weichen die anderen zurück. Dann muß ich mir keine Blöße geben, niemand an mich 'ranlassen, nicht aufrichtig sein und nicht vernünftig reden (davor fürchte ich mich nämlich, denn trotz allem habe ich Angst davor, daß eigentlich nicht viel dahinter steckt)."

Die Grundursache von Vergewaltigungen und Morden ist oftmals Angst und Flucht. Jemand, der sich seinen sehr realen Zorn auf seine Mutter nicht eingestehen konnte und aus Angst seine Gefühle unterdrückte, projiziert möglicherweise später dann seinen Zorn in die Vergewaltigung oder Gewalttätigkeit hinein. Die eigentliche Wurzel ist Furcht; die Furcht gibt dem Zorn und dem Haß Nahrung. In jedem gemeinen und zum Angriff übergehenden Mörder steckt ein verängstigter kleiner Junge. Selbst der Krieg ist eine Flucht vor der eigentlichen Begegnung.

Es braucht schon Mut, um eine Beziehung aufrecht zu erhalten, seinen Stand zu bewahren und immer wieder unabsichtliche Kränkungen wegzustecken, ja es bedarf noch viel mehr, um absichtliche Verletzungen zu ertragen und das Herz offen zu halten, obwohl man genau weiß, daß darauf herumgetrampelt werden wird. Anbetrachts der Sündhaftigkeit der Menschheit im allgemeinen braucht man schon Durchhaltevermögen, um immer wieder zur Umarmung zurückzukehren und sich immer wieder verletzbar zu machen; doch wieviel mehr bedarf es, immer wieder mit den mörderischen Dingen Nachsicht zu haben, von denen wir wissen, daß sie in unseren Lieben vorhanden sind (Kol 3,13). Es scheint wirklich so zu sein, daß das Leben ein gestrenger Meister ist, der dort erntet, wo es am unfairsten scheint – immer und immer wieder. Deshalb verkriechen wir uns auch so leicht in unserem Versteck.

Das Schweigen ist die Hauptwaffe des Mannes. Er erkennt schon als kleiner Junge, daß er seine Mutter durch nichts so sehr auf die Palme bringt, als durch sein Schweigen. Mittlerweile wurde es zu einem vergessenen automatischen Verhaltensmuster. Er hat in sich einen fest gemauerten Ort, an dem er lachen kann, wenn ihm die Angst in Form seiner Ehefrau gegenüber tritt. Kräftigen Männern, die zwanzig Zentimeter größer sind als ihre Frauen und die deren Körper in wenigen Augenblicken in Stücke brechen könnten, steckt oftmals noch der Schrecken über die erste Frau in ihrem Leben in den Knochen; folglich fliehen sie vor der wirklichen Begegnung und Umarmung. Ein Mann, der in der Welt gerne mal alles auf eine Karte setzt, kann durchaus zu Hause ein Feigling sein. Wiederum wird nur eine bewußte Entscheidung, die immer und immer wieder im Gebet ausgesprochen wird, einen Mann dazu bringen, die Arena, in der seine Frau ist, nicht zu verlassen. Ja sogar ihre Anmut kann ein Schrecken für ihn sein („Ich werde dafür nie gut genug sein können"). Er hat gelernt, seine Arbeit und verschiedene andere Dinge gut zu meistern. Dort ist er selbstsicher. Doch hier ist dieses völlig andere „Du", das ihn will, das an seine innersten Emotionen herankommt, das man nicht meistern oder einsperren kann – Hilfe! Schon allein der flüchtige Gedanke an ihre Nähe kann in seinem Herzen eine panische Flucht auslösen. In seiner Flucht versteckt er sich vielleicht hinter Büroarbeit, gesellschaftlichen Verpflichtungen, Gemeindeämtern, Freundschaftsbesuchen oder Pflichten gegenüber den Eltern, als hinter irgendetwas, womit er sich entschuldigen und Zeit gewinnen kann, in der er nicht bei seiner Frau und seinen Kindern sein muß.

Ich (John) habe schon oft das gleiche Gebet gesprochen: „Herr, hilf mir, mein Leben zu öffnen."; „Jesus, mach mich verletzbar."; „Herr halt' mich davon ab, vor Paula zu fliehen."; „Vater, laß mich der sein, der ich in Beziehung zu ihr Deinem Willen nach sein soll." Als ich in unserer sexuellen Beziehung auf wunderbare Weise mehr und mehr in ihrer Liebe „taumeln" konnte (wie Spr 5,18-19 sagt), habe ich im Moment einer herrlichen Umarmung einen anderen Teil meines Ichs kennengelernt: Wieder machte ich mir Gedanken, wie ich fliehen könnte, doch aus Angst davor, noch verletzbarer zu werden! In solchen Zeiten lernte ich folgendermaßen zu beten: „Öffne mich für Paula, Herr, und laß mich dort bleiben. Laß mich nicht fliehen." Jeder, der es für selbstverständlich erachtet oder sich selbst auf die Schulter klopft, daß er den Mut hat, von Herz zu Herz in einer Beziehung zu verweilen, gleicht einem Rechtsanwalt, der sein eigener Verteidiger ist und einen Narren als Klienten hat.

Ziehen wir doch einmal die Möglichkeit in Betracht, daß Adam und Eva der Versuchung, vom Baum der Erkenntnis von Gut und Böse zu essen, einfach aus Angst heraus erlagen, aus Angst, ohne irgendein Beiwerk reifer werden zu müssen – ohne Erkenntnis, ohne Verständnis, ohne ein Mittel, ihr Leben zu kontrollieren. Vielleicht war der ausschlaggebende Grund, warum sie von dem Baum der Erkenntnis aßen, einfach die Angst, dem Leben ungeschützt („nackt") gegenübertreten und Gott blind vertrauen zu müssen; die Angst davor, jeden Tag in etwas Neues geworfen zu werden, ohne Hilfestellung, einzig und allein im Vertrauen. Vielleicht hatten sie auch Angst davor zu versagen, weil sie die Spielregeln nicht kannten. Diese Erkenntnis schien „begehrenswert...(um) Einsicht zu geben" (1.Mo 3,6). Wie? Indem sie zu dem Teil im Menschen sprach, der Angst davor hat, verletzbar im Leben zu stehen ohne die scheinbaren Kontrollmechanismen der List und der schlauen Manipulation.

Diese Abkehr vom Vertrauen und von der Offenheit vor Gott, sowie die Zuwendung zur fleischlichen Erkenntnis, hatten augenblicklich zur Folge, daß sie sich hinter ihrer Schlauheit verbargen: „Die Frau, die *du* mir zur Seite gegeben hast, *sie gab mir* von dem Baum und ich aß" (1.Mo 3,12; Hervorhebung vom Autor). Mit all dem möchten wir nur sagen, daß die Flucht und das Vergraben von Talenten nicht der Hang einiger schwacher Menschen ist; sie sind bei *allen* Menschen vorhanden. Die Flucht ist die sündige Neigung selbst der Besten unter uns und zwar zu jeder Zeit. Wir entscheiden uns, ja wir müssen uns dafür entscheiden, immer und immer wieder, jeden Tag, für das Leben offen zu sein, „Ja" zu sagen zu Gott, zum Risiko, zur Verletzbarkeit; wir müssen uns dafür entscheiden, den täglichen Preis zu zahlen, den das Leben fordert.

14
Bittere Wurzeln – darauf basierende Urteile und Erwartungshaltungen

Und achtet darauf, daß nicht jemand an der Gnade Gottes Mangel leide, daß nicht irgendeine Wurzel der Bitterkeit aufsprosse und euch beunruhige und die vielen durch diese verunreinigt werden.

(Hebr 12,15)

Richtet nicht, damit ihr nicht gerichtet werdet! Denn mit welchem Gericht ihr richtet, werdet ihr gerichtet werden, und mit welchem Maß ihr meßt, wird euch zugemessen werden.

(Mt 7,1-2)

Irrt euch nicht, Gott läßt sich nicht verspotten! Denn was ein Mensch sät, das wird er auch ernten.

(Gal 6,7)

Burt und Martha kamen zu mir (John) in die Seelsorge. Burt dachte, das Problem sei völlig klar und eindeutig – Martha war zu dick, und er fand das widerlich! Martha fühlte sich schrecklich, doch sie behauptete, es wäre gar nicht so schwierig, etliche Pfunde loszuwerden, wenn Burt nur endlich aufhören würde, ständig an ihr herumzumäkeln. Nach einigen Fragen stießen wir auf ein paar Grundursachen. Burts Mutter war nicht nur fettleibig, sondern noch dazu überaus schlampig. Sie kümmerte sich überhaupt nicht um ihr Äußeres. Der Haushalt war in einem haarsträubenden Zustand. Immer wenn sie auf der Toilette saß, ließ sie die Tür offen, und die Kinder liefen rein und raus. Burt richtete seine Mutter nach ihrem Aussehen und ihren Gewohnheiten. Sein Urteil, das von einer bitteren Wurzel herrührte, und die daraus entstehende Erwartungshaltung war, daß seine Frau auch fett und verlottert werden würde.

Martha hatte einen Vater, dem sie es nie recht machen konnte, gleichgültig wie sehr sie sich auch anstrengte. Er hatte an ihr immer etwas auszusetzen; ihr kam das zumindest so vor. Für mich als Seelsorger war es jedoch nicht so wichtig, ob ihr Vater nun wirklich so kritisch war oder nicht. Entscheidend war, daß sie ihren Vater verurteilt hatte. Da sie ihren Vater in diesem Bereich nicht ehren konnte, würde ihr Leben in allen ähnlichen Bereichen nicht gelingen können (5.Mo 5,16). Ihr bitteres Urteil und die Erwartungshaltung bestand darin, daß der Mann ihres Lebens sie immer mit kritischen Augen betrachten würde; sie würde niemals akzeptabel sein, niemals fähig, ihrem Mann zu gefallen.

Als Burt und Martha sich kennenlernten, war Martha ein hübsches, schlankes Mädchen. Sie verliebten sich ineinander und heirateten. Bald darauf wurde Martha schwanger. Je umfangreicher sie wurde, desto schwieriger wurde es für Burt, sie zu schätzen und ihr Komplimente zu machen. Nach der Entbindung dauerte es eine Weile, bis sie wieder abgenommen hatte. Burt wurde immer ärgerlicher und kritischer.

Jetzt war sich Burt sicher, daß er eine Kopie seiner Mutter geheiratet hatte (auch wenn er sich diesen inneren Eindruck nicht bewußt hätte eingestehen können). Er ertappte sich dabei, immer mehr zu kritisieren und zu schimpfen. Doch Martha hatte diese Reaktion natürlich schon erwartet! Angesichts der gegen sie gerichteten Angriffe wurde sie erregt, unsicher und aß immer mehr – als Trost – und wurde dicker. Je ärgerlicher und kritischer Burt wurde, desto aufgebrachter, nervöser, hungriger und dicker wurde sie. All das beeinträchtigte ihre Fähigkeit, sich um ihr Äußeres und um das Haus zu kümmern. Die Verurteilungen und Reaktionen der beiden schaukelten sich hoch und hinterließen immer schmerzhaftere Spuren; schließlich lebte sie mit einem zornigen Dämon und er mit einer Schlampe!

Was war nun die Ursache für diese verhängnisvolle Spirale? Sie bestand nicht nur in einer psychologischen Erwartungshaltung. Es stimmt schon, daß er erwartete, daß seine Frau fett werden würde, und sie erwartete, daß sie kritisiert werden würde. Doch eine psychologische Erwartunghaltung hat für sich allein nicht genügend Kraft, um ihre Entscheidungen, abnehmen und nicht mehr kritisieren zu wollen, zu überwinden. Bevor sie zu mir kamen, hat jeder von ihnen schon erkannt, was er dem anderen eigentlich antat. Da sie geisterfüllte Christen waren, trafen sie eine Willensentscheidung, ihrer Misere ein Ende zu setzen. Sie kamen, weil sie herausgefunden hatten, daß sie nicht genügend Kraft hatten, um damit aufhören zu können. Sie wußten, daß sie Hilfe brauchten.

Das Gesetz des Verurteilens *hat* jedoch diese Kraft. Als Burt seine Mutter verurteilte, begann das Gesetz zu wirken, das besagt, daß er nach dem Maß empfangen wird, nach dem er andere mißt. Da sein Urteil seine Mutter verunehrte (gleichgültig ob sie nun sein Urteil verdient hat, ja auch wenn sein Urteil der Wahrheit entsprochen hätte), war laut 5.Mose 5,16 sicher, daß sein Leben in dem bestimmten

Bereich nicht gelingen würde. In zwingender Weise war sein Urteil ein Same, der nach dem Gesetz eines Tages geerntet werden müsse. Genauso wie ein winziges Senfkorn einen großen Baum hervorbringt, wächst auch ein Same des Verurteilens stetig heran, solange er unerkannt bleibt und nicht durch Buße ausgemerzt wird. Wir säen also ein winziges Urteil und ernten im Laufe unseres Lebens immer wieder und in immer größerem Ausmaß.

Jede unsere Taten und jedes Urteil in unserem Herzen können wir mit einem Ball vergleichen, den wir gegen eine Wand werfen. Wenn ein Physiker das Gewicht und die Größe des Balles, die Entfernung zur Wand und meine Wurfkraft kennt, dann kann er berechnen, wann und mit welchem Rückstoß der Ball zurückfliegen wird. Das ist ein Naturgesetz. Das ist nun wirklich leicht zu verstehen. Doch für Gott gibt es keinen Unterschied zwischen einem natürlichen und einem geistlichen Gesetz. Alle Dinge laufen nach denselben grundlegenden Gesetzen ab. In der Physik heißt das Gesetz: „Auf jede Aktion folgt eine gleiche und entgegengesetzt gerichtete Reaktion." In der Chemie lautet es: „Die beiden Seiten einer Gleichung müssen sich ausgleichen." In der Moral und im geistlichen Leben lautet es: „Was ein Mensch sät, das wird er auch ernten" (Gal 6,7) und „Richtet nicht, damit ihr nicht gerichtet werdet! Denn mit welchem Gericht ihr richtet, werdet ihr gerichtet werden, und mit welchem Maß ihr meßt, wird euch zugemessen werden" (Mt 7,1-2). Alle Dinge kommen letztlich zu einer Auflösung und zu einem Gleichgewicht (Gerechtigkeit). Es gibt ein grundlegendes Gesetz, das in den verschiedenen Disziplinen unterschiedlich formuliert wird.

Durch das Gesetz des Säens und Erntens wird das Ganze jedoch noch um eine Dimension erweitert. Es ist nicht so, daß wir einen Samen säen und dann einen Samen zurückbekommen. Im Reich Gottes wachsen alle Dinge. Gott möchte, daß alle segensreichen Dinge zunehmen. Das erste Gebot, das er Adam und Eva gab, lautete, sie sollen fruchtbar sein, sich mehren und die Erde füllen (1.Mo 1,28). Der Mann, der sein Talent vergrub, wurde von unserem Herrn Jesus, der normalerweise sehr sanftmütig ist, mit überaus deutlichen Worten gescholten, weil er sein Talent nicht einmal dorthin gebracht hatte, wo es sich hätte vermehren können: „So solltest du nun mein Geld den Wechslern gegeben haben, und wenn ich kam, hätte ich das Meine mit Zinsen erhalten" (Mt 25,27). Je länger ein Urteil besteht, ohne daß es bekannt und Buße darüber getan wird, desto stärker wird es zunehmen. Wir säen einen Funken und ernten einen Waldbrand; wir säen Wind und ernten einen Wirbelsturm. Wenn das Wort sagt: „Mit welchem Maß ihr meßt, wird euch zugemessen werden", dann bedeutet das meiner Meinung nach: „Im gleichen Zusammenhang oder im selben

Bereich unseres Lebens", und nicht: „In der gleichen Menge" (Sonst würde sich das Wort ja selbst widersprechen).

Die Güte Gottes, unseres Vaters, besteht darin, daß er immer wieder an uns herantritt, um uns zu bewegen, etwas Gutes zu tun. Wenn wir dann endlich handeln, dann läßt er uns das Hundertfache davon ernten, so als ob es unsere eigene Idee gewesen wäre. Er schickt uns seine himmlischen und irdischen Diener, um uns davon zu überzeugen, daß wir nichts Böses tun sollen; wenn wir es dann doch tun, dann setzt er Himmel und Erde in Bewegung, um uns in Buße und Bekenntnis zu führen, damit er in seinem Sohn Jesus am Kreuz all das Böse für uns ernten kann!

Noch vor der Erschaffung Adams und Evas war das Gesetz des Säens und Erntens schon bis in alle Ewigkeit im Universum wirksam. Bevor die Sünde überhaupt da war, sollte dieses Gesetz den Segen vervielfachen – was es auch heute noch tut. Doch seit der Entstehung der Sünde bedeutet eben dieses Gesetz auch eine gegenläufige Entwicklung in Richtung Zerstörung. Weil der Vater nun aufgrund der ursprünglichen Konzeption der Schöpfung wußte, was der Mensch tun würde, entwickelte er deshalb den Plan, Jesus zu schicken, auf daß dieser das Böse ernte, das uns zustehen würde. Im folgenden Diagramm können wir sehen, wie unsere Urteile auf uns zurückfallen. In Sprüche 13,21 heißt es: „Unheil *verfolgt* die Sünder, aber Glück *belohnt* die Gerechten" (Hervorhebung vom Autor). Das Gesetz Gottes ist der aktive *Verursacher* der Belohnung und Strafe, die über uns kommen, genauso wie jedes andere Naturgesetz sein definiertes Ziel exakt verfolgt (vgl. Diagramm 1 auf der nächsten Seite).

Vielleicht ist der Same, den wir säen, nur klein und schon längst vergessen – ein kurzes zorniges Intermezzo oder Groll, den wir als Kind gegen ein Familienmitglied hegten. Je länger er unentdeckt oder vernachlässigt bleibt, desto größer wird er. Vielleicht säen wir nur einen kleinen Ball und bekommen dann eine riesengroße, haushohe Kugel!

Die Gnade Christi am Kreuz befreit uns, wie wir in Diagramm 2 sehen. In Kolosser 2,13-14 heißt es: „(Gott hat)...euch alle Übertretungen in Gnaden verziehen. Wir hatten es mit einem Schuldbrief zu tun, der durch seine Forderungen gegen uns zeugte. Den hat Gott ausgelöscht und auch ein für allemal aus dem Wege geräumt, indem er ihn ans Kreuz nagelte (Albrecht)." Es gibt keine billige Gnade. Jede Sünde bedarf einer Sühne. Vergebung bedeutet nun nicht, daß Gott woanders hingeschaut oder seine Gesetze geändert hätte. Jesus sagte: „Meint nicht, daß ich gekommen sei, das Gesetz oder die Propheten aufzulösen; ich bin nicht gekommen, aufzulösen, sondern zu erfüllen" (Mt 5,17). Die volle, rechtliche Anforderung des Gesetzes vom Säen und

Ernten wurde unter Schmerzen am Leib Jesu, unter Qualen im Herzen, in der Seele und im Geist unseres Herrn am Kreuz erfüllt! (vgl. Diagramm 2 auf der nächsten Seite.)

DIAGRAMM 1

Dennoch ist das Kreuz kein Automat. Wenn wir nicht Buße tun und bekennen, werden wir die Konsequenzen im vollen Ausmaß ernten, ungeachtet dessen, daß die Fülle der Gnade nur auf ein einziges Wort hin für uns verfügbar wäre.

Da Burt seine Mutter wegen ihrer Fettleibigkeit verurteilte, würde er auch Fettleibigkeit ernten – und was wäre wahrscheinlicher, als durch seine Ehefrau zu ernten? Sein Urteil trug zunächst dazu bei, mit einer Frau Kontakt zu bekommen, die höchstwahrscheinlich ein Gewichtsproblem hat; dann drängte es Martha zuzunehmen. Somit war es unausweichlich, daß das, was er gesät hatte, wie ein Sturm zu ihm zurückkommen würde. Für Martha war das so, als ob sie inmitten eines tosenden Orkans stünde, der sie dahin brachte, seine rechtliche Anforderung zu erfüllen, indem sie zunahm.

Doch Martha hatte auch ihre eigenen Urteile ausgesprochen, die sie zunächst einmal dazu brachten, einen Mann zu heiraten, der sie höchstwahrscheinlich kritisieren würde und die ihn dann drängten, das auch zu tun. Schnell wuchs der von ihr ausgestreute Same und wurde durch Burt geerntet.

Burt und Martha hatten, wie die meisten anderen Ehepaare, den Eindruck, sie müßten sich durch die Probleme des Partners „zurechtschleifen" lassen. Sein Urteil stimmte haargenau mit dem überein, was sie mit großer Wahrscheinlichkeit werden würde; ihr Urteil paßte auf seine fleischlichen Neigungen.

DIAGRAMM 2

Burt und Martha sind keine Einzelfälle. Wir haben bei jedem Ehepaar, das bei uns in der Seelsorge war, diese bitteren Urteile und die daraus resultierenden Erwartungshaltungen wiedergefunden! Verurteilungen, die von bitteren Wurzeln herrühren, sind die häufigsten und grundsätzlichsten Sünden, die in allen ehelichen Beziehungen vorkommen – ja vielleicht im ganzen Leben. Diese drei einfachen Gesetze beeinflussen das ganze Leben: 1. Unser Leben wird in all den Bereichen, in denen wir unsere Eltern ehren können, gelingen und es wird in all den Bereichen nicht gelingen, in denen wir unsere Eltern nicht ehren können; 2. Wir werden in all den Lebensbereichen Schaden erleiden, in denen wir anderen unser Urteil zugemessen haben; 3. Wir werden hundertprozentig das ernten, was wir säen. Wir erachten diese Gesetze als die vollmächtigsten Schlüssel, die Gott seinem Volk zur Heilung von Beziehungen in die Hand gegeben hat. Diese drei Gesetze sind die Grundlage fast unserer gesamten Seelsorge.

Die meisten Ehepaare treten in eine Beziehung ein und sind sich nur wenig oder überhaupt nicht darüber im klaren, was sie in ihren Herzen mit einbringen oder mit welcher Macht diese unbewußten Kräfte Wahrnehmungen, Haltungen und Verhaltensweisen beeinflussen, antreiben und kontrollieren. Diagramm A zeigt mich (Paula) am Anfang meiner Ehe mit John.

DIAGRAMM A

Ich habe mich als das unvollständige Segment eines Kreises gezeichnet; ich war mir ansatzweise dessen bewußt, daß ich unvollkommen und unerfüllt war und sozusagen vervollständigt werden mußte. Doch wie fast jede junge Braut hatte ich das Gefühl, ich würde mein neues Leben ziemlich klar, rein und frisch beginnen. Ich machte mir überhaupt keine Vorstellung davon, was für ein umfangreiches und komplexes Paket ich doch in dieses neue Leben mitbrachte. Wie Abertausende von Christen verstand ich nicht, daß ich, obwohl mir meine Sünden vergeben waren, immer noch die Person war, zu der mich meine Lebenserfahrungen und meine Reaktionen darauf gemacht hatten. Ich wußte nicht, daß ich solange dazu tendieren würde, meinen Ehemann durch die Brille der Grundhaltungen und Erwartungshaltungen meines alten Wesens zu sehen und daß ich auch vor diesem Hintergrund auf ihn eingehen würde, bis ich in Christus in meinem Inneren von der Vergangenheit abgetrennt werden würde und in das neue Leben hineinwachsen könnte. Die schwerwiegenden Inhalte dieses Pakets drückten mich zu Boden und verhinderten, daß ich mich selbst ungehindert mitteilen konnte.

DIAGRAMM B

Manchmal waren sie auch der Auslöser dafür, daß ich den einen oder anderen Pfeil auf John abschoß.

Da war noch ein anderer Faktor, mit dem wir fertig werden mußten: Ich hatte eine Idealvorstellung von John und wie er sein müsse, um mich zu ergänzen.

DIAGRAMM C

Beachten Sie bitte, daß ich auf diesem Diagramm zwar unvollständig, doch ziemlich symmetrisch und ausgeglichen dargestellt bin (Ich *versuchte* aus Leibeskräften die Person zu sein, die ich meiner Einschätzung nach war, und mir gefiel der Gedanke, daß ich es bis zu einem gewissen Grad schon geschafft hatte). Ich hoffte darauf, daß Johns Person gut und problemlos zu meiner passen würde. In den Bereichen, in denen ich schwach und noch „unterentwickelt" war, hoffte ich allen Ernstes, daß er stark und imstande sein würde, mein Defizit auszugleichen und mich stärken zu können. In den Bereichen, in denen ich natürliche Fähigkeiten und Stärke hatte, hoffte ich, daß er genügend Anstand besitzen würde, um beiseite zu treten und mir

Raum geben würde, um mich frei entfalten zu können. Ich dachte, unser Zusammenkommen solle so mühelos und schmerzlos wie möglich vonstatten gehen.

Wir waren noch nicht lange verheiratet, als ich entdeckte, daß wir überhaupt nicht die Voraussetzungen für ein unproblematisches Zusammenkommen mitbrachten. In meinen Augen sah das Bild nun in etwa folgendermaßen aus (John sah es genau andersherum):

DIAGRAMM D

Es war offensichtlich, daß wir uns umso mehr anpassen müßten, je näher wir zusammenrückten. Es dauerte eine Weile, bis wir beide erkannten, daß jeder von uns in einem fürchterlichen Zustand war und daß es zu Gottes Plan für unser Zusammenkommen gehörte, daß wir uns segensreich am anderen abschleifen sollten, um so geschmeidig und vollkommen zu werden. Gott schenkt uns einen geliebten Feind, der uns geistlich träge Menschen dazu zwingt, sich den unerledigten Bereichen unseres Fleisches zu stellen; wenn dem nicht so wäre, würden wir durchs Leben gehen und uns ständig selbst auf die Schulter klopfen, weil wir ja ohne den anderen auch gut dastehen.

DIAGRAMM E

Leider geschieht in vielen Ehen folgendes: Wenn die Partner eng genug zusammenwachsen, so daß sich dieser Abschleifungsprozeß in aller Ernsthaftigkeit fortsetzt, ziehen sie sich angesichts der Schmerzen zurück, errichten Verteidigungsmauern, um ihre Verletzbarkeit zu verbergen und finden sich in einer Ehe wieder, die ungefähr so aussieht.

DIAGRAMM F

Er lebt auf seiner Seite der Mauer und verbringt mehr und mehr Zeit im Büro, vertieft sich in seine Hobbys, spielt Golf, tut alles mögliche, nur um nicht einmal längere Zeit zu Hause sein zu müssen, wo sowieso nur alles weh tut. Er sucht nach Möglichkeiten, sich zu verwirklichen, ohne daß dabei sein Ich bedroht wird. Sie gibt sich mit den Kindern ab, macht alle möglichen kreativen Dinge, geht in den Club und in die Gemeinde und redet mit ihren Freundinnen über die Dinge, von denen sie den Eindruck hat, daß sie sie ihrem Ehemann nicht mehr bedenkenlos anvertrauen könne. Ihr Zusammensein wird einfach gräßlich, da es anscheinend nur Salz in die Wunde der Einsamkeit streut, an der sie in ihrer gegenseitigen Isolation leiden. Gelegentlich wirft der eine von seiner Position hinter der Mauer aus einen Stein auf den anderen: „Wenn *Du* Dich nur endlich ändern würdest, dann würde es mir auch gut gehen!"

Die weltliche Kultur füttert sie Tag für Tag mit neuen Lügen: „Es ist richtig, wenn man sich gut dabei *fühlt*." „Liebe ist warm und weich und läßt Sie ein Prickeln am ganzen Körper *fühlen*." „Wenn ihr einander wirklich lieben würdet, dann würdet ihr auch bis in alle Ewigkeit glücklich miteinander leben." „Wenn Sie in einer Beziehung nicht glücklich sind, dann nichts wie weg." Natürlich fühlen sie sich nicht gut in ihrer Ehe, und allmählich wächst der Gedanke: „Wir müssen einen Fehler gemacht haben. Ich habe den falschen Partner gewählt. Gott hat uns nie füreinander bestimmt."

DIAGRAMM G

Und so verläßt einer von beiden (oder beide) die Ehe auf der Suche nach diesem „Idealpartner", diesem „Seelenfreund", der doch da draußen irgendwo sein muß. Der umherziehende Partner findet dann vielleicht tatsächlich jemanden, der ihm anfangs ein „gutes Gefühl" gibt. Doch weil er den Herrn noch nicht in seinem Herzen aufräumen ließ, wird er diese neue Beziehung vom selben Standpunkt aus ansteuern, von denselben emotionellen Vorgängen beeinflußt werden und nach denselben Kriterien urteilen wie in seiner ersten Beziehung. Sollte er dann erneut eine Ehe eingehen, dann werden sich für ihn, sobald der neue Partner bis zu seinem Herzen vordringt, die gleichen alten Schemata wiederholen. Noch zwingender wird ihn das gleiche unausweichliche Ernten der Samen des Gerichts, dem durch das Kreuz noch nicht Einhalt geboten wurde, höchstwahrscheinlich zu einem Partner ziehen, durch den diese Ernte in der Regel noch katastrophaler ausfallen wird. Auf diese Weise gehen manche Menschen von einer Ehe zur anderen – bis sie schließlich in einer ausweglosen Frustration enden. „Vielleicht tauge ich einfach nicht für die Ehe." (Vor demselben Hintergrund gehen Menschen von Gemeinde zu Gemeinde, von Gruppe zu Gruppe, von Freund zu Freund in einer endlosen Suche nach jemandem, der ihnen ein gutes Gefühl geben kann und sie nicht zu Wachstum und Veränderung herausfordert.)

Für jede Ehe oder jede lebenswichtige Beziehung gibt es nur eine Antwort: Diese trennende Mauer der Feindseligkeit muß dem Kreuz Christi weichen.

DIAGRAMM H

Jede Forderung nach Veränderung des anderen muß verstummen. Jeder muß seinem Ich Tag für Tag absterben und den Herrn immer wieder fragen: „Was *in mir* trägt zum Niedergang unserer Ehe bei?" „Herr, warum macht mein Partner keine Fortschritte allein dadurch, daß er mit mir zusammenlebt? Was in *mir* muß sterben?" „Führe mich in den Tod." Man muß bekennen: „Herr, ich kann John gegenüber nicht liebevoll sein, doch Du kannst es. Gib mir Deine Liebe, auf daß ich sie ihm schenke." „Ich kann nicht vergeben, doch Du kannst es. Drücke Deine Vergebung durch mich aus." Jeder muß den Herrn bitten, es möglich zu machen, daß man sich mitfühlend mit dem Leid und den Ängsten des anderen identifizieren und ihnen dienen kann. Wir müssen das vergessen, was hinter uns liegt (Phil 3,13-14), indem wir es identifizieren und am Kreuz erledigen, auf daß es keine Macht mehr über uns habe; wir müssen uns stattdessen „nach dem ausstrecken, was vorn ist", indem wir uns im Zusammenleben *mit* unserem Partner und im gemeinsamen *Durch*arbeiten unserer Probleme jedem Schritt des Planes Gottes – auch wenn es manchmal schmerzhaft sein mag – zur Umgestaltung unseres Lebens unterordnen. Das bedeutet ein „Ja" zur Verletzbarkeit und zu dem Vertrauen, daß der Herr uns verteidigen und schützen wird.

Wenn sich in einer Ehe ein Partner weigert, in diesen Umgestaltungsprozeß im Herrn einzutreten, ist noch nicht alles verloren. Der ungläubige Partner ist durch den gläubigen geheiligt (1.Kor 7,14). Was im Herzen des einen geschieht, beeinflußt auch den anderen – vielleicht nicht bewußt, doch zumindest auf der unterbewußten Ebene. Schließlich werden sich auch die Früchte zeigen. Der unmittelbare Effekt davon, daß ein Partner am Kreuz inne hält, ist eben der, daß dieser Teufelskreis unterbrochen wird. Der andere verhält sich vielleicht weiterhin noch genauso wie früher, doch dadurch findet er bei dem Christen keinen Ansatzpunkt mehr. Er hat keinen Zugriff mehr zu diesem empfindlichen „Auslöser".

Ich (John) wurde von einer Mutter erzogen, die überaus kritisch war. Ich verurteilte sie dafür. Mein Urteil aus bitterer Wurzel bestand darin, daß mich die Frau meines Lebens immer kritisieren und nur selten bestätigen würde. Meine Mutter ließ mich auch oft lange arbeiten und tröstete oder schätzte mich nur wenig dafür; deswegen entstand aus dieser bitteren Wurzel in mir ein Urteil, daß jede Frau, die ich an mich heranlassen würde, ohnehin nur stundenlange Arbeit von mir erwarten und dann auch noch mit mir unglücklich sein und unsensibel auf meine Nöte reagieren würde.

Mein (Paulas) Vater war ein Vertreter und immer zwei Wochen im Block unterwegs. Auch wenn mir mein Verstand sagte: „Ich bin stolz auf Papa, denn er arbeitet für uns", war mein Herz recht bitter: „Ach, warum ist er denn nie für mich da, wenn ich ihn brauche?" Ich hegte einen verborgenen Zorn auf Männer. Mein Urteil aus bitterer Wurzel war, daß der Mann nie für mich da sein würde. Was gäbe es für eine bessere Möglichkeit, das zu ernten, als in der Ehe mit einem arbeitswütigen Pastor!

Man kann sich also leicht vorstellen, wie wir beide uns aneinander abschleifen würden. Ich (John) arbeitete stundenlang für die Gemeinde (die sinnbildlich für Mutter oder Frau steht) und wurde dafür immer wieder sowohl von der Gemeinde als auch von Paula kritisiert. Paula wurde immer zorniger, je härter und länger ich arbeitete, um anderen zu gefallen. Das Gesetz ist so mächtig, daß mich der von Paula ausgestreute Same dazu gezwungen hätte, arbeitswütig zu werden – wenn ich nicht schon so veranlagt gewesen wäre – oder mich veranlaßt hätte, mich in gewisser Hinsicht von ihr fern zu halten. Ihr Zorn ließ mich fragen: „Wer kommt überhaupt schon gerne nach Hause, wenn dort so eine Kneifzange wartet?" Die Tatsache, daß ich unausweichlich ein bitteres Urteil ernten würde, garantierte, daß Paula mich kritisieren würde, auch wenn sie noch nicht so veranlagt gewesen wäre.

John war nicht nur arbeitswütig, er kam auch dauernd zu spät. In den ersten Jahren unserer Ehe kam John regelmäßig zu spät zum Abendessen heim, nachdem er Gemeindemitglieder besucht hatte. Ich wies ihn hartnäckig darauf hin und er versprach, auf die Uhr zu sehen und pünktlich nach Hause zu kommen. Doch half weder mein Schimpfen, noch seine feste Absicht. Was den Umgang mit Zeit betraf, schien er einfach irgendwie blockiert zu sein. Zeit war etwas, an das man keinen Gedanken verschwenden mußte. Mit einem Kloß im Hals lachten wir über das „indianische Zeitgefühl", doch in mir empfand ich Schmerz darüber und wurde immer zorniger. Dann hörten wir etwas von diesen Urteilen und Erwartungshaltungen, die auf bitteren Wurzeln basieren. Ich tat Buße (einzig und allein aus Glauben) über den vielfältigen Zorn, den ich gegenüber meinem Vater zwar niemals empfunden hatte (noch jetzt empfinde), von dem ich jedoch annahm, daß er vorhanden sein müsse; dann bat ich den Herrn, diese Erwartungshaltung aus bitterer Wurzel, mein Mann würde ja doch immer zu spät kommen, ans Kreuz zu schleppen. Dann erinnerte ich mich allmählich an ein kleines, rothaariges Mädchen, das untröstlich darauf wartete, bis Papa am Wochenende endlich heimkam und das mit jeder nicht enden wollenden Stunde sichtlich enttäuschter wurde. Das konnte ich mir nun um so schwerer eingestehen, da mein Vater ja eigentlich immer pünktlich war. Doch das Zeitverständnis eines kleinen Mädchens ist nun mal nicht so sachlich. Ich tat Buße und bat um ein neues Herz. John kam nun auf einmal ohne jede Schwierigkeit – ohne Schweiß und ohne Kampf – rechtzeitig nach Hause.

Meine (Johns) Erwartungshaltung aus bitterer Wurzel, die daher stammte, daß ich meine Mutter verurteilt hatte, sagte mir, daß ich auch dann kritisiert werden würde, wenn ich mein Bestes gebe. Und da unter dem kritischen Blick eines anderen niemand Leistung bringen kann, hatte ich als Kind durch meine Geistesabwesenheit oder Dummheit oft etwas verpatzt, wofür ich dann natürlich auch prompt kritisiert wurde. Also suchte ich sowohl aufgrund meiner Urteile, die unweigerlich eine „Ernte" nach sich ziehen würden, als auch aufgrund meiner psychologischen Erwartungshaltung in der Frau meines Lebens förmlich nach Kritik und erwartete, daß ich immer wieder etwas verpatzen würde. Die Tatsache, daß Paula drei jüngere Brüder hatte, paßte hervorragend in diese Ausgangsposition. Besonders die ersten beiden waren normale wilde Jungs, die immer etwas im Schilde führten, womit sie ihre tugendhafte ältere Schwester in Verlegenheit brachten. Sie liebten es, sich mit ihr gnadenlose Späße zu erlauben, indem sie ihr z.B. Regenwürmer ins Badewasser warfen! Ihre Abenteuerlust ließ sie eine Fülle von „dummen" Jungenstreichen aushecken. Und wer machte den Blödsinn, wegen dem dann die ganze Klasse nachsitzen mußte? Natürlich die Jungs! Wer stopfte ihre langen, roten Zöpfe ins Tintenfaß? Wer warf mit tintengetränkten Papierkügelchen? Die Jungs! Paulas Urteil aus bitterer Wurzel war, daß Jungen (Männer) immer dumme Sachen machen und alle anderen damit in Schwierigkeiten bringen würden. Wo könnte man das besser ernten, als in der Ehe mit einem unreifen, realitätsfremden, mystischen, träumerischen und geistesabwesenden Prediger?

In den ersten Jahren unserer Ehe litt ich an der „Hand auf'n Mund" – Krankheit. Ich sagte immer etwas Dummes. Am Sonntagmorgen predigte ich – am Sonntagnachmittag predigte Paula! „*Weißt* Du überhaupt, was Du heute zu diesen Menschen gesagt hast?" Das ging schließlich so weit, daß Paula jeden Sonntagmorgen zu mir sagte: „Du hast hoffentlich nicht vor, heute was Erschreckendes zu sagen, oder?" Als Zeichen meiner Unabhängigkeit mußte ich das dann natürlich doch tun. Ich ertappte mich sogar – sehr zu meiner Bestürzung und Verlegenheit – dabei, daß ich immer wieder Buchstaben verwechselte; so machte ich z.B aus „Erster Petrus drei" „Erster Detrus Prei".

Dann wurde ich zum Predigen in andere Städte berufen, wohin Paula mich nicht begleiten konnte. Ich war wirklich überrascht, als ein ununterbrochener Strom von Weisheit ohne Holterdipolter von meinen Lippen floß. Ich dachte: „Halleluja! Ich bin geheilt. Wart' Du nur, bis ich nach Hause komme!" Doch kaum war ich zu Hause, schon fing es wieder an mit dem „Wechstaben verbuchseln" und all den anderen Peinlichkeiten. Schließlich offenbarte der Herr, daß mich Paulas bittere Wurzel verunreinigte „und die vielen (wurden dadurch) verunreinigt..." (Hebr 12,15). Sie tat Buße darüber, daß sie ihre Brüder und andere Männer und Jungen verurteilt hatte und bat den Herrn, er möge ihr ein neues Herz schenken und die Erwartungshaltung, Männer machen ja doch immer nur dumme Sachen, ans Kreuz schlagen. Seither leide ich nur noch an den normalen Patzern, die jeder andere auch macht, und es sind meine eigenen Patzer und nicht ihre Ernte.

Mein (Paulas) Urteil und meine Erwartungshaltung aus bitterer Wurzel, daß mich mein Mann doch nur verlassen würde, paßte noch in anderer Hinsicht zu Johns Arbeitswut. John hätte immer jemanden gefunden, dem er helfen könnte, wodurch er zu viel Zeit, die der Familie zugestanden wäre, anderen opferte. Auch wenn das nicht richtig war (da Gott ihn ja zu seiner ersten Priorität, nämlich zu Frau und Kind berufen hatte), konnte John es hinter dem perfekten Deckmäntelchen eines ehrenvollen Dienstes für Gott verbergen. Gott rief ihn nicht von zu Hause weg. Doch als Junge mußte er immer hinausgehen, um die Kühe zu melken, die Hühner zu füttern und andere Arbeiten zu erledigen, während der Rest der Familie spielte und Besuche machte; dadurch wuchs in ihm die bittere Erwartungshaltung, daß das Leben ihm immer so übel mitspielen würde. Und das paßte nun haargenau auf mein Urteil über Männer. Das ging schließlich so weit, daß John im Urlaub, fünf Minuten nachdem er unser eigenes Zelt aufgebaut hatte, schon wieder unterwegs war und überall auf dem Campingplatz herumsuchte, wem er beim Aufbauen helfen könnte – und ich tobte vor Zorn!

Das Gesetz ist so mächtig, daß die unausweichliche Notwendigkeit, das zu ernten, was man gesät hat, unsere stärksten und besten natürlichen Fähigkeiten überwinden kann. Meine (Johns) Mutter ist teils indianischer (vom Stamm der Osage), teils englischer Abstammung. In beiden Kulturen findet man überaus reservierte Menschen, und deshalb war es nicht leicht für sie, Emotionen oder Zuneigung auszudrücken. Ich verurteilte meine Mutter, weil sie mir nicht genügend Zuneigung schenkte. Meine Erwartungshaltung sagte mir also, daß ich ein leidender Diener-Märtyrer werden würde, der stundenlang arbeitet, nur um kritisiert zu werden, und dem dann nicht einmal genügend Liebe geschenkt werden würde. Doch ich heiratete einen wahren Wonneproppen an Zuneigung! Im Seminar hatte ich beschlossen, ein Student zu sein, der sich von allen anderen absonderte. Doch Paula kam schnurstracks auf mich zu, setzte sich *auf* meine Bücher und *auf* meinen Schoß und zeigte mir ihre Zuneigung. Ich protestierte – während ich es in vollen Zügen genoß! In den folgenden fünf Jahren geschah das nie wieder. Paula war nicht mehr so herzlich. Warum? Mein Urteil aus bitterer Wurzel mußte schließlich geerntet werden. Das Gesetz besiegte ihre guten Absichten. Die Notwendigkeit, daß ich ernten müsse (sowie die psychologische Erwartungshaltung) *hielt sie davon ab, mir ihre Zuneigung zu schenken.*

Mein (Paulas) Vater war selten zu Hause, um mich zu beschützen. Diese drei rauhbeinigen Brüder machten mir das Leben schwer (ihre Neckereien waren auch nicht wilder als das normale gesunde Necken, mit dem Brüder nun mal nicht geizen). Doch mein Herz war bitter. Kein Mann tritt auf den Plan, um mich zu verteidigen. Alles muß ich selbst machen. John jedoch wurde nach strenger englischer Manier erzogen, sein Leben hinzugeben, um eine Frau zu beschützen. Er hatte vom emotionalen her oft gesehen, wie sein Vater das seiner Mutter gegenüber auch lebte. Und man findet wohl keinen stärkeren Charakterzug im Wesen eines Indianers, als den eines tapferen Mannes, der seine Squaw verteidigt! Sowohl durch Vererbung als auch durch Erziehung war es eine seiner stärksten Charaktereigenschaften, eine Frau, besonders seine Ehefrau, gegen alle Angriffe zu schützen. Er war jedoch überaus verwirrt, weil ihn fast immer etwas blockierte, so daß er selten in der Lage war, mich zu verteidigen. Ich hatte Samen ausgestreut, und die Ernte war so gewaltig, daß sie sogar seine stärksten guten Vorsätze zunichte machte.

Frauen, deren Väter Alkoholiker waren und die sie dafür verurteilten, heiraten oft Männer, die entweder auch wieder Alkoholiker sind (sie haben sich daran gewöhnt und finden darin auch die Bestätigung ihres Urteils) oder früher oder später zu solchen werden. Und so findet die Reihe ihre Fortsetzung: schwacher Vater, schwacher Ehemann, ein Elternteil, der sich um nichts kümmert, ein Ehemann, der sich um nichts kümmert, ein gefühlskalter und distanzierter Vater, ein gefühlskalter und distanzierter Ehepartner usw.. Wenn der Ehemann nicht in dieses Schema paßt, dann hat entweder das kleine Mädchen kein Urteil ausgesprochen und wird somit auch nicht zum Ernten gezwungen, oder sie hat ein Urteil ausgesprochen und wurde durch die Gnade Gottes vom Ernten befreit.

Männer, die dominante Mütter hatten, fühlen sich auch zu solchen Frauen hingezogen, es sei denn die Gnade durchbricht diesen Kreislauf. Männer, die von ihren Müttern oft mit Babysittern oder aufgrund von Krankheit, Trennung oder Tod alleingelassen wurden, finden Ehefrauen, mit denen sie dasselbe erleben. Auch hier wieder die Verkettung: gefühlskalte, unsensible Mutter, gefühlskalte, unsensible Ehefrau usw.. Wenn die Charakteristika sich auch nicht bis ins Detail entsprechen, ist die Parallele dennoch eindeutig. Auch hier ist nicht die individuelle Geschichte ausschlaggebend, sondern ob das Kind den Elternteil verurteilte oder nicht. Dann wird das Ernten unausweichlich sein. Entweder erlauben wir Jesus, die volle gesetzliche Forderung zu bezahlen und uns so zu befreien, oder wir ernten, in der Regel durch unseren Partner.

Wenn jemand Jesus Christus wirklich als Herrn und Heiland annimmt, versetzt das diesem System der bitteren Wurzeln den Todesstoß. Doch beachten Sie, daß Paulus an *Christen* schrieb, als er *gebot*: „*Und achtet darauf*, daß nicht irgendeine Wurzel der Bitterkeit aufsprosse..." (Hebr 12,15; Hervorhebung vom Autor). Beachten Sie das Wort „aufsprosse", wie eine Pflanze die plötzlich aus einer verborgenen Wurzel herauswächst. Er sagte weder: „Schlagt die sichtbaren Äste ab", noch „Kümmert euch um das Offensichtliche." Sondern wir sollen uns vielmehr darum kümmern, daß sich keine (verborgene, unter der Oberfläche liegende, problembehaftete) Wurzel manifestiert und Schwierigkeiten verursacht.

Manchmal dringt eine Buße, die getan wird, bevor man Jesus als Herrn und Heiland annimmt, bis zu einer bitteren Wurzel vor, so daß der Augenblick der Bekehrung auch zu einem Augenblick der Befreiung wird. Doch in sehr vielen Fällen bleiben weitreichende „unterirdische" Wurzelstämme und deren Verästelungen sowie deren verborgene Nebenäste unberührt, bis wir dem Gebot des Paulus gehorchen und sie anpacken.

Wir wünschten, wir könnten jeden Seelsorger dahingehend ausbilden, daß er prinzipiell bei jedem Gespräch mit jedem Ratsuchenden nach bitteren Wurzeln sucht. Ärzte werden geschult, routinemäßig bestimmte, eventuell vorhandene Anzeichen peinlich genau zu untersuchen, insbesondere in einem ersten Gespräch. Dasselbe gilt für Zahnärzte, Chiropraktiker und ähnliche Berufsgruppen. Paula und ich stellen regelmäßig Routinefragen über die frühe Kindheit, um zu überprüfen, ob hinter bestimmten Anzeichen bittere Wurzeln liegen.

„Sie sagen, Ihr Mann hört Ihnen niemals zu? Erzählen Sie mir doch mal etwas von ihrem Vater. Was für ein Mensch war er?" Nach einigen grundzätzlichen Fragen wie z.B.: „Hat er Ihnen Liebe geschenkt? Wenn er zu Hause war, war er dann auch wirklich 'zu Hause'? Blieb er bei Ihrer Mutter? Was für eine Beziehung hatten sie?", fragen wir dann „Konnten Sie mit ihrem Vater sprechen? Konnte er Ihnen zuhören und Sie verstehen?"

In fast allen Fällen, in denen der Ehemann nicht zuhört, stellten wir fest, daß dieses Verhalten auch schon bei ihrem Vater vorhanden war. „Ach, er hatte immer viel zu viel zu tun. Er hat mir nie zugehört."

„Ihre Frau ist immer kränker als sie wirklich ist; das geht Ihnen auf die Nerven und Sie können sich nicht dazu bringen, ihr so zu helfen, wie Sie sollten? Was war Ihre Mutter für ein Mensch?" „Wie gesund war Ihre Mutter?" Erstaunlicherweise lautet die Antwort oft folgendermaßen: „Ach ja, sie klagte immer über diese oder jene Beschwerden und blieb oft im Bett." Manchmal kommt noch hinzu: „Sie ließ sich immer von Vater bedienen" oder „Ich haßte das."

Wenn er sagt: „Meine Frau kann im Haus einfach keine Ordnung halten", oder „Sie hat niemals Waschtag" oder „Sie geht ständig einkaufen und gibt viel zu viel Geld aus" oder „Sie tratscht den ganzen Tag; sie redet ständig." Dann stellen wir folgende Fragen: „Wie sah der Haushalt Ihrer Mutter aus?" „Als Sie noch ein kleiner Junge waren, gab Ihnen da Ihre Mutter immer saubere und gebügelte Kleidung zum Anziehen?" und so weiter. In der Regel stellen wir zunächst einmal noch einige andere allgemeine Fragen und konzentrieren uns dann auf die wirklich wichtigen; dadurch tarnen wir unsere wahre Absicht, um zu vermeiden, daß der Ratsuchende bei seinen Antworten unaufrichtig ist.

Wenn sie sagt: „Nie geht er mit mir aus; er sitzt nur in seinem verflixten Ohrensessel und pennt ein" oder „Er macht nie Bemerkungen, daß ich hübsch aussehe" oder „Nie züchtigt er die Kinder; er entzieht sich der Verantwortung und überläßt alles mir." Dann lauten unsere Fragen: „Welche Familienaktivitäten gingen von Ihrem Vater aus? Picknicks, mal zum Angeln fahren, solche Sachen, wie sah es damit aus?" „Bastelte Ihr Vater oft im Haus herum oder saß er nur ständig vor dem Fernseher oder schlief die ganze Zeit?" „Wer hatte in Ihrer Familie die Hosen an?" „War das Züchtigen die Sache Ihres Vaters oder Ihrer Mutter?"

Manchmal hat nicht der Vater an der Tochter versagt und wurde dafür verurteilt, sondern die Mutter; die erwachsene Ehefrau erntet dies jedoch durch ihren Ehemann. Manchmal ernten wir auch durch die Kinder, durch einen Mitbewohner, einen Nachbarn, einen Chef, einen Pastor oder durch einen Arbeitskollegen. In gleicher Weise kann es manchmal auch sein, daß ein Sohn, der seinen Vater verurteilt hat, dies dann durch seine Ehefrau erntet.

Manchmal sind Mechanismen des Verurteilens und Erntens nicht so offensichtlich, logisch und glatt. Nehmen wir doch z.B. ein kleines Mädchen, das sich von ihrem Vater abgelehnt fühlte. Durch verschiedene Fragen wird deutlich, daß der Vater fast immer zu Hause war, keine augenscheinlichen Laster (wie z.B. Alkohol, Gewalt oder eine spitze Zunge) hatte, regelmäßig in den Gottesdienst ging – kurz: Er war ein Mann mit moralischen Wertvorstellungen. Doch vielleicht war er unaufmerksam oder floh in seine Bücherwelt oder sprach nur ganz selten. Es kann nun leicht sein, daß ein Mädchen diese kleinen Fehler als Ablehnung interpretiert, sich jedoch schwer tut, seinen Vater zu kritisieren, da Liebe und Loyalität ihr Gefühl des Schmerzes überdekken (Jak 5,20). Sie kann sich nur an eine heile Welt erinnern. Vielleicht heiratet sie einen Mann, der darauf besteht, seine Teenager-Herumtreiber-Mentalität beizubehalten und sie oft alleine läßt, weil er mit seinen Kumpels durch die Stadt zieht. Oder vielleicht ist er Alkoholiker oder arbeitssüchtig. Die Wurzel ist dieselbe, gleichgültig, wie sie sich nach außen hin darstellen mag: so oder so läuft es darauf hinaus, daß er sie nicht beachtet und sie sich abgelehnt fühlt.

Genauso wie wir uns wünschten, jeden Seelsorger dahingehend schulen zu können, nach bitteren Wurzeln zu forschen, *hofften wir, jeden dahin zu bringen, nach sich überkreuzenden Mustern zu suchen.* Denn man kann wirklich eine unerschütterliche Regel daraus machen: Wenn ein Partner eine bittere Wurzel in sich hat, findet sich beim anderen etwas, das haargenau dazu paßt! Ein Seelsorger sollte schon allein aufrund des Gesetzes der Anziehung und Abstoßung diese Möglichkeit in Betracht ziehen. Wir bringen es zustande, solche Menschen zu uns zu ziehen und uns selbst zu ihnen hingezogen zu fühlen, deren Charaktermerkmale unseren sehr genau entsprechen oder im genauen Gegensatz dazu stehen. Nachdem Paula und ich nun im Laufe einer zwanzigjährigen Seelsorge, in der wir Hunderte von Menschen jährlich betreuten, dieses Phänomen genau verfolgt haben, staunen wir immer noch über die Konsequenz des Gesetzes und des menschlichen Wesens.

Manchmal ernten wir nicht durch andere, sondern durch Mutter Natur, durch bestimmte Umstände oder durch uns selbst. Ich (John) habe zum Beispiel schon Fälle erlebt, in denen mehrere Generationen hintereinander geschäftliche Verluste hinnehmen mußten, die manchmal auf Unfähigkeit, doch oft auch auf Unfälle, Wirtschaftskrisen oder bestimmte klimatische Bedingungen etc. zurückzuführen waren. Allein durch Sünde, die von einer Generation auf die nächste übertragen wird (5.Mo 5,9), kann man die Wucht dieses Phänomens nicht erklären; jedoch kann deutlich werden, daß Urteile aus bitterer Wurzel, die Söhne über ihre Väter aussprechen, die vorrangige Schiene sind, auf der dieses spezielle Schema von Generation zu Generation übertragen wird.

In Fällen, in denen ein Mensch durch sich selbst erntet, ist noch ein weiteres Gesetz von grundlegender Bedeutung: „Deshalb bist du nicht zu entschuldigen, o Mensch, jeder, der da richtet; denn worin du den anderen richtest, verdammst du dich selbst; denn du, der du richtest, tust dasselbe" (Röm 2,1). Es ist also gleichermaßen ein unwiderrufliches Gesetz, daß, wenn wir andere richten, uns dazu verurteilen, genau dasselbe zu tun (oder etwas, das dem so ähnlich ist, daß man die gleiche Wurzel nicht leugnen kann!) Nehmen wir z.B. nur eine Ehefrau, die ruft: „Meine Mutter hat uns Kinder immer nur angeschrien. Ich schwor mir, das niemals zu tun. Und jetzt tu' ich doch genau dasselbe, nur noch viel schlimmer!"

Einmal kam ein junger Mann zu uns, dessen Vater Alkoholiker war und der seine Mutter verlassen hatte. Der Ratsuchende haßte diese Dinge an seinem Vater und schwor sich, daß er anders sein würde. Er liebte seine Frau von ganzem Herzen. Er wurde ein geisterfüllter Christ, ging regelmäßig in den Gottesdienst, las in der Bibel und liebte Jesus. Doch nun geschah das scheinbar Unerklärliche: Mehr und mehr verspürte er den Zwang, sich zu betrinken und zudem hatte er auch schon Ehebruch begangen. Voller Schuldgefühle, Sorgen und völlig verwirrt kam er zu uns. Nachdem wir ihm einige Minuten lang Fragen gestellt hatten, wurde das Verurteilungsschema, das von einer bitteren Wurzel herstammte, offenbar. Auch wenn er Christ war, hatte er doch nie bewußt und konkret Buße darüber getan, daß er seinen Vater verurteilt hatte. Diese Tatsache verurteilte ihn durch die Kraft des Gesetzes unweigerlich dazu, genau dasselbe zu tun wie auch sein Vater. Jesus sehnte sich freilich danach, ihn vor sich selbst zu schützen, und nachdem er gefallen war, sehnte sich Jesus danach, ihn zu befreien; doch der freie Wille machte es unserem gnädigen Herrn solange unmöglich, bis der junge Mann seine Wurzeln sehen und konkret Buße tun konnte. Bei uns in der Seelsorge tat er dann genau diese Buße und wurde befreit.

Manchmal liegen bittere Wurzeln tief unter den Dingen begraben, von denen wir normalerweise glauben, wir könnten uns an sie „erinnern". Eines Tages kam eine Frau zu uns, völlig verblüfft über ihr eigenes Verhalten. Sie liebte den Herrn und ihren Ehemann. Sie glaubte der Bibel, war Mitglied einer soliden, evangelikalen Gemeinde und war mit dem Geist erfüllt. Auch sie verspürte auf einmal den Zwang, ihren Ehemann zu verlassen, um einen trinken gehen zu können. Sie verstrickte sich in eine ganz und gar ehebrecherische Beziehung mit einem verheirateten Alkoholiker, den sie nicht einmal mochte und dessen Nähe sie unerträglich fand! Ihr Ehemann war ein sanftmütiger, liebevoller, wiedergeborener und geisterfüllter Mann. Sie schrie: „Was in aller Welt tu' ich bloß und warum?"

Ich stellte ihr weitere Fragen und fand heraus, daß sie nach ihrer Geburt adoptiert worden war. Ihre leibliche Mutter war nie verheiratet gewesen und verlobte sich mit vierzig mit einem verheirateten Alkoholiker! Ihr leiblicher Vater hatte ihrer leiblichen Mutter nie gesagt, daß er verheiratet war. Als sie schwanger wurde und es ihm erzählte, ließ er sie sitzen, ging zu seiner Frau zurück und leugnete jeglichen Kontakt mit ihr. Für ihre Mutter war die Schwangerschaft neun Monate der Schande und das zu einer Zeit, als die Strafen noch viel härter waren als heute und die medizinische Beweisführung in Vaterschaftsfragen noch unbekannt war. Irgendwann in den neun Monaten, kam sie mit sich überein, daß sie ihr Kind zur Adoption freigeben würde. Das tat sie dann auch, und seitdem Ann das Licht der Welt erblickt hatte, kannte sie nie jemand anderen als ihre gütigen, liebevollen und gottesfürchtigen Adoptiveltern.

Spätestens hier muß der Leser verstehen, daß wir in unserem Geist alles erkennen und verstehen, was um uns herum geschieht, solange wir noch im Mutterleib sind, wie auch Johannes der Täufer wußte, daß Maria mit unserem Herrn schwanger war und deshalb vor Freude in seiner Mutter Leib hüpfte (Lk 1,41-44). Noch im Mutterleib hatte sie in ihrem Geist ihre Eltern wegen deren Unzucht verurteilt, ihren Vater wegen seiner Trunksucht, wegen des Ehebruchs und dafür, daß er sie und ihre Mutter verworfen hatte. Das verurteilte sie dazu a) selbst jemanden zu verwerfen (ihren Ehemann) wie sie verworfen wurde, b) zu trinken, c) Ehebruch zu begehen. Jedoch haben nicht alle kleinen Urteile, die wir fällen, so eine Macht. Einige von ihnen werden durch das Blut Christi augenblicklich ungeschehen gemacht (1.Joh 1,7). Tief verwurzelte, bösartige Verurteilungen haben jedoch diese Macht. So wie die Frau, die zu uns kam, es haßte, während der neun Monate in Schande im Leib ihrer Mutter zu sein und schließlich überhaupt Mensch zu werden, löste das kleine Mädchen, das sich wiederum in ihrem Leib formte, eine wahre Lawine des Selbsthasses aus, und unterbewußt projizierte sie ihren Selbsthaß auf ihre eigene kleine Tochter.

Als wir ihr die Gesetzmäßigkeiten der Urteile, die von bitteren Wurzeln herrühren, erklärt hatten, konnte sie erkennen, wie sich ihr Zwang ihrer bemächtigt hatte. Der Heilige Geist offenbarte ihrem Herzen die Wahrheit über ihr Leben, und wir beteten um Vergebung für alle Strukturen aus bitterer Wurzel und für deren Tod am Kreuz. *Ein* Seelsorgegespräch mit Gebet zeitigte augenblickliche Resultate, die selbst den hintersten Winkel erreichten (vielleicht weil sie so einen großen Glauben hatte)! Sie brachte ihre Adoptivmutter voll Freude und Zustimmung dazu, für ihre ältere Schwester zu beten, die als Kind auch adoptiert worden war und auch nicht verstehen konnte, warum sie ihre eigenen Töchter haßte. Dann kam auch ihr Ehemann zu uns. Kann sich der Leser mittlerweile vorstellen, welche Fragen ich ihm stellte und wie die Antworten lauteten? Obwohl er viele Jahre lang ein überaus treuer Christ gewesen war, hatte er natürlich das genau dazu passende Urteil aus bitterer Wurzel und die Erwartung, daß ihn seine Frau verlassen und untreu sein würde!

Das Entsetzlichste, das Paula und mir in der Seelsorge begegnet, ist die Tatsache, daß gute Christen Tag für Tag, Jahr für Jahr von Mächten getrieben werden, von denen sie überhaupt keine Ahnung haben! Wir beziehen uns damit nicht nur auf psychologische Kräfte der Libido. Diese sind schlimm genug und die meisten Psychiater und Psychologen können diese Aussage wohl bestätigen. Seelsorger und andere Ratgeber haben die Wahrheit in Prediger 1,18 erkannt: „Denn wo viel Weisheit ist, ist viel Verdruß, und wer Erkenntnis mehrt, mehrt Kummer." Doch für einen Seelsorger schafft dies mehr als nur Verdruß; es ist schon etwas Pathetisches daran, Vorgänge nicht nur vor dem Hintergrund der Psychologie zu betrachten, sondern darüber hinaus das unsichtbare Werk unvermeidlicher Gesetzmäßigkeiten zu erkennen, insbesondere des Säens und Erntens, und mit unpersönlichen, erbarmunglosen Kräften im Leben eines Menschen zu ringen (die noch nicht ans Kreuz Christi geschlagen wurden). Das Tragische daran ist, daß Christen ja eigentlich glauben und wissen und sehen und

Jesus das tun lassen sollten, wozu er gekommen ist, nämlich uns zu befreien.

Doch die Christen haben es nicht erkannt. Sollte dieses Buch keinen tieferen Zweck erfüllen, dann wäre es schon allein wegen dieses Kapitels wert gewesen, und wenn die Christen nur endlich erkennen würden, wie sie das Gesetz des Säens und Erntens tagein tagaus bis ins Letzte beeinflußt, und zwar in den vielfältigsten Details des täglichen Lebens.

Paula und ich schrieben auch in *Restoring the Christian Family* über diese Erwartungshaltung, die von einer bitteren Wurzel herrührt (Kapitel 11) und jahrelang sprachen wir, wo auch immer wir waren, über dieses Thema. (Es gibt hierzu auch folgende zwei Kassettenserien, bestehend aus jeweils vier Kassetten: „Restoring the Christian Family", „The Refreshment of Forgiveness", und die Einzelkassette „Bitter Roots Revisited"). Wir waren sehr betrübt, als uns klar wurde, daß die meisten, die darüber lasen oder hörten, die eigentliche Botschaft nicht verstanden! Sie dachten, wir sprächen lediglich über eine psychologische Erwartungshaltung. Das war jedoch nur ein kleiner Teil. Die Erwartungshaltung aus bitterer Wurzel ist ein psychologisches Phänomen unseres fleischlichen Wesens, aufgrund dessen wir erwarten, daß eine Prophetie ausgesprochen wird, deren Erfüllung gleich mitgeliefert wird, wie z.B., daß wir immer kritisiert oder abgelehnt werden oder am Leben vorbeileben. Denn dadurch manipulieren oder drängen wir Menschen in der Tat unbewußt so lange, bis sie uns schließlich das Leid antun, das unser Urteil bestätigt: „Ich wußte es doch!" „Ich wußte, daß es so kommen würde. Das läuft immer so ab."

Solche psychologischen Erwartungshaltungen haben zu einem gewissen Grad auch Macht in unserem Leben. Doch diese psychologische Erwartungshaltung aus bitterer Wurzel unterscheidet sich von den Kräften, von denen wir eigentlich sprechen, wie eine flackernde Kerze von einer nuklearen Explosion! Hier geht es um das Gesetz Gottes, das allein über unbegrenzte Macht verfügt!

Die Tatsache, daß die meisten unfähig sind zu verstehen, wies uns auf etwas hin, das noch verletzender ist. Wir schrieben darüber in Kapitel vier „Auf der Grundlage des Gesetzes": Die meisten Menschen können in ihrem täglichen Leben nicht in Kategorien der Wirksamkeit des Gesetzes Gottes denken und tun es folglich auch nicht. Sie verstehen nicht, wie das, was sie als kleine Kinder getan haben (oder als Erwachsene), immer noch wie ein Bumerang sein könnte, der eine Kurve fliegt und heute oder morgen mit stetig zunehmender Wucht auf sie zurasen wird. Weil sie nicht verstehen, daß *jede* Tat in unserem Leben ein Resultat nach sich ziehen muß, werden sie stets unvorbereitet erwischt und von Ereignissen übertölpelt, und sie fragen sich, warum. Das Leben scheint unfair zu sein. Wir schreiben dieses Kapitel als Hilfe für den Leib Christi, daß er sehen, Buße tun und dieser zerstörerischen Ernte Einhalt gebieten kann. Ach, wenn die Menschen doch nur hören würden!

Wir möchten wiederholen, was wir schon in Kapitel vier darlegten, nämlich, daß kein Gesetz Gottes wirkungslos und tot ist. Die Gesetze Gottes werden wirken, ob wir sie nun kennen oder nicht, ob wie ihnen nun zustimmen oder nicht, ob wir sie nun lieben oder hassen oder ob wir nun an sie glauben oder nicht. Deshalb haben Gottes unparteiische Gesetze auf uns sehr wohl einen Einfluß, ob wir sie nun durch unsere kindlichen Urteile unbeabsichtigt aktivieren oder ob wir als reife Menschen absichtlich sündigen. Das macht keinen Unterschied. Gesetz ist Gesetz. Ob wir nun an die Realität und Effektivität der Gesetze Gottes glauben oder nicht, und was wir dabei fühlen, ist ungefähr genauso folgenschwer wie der Versuch einer Mücke, das Empire State Building umzuwerfen! Die Gesetze Gottes werden weiterlaufen und das Universum lenken, gleichgültig, was unser Spatzenhirn nun darüber denkt oder nicht denkt.

Das Gesetz des Säens und Erntens ist so einfach, daß es uns Spanisch vorkommt. Wir glauben einfach nicht, daß etwas so Einfaches auch so real, so verheerend mächtig und wirksam sein kann. Vielleicht warnt uns Paulus auch gerade deshalb: „*Irrt euch nicht*, Gott läßt sich nicht verspotten! Denn was ein Mensch sät, *das wird er auch ernten*" (Gal 6,7; Hervorhebung vom Autor). Es ist unmöglich, ein Urteil zu fällen oder eine Tat zu begehen ohne dabei Kräfte in Bewegung zu setzen, die unweigerlich und ausnahmslos wieder auf uns zurückfallen müssen. Wenn ein Mensch dumm genug wäre zu glauben, er könne fliegen und sich seiner Sache sicher genug wäre, dann hätte das absolut überhaupt keine Auswirkung auf das Gesetz der Schwerkraft! Weil er so töricht ist, sich auf sein spezielles Fluggerät zu verlassen, wird er unweigerlich auf die Erde plumpsen. Nur wenn der Mensch Geräte in Bewegung setzt, deren Funktion auf anderen Gesetzen beruht, wird er fliegen können. Genauso wird auch ein Dieb schließlich die Früchte seiner Tat ernten, gleichgültig wie geschickt er sich vor dem Auge des Gesetzes zu verbergen vermag. Ein heimlicher Ehebruch wird die Seele zerstören und auch später noch andere Ernten einholen, gleichgültig was die heutigen „Gefühlosophien" auch sagen mögen. *Das Gesetz des Säens und Erntens ist die bedingungslose Garantie, daß niemand niemals und nirgends davonkommt, der irgendetwas getan hat!*

Wenn ein Seelsorger erkennt, wie effektiv dieses Gesetz des Säens und Erntens ist, dann ist er auch bereit, es als Grundlage zum Verständnis des Lebens und der Katastrophen eines Menschen zu verwenden.

Doch in der Seelsorge müssen wir auch den Zeitfaktor in unsere Kalkulation einbeziehen und das dem Ratsuchenden erklären. Die Ernte folgt nicht auf dem Fuß. Wie ein Bauer erst darauf warten muß, bis die Samen sterben, keimen, heranwachsen und blühen, bis sich aus der Blüte die Frucht entwickelt, bis sie endlich reif ist, so läßt überall im Leben die Ernte auf sich warten. Doch bei der Seelsorge gibt es einen entscheidenden Unterschied: Der Bauer kann seinen Pflanzen beim Wachsen nicht nur zusehen, er muß sich um sie kümmern. Doch im Falle der Urteile aus bitterer Wurzel, die in der Kindheit gesät wurden, hat man die ausgestreuten Samen in der Regel schon längst vergessen, und selten kann man schon in frühester Kindheit die Ausprägungen dieser Urteile aus bitterer Wurzel erkennen, vielleicht weil man sie nie bewußt zugegeben hat; deshalb scheint es keine Erklärung dafür zu geben, daß man aus heiterem Himmel einen Wirbelsturm erntet, da die Samen, die man in den Wind gestreut hatte, schon so weit zurückliegen, so klein, so verborgen oder so vergessen sind. Die Menschen richten sich selbst und einander für ihre Fehler. Es scheint unfair, daß die Sünde des Richtens, die man in der Kindheit ausgestreut hat, jetzt die Beziehung zwischen Erwachsenen zerstören soll. Doch das liegt daran, daß wir in einem Vorgang einen Schuldigen suchen, den es gar nicht gibt; es gibt nur das unparteiische Gesetz.

Als der Mensch geschaffen und ihm sein Platz im Garten Eden zugeteilt wurde, auf daß er sich darum kümmere, hatte das Gesetz schon seit langem das Wachstum reguliert. In dieser unschuldigen Ordnung wirkten wirklich alle Dinge zum Besten mit (vgl. Röm 8,28, jetzt nur aufgrund des Kreuzes, damals weil das Kreuz nicht erforderlich war). Die guten Werke Adams und Evas hatten ihre Auswirkungen und mehrten den Segen Edens; es gab nichts Sündiges, das auf eine spätere, schreckliche Ernte hinauslaufen würde. Das ganze Universum war dazu bestimmt, sich selbst in Liebe aufzuerbauen (Eph 4,16).

Doch das Gesetz ist nun mal unpersönlich; deshalb muß auch jede nachfolgende Generation die Konsequenzen der Sünde Adams und Evas ernten. Das bedeutet, daß Neugeborene in eine zerbrochene und sündige Welt kommen und daß ihre Herzen schon von der Sünde Adams in Beschlag genommen sind, deshalb fällen sie Urteile und zeigen haßerfüllte Reaktionen, von denen sie später ein Vielfaches ernten müssen – *und zwar aufgrund des Gesetzes, das auch den Segen verfielfacht hätte, wenn Adam und Eva ohne Sünde geblieben wären!* Gott schiebt niemandem die Schuld in die Schuhe. Denn noch bevor alles geschaffen war, wußte er schon, daß der Mensch in Sünde fallen würde und daß sich die Gesetze, die er zur gesegneten Leitung aller Dinge eingesetzt hatte, sich in ihr unheilbringendes Gegenteil umkehren würden. Somit hat er von Anbeginn der Schöpfung an vorausbestimmt, daß Jesus den ganzen Schaden ernten und am Kreuz den Preis bezahlen würde, den sein eigenes unparteiisches Gesetz forderte.

Besonders als Seelsorger müssen wir eine wichtige Tatsache verstehen: In den Augen des Herrn ist unser freier Wille so ein kostbares Gut, daß er uns nicht ohne unsere Zustimmung in den Wirkungskreis des Kreuzes ziehen wird. Das ist ungefähr so, als ob er uns am Karfreitag ein Geschenk mitgebracht hätte, das wir aber erst – auf unsere eigene Aufforderung hin – an unserem Oster- (Auferstehungs-) sonntag zu unserem persönlichen Gebrauch aufmachen. Dasselbe gilt für jedes weitere Detail unseres Lebens. Unser sanftmütiger Herr steht immer vor jeder nächsten inneren Tür, klopft dezent an, doch nur auf unserer Seite der Tür ist eine Klinke. In der Regel kann bitteren Wurzeln solange nicht der Garaus gemacht werden, bis wir Jesus einladen, diese spezielle Tat für uns zu vollbringen. Unser barmherziger Herr empfindet um so mehr Schmerz – nicht weniger – je länger wir darauf warten. Doch er bezahlt sogar den Preis für unser reichlich spätes Bekenntnis.

Ist es fair, daß ein kleines Kind mit einem zornigen und gewalttätigen Vater leben und dadurch ein Leben mit einem Chef ernten soll, der ähnlich ist, oder mit einem Ehemann, der dasselbe tut, nur noch schlimmer? Natürlich ist das nicht fair. Wer hat denn gesagt, daß das Leben seit dem Sündenfall je fair gewesen wäre? Sollten andererseits unsere Kinder unverdienterweise all die Vergünstigungen der Väter unserer Väter ernten – Haus und Gesundheit, Technologien und Medizin, Maschinen, Kleidung, gutes Essen, Erkenntnis und geistlichen Segen – und dann davon ausgenommen werden, auch den Schaden zu ernten, der mit diesem Paket mitgeliefert wird? Gott ist gerecht und fair. Das Leben auf Erden seit dem Sündenfall Adams und Evas jedoch nicht.

Daher kommt es, daß selbst die kleinsten Kinder, die man nun wirklich nicht dafür belangen kann, zornige und bittere Urteile über ihre Eltern fällen, die diese Bewertung auch vielleicht noch verdient haben, nichtsdestoweniger Kräfte in Bewegung setzen, die auf einen Punkt der Auflösung zustreben müssen. Das bedeutet nicht, daß Gott gemein wäre und auf Kindern herumhacken würde. Das Gegenteil ist der Fall: Gott sieht in seiner Güte und in seinem Erbarmen, wie sich die Stürme aus all den von uns ausgestreuten Samen zusammenbrauen (auch wenn wir vielleicht weder das Säen noch das bevorstehende Ernten erkennen) und er tritt auf den Plan – ohne von uns gesehen zu werden – und tritt für uns ein. Wenn jedoch die Gebete anderer Menschen hier auf Erden und die himmlische Fürbitte es nicht schaffen, Zugang zu unserem starrsinnigen Wesen zu finden, dann werden wir trotz des vollkommenen Willens Gottes das ernten, was wir gesät haben.

Jesus lebt immer, um für uns einzutreten (Hebr 7,25). „Denn ich, der Herr, habe mich nicht geändert; deshalb werdet ihr, Söhne Jakobs, nicht vernichtet" (Mal 3,6; wörtl.Übers.). Mögen alle Christen verstehen, daß, wenn sich der Herr ändern würde, d.h., wenn er nur für eine Weile aufhören würde, für uns einzutreten, die Last unserer sündhaften Saat übermäßig werden würde; dann hieße es wieder sinnbildlich: „Dieses Band (die Erde) wird sich in fünf Sekunden selbst zerstören!"

Wir ernten die Zerstörung jedoch nicht nur in unseren Ehen und Familien, sondern in allen Aspekten unseres Lebens. Wir erzählten an anderer Stelle die Geschichte von dem Geschäftsmann, dessen Vater immer wieder das Geld verspielte, das der Familie gehörte. Als unser Freund so etwa mit elf Jahren zum ersten Mal in die Arbeit ging, um für die Familie Geld zu verdienen, stahl es ihm sein Vater, sobald er es gefunden hatte und verspielte es. Unser Freund verurteilte seinen Vater dafür. Sein Urteil aus bitterer Wurzel bestand darin, daß sein Vater (und folglich alle Geschäftsmänner) betrügen, lügen und stehlen würden. Als er für Immobiliengeschäfte dann Partner suchte, entschied er sich immer wieder für Männer, die ihm auf irgendeine Weise übel mitspielten – sie logen, betrogen, waren faul und ließen unseren Freund allein im Regen stehen. In seinen Büroangelegenheiten schaffte er es, sich Partner anzuheuern, die ihn ausnahmslos im Stich ließen. Einer von ihnen spaltete sogar seine Familie. Er war jedoch fest entschlossen, weiter zu suchen und fand einen wiedergeborenen Mann des Glaubens mit außergewöhnlichen Referenzen, der regelmäßig den Gottesdienst besuchte und ein verantwortungsbewußter Diakon war. Dieser Mann versagte in seiner geschäftlichen Verantwortung dermaßen, daß unser Freund fast in den Bankrott getrieben wurde. Als unser Freund mit einem Rückenleiden im Krankenhaus lag, ging dieser Partner zu seinem Arzt, zu seinem Rechtsanwalt und zu seinem Seelsorger (zu mir) und wollte ihn für unfähig erklären lassen, damit er seine Firma übernehmen könnte!

Daraufhin sprachen wir über seine Urteile gegenüber seinem Vater und wie er die Konsequenzen dieser bitteren Wurzel durch all diese Männer ernten mußte. Er tat Buße und erfuhr Vergebung. Im Gebet riefen wir diese bittere Wurzel zum Tod am Kreuz und baten um ein neues Herz, um eine neue Erwartungshaltung, durch die er sich für verläßliche, ehrenhafte Männer entscheiden konnte. Und der Herr warf einen Blutsauger nach dem anderen aus der Firma und führte unseren Freund zu ehrenhaften und verläßlichen Männern. Erst vor kurzem sagte der Bankier, der ihm einen stattlichen Kredit gewährte, der seiner Firma das Überleben sicherte: „Da Sie nun diese Männer rausgeworfen haben und die Firma wieder selbst leiten (er meinte, nachdem er aus dem Krankenhaus entlassen worden und wieder ins Arbeitsleben zurückgekehrt war) und nun diese Männer um sich haben, denen wir vertrauen können, werden wir Sie wieder unterstützen." Die bittere Wurzel unseres Freundes wurde seiner Firma fast zum Verhängnis, und das Kreuz Christi hat sie gerettet.

Beachten Sie die Worte „...und die vielen durch diese verunreinigt werden" (Hebr 12,15). Durch die Wucht des Erntens verunreinigt unsere bittere Wurzel andere. Wir *bringen sie dazu*, sich in unserer Gegenwart so zu verhalten, wie sie sich in unserer Abwesenheit niemals verhalten würden. Jeder verheiratete Mensch oder jeder andere Partner sollte sich fragen: „Wie kommt's, daß mein Partner durch die Gemeinschaft mit mir kein besserer und stärkerer Mensch geworden ist?" und „Kann es sein, daß meine bittere Wurzel ihn verunreinigt?" „Ernte ich etwas gerade durch diesen Menschen?"

Wir müssen jedoch verstehen, daß sich die Schuld immer 50 zu 50 aufteilt. Die bittere Wurzel in uns könnte den freien Willen des anderen nicht überwinden, wenn in ihm nicht auch noch etwas wäre, das fleischlich (gleichgültig wie gut und stark es auch sein mag), schwach oder sündig ist. Auch der andere ist immer verantwortlich. In einer Familie trifft Schuld immer alle.

Wenn man durch gezielte Fragen auf eine bittere Wurzel gestoßen ist, müssen wir unsere Aufmerksamkeit auf mehrere Faktoren richten. Zunächst ist da einmal das ausschlaggebende Ereignis. Der Erwachsene mag sich dessen überhaupt nicht bewußt sein, so wie Paula auch nie fähig war, irgendeine Art von Groll gegenüber ihrem Vater zu *fühlen*. Doch hier geht es nicht in erster Linie um Gefühle des Fleisches oder des Geistes. Hier haben wir es im Glauben mit Tatsachen und mit dem Gesetz zu tun. Wenn die gegenwärtigen Umstände darauf schließen lassen, daß schon geerntet wird, sollte man Vergebung für die Sünde des Verurteilens aussprechen. Wo geerntet wird, wurden Urteile und/oder sündige Handlungen gesät, ungeachtet dessen, wie sehr der argumentierende Verstand oder die Gefühle des anderen auch protestieren. Der Ratsuchende muß während der Seelsorge oder während des Gebets momentan nichts fühlen. Der Seelsorger wird in diesem Moment zum Beichtvater; er spricht die Sündenvergebung für das Kind im anderen aus und dient somit nicht nur dem Erwachsenen, sondern darüber hinaus auch dem Kind in ihm. Die Vergebung muß auf mehrere verschiedene Weisen ausgedrückt werden, damit der innere Mensch sie empfangen und festhalten kann.

Man sollte den Ratsuchenden bitten, zu vergeben und selbst Vergebung zu empfangen – wenn nötig, einzig und allein durch Glauben.

Die Vergebung ist ein wesentlicher Faktor. Ohne sie ist keine weitere Heilung möglich (Mt 6,15; Mk 11,26; Mt 5,23-24).

Die ursprünglichen Schlüsselerlebnisse schlugen sich in bestimmten Charakterstrukturen nieder. Es handelt sich hier um Verhaltensmuster des Richtens und um psychologische Erwartungshaltungen aus bitterer Wurzel, die einzig und allein das Kreuz umgestalten kann. Der Ratsuchende oder der Seelsorger oder beide gemeinsam sollten laut beten und gemeinsam darum bitten, daß Jesu Tat am Kreuz für diese Verhaltensweise des alten Menschen wirksam werde. Es kann hilfreich oder auch notwendig sein, daß der Ratsuchende im Gebet sagt: „Ich hasse es, ich weise es von mir, ich will es nicht."

Vor etlichen Jahren erzählte ein Science-Fiction-Film die Geschichte eines Raumschiffes, das auf einem Planeten verschollen war, dessen ursprüngliche Bevölkerung verschwunden war. Ein zweites Raumschiff, das dem ersten helfen sollte, fand nur noch zwei Überlebende: einen Professor (den Wissenschaftler an Bord des Raumschiffes) und dessen Tochter. Bald darauf begann ein nur teilweise sichtbares Monster ein Besatzungsmitglied des zweiten Raumschiffes nach dem anderen in Stücke zu reißen. Der Captain entdeckte eine Maschine, die die Einheimischen erfunden hatten: Wenn man sich selbst eine Kappe aufsetzte und die Maschine einschaltete, wurden enorme geistige Kräfte aber leider auch alle inneren Kräfte freigesetzt. Auf diese Art und Weise hatten sich die verborgenen dämonischen Triebe der einstigen Bevölkerung materialisiert und sie dazu gebracht, sich durch ihren verborgenen Haß gegenseitig umzubringen! In der Zwischenzeit waren von der Besatzung des zweiten Raumschiffes fast alle getötet worden; die wenigen Überlebenden suchten gemeinsam mit dem Professor und seiner Tochter hinter einer vermeintlich undurchdringlichen Tür Zuflucht. Doch dieses dämonische Etwas durchdrang selbst diese Schutztür! Im letzten Moment appellierte der Captain, der die Wahrheit erkannt hatte, an den Professor (von dem er wußte, daß er diese Maschine ausprobiert hatte), er möge doch erkennen, daß diese Kraft sein eigener Despotismus sei, der mit übersteigerter Eifersucht seine Tochter beschützen wollte. Schließlich ging der Professor vor die Tür hinaus und schrie: „Ich hasse Dich, ich weise Dich von mir, ich will Dich nicht." Man hörte, daß etwas Gewaltiges zerriß und verging, und dann war Stille.

Wie könnte man die Macht dieser unterbewußten Verhaltensweisen unseres Wesens besser darstellen? Wie könnte man besser demonstrieren, daß sie nur dadurch zerstört werden können, daß wir sie aus unserem Haß heraus ans Kreuz bringen? „Verabscheut das Böse (hasset die Gottlosigkeit, wendet euch mit Schrecken vom Bösen ab), haltet fest am Guten" (Röm 12,9b). Manchmal beten wir aus einem festen

Glauben heraus mit Ratsuchenden über solche Verhaltensweisen und sehen dann, wie sie scheinbar unbeirrt weitermachen. Haß war der fehlende Faktor, der zum Mißerfolg führte.

An anderer Stelle sprachen wir schon über Belohnungssysteme. Alle in Bitterkeit verwurzelten Systeme setzen Belohnungen aus. Ich wuchs auf mit dem festen Ziel, einen guten Dienst zu leisten, gleichgültig ob meine Freunde das nun guthießen oder kritisierten. Das machte aus mir einen ehrenvollen Märtyrer, der sich in dieser Rolle gefiel. Das war Zucker für mein Ego. Freilich protestierte ich lauthals und behauptete, es zu hassen, wenn ich kritisiert werde, und es satt zu haben, immer fast ohne Entlohnung arbeiten zu müssen; doch wenn ich der Sache auf den Grund ging, sah ich, daß ich es eigentlich mochte. Denn das war die Bestätigung dafür, daß ich eben ein großmütiger, leidender und stets dienender Christ war und daß all die anderen sich nicht mit mir messen konnten, ja eigentlich sogar Heuchler waren. Solange ich diese Belohnung genoß, dachte ich nicht daran, sie aufzugeben und der Sünde ins Auge zu sehen, daß ich die anderen dadurch verunreinigte, daß ich sie dahin brachte, sich mir gegenüber in einer „unchristlichen" Weise zu verhalten.

Als John noch bis spät abends arbeitete und zu selten bei mir (Paula) und den Kindern war, konnte mein nobles Märtyrerherz ganz alleine „dieses Kreuz auf sich nehmen", ohne dafür gelobt zu werden, und dabei auch noch die ganz normalen Dienste weiterführen. Das war auch Zucker für mein Ego. Solange es mir gefiel zu beweisen, daß der Mann im Unrecht ist, solange ich Freude daran hatte, „ebenbürtig" zu sein (eigentlich mit meinen Brüdern im Rahmen der geschwisterlichen Rivalität, die ich jedoch nun auf John projizierte), solange es für mich ein kostbares Gut war, daß meine Lebensanschauung aus bitterer Wurzel immer wieder bestätigt wurde, dachte ich überhaupt nicht daran, meine bittere Wurzel loszulassen. Die Belohnung schmeckte doch so süß...

Vielleicht sind wir nun in der Lage, die Notwendigkeit des Gebotes *„und achtet darauf, daß..."* zu verstehen. Manchmal muß man zum Ausreißen einer bitteren Wurzel all seine Grundhaltungen auf den Kopf stellen, auf deren Basis man sein Leben definiert und in denen man seinen (fleischlichen) Selbstwert gefunden hat. Das kann bedeuten, daß man soweit gehen muß, diese Gerechtigkeit des Fleisches zu hassen, aufgrund derer man sich ständig selbst auf die Schulter geklopft hat, daß man so ein toller Kerl ist, der Jesus die Stange hält und von all den elenden Kerlen da draußen verfolgt wird.

Echte Buße kann auch mit einschließen, darüber Buße zu tun, daß wir eben die Menschen gedrängt haben, die wir wiederum beschuldigen, sie hätten uns dadurch verletzt, daß sie uns so nahe gewesen sind.

Eigenartigerweise müssen wir vielleicht darüber Buße tun, sie dadurch verletzt zu haben, daß wir sie dazu gedrängt haben, uns zu verletzen! Unser Inneres wird wohl erst dann wieder ganz, wenn wir sie dafür segnen, daß sie uns so viel geliebt haben, daß wir durch sie ernten konnten! Die Vergebung ist nämlich erst dann wirklich vollständig, wenn wir diejenigen segnen, die uns schmähen und mißbrauchen (Mt 5,12-13; Röm 12,14; 1.Petr 3,4).

Schließlich ist es in den darauffolgenden Tagen die Aufgabe des Ratsuchenden, sich selbst in vielerlei Hinsicht quasi „in flagranti" zu ertappen. Die große Schlacht ist zwar gewonnen, doch vielleicht sind noch Hunderte von Verstecken überall in unserem Wesen verteilt, in denen „Guerillakämpfer" lauern. Gewohnheitsmäßige Strukturen sind wie „Winden", wie Unkraut, das aufgrund eines weit verästelten Wurzelsystems immer noch ausschlagen kann, bis man jeden Teil der alten Wurzel endlich ausgerissen hat oder diese nun so schwach ist, daß sie nicht mehr ausschlagen kann.

Das gesegnete Ende dieser Umgestaltung der bitteren Wurzeln ist zunächst einmal die Tatsache, daß wir immer wieder überrascht sein werden. Die Dinge laufen einfach nicht mehr so wie früher ab. Neues geschieht. Auf einmal machen uns Menschen Komplimente oder zeigen uns ihre Liebe – oder welche Umkehrung des Alten man sich nur denken kann – wo wir es nie für möglich gehalten hätten. Nun passieren segensreiche „Unfälle", keine verhängnisvollen mehr. Alles dient uns nun sichtbar zum Besten. Es ist richtig offensichtlich.

Vielleicht erleben wir unseren heilsamsten Schock dadurch, daß wir die Menschen nun am meisten lieben oder schätzen, die wir früher am meisten haßten. Jetzt sind wir sogar dankbar dafür, daß sie uns früher immer im Nacken saßen (oder was auch immer sie taten); denn dadurch wurden uns die Augen geöffnet, und wir wurden frei. Das Leben bekommt einen neuen Auftrieb. Neue Perspektiven öffnen sich vor unseren Augen und es dämmert uns (vielleicht nur sehr langsam), daß wir immer blind an ihnen vorbeigegangen sind; wir konnten sie einfach nicht sehen. Was uns früher drangsalierte, können wir nun mit Leichtigkeit abschütteln. Die Verkrampfung löst sich, und wir beginnen zu lachen. Nun lachen wir *mit* denen, über die wir uns früher so geärgert hatten, weil sie *über* uns lachten. Wir sehen andere und uns selbst mit Augen der Barmherzigkeit.

In diesem Bereich sind wir nun wahrhaft wiedergeboren.

Teil IV

Sexuelle Sünden und Schwierigkeiten

15

Unzucht, Ehebruch, übermäßiges Verlangen und Anomalien

Deine Quelle sei gesegnet, erfreue dich an der Frau deiner Jugend! Die liebliche Hirschkuh und anmutige Gemse – ihre Brüste sollen dich berauschen jederzeit, in ihrer Liebe sollst du taumeln immerdar!

(Spr 5,18-19)

So sind auch die Männer schuldig, ihre Frauen zu lieben, wie ihre eigenen Leiber. Wer seine Frau liebt, liebt sich selbst. Denn niemand hat jemals sein eigenes Fleisch gehaßt, sondern er nährt und pflegt es, wie auch der Christus die Gemeinde.

(Eph 5,28-29)

Denn dies ist Gottes Wille: eure Heiligung, daß ihr euch von der Unzucht fernhaltet, daß jeder von euch sich sein eigenes Gefäß in Heiligkeit und Ehrbarkeit zu gewinnen wisse, nicht in Leidenschaft der Lust wie die Nationen, die Gott nicht kennen; daß er sich keine Übergriffe erlaube noch seinen Bruder in der Sache übervorteile, weil der Herr Rächer ist über dies alles, wie wir euch auch zuvor gesagt und ernstlich bezeugt haben. Denn Gott hat uns nicht zur Unreinheit berufen, sondern in Heiligung.

(1.Thes 4,3-7)

Gott hat uns so geschaffen, daß wir Spaß am Sex haben. Er vereint den Geist beider Partner und führt uns in der sexuellen Vereinigung dieser wunderbar und komlex geschaffenen, herrlich starken und empfindsamen Körper zu den höchsten Höhen des Segens und der Freude. Nichts, was wir miteinander durch unseren Körper machen können, ist so heilig und vollkommen erfüllend wie die eheliche sexuelle Vereinigung. Gott gab sie uns zur Erfrischung, zur Erfüllung, zur Erholung, zur Neuorientierung, zur Erleichterung, zur Gemeinsamkeit, zur Fortpflanzung, zur Heilung; als Lektion der Liebe, als Übung der Empfindsamkeit, als Entwicklungsmöglichkeit der Kunst, das Leben für den anderen hinzugeben, als Vervollständigung, als

Eintrittskarte in das Reich der Gemeinsamkeit; als Ausdruck des Dankes, der Sehnsucht, der Hoffnung, der Geduld, der Freude, des Lachens, des Mystizismus, der Umarmung und so weiter, durch den ganzen endlosen Katalog der verschiedenen Segnungen. Vielleicht ist sie Gottes herausragendstes körperliches Geschenk an die Menschheit.

Und eben weil Sex eine derartige segensreiche Kraft in sich hat, kann ihn der Mensch auch zur Freisetzung zerstörerischer Kräfte verzerren und entstellen.

Der Segen, der durch die Sexualität entsteht, hängt mehr als jede andere Form menschlicher Begegnung davon ab, inwieweit wir wirklich *menschliche* Wesen sind. Ein menschliches Wesen ist eine Person mit einem liebevollen, lebendigen, persönlichen Geist, durch den er sich in andere hineinversetzen und sie mehr schätzen kann als sich selbst. Nur durch unsere Existenz allein werden wir nicht menschlich. Wir müssen erst menschlich gemacht werden, indem wir in der Kindheit reichlich Liebe empfangen und somit in die Liebe hineinwachsen. Eine gesegnete Sexualität hängt davon ab, in welchem Maß unser Geist fähig ist, durch unseren Körper das Herz und den Geist des anderen zu fördern, zu segnen, zur Entfaltung zu bringen, zu bereichern und zu entzücken. Diese Fähigkeit wird durch unsere Beziehung zu unseren Eltern aktiviert, gefördert und in die rechten Bahnen gelenkt. Bis zum sechsten Lebensjahr ist unsere spätere Fähigkeit, Sex voll und ganz genießen zu können, entweder schon vorhanden oder schon zunichte gemacht. Insbesondere wenn wir von unserem Vater nichts empfangen, können wir auch nicht in die Fülle des Möglichen eintreten. Dann lauern anomale Ausprägungsformen auf uns wie ein Riff im seichten Wasser des Lebens.

Der Inbegriff des Mensch-Werdens besteht darin, wie Jesus zu werden.* Jesus war der einzige wirklich voll und ganz menschliche Mensch. Wir benutzen dieses Wort „Mensch sein" falsch, wenn wir sagen: „Nun gut, ich hab's getan (das Böse); ich bin ja auch nur ein Mensch." Nein, vielmehr haben wir das Böse getan, weil wir *unmenschlich* sind. Wenn wir menschlich wären, würden wir so handeln wie Jesus! Wir wären barmherzig, herzlich, offen, freigebig, einladend und würden den anderen unterstützen. Unser Geist – in vollkommener

---

* Auch hier sprechen wir nicht vom Humanismus, der nur ein Abklatsch des Teufels ist, durch den sich der Mensch veranlaßt sieht, sich selbst und seine vermeintlichen Rechte auf den Thron zu setzen; wir sprechen vielmehr vom Werk unseres Herrn, dessen Ziel es ist, daß die Söhne Gottes auf Erden offenbar werden.

Einheit mit dem Leib – würde sich darüber freuen, den anderen um seinetwillen und nicht allein um unseretwillen umarmen zu können. Dieses Leben zum Segen für andere würde für uns so natürlich und erfüllend sein, daß wir wie Jesus bereit wären, Mangel zu leiden, wenn nur der andere glücklich sein kann. Diese Opferbereitschaft ist die Quintessenz einer erfolgreichen sexuellen Vereinigung in der Ehe; denn nur wenn beide Ehepartner bereit sind, sich durch ihren Körper ganz hinzugeben, um dem anderen Erfüllung zu schenken, kann jeder von ihnen, oder beide gemeinsam, die Fülle einer gesegneten Sexualität erleben.

Menschlich zu werden bedeutet (zumindest), fähig zu werden, dem anderen mit Einfühlungsvermögen zu begegnen. Es bedeutet, einen funktionsfähigen Geist zu haben, der mittels des Empfindungsvermögens des Körpers mit dem anderen mitfühlen oder sich mitfreuen kann. Es bedeutet, einfühlsam *für* den anderen Schmerz zu empfinden; was das Gewissen betrifft, bedeutet es zuzulassen, daß wir schon im Voraus verletzt werden, um zu verhindern, daß unser Bruder verletzt wird. Somit ist ein funktionsfähiges Gewissen das Minimum, das auf die Fähigkeit schließen läßt, menschlich sein zu können. Das Gewissen sagt, was zum Wesen des Menschseins dazugehört. Wenn wir keinen funktionsfähigen Geist besitzen, der voll Liebe ist, dann können wir uns weder darum kümmern, wie es unserem Bruder geht, noch fühlen wir uns schlecht, wenn wir zu denen gehören, die ihm Schaden zugefügt haben. Unmenschlich sein heißt, der Sorge um das Wohlergehen unseres Nächsten gegenüber tot zu sein. Denken wir doch nur an die bestialischen Schandtaten von Straßenbanden und an die zunehmende Gewissenlosigkeit, die wir bei immer mehr vaterlosen Kindern vorfinden (2.Tim 3,1-5). Schon bei unserer Geburt haben wir einen Geist. Doch unser Geist weiß noch nicht, *wie* er den anderen lieben soll. Diese Fähigkeit muß erst zum Leben erweckt und gefördert werden, dann folgt die Ermahung und Erziehung. Besonders den Vätern obliegt die Aufgabe der Erziehung und der Züchtigung: „Und ihr Väter...zieht sie auf in der Zucht und Ermahnung des Herrn" (Eph 6,4). Die Mütter schenken dem Kind das Leben und nähren es. Die Väter sind in erster Linie dafür verantwortlich, dieses Leben zu wekken und zu formen.

Die Fähigkeit einer erwachsenen Frau, mit ihrer Sexualität richtig umgehen zu können, entsteht schon während ihrer Kindheit, wenn der Geist des Mädchens lernt, sich sicher in die starken Arme des Vaters hineinzukuscheln. Indem sie herumtollt und spielt, auf seinem Schoß sitzt, sich an seiner Brust quasi einigelt und ihm allein durch sich selbst eine Freude macht, lernt sie, was es heißt, zu segnen und gesegnet zu werden, sich ruhig in die Hand eines Mannes zu begeben und im Geist ein ständiges Geben und Nehmen zu praktizieren. Sie lernt, wie ihr Geist in der Umarmung eines Mannes lebendig wird. Eine Frau, für die es nie möglich war, so einen Umgang mit ihrem Vater zu haben, ist womöglich nicht fähig, einen sexuellen Höhepunkt zu erleben; denn um die höchsten Höhen erreichen zu können, muß man sich gehen lassen und sich dem Mann ausliefern können, doch genau das kann sie nicht. Vielleicht erfreut sie sich an der körperlichen Erregung der sexuellen Vereinigung, doch könnte sie das niemals als herrlich bezeichnen, weil die besagte Fähigkeit in ihr noch nie geweckt wurde. Vielleicht ist ihr noch nie klar geworden, daß sie das verpaßt hat, was Gott für sie vorbereitet hat. Nur jemand, der schon einmal klare Bergluft geatmet hat, kann wirklich verstehen, daß die drückend-schwüle Luft in einem Sumpfgebiet nicht das Beste ist, was man atmen kann.

Die Fähigkeit eines Mannes, die Sexualität wirklich genießen zu können, entsteht auf dieselbe Art und Weise. Auch wenn er im Vergleich zu einer Frau wohl mehr von seiner Mutter empfängt, wird die Fähigkeit und die Tendenz seines Geistes, dem anderen begegnen und ihn umarmen zu wollen, durch den Umgang mit seinem Vater *bestimmt*. Umarmungen, Tollereien, Huckepackreiten, Spaziergänge im Wald, Necken und Lachen, spielerische Ringkämpfe und Wettbewerbe lehren seinen Geist, wie die Reaktionen auf andere aussehen können. Wie Vater Mutter umarmt oder ihr aus dem Weg geht wird sich dem heranwachsenden Jungen einprägen, und er wird dadurch für sich selbst definieren, wie ein Mann mit einer Frau umgeht. Wie der Vater jemandem seine Zuneigung zeigt, wie er sich zu falschen Schlußfolgerungen hinreißen läßt, wie er einfühlsam auf einen Weinenden zugeht, wie er jemanden wegen seiner Schwäche zur Schnecke macht, wie er sanft berührt oder um sich drischt – diese zahllosen, tagtäglichen Erfahrungen vermitteln dem heranwachsenden Jungen, wie sich sein Geist durch seinen Körper und seinen Charakter ausdrücken sollte.

Gott beabsichtigte, daß Väter ihren Söhnen und Töchtern einen segensreichen Umgang mit der Sexualität beibringen und sie ermahnen, die Finger von unmoralischen Dingen zu lassen. Lesen Sie hierzu Sprüche, Kapitel 1 bis 7, insbesondere 5,1-5:

> Mein Sohn, merke auf meine Weisheit; neige dein Ohr zu meiner Lehre, daß du behaltest guten Rat und dein Mund wisse Erkenntnis zu bewahren! Denn die Lippen der fremden Frau sind süß wie Honigseim, und ihre Kehle ist glatter als Öl, hernach aber ist sie bitter wie Wermut und scharf wie ein zweischneidiges Schwert. Ihre Füße laufen zum Tode hinab; ihre Schritte führen ins Totenreich (LÜ).

Ein Baum kann seine Wurzeln nicht gen Himmel strecken oder seine Blätter in die Erde bohren. Wir haben genug gesunden Menschenverstand, um zu wissen, daß Gott bestimmten Dingen vorgegeben hat, in einer bestimmten Art und Weise zu wachsen. Wir würden auch nicht mit Vollgas auf einen Abgrund zurasen, in der Hoffnung, die Räder würden auch in der Luft noch lenkbar sein. Wir haben genug gesunden Menschenverstand, um zu wissen, daß selbst Menschenwerk entweder nach bestimmten Gesetzmäßigkeiten funktioniert oder gar nicht. Doch eigenartigerweise kommen bibelgläubige Christen durchaus auf den Gedanken (wie wir schon in Kapitel 14 sagten), Gott hätte es nicht so gemeint, als er sagte „Du sollst nicht ehebrechen!" In der Wissenschaft ist es völlig logisch, daß alle Maschinen nach bestimmten Gesetzen betrieben werden müssen, wenn sie nicht blockieren oder ganz ausfallen sollen. Wenn es um unsere Nahrung geht, dann wissen wir ja auch, daß manche Dinge giftig sind, gleichgültig was wir darüber denken oder fühlen. Wie konnten wir nur so blind werden und nicht mehr erkennen, daß sich dort, wo Menschen Sex außerhalb der gottgegebenen Rechtmäßigkeit praktizieren und nicht als Ehepartner in der Schönheit einer gottgewollten Beziehung Sex genießen, Geschlechtskrankheiten rasend schnell verbreiten? Sollte nicht diese Tatsache allein unseren törichten Sinn davon überzeugen, daß Gottes Gesetze real sind? „Und *(haben) die gebührende Strafe für ihre Verirrung an ihrem eignen Leibe empfangen*" (Röm 1,27; Albrecht; Hervorhebung vom Autor).

Jeder Seelsorger muß ohne jeglichen Zweifel die unwiderrufliche und unbeugsame Absolutheit des Gesetzes Gottes kennen. Das, was er sagte, meinte er genau so, wie er es sagte, um uns den Segen seines Geschenks zu sichern. Dieses „Du sollst nicht" soll uns nicht den Spaß verderben, sondern uns in den wahren Genuß der Fülle führen, für die er uns geschaffen hat.

Sex außerhalb der Ehe kann definitiv nicht gesegnet sein! Der Heilige Geist singt beim Sex durch unseren Geist das Liebeslied, das im ganzen All erklingt; der Heilige Geist wird jedoch kein verbotenes Territorium betreten! Sex außerhalb der Ehe, jede Form von Sex zwischen zwei Menschen, die keine Ehepartner sind, ist nicht nur Sünde und Verlust, sondern die Degradierung der göttlichen Schöpfung, eine Beleidigung Gottes, Rebellion und Torheit. Wenn ein Seelsorger dem Bekenntnis einer sexuellen Sünde zuhört, dann sollte er niemals erwidern: „Ach, das ist schon in Ordnung", oder „Du brauchst keine Schuldgefühle zu haben." Und niemals sollte einer den anderen ermutigen: „Versuch's doch mal. Das wird Dir helfen, Deine Hemmungen abzubauen." Vor Gott ist das eine Greueltat. Auch wenn Gott das Herz und die jeweiligen Umstände mit Erbarmen und Vergebung betrachtet, gibt es für seine Moralgesetze keine Ausnahmen.

Hinter jeder sexuellen Sünde oder Anomalie steht in irgendeiner Form ein Defekt oder eine Blockierung, die ihre Wurzeln in der frühen Kindheit hat. Das Herz eines Seelsorgers muß voll Erbarmen sein; er muß nach den Grundursachen forschen. Dabei muß sein Sinn durch die Klarheit des Wortes Gottes geschärft sein. Aus einem anderen Blickwinkel betrachtet, kann man sagen, daß vielleicht niemals jemand eine Anomalie aufweisen oder eine sexuelle Sünde begehen würde, der wirklich menschlich ist. Sein Gewissen, das in seinem Geist wohnt, würde so laut und deutlich Alarm schlagen, daß er sich voll Ekel abwenden würde, noch *ehe* er die Tat begangen hat. Doch weder sind wir dazu fähig, noch sind wir wirklich menschlich. Vielleicht sollten wir, die wir Seelsorge leisten, um des Erbarmens willen daran denken, daß öfter gegen uns gesündigt wird als wir selbst sündigen – wir sind allein und es sind viele, die uns verderben wollen.

In diesem Kapitel wollen wir uns in erster Linie nicht mit den gegenwärtigen Erscheinungsformen sexueller Sünde beschäftigen, sondern vielmehr mit Vorfällen und Strukturen, die in den Frühphasen des Lebens entstanden und der Sünde einen fruchtbaren Boden bereiteten. Hinter jeder sexuellen Anomalie oder Sünde steht ein mit Makeln behaftetes Wesen. Wir müssen folgende Faustregel beachten: *Eine heile Person kann niemals eine sexuelle Sünde begehen* (1.Joh 3,9)! So verlockend sich die sexuelle Sünde unserem Fleisch auch darstellen mag, für unseren Geist ist sie verabscheuenswert. Der Mensch in seiner Ganzheit, der *in Christus* ist, tendiert von seinem Wesen her nicht zur sexuellen Sünde hin, sondern vielmehr von ihr weg. Wenn uns ein wahrer Schwall des Verlangens immer wieder zur sexuellen Sünde zieht, dann rührt das von einer schlechten Wurzel in uns her. Ein guter Baum bringt keine schlechte Frucht hervor, ein schlechter jedoch schon (Mt 7,17).

Wir stellen diese Aussagen gleich an den Anfang, um diesen Lügen endlich ein Ende zu machen, die Seelsorger so oft zu hören bekommen: „Ich konnte ja nichts dafür. Ich hab' mich einfach verliebt", oder „Ich denke, ich liebe sie einfach viel zu sehr, als daß ich von ihr lassen könnte", oder „Wenn man jemanden liebt, dann kann das doch sicherlich keine Sünde sein, oder?" Quatsch! Blödsinn! Lüge! Die Liebe tut nichts Schlechtes! Ein guter Baum bringt keine schlechte Frucht hervor. Die Lust, ein mit Mängeln behaftetes Wesen, ein abgetötetes Gewissen (weil man nicht mit Christus wandelt) und Täuschung bewirken diese Sünde. Jeder, der Unzucht oder Ehebruch begeht, hat sich nicht verliebt; er fiel dem Haß zum Opfer. Wenn die Liebe der Ausgangspunkt war, dann folgten darauf Ausnutzung und Manipulation. Allein die menschliche Liebe hätte die Unantastbarkeit des anderen respektiert. Gottes Liebe, die in diesem Paar wirkt, hätte Gott und seine Gesetze, sowie die Unantastbarkeit des Körpers und der Seele des anderen respektiert. Jeder, der eine sexuelle Sünde begeht, verspottet aus egoistischen und selbstsüchtigen Gründen alles Heilige. Vergessen wir doch ein für allemal dieses romantische, entschuldigende und beschwichtigende Getue! Unmoral ist schändlich – nicht schön; destruktiv – nicht befreiend; erniedrigend – nicht erhaben; haßerfüllt – nicht liebevoll; sie ist der unbeschreibliche Verlust der einzigen, heiligen, gottgegebenen Zweisamkeit und nicht die Erfüllung.

Pornographie und nicht jugendfreie Filme glorifizieren Sex nicht, sie verunglimpfen ihn. Auch wer sich außerhalb der Ehe in zahllose sexuelle Abenteuer stürzt, wird keine Erfüllung finden; er wird vielmehr innerlich leer und hohl. Jeder, der nicht verheiratet ist, hat noch nie echten Sex erlebt, gleichgültig wieviele Beziehungen er schon eingegangen ist und gleichgültig, welchen Ruf er als „Liebhaber" hat. Er ist kein „Liebhaber"; er ist ein egozentrischer kleiner Junge, der sich fälschlicherweise als Mann ausgibt.

Die Legende besagt, daß Don Juan, der durch seine 1003 sexuellen Abenteuer Berühmtheit erlangte, in der Hölle von Satan lediglich das Gewand eines Narren angeboten wurde. „Was?", protestierte er, „Ich bin kein Narr. Ich war ein großer Liebhaber." Satan bot ihm einen Handel an. Wenn er nur eine seiner vielen „Geliebten" wiedererkennen würde, dann würde er auch das Narrenkostüm nicht anziehen müssen. Es schritt eine seiner romantischen „Liebschaften" nach der anderen an ihm vorbei. Er konnte sich nicht einmal an eine von ihnen erinnern. Schließlich mußte er zugeben, daß er kein Liebhaber, sondern ein Narr gewesen war. Es war absolut angemessen, daß er in alle Ewigkeit dieses Kostüm tragen sollte.

Kein echter Liebhaber wird den Partner je *benutzen*. Kein Mann, der wirklich liebt, wird eine Frau umarmen, die nicht seine Frau ist (Spr 5,18- 20). Kein Mann, der wirklich liebt, wird die Herrlichkeit mit Füßen treten, die Gott zum Segen des anderen bestimmt hat. „Denn dies ist Gottes Wille: eure Heiligung, daß ihr euch von der Unzucht fernhaltet, daß jeder von euch sich sein eigenes Gefäß in Heiligkeit und Ehrbarkeit zu gewinnen wisse (d.h. mit seiner eigenen Frau zu schlafen), nicht in Leidenschaft der Lust wie die Nationen, die Gott nicht kennen; *daß er sich keine Übergriffe erlaube noch seinen Bruder in der Sache übervorteile...*" (1.Thes 4,3-6). Einem anderen Mann die Frau wegzunehmen bedeutet, ihn der Ehre zu berauben, die Gott nur ihm allein geschenkt hat: „Eine tüchtige Frau ist die Krone ihres Mannes, aber wie Wurmfraß in seinen Knochen ist eine schandbare" (Spr 12,4).

Durch unzählige Medien prasselt auf unsere heutige Jugend ein Hagel von Lügen nieder – Filme, Romane, Magazine, Zeitungen, Comics, Zeitschriften, falsche Ratgeber und Lehrer, Radio, Fernsehen, Popmusik, Klatschspalten etc.; sie alle verkünden, daß Sex O.K. ist, überall und immer. Noch schlimmer ist die pseudomoralische Tour: „Es ist in Ordnung, wenn Du verliebt bist." Das abschreckendste Beispiel ist oft das Vorbild der Eltern – Trennungen, darauffolgende neue Beziehungen, Scheidung, die Untreue, die Kinder sehen oder spüren, ja sogar unrechtmäßige Sexualpartner, die manchmal ins Heim eingeschleust werden und hinter ziemlich offenen Türen warten. Ich (John) denke oft, daß die Flut, die Satan aus seinem Mund (Beachten Sie: aus seinem Mund) strömen läßt, um die Frau fortzuschwemmen (in Offb 12,15), vielleicht nichts anderes ist, als die Flut des sexuellen, unmoralischen und theologischen „Wortmülls", den die Menschen unablässig ausspeien, insbesondere in der heutigen Generation.

Vorehelicher Geschlechtsverkehr ist Unzucht. Der Grund dafür ist nicht die oben erwähnte Flut; sie würde einen sonst integren jungen Menschen in der Tat wegschwemmen. Der entscheidende Faktor hierbei ist, daß ein Mensch, der in Jesus stark ist und dem nichts fehlt, fest stehen kann und wird „bei großer Wasserflut – ihn werden sie nicht erreichen" (Ps 32,6). Wir wollen hier nicht auf oberflächliche Druckmomente eingehen, sondern vielmehr den Ursachen des Falls auf die Spur kommen. Piaget, ein französischer Soziologe, benennt die Wurzel: „Wer sexuell jungfräulich bleibt, liebt und respektiert Vater und Mutter...Wer Unzucht treibt, haßt und/oder ist respektlos gegenüber Vater und/oder Mutter."

Schon oft sind Menschen zu uns gekommen, die Jahre zuvor Unzucht getrieben hatten. Sie haben es im Stillen und vor anderen bekannt und es wurde ihnen Vergebung zugesprochen, doch nach wie vor fühlen sie sich schuldig und unrein. Wenn man ihnen Fragen stellt, wird bald klar, daß ihre sexuelle Sünde nicht isoliert steht, sondern im Zusammenhang mit anderen Dingen gesehen werden muß. Vielleicht war dieser Mensch seinen Eltern gegenüber rebellisch oder hegte Zorn in sich oder verspürte den Drang, sich quasi „wegzuwerfen", damit sich die Eltern nicht über den Ruhm ihres Kindes freuen könnten. Oder er sehnte sich so sehr nach Vaterliebe, daß die Berührung eines Mannes einfach so gut tat, daß er nicht nein sagen konnte. Vielleicht wollte er auch die Eltern strafen. Vielleicht hatte er ein nicht funktionsfähiges Gewissen, weil sein Vater nie für ihn „da" war. Vielleicht verspürte er auch den Zwang, immer und immer wieder zu beweisen, daß Männer (oder Frauen) eben „genau so sind" (d.h. daß sie seinem Urteil über einen oder beiden Elternteilen entsprechen). In der Seelsorge war es jedesmal unsere Aufgabe, die wahren Gründe hinter der Unzucht offenzulegen. Eine Frau, die keine Moral befolgen kann, hat in vielen Fällen nie die Liebe ihres Vaters gespürt; daraus folgte, daß sie sich selbst nicht lieben oder respektvoll behandeln konnte. Sie glaubt, daß sie ohnehin wertlos ist, und warum sollte sie also nicht auch das Werkzeug eines jeden beliebigen Mannes werden, wo doch überdies das Berührtwerden diesen Mangel und diese innere Leere anscheinend auszugleichen vermag.

Wenn nun lediglich Vergebung für die Sünde der Unzucht ausgesprochen wird, dürfte so ein Mensch keine Befreiung erlangen. Ein Seelsorger sollte über all den verborgenen (und auch ziemlich offensichtlichen) kindheitlichen Wunden und Ressentiments beten und sie durchsprechen. Es kann auch gut sein, daß er im anderen Selbstachtung und Respekt wecken muß. Das Erkennen der Ursachen darf nicht als Entschuldigung für die jeweilige Sünde gelten, sondern als das Ausmachen des Grundübels, das die heutige Sünde verursacht hat. Wenn ein Mensch die Ursachen erkennt und versteht, daß die eigentlichen Gründe für seine Promiskuität nicht in erster Linie sexueller, sondern vielmehr psychologischer Natur sind, dann kann ihm (oder ihr) das helfen, endlich damit aufzuhören, alle sexuellen Impulse als etwas Schmutziges zu betrachten und es ihm ermöglichen, den Fluß wahrer und sauberer menschlicher Impulse auf dem Gebiet der Sexualität zuzulassen. So kann sich eine neue sexuelle Identität entwickeln, über die man sich freuen kann, anstatt sich vor ihr zu fürchten. Ein Seelsorger sollte auf dieses Ziel hinarbeiten.

Jeder vollständige sexuelle Akt, ob das nun Unzucht, Ehebruch, Homosexualität oder eine andere Anomalie ist, vereint den Geist zweier Menschen. „Oder wißt ihr nicht, daß, wer der Hure anhängt, ein Leib mit ihr ist? 'Denn es werden', heißt es, 'die zwei ein Fleisch sein'." (1.Kor 6,16). Gott hat unseren Geist so geschaffen, daß der Geist jeder Frau, die mit einem Mann eins wird, von diesem Augenblick an, auch mit dessen Geist eins wird. Ab dem Zeitpunkt der Vereinigung trachtet der Geist eines jeden Menschen danach, den anderen, der in diese Einheit mit ihm/ihr eingetreten ist, zu finden, zu erfüllen, zu nähren und zu erfreuen.

Wenn eine Blume in gute Erde gepflanzt wird, dann streckt sie ihre Wurzeln in die Tiefe und blüht dort, wo sie wächst. In fremder, trockener Erde kann sie nicht richtig blühen und gedeihen. Genauso war es auch Gottes Absicht, daß wir durch die Hochzeitsfeier und die später folgende sexuelle Vereinigung in den fruchtbaren Boden des Körpers, des Herzens, des Sinnes, der Seele und des Geistes unseres Ehepartners gepflanzt werden. In keinem anderen Boden können wir zur Fülle des Lebens heranwachsen. Deshalb sagt auch die Schrift über die, die Ehebruch begehen (insbesondere von einem Mann mit seiner

Schwiegertochter, doch das Prinzip gilt für jede andere Form des Ehebruchs genauso): „Ihr Blut komme über sie" (3.Mo 20,12b; ZÜ*). Nur Paula ist mein guter Boden. Nur Paula kann mir sagen, wer ich als Mann bin. Jede andere Frau, so hübsch ihr Gesicht und ihre Figur und so anziehend ihr Charakter auch sein mag, wird mich unweigerlich belügen und somit verwirren. Deshalb sagt auch die Bibel: „Wer aber Ehebruch treibt mit der Frau seines Nächsten, ist ohne Verstand. *Nur wer sich selber vernichten will, der mag das tun*" (Spr 6,32; Hervorhebung vom Autor).

Doch sobald man einmal eine falsche Verbindung eingegangen ist, erinnert sich unser Geist leider immer noch daran und strebt danach, den anderen zu erfüllen. Wenn wir nun viele unmoralische Verbindungen mit vielen verschiedenen Partnern hinter uns haben, wird unser Geist zu einem überladenen Transformator, der versucht, den Strom in zu viele Richtungen zu verteilen. Nachdem Ratsuchende durch Bekenntnis, Sündenvergebung und Lossprachegebet befreit wurden, riefen sie oft aus: „Noch nie hab' ich mich so frei gefühlt. Mir war gar nicht bewußt, wie hin- und hergerissen ich war. Jetzt bin ich wieder ganz." Natürlich! Sein Geist mußte nicht mehr Himmel und Erde in Bewegung setzen, um Dutzende von vergessenen Partnern zu finden und zu erfüllen!

Jeder Seelsorger sollte die Ganzheitlichkeit seiner Aufgabe erkennen. Wenn ihm das Bekenntnis einer unmoralischen sexuellen Tat vorgebracht wird, dann sollte er nicht nur Sündenvergebung aussprechen (d.h. Vergebung durch die Autorität, die ihm in Jesus zuteil ist), nicht nur die Ursachen erforschen und auch hier alles unter die Vergebung bringen, nicht nur fehlentwickelte Strukturen umgestalten, sondern auch durch seine Autorität in Christus aussprechen, daß im Namen Jesu der Geist der Personen, die an diesem unmoralischen Akt beteiligt waren, abgeschnitten wird. Ich (John) sage normalerweise immer: „Im Namen Jesu weise ich Deinen Geist an, diese Verbindung(en) zu vergessen. Du bist nun davon (oder von diesen Menschen) losgelöst. Ich setze Deinen Geist frei, um allein Deinem eigenen Ehemann (oder Ehefrau) anzuhangen; ich löse Dich in Jesu Namen und bin dankbar, daß das, was ich auf Erden löse, auch im Himmel gelöst *ist*."

Ehebruch ist eine sexuelle Vereinigung mit einer Person, die nicht der Ehepartner ist. Wenn eine verheiratete Person mit einer unverhei-

---

* Fußnote i.d. New American Standard Bible: „Wörtl. *Verwirrung*, d.h. eine Verletzung der göttlichen Ordnung."

rateten Geschlechtsverkehr ausübt, dann treibt die erstere Ehebruch und die letztere Unzucht.

Ehebruch und Unzucht weisen dieselben Ursachen auf. Es sieht vielleicht nicht so aus, als ob Wurzeln aus der Kindheit einen wesentlichen Einfluß auf das Verhalten eines Ehebrechers gehabt hätten, da momentane Eheprobleme ihn offensichtlich verwundbar machen und ihn dazu drängen, unerlaubte Beziehungen einzugehen. Er oder sie würden standhaft protestieren und behaupten, sie würden kein Problem mit der ehelichen Treue haben, wenn ihre Ehe momentan nicht so unerträglich wäre. Man muß die *gegenwärtig vorhandenen* Ursachen in der Tat in Betracht ziehen, doch die eigentlichen Gründe muß man hauptsächlich in der Kindheit suchen. Erinnerungen in den Tiefen unseres Unbewußten bestimmen zum größten Teil, wie wir *gegenwärtige* Reize, die auf die bewußte Ebene abzielen, empfangen und auf sie reagieren. Weil derarte Erinnerungen jedoch unsichtbar sind, bekommen sie mehr Kraft, uns außer Kontrolle zu bringen, wenn *gegenwärtige* Umstände Druck auf uns legen. Wir beobachten z.B., daß die häufigste, *gegenwärtig* vorhandene Ursache für Ehebruch darin besteht, daß ein Partner nicht mehr an der Kommunikation teilnimmt. Einsamkeit und Verletzbarkeit sind die Folge. Unter diesen Umständen sterben die Emotionen im Inneren eines jeden Menschen ab, ob man sich nun dessen bewußt ist oder nicht. Früher oder später begegnet man jemandem, der die Barrieren durchdringen und von Herz zu Herz, von Seele zu Seele kommunizieren kann. Es ist ein herrliches Gefühl, wieder zum Leben zu erwachen, und man kann sich nicht schuldig fühlen, wenn sich allmählich das sexuelle Verlangen regt. Das ist jedoch verwirrend, weil man ein schrilles Alarmsignal oder gewaltige Schuldgefühle erwartet hatte. Ein Mensch kann sich überhaupt nicht darüber im Klaren sein, daß sein Geist so tot ist, daß er keine Signale mehr sendet, die auf ein Gewissen schließen lassen. Die neu erwachenden, emotionellen Fähigkeiten seiner Seele vermitteln ihm so ein gutes Gefühl, daß er einfach nicht glauben kann, diese Beziehung sei falsch oder sündig. Wenn er nun so weitermacht und schließlich Ehebruch begeht, erinnert ihn sein Verstand vielleicht mit einem schwachen Stimmchen an Gottes Gesetze, doch sein Herz läßt ein Lied erschallen. Er denkt, er sei „verliebt". Jetzt ist er völlig verwirrt. Können Gottes Gesetze falsch sein? Sind sie gar nur der menschlichen Vorstellung entsprungen? Man würde sich doch nun wirklich nicht so lebendig fühlen, wenn das Sünde wäre, oder? Er weiß nicht, daß er, wenn er sich von seiner Frau scheiden lassen und diese „Traumfrau" heiraten würde, diese neue Partnerin bald als „Mutter" identifizieren würde; dadurch würde sie auch wieder zu einer, der man sich nicht mitteilen kann, und bald darauf würde er wieder eine „Traumfrau" finden müssen. (vgl. Kapitel 11, „Innere Schwüre") Auch wenn die *gegenwärtige* Einsamkeit noch so unter den Nägeln brennt, auch wenn das scheinbare Glück in dieser sündigen Beziehung und die Tatsache, daß man sich dabei nicht schuldig fühlt, noch so verwirrend ist – hinter all dem kann eine defekte Mutter-Sohn-Beziehung oder eine andere bittere Wurzel stecken. Diese faule Wurzel ist die eigentliche Ursache; die gegenwärtigen Probleme fungieren lediglich als Auslöser. Diese Schemata zeigen sich in vielerlei Variationen – die Sekretärin, eine Arbeitskollegin, der Ehemann oder die Ehefrau eines guten Freundes, jemand, der Seelsorge leistet oder in der Seelsorge ist, der Nachbar, ein Familienmitglied, wie z.B. Schwager oder Schwägerin, jemand, der im gleichen Ausschuß einer wohltätigen Organisation sitzt usw.. Manche Menschen halten absichtlich Ausschau nach ehebrecherischen Beziehungen. Sie sind wirklich zu bedauern. Doch sehr oft werden Menschen, die normalerweise „brav" sind, von irgendeinem verborgenen Mangel oder einem wunden Punkt in ihrem Leben so lange geblendet, bis sich schließlich ein Hang zur „richtigen" falschen Person entwickelt. Ein Seelsorger muß erkennen, welche Kräfte in ehebrecherischen Beziehungen tatsächlich am Werk sind und die Ursachen anpacken, nicht nur die Resultate.

Die Schrift ist klar und unerbittlich, was alle anomalen Formen der Sexualität betrifft. Mit anomalen Formen meinen wir Inzest, Geschlechtsverkehr mit Tieren, Dreiecksverhältnisse, Homosexualität etc..

> Wenn ein Mann mit einer Frau Ehebruch treibt, wenn ein Mann Ehebruch treibt mit der Frau seines Nächsten, müssen der Ehebrecher und die Ehebrecherin getötet werden.

> Und wenn ein Mann bei der Frau seines Vaters liegt: er hat die Blöße seines Vaters aufgedeckt, beide müssen getötet werden, ihr Blut ist auf ihnen.

> Und wenn ein Mann bei seiner Schwiegertochter liegt, müssen beide getötet werden. Sie haben eine schändliche Befleckung verübt, ihr Blut ist auf ihnen.

> Und wenn ein Mann bei einem Mann liegt, wie man bei einer Frau liegt, dann haben beide einen Greuel verübt. Sie müssen getötet werden, ihr Blut ist auf ihnen.

Und wenn ein Mann eine Frau nimmt und ihre Mutter, das ist eine Schandtat; man soll ihn und sie mit Feuer verbrennen, damit keine Schandtat in eurer Mitte sei.

Und wenn ein Mann bei einem Vieh liegt, soll er unbedingt getötet werden, und das Vieh sollt ihr umbringen.

Und wenn eine Frau sich irgendeinem Vieh nähert, damit es sie begatte, dann sollst du die Frau und das Vieh umbringen. Sie müssen getötet werden, ihr Blut ist auf ihnen.

Und wenn ein Mann seine Schwester nimmt, die Tochter seines Vaters oder die Tochter seiner Mutter, und er sieht ihre Blöße, und sie sieht seine Blöße: das ist eine Schande, und sie sollen ausgerottet werden vor den Augen der Kinder ihres Volkes. Er hat die Blöße seiner Schwester aufgedeckt, er soll seine Schuld tragen.

Und wenn ein Mann bei einer (menstruierenden) Frau liegt und ihre Blöße aufdeckt, so hat er ihre Quelle enthüllt, und sie hat die Quelle ihres Blutes aufgedeckt. Sie sollen beide ausgerottet werden aus der Mitte ihres Volkes.

Und die Blöße der Schwester deiner Mutter und der Schwester deines Vaters sollst du nicht aufdecken; denn wer das tut, hat seine Blutsverwandte entblößt: sie sollen ihre Schuld tragen.

Und wenn ein Mann bei der Frau seines Onkels liegt, hat er die Blöße seines Onkels aufgedeckt. Sie sollen ihre Sünde tragen, kinderlos sollen sie sterben.

Und wenn ein Mann die Frau seines Bruders nimmt: das ist eine Befleckung. Er hat die Blöße seines Bruders aufgedeckt, sie sollen kinderlos sein.

(3.Mo 20,10-21)

Auf die Homosexualität werden wir in Kapitel 17, „Archetypen und Homosexualität", noch näher eingehen. Hier besprechen wir andere Formen. In *Restoring the Christian Family* sowie in Kapitel 11 dieses Buches, „Innere Schwüre", berichteten wir, daß eine von fünf Frauen schon einmal von einem Familienmitglied mißbraucht wurde. Erst vor kurzem haben wir erfahren, daß es mittlerweile schon eine von vier Frauen ist, und es wird immer schlimmer. Jetzt, da sich unsere

Nation von Gott und seinem Wort abwendet, werden wir „dahingegeben in schändliche Leidenschaften..." (Röm 1,26).

Wenn ein Vater oder ein Stiefvater seine Tochter mißbraucht oder bei ihr liegt, erleidet nicht nur sie, sondern auch er dabei den größtmöglichen Schaden. Er ist verwirrt, beschämt und vernichtet, ob er sich nun seines gewaltigen Verlustes bewußt ist oder nicht. Seine Männlichkeit wurde degradiert. Er hat das Kernstück dessen, was es heißt, ein Vater zu sein, zerbrochen, nämlich die Frauen, die ihm anvertraut sind, zu beschützen und die Sexualität seiner Tochter in Heiligkeit zur Reife zu führen. Sie wurde vernichtet. Die grundlegende Fähigkeit ihres Geistes, im sexuellen Bereich eine Ehefrau zu werden und die Heiligkeit ihres Geistes mittels ihres Körpers einem Ehemann anzuvertrauen, wurde zertrümmert und in ihrem Ursprung beschmutzt. Die Loyalität ihres Geistes, die ihren Vater ehren möchte, wurde großer Verwirrung preisgegeben und entweiht, da sich ihr Geist jetzt mit dem seinen in einer Geschlechtsgemeinschaft vereint. Ihre Fähigkeit, sich zu entspannen und – im Rahmen der heiligen Einheit – mit ihrem Geist ihren Ehemann zu erfrischen, ist nun tot. Einzig und allein die Gnade des Herrn kann nicht nur vergeben, heilen und sie lösen, sondern auch durch Jesu Auferstehungskraft in ihr Neues schaffen und sie als Ehefrau und Mutter wiederherstellen. Nach fast zwanzig Jahren der Seelsorge ist uns nichts Zerstörerischeres und Beschmutzenderes begegnet als Inzest!

Mädchen, die zu Frauen heranwachsen, sollten in Freiheit und Sicherheit mit ihren Reizen ihre Väter umgarnen können. Sowohl das junge Mädchen als auch die Eltern sollten wissen, daß es nur ein Spiel ist und sollten es in Ehren halten und erlauben. Ein Vater soll sich an seiner Tochter erfreuen und ihr das auch sagen. Doch viele Männer deuten diese Signale nur als „Komm her" und verstehen überhaupt nichts; oder aber ihr Gewissen ist schon so schwach, daß sie diese Signale überrennen und wie Bestien reagieren.

Deswegen fühlen sich viele mißbrauchte oder vergewaltigte Mädchen schuldig. Sie haben oft das *Gefühl, irgendetwas* getan zu haben, was schließlich in die Katastrophe führte. Es ist eine Schande, daß ihre gottgegebene Fähigkeit, einen Mann in der rechten Art und Weise anzuziehen, für sie jetzt etwas Böses ist! Vielleicht traut sie sich nie mehr wieder, ihre körperliche Schönheit erstrahlen zu lassen. Wenn so eine Frau zornig oder rebellisch die andere Richtung einschlägt und ihre Reize zur Schau stellt, um die Männer sexuell zu fangen, hat sie dennoch kein sehr großes Selbstvertrauen, auch wenn sie mit ihrer immensen sexuellen Macht der Verführung ausgezeichnet umzugehen vermag. Sie fürchtet sich davor, ihre wahre Schönheit hervorzukehren; denn tief in ihrem Innersten, wo sich ihr Geist immer noch in Scham und Pein vor ihrem Vater zurückzieht, hat sie immer noch Angst vor dem Schmerz. Zwar werden ihr Herz und ihr Geist Vergebung brauchen, wenn sie wirklich schuldig geworden ist und ihren Vater verführt hat, doch sollten die verstandesmäßigen Prozesse in ihr dadurch Erleichterung erfahren, daß sie versteht, was damals wirklich ablief.

Ein Mädchen, das von ihrem Vater oder Stiefvater genommen wird, wird darüber hinaus auch noch an einer zerbrochenen Mutterbeziehung leiden. Soll sie es ihrer Mutter erzählen? Wie würde es das Eheleben ihrer Mutter beeinflussen? Was geschieht, wenn sie es nicht sagt? Die Tatsache, daß sie den Platz ihrer Mutter im Bett eingenommen hat, versetzt die ambivalenten Gefühle ihres Fleisches in einen wahren Aufruhr: Schadenfreude und Schuldgefühle, weil sie ihre Mutter an Anziehungskraft übertroffen hat; Schamgefühl, weil sie das Bett ihrer Mutter befleckt hat; unvermeidliche diebische Freude, wenn sie aus irgendeinem Grund ihre Mutter ohnehin hätte verletzen oder strafen wollen; sie wird sich sehr wie die Geliebte ihres Vaters fühlen und sich vielleicht genauso sehr selbst ablehnen; das Verlangen, es ihrer Mutter zu erzählen, gekoppelt mit Angst, die sie schließlich blockiert; Angst vor Schwangerschaft; womöglich gewaltiger Haß oder Aversion gegenüber ihrem Vater, weswegen sie auch nicht reagieren kann, wenn ihre Mutter sie fragt: „Warum kannst Du denn nicht nett zu Papa sein?" oder „In letzter Zeit steht doch irgendwas zwischen euch beiden, oder?"

Die ganze verwirrende Geschichte erfordert eine Aussprache mit einem Seelsorger. Satan bearbeitet sie, um ihr weiszumachen, sie sei anders als all die anderen Mädchen, die sie kennt. „Denn wieviele von *ihnen* haben es schon geschafft, ihren eigenen Vater zu verführen? Du bist eben nur eine Schlampe. Sie würden Dich nicht mögen, oder in Deiner Nähe sein wollen, wenn sie wüßten, daß..." Durch die guten Erfahrungen, die sie durch den Austausch macht, muß sie erkennen, daß sie nicht allein ist. Denn vielleicht könnte man Isolation als eine der schrecklichsten Auswirkungen von Inzest nennen. Ein Seelsorger sollte versuchen, das Vertrauen eines Mädchens oder einer Frau zu gewinnen, damit sie schließlich darüber mit ihm so offen und frei sprechen kann – jedoch *nur* mit ihm –, als ob es um den gestrigen Tanzabend ginge. Ein leichtfertiges Wort anderen gegenüber, könnte all das Gute zunichte machen, das der Austausch schon bewirkt hatte.

Einmalige, ja selbst mehrere Vorfälle sind nicht so verhängnisvoll, wie der Zwang, ein regelmäßiger Inzest-Partner zu werden. In jedem der zahllosen Fälle, die bei uns in der Seelsorge waren, sahen wir denselben Effekt, nämlich ein abgetötetes Herz und leblose Augen, wenn es um die Bedeutung des Frau-Seins ging. Anscheinend haben sich diese Frauen selbst aufgegeben; sie betrachten sich lediglich als

Werkzeuge, die man benutzt und dann wieder wegwirft. In solchen Fällen ist viel Heilung notwendig; der Seelsorger hat ein weites Feld, und es wird für ihn sein, als liefe er auf rohen Eiern. Es wird schwierig sein, eine Übertragung, eine Verwirrung der Gefühlswelt etc. zu vermeiden. Er muß sie zum Leben zurückführen und wissen, daß sie sich höchstwahrscheinlich mehr an ihm, als am Herrn festklammern wird. Dennoch muß es geschehen; der Seelsorger muß jedoch durch sein eigenes Gebet das Kreuz zwischen sich und sie stellen. Oder – was noch besser ist – er sollte noch einen Partner, am besten seine Ehefrau, in die Seelsorge mit hineinnehmen. Einen anderen zum Leben zu erwecken, geht nicht immer so einfach und klar vonstatten, wie zu rufen: „Lazarus, komm heraus!". Wir sind nicht der Herr, auch wenn er durch uns handelt; die Auferstehung eines anderen zieht uns in Mitleidenschaft – und während wir dienen, müssen wir unser eigenes Herz schützen. Dieses Unterfangen wird, mehr als jedes andere, vielen Seelsorger zum Fallstrick.

Bei einem Dreiecksverhältnis gehen zwei Frauen mit einem Mann oder zwei Männer mit einer Frau ins Bett. Hinter einem Dreiecksverhältnis steht oft die Sehnsucht, Befriedigung für ein inneres Verlangen zu finden, die man nur durch eine wirklich gesegnete Sexualität finden kann. Einige Formen der Lust treten auf, wenn ein wirklicher Hunger nicht die richtige Befriedigung findet; denn die vorhandene Energie sucht nach der falschen Art der Erleichterung (verstärkt durch fleischliches Verlangen und satanischen Einfluß). Wenn der Geist schon so tot ist, daß eine wahre Erfüllung unmöglich ist und der Hunger mit anderen Defekten der menschlichen Natur gekoppelt wird, kann daraus eine Lust entstehen, für die der Verstand – in anomalen Formen wie dem Dreiecksverhältnis – eine Antwort sucht. Keine Erfahrung durch eine anomale Praktik schafft wirkliche Befriedigung; sie ist spannend genug, um das zu halten, was sie verspricht und wird somit zwanghaft und fesselnd. Wer einmal diesen Weg eingeschlagen hat, muß entweder ermatten oder nach immer degradierenderen Formen forschen.

Manchmal stellt ein Dreiecksverhältnis eine Gegenreaktion auf eine übermäßige Leistungsorientierung dar. Man verlangt nach Experimenten und noch viel mehr danach, etwas Niederträchtiges zu tun, etwas, das den leistungsorientierten Menschen vernichtet. Ein Pastor von der Ostküste der USA hörte nicht auf meine Warnungen bezüglich seiner Leistungsorientiertheit und seinem Verlangen danach, sein Saubermann-Image zu zerstören. Schließlich ging er ein Dreiecksverhältnis ein, was ihn so erschreckte, daß er schließlich voll Rachsucht wieder in seine Leistungsorientiertheit zurückfiel. Wir fragen uns, was als nächstes dran ist – es sei denn, die Gnade gebietet dem Einhalt.

Manchmal schürt ein strikter Gesetzesgehorsam eine Glut, die schließlich auflodert und in ein Dreiecksverhältnis führt. „Die Kraft der Sünde ist das Gesetz." Die Motivation in diesem Fall unterscheidet sich von der im Falle einer Leistungsorientierung nur dadurch, daß man seine spezifische Leistung durch das starre Befolgen von Gesetzen bringt. Das führt unweigerlich zur Verdrängung, denn der Pharisäer darf natürlich nicht zulassen, daß seine Gefühle oder Gedanken so ein Terrain betreten. Ein weiser, alter Pastor sagte einmal zu mir: „John, niemand kann verhindern, daß die Vögel über seinen Kopf fliegen, aber er muß sie nicht in seinem Haar ihre Nester bauen lassen." Niemand kann lüsterne Gedanken von seinem Herzen oder seinem Verstand fernhalten. Ein Mann hat erst dann „Ehebruch mit ihr begangen...in seinem Herzen" (Mt 5,28), wenn er über derlei Dinge vorsätzlich in seiner Phantasie nachsinnt und sich an ihnen weidet. Man muß im Stillen beten „Das stammt von mir, Herr, einem gewöhnlichen Sünder. Vergib mir." und dann weitergehen und vergessen, was hinter einem liegt. Doch ein penibler Mensch zückt schon beim Anzeichen eines Gedankens das Messer und versucht verzweifelt, sich seine fleischliche Gerechtigkeit zu bewahren; dadurch verurteilt er sich selbst zu einem endlosen Kampf, der schließlich in einem Dreiecksverhältnis oder einer anderen entwürdigenden Form enden kann. Sein Gehorsam hatte das falsche Motiv – er war nicht in einem lebendigen Geist, der in Jesus ruht, begründet, sondern in der Selbstverherrlichung eines selbstgerechten Herzens und Verstandes.

Pornographie hat dieselbe Anziehungskraft – sie entsteht aus der Rebellion eines Kindes auf ein „Nein, nein!" Für einen Menschen, der sich schon vor langem von elterlichen Tabus losgelöst hat und im Bereich der Liebe auf eigenen Füßen steht, ist Pornographie etwas Vulgäres und Verachtenswertes und hat nichts Anziehendes. Ein Seelsorger kann die Umklammerung der Pornographie durchbrechen, indem er zu den kindheitlichen Wurzeln der Rebellion und des Grolls zurückgeht. Gleichgültig, um welche Anomalie es sich handelt, der Seelsorger muß in jedem Fall den entscheidenden ursächlichen Faktor herausfinden und diese Wurzel anpacken.

Keine Sünde ist so groß, daß Gott, der Vater, sie durch Jesus Christus nicht vergeben könnte (Ausnahme: die Sünde gegen den Heiligen Geist), auch wenn sie dem Seelsorger noch so widerwärtig erscheint. Trotz den vielen Jahren, die hinter uns liegen, empfinde ich (John) manchmal so viel Zorn und Abscheu vor einem Mann, der regelmäßig seine Tochter mißbraucht, daß ich sicherlich das absolut ungeeignetste Gefäß bin, das über diesem Mann Vergebung aussprechen kann. Doch der Herr wirkt das Werk der Gnade, nicht ich und deswegen wirkt das Vergebungsgebet immer Wunder, gleichgültig, was ich dabei fühle. Genauso wie das Abendmahl und die Taufe auch dann gültig sind, wenn sich der Priester in einem zweifelhaften geistlichen Zustand befindet, braucht sich auch ein Seelsorger keine Sorgen zu machen. Sein noch nicht gestillter Zorn kann die Wirksamkeit des Bekenntnisses, der Buße und der Vergebung nicht vereiteln; er kann es jedoch für den Seelsorger schwierig machen, ein Freund des Ratsuchenden zu werden. Ein Seelsorger in Christus ist dazu berufen, das Amt des Beichtvaters zu ehren, gleichgültig welche abwegigen Gefühle sein oder ihr Herz drangsalieren.

Wenn der Seelsorger ein Lastenträger ist (einer, der sich in den anderen hineinversetzt und dessen Gefühle in seinem eigenen Herzen nachvollzieht), muß er sich darüber im Klaren sein, daß die Seelsorge in sexuellen Dingen manchmal unnötig verwirrend ablaufen kann. Manchmal, wenn ich weiß, wie sehr sich der oder die Ratsuchende mit Lust herumplagt und ich (John) mich in der Seelsorge sehr stark in ihn oder in sie hineinversetze, kann es sein, daß ich selbst in meinem Herzen Lust empfinde, die gelegentlich sogar auf die Ratsuchende abzuzielen scheint. Durch Glauben und Erfahrung ist es mir möglich zu identifizieren, was hier wirklich geschieht. Da ich mich als Seelsorger jeden Tag neu in Jesu Hand begebe und das Kreuz zwischen den Ratsuchenden und mich stelle, weiß ich, daß Jesus mein Herz bewahrt. Ich weiß auch, daß ich in Paulas Liebe sicher bin, so daß ich selbst dann, wenn mein sündiges, lüsternes Herz sich wirklich regt, solchen Gefühlen nicht nachhängen oder gar nach ihnen handeln würde. Ich weiß dann, daß diese eigenartig lüsternen Gefühle nicht meine eigenen sind, sondern vielmehr die Lust des anderen, die der Heilige Geist mich spüren läßt; auch auf diese Weise kann die Gabe der Unterscheidung in mir arbeiten. Eine oder zwei Fragen später wird dann normalerweise klar, daß dies der Fall ist und die Gefühle in mir, die meinen Sinn nur kurzzeitig für die Not des anderen schärfen sollten, sind schon bald nicht mehr vorhanden.

Angehende Seelsorger empfinden das vielleicht als überaus verwirrend. Doch auch diese Lektion muß man lernen. Zu viele haben diese Gefühle als real erachtet und sind der Versuchung zum Opfer gefallen.

Jeder Seelsorger muß sein eigenes Herz kennen. Paula und ich haben große Mühen auf uns genommen, um unsere Herzen nach allen unangebrachten und unerwünschten Gefühlen und Lüsten zu durchforschen. Nach vielen Jahren sehe ich mich nun eigentlich als Gynäkologe. Der Tatsache, daß ich dem Reiz der emotionellen, sexuellen Nacktheit einer Frau oder eines Mannes ausgesetzt bin – noch dazu, wenn ich dabei auch die Lust fühle, die sie plagt – stehe ich manchmal so distanziert gegenüber, als ob wir über einen Streitpunkt oder ein elterliches Problem sprächen. Ich habe gebetet und das Wort studiert, um mich als „einen Arbeiter, *der sich nicht zu schämen hat*, der das Wort der Wahrheit in gerader Richtung schneidet" (2.Tim 2,15; Hervorhebung vom Autor) zu erweisen; darüberhinaus vertraue ich darauf, daß mich mein Vater in meinem Seelsorgedienst beschützen wird und – was für die Praxis wohl am wichtigsten ist – ich erzähle Paula alles, was geschieht (soweit das möglich ist, ohne meine Schweigepflicht zu verletzen).

Einige Lehrer haben mitunter recht rigoros darauf bestanden, daß kein Mann je eine Frau und keine Frau je einen Mann betreuen sollte. Dieser Rat scheint auch weise zu sein, doch gründet er sich größtenteils auf Angst und nicht auf göttliche Weisheit. Viele Frauen brauchen den Dienst eines Mannes, um wieder heil zu werden. Jesus konnte natürlich nicht von der Weisheit dieser Lehrer profitieren, sonst hätte man ihn sicherlich nicht dabei ertappt, wie er ziemlich lange allein mit der Frau am Brunnen Seelsorge machte (Joh 4)! Auch hätte Paulus es nie gewagt, mit Lydia am Frauengebetstreffen teilzunehmen (Apg 16).

Manche bestehen darauf, daß ein Mann nur in Gegenwart seiner Ehefrau oder eines anderen Zeugen ein Seelsorgegespräch mit einer Frau haben sollte. Das ist sicherlich weise und anderen Lösungen vorzuziehen, jedoch nicht immer praktikabel; es ist hilfreich, weil zwei besser sind als einer (Pred 4,9) und nicht, weil man sich vor einem sexuellen Fehltritt fürchten müßte.

Wir wollen nicht die Stärke des Fleisches oder die Macht Satans und seiner Heerscharen feiern. Wenn ein Christ nicht stark genug ist, um mit einer Frau oder mit einem Mann in die Seelsorgearena geschickt zu werden, dann sollte er kein Seelsorger sein. Punkt. Ein alleinstehender Mann oder ein Mann, der momentan Probleme mit seiner Ehefrau hat, sollte sich, wo immer es möglich ist, dadurch schützen, daß er einen anderen hinzuzieht. Schon bei den ersten Anzeichen eines unangebrachten Engagements sollte er die Seelsorgeverpflichtung zurückziehen oder darauf bestehen, nur in Gegenwart anderer weiterzumachen, um der Kraft des Fleisches keinen Spielraum zu geben. Durch die Tatsache, daß einige Seelsorger gefallen sind, dürfen wir uns nicht zu übereilten und falschen Schlußfolgerungen hinreißen lassen. Die Seelsorge birgt viele Risiken, auf die wir nicht mit Menschenweisheiten antworten können und denen jegliche biblische Grundlage fehlt. Das Vorbild Jesu spricht von einer disziplinierten Freiheit, nicht von Angst und Rückzug; oder sollen wir – aus Angst vor Sex – darauf bestehen, daß kein Arzt mehr eine Frau untersuchen oder ihr Kind zur Welt bringen soll?

Andererseits habe ich im Laufe dieses Buches zahlreiche Warnungen ausgesprochen, weil ich viele Seelsorger kenne, die mit ihren

Ratsuchenden sexuelle Beziehungen eingegangen sind, insbesondere wenn sich die Gespräche um das Thema Sex drehten. Unserer Beobachtung nach stolpern Seelsorger am häufigsten über folgende Fallstricke: 1) Depression und 2) sexuelle Beziehungen mit Ratsuchenden. Oftmals kommen solche Beziehungen ins Rollen, weil der Seelsorger naiv genug war zu glauben, die Gefühle, die ihn zu ihr hinzogen, wären wirklich seine eigenen gewesen und nicht einfach eine einfühlsame Identifikation mit ihr. Jeder Seelsorger sollte sich – wie wir schon sagten – sicher sein, daß er mit seinem Ehepartner eines Herzens ist. Ich habe keine Scheu, anzuraten, die Seelsorge zu unterbrechen, bis die Herzenseinheit wiederhergestellt ist. Ledigen Seelsorgern rufe ich zu: „Vorsicht!" und „Nehmt irgendwie am erfrischenden Familienleben einiger Freunde teil."

Wir können dieses Thema unmöglich verlassen, ohne zwei weitere sexuelle Bereiche zu besprechen, die einigen Ratsuchenden schwer zu schaffen machen. Viele kommen zu uns und bekennen ihren Zwang zur Selbstbefriedigung. Wir behandeln diesen Zustand völlig anders als die bisher erwähnten. In der Regel war folgendes der Fall: Ein Kind wird in einem Elternhaus groß, das von Spannungen heimgesucht wird; wenn es dann in die Pubertät kommt, entdeckt es, daß die Ejakulation (beim Mann) oder der Höhepunkt (bei der Frau) ein großartiges Gefühl der Erleichterung und des Friedens schenkt. Wenn der Wunsch nach Erleichterung von Spannungen mit der Macht eines verdrängten „Nein,nein!" gekoppelt wird, wird Selbstbefriedigung oftmals zur Gewohnheit. Im Laufe der Jahre wird es durch einen Prozeß des fleischlichen Kampfes und der andauernden Identifikation mit der Erleichterung zu einem Zwang. Ob Selbstbefriedigung nun ein Verstoß gegen das Gesetz des Herrn ist oder nicht, muß unbeantwortet bleiben (bis auf den heutigen Tag habe ich noch keine Schriftstelle gefunden, die das explizit sagen würde, auch wenn einige Passagen von Ejakulationen im Schlaf und Unreinheit sprechen – 3.Mo 15,16; 5.Mo 23,11); wir behandeln sie jedoch als etwas, das Anlaß zu einem Schuldgefühl gibt, denn der Ratsuchende fühlt sich ja schuldig. In anderen Fällen arbeite ich (John) oft darauf hin, anderen ein Schuldgefühl zu geben, weil ich weiß, daß dies der Weg zum Kreuz ist; hier verfahre ich jedoch genau umgekehrt. Dies ist das einzige Mal, daß ich einem Menschen sage, er solle sich (über die Selbstbefriedigung an sich) nicht schuldig fühlen.

Die eigentliche Schuldfrage dreht sich nicht in erster Linie um die Sexualität, sondern um Götzendienst. Der Ratsuchende benutzt seinen Leib, um die Entspannung zu finden, die er eigentlich im Gebet vor Gott finden sollte. Ein ähnliches Schuldgefühl stellt sich nach übermäßigem Rauchen, Trinken, Golfspielen, Angeln, kurz nach jedem übermäßigen Genuß ein, der uns die Erleichterung bringen soll, die wir direkt im Gebet vor Gott finden sollten. Ich erkläre dem Ratsuchenden, wie man sich bei der Selbstbefriedigung mit der Erleichterung, der Kraft der Unterdrückung und dem Schuldgefühl nach einem Götzendienst identifiziert und sage: „Wir brauchen Vergebung für diesen Götzendienst und wollen mal sehen, ob wir dieser Gewohnheit nicht ein wenig den Stachel nehmen können, indem wir uns nicht mehr so sehr damit abmühen." Vielleicht füge ich noch hinzu: „Wenn Du fällst, O.K., vergib Dir selbst. Wir wollen jedoch keine so große Sache daraus machen. Wenn wir uns mit Selbstbefriedigung als dem großen 'Nein, nein!' herumschlagen, dann wächst die Spannung nur noch weiter, und sie bekommt noch mehr Macht." (Beachten Sie, daß ich so einen Rat bei keiner anderen Sünde, wie z.B. Ehebruch gebe. Diese Sünden müssen aufhören, koste es, was es wolle.) Diese spezielle Gewohnheit jedoch verfügt über eingebaute Signalleitungen innerhalb des Körpers, Reflexe, die man am besten besiegt, indem man sie ignoriert, anstatt einen Frontalangriff zu starten.

Das gleiche galt damals, als ich mir als Jugendlicher angewöhnt hatte, ständig zu fluchen. Als ich beschloß, damit aufzuhören, ging der Kampf erst richtig los. Ich fand heraus, daß diese Gewohnheit um so mehr Nahrung bekam, je mehr Energie ich für diesen Kampf aufwandte. Doch sobald ich zu Jesus ging, meine Augen auf ihn richtete, die Schlacht ignorierte und darauf vertraute, daß er mir jeden Ausrutscher vergeben würde, war dieser Kampf bald zu Ende. Wenn man sich im Fleisch abstrampelt, wird das Problem nur noch größer. Die Ruhe in Jesus entschärft es.

Ich lehre der Person also folgendes: Wenn die Versuchung, sich selbst zu stimulieren, in einem hochkommt, dann soll man sie erkennen, sich jedoch keine Sorgen machen oder gar Angst haben; man soll die Augen des Herzens auf Jesus richten und für jemanden beten, um den Zug des Impulses aus der Bahn zu werfen. Im Gebet sage ich: „Im Namen Jesu vergebe ich jeden Moment der Selbstbefriedigung und jetzt spreche ich direkt zum Körper und löse ihn von dieser Gewohnheit. Ich durchbreche die Identifikationskette 'Friede – emotionelle Erleichterung – Selbstbefriedigung' und sage dem inneren Menschen, daß er jetzt im Gebet, am Fuß des Kreuzes, und nicht in der körperlichen Stimulation Erleichterung finden soll." Viele sind danach zu mir gekommen uns sagten: „John, weißt Du was? Es funktioniert! Ich muß nicht mehr damit kämpfen." Einige fügen hinzu: „Hie und da falle ich noch, doch ist es kein Zwang mehr. Ich vergebe mir und falle nicht in Selbstverdammnis."

Ich ersuche alle Seelsorger, weder die Selbstbefriedigung wie einen Dämon zu behandeln, der ausgetrieben werden muß, noch den

Ratsuchenden mit barschen Worten zu überfahren. Selbstbefriedigung ist wie eine Bombe im Fleisch, die wir still und ohne Aufsehen zu erregen entschärfen wollen.

Das zweite große Thema, um das sich viele Sorgen machen, ist oraler Sex. Auch hier habe ich keine direkte Bezugnahme in der Bibel gefunden. Vielleicht gibt es darüber Aussagen, doch bis heute ist mir noch keine begegnet. Das Wort sagt jedoch: „...daß jeder von euch sich sein eigenes Gefäß in Heiligkeit *und Ehrbarkeit* zu gewinnen wisse" (1.Thes 4,5). Diesem Leitsatz folge ich. Alles, was den anderen ehrt, scheint mir richtig zu sein. Ein weiteres Prinzip lautet: „Alles, was natürlich zu sein scheint, was so ist, wie Gott es in seiner Funktion beabsichtigt hatte, ist in Ordnung." Oraler Sex hingegen scheint mir nicht natürlich zu sein. Mit der Zunge essen und reden wir. Die Geschlechtsorgane sind füreinander geschaffen.

Es sind schon viele zu mir gekommen, die sagten: „Doch meine Frau will es, und sie scheint allein durch oralen Sex so weit stimuliert zu werden, daß sie den Geschlechtsverkehr überhaupt genießen kann." Oftmals beklagt sich eine Ehefrau, daß ihr Mann oralen Sex fordere oder daß sein sexuelles Verlangen exzessiv wäre. In diesen Fällen ist es häufig so, daß er einfach nur das Gefühl hat, sie würde ihm einen Bereich ihres Inneren vorenthalten (auch wenn sie durchaus bereit ist, mit ihm alle körperlichen Ausdrucksformen der Liebe durchzugehen). Weil er nie den Eindruck hat, sie würde ihm wirklich „begegnen" und er das Fehlende nicht identifizieren kann, sieht er sich gezwungen, immer mehr und mehr zu erbitten; doch dieses „mehr" stellt ihn nie zufrieden, da der Austausch durch eine Mauer behindert wird, die zwischen ihnen steht.

Vor langer Zeit sagte der Herr zu mir: „John, kämpf' den Kampf jeweils mit dem Glauben, den Du aufbringen kannst und mit allen Waffen, die Dir zur Verfügung stehen. Und was Du noch heute in aller Unschuld tun kannst, ist vielleicht für die morgige Herausforderung oder das morgige Maß des Glaubens schon unangemessen." Deshalb lautet mein Rat für solche Menschen folgendermaßen: „Die eigentlichen Gründe, warum Ihre Frau nicht erregt werden kann, sind vielleicht psychologischer Natur. Suchen wir doch nach den Wurzeln. In der Zwischenzeit ist es vielleicht Sünde, vielleicht auch nicht, aber tun Sie das, was Sie tun müssen, um ihre Beziehung vor dem Untergang zu bewahren." Wenn der Herr mir sein Wort deutlicher aufschlüsselt und mir mehr Weisheit schenkt, gebe ich vielleicht einen anderen Rat. Um es noch deutlicher zu sagen: Ich glaube, daß regelmäßig praktizierter oraler Sex viel weniger erfüllend sein würde als das, was Gott beabsichtig hatte; vielleicht ist es Sünde, auch wenn ihn einige gelegentlich praktizieren müssen. Wir selbst tun das nicht, da wir uns auf der Ebene des Herzens und des Geistes begegnen; deshalb brauchen wir solche Mittel der Stimulation nicht. Auch hier würde ich wieder dazu raten, einem Ehepaar, das daran Freude hat, auf keinen Fall belastende Schuldgefühle einzuimpfen (Wir beziehen uns hier ausschließlich auf orale Stimulation zur gegenseitigen sexuellen Erregung, nicht auf deren Gebrauch *anstelle* von normalem Sex; wir würden dieser Praktik einfach Einhalt gebieten.).

Viele, die uns über dieses Thema haben sprechen hören, schrieben uns und wollten, daß wir oralen Sex nachdrücklich verurteilen. Hier möchten wir jedoch folgendes klarstellen: Selbst wenn wir eine Vorliebe für oralen Sex hätten und auch wenn wir selbst ihn eher meiden, können wir uns als Propheten und Lehrer des Herrn nur über etwas mit Nachdruck äußern (wie wir das im Fall von Ehebruch tun), das im Wort Gottes entweder durch ein direktes Statement oder durch Schlußfolgerungen eindeutig und klar ersichtlich ist. Propheten und Lehrer müssen – so wie Paulus in 1.Korinther 7 – genau unterscheiden, wann Gott spricht (Vers 10), wann Paulus spricht und seine Worte als vertrauenswürdig erachtet (Vers 25) oder wann Paulus seine eigene, persönliche Meinung einbringt (Verse 12 & 40). Wir ersuchen alle wohlmeinenden Christen, weder in ihrem Eifer zu weit zu gehen und andere Menschen dazu zu bringen, das Wort Gottes zu verdrehen und etwas darin zu lesen, das gar nicht geschrieben steht, noch Gottes Diener zu drängen oder zu verurteilen, wenn sie in kontroversen Themen keine Stellung beziehen, in denen das Wort Gottes keine eindeutigen und entschlossenen Aussagen macht. Wir können keine definitive Aussage treffen, wenn Gottes Wort (unserer Kenntnis nach) das auch nicht tut, auch wenn wir das noch so gerne täten.

Schließlich nun das „Miteinandergehen" und „Petting" (andere Generationen meinten mit „Schmusen", „Knutschen" etc. dasselbe). Die Gretchenfrage lautet: „Wie weit darf ich gehen, ohne dabei zu sündigen?" Diese Frage (sowie all die anderen Schwierigkeiten, die junge Menschen heute in der vorehelichen Partnerschaft haben) wird nur deshalb gestellt, weil unsere Kultur fernab von biblischen Grundsätzen steht. Zu biblischen Zeiten gab es kein „Miteinandergehen". Wir können jedoch weder zu der damaligen Kultur zurückkehren, noch sollten wir das wohl. Aufgrund dieser Tatsache gibt die Bibel keine direkten Richtlinien aus. Damals war das einfach nicht erforderlich. Im Hohelied heißt es: „Ich beschwöre euch, Töchter Jerusalems, bei den Gazellen oder bei den Hirschkühen des Feldes: Weckt nicht, stört nicht auf die Liebe, bevor es ihr selber gefällt" (Hl 2,7).

Die heutigen Menschen sind frei von der Geisteshaltung des Doketismus*, die in früheren Jahrhunderten gang und gäbe war und einige Menschen dazu brachte, Sex als etwas Schmutziges zu betrachten (vgl. Kapitel 9,10,11 in *The Elija Task*) und alle körperlichen Emotionen und Leidenschaften zu fürchten. Diese Freiheit ist etwas Gutes. Sie wurden auch von dem Zwang befreit, einander nicht sehen oder berühren zu dürfen, der mehr aus Prüderie, als aus einem Respekt vor der Heiligkeit einer Person heraus entstanden war. Auch das erachten wir als gut. Jedoch findet man fast nirgendwo in unserer heutigen Kultur mehr das Gefühl für das Heilige und für den Respekt vor einer sittsamen Haltung. Die meisten Bereiche der Kultur verachten und verwerfen alle Moralgesetze. Deshalb bewegen sich die heutigen jungen Menschen nur sehr wenig innerhalb schützender Regeln, was eine voreheliche Partnerschaft betrifft, die zu befolgen wir Älteren uns gezwungen sahen. Hinzu kommen noch die recht lockeren Anschauungen über die Beaufsichtigung der Jugendlichen und die Tatsache, daß sie immer mobiler werden; die Eltern können sich nur noch auf nacktes Gottvertrauen und Gebet verlassen. Unsere Kultur lehrt noch dazu das genaue Gegenteil der christlichen Liebe – „Hol' Dir, was Du willst, kümmere Dich nicht um die anderen." Christliche Mädchen werden oft respektlos behandelt und abgelehnt, wenn sie nicht „gefügig" sind. Es ist eine Zeit des Schreckens für Eltern von Teenagern und jungen Ledigen.

Wie wir in Kapitel 18 noch näher erklären werden, ist es im Teenageralter schon zu spät für grundlegende Lehre. Dann werden wir nämlich schon ernten, was wir während der Kindheit gesät oder nicht gesät haben. Ein Kind, das bis zu seinem zwölften Lebensjahr gut erzogen wurde und dessen Eltern das auch lebten, was sie sagten, ist gut gerüstet für die Teenager-Dilemmas des „Miteinandergehens". Wir kennen Mädchen, die nachts viele Kilometer allein nach Hause gingen oder sich auf dem Gymnasium für den Weg der Einsamkeit entschieden, weil sie sich für den Herrn und für ihren zukünftigen Ehemann rein erhalten wollten. Preis dem Herrn für ihr Zeugnis und für die solide Lehre und Vorbildfunktion ihrer Eltern!

Für junge Menschen kann ein gelegentlicher Kuß von Vorteil sein, denn dadurch können sie viel lernen. Doch ich (John) konnte ein

---

* Theol.Lehre, die behauptet, Christus habe auf Erden nur einen Scheinleib gehabt; eine menschliche Existenz habe seine Göttlichkeit nie berührt. (Anm.d.Übers.)

Mädchen erst dann küssen, wenn ich es schon lange gekannt hatte. Für mich war ein Kuß mehr als eine körperliche Berührung; Begegnung und Hochachtung gehörten für mich dazu. Ich konnte ein Mädchen nicht einfach nur küssen, weil „man dabei ein Gänsehaut bekommt". Für mich war das ein Zerrbild der Wirklichkeit; für mein Herz wäre das genauso unaufrichtig gewesen wie in das Haus Gottes zu gehen und anzubeten, ohne es wirklich ernst zu meinen. Bevor ich Paula kennenlernte, ging ich nur mit zwei anderen Mädchen, und bei beiden war es mir ziemlich ernst. Bevor ich Paula um ein Rendezvous bat, beobachtete ich sie erst mal einige Wochen lang und fragte sie erst, nachdem wir einige Wochen miteinander gegangen waren, ob ich sie küssen dürfe. Loren machte es ähnlich, Mark auch; Johnny ist eigentlich nie mit einer anderen ernsthaft gegangen als mit Marty. Auch Tim denkt so. Moralisches Verhalten ist einem eingeprägt; man „bekommt" es von seinen Eltern.

Wir möchten junge Paare warnen: Sie mögen vielleicht heute das tun, was sie tun, und es schaffen, gerade noch rechtzeitig aufzuhören; doch wenn ihre Beziehung weiterwächst, können sie vielleicht auf einmal nicht mehr rechtzeitig aufhören. Es gibt also keine unumstößliche Regel darüber, was man tun kann, ohne zu weit zu gehen. Im Laufe eines Monats hat man Zeiten, in denen das Verlangen stärker und der Widerstand schwächer ist. Pärchen sollten „zu viel Verlangen nicht wecken und anstacheln, bevor es gefällt." Vor der Ehe sind die Genitalien natürlich schon jenseits der Grenze. Die Brüste sollten ausschließlich für den Ehemann aufgespart werden (vgl. Spr 5,18-19 und insbesondere Vers 20: „Warum solltest du, mein Sohn, an einer Fremden taumeln und den Busen einer anderen umarmen?"). Wie kann nun ein junger Mann wissen, ob diese Frau, deren Busen er zu umarmen begehrt, seine Frau oder die eines anderen wird? Unser Rat für Paare, deren Beziehung konkreter wird, lautet: Sie sollten nicht zu viel Zeit allein verbringen und sich dadurch Gelegenheiten schaffen, sondern mit anderen Paaren oder in einer Gruppe ausgehen. Wenn das wachsende Vertrauen Tür und Tor öffnet, kann man dem Fleisch nicht trauen. Nicht die Liebe wird uns dazu drängen, zu weit zu gehen, sondern die Fleischlichkeit.

Auch hier wird der Seelsorger nicht in erster Linie Vergebung für einen Menschen bringen, der über die Stränge geschlagen hat, sondern vielmehr die kindheitlichen Defekte aufdecken, die die Ursache der Verletzbarkeit sind. Doch leider haben wir in den meisten Fällen keine Gelegenheit vorzubeugen; wir werden lediglich gebeten, ein Schiff, das schon auf ein Riff aufgelaufen ist, wieder seeklar zu machen. Wir hoffen, daß diese wenigen Worte dazu beitragen, einige davon abzuhalten, das Geschenk zu ruinieren, das Gott uns nur für einen Menschen gibt. Nach nun 31 Ehejahren freuen sich Paula und ich im Herrn immer mehr darüber, daß er uns in seiner Gnade unser ganzes Leben hindurch ausschließlich füreinander bewahrt hat.

16
Archetypen und Homosexualität

Denn obwohl wir im Fleisch wandeln, kämpfen wir nicht nach dem Fleisch; denn die Waffen unseres Kampfes sind nicht fleischlich, sondern mächtig für Gott zur Zerstörung von Festungen; so zerstören wir Vernünfteleien und jede Höhe, die sich gegen die Erkenntnis Gottes erhebt, und nehmen jeden Gedanken gefangen unter den Gehorsam Christi und sind bereit, allen Ungehorsam zu strafen, wenn euer Gehorsam erfüllt sein wird.

(2.Kor 10,3-6)

Die Härte und Gnade des Wortes Gottes

Die Homosexualität darf man nicht als isoliert stehendes Phänomen betrachten. Schon lange vor Sodom und Gomorrha war sie kulturell und geschichtlich etabliert. Andere Anomalien scheinen gelegentlich aufzutreten oder wenn sie obsessiv sind, behaupten sie zumindest nicht, ein eigenständiger und gültiger Lebensstil zu sein. Die Homosexualität umgibt sich mit Kategorien des Vernunftdenkens, mit Verteidigungsmechanismen, mit schönem Schein, mit Posen und mit einem Lebensstil, der manchmal sogar vorgibt, christlich zu sein.

„Geliebte, da ich allen Fleiß anwandte, euch über unser gemeinsames Heil zu schreiben, war ich genötigt, euch zu schreiben und zu ermahnen, für den ein für allemal den Heiligen überlieferten Glauben zu kämpfen. Denn gewisse Menschen* haben sich heimlich eingeschlichen, die längst zu diesem Gericht vorher aufgezeichnet sind, Gottlose, *welche die Gnade unseres Gottes in Ausschweifung verkehren* und den alleinigen Gebieter und unseren Herrn Jesus Christus verleugnen" (Jud 3-4; Hervorhebung vom Autor).

Heute apellieren einige Bürgerrechtsgruppen an uns, die Homosexualität doch als etwas Normales, Gottgegebenes und Gesundes zu akzeptieren. Sie packen den Menschen bei seinem Verlangen, eine offene, freidenkerische, „Leben-und-Leben-Lassen"-Mentalität zu

---

* Viele Bibellehrer glauben, daß sich „gewisse Menschen" ausnahmslos auf Homosexuelle bezieht; ob das nun der Fall ist oder nicht – die Aussage trifft in jedem Fall genau den Punkt.

haben. Niemand kann als Seelsorger bestehen, ohne großzügig und liebevoll zu sein und den anderen zu akzeptieren. Jedoch muß jeder Seelsorger auch fest auf dem Fundament stehen, das unser Herr Jesus Christus selbst ist, und sich in Übereinstimmung mit seinem Wort befinden und nichts anderes. Man darf nicht zulassen, daß das sanftmütige Verlangen, den anderen akzeptieren zu wollen, einem den Blick auf die Realität verstellt. Was die Homosexualität betrifft, ist das Wort Gottes absolut klar und deutlich.

Nichtsdestoweniger bedienen sich die Menschen listiger Winkelzüge, um Gottes Wort zu verdrehen:

> Sondern wir haben den geheimen Dingen, deren man sich schämen muß, entsagt und wandeln nicht in Arglist, *noch verfälschen wir das Wort Gottes....*
>
> (2.Kor 4,2; Hervorhebung vom Autor)

> Und erachtet die Langmut unsers Herrn für Errettung, wie ja auch unser geliebter Bruder Paulus nach der ihm verliehenen Weisheit euch geschrieben hat. Ebenso ist es ja in allen seinen Briefen der Fall, wenn er in ihnen auf diese Dinge zu sprechen kommt. In diesen Briefen findet sich allerdings manches Schwerverständliche, das die *Unwissenden und Ungefestigten ebenso zu ihrem eignen Verderben verdrehen*, wie sie es auch bei den übrigen heiligen Schriften tun.
>
> (2.Petr 3,15-16; Menge; Hervorhebung vom Autor)

> Wie *Sodom und Gomorrha** nebst den umliegenden Städten, die in gleicher Weise wie diese in *Unzucht gelebt und Wesen von andersartigem Fleisch nachgestellt haben*, stehen sie als warnendes Beispiel da, indem sie die Strafe ewigen Feuers zu erleiden haben. Trotzdem *beflecken sich auch diese Leute in ihren Träumereien fleischlich in gleicher Weise*, erkennen keine Herrschermacht an und lästern (Engelmächte).
>
> (Jud 7-8; Menge; Hervorhebung vom Autor)

Man wird Homosexuellen gegenüber nicht dadurch milder, daß man von der Drastik des Wortes Gottes Abstriche macht. Selbst das strengste Gesetz Gottes ist reine Güte. Seine Gesetze sind einzig und allein zu unserem Vorteil da. Wir denken, wir müßten sie verändern

---

* Angesichts dieser Bezüge gehen verschiedene Bibellehrer davon aus, daß in Vers 4 auch schon Homosexuelle gemeint waren.

oder verbessern und berufen uns dabei nur auf die Dummheit der menschlich-fleischlichen Vernünfteleien.

Homosexualität ist Sünde. Das Wort Gottes läßt keine andere Aussage zu:

> Und wenn ein Mann bei einem Mann liegt, wie man bei einer Frau liegt, dann haben beide einen Greuel verübt. Sie müssen getötet werden, ihr Blut ist auf ihnen.
>
> (3.Mo 20,13)

> Und bei einem Mann sollst du nicht liegen, wie man bei einer Frau liegt: ein Greuel ist es.
>
> (3.Mo 18,22)

> Weil sie Gott kannten, ihn aber weder als Gott verherrlichten noch ihm Dank darbrachten, sondern in ihren Überlegungen in Torheit verfielen und ihr unverständiges Herz verfinstert wurde. Indem sie sich für Weise ausgaben, sind sie zu Narren geworden und haben die Herrlichkeit des unverweslichen Gottes verwandelt in das Gleichnis eines Bildes vom verweslichen Menschen und von Vögeln und von vierfüßigen und kriechenden Tieren. Darum hat Gott sie dahingegeben in den Gelüsten ihrer Herzen in Unreinheit, ihre Leiber untereinander zu schänden, sie, welche die Wahrheit Gottes in die Lüge verwandelt und dem Geschöpf Verehrung und Dienst dargebracht haben statt dem Schöpfer, der gepriesen ist in Ewigkeit. Amen. Deswegen hat Gott sie dahingegeben in schändlichen Leidenschaften. Denn ihre Frauen haben den natürlichen Verkehr in den unnatürlichen verwandelt, und ebenso haben auch die Männer den natürlichen Verkehr mit der Frau verlassen, sind in ihrer Wollust zueinander entbrannt, indem sie Männer mit Männern Schande trieben, und empfingen den gebührenden Lohn ihrer Verirrung an sich selbst.
>
> (Röm 1,21-27)

> Wisset ihr denn nicht, daß Ungerechte das Reich Gottes nicht ererben werden? Irret euch nicht: weder Unzüchtige noch Götzendiener, weder Ehebrecher noch *Weichlinge ‹d.h. in manchen Fußnoten: „Weichlinge durch Perversion"›, noch Knabenschänder (wörtl: Homosexuelle)*, weder Diebe noch Habsüchtige, noch Trunkenbolde, noch Lästerer, noch Räuber werden das Reich Gottes ererben.
>
> (1.Kor 6,9-10; Schlachter; Hervorhebung vom Autor)

> In der Erkenntnis, daß ein Gesetz nicht für einen Gerechten da ist, vielmehr für Gesetzlose und Ungehorsame, Gottlose und Sünder, Unheilige und Ruchlose, Vatermörder und Muttermörder, Totschläger, Unzüchtige, *Knabenschänder (wörtl: Homosexuelle)*, Sklavenhändler, Lügner, Meineidige, und wenn sonst etwas der gesunden Lehre entgegensteht.
> (1.Tim 1,9-10; ZÜ; Hervorhebung vom Autor)

> Aber den Feigen und Ungläubigen und *mit Greueln Befleckten* und Mördern und Unzüchtigen und Zauberern und Götzendienern und allen Lügnern ist ihr Teil in dem See, der mit Feuer und Schwefel brennt, das ist der zweite Tod. (Offb 21,8. Denken Sie daran, daß in 3.Mose 18,22 homosexuelle Aktivität als „Greuel" bezeichnet wird)

Das Neue Testament unterscheidet sich in seiner Einschätzung der Homosexualität vom Alten Testament nur in seiner Antwort darauf. Im Alten Testament war der Tod die einzige Antwort, ob nun durch Steinigung durch das Volk in Israel oder durch Feuer aus dem Himmel wie bei Sodom und Gomorrha. Heute ist die Antwort immer noch dieselbe – Tod. Doch Jesus ist für uns zu diesem Tod geworden; somit lautet die Antwort: „Brüder, wenn auch ein Mensch von einem Fehltritt übereilt wird, so bringt ihr, die Geistlichen, einen solchen im Geist der Sanftmut wieder zurecht" (Gal 6,1). Die christliche Antwort heißt Vergebung und Kreuzestod und dadurch die Erlösung von der Sünde – wenn ein Homosexueller das zuläßt. Und genau deswegen schreiben wir diese Zeilen. Wir hoffen, dem Verstand und dem Herzen eines jeden Seelsorgers Werkzeuge an die Hand geben zu können, durch die ein bußfertiger Homosexueller Befreiung erlangen kann. Homosexualität ist keine Einbahnstraße. Wir haben schon viele Homosexuelle gesehen, die ein für allemal befreit wurden. Die ganze Christenheit muß sich im Gebet um Befreiung eines jeden Homosexuellen und einer jeden Lesbierin vereinen.

Bei jedem Ratsuchenden ist es die Aufgabe des Seelsorgers, seine Person zu lieben, aber das zu hassen, was das Leben Christi in ihm vernichtet, und dem Herrn zu assistieren, wenn er ihn zu dem befreit, wozu er in Christus bestimmt ist. Wenn man bei Homosexuellen dieser Aufgabe gerecht werden will, stößt man auf erhebliche Schwierigkeiten, und zwar aufgrund der Haltung der „Homo-Szene". Die Schwulen-Szene zieht „...mit fleischlichen Begierden durch Ausschweifungen..." diejenigen zurück, „die kaum denen entflohen sind, die im Irrtum wandeln" (2.Petr 2,18). Die Homo- Szene flaniert auf dem Gebiet des Christentums, so als ob sie jedem zeigen wollte, daß ihre Krankheit normal sei (Diese Haltung gründet sich auf der Maxime

Hitlers, daß eine Lüge, die groß genug ist, schließlich als Wahrheit akzeptiert werden wird.). Jeder, der dieser Lüge nicht nach dem Mund redet, hat natürlich einen Richtgeist und ist voller Haß. Ein Homosexueller kann zwar verstehen und dem zustimmen, daß man die Machenschaften eines Lügners, eines Betrügers und eines Mörders als falsch bezeichnen kann, ohne sie zu hassen; doch kann man ihrer Ansicht nach nicht der Meinung sein, daß ein Homosexueller falsch liegt, ohne ihn zu hassen und zu verurteilen! Sie versuchen, jeden Seelsorger zu diskreditieren, der nicht einer Meinung mit ihnen ist und versuchen, den Ratsuchenden von ihm loszueisen.

Ein Homosexueller kann durchaus einem Seelsorger zustimmen, wenn er mit Eltern und Kindern leidet, die von Kindesmißhandlungsdelikten betroffen sind, wenn er sich darüber freut, daß ein Alkoholiker wieder „trocken" ist oder daß ein Paranoiker befreit wird. Ein „Normaler" und ein Homosexueller können Gemeinsamkeiten finden, wenn es darum geht – sogar vom biblischen Standpunkt her – anzuerkennen, daß diese Zustände durchaus nicht wünschenswert sind. In der Regel wird weder ein „normaler" noch ein homosexueller Mensch Schwierigkeiten damit haben, daß man dem Gebot „Du sollst nicht stehlen" Folge leisten muß und daß nach Galater 6,1 einem Dieb Gnade erwiesen werden muß. Schwule rühmen vielleicht das Erbarmen eines Seelsorgers gegenüber allen anderen Menschen und Situationen; doch wenn sich ein Seelsorger aufmacht, einen Bruder von der Sünde der Homosexualität gemäß dem Wort Gottes zu befreien, wenn er Anstalten macht, einen Bruder davon zu heilen, dann wird genau derselbe Seelsorger auf einmal leicht zu einem bigottischen, haßerfüllten Menschen, der alle anderen richtet, kurz, jemand, den man meiden und in Mißkredit bringen muß.

Deshalb schreiben wir einzig und allein an und für Seelsorger, um sie zu lehren, wie sie Menschen befreien können, die frei werden wollen und nicht, wie sie der Homo-Szene gefallen, sie überzeugen oder ihr gar eine gewisse Glaubwürdigkeit oder Anerkennung schenken könnten. Wir schulden ihr keine. Gleichgültig, was sie in ihrem Irrglauben von sich selbst denkt – wir betrachten sie als Feind Christi. Wir entschuldigen uns nicht bei ihnen. Jemandem, der behaupten will (und dabei dem Wort Gottes offen widerspricht), die Homosexualität habe irgendeine Existenzberechtigung, können wir nicht helfen, wir können ihn nur ermahnen.

Soll die Homo-Szene doch all unsere Worte hassen und dagegen protestieren; sie liegen einfach, klar und absolut falsch, sie sind krank und verblendet und eine Schande in Gottes Augen! Wir ermahnen jeden Seelsorger, keinen anderen Standpunkt zu vertreten. Es gibt keinen Mittelweg. Alle Sünder werden aufgrund der Gnade Christi gütig und großzügig behandelt und nicht dadurch, daß wir auch nur das allergeringste seiner Gebote entschärfen. Wir helfen den Kranken nicht dadurch, daß wir uns weigern, sie als krank zu bezeichnen, aus Angst davor, eines Richtgeistes bezichtigt zu werden. Schämen Sie sich nicht wegen der moralischen Rechtschaffenheit des Evangeliums Christi. Seien Sie bereit, jede Beschimpfung zu ertragen, die die Schwulen-Szene gegen Sie richtet. Was die Homosexualität angeht, gibt es keinen halbherzigen, „sicheren" Mittelweg.

Wenn sich die Homo-Szene zusammentun würde, um ihrer Krankheit den Garaus zu machen – so wie sich die Anonymen Alkoholiker dem Kampf gegen den Alkohol verschrieben haben –, dann würden wir ihr applaudieren und sie unterstützen. Doch da ihre Existenz im Widerspruch zu Gottes Wort steht, sollte ihr kein Seelsorger und keine Gemeinde mit der gleichen Hochachtung begegnen wie z.B. den Anomymen Alkoholikern. Das bedeutet jedoch nicht, daß wir sie wie eine kriminelle Vereinigung zur Strecke bringen sollten. Man soll sie nicht verfolgen. Wir schreiben dies, um auf dem Standpunkt zu verharren, daß die Seelsorger und der Leib Christi das geistliche Rückgrat haben sollten, auch nicht ein Jota von ihrer Position abzuweichen.

Archetypen und „Gewalten"

Weder in diesem noch in unseren beiden vorigen Büchern sprechen wir über Dämonen oder Befreiung, weil wir Satan keine Ehre geben wollen. Wir wissen, daß, wenn ein Seelsorger in Jesus das innere Haus des Charakters einer Person umgestaltet, jeder Dämon, der darin wohnt – wenn überhaupt – fliehen muß, weil er keine Wohnstatt mehr hat. Paula und ich müssen nur selten einen Dämon direkt austreiben. Wir wissen, daß Satan und seine Armeen ein für allemal besiegt und entwaffnet wurden: „(Christus) hat ausgezogen die Fürstentümer und die Gewaltigen und sie schaugetragen öffentlich und einen Triumph aus ihnen gemacht durch sich selbst" (Kol 2,15; LÜ, Ausg.1912). Deshalb müssen wir in den seltensten Fällen Dämonen direkt ansprechen, um sie zu besiegen. Wir müssen den anderen nur im Blut der Vergebung waschen und Verhaltensweisen, die noch nicht erneuert worden sind, ans Kreuz schlagen und töten. Somit hat das Blut Christi der Anklage Satans den Boden unter den Füßen weggezogen und das Kreuz hat seinem wirksamen Possenspiel ein Ende gemacht. Auch wenn wir gelegentlich noch Dämonen austreiben (ein christlicher Psychiater schickte regelmäßig Patienten zu uns, die seiner Diagnose nach besessen waren, und der Herr befreite sie), sagen wir doch sehr selten etwas über Satan und konzentrieren uns vielmehr auf die Lehre darüber, wie man die Menschen zu Jesus ans Kreuz bringt. Das ist die einzige Form der Dämonenaustreibung die Bestand hat; denn die satanischen Mächte werden, nachdem sie ausgetrieben wurden, in ein Haus, das sie unverändert vorfinden, wieder zurückkehren (Mt 12,43-45; Lk 11,14-16). Das Kreuz gibt allein Jesus die Ehre; wenn man jedoch Satan zu direkt angreift, bekommt er nur die Aufmerksamkeit, nach der er giert. Wir erzielen dasselbe Resultat, nämlich Befreiung, und feiern dabei doch ausschließlich die Macht Jesu.

Dennoch können wir nicht über Homosexualität lehren, ohne zunächst einmal einige grundlegende Konzeptionen, nicht nur über Dämonen, die einen bestimmten Ort beeinflussen, sondern über „Gewalten" darzulegen. Denn „die Gewalten...(und) die Weltbeherrscher dieser Finsternis" (Eph 6,12) bedienen sich bestimmter Mittel, um alle Homosexuellen zu fangen, zu verblenden und zu fesseln. Wir möchten damit jedoch nicht sagen, daß alle Homosexuellen „dämonisiert" oder gar besessen sind. Bei einigen von ihnen ist das vielleicht der Fall. Wir sprechen jedoch von den Weltbeherrschern der Finsternis, die leere Philosophien und Betrug (Kol 2,8) benutzen, um den Verstand der Homosexuellen zu bezwingen und ihren Willen zu steuern. Der entscheidende Punkt hierbei ist, daß derartige Mächte Homosexuelle steuern können, ohne ihnen jemals nahe zu kommen, auch wenn sie das in einigen Fällen vielleicht auch tun.

In vielen Fällen können Homosexuelle erst dann frei werden, wenn „der starke Mann" (die Gewalt, die seinen Verstand verblendet und seinen Willen kontrolliert) gebunden ist. Erst dann können wir seinen Hausrat rauben und Homosexuelle und Lesbierinnen freisetzen (Mt 12,29).

Somit ist die folgende Lehre nicht ausschließlich an Seelsorger, sondern an alle Fürbitter des Leibes Christi gerichtet; sie läßt sich nicht nur bei Homosexuellen und Lesbierinnen, sondern bei vielen dunklen Mächten in vielen Lebensbereichen anwenden, die den freien Willen unserer Freunde und Nächsten zu binden drohen.

Archetypen

„Seht zu, daß niemand euch einfange durch die Philosophie und leeren Betrug nach der Überlieferung der Menschen, nach den Elementen der Welt und nicht Christus gemäß" (Kol 2,8). Man kann sich hier vielleicht fragen, wie Philosophie oder leerer Betrug einen Menschen gefangen nehmen können. Hat der Mensch etwa keinen freien Willen? Ist Philosophie etwa keine wirkungslose und inaktive Sache? Wie könnte sie je einen Menschen einfangen, der das nicht will? Wir dachten immer, man könnte sich mit Philosophien beschäftigen, und es würde ja doch immer nur eine geistige Kapriole dabei herauskommen. Doch in unserer Generation erleben wir alle mit, wie die Gedanken immer mehr junger Menschen durch die verschiedensten Sekten kontrolliert werden; sie stecken ihnen Blumen an und werben um Spenden; sie sprechen die Menschen auf den Flughäfen an und plappern wie ein Papagei die Sprechweise nach, die ihnen von ihren Aufsehern eingeimpft wurde. Der freie Wille *kann* gebrochen werden. Der Sinn eines Menschen kann einer „Gehirnverschmutzung" unterzogen werden (wir weigern uns, das Wort „Gehirnwäsche" zu gebrauchen). Die Gedanken eines Menschen können durch und durch kontrolliert werden. Wie? „...den Ungläubigen, bei denen der Gott dieser Welt den Sinn verblendet hat, damit sie...Christus, der Gottes Bild ist, nicht sehen" (2.Kor 4,4). Wie kann Satan blockieren und verblenden? Unter anderem durch uralte Archetypen, die im Sinn des Menschen verankert sind und von finsteren Mächten eingesetzt werden. Jetzt verlassen wir absichtlich den biblischen Bereich und borgen uns einen Begriff von Plato und C.G.Jung. Worte wie „Tradition", „Philosophie" und „leerer Betrug" haben schon viel zu oft verschiedene Bedeutungen erhalten. Es scheint einfacher zu sein, ein Wort aus dem weltlichen Bereich zu borgen und ihm eine neue Bedeutung zu verleihen, als zu versuchen, diese biblischen Begriffe von ihren gegenwärtigen Assoziationen frei zu machen. Höchstwahrscheinlich wäre weder Plato noch C.G.Jung mit unserem Gebrauch des Wortes „Archetyp" glücklich. Mit „Archetyp" bezeichnen wir ein herrschendes Denk-, Empfindungs- und Handlungsmuster, das die Menschheit in ihre kollektive Geisteshaltung, die wir alle haben, einbaut; somit ist ein Archetyp ein Mechanismus, der in den fleischlichen Bereich aller Menschen eingebaut wird und seine steuernde Wirkung bei jedem einzelnen von uns individuell entfaltet.

In einem Individuum kann sich eine Gewohnheit oder eine „Handlungsweise" (Kol 3,9; Meister) so weit entwickeln, bis sie ein automatisch ablaufendes, autonomes Eigenleben führt. Wenn nun z.B. Eifersucht diese Gewohnheit ist, dann können wir uns zwar dazu entscheiden, nicht mehr eifersüchtig sein zu wollen; doch das nächste Mal, wenn wir uns die Blöße geben, ertappen wir uns ohnehin wieder dabei, wie wir der Eifersucht in uns Raum geben und sie ausdrücken. Diese Gewohnheit hat in unserem Fleisch ein Eigenleben entwickelt und will freilich nicht sterben. Sie lauert uns auf und steuert uns, sobald sie einen Auslöser findet, bis wir ihre Umklammerung endlich brechen. Einige Gewohnheiten sind so stark, daß sie durch fleischliche Willensanstrengung allein nicht durchbrochen werden können; somit entdecken wir wieder neu, wie sehr wir doch das Einschreiten Jesu, unseres Herrn und Heilands, brauchen.

Ein Archetyp ist einfach eine Gewohnheit oder eine Handlungsweise nicht einer Einzelperson, sondern im Fleisch der ganzen Menschheit. Ein Archetyp (so wie wir ihn definieren) ist jede Denkweise, die sich allmählich entwickelt hat – eine Tradition, eine kulturelle Norm, eine „leere Philosophie", eine gewohnheitsmäßige Art und Weise, wie wir unsere Gefühle ausdrücken und unserem Verstand folgen – und Einzelpersonen in Beschlag nehmen kann. Unter dem Einfluß eines Archetyps reagiert unser Verstand wie ein vorprogrammierter Computer – unser Gesichtsfeld engt sich ein, die Bandbreite unseres Willens wird eingegrenzt und unsere Emotionen stammen nicht mehr von unserem Geist oder dem Heiligen Geist in uns, sondern werden vielmehr außengesteuert, sind vorhersehbar und benutzbar. Die spezielle Funktionsweise eines Archetyps besteht darin, uns unseren freien Willen zu rauben, es zu verhindern, daß ein gutes Gewissen gute Entscheidungen trifft, und uns in Roboter zu verwandeln, die auf Leistung programmiert sind und von Mächten, die außerhalb von uns stehen, gesteuert werden.

So wie eine Verhaltensweise unseres individuellen Wesens vielleicht nur fleischlich ist, aber dennoch auch als Unterschlupf für einen Dämon fungieren kann, ist auch ein Archetyp (eine „Handlungsweise" im Fleisch aller Menschen) vielleicht nur fleischlich, kann jedoch durchaus von einer Gewalt (einem herrschenden Dämon) dirigiert werden. Im Falle der Homosexualität steht hinter dem Archetyp immer die Gewalt der Täuschung.

Vor dem Zweiten Weltkrieg begann Hitler dem deutschen Volk die Überlegenheit der arischen Rasse zu predigen. Der Archetyp des Rassenvorurteils war jedoch schon vor Jahrhunderten entstanden und trieb in einer Kultur nach der anderen, in einer Ära nach der anderen sein Unwesen und lehrte eine Nation nach der anderen, sich für etwas Besseres als die anderen zu halten. Diese Denkweise war kein lebloses Etwas, nichts Unbeteiligtes und Totes, sondern vielmehr wie ein Krake, der sich durch das Meer der Gedanken schlängelte und nur darauf aus war, seine durchaus lebendigen Tentakel um jeden Verstand zu legen, der töricht genug war, in seinen Bannkreis einzutreten. In dem Moment, als sich die Deutschen dieser Lehre öffneten, konnten die finsteren Mächte diesen Archetyp auf ihren Verstand hetzen, bis jeder, der nicht fest auf dem Wort Gottes gebaut war, auf einmal in keine andere Richtung mehr denken konnte. Dann konnte Hitler seine Lehre vom „göttlichen Recht" der Deutschen auf Weltherrschaft und auf Errichtung des großen Dritten Reiches auf den vorbereiteten Boden säen. Das zerrte das deutsche Volk in den Machtbereich eines anderen gewaltigen Archetyps der Aggression und des Krieges, der schon seit Urzeiten existiert hatte. Schon bald darauf zogen die Männer mit stolzgeschwellter Brust im Gänsemarsch in den Krieg, um andere Männer zu vernichten und ihnen ihr Land wegzunehmen. Christen, die protestierten – wie z.B. Dietrich Bonhoeffer – wurden ins Gefängnis geworfen. Der Sinn der Deutschen wurde von „den Weltbeherrschern dieser Finsternis" (Eph 6,12) durch die uralten Archetypen des Rassenvorurteils, des Hasses und des Krieges kontrolliert. Erst vor kurzem gab ich diese Lehre in einem Treffen weiter und erhielt die traurige Bestätigung meiner Worte: Einige Zuhörer, die vor und während des Zweiten Weltkrieges in Deutschland gelebt hatten, kamen mit Tränen in den Augen zu mir und riefen: „Oh, Sie wissen ja gar nicht, wie wahr Ihre Lehre ist. Wir sahen zu, wie sich ein Freund nach dem anderen, ein Nachbar nach dem anderen davon vereinnahmen ließ und davon gesteuert wurde. Es war fürchterlich!"

War nicht jeder von uns schon einmal traurig darüber zu sehen, wie Freunde oder Nachbarn, die zehn, zwanzig, ja sogar vierzig Jahre lang verheiratet waren, über Trennung und Scheidung nachzudenken begannen – und mit einem Mal verfiel deren Sinn, der nie leichtfertig und immer ausgeglichen war, einer Täuschung? Scheinbar über Nacht engte sich ihr Gesichtsfeld ein. Sie konnten sich nicht mehr an das Gute in der Vergangenheit erinnern und hatten keine Hoffnung mehr auf ein besseres Morgen. Sie hatten keine Perspektive mehr dafür, ihre Probleme auf hilfreiche Art und Weise anzupacken. Sie verbreiteten auf einmal dieselben unausgegorenen Sophistereien und Trugschlüsse des Verstandes und des Herzens wie all unsere anderen Freunde, die den gleichen Weg gegangen waren. Freie und offene Diskussionen, wie wir sie mit ihnen gewohnt waren, gehörten nun der Vergangenheit an. Sie konnten nicht argumentieren; sie handelten emotionell und reagierten überzogen auf Worte und Signale, die sie als „Ablenkungsmanöver" betrachteten. Sie hatten keinen freien Willen mehr. Der verborgene Faktor, der dahinter steckt, ist ein Archetyp. Der Mensch baut schon seit jeher trügerische Gedankensysteme und Lügengebäude, um Trennung und Scheidung durch „pro" und „kontra" gegeneinander abzuwägen. Dieses gedankliche Lügennetz spannt sich nicht nur wie eine Spinnwebe über seinen Weg, sondern erweist sich als in sich gewundener, krafterfüllter Mischmasch von Gedankengebäuden, ein Netz (Ps 25,15; 31,4; 35,7-8; 57,6; 140,5), das die „...geistlichen Mächte der Bosheit in den himmlischen Regionen" (Eph 6,12; Schlachter) ausgeworfen haben. Sein Ziel ist es, das zu zerstreuen, was Gott baut, nämlich die Familie!

Waren wir nicht schon oft darüber schockiert, daß ein Teenager sich scheinbar über Nacht verändert hat und in den Bannkreis von Drogen gerät? Teenager ändern sich naturgemäß wie das Wetter und springen bald in diese, bald in jene Richtung. Ob nun ein Archetyp im Spiel ist, erkennt man dadurch, daß der junge Mensch nicht mehr die Freiheit hat, auf Argumente einzugehen oder wieder umzukehren – gerade so, wie eine Wetterfahne, die stecken bleibt und nur noch in eine Richtung zeigt, gleichgültig woher der Wind der Vernunft auch wehen mag! Allein der Einfluß von Drogen ist schon schlimm genug. Noch zwingender ist jedoch die Macht des Archetyps. Schon lange bevor die Menschen überhaupt lesen und schreiben konnten, entdeckten sie Halluzinogene und heilende Arzneien. Der Drogen-Archetyp ist fast so alt wie der Verstand des Menschen selbst. Finstere Mächte operieren mit ihm, um den Sinn eines Menschen zu fangen und zu vernichten. Sobald einer unserer Söhne etwas mit Drogen zu tun hatte, konnte man ihn mit Vernunftgründen nicht mehr überzeugen. Gleichgültig wieviele wissenschaftliche Artikel wir ihm zeigten, die *bewiesen*, wie schädlich und zerstörerisch Drogen sind – er konnte nicht auf uns hören. Als die Gnade Gottes Veränderung bewirkte, ließ er die Finger von den Drogen. Nach einigen Wochen war es ihm ein Rätsel, wie er je so hatte denken können. Später war er für seine Cousins ein hervorragendes Zeugnis und warnte sie davor, was geschieht, wenn Menschen sich mit Rauschgift befassen; doch war er überaus erstaunt und hilflos angesichts der Tatsache, daß sie sich nun weigerten, auf ihn zu hören; auch wenn er nur ein paar Monate älter war als sie, gehörte er doch nun zur „älteren Generation"! Archetypen verblenden und berauben Menschen nicht nur; die Kräfte, die sich ihrer bemächtigen, erfinden und verwenden auch Sätze, die keine wirkliche und logisch zu verteidigende Bedeutung haben. Somit verankern sich Archetypen in tiefen, unerklärbaren Gefühlen, hervorgerufen von solchen Schlüsselworten, und blockieren sinnvolle Gedanken und vernünftige Schlußfolgerungen.

Hinter dem Dispensationalismus (eine theologische Strömung, die behauptet, Wunder, Zungenrede sowie Zeichen und Wunder hätten in etwa zu der Zeit aufgehört zu existieren, als der Kanon der biblischen Bücher festgelegt wurde) steht ein anderer entwürdigender Archetyp Wenn die Menschen ihr Herz verhärteten und nicht auf Gott hören wollten, entstanden im Laufe der Geschichte schon immer Vernünfteleien, falsche Loyalitäten, Götzendienst, „Gefühlosophien", „Narrenweisheiten" und fleischliche Theologien, die die Irrwege des Herzens rechtfertigen und verbergen sollten. Die Menschen hatten nicht die Fülle des Heiligen Geistes und fanden deshalb alle möglichen Rechtfertigungsgründe, statt daß sie empfangen hätten. Diese ständige, sündhafte Neigung dazu, sich in vielen Bereichen fälschlicherweise zu rechtfertigen, hat Archetypen eines „schlauen Unglaubens" entstehen lassen, die auf vielen verschiedenen Ebenen wirksam werden – Irrlehren, Betrug, Beschneidung, Parteiungen, Pharisäertum etc; sie alle blockieren und verblenden die Menschen. „Aber bis heute, sooft Mose gelesen wird, *liegt eine Decke auf ihrem Herzen*" (2.Kor 3,15; Hervorhebung vom Autor).

Vielleicht ist der offensichtlichste Archetyp unter dem die Amerikaner stehen, jener, aus dessen Machtbereich die Menschen unter der Führung von Männern wie Martin Luther King und Organisationen wie der NAACP (Nationale Vereinigung zur Förderung Farbiger) auszubrechen versucht haben. Da ich in Missouri und Kansas aufwuchs, kann ich bezeugen, wie verblüfft ich als Kind über die verwirrte Geisteshaltung der Menschen war. Damals wie heute umarmt mein Geist sofort jeden Schwarzen als Bruder; doch der Haß und die dummen Vorurteile der Erwachsenen verwirrten und dämpften ihn. Ich bin kein Einzelfall. Niemand wird mit einem Rassenvorurteil geboren. Jedem Kind wird es schwer ums Herz und es ist verwirrt, wenn es die abfälligen Bemerkungen, Witze und Geschichten über Schwarze hört und das miterlebt, was gehirnverschmutzte erwachsene Amerikaner tun. Das Rassenvorurteil ist eine Krankheit, die die finsteren Mächte durch Archetypen am Leben erhalten. Ich hasse sie von ganzem Herzen (vielleicht teilweise wegen meiner indianischen Abstammung). Aus tiefster Seele hasse ich Aussagen wie: „Ich hasse keinen Nigger, doch..." (gefolgt von Bemerkungen wie) „...will ich sie nicht mögen müssen", „...will ich im Bus neben keinen von ihnen sitzen" oder „...will ich nicht, daß einer von ihnen meine Tochter heiratet." Eine weitere Aussage, die man immer wieder hört – „Ich will nur, daß sie dort bleiben, wo sie sind, das ist alles" –, verdeutlicht sehr drastisch die Wirkungsweise eines Archetyps: Menschen an einem Ort festzuhalten, der ihnen vom Herrn sicherlich nicht zugeteilt wurde. Ich würde am liebsten schreien: „Amerika, wach auf!" Gott sei Dank scheint das auch schon zu geschehen, wenngleich auch nicht so schnell, wie das einige von uns gerne hätten.

Ich wurde gefragt: „Könnten nicht auch eine gesunde Lehre und Theologie, ja sogar die biblische Lehre und das Wort Gottes selbst auch archetypisch sein?" Der Mensch kann seinem Fleisch verfallen und alles Heilige erniedrigen und mißbrauchen. Doch alles, was von Gott durch seinen Heiligen Geist kommt, befreit: „Das Gesetz des Herrn ist vollkommen und erquickt die Seele...das Gebot des Herrn ist lauter und erleuchtet die Augen...Die Rechtsbestimmungen des Herrn sind Wahrheit, sie sind gerecht allesamt" (Ps 19,8a;9b;10b). Gesunde Lehre und die Bibel sind nicht aus dem Fleisch; sie sind von Gott. Das Fleisch korrumpiert und bestrickt den Menschen. Der Heilige Geist befreit (Gal 5,1). Solange der Heilige Geist in uns gemäß dem Wort Gottes fließt, wird unser Predigen und Lehren nichts Archetypisches an sich haben. Die Früchte sind das Entscheidende. Wenn wir „...jeden Gedanken gefangen(nehmen) unter den Gehorsam Christi" (2.Kor 10,5), werden Verstand und Wille dadurch paradoxerweise befreit. Doch wenn Archetypen über uns ihre Wirkung entfalten, wird der freie Wille eingeengt und unabhängiges Denken vereitelt. Dennoch kann sich das Fleisch unserer fleischlichen Theologien, unserer Menschenweisheiten und unserer religiösen Traditionen bemächtigen, um daraus Archetypen zu bilden, die hartnäckiger und bindender sind als alle anderen, die die Einheit des Leibes Christi zerstören und unseren Herrn mehr mit Haß erfüllen und verletzen als alle anderen.

„Denn unser Kampf ist nicht gegen Fleisch und Blut, sondern gegen die Gewalten, gegen die Mächte, gegen die Weltbeherrscher dieser Finsternis, gegen die Geister der Bosheit in der Himmelswelt" (Eph 6,12). Wie herrschen Mächte über den Menschen? Vielleicht mehr als alles andere durch Archetypen. Die Gewalten häufen so gigantische, archetypische Denkweisen auf den Sinn der Menschen, daß Kriege, Rebellionen, Rassenhaß, Scheidung, Pornographie, Demagogie, Sektierertum etc. die Menschen wie Lemminge vorantreiben, die schließlich über die Klippen springen und im Meer ertrinken. Die Mächte der Finsternis reißen durch Archetypen eine immer tiefere Kluft zwischen den Menschen auf, die sich ihre gegensätzlichen Anschauungen an den Kopf werfen; hier seien nur männlicher Chauvinismus und die Frauenrechtsbewegung genannt, die beide in höherem Maß getrieben und gesteuert werden, als einer von ihnen vermuten oder zugeben würde. Auf einer anderen Ebene findet die eigentliche Schlacht nicht zwischen Kapitalismus und Kommunismus statt (auch wenn diese Schlacht existiert und nicht unterschätzt werden sollte). Denn wir kämpfen nicht gegen Fleisch und Blut. Sowohl hinter dem Kapitalismus als auch hinter dem Kommunismus stehen uralte Archetypen der Habgier, der Aggression und der Kontrolle. Auch ein verbissener Individualismus ist eine archetypische Form, durch die Gewalten das gemeinschaftliche Zusammenleben des Leibes Christi zu verhindern suchen. Es gilt wirklich nur folgendes: „Sobald...sich aber (ein Mensch) zum Herrn bekehrt, wird die Decke weggezogen. Der Herr aber ist der Geist; wo aber der Geist des Herrn ist, da ist Freiheit" (2.Kor 3,16-17; Menge).

Jeder Christ besitzt die Macht, die Weltherrscher dieser Finsternis zu besiegen. Uns ist Macht gegeben, zu binden und zu lösen (Mt 16,19; 18,18). Auch wenn wir nun nicht alle zu Seelsorgern berufen sind, so sind wir doch alle zu Fürbittern berufen (1.Tim 2,1). Wir sollen einen festen Stand bewahren: „Zuletzt, meine Brüder, seid stark in dem Herrn und in der Macht seiner Stärke (LÜ). Zieht die ganze Waffenrüstung Gottes an, damit ihr *gegen die Listen des Teufels* bestehen könnt" (Eph 6,10-11; Hervorhebung vom Autor). Wir sind mehr als Überwinder (Röm 8,37). Wir sollen das Böse mit Gutem überwinden (Röm 12,21).

Wenn wir sehen, daß ein Archetyp sich des Sinnes eines unserer Freunde bemächtigt hat, dann sind wir aufgerufen zu kämpfen. Wir müssen den Archetypen beim Namen nennen, ihn binden und ihm gebieten, still zu sein. Ich (John) erinnere mich noch an einen Besuch bei einem befreundeten Pastor. Unsere Unterhaltung ging mit einem Mal in eine für mich absolut unerträgliche Richtung. Ich hörte mit wachsendem Abscheu, wie mein Gegenüber wahre Schimpftiraden über andere Konfessionen und Pastoren vom Stapel ließ und sie verurteilte. Nach einer Weile (nachdem ich den Herrn im Verborgenen gefragt hatte, ob ich das tun solle) band ich in aller Stille diesen Archetypen des Verurteilens, der Zwistigkeit und des Hasses. Vielleicht um mich zu lehren, öffnete mir der Herr meine geistlichen Augen und ich sah, wie sich ein Strom von Feuer und Liebe auf diesen Pastor ergoß. Der Pastor wurde knallrot, stotterte einen Augenblick und sagte: „Ich weiß wirklich nicht, wo ich da hineingeraten bin. Vergib mir. Reden wir doch über was anderes." Ich habe es ihm nie erzählt und nur für mich Gott gepriesen und ihm gedankt und mich dann wieder meinem Gesprächspartner zugewandt.

Paula war einmal bei einem Frauentreffen, das in Tratscherei und kritischen Angriffen ausuferte. Still für sich betete sie gegen dieses „Etwas", das sich der Frauen bemächtigt hatte, und betete eine Weile im Geist weiter. Bald darauf faßte sich eine der Frauen und sagte: „Was tun wir eigentlich! Das ist nicht richtig" und wechselte das Thema.

In *Restoring the Christian Family* erzählte ich die Geschichte von einem jungen Ehepaar, das einer falschen Lehre über die Dominanz des Mannes und die Unterdrückung der Frau zum Opfer fiel. Ich schrieb weiter, wie mich die Frau in Tränen aufgelöst anrief und berichtete: „Mein Mann verbringt gerade eine Woche mit einer anderen Frau und sagte mir, eine unterwürfige Frau zu sein, bedeute, ihn das tun zu lassen, damit er herausfinden könne, ob er sich nun wirklich für sie oder für mich entscheiden wolle!" (*Restoring the Christian Family*, S.157/158). Ich berichtete, daß ich für ihn betete und wie er dann seine Frau anrief und wieder nach Hause kam. Was ich nicht erwähnte, war die Tatsache, daß es sich in diesem Fall um einen Archetypen der männlichen Dominanz, des Sektierertums und der Kontrolle gehandelt hatte. Damals wußte ich noch nicht all das über Archetypen. Ich erhob mich nur in gerechtem Zorn gegen dieses „Etwas", das nahe daran war, die Ehe meines Bruders zu zerstören und gebot ihm, ihn gehen zu lassen. Ich „sah", wie er seinen Kopf hob, sich umsah und sagte: „Was mache ich hier eigentlich?"

Man kann einen Dämon nicht vertreiben, wenn ihn die dämonisierte Person nicht gehen lassen will. In gleicher Weise kann man nicht durch einen Handstreich, ohne Seelsorge am anderen zu betreiben, den gesamten Archetyp und all die Dämonen und Gewalten, die dahinter stehen, vertreiben. Wir können für den anderen jedoch Zeit gewinnen. Wir können die Umklammerung brechen und den Einfluß des Archetyps und der Gewalten lange genug hinauszögern, damit der andere wieder zu sich kommen kann. Man kann sich auch fragen, ob es nicht vielleicht diese uralte, archetypische Form der Rebellion der Habgier und der Lust eines Teenagers war, die sich des verlorenen Sohnes in Lukas 15 bemächtigt hatte? Gewiß hatte er sich selbst verloren, denn die Schrift betont: *„Da kam er zur Besinnung..."* (Lk 15,17; Albrecht). Tat der Vater vielleicht mehr als nur warten? Betete er für seinen Sohn? Vielleicht, vielleicht auch nicht; doch die Botschaft an uns ist klar und deutlich: Wir sollen mehr tun, als nur warten. In der Fürbitte haben wir die Macht, den Zugriff von Sekten, von Drogen, von Scheidung, von Habgier, von Spielleidenschaft, von Homosexualität, kurz von allem, was unserer Geschwister habhaft werden möchte, zu brechen (das heißt, nur wenn uns Gott so führt; wir sollen nicht wie Don Quichotte hinausrennen und jede beliebige Windmühle attackieren).

Wir können einem Homosexuellen erst dann helfen, die volle Befreiung zu erlangen, wenn er darum bittet. Sinn und Zweck dieser Vorrede über die Archetypen liegt darin, daß der Mensch, den wir lieben, vielleicht nie stark genug sein wird, um nach Hilfe zu schreien, es sei denn, jemand zahlt den Preis, den der Fürbittekampf fordert. Der starke Mann, der Weltbeherrscher, der den Archetypen, der den Verstand kontrolliert, nach Belieben einsetzt, muß gebunden werden. Seine Macht muß gebrochen werden. Wir können ihm diesen Freiraum, den der geliebte Mensch braucht, diesen Moment der Klarheit abtrotzen. Wir können seinen „Geist...in dem inneren Menschen" stärken (Eph 3,16; Albrecht) und ihm die Kraft zum Sehen geben (Eph 1,17-18). Jeder, der schon einmal schwerkrank war und durch die Anwesenheit betender Freunde einige Minuten der Erleichterung erlebt hat, kann zumindest erahnen, wie kostbar diese kurze Zeitspanne sein kann.

Als ich mich in meinen jüngeren Jahren ungestüm und Hals über Kopf in mystische Abenteuer stürzte, verlor ich mehrmals für einige Stunden den Bezug zur Realität. Ich kenne also im Ansatz – jedoch genügend, um es einschätzen zu können – die nagende Ängstlichkeit, die Rastlosigkeit des Geistes, das Durcheinander in den Gedanken, die Verwirrung und die Krankheit des Herzens und des Sinnes, die so durch und durch gehen kann, daß man sogar die Erinnerung daran verlieren kann, wie es war, als man noch „heil" war. Dieser Schwächezustand kann einem so vertraut werden, daß man ihn schließlich als normal empfindet. Ich weiß, wie gesegnet es ist, wenn man fühlt, wie man wieder zum Normalzustand zurückkehrt. Ich weiß, was es bedeutet, wieder zur Besinnung zu kommen. Nur andeutungsweise konnte ich die Geschehnisse folgendermaßen beschreiben: „Es ist ein tolles Gefühl, wenn man endlich aufhören kann, seinen Kopf gegen eine Wand zu schlagen; durch den Frieden, der einen dann erfüllt, weiß man eigentlich zum ersten Mal, daß man überhaupt seinen Kopf gegen die Wand geschlagen *hat*!" Man kann so krank sein, daß man sich dessen überhaupt nicht mehr bewußt ist, daß es noch eine andere Lebensqualität gibt. Man kann sich nicht mehr an den „heilen" Zustand erinnern. Wer Homosexuellen predigt, wie gut es doch ist, wenn man sich wie eine normale Person fühlen kann, der kann genausogut einen ganzen Sack Markstücke in einen defekten Spielautomaten stecken: Die Münzen fallen einfach nach unten durch, ohne irgendwo hängen zu bleiben oder gar etwas zu bewirken. Ihr Verstand ist so gefangen, daß sie das Gesagte überhaupt nicht wahrnehmen können. Wenn man die Gewalten bindet, kann das dem Verstand und dem Herz für eine Weile Freiheit schenken, damit man hören kann. Rufen Sie Ihre Freunde an. Gehen Sie gemeinsam gegen dieses „Etwas" vor. Wir *können* die Menschen, die wir lieben, freisetzen. Es funktioniert.

Heilung für Homosexuelle

Wenn ein Homosexueller oder eine Lesbierin um Hilfe bittet, dann sind bestimmte Dinge nötig, um deren Befreiung zu erlangen. Zunächst einmal betreiben wir wie bei jedem anderen Seelsorge und erforschen die Kindheit, die der Ratsuchende mit seinen Eltern erlebte. Einige Voraussetzungen scheinen maßgeblich zu der Veranlagung des Ratsuchenden beigetragen zu haben. *In den vielen Jahren der Seelsorge ist uns noch nie ein Homosexueller oder eine Lesbierin begegnet, der (die) einen starken, sanften und liebevollen Vater gehabt oder eine gute Beziehung zu ihm aufgebaut hätte.* In der Regel waren die Väter grob, gewalttätig, unausgeglichen, kritisch und ausfallend oder einfach nie da. Der heranwachsende Junge lehnte die Vorbildfunktion der Männlichkeit ab und suchte bei der weiblichen Seite seines Wesens Zuflucht; dies hatte auch eine Abschwächung der Mutterbeziehung zur Folge. Das kleine Mädchen weigerte sich, ihre Emotionen in Bezug auf Männer frei auszudrücken und fand Genugtuung bei Frauen. Auch Mütter können einen Jungen davon abschrecken, einer Frau nahe sein zu wollen bzw. Mädchen davon, eine Frau zu werden. Mütter, die ihre Kinder mit ihrem Verlangen sie zu beschützen fast erdrücken oder sie ständig umhätscheln, können bei beiden Geschlechtern Homosexualität fördern.

Manchmal ist sich auch der Geist des Fötus dessen bewußt, wie sehr sich die Eltern ein Kind des anderen Geschlechts wünschen. Es ist durchaus möglich, daß ein Junge, der nach einer Reihe von fünf oder sechs anderen Jungen auf die Welt kommt, aus Leibeskräften versucht, das Mädchen zu sein, das die Eltern gewollt hatten. Oder Mädchen möchten allzu gerne Papas Junge sein.

Hermaphroditen sind Menschen, die mit männlichen und weiblichen Geschlechtsmerkmalen geboren werden. Das ist eine Erscheinung, die zu homosexueller Aktivität führen kann. Wir empfehlen einem nichtfachlichen Seelsorger, so einen Menschen an einen medizinischen Spezialisten oder einen Psychiater zu verweisen.

Manchmal ist der Hang zur Homosexualität auch erblich. Wir berieten schon Menschen, die in ihrer Familie die Homosexualität einige Generationen zurückverfolgen konnten. Um dem Einhalt zu gebieten, muß man lediglich durch Gebet das Kreuz zwischen den Ratsuchenden und all die vorigen Generationen stellen und gemäß Hesekiel 18 und Jeremia 31,16ff in Anspruch nehmen, daß alle Sünden der Vorväter jetzt am Kreuz Jesu aufhören müssen und nicht weitergegeben werden, weder durch das Prinzip des Säens und Erntens, noch durch erbliche, körperliche Veranlagungen, noch durch das Vorbild für Kinder und Kindeskinder.

Homosexualität „bekommt" man oft auch, wenn man als kleiner Junge oder als kleines Mädchen einem praktizierenden Päderasten* ausgeliefert ist, der seine Opfer so sehr in diesen Strudel mit hineinzieht, daß durch die Stimulation, die Praktik und die falsche sexuelle Identifikation die Päderastie auf ein eigentlich normales Kind übertragen wird. Der angeborene Instinkt eines Kindes kann in manchen Fällen homosexuelle Ambitionen abschütteln, noch bevor etwas geschieht; oder er kann diese Praktiken besiegen, noch bevor sie sich tief verwurzeln, es sei denn irgendwelche inneren, frühkindlichen Defekte oder andere latente Veranlagungen sind ein fruchtbarer Boden dafür. So viele normale Kinder tragen so viele Verletzungen mit sich herum, daß es den Rektoren von Schulen nicht möglich sein sollte, Lehrer aufzunehmen, von denen allgemein bekannt ist, daß sie homosexuell sind – ungeachtet der Proteste der Schwulenbewegung und ihrer verwirrten Aussagen über die Bürgerrechte. Als Seelsorger sind uns schon unzählige Geschichten darüber zu Ohren gekommen, wie Jugendliche in der kritischen Phase der Pubertät mit Homosexualität konfrontiert wurden, sei es im Schwimmbad, in Schultoiletten, auf Zeltlagern, in der Gemeinde (im Falle von Jungen und Mädchen, die in einem Chor singen) etc.; deshalb wissen wir auch, daß man nur dumm den Kopf in den Sand steckt, wenn man behauptet, daß prakti-

---

* Päderast/Päderastie: Homosexuelle Aktivität zwischen einem erwachsenen Mann und einem Jungen. (Anm.d.Übers.)

zierende Homosexuelle Jugendliche nicht belästigen würden! Natürlich tun das nicht alle von ihnen. Doch die Wahrscheinlichkeit ist so hoch wie die, daß ein Funke Holz zum Brennen bringt. Nicht alle Funken finden ihr Ziel, doch warum soll man so töricht sein?

Noch bevor ich überhaupt wußte, daß es so etwas wie Homosexualität gibt, machte ein Schwimmlehrer im Rahmen einer CVJM-Aktion, bei der ich das Rückenschwimmen lernen wollte, einen Annäherungsversuch. Als er mich dort berührte, wo er nicht sollte, verdunkelte sich mein Geist; ich war zornig und floh. Ich wußte nicht, wovor ich floh, doch in meinem Geist wußte ich: Was auch immer es war, es war auf jeden Fall schlecht. Doch was ist mit den vielen, die bei uns und bei anderen in der Seelsorge waren und nicht so gute Eltern hatten wie ich und dadurch verletzbar waren? Schon oft haben Paula und ich über homosexuelle und lesbische Erfahrungen Vergebung ausgesprochen, die nicht zur Päderastie als Lebensstil führten, aber dennoch im Herzen einen schwarzen Fleck hinterließen, in dem Schuldgefühle und sexuelle Verwirrung nisteten. Mir ist egal, welche gesetzlichen Klügeleien und welche moralische Verwirrtheit in den Hirnen der Rechtsanwälte und Richter (wieder Archetypen) in diesem Land herumgeistern – den Obersten Gerichtshof mit eingeschlossen; wenn immer wir unsere Kinder nicht vor dem Zugriff von Päderasten schützen können, ist unsere Interpretation des Gesetzes eine Verunglimpfung des Gesetzes Gottes und wir ziehen uns den Zorn Gottes zu! Unsere Kultur hat sich eine lasche Haltung gegenüber vielen solchen Problemen wie Ehebruch, Vergewaltigung, Belästigung, Inzest etc. zugelegt; unser Rechtssystem hingegen basiert auf biblischen Geboten. Auf dieser Grundlage müssen wir einen Dieb, einen Vergewaltiger, einen Erpresser etc. einsperren. Irgendwie wurde die Lüge allgemeinhin akzeptiert, daß es falsch wäre, das Gesetz Gottes auch auf die Homo-Szene anzuwenden!

Leider sind auch unsere Gefängnisse zu Brutstätten der Homosexualität geworden. Ich sage nicht, daß wir Homosexuelle einsperren sollten. Doch sollten wir auch nicht dazu gezwungen werden, ihren schädlichen Einfluß auf unsere Kinder dulden zu müssen.

Wenn nun Erfahrungen, die im Laufe des Lebens oder in vorgeburtlichen Traumata gemacht wurden, Defekte hervorriefen, die zur Homosexualität führten, dann bitten wir den Herrn, er möge es der Person ermöglichen, Vergebung auszusprechen; auch wir sprechen Vergebung aus und heilen ihre Neigung durch die umgestaltende Kraft des Kreuzes und des Auferstehungslebens unseres Herrn Jesus Christus. Nach einigen Gebetsstunden, in denen man auf die Wurzeln gestoßen war, und sie „durchgebetet" hatte, fiel mir auf, daß der/die Ratsuchende nicht in die Fülle der Männlichkeit/Weiblichkeit eintreten konnte, weil ihm/ihr ein akzeptables primäres Vorbild fehlte. In solchen Zeiten wurde ich dann für eine Weile zu einem Vater in Christus und vermittelte dem anderen durch mein Leben, was es bedeutet, ein Mann zu sein (Paula tat dasselbe für Frauen). Hier geht es nicht darum, möglichst viel Zeit mit dem anderen zu verbringen, sondern darum, ihn im Herzen zu akzeptieren und zu tragen. Ein ideales Modell, das mir vorschwebt, ist das der „Absorption": Es ist fast so, als ob der Ratsuchende förmlich trinken oder aufsaugen müsse, was es bedeutet, ein Mann oder eine Frau zu sein, indem er auf einer tiefgehenden und herzlichen Ebene eine Beziehung zu mir und/oder Paula (oder zu einem anderen Seelsorger oder Freund) eingeht.

Man kann den dämonischen Einfluß binden, die Ursachen, die an der Wurzel sitzen, umgestalten, für den anderen zu Ersatzeltern werden und es dennoch nicht schaffen, ihn zu befreien. Der Herr zeigte mir noch einen weiteren Schritt auf. Ich hatte erkannt, daß unsere damaligen Kenntnisse über die Vorgehensweise nicht ausreichten. Wir brauchten etwas Anderes, tiefer Gehendes. Ich gebe nun nicht vor, das zu verstehen, was uns der Heilige Geist offenbarte. Was er mir zeigte, habe ich ausprobiert, und es funktionierte, welche Wirklichkeit auch immer dahinterstecken mag.

Der Herr erinnerte mich an die Schriftstelle „Als Mann und Frau schuf er sie" (1.Mo 1,27). Weiter sagte er, seine Worte lauteten nicht „Jeden von ihnen schuf er als Mann *oder* als Frau", wie wir es im Geiste gerne falsch lesen. Gott wies mich darauf hin, daß er mit diesem Wort meinte, daß alle Menschen, ob Mann oder Frau, sowohl als Mann als auch als Frau geschaffen sind. Er erklärte, daß er wollte, daß wir von Anbeginn an beide Pole in uns hätten, ob wir nun ein Mann oder eine Frau sind. Er fuhr fort: Männer entwickeln sich hauptsächlich innerhalb des männlichen Bereichs, doch wohnt in ihnen auch etwas Weibliches; ihre späteren Ehefrauen werden dieses Etwas für sie ausfüllen und auf diese Art und Weise werden sie buchstäblich ein Fleisch. Er erklärte auch, daß Frauen genauso auch etwas Männliches in sich haben, das ihre Ehemänner dann ausfüllen. (Bei dieser Beschreibung darf der Leser niemals vergessen, daß das Hören eines Propheten sowie auch seine Prophetie unvollkommen sind – 1.Kor 13,11-12. Vielleicht erscheint Ihnen diese Auslegung von 1.Mo 1,27 suspekt. Doch behalten Sie zumindest den Bedeutungsgehalt der Worte.) Dann sagte der Herr zu mir: „Im Falle eines Menschen, der homosexuell wurde, geschah folgendes: Entweder durch einen vorgeburtlichen Einfluß oder durch eine sündhafte Erfahrung wurden die beiden Pole vertauscht." Er verdeutlichte mir das in einem Bild; zunächst einmal sah ich den Normalzustand der beiden Pole, quasi

Anode und Kathode; jeder für sich strahlte und beide waren in sich ausgeglichen, wie in Bild 1 auf Seite 416 dargestellt.

Bild 2 auf der gleichen Seite stellt den anomalen oder homosexuellen Zustand dar, den der Herr mit dann zeigte.

Er lehrte mich weiterhin, daß, wenn die Pole vertauscht werden, auch das natürliche Verlangen dementsprechend beeinflußt würde. Das kann dazu führen, daß ein Mann, dessen Pole in der frühen Kindheit vertauscht wurden, sein ganzes Leben lang gegen starke Impulse ankämpft, doch einmal Sex mit einem Mann auszuprobieren; dabei wundert er sich nur, warum ihn gelegentlich ein solches Verlangen plagt. Wenn er es schließlich versucht, erscheint es ihm so natürlich und für ihn richtig, daß er daraus folgern muß, er sei dafür geschaffen. Vielleicht verkündet er dann, daß Gott ihn als Homosexuellen geschaffen habe, daß er endlich befreit worden sei und daß er endlich dort angelangt sei, wo er schon von jeher hätte sein sollen. Der Herr erklärte mir, was eigentlich geschah: Dieser Mann hatte schließlich vor seinem verborgenen, krankhaften Zustand kapituliert, der seit seiner Kindheit in ihm latent vorhanden gewesen war; daraus zog er die falsche Schlußfolgerung, daß in seinem Fall die Homosexualität völlig natürlich und gottgegeben sein müsse! Weil er ihr jahrelang widerstanden hatte, scheint es befreiend und „richtig" zu sein, nach Aufgabe dieses Kampfes eine Erleichterung zu verspüren, die er als Rechtmäßigkeit mißdeutet. Dann sagte der Herr: *„John, wenn Du alles andere für einen Homosexuellen getan hast, dann schau auf das Bild der beiden vertauschten Pole, das ich Dir gezeigt habe; bleib stehen und schau zu, wie ich eingreife, um diese Pole wieder zu entwirren und sie in den Normalzustand zurückzuführen."*

Gleich die erste Gelegenheit, die auf diese Offenbarung folgte, war ein junger Mann, der bekannte, er habe allein im vorigen Monat schon mehr als fünfzig homosexuelle Kontakte gehabt! Wir folgten den Spuren der Frühphasen seiner Kindheit – der Vater ein Versager, die Mutter eine wahre Übermutter, etc. – und beteten, daß die daraus resultierenden Strukturen umgestaltet werden mögen. Dann betete ich, so wie mich der Herr geheißen hatte (mein Herz in meiner Brust fühlte sich an, als ob ich mitten auf dem See aus einem Boot steigen würde). Ich „sah", wie der Herr eingriff und die Pole in Ordnung brachte. Das war vor mehr als zehn Jahren; es hat nicht nur funktioniert, sondern erst vor kurzem erhielten wir einen Brief von diesem jungen Mann, in dem er uns mitteilte und dankte, daß er seither heil geblieben sei!

Nach so einem Gebet geschieht folgendes: Das normale Verlangen eines Mannes nach einer Frau erwacht und das Verlangen nach anderen Männern stirbt ab. Eine Frau hört auf, andere Frauen zu begehren und in ihrem Herz wohnt ein natürliches Verlangen nach einem Mann, genau so wie es sein soll.

Dr. William Johnson, der Leiter der Abteilung Psychologie am Whitworth College in Spokane, Washington, hörte in einem unserer Vorträge, daß wir auf diese Art und Weise Homosexuellen dienen. Später sprach er darüber mit uns; wir beide mußten gestehen, daß wir eigentlich nicht ganz verstehen konnten, was uns der Herr offenbarte. Wir wußten damals nicht und wissen immer noch nicht, ob der Herr von einer noch unentdeckten Realität im physischen Bereich sprach, vielleicht in unserem Nervensystem, oder von etwas Psychologischem, oder von etwas rein Geistlichem oder von einer Kombination aus allem. Doch wir stimmten darin überein, daß etwas, das gute Früchte hervorbringt, wirklich einen Versuch wert ist, gleichgültig, was nun der Herr eigentlich beschrieben hat. In der Folge kamen junge Männer zu Bill und wollten von ihrer Homosexualität befreit werden. Er band den Archetypen, folgte psychologischen Spuren, betete dem gemäß und betete dann mit Vision und Autorität über dem männlichen und weiblichen Pol, so wie Gott es vorgegeben hatte. Voll Freude berichtete er uns, daß der junge Mann, der als erstes zu ihm gekommen war, ihn erneut besucht habe und von einer gewaltigen Veränderung erzählt habe; er wisse nicht, was geschehen sei, doch jetzt überkäme ihn keine Versuchung mehr; er fühle sich nicht einmal mehr zu Männern hingezogen und sehne sich allmählich wirklich nach Frauen. Kurz, er fühle sich wieder normal! Bill sagte: „Ich weiß nicht, was das ist, John, aber es funktioniert. Halleluja!"

Im Inneren eines Menschen warten viele Geheimnisse auf uns. Der Herr hat erst begonnen, die Wunder unseres Wesens zu offenbaren. Hier soll es genügen, wenn wir noch hinzufügen, daß wir diese Offenbarung als Zeugnis weitergeben und nicht als bestätigte biblische Lehre und daß diese Gedanken über die männlichen und weiblichen Pole mit keiner anderen Lehre in diesem Buch vergleichbar sind, sondern vielmehr einen Glaubensschritt von unserer Seite aus darstellen, durch den wir uns für das öffnen, was aus biblischer, psychologischer oder medizinischer Sicht haltbar ist oder aber auch nicht. Wir möchten mit allem Nachdruck darauf hinweisen, daß sich diese Lehre auf unser eigenes fehlerhaftes Hören und unsere Erfahrung gründet (auch in 1.Kor 7 unterscheidet Paulus zwischen seinen Gedanken und dem Wort des Herrn). Der Leser möge das, was wir ihm hier anbieten, auf der Grundlage seines eigenen Glaubens, seiner eigenen Bereitschaft und seiner eigenen Weisheit ausprobieren.

Ich weiß nur, daß es funktioniert! Preis dem Herrn! So weit ich mich entsinne, war uns im Gebet für Homosexuelle noch nie Mißerfolg beschieden, seit uns der Herr dieses Stückchen Erkenntnis offenbart hat.

Homosexuelle *können* befreit werden. Man muß *kein Fachmann* sein, um das tun zu können. Ziehen wir doch um dieser verzweifelten Menschen willen in den Kampf. Ich kenne wohl keine unzutreffendere Bezeichnung für diese Menschen als das Wort „gay"! (Im Engl. bedeutet „gay" sowohl „schwul" als auch „lebenslustig"; Anm.d.Übers.) Ich kenne niemanden, der so unglücklich ist wie sie. Man sollte diese „Homo-Szene" eigentlich die „Unglückliche Szene" nennen!

Zum Schluß noch einige Worte zu Homosexuellen in der Kirche. Das Wort erklärt: „Weder Unzüchtige noch Götzendiener, weder Ehebrecher noch Weichlinge ‹d.h. in manchen Fußnoten: „Weichlinge durch Perversion"›, noch Knabenschänder (wörtl: Homosexuelle), weder Diebe noch Habsüchtige, noch Trunkenbolde, noch Lästerer, noch Räuber werden das Reich Gottes ererben" (1.Kor 6,9-10; Schlachter). Auf den ersten Blick scheint diese Liste uns alle hinwegzufegen! Denn wer von uns ist nicht manchmal habsüchtig oder lästert manchmal über andere oder lügt und betrügt den anderen in irgendeiner Weise? Und wer kann sein Herz von Gedanken der Unzucht oder des Ehebruchs völlig rein halten? Ich nehme an, daß sich dieses Wort nicht auf diejenigen unter uns bezieht, die nur sporadisch in die eine oder andere der hier aufgeführten Sünden – Homosexualität inklusive – hineinschlittern. Sonst wäre ja unsere Heilsgewißheit zunichte; jeder von uns würde dann ohnehin verdammt werden. Ich behaupte, daß wir noch keine Lügner oder Trunkenbolde sind, wenn wir nur gelegentlich einmal fallen. Ich denke, diese Schriftstelle bezieht sich auf die Menschen, die die Unzucht, den Ehebruch und die Lüge etc. *gewohnheitsmäßig* betreiben. Ich möchte noch weiter gehen und sagen, daß nicht einmal diejenigen gemeint sind, die in einem der hier genannten Bereiche abhängig sind, wenn sie darum ringen, in Jesus die Freiheit zu erlangen. Ich denke vielmehr, daß diese und ähnliche Schriftstellen (1.Tim 1,10; Offb 21,8) sich auf Menschen beziehen, die den Herrn noch nicht als Heiland angenommen haben oder die es vielleicht versucht haben, aber in ihrem unbußfertigen Herzen weiterhin darauf bestehen, daß dieser oder jener sündige Lebensstil keiner Veränderung bedarf. Ich glaube, diese Schriftstelle spricht von den Menschen, die sich mit diesen speziellen Sünden identifizieren. Sie sind somit keine Christen, die nur gelegentlich lästern oder dem Alkohol zusprechen oder in eine sexuelle Sünde fallen. Es handelt sich vielmehr um Menschen, die diese Sünde als verzeihlichen Lebensstil angenommen haben. Zumindest versuchen sie es nicht weiter, ihn zu ändern, ob sie von ihrem Gewissen nun von Schuld freigesprochen werden oder nicht. Sie sind selbst zu dieser Sünde geworden. Sie ist ihr Lebensstil.

Wenn nun offenbar wird, daß jemand homosexuell ist, dann glaube ich nicht, daß man diesen Menschen auf der Stelle aus der Gemeinschaft hinauswerfen sollte. Wenn er erklärt, er wolle davon frei werden, dann sollte ihn die Gemeinde bei sich behalten. Ich denke, er sollte solange kein Amt ausüben, bis er nicht völlig geheilt ist. Meiner Meinung nach sollte diese Regelung für alle gelten, für Pastoren, Lehrer, Evangelisten, Propheten, Apostel sowie für jedes andere Amt von untergeordneter Bedeutung wie z.B. Verwaltungsangestellter, Chorleiter etc. Ein ordinierter Pastor oder Diakon, der Befreiung wünscht, sollte seines Amtes nicht enthoben werden; man sollte ihm nur verbieten, bis zu seiner Heilung das Amt auszüben. Bei jedem anderen sündigen Lebensstil – Stehlen, Ehebruch, psychopathisches Lügen etc. – sollten wir genauso verfahren. Die Gemeinde sollte wie ein Mann im Gebet und im Dienst stehen und ihn wieder „zurechtbringen" (Gal 6,1), genauso wie auch die Diakone darum rangen, den Pastor, der im Ehebruch lebte – wir erwähnten ihn an früherer Stelle – wieder zurechtzubringen. Der Leib Christi in der Gemeinde sollte voll Erbarmen verharren, bis die Heilung vollbracht ist.

Wenn jedoch eine Person erklärt, ihre Sünde sei akzeptabel, und in ihr verharrt und keine offensichtlichen Anstalten macht, sich zu ändern, dann *muß* die Gemeinde meiner Meinung nach handeln; Paulus verfuhr mit den Korinthern genauso (1.Kor 5). Wenn man bezüglich der Heilung alle Register gezogen hat und diese Versuche entweder scheitern oder abgelehnt werden, muß die Leiterschaft „den Bösen aus (ihrer) Mitte hinweg(tun)" (1.Kor 5,13; Schlachter). Später (in 2.Kor 2,5-11) stellte Paulus noch einmal klar, daß er damit nicht wollte, daß man den Menschen nicht mehr liebe; er wollte nur, daß man mit ihm keine Gemeinschaft mehr habe, aber „Liebe gegen ihn walten (lasse)" (V.8; Menge). Jeder, der bewußt auf die Fortführung seiner homosexuellen Aktivitäten besteht und der angesichts der biblischen Position behauptet, das sei akzeptabel, sollte aus der Gemeinde ausgeschlossen werden!

Eine Gemeinde sollte einen Menschen, der vorsätzlich homosexuell ist und dazu steht, definitiv nicht in ein Amt einsetzen! Nie sollte eine „Ehe zwischen Homosexuellen" geschlossen werden! All das ist ein Greuel und in den Augen Gottes eine abscheuliche Verunreinigung und Entweihung. Niemand weiß, was mit diesem „verwüstenden Greuel" gemeint ist, der in der Endzeit an der heiligen Stätte aufgestellt wird (Dan 11,31); doch manchmal frage ich mich, ob nicht zumindest teilweise auch die bewußte Einsetzung Homosexueller zur Ausübung der heiligen Sakramente Gottes dazugehört! Gewiß bezieht sich diese

Schriftstelle auf mehr als Päderastie; doch Homosexualität ist definitiv ein Greuel, und als Seelsorger kann ich bezeugen, daß sie in die Trostlosigkeit führt. Wenn man gestattet, daß sie in der Priesterschaft Einzug hält, dann kann das nichts anderes als eine Beschmutzung sein.

Wir *können* Homosexuelle befreien. Packen wir's an.

17

Umkehrung der Elternrolle und Ersatzpartner

Mit dem Begriff „Umkehrung der Elternrolle" beschreiben wir, was geschieht, wenn ein Elternteil oder beide so unreif oder apathisch sind, daß ein Kind die elterliche Verantwortung für seine Eltern übernimmt. Dadurch wird die von Gott vorgegebene Ordnung umgekehrt. Zur Aufgabe eines Vaters oder einer Mutter gehört es, ein sicheres Heim zu schaffen, damit das Kind auch wirklich ein Kind sein kann. Die Eltern sollen sich um die Kinder kümmern und nicht andersherum. Kinder lernen viel, wenn sie im Haus mitarbeiten und bestimmte Verantwortlichkeiten übernehmen, doch sollte die *Last* der Fürsorge und der Verantwortung für die Familie auf den Schultern der Eltern ruhen und niemals auf den Kindern.

In unserer heutigen Zeit gibt man Kindern zu oft das Gefühl, sie seien unnütz. Je mehr arbeitserleichternde Geräte vormals notwendige Arbeiten aus dem Haushalt verbannen, desto weniger haben auch unsere Kinder die Gelegenheit, das größte Geheimnis des Lebens kennenzulernen – nämlich, daß derjenige glücklich ist, der lernt, sein Leben im Dienst am anderen hinzugeben. Folglich können einige Menschen auch nur schwer einsehen, daß diese Umkehrung der Elternrolle schädlich ist. Ratsuchende berichten uns oft voller Stolz und Freude, daß sie in ihrer Kindheit immer zur Stelle waren, wenn die Familie sie brauchte. Das ist auch gut und recht; denn es ist viel besser, wenn Schwierigkeiten dadurch entstehen, daß ein Kind ohne Maß und Ziel dient, als wenn es aufgrund einer selbstsüchtigen Unwilligkeit versagen würde. Dennoch ist hier Sünde im Spiel und um den Ratsuchenden in die Freiheit zu führen, müssen wir ihm helfen, das zu erkennen.

Auch wenn der Dienst noch so ehrenhaft ist – das Herz ist niemals rein dabei. Gleichgültig wie sehr alle Beteiligten darüber erfreut sind, daß ein Familienmitglied geholfen hat, gleichgültig, wie sehr unser Herr seinen Diener dafür belohnen will, daß er versucht hat, seine Eltern zu ehren, indem er ihnen dient – der sündhafte Aspekt seiner Handlungen führt trotz allem unweigerlich auf eine schlechte Ernte hin, es sei denn, die Umgestaltung durch das Kreuz erwirkt Befreiung. Gott schickt seinen Sohn, auf daß er den Diener belohne und Zerstörung verhindere. „Denn Gott ist nicht ungerecht, eures Werkes zu vergessen und der Liebe, die ihr gegen seinen Namen bewiesen habt, indem ihr den Heiligen gedient habt und dient" (Hebr 6,10).

Insoweit die Umkehrung der Elternrolle Sünde ist, beruht sie auf einer Respektlosigkeit gegenüber Eltern, die versagt haben. Es ist gut, wenn ein Kind versucht, seine Eltern zu ehren und zu respektieren; doch niemand kann völlig verhindern, daß in seinem Herzen Enttäuschung, Verletzung, Verurteilung anderer, Groll und Respektlosigkeit entstehen. Ob ein Elternteil nun an seinem angestammten Platz versagt oder eher dadurch, daß er nie da ist – ein Kind wird fast immer in sündhafter und unberechtigter Weise das Steuer in die Hand nehmen. Es übernimmt Funktionen, die einem anderen zustehen; das liegt in der Natur dieser „widerrechtlichen Übernahme", ob das nun beabsichtigt ist oder nicht. Auch ist es sicherlich nicht möglich, die Sünde des Mißtrauens gegenüber Gott ganz zu vermeiden. Die Eltern malen den Kindern Gott vor Augen; somit wird – bewußt oder unbewußt – das Gottesbild des Kindes mehr und mehr die gescheiterten Eltern widerspiegeln. Ab diesem Zeitpunkt wird es dem Kind vielleicht nicht mehr möglich sein, aufrichtig und in seinem Herzen darauf zu vertrauen, daß Gott auf dem Thron sitzt. „Die Welt wird aus den Fugen geraten", wenn das Kind sie nicht zusammenhält.

Durch die Umkehrung der Elternrolle verliert ein Kind seine Kindheit. Kinder müssen sich an einen Zustand der Rastlosigkeit gewöhnen. Von da an ist keine Ruhe mehr möglich. Die Eltern geben Sicherheit; doch wenn die Eltern streiten oder ständig unausgesprochene und spannungsgeladene Konflikte zwischen ihnen stehen, wird vielleicht eines oder mehrere Kinder sich dafür verantwortlich fühlen, die beiden zusammenzuhalten. Sobald sich diese Haltung im Herz des Kindes erst einmal verfestigt, wird es überall versuchen, aus seiner Angst heraus, Ereignisse des Lebens „zusammenzuhalten", wo es nicht angemessen ist. Als Erwachsener kann so ein Mensch es dann nicht ertragen, wenn andere Menschen Konflikte in gesunder Art und Weise in einem Kampf austragen – „Oh, ich hasse es, wenn Menschen streiten; einigt euch doch bitte." Streit legen sie viel zu schnell bei, weil sie nicht fähig sind, darauf zu vertrauen, daß eine Meinungsverschiedenheit in gesunder Art und Weise zur Aufarbeitung eines Problems beitragen kann. Deshalb werden sie alles beschönigen oder so fest in Händen halten, daß man in keiner Kontroverse zu einer wirklichen Lösung finden kann. Man könnte sie als zwanghafte Friedensstifter bezeichnen, die ihre Sünde hinter dem Glanz des Wortes „selig" verstecken (Mt 5,9). Andere bringen ihnen Hochachtung entgegen, was sie in ihrem Irrtum nur noch bekräftigt und sie können nicht erkennen, was eigentlich hinter ihrer „Friedensmission" steckt.

UE (Umkehrung der Elternrolle) Menschen mühen sich viel zu sehr ab und wollen immer mehr leisten, vergleichbar mit LO (Leistungsorientierten) Menschen; ihr Motiv ist jedoch ein anderes, wenngleich auch ein falsches. Durch ihren Dienst wollen sie nicht erreichen, daß man sie akzeptiert oder liebt, sondern vielmehr eine Welt voll Angst und Chaos hinaussperren. UE Menschen haben immer viel zu viel zu tun, und oft hört man sie sagen: „Nun gut, dann mach' ich's eben selber." Sie können sich nicht darauf verlassen, daß andere ihren Mann stehen oder Dinge richtig tun werden. Deswegen werden auch sie zu ehrenvollen Märtyrern; ihre Haltung ist eigentlich eine unbewußte Beleidigung für alle anderen. Ihr unbewußter Zorn auf die Eltern, die das nicht getan haben, was sie hätten tun sollen, führt zu dieser beleidigenden und abkanzelnden Haltung. Haben wir nicht alle schon einmal erlebt, daß manche Menschen so helfen können, daß man sich dadurch geehrt fühlt, und daß andere dabei so ein Trara machen und sich wie ein Märtyrer geben, so daß man sich alles andere als geehrt, ja vielmehr beleidigt fühlt? Hier handelt es sich in der Regel um UE Menschen.

Weder im Urlaub, noch sonstwo können UE Menschen zur Ruhe kommen. Ich selbst bin auch ein UE Mensch; wenn wir im Urlaub auf dem Campingplatz sind, haben wir kaum ausgepackt, und schon suche ich mir jemanden, dem ich helfen kann – und das nach einem ganzen Jahr, in dem ich schon anderen geholfen habe! Zu Hause sind UE Menschen darauf getrimmt, auch nicht ein einziges Mal die Zügel locker zu lassen, denn eine einzige, spontane und unbedachte Aktion könnte das Faß einer ohnehin schon heillos überlasteten Ehe zum Überlaufen bringen. Kleine Kinder müssen nun mal auch unartig sein. Sie entdecken vieles über sich selbst, wenn sie töricht durch die „Schule der harten Schläge" gehen. Der langsame Prozeß von Versuch und Irrtum sowie innere Entscheidungen führen zur Selbstkontrolle und nicht ein Zwang von außen, der sich vor verheerenden Auswirkungen auf eine Familie fürchtet, die ohnehin schon auf tönernen Füßen steht.

UE Menschen können sich zu Hause normalerweise nicht entspannen und finden keine Erquickung. Denn in der Kindheit war das Heim ja der Ort der Spannungen und der daraus entstehenden Forderung nach emotioneller Verantwortlichkeit sowie des ständigen Versuchs, sich selbst und andere in Schach zu halten. Unter Umständen dauert es Jahre, bis das Herz eines UE Menschen gelernt hat, in die Wirklichkeit des folgenden Bibelwortes hineinzureifen: „Ihres Mannes *Herz* darf sich auf sie *verlassen*" (Spr 31,11; LÜ). Ruhe assoziiert man mit Einsamkeit oder Spaß und Spiel fernab von zu Hause. Im Leben eines UE Menschen ist es überaus anstrengend, und es gehört eine gehörige

Portion Selbstdisziplin dazu, wenn man lernen muß, bei primären Bezugspersonen Ruhe zu finden. Zu Anfang kann ein UE Mensch nicht *im* anderen ruhen. Denn zu Hause hat er das nicht gelernt (vgl.Kap.3). Stattdessen wird er ständig *für* den anderen da sein wollen; so hält er sein Gegenüber wirkungsvoll in einem sicheren Abstand zu seinem Herzen.

Paula war ein LO Mensch; meine ständige Untugend war UE. Mein Vater war die meiste Zeit nicht zu Hause, und obwohl er sanftmütig und freundlich war, versagte er völlig, wenn es darum ging, stark zu sein und sich Dingen zu stellen; das wurde im Lauf der Jahre immer schlimmer. Schritt für Schritt übernahm ich mehr Verantwortung. Ich wurde der starke Arm meiner Mutter und meiner jüngeren Geschwister. Ich arbeitete im Garten und hielt den Hof in Ordnung, fütterte die Kühe und die Hühner, pflegte den Obstgarten und versorgte die Haustiere. Ich war schockiert, als ich erst vor kurzem erfuhr, daß mein um zehn Jahre jüngerer Bruder Frank auf mich zornig gewesen war, weil ich – als sein Ersatzvater – ihn aufs College geschickt hatte. Doch war ich noch viel schockierter, als ich unlängst erfuhr, daß meine nur um vier Jahre jüngere Schwester Martha Jane auf mich auch aus genau demselben Grund sauer war. Ich rief: „Herr, wie um alles in der Welt bin ich bloß in diese Position gekommen?" Ich tat noch einmal Buße darüber, die Rolle meines Vaters an mich gerissen zu haben und legte noch einmal mein Amt als Heiland meiner Familie nieder.

Gott segnete und ehrte mich als Belohnung für meine kümmerlichen Versuche, den anderen dienen zu wollen. Doch jede Münze hat zwei Seiten. Jedes der oben genannten Symptome und noch viele mehr waren bei mir vorhanden. Jetzt setzt er mich allmählich frei von dem Zwang zu dienen und von der Unfähigkeit, zu Hause zur Ruhe zu kommen.

Gott möchte, daß unser Dienst im Elija House dazu beiträgt, seine Familie auf seine Wiederkunft vorzubereiten; erst wenn mein mangelndes Vertrauen darauf, daß er fähig ist, das Haupt seiner Familie zu sein (da ich meine mißtrauische Haltung gegenüber meinem leiblichen Vater auf ihn projiziere), stirbt, wird mein Dienst nicht mehr den Makel der Respektlosigkeit gegenüber seiner Herrschaft und Vaterschaft tragen.

Ein Geschäftsmann, der bei mir in der Seelsorge ist, hat erst vor kurzem entdeckt, warum er sich ständig abrackert. Sein Vater war ein Trinker und ein Spieler. Als der Geschäftsmann elf Jahre alt war, ging er arbeiten, um Geld für seine Familie zu verdienen. Er versuchte, auf jede nur denkbare Art und Weise seine Familie zu unterstützen. Von da an verspürte er den Zwang, sich um jeden kümmern zu müssen – um Angestellte, Freunde, um seine Ehefrau, seine Kinder, die Gemeinde, Gott, um alles und jeden. Es war für ihn obligatorisch, der barmherzige Samariter zu sein, ob es sich nun um einen platten Reifen oder um irgendein anderes Problem handelte. Es war ihm nicht möglich, etwas für sich selbst zu kaufen und sich daran zu erfreuen, ohne dabei maßlose Schuldgefühle zu bekommen. Als Junge hatte er sich eingeimpft, alles geben zu müssen, um seine Familie zu retten. Jetzt konnte er nicht damit aufhören, obwohl die Familie und auch alle anderen sich schon seit langem um sich selbst kümmern konnten und können sollten.

Noch schlimmer war jedoch, daß ihn seine Mutter schon seit langem in der Hand hatte; sie brachte ihn dazu, sinnlose Arbeiten zu erledigen, indem sie ihn einfach mit Schuldgefühlen in die Knie zwang. Er würde alles nur Erdenkliche tun, nur um nicht so ein Versager wie sein Vater zu werden. Seine Angstellten sogen Gehälter aus ihm heraus, die höher lagen als der Durchschnitt; noch dazu waren sie undankbar und griffen ihn an, wenn er auf allzu extravagante Versprechen nachher nicht eingehen konnte. Erst seit kurzem lernt er, daß er nicht die ganze Welt auf seinen Schultern tragen muß. UE Menschen muß man beibringen, daß sie ihr Amt, der Generalmanager des Universums sein zu müssen, immer und immer wieder niederlegen müssen, und man muß sie an den Punkt bringen, an dem sie mit einem lachenden und einem weinenden Auge erkennen, daß Gott eigentlich ganz gut ohne ihre Hilfe klar kommt!

UE Menschen nehmen – so wie ich das auch tat – ihren Geschwistern gegenüber die falsche Position ein. Durch dieses beanspruchende Denken werden richtige Beziehungen verhindert. Natürlich muß die Arbeit getan werden; Schaden entsteht jedoch immer quasi als Nebenerscheinung, wenn etwas nicht von der richtigen Person getan wird.

Auch in diesem Fall sind Buße und Vergebung die geeignete Gegenmaßnahme. Das Blut Jesu wird das kindliche Herz im Erwachsenen von jeglichem Groll reinwaschen. Seine vollkommene Liebe wird die verborgenen Ängste vertreiben, die der Mühe und Plage nur immer neue Nahrung gegeben haben. Am Kreuz sterben die daraus resultierenden Strukturen, wie z.B. Geschäftigkeit, eine pathetische Märtyrerhaltung, die an sich selbst leidet, Kontrollsucht, das Abkanzeln anderer, etc.. All diese Dinge müssen erkannt werden und eines nach dem anderen angepackt werden; vielleicht sterben sie auch sang- und klanglos und vergehen, während man sich mit tiefergehenden Wurzeln beschäftigt. Die Gegenwart des Vaters wird das Herz, das müde ist und nicht mehr vertrauen kann, heilen und wiederherstellen.

Doch die Umkehrung der Elternrolle kann noch einen zweiten, viel verwirrenderen und verhängnisvolleren Zustand bewirken. Wenn ein Elternteil versagt oder nie zu Hause ist, tritt eines der Kinder (normalerweise das älteste vom anderen Geschlecht) in die Kluft und füllt diesen leeren Platz aus. So wird vielleicht der Sohn auf einmal die Brötchen verdienen. Er wird der Vertraute seiner Mutter oder ihre Stärke, an die sie sich anlehnen kann. Vielleicht züchtigt er auch die kleineren Geschwister. Kurz, so oder so macht er sich wohl daran, den Haushalt nach Art des Vaters zu dirigieren. Dadurch muß er auch die Rolle des Ehemanns spielen – freilich nicht im Bett. Dennoch entstehen leise und unterschwellige Andeutungen von partnerschaftlichen Gefühlen zwischen Mutter und Sohn, sowie deren praktische Umsetzung. Auch wenn die Mutter nie auch nur einen sexuellen Gedanken an ihren Sohn verschwendet, ist er dennoch in der Position eines Partners; schon allein diese Tatsache sendet Reizsignale aus. Auch wenn er niemals auch nur einen sexuellen Gedanken an seine Mutter verschwendet, muß er sich dennoch in seinem Unterbewußtsein ungehöriger Gefühle und Reize erwehren. Der unausgesprochene Gedanke seines Innersten lautet: „Das ist meine Mutter; ich darf so nicht denken oder fühlen." Vielleicht regen sich in ihm auch bewußte Gefühle, die er bewußt zurückweisen muß. Durch diese Situation entsteht in den unsichtbaren Bereichen seines Herzens ein Muster des Rückzugs und der Abschottung.

Später wird dieser Mann vielleicht ein absolut vorbildlicher Ehemann, der auf Verantwortung getrimmt ist und der weiß, wie er die Stärke seiner Frau sein muß; doch mit einem Mal kann es unerklärlicherweise geschehen, daß er seine Frau im Bett nicht mehr lieben kann. Er ist nicht impotent, ihm fehlt nur die Lust. Irgendetwas blockiert ihn und er kann sich einfach nicht vorstellen, was. Diese Blockade ist ein „eingebauter" Lustlosigkeitsmechanismus, der in der Regel dann aktiviert wird, wenn die Frau Mutter wird. Eine Kombination aus Projektion und Identifikation aktiviert diesen Lustlosigkeitsmechanismus.

Einmal kam ein junger Mann zu mir, der völlig frustriert und verwirrt war. Er liebte seine überaus attraktive Frau und hatte im Geschlechtsverkehr eine große Freude und Erfüllung gefunden. Jetzt konnte er sich nicht einmal mehr dazu durchringen, sie zu berühren. Gedanken wie „Dazu respektiere ich sie zu sehr" schossen ihm durch den Kopf; doch das paßte überhaupt nicht mit seinen Vorstellungen von Sexualität zusammen, noch mit seiner damaligen Freiheit, sich an ihrem Körper zu erfreuen. Es stellte sich heraus, daß sich seine Mutter, die sehr hübsch war, scheiden ließ, als er in die Pubertät kam, und daß er versucht hatte, sie stark und mannhaft zu beschützen. Ihre Schönheit hatte ihre Wirkung auf ihn gehabt. Als wir uns unterhielten, fiel ihm ein, daß er seine Gefühle „abstellen" mußte. Wir vergaben dem verwirrten Jungen einfach seine Gefühle, geboten der alten, mittlerweile unnötigen Struktur, ihre Umklammerung um ihn zu lösen und befreiten ihn davon, seine Frau und seine Mutter als ein und dieselbe Person zu sehen. Seine Frau schrieb mir (gemeinsam mit ihm) einen Brief, in dem sie erzählte, wie überglücklich sie sei und dankte mir dafür, daß ich ihr ihren Mann wiedergegeben hatte. Die Blockade ist seither nie wieder aufgetreten. Preis dem Herrn.

Dasselbe kann auch andersherum geschehen. Vielleicht stirbt die Frau, oder sie wird krank oder ist einfach eine Versagerin. Dann macht sich die Tochter ans Werk und putzt, geht einkaufen, kocht, wäscht und tut alles, was notwendig ist; sie kümmert sich auch um die kleineren Kinder. Jetzt spielt sie die Rolle der Partnerin und ist angesichts ihrer Gefühle und der daraus entstehenden Resultate genauso verwirrt. Vielleicht ist es auch nicht so, daß das jeweils andere Geschlecht einspringt, sondern so, daß eine Tochter den Platz des Vaters einnimmt und der Mutter hilft oder daß ein Sohn den Platz der Mutter einnimmt und dem Vater hilft. Auch in diesen Fällen herrscht große Verwirrung, denn beide finden sich in einer Position wieder, die für sie als Kinder oder Teenager nicht natürlich ist. Es kann gut sein, daß das Mädchen zu viele männliche Merkmale annimmt; zumindest gewöhnt sie sich dadurch daran, die Familie zu leiten, so daß sie dann später große Schwierigkeiten hat, ihrem Mann das Steuer nicht aus der Hand zu reißen. Ein Junge kann dann in gleicher Weise Aufgaben einer Ehefrau übernehmen und sich unbewußt dahingehend orientieren, bis seine Frau dann dadurch so verwirrt und schließlich dazu verleitet wird, die unbesetzte Rolle des Familienoberhauptes zu spielen. Hat man diese Dinge erst einmal erkannt, dann kann man leicht dagegen beten, solange wir dabei nicht nur dem Erwachsenen dienen, sondern auch daran denken, dem kleinen Kind in ihm zu dienen.

Dann muß man dem betreffenden Menschen helfen, aus seinem alten Schema auszubrechen und eine neue Identität in Christus zu finden und aufzubauen. Er wird nicht so sehr versuchen, sich ein neues Ich aufzubauen; vielmehr wird er entdecken und jubeln, wie die neue Identität aus der alten erwächst und deswegen Gott für sein Erneuerungswerk in ihm ehren und preisen; dadurch wird wiederum die entscheidendste und tiefste Verletzung geheilt, nämlich die Unfähigkeit, seinem Vater zu vertrauen.

Die grundlegenden Prinzipien der Umkehrung der Elternrolle und der Ersatzpartnerschaft sind ziemlich einfach; wir können leicht erkennen, wie solche Muster im Herz eines Menschen entstehen. Wenn sie jedoch schon voll ausgeprägt sind, ist es nicht mehr so einfach, sie zu überwinden. Auch hier muß der Ratsuchende wieder an seiner eigenen Heilung festhalten.

Diese Umkehrung der Elternrolle kann man nicht so einfach hassen wie eine Sünde. Die Schwierigkeit hierbei liegt darin, daß die UE zur ehrenwertesten Definition des Lebens schlechthin geworden ist. Seinen ganzen Lebenszweck hat man vielleicht darin investiert und alles tausendmal biblisch gerechtferigt. Wie war das noch...? Keiner hat größere Liebe hat als der, der sein Leben für seine Freunde hingibt (Joh 15,13)? Vielleicht kommt auch noch folgende Bibelstelle hier zum Einsatz:

> Dann werden die Gerechten ihm antworten und sagen: Herr, wann sahen wir dich hungrig und speisten dich? Oder durstig und gaben dir zu trinken? Wann aber sahen wir dich als Fremdling und nahmen dich auf? Oder nackt und bekleideten dich? Wann aber sahen wir dich krank oder im Gefängnis und kamen zu dir? Und der König wird antworten und zu ihnen sagen: Wahrlich, ich sage euch, wenn ihr es einem der geringsten dieser meiner Brüder getan habt, habt ihr es mir getan.
>
> (Mt 25,37-40)

Könnte es jemand geringeren geben, dem wir dienen könnten, als unsere Eltern? Unser ganzes Leben stand doch einzig und allein im Zeichen des Dienstes. Wie schwer ist es doch, so etwas als Sünde einzuschätzen. Deswegen möchten wir diesen Punkt auch absolut klar machen: Unser Dienen war nicht falsch. Das war niemals der Fall. Gott möchte uns dafür belohnen. Doch unser Beweggrund, der hinter dem Dienen stand, war nicht rein. Durch diese Unreinheit war unser Dienen genauso schädlich wie hilfreich, wenn der Schaden nicht gar überwog. Genau wegen dieser falschen Motivation ruft uns der Herr in den Tod. Es ist ein guter Tod; höchstwahrscheinlich werden wir mit dem Dienen nie aufhören. Gott schätzt das sehr an uns. „Ihr seid meine Freunde, wenn ihr tut, was ich euch gebiete" (Joh 15,14). „Jesus antwortete und sprach zu ihm: Wenn jemand mich liebt, so wird er mein Wort halten, und mein Vater wird ihn lieben, und wir werden zu ihm kommen und Wohnung bei ihm machen" (Joh 14,23). Unser Tod bedeutet, daß die verdorbenen Züge des Fleisches sterben und aus unserem Dienen verschwinden werden (1.Petr 1,24). Der Plage wird durch den Tod ein Ende gesetzt werden und der Heilige Geist wird alles, was wir tun, initiieren und steuern und nicht die Zwänge des Fleisches.

UE und Ersatzpartnerschaft ist nicht nur eine Haltung; es handelt sich hierbei vielmehr um gewohnheitsmäßige Strukturen. Es ist wahrscheinlicher, daß durch Gebet der Kampf erst richtig losgeht, als daß er aufhört. Wir werden aufgerufen, gewohnheitsmäßige und gedankenlose Reaktionen immer und immer wieder zu überprüfen. Hier ersuchen wir jeden Seelsorger und jeden Ratsuchenden, demütig zu werden. Bestimmte Ausprägungsformen des UE Phänomens werden unter Umständen nicht immer nur vom Seelsorger, sondern auch von anderen ans Licht gebracht werden. Der Leitsatz des Seelsorgers sei: „Ich habe gepflanzt, Apollos hat begossen, Gott aber hat das Wachstum gegeben. So ist weder der da pflanzt, etwas, noch der da begießt, sondern Gott, der das Wachstum gibt. Der aber pflanzt und der begießt, sind eins; jeder aber wird seinen eigenen Lohn empfangen nach seiner eigenen Arbeit" (1.Kor 3,6-8).

Kein Seelsorger soll sich anmaßen, der ganze Prozeß des Entdekkens beruhe einzig und allein auf seiner Seelsorge, auch wenn seine Weisheit gerne der große und zentrale Anführer sein möchte. Der Heilige Geist lehrt, ermahnt und korrigiert uns und macht mit uns Seelsorge durch den Leib Christi. Dieser Rat gilt für den gesamten Bereich der Seelsorge, nicht nur für UE Menschen; wir erwähnen ihn hier besonders, da einige Seelsorger selbst mit UE kämpfen. Wenn ein UE Mensch ein Seelsorger ist, dann wird er allzu leicht den gesamten Seelsorgeprozeß für sich ganz allein beanspruchen wollen.

Ein Ratsuchender darf seine Ohren vor den konsequenten Ermahnungen und Zurechtweisungen seiner Freunde nicht verschließen: „Laßt uns aber die Wahrheit bekennen in Liebe und in allem hineinwachsen zu ihm, der das Haupt ist, Christus" (Eph 4,15). Wer hört schon gern Ermahnungen, doch die Schrift ist hier eindeutig: „Schlimme Züchtigung für den, der den Pfad verläßt; wer Zurechtweisung haßt, muß sterben" (Spr 15,10). „Ein Pfad zum Leben ist, wer auf Zucht achtet; wer aber die Mahnung unbeachtet läßt, leitet in die Irre" (Spr 10,17). „Wer Zucht liebt, liebt Erkenntnis; und wer Ermahnung haßt, ist dumm" (Spr 12,1). „Armut und Schande dem, der Züchtigung unbeachtet läßt, wer aber Zurechtweisung beachtet, wird geehrt" (Spr 13,18).

Da ich (John) als Kind oft geschwollene Mandeln und Polypen hatte, gewöhnte ich mir an, durch den Mund zu atmen. Mit sieben wurden mir dann die Mandeln herausoperiert, und ich hätte wieder durch die Nase atmen können; doch das Atmen durch den Mund war schon zu einer festen Gewohnheit geworden. Mein Vater wies die Familie an, sie solle immer und immer wieder zu mir sagen: „Mach' den Mund zu, Jackie." Er gebot mir, nie zornig auf sie zu sein, ihre Worte als Zeichen der Liebe anzunehmen und zu akzeptieren. Tag für Tag taten sie es und schließlich wurde diese Gewohnheit gebrochen. Doch, was noch wichtiger ist, ihre immer wiederkehrende Korrektur lehrte mich, die Ermahnung eines Bruders als Zeichen seiner Liebe und wohlmeinenden Haltung zu schätzen und gab mir die Fähigkeit, sie zu akzeptieren. Deshalb hat mich der Herr auch mit Brüdern gesegnet, die mich regelmäßig züchtigten. Sie hatten vielleicht nicht immer den Eindruck, sie würden etwas Gutes tun, doch war ich niemals zornig auf sie, noch haßte ich je einen von ihnen. Aufgrund dieser kindheitlichen Erfahrung lernte ich die Korrektur und diejenigen, von denen sie kommt, zu schätzen. „Rüge nicht den Spötter, damit er dich nicht haßt; rüge den Weisen, so wird er dich lieben" (Spr 9,8). Diese Fähigkeit ist lebenswichtig für jeden, den die UE drangsaliert. Wenn sich unsere Geschwister nicht frei fühlen können, es uns zu sagen, wenn wir sie in Grund und Boden stampfen und viel zu viel tun, dann konfrontieren sie uns höchstwahrscheinlich nicht oft genug mit der Wahrheit; somit werden wir wohl auch die bewußte Gewohnheit nicht ablegen können. Es ist schon schwer genug, jemanden zu ermahnen, der offensichtlich falsch handelt; wieviel schwerer ist es, jemanden zu korrigieren, der ohnehin versucht, hilfsbereit zu sein. Es stimmt: „Treu gemeint sind die Schläge dessen, der liebt, aber überreichlich die Küsse des Hassers" (Spr 27,6).

Kurz gesagt, UE und Ersatzpartnerschaft sind Handlungsweisen des Fleisches (Kol 3,9), für die der Herr viel mehr Erbarmen hat, als für die meisten anderen. Korrektur zu erfahren heißt, belohnt zu werden. Gott hat sich dafür entschieden, uns zu befreien. Er möchte uns segnen. Somit bedeutet Freiheit, daß der Heilige Geist in Ruhe durch uns dienen wird, vielleicht aktiver als vorher; er wird jedoch auf die kritischen Punkte achtgeben und uns die Weisheit schenken, so dienen zu können, daß wir dem anderen dadurch zum Segen werden.

Teil V

Teenager und die Ehe

18

Individuation und das Unbehagen über die eigene Bestimmung

Mein Sohn, wenn du dem Herrn dienen willst, dann mach dich auf Prüfung gefaßt! Sei tapfer und stark, zur Zeit der Heimsuchung überstürze nichts! Hänge am Herrn, und weiche nicht ab, damit du am Ende erhöht wirst. Nimm alles an, was über dich kommen mag, halt aus in vielfacher Bedrängnis! Denn im Feuer wird das Gold geprüft, und jeder, der Gott gefällt, im Schmelzofen der Bedrängnis! Vertrau auf Gott, er wird dir helfen, hoffe auf ihn, er wird deine Wege ebnen.

(Jesus Sirach 2,1-6; Apokryphen; Einheit)

Alles hat seine Stunde. Für alles gibt es eine bestimmte Stunde. Für jedes Vorhaben unter dem Himmel gibt es eine Zeit: Zeit fürs Gebären und Zeit fürs Sterben, Zeit fürs Pflanzen und Zeit fürs Ausreißen des Gepflanzten, Zeit fürs Töten und Zeit fürs Heilen, Zeit fürs Abbrechen und Zeit fürs Bauen, Zeit fürs Weinen und Zeit fürs Lachen, Zeit fürs Klagen und Zeit fürs Tanzen, Zeit fürs Steinewerfen und Zeit fürs Steinesammeln, Zeit fürs Umarmen und Zeit fürs sich Fernhalten vom Umarmen, Zeit fürs Suchen und Zeit fürs Verlieren, Zeit fürs Aufbewahren und Zeit fürs Wegwerfen, Zeit fürs Zerreißen und Zeit fürs Zusammennähen, Zeit fürs Schweigen und Zeit fürs Reden, Zeit fürs Lieben und Zeit fürs Hassen, Zeit für Krieg und Zeit für Frieden.

(Pred 3,1-8)

In seinem Reifeprozeß muß der Mensch zwei große Lektionen lernen, die miteinander in Konflikt stehen. Erstens, die Individuation; das bedeutet, sich von allen prägenden Einflüssen zu lösen und eine eigenständige Persönlichkeit zu werden. Zweitens, die Sozialisation, d.h. die Eingliederung in die Gesellschaft; der Mensch als Teil einer Gruppe, der für das Verlangen und die Wünsche der anderen sensibel ist. Reife kann man so definieren, daß man lernen muß, im „wir" und nicht mehr nur im „ich, mir, mein" zu denken. Diese beiden Aufgaben überkreuzen sich und führen jeden Menschen in ein Dilemma; momentan muß man im Teenageralter für diese beiden Aufgaben eine schlüssige Lösung finden.

Wie soll sich ein Teenager freischwimmen und ein eigenständiger, individueller Mensch werden und dennoch Teil einer Familie bleiben? Mit dreizehn oder fünfzehn behandeln ihn Mama und Papa manchmal noch immer so, als ob er zehn wäre; sie erwarten von ihm, sich in alte Familienloyalitäten und -aktivitäten einzugliedern, während andere laute Stimmen an sein Ohr dringen. Mit achtzehn macht dann die Clique im College viel Getue um die Gemeinschaftlichkeit, während alles in ihm nach Individualität schreit. Erst mit neunzehn oder zwanzig, und kein bißchen früher, wird er ein eigenständiger Mensch, und schon regen sich die Gene und Hormone und binden ihn an seine Partnerin – und an diese Art der Gemeinschaft.

Ohne Individuation können wir kein gesundes Gemeinschaftswesen werden. Entweder ziehen wir uns zurück und weigern uns, das allgemein anerkannte Rollenverhalten in einer Gruppe nachzuahmen oder wir streben danach, daß alle anderen nach unserer Pfeife tanzen. Nur ein wahrhaft freies Individuum hat alles, was es braucht, um sich in einer Gruppe einordnen und das Geben und Nehmen in gesunden Beziehungen akzeptieren zu können.

Ein Teenager muß zwei entscheidende Aufgaben lösen, bevor er sich in ein Gemeinwesen eingliedern kann. Erstens, die *Individuation*, d.h., sich freischwimmen von allen prägenden Menschen und Einflüssen, von all denen, die ihn zur Welt gebracht und ernährt haben, die ihm ein Heim und Kleidung gegeben haben, die ihn unterwiesen, gezüchtigt und geliebt haben. Zweitens, die *Internalisation** – alles in seinem Leben kommt von *außen*, von anderen Menschen. Nichts von all dem ist bereits voll und ganz sein eigen und *in ihm* verwurzelt. Weil ihm vielleicht viele Dinge „gehören" und diese Familie seine Familie ist, sagen seine Eltern zu ihm: „Alles, was wir haben, ist dein;" doch sie verstehen seine Gefühle nicht, weil es sich ja ausschließlich um Dinge handelt, die ihnen gehören und die sie ihm schenken; nichts von all dem ist seine eigene Schöpfung, für nichts von all dem hat er sich selbst als mündige Person entschieden, nichts davon kommt aus ihm. Jetzt muß er über all die Lehren und Modelle seiner Eltern (und seiner Lehrer) nachdenken, sich die Finger verbrennen und für sich selbst herausfinden, warum das Gesetz Gesetz ist und warum das Leben so ist, wie es ist. Weisheit, Verständnis, Moral und Glaube, Lebenszweck und Ambitionen, Gewohnheiten und Verhaltensweisen, Gemeinschaft

---

* Internalisation/internalisieren: Übernahme und Verinnerlichung von geltenden Normen und Werten. (Anm.d.Übers.)

und Freude – all das muß sein eigen werden, indem er den schmerzhaften inneren Ringkampf mit seinen Gedanken und Emotionen durchlebt. Es gibt keine Abkürzung, keinen leichten Weg dorthin. Individuation und Internalisation sind für ihn wie Szylla und Charybdis*, durch die er auf seinem Weg zum Erwachsensein hindurch muß oder an denen er scheitert.

Die Individuation beginnt jedoch nicht erst im Teenageralter; dort findet sie vielmehr ihren Höhepunkt. Sie beginnt, wenn der Mensch im Mutterleib geformt wird, wenn die Zellen des Fötus sich zu einem eigenen Wesen, und nicht zu einer Ausdehnung der Mutter, zusammenfügen. Wenn sich der Mutterleib die neu entstehenden Fötuszellen einverleiben würde, könnte kein neues Leben beginnen. Die Individuation ist der Preis, den man fürs Leben bezahlt. Geburt ist die Fortsetzung der Individuation. Beim Durchtrennen der Nabelschnur wird man gezwungen, ein eigenständiger Organismus zu werden. Die Entwöhnung, die ersten Schritte, nicht mehr nur getragen zu werden, sprechen zu lernen, wie die Großen auf die Toilette zu gehen – all das sind weitere Schritte zur Individuation. Wenn ein Mensch in einem der genannten Bereiche versagt, wird er dort zur Abhängigkeit degradiert und die Nabelschnur verbindet sich im emotionalen Bereich erneut mit der Bezugsperson.

Die Individuation geht zunächst einmal äußerlich und dann innerlich vonstatten; zuerst körperlich, dann geistig; später emotional, moralisch und schließlich geistlich. Geburt und Entwöhnung durchbrechen die organische Abhängigkeit. Durch jede Lektion gewinnt man wieder ein Stück Unabhängigkeit dazu – gehen, mit Geschirr und Besteck umgehen, sich anziehen, etc.. Doch noch lange nach dem Kleinkindalter bleiben wir nicht nur körperlich sondern emotional und geistig abhängig. Wenn wir in die Schule kommen, beginnt der Prozeß der geistigen Entwöhnung und wir machen die ersten Schritte in Richtung emotionale Individuation. Doch das ist erst der Anfang. Das Moralische und Geistliche ist immer noch im Entstehen begriffen und abhängig. Jeder weitere Schritt – Sonntagsschule, Grund- und Hauptschule, Prüfungen und Jüngerschaft, Gemeindeleben, Cliquen etc. – führt hin zu einer weitgehenderen und weiter innen ablaufenden Individuation.

---

* Diese Redewendung, die aus den Anfängen der Schiffahrt stammt, beschreibt zwei große, sich gegenüberliegende Hindernisse; Szylla – ein schwer zu passierendes Kap (in Süditalien); Charybdis – ein Strudel gegenüber der Hafeneinfahrt von Messina (auch in Süditalien).

Im Teenageralter wird sich die Situation zuspitzen, wie bei einem Vulkan, dessen Ausbruch schon lange absehbar war. Normalerweise entstehen die Schwierigkeiten dadurch, daß der Druck von zwei Seiten kommt. Auf der einen Seite tun sich vielleicht die Eltern schwer, mit so einem Teenager umzugehen oder sich einzugestehen, daß ihr Sohn oder ihre Tochter schon dieses Alter erreicht hat. Sie bemerken nicht, was in ihm vor sich geht und erachten all die Veränderungen seines Verhaltens als etwas Schreckliches, das der Korrektur bedarf, indem man die Zügel straffer zieht. Andererseits fehlt den meisten Teenagern die Konsequenz. Mal ist ein junger Mensch verantwortungsbewußt und sensibel und einen Augenblick später handelt er völlig ichbezogen und unverantwortlich. Mal möchte er die Welt in die Knie zwingen und einen Augenblick später hat er sich schon wieder halb im Mutterleib verkrochen. Ohne ein geschultes Auge erkennen normalerweise weder Eltern noch Teenager, was hier eigentlich abläuft. Unterschwellige Antriebskräfte drängen den jungen Menschen, und die alten Schemata können die neuen Impulse nicht mehr in Schranken halten. Impulse werden ausprobiert und dann wieder zurückgewiesen, oder nicht ausprobiert und somit unterdrückt. Wenn man versucht, eine Kommunikation aufzubauen, schlägt man Türen zu leeren Zimmern zu – weder die Eltern noch der Teenager wohnen mehr an diesem Ort, und keiner von ihnen kann es erkennen.

Die Individuation eines Teenagers wird dadurch noch erschwert, daß die geliebten Menschen, die den jungen Menschen zu dem gemacht haben, der er jetzt ist, die Ursache des eigentlichen Problems sind! Auch wenn die Eltern weise genug sind, ihren Teenager auch Dinge ausprobieren zu lassen, steht doch ihre Liebe, ihre Gegenwart und ihre Denkweise dem im Weg, daß der junge Mensch seine eigene Identität findet; hier wieder die zweite Aufgabe, die Internalisation. Sobald die Menschen, die wir lieben und bewundern wollen, uns beipflichten, fühlen wir uns wieder in die Kindheit zurückversetzt oder des Entdeckergeistes beraubt; deswegen müssen wir uns in so einem Moment gegen sie stellen.

Sicherlich war der verlorene Sohn, von dem wir in Lukas 15 lesen, der Sünder, wie er in allen Predigten dargestellt wird; doch eines müssen wir zu seiner Ehrenrettung schon sagen: Auch wenn er dadurch, daß er um sein Erbteil bat, eigentlich sagte, er wünsche, sein Vater wäre schon tot, tat er zumindest das, was jeder Teenager tun muß, nämlich, das was ihm gehört festhalten, damit Individuation und Internalisation weitergehen können. Er bezahlte dafür mit seinem ganzen Wesen (vielleicht hätte er diese Lektion auch leichter lernen können); es war jedoch nicht nur ein Zeichen von Großzügigkeit, daß ihm der Vater den Ring der Autorität an den Finger steckte und ihm den Mantel der Herrschaft umlegte (Lk 15,22). Sein Vater erkannte, daß er ein selbständiger Mann geworden war. Nun konnte er auch herrschen. Die Bemerkung des älteren Bruders wird jeder erfahrene Seelsorger als die eines Kindes deuten, dessen Individuation nicht vonstatten gegangen war:

> Er aber antwortete und sprach zu dem Vater: Siehe, so viele Jahre diene ich dir, und niemals habe ich ein Gebot von dir übertreten; und mir hast du niemals ein Böcklein gegeben, daß ich mit meinen Freunden fröhlich wäre; da aber dieser dein Sohn gekommen ist, der deine Habe mit Huren durchgebracht hat, hast du ihm das gemästete Kalb geschlachtet.
>
> (Lk 15,29-30)

Internalisation bedeutet folgendes: So sehr ein Teenager seine Eltern auch bewundert und ihre moralischen Vorgaben einhalten möchte, darf er das schlicht und einfach nicht tun, oder er wird niemals ein eigenständiger Mensch werden. Er muß ganz für sich selbst die moralischen Maßstäbe untersuchen, prüfen und dadurch Erkenntnis gewinnen. Es liegt jetzt an ihm, das durchzuarbeiten, von dem seine Eltern vielleicht schon lange vergessen haben, daß sie es früher auch einmal untersuchen und durcharbeiten mußten. Doch hierbei handelt es sich nicht nur um einen geistigen Prozeß. Es ist, als ob er jedes Gesetz der Ethik und der Moral durch die tiefliegenden, inneren und unsichtbaren Finger seines Geistes selbst *erfühlen* und prüfen muß, ob er diese Dinge wirklich so für sich übernehmen will oder nicht. Wenn er einen klaren Blick hätte und genau auf den Punkt kommen würde, wäre diese Angelegenheit ziemlich einfach. Doch genau das kann er eben nicht. Es ist notwendigerweise ein Prozeß des „Umhertappens". Bestimmte Ereignisse müssen ihm offenbaren – oftmals durch Schmerz und Verlust –, wo sein Herz eigentlich steht.

Da ich sozusagen ein „Spätzünder" war, war ich mit dreiundzwanzig im Seminar immer noch dabei, einige Dinge aufzuarbeiten. Ich erinnere mich noch daran, wie ich mit der Tatsache rang, daß ich in meinem Verstand vorher alles so genau durchdacht hatte und mich deshalb auch mit starker Hand selbst so sehr kontrollierte, daß ich mir nicht mehr sicher war, ob meine Lebensphilosophie nun im Gleichschritt mit meinem Herzen voranging oder nicht. Mir kam es so vor, daß all mein Denken eher einem fliegenden Teppich glich – es war vielleicht überhaupt nicht auf die Realität gegründet und schoß knapp am Puls des Lebens vorbei. Zu der Zeit arbeitete ich als Nachtschichtführer bei den Delta C und S Fluggesellschaften am Midway Flughafen in Chicago. Ich hatte die Aufgabe, alle Flugzeuge, die während meiner Schicht ankamen und abflogen, zu be- und entladen. Ich schaffte es, das Team so zu organisieren, daß es möglichst effektiv arbeiten konnte; dennoch dachte ich ständig, daß etwas absolut Außerordentliches geschehen müsse, so daß ich an meinen Reaktionen darauf erkennen könnte, wo mein Herz eigentlich stand.

Dann bekam ich einen neuen Mitarbeiter, einen faulen, untätigen, großmäuligen Tunichtgut. Man konnte ihm alles mögliche anschaffen und das auch noch so höflich wie möglich, doch er kläffte immer in seinem obszönen Wortschatz zurück und tat die Arbeit nicht. Der Chef warf ihn nicht hinaus. Seine haßerfüllte und faule Art störte beide Teams. Eines Nachts hatte er wieder einmal alles total vermasselt, und ich stellte ihn mit scharfen Worten zur Rede. Er wollte handgreiflich werden, traf mich nicht, schlug mir aber die Brille von der Nase. Ich war immer noch sehr gefaßt und sagte ihm ruhig, daß er sie mir bezahlen müsse, wenn sie kaputt wäre (einer vom Team versuchte, die Brille, die vom Wind der Triebwerke hinweggefegt wurde, zu fangen). Ich fügte hinzu, ich würde den Vorfall melden und die Kosten würde ihm vom Lohn abgezogen werden (das war damals so üblich). Dadurch fühlte er sich nur noch mehr gereizt und wollte kämpfen; auf der Rampe schlug er mit der Faust nach mir; das geschah in aller Öffentlichkeit, da ja Passagiere ausstiegen, also an einem Ort, an dem ich niemals gekämpft hätte.

Da brannte bei mir die Sicherung durch. Ich war außer mir und griff ihn wie ein Berserker an, rasend vor Wut; er wog zwar sicher zweieinhalb Zentner, doch ich war damals Gewichtheber; ich duckte mich vor seinen Hieben, umklammerte seine Hüfte, hob ihn hoch und warf ihn aufs Pflaster. Dann setzte ich mich auf ihn, packte seine Handgelenke, hielt ihn fest und schrie, ich würde sein Gesicht mit meiner Faust grün und blau schlagen. Doch genau dann strömten, wie von einem tiefen Brunnen in mir, Bibelstellen durch meinen Kopf und Gefühle der Barmherzigkeit übermannten mich. Also tat ich etwas, was noch viel schlimmer war: ich versetzte ihm einen sanften Kinnstüber und nannte ihn ein Baby!

Diese Erfahrung koppelte meine Gedanken fest an mein Herz. Sie zeigte mir einen Teil der Realität. Ich war fähig zu hassen; ich konnte auch so weit kommen, daß ich jemanden töten wollte; ich konnte unglaublich grausam sein; ich konnte auch mal durchdrehen. Doch ein Teil von mir, der offensichtlich tiefer lag, wählte die Güte und versuchte, mich darauf einzuschwören, während ein anderer sie wieder in Grausamkeit verwandelte. Aus all dem konnte ich sehen, daß meine Entscheidung für das Wort Gottes kein äußerlicher Vorgang war. In einer Krisensituation durchströmte das Wort aus den tiefsten Tiefen meinen Sinn wie etwas, das *ich* gewählt hatte.

Junge Menschen machen viele solcher Erfahrungen – eine Delle im Kotflügel von Papas nagelneuen Wagen, ein zu ungestümer sexueller Entdeckergeist, eine Eskapade mit einer Straßenbande an der Grenze der Legalität, etc.. Ob man sie nun alleine läßt oder ob man ihnen mit Erbarmen und Vertrauen begegnet, für junge Menschen können solche Erlebnisse wie eine Mühle sein, in der sie ihre Gedanken und Emotionen zum Pulver der Buße und der Veränderung mahlen. Sie können ihre eigene Wirklichkeit entdecken und sich allmählich erheben, um wie Erwachsene zu leben.

Doch wenn Mama und Papa von der Missetat eines Teenagers hören und sich, in der Absicht, ihn auf den rechten Weg zurückzubringen, wie ein Würgeengel auf ihn stürzen, rauben sie ihm seinen Unternehmungs- und Entdeckergeist. Somit sieht er sich womöglich gezwungen, genau das zu verteidigen, womit er die Realität entdeckt hätte und zur Vernunft zurückgekehrt wäre. Um sich selbst zu finden, muß er sich dann leider noch weiter erniedrigen, auf der Suche nach einem Bereich, in dem ihm seine Eltern noch nicht zuvorgekommen sind. Wiederholte Auseinandersetzungen bringen ihn vielleicht dazu, aus Rebellion wie in einem Sumpf in genau dem Verhalten steckenzubleiben, das er sich wirklich nicht zueigen gemacht hätte, wenn ihm seine Eltern (oder andere) nicht so erdrückend im Nacken gesessen hätten.

Zur Individuation und Internalisation braucht man Mut. Wer einen gestärkten Geist hat (Eph 3,16), kann es schaffen; wer ihn nicht hat, schafft es nicht. Die Individuation muß dann stattfinden, wenn unser Inneres danach ruft; jede Person muß dabei ihrem persönlichem Zeitplan folgen; wenn nicht, dann tun wir es unter großen Gefahren später, oder überhaupt nicht mehr. Allzuoft standen schon junge Frauen vor unserer Tür, die zu früh das Haus ihres Vaters verlassen und sich ihrem Ehemann untergeordnet hatten, ohne den Prozeß der Individuation und der Internalisation durchlebt zu haben. Jetzt verspüren sie einen Freiheitsdrang, der durch eheliche und mütterliche Pflichten blockiert wird. Für solche Frauen ist es sehr schwierig, den Raum und die Zeit zu finden, um das zu tun, was sie schon früher hätten tun sollen.

Die Sozialisation und die Individuation gehen Hand in Hand; im Laufe eines Lebens ist mal die erstere vorrangig oder wichtig, mal die zweitere. Jeder Schritt muß zu seiner Zeit getan werden; man kann erst dann in die nächste Phase der Individuation oder der Sozialisation eintreten, wenn die vorige beendet ist. Gleich nach der Geburt gilt es als erstes zu lernen, ein Gemeinschaftswesen zu werden. Die geistigen Prozesse, die im ersten Lebensjahr eines Kindes ablaufen, konzentrieren sich voll und ganz darauf, das Urvertrauen zu erlernen, also den grundlegenden Baustein, der die Gemeinschaftsfähigkeit im Erwachsenenalter erst möglich macht. Ein Baby muß lernen, seinen Geist zu öffnen, sich in andere Menschen hineinfallen zu lassen und selbst die anderen aufzunehmen. Es muß – trotz aller Verwundungen – die Fähigkeit erlernen, für andere offen zu bleiben.

Urvertrauen als der erste Baustein zur Gemeinschaftsfähigkeit ist auch die absolute Voraussetzung für die nächste Phase der Individuation: das Nein-Sagen. Wenn ein zweijähriges Kind das Urvertrauen, das für seine Gemeinschaftsfähigkeit unabdingbar ist, noch immer nicht erlernt hat, kann es auch die nächsten Schritte der Individuation nicht bewältigen (vgl. Kap.1 „The Demon that rises with us", in *Restoring the Christian Family*). Ein Zweijähriger braucht schon Mut, wenn er zu den Erwachsenen nein sagt, die ja alles haben, was er zum Überleben braucht. Wenn er im Rahmen der Individuation nein sagt, dann meint er damit: „Ich bin nicht Du" und „Du bist nicht ich" und „Ich bin ein eigenständiger Mensch."

Wenn er sich nicht in die Gemeinschaft eingegliedert hat (und dadurch kein Urvertrauen gewonnen hat), und somit die Individuation keinen Erfolg haben wird (eben durch dieses Nein-Sagen), dann kann er auch nicht zur nächsten Lektion der Eingliederung weitergehen: die Zeit der Kinderbanden, das Spiel *mit* anderen, anstatt neben ihnen. Dann kann das Kind entweder eine dominante Funktion innehaben und alles kontrollieren oder brav ja sagen zu dem, was die Bande ausheckt. Es kann kein klares Ja oder Nein zur Bande finden; entweder kontrolliert es, oder es wird kontrolliert.

Wenn es im Prediger 3 heißt (wie oben zitiert), alles habe seine Zeit, dann ist das nicht nur eine rein gedanklich-philosophische Übung, die einen nur dazu bringen möchte, über etwas nachzudenken um des Nachdenkens willen. Diese Passage ist auch die Beschreibung eines Prinzips, das im Reifeprozeß eines Menschen, ja aller lebendigen Wesen, wirksam ist. Das Prinzip lautet, daß der Herr in seiner Weisheit für die Entwicklung aller Dinge Zeitphasen festgelegt hat, die aufeinander folgen. Alles, was zu seiner Zeit seine Bestimmung nicht erfüllt, ist defekt – und bekommt Probleme! Vielleicht verfluchte Jesus genau deswegen den Feigenbaum (Mt 21, Lk 11, Mk 13). Denn schon sehr früh, außerhalb der Jahreszeit, konnte man bei ihm darauf schließen, daß er Frucht bringen würde; doch die Früchte kamen nicht. Der Baum war krank und „aus dem Rhythmus" gekommen, hatte die Zeit verpaßt und somit nichts hervorgebracht.

Ein Kind, das in seinem ersten Lebensjahr das Urvertrauen nicht lernt, muß sich dann später, außerhalb der bestimmten Zeit und der bestimmten Umstände abplagen, um das zu lernen, was es hätte früher lernen sollen. Welcher Lehrer hat noch nicht mit Bedauern und mit dem Wunsch zu helfen ein sieben- oder achtjähriges Kind betrachtet, das noch nicht die sozialen Umgangsformen hatte, die eigentlich für viel jüngere Kinder normal wären? Das Prinzip, das hier zur Anwendung kommt, ist strikt und unbarmherzig: Was nicht mit Leichtigkeit zur rechten Zeit und in der rechten Reihenfolge erlernt wird, muß man sich unter großen Schwierigkeiten zur Unzeit und in der falschen Reihenfolge aneignen. Ein Mann, der sich im Rahmen seiner Individuation nicht von seiner Mama freigeschwommen hat, kann mit seiner Frau keine Gemeinschaft haben – es sei denn, er löst sich dann später und normalerweise in einem intensiven Kampf von seiner Mutter. Eine Frau, die in der Frühphase ihres Lebens keine gesunde Gemeinschaft mit ihrem Vater hatte, kann sich auch als Teenager in der Individuation nicht völlig von ihm trennen und später voll und ganz in die Gemeinschaft mit ihrem Ehemann eintreten; dennoch muß sie es lernen, jedoch zur Unzeit und außerhalb der natürlichen Abfolge der Ereignisse; das ist ein beschwerlicher Weg.

Wie ein Detektiv wird ein Seelsorger schließlich ein Gespür dafür bekommen, was nun zur falschen Zeit und am falschen Ort abläuft. Er erkennt, was nicht hineinpaßt. Wenn er die von Gott geplante Abfolge des Reifeprozesses kennt, wird er auch das Deplazierte wie einen schrägen Ton wahrnehmen und schließlich danach suchen. Die Astronomen haben einige der uns bekannten Planeten entdeckt, weil sie sich sehr über Unregelmäßigkeiten – quasi die „schrägen Töne" – in den Umlaufbahnen einiger Planeten wunderten; nach einer Weile konnten sie aus diesen Beobachtungen ableiten, daß irgendetwas diese Unregelmäßigkeiten auslösen müsse; schließlich machten sich sich auf die Suche, bis sie den unsichtbaren Planeten entdeckten (wie das z.B. bei Pluto der Fall war). Genauso kann ein Seelsorger, der die richtigen Abläufe des Reifeprozesses versteht, aufgrund von Vorgängen, die am falschen Platz, zur falschen Zeit und in der falschen Reihenfolge ablaufen, erfühlen, daß die Reife durch irgendeine sündige Struktur irgendwo in der Vergangenheit verhindert worden sein muß, die nur noch entdeckt und transparent werden muß (vgl. Eph 5,13).

Ein Mann, den seine Frau verlassen hatte, kam zu uns. Er leitete einen im ganzen Land bekannten Mediendienst, und sie war die Tochter eines Pastors, die ihr gestrenges Elternhaus schon recht früh verlassen hatte, um am weithin sichtbaren, rechtschaffenen Lebensstil ihres Mannes teilzunehmen. Jetzt, da sie über dreißig war, wollte sie all die Dinge tun, die sie als Teenager nicht tun durfte. Sie dachte, sie wolle Rauchen und Trinken, Männer anmachen und Tanzen gehen. Ihr Mann, seine Arbeit und ihre Kinder waren für sie zu einem Gefängnis geworden. Ihre Freunde meinten, sie werde von Dämonen der Lust geplagt und beteten dementsprechend. Doch die Lust spielte nur eine untergeordnete Rolle. Denn jetzt, da sie mehr als dreißig Jahre alt war, machten sich die Forderungen der Internalisation und der Individuation, sie solle endlich das tun, was sie schon mit fünfzehn oder zwanzig hätte tun sollen, laut bemerkbar.

Die Gebete ihrer treuen Geschwister gingen völlig an ihr vorbei. Ihre Gemeinde wollte sie an dieselben Verhaltensweisen ketten, gegen die sie doch reagieren und die sie hinterfragen mußte. Ihre Ratgeber schalten sie und appellierten an „das Gute in ihr" und an „ihre Liebe zum Herrn"; sie versuchten, an ihr irgendwie den Hebel anzusetzen und erkannten dabei nicht, daß sie sich von ihr isolierten, weil sie in dieselbe Kerbe schlugen wie ihr Vater und die „Gesellschaft", gegen die sie sich ja behaupten mußte. Da sie durch und durch leistungsorientiert war, konnte sie keine akzeptable Möglichkeit finden, wie sie die Fragen ihres forschenden Geistes durchspielen konnte. Für sie hieß es „alles oder nichts" – entweder ganz mit Jesus auf der Seite der Moral oder ganz in die Abgründe der Sünde. Das waren freilich nicht die Möglichkeiten, die ihr in Wirklichkeit offenstanden! Da sie die Dynamik in ihrem Inneren nicht verstand, konnte sie auch nicht begreifen, welche Kraft sie immer weiter vorantrieb; sie wußte nur soviel, daß die Menschen, die rauchten, tranken und tanzten nicht so ungeheuerlich waren, wie man es ihr wohl immer erzählt hatte. Wenn diese Darstellungen nun falsch waren, dann war das Christentum vielleicht nichts anderes als nur ein Spielchen darum, wer mehr leisten kann. Natürlich konnte sie jetzt auch allmählich erkennen, daß die Menschen um sie herum nur Masken trugen und ihre Rollen spielten. Deshalb zog sie den Schluß, daß sie ganz aussteigen wollte.

Leider verstand niemand in ihrer Gemeinde, was sie eigentlich durchmachte. Sie wollten nur Dämonen jagen oder sie rügen, sie solle endlich wieder ihre angestammte Rolle spielen. Die Tatsache, daß sie alles hinwerfen wollte, spiegelte nur ihre Not wieder, endlich ausbrechen zu können; durch die Falle der Leistungsorientierung war sie in diese übergroße Rebellion gegangen. Hätte man ihr nur verstehen geholfen, dann wäre es auch in Ordnung gewesen, Dinge zu versuchen und auszuprobieren; ein weiser Leib Christi und ein weiser Ehemann, deren Ziel es ist, sie zu unterstützen, hätten ihr das auch zugestanden. Schließlich ließ sie sich scheiden und warf sich mit Leib und Seele in die übelsten Sünden.

Dann wurde ich (John) zu Rate gezogen – natürlich zu spät. Ungeachtet meiner Worte und Taten, betrachtete sie meinen Versuch lediglich als einen weiteren schlauen Trick, der sie in die Gemeinschaft zurückholen sollte. Und da sie Kinder hatte, konnte ich dem Anschein nach auch nichts anderes im Sinn haben. Ich konnte sie von der Verantwortung für ihre Kinder nicht befreien, auch wenn ich wußte, wie sehr sie diese Freiheit bräuchte. Preis dem Herrn, sie hat den Mut gefunden, es zu versuchen, ein eigenständiger Mensch zu sein; daß das so spät geschah, war jedoch wirklich eine Tragödie!

Momentan grassiert im ganzen Land die Sucht, daß pflichtbewußte Mütter plötzlich ausbrechen und sich in ein wildes Leben stürzen. Manche Väter verlassen ihre Familien. Bei den meisten Fällen ist der Hauptgrund wohl darin zu suchen, daß im Teenageralter keine Individuation stattgefunden hat und der Mensch somit unfähig ist, sich in ein Gemeinschaftsleben einzugliedern. Es gab zwar eine Hochzeit, doch führte sie nie in eine richtige Ehe.

Während ich (John) diese Zeilen schreibe, denke ich an die Töchter dreier Pastoren, die alle zu spät von mir einen seelsorgerlichen Rat empfangen hatten. Alle drei verließen ihre Ehemänner, stürzten sich in das wilde Leben und sind nun geschieden. Uns wurde nicht rechtzeitig die Gelegenheit gegeben, sie oder ihre Ehen zu retten. Die Verwandten, Freunde und Gemeindemitglieder der drei Frauen gingen davon aus, sie wären von der Lust verführt worden. Keine von ihnen traf in ihrer Gemeinde auf Verständnis, noch begriffen sie selbst völlig, was mit ihnen los war. Alle drei hätten gerettet werden können, wenn die Gemeinde rechtzeitig erkannt hätte, was eigentlich Sache war, und ihnen in Weisheit gedient hätte.

Eine Individuation, die erst spät stattfindet, kann und soll nicht verhindert oder durch Heilungsmaßnahmen eingeschränkt werden. Die Seelsorger müssen treu assistieren, voll Erbarmen und Gnade verstehen und bereit sein, die Scherben aufzuheben. Unser Herr kam vor allem, um Menschen frei zu setzen, auf daß sie reif werden. Vielleicht ist das eine der möglichen Bedeutungen des geheimnisvollen Wortes Jesu, das wir in Matthäus 10,34-36 finden:

> Meint nicht, daß ich gekommen sei, Frieden auf die Erde zu bringen; ich bin nicht gekommen, Frieden zu bringen, sondern das Schwert. Denn ich bin gekommen, den Menschen zu entzweien mit seinem Vater und die Tochter mit ihrer Mutter und die Schwiegertochter mit ihrer Schwiegermutter.

„So viele ihn aber aufnahmen, denen gab er das Recht, Kinder Gottes zu werden, denen, die an seinen Namen glauben" (Joh 1,12). Beachten Sie hier, wie klar das Wort Gottes ist. Es heißt nicht, daß diejenigen, die ihn aufnahmen, alle automatisch und augenblicklich Kinder Gottes wurden. In gewisser Hinsicht werden sie das natürlich schon. Aber Johannes meint hier noch etwas anderes. Er sagt: „...das Recht...*zu werden*". Das weist auf einen Prozeß hin, auf den Prozeß, in dem wir als Söhne in Christus hineinreifen.

Hoffentlich können wir das Folgende vorsichtig genug ausdrücken und der Leser es ebenso aufnehmen: Könnte es nicht sein, daß die

Episode des älteren Bruders in Jesu Gleichnis vom verlorenen Sohn unter anderem auch darauf hinweist, daß für Jesus die Reife in ihm wertvoller ist, als immer nur brav zu sein? Nehmen wir einmal an, wir hätten zwei Kinder; das erste ist immer wieder auf die Nase gefallen und kam durch all die Fährnisse hindurch schließlich weise und frei zurück; das zweite war immer der Inbegriff artigen Verhaltens, doch mit ihm können wir niemals so lachen und scherzen, weil es nicht aufrichtig ist und immer nur etwas leisten will, um uns zu gefallen. Wessen Weg betrachten wir mit mehr Gelassenheit? Wer von beiden ist uns wirklich ein Sohn geworden? Der Leistungsorientierte bleibt ein Diener, der versucht, uns zu gefallen. Der Erste ist zu einem echten Sohn geworden, mit dem wir eine tiefgehende Beziehung haben können, von der sich der Zweite überhaupt keine Vorstellung macht.

Sprechen wir uns hier zugunsten der Sünde aus? Das sei ferne. Viele junge Menschen können die Individuation und Internalisation durchleben, ohne in Rebellion oder in einen unmoralischen Lebenswandel zu fallen.

Wenn ein Kind jedoch seine Individuation nicht anders durchlaufen kann, dann *möchten* wir in aller Deutlichkeit sagen, daß wir uns sicher sind, dem Herrn ist es lieber, wenn es rebelliert und so zu sich selbst findet, als wenn es immer ein leistungsorientierter Pharisäer bleibt! Ich glaube, daß unser Herr am Kreuz den Preis bezahlt hat, damit Söhne wirklich Söhne werden können und keine Diener bleiben. Wenn wir dies schreiben, hoffen wir, dadurch für diejenigen die Totenglocke zu läuten, die immer nur schimpfen, und in denjenigen Hoffnung und Glauben zu wecken, deren Söhne immer noch rebellieren. Was solche Söhne tun, ist nicht durch und durch schlecht, und offensichtlich haben die Eltern etwas richtig gemacht, denn sonst hätte das Kind nicht den Mut gefunden, etwas auszuprobieren.

Unser Wort an Eltern und Seelsorger lautet – lassen Sie sie gehen. Je früher man sie freisetzt, desto weniger müssen sie rebellieren. Wir sprechen hier nicht von Nachgiebigkeit. Bestimmte Regeln müssen aufrechterhalten werden. Wir sprechen davon, die Kinder *im Herzen* gehen zu lassen, was in äußerem Erbarmen und Verständnis seinen Ausdruck findet.

Wer gerade seine Individuation durchmacht, braucht Vertrauen und keine naive Einstellung, die wirklich von ihm erwartet, er müsse sich brav verhalten und sagt: „Ich vertraue darauf, daß Du brav bist." Wir meinen dieses Vertrauen, das sagt: „Ich weiß, daß Du Fehler machen wirst. Ich weiß, daß Du alles mögliche herausfinden mußt. Ich vertraue darauf, daß Gottes Wege und das, was in Dir ist, dadurch zum Vorschein kommt. Ich lasse Dich gehen, doch stehe ich in Liebe an Deiner Seite."

Wenn Eltern ihren Kindern bis zum Teenageralter die moralischen Werte nicht anerzogen haben, dann ist es zu spät. Diese Ausbildungsphase dauert von der Geburt bis zum zwölften Lebensjahr. Natürlich kann die Erziehung darüberhinaus noch weitergehen, doch sie hat nur noch ausschmückenden Charakter. Die Ecksteine müssen zur rechten Zeit, nämlich in der Kindheit gelegt werden, und nicht danach.

In *Restoring the Christian Family*, Kapitel 5, „Fathers, Sons and Daughters", schrieben wir für Eltern, wie sie mit ihren Teenagern umgehen sollen. Hier versuchen wir, die einzigartige und spezielle Art und Weise zu vermitteln, wie man in der Seelsorge auf Teenager und andere Menschen eingehen soll, die ihre Individuation später durchlaufen müssen.

Selten kommen Teenager aus freien Stücken. Meistens, wenn sie dann an der Türe stehen, sind sie mißmutig, fühlen sich gedrängt und gefangen und gehen davon aus, daß man an ihnen herumhantiert und sie manipuliert, damit sie schließlich wieder klein beigeben und brav sind. Sie sind fest entschlossen, allem – außer Offenheit, Ehrlichkeit und Vertrauen – zu widerstehen. In der Regel haben sie auch Angst vor sich selbst und wünschten, sie könnten darüber reden; doch sie geben sich stählern, damit sie eben nicht darüber reden müssen, weil sie fürchten, sie könnten sich durch Sympathie einreden lassen, wieder in das alte Gefängnis der Gedanken zurückzukehren.

Unser Wort in dieser Situation lautet: *„Gemeinsam mit"* und nicht „gegen". Lassen sie diese Falle hinter sich, der Stellvertreter der Eltern zu sein, der sich *an* diesem jungen Menschen zu schaffen macht. Ich (John) fange normalerweise damit an, daß ich frage: „Tom, bist Du nun hier, weil Du willst, oder fühlst Du Dich wie die Maus in ihrer Falle?" Dann sprechen wir eine Weile darüber. Ich versuche nicht, ihn davon zu überzeugen, daß ich nicht der verlängerte Arm seiner Eltern bin. Diese Vertrauensposition muß man sich erringen; man darf sie dem anderen nicht andrehen. Sonst bekommt er den Eindruck, man wolle ihn „einseifen".

Es gibt ein biblisches Prinzip, das man als Leitfaden für die Seelsorge an Teenagern (und an allen anderen) nehmen kann: „Weint mit den Weinenden" (Röm 12,15b). Teenager, die rebellisch sind und Seelsorge brauchen, weinen innerlich, auch wenn es die meisten von ihnen nie zugeben würden. In ihren Herzen weinen und leiden sie, weil ihre Eltern sie nicht verstehen. Voll Schmerz betrachten sie sich selbst und vielleicht ist es notwendig, daß sie auf jemand anderen oder alle anderen zornig sind, weil sie sich selbst dabei ertappen, wie sie auf eine Art und Weise handeln, die sie eigentlich hassen, während sie nach außen hin vorgeben, sie hätten einen Riesenspaß dabei. Also weine ich mit ihnen. Ich sage: „Ich möchte Dir etwas erzählen, wenn Du nichts dagegen hast." Dann veranschauliche ich die Grundzüge der Individuation und der Internalisation und fahre fort: „Das Problem dabei ist, daß die meisten Eltern nichts davon verstehen. Sie wissen nicht, wie sie loslassen sollen. Sie behandeln einen jungen Mann wie einen Acht- oder Zehnjährigen und dann verstehen sie nicht, warum er ausrastet. Sie vertrauen nicht darauf, daß Du selbst Deinen eigenen gesunden Menschenverstand gebrauchst. Sie schaffen Dir Dinge an, so als ob Du selbst nicht daran gedacht hättest; da wirst Du natürlich stocksauer, weil Du Dir vorkommst wie ein kleines Kind oder sonstwas." Nachdem man darüber geplaudert hat, wird ein Teenager in aller Regel herausplatzen: „Genau, warum können sie mich nicht endlich mal in Ruhe lassen! Mann, was ist denn schon dabei, wenn man mal'n bißchen später heimkommt (oder wenn man lange Haare hat, oder mit dem und dem herumstromert etc.)?" Er (oder sie) beginnt Vertrauen zu fassen und öffnet sich. Ich versuche nicht, den Standpunkt der Eltern zu verteidigen oder dem Teenager seine Eltern zu erklären. Immer noch ist Anteilnahme angesagt. Ich erwidere also: „Ja, sie können das nicht ausstehen, oder?" Oder „Da fragt man sich doch, warum sie so ein Tamtam daraus machen." Dadurch öffnen sich vielleicht die Türen und man beginnt, sich stundenlang auszutauschen und gemeinsam zu meckern. Der Seelsorger muß sich auf die Zunge beißen, um nicht zu korrigieren, einen Rat zu geben, zu erklären oder zu verteidigen; er muß einfach nur zuhören. Vielleicht fühlt er sich wie ein Verräter an den Eltern und fragt sich, ob er nicht einem Teenager hilft, sich zu entschuldigen, anstatt ihn zur Rechenschaft zu ziehen. Doch erst wenn das Vertrauen auf festen Füßen steht und man die „innere Reinigung" (alles „rauslassen") gestattet hat, kann ein wirklicher wechselseitiger Dialog beginnen, und keinen Moment früher.

In der Regel arbeiten wir bei einem Teenager nicht gleich zu Anfang direkt auf innere Heilung hin. Wenn man jedoch einigen besonders lästigen Chrakterzügen, die nichts mit der eigentlichen Entwicklung des Teenagers zu tun haben, seine Aufmerksamkeit schenken muß, dann kann das auch gleich der Fall sein. Eine weise Faustregel lautet: Wenn innen alles im Argen liegt, dann soll außen alles an seinem Platz bleiben. Das heißt also, wenn sich ein innerliches Trauma abspielt, dann soll man nach Möglichkeit die Arbeitsstelle, den Freundeskreis, die Gemeinde und alle anderen sozialen Aktivitäten beibehalten. Denn wenn sich auch die Arbeitssituation, der Freundeskreis, die Gemeindezugehörigkeit und all die anderen Beziehungen verändern, dann sollte man innere Probleme erst dann anpacken, wenn sich die Wogen wieder geglättet haben. Wenn die Außenwelt in Bewegung ist, soll man die Innenwelt nicht auch noch aufwühlen. Bekämpfen Sie nicht beide Welten auf einmal – wenn sie nicht unbedingt müssen. Die Zugehörigkeiten eines Teenagers ändern sich ständig und seine Innenwelt wird ohnehin schon von der Individuation und der Internalisation hin- und hergerissen; somit ist das wirklich kein besonders günstiger Moment, auch noch mit der inneren Heilung zu beginnen.

Ein erstes Gespräch mit einem Teenager soll eine Basis außerhalb seines Heims schaffen; er soll jemanden haben, auf dessen Seite er sich stellen kann, der ihn nicht wie ein kleines Kind behandelt, der ihm in allem zuhört, der ihn nicht anpredigt oder versucht, ihn augenblicklich wieder auf die rechte Bahn zurückzubringen und vor allem jemanden, der ihm die Initiative für sein Leben nicht aus der Hand nimmt und ihm nicht schon im voraus die Antworten gibt, die er sich selbst erringen muß.

So ein Ratsuchender wird oft versuchen, die Worte des Seelsorgers gegen die Eltern zu verwenden, manchmal die Wahrheit ein wenig zu sehr zu strapazieren und dem Seelsorger bestimmte passende Worte in den Mund zu legen. Deshalb muß sich der Seelsorger auch mit den Eltern treffen und ihnen genau erklären, was ihr Teenager gerade durchmacht und daß der Seelsorger zunächst einmal als Ansprechpartner akzeptiert werden muß. Der Seelsorger sollte den Eltern klarmachen, daß sie keine großartigen Veränderungen von heute auf morgen erwarten dürfen und sich nicht zu sorgen bräuchten, wenn es den Anschein hat, er unterstütze ihren Sohn oder ihre Tochter in ihren falschen Denkweisen. Da ich in einer Gegend groß wurde, in der es viele Farmen gab, sage ich manchmal: „Wissen Sie, als wir noch eine Ranch hatten, fanden wir heraus, daß man einer Herde Pferde, die durchgeht, am besten Herr wird, wenn man eine Weile mit ihr reitet. Dann kann man sich daran machen, die Anführer zu beruhigen. Dasselbe muß ich mit...machen, bis er dem, was ich zu sagen habe, zuhören kann, ohne sich abgelehnt zu fühlen. Sie wissen doch, daß ich mich immer für den Herrn und für gute moralische Grundsätze ausspreche. Geben Sie uns Zeit."

Manchmal steht der junge Mensch und ein oder beide Elternteile in einem solchen Spannungsverhältnis, daß sie ihn einfach nicht gewähren lassen können. Die Mama (in den meisten westlichen Kulturen normalerweise nicht der Papa) kann ihre Zunge einfach nicht beherrschen. Sie schimpft weiter und korrigiert, und die Reaktionen des Teenagers schaukeln sich hoch. In solchen Fällen zögern wir keinen Moment, mit den Eltern darüber zu sprechen, ob ihr Sohn oder ihre Tochter nicht eine Weile bei Verwandten oder engen Freunden wohnen könnte. Ein Tapetenwechsel ist hier oft hilfreich. Nachdem er lange genug experimentiert hat und oft genug auf die Nase gefallen ist, möchte sich ein Teenager dann ändern; doch die mütterlichen (oder väterlichen) Forderungen beschneiden seine freie Entscheidung für das Richtige. Was bleibt ihm anderes übrig, als das zu verteidigen, von dem er sich eigentlich abwenden möchte? In einer neuen Umgebung muß er jedoch nicht länger gegen dieses „Ich erinnere mich noch gut, wie Du damals..." und andere Anklagen ankämpfen. In dieser neuen Situation ist die Entscheidung für das Richtige nicht mehr gleichbedeutend mit dem Leugnen seines wahren Ichs. Wenn der Schatten der Eltern nicht mehr auf ihn fällt, dann kann er sich für genau das entscheiden, was er will, und dementsprechend handeln; doch jetzt ist es endlich sein eigen und kein Resultat willfährigen Verhaltens.

Mein älterer Bruder wohnte eine Weile bei Tante Tresia. Paulas Schwester verbrachte die beiden letzten Jahre der High School bei uns. Ihre Eltern liebten sie so sehr, daß sie dieser Konfliktlösung zustimmten. Jetzt sind unsere Geschwister standhafte Christen, die in ihrem Beruf eine ungeheuere Verantwortung tragen und die Freiheit haben, eine enge Beziehung mit ihren Eltern zu pflegen.

Christliche Eltern versagen bei Teenagern oft viel mehr als ungläubige, da sie zu verkniffen sind. Teenager, deren Eltern Nichtchristen sind und die nicht so streng kontrolliert werden, haben vielleicht mehr Freiheit, bestimmte Dinge auszuprobieren und finden früher heraus, welche Dinge nichts bringen (zumindest wenn ihnen grundlegende Erziehung und Liebe zuteil wurden, denn sonst fallen sie nur immer tiefer in den Sunmpf hinein). Früher hat sich ein Teenager auf der Jagd nach dem besten Hengst seines Vaters allenfalls die Beine wund gelaufen; leider kann er sich heute sein Gehirn mit Drogen zubetonieren, sich mit einem Sportwagen in einem Augenblick zum Krüppel fahren und Möglichkeiten finden, die Welt des Sex zu erforschen, die früheren Generationen absolut verschlossen waren. Deshalb sehen sich manche pflichtbewußte Eltern aus Angst heraus gezwungen, die Zügel straffer zu ziehen; somit werden Teenager allzu oft dazu gedrängt, sich von Dingen gefangennehmen zu lassen, die sie – ihrer eigenen Weisheit überlassen – nur mal eben ausprobiert hätten.

Das Kreuz ist der Faktor, der für die aktuelle Sitation entscheidend ist. Können die Eltern den Preis des Todes ihres Ichs, des Schmerzes und der Angst bezahlen und treu im Gebet verharren, bis der Teenager endlich zu sich selbst findet?

Wenn die Teenagerjahre eines Menschen voll Liebe, Zuneigung, Zucht und Verständnis sind, wenn er sich über die Qualität und Quantität seiner Erfahrungen aussprechen kann, dann hat der Teenager die idealen Voraussetzungen dafür, daß er sich seine Finger nur leicht verbrennen muß und daraufhin weiser und freier wieder in die Gesellschaft zurückkehren kann. Wenn er jedoch nur wenig körperliche Nähe erfährt, wenn wenig gesprochen wird, wenn er auf kein Verständnis stößt, wenn ihm nur wenig Komplimente und Bestätigungen zuteil werden, dann ist es fast sicher, daß der Zorn, der verborgen in seinem Inneren schwelt, den ganz normalen Abnabelungsprozeß zu Rebellion und amoralischem Verhalten steigern wird.

Wenn ein Seelsorger mit dem Teenager eine Vertrauensbasis geschaffen und dieser wieder Halt gefunden hat – insbesondere wenn er für eine Weile woandershin gezogen ist – dann kann der Seelsorger die tiefliegenden Wurzeln ins Visier nehmen. Er kann zu erklären beginnen, wie der Herr unsere tiefsten und geheimsten Gefühle erreicht und wie uns unsere frühkindlichen Erlebnisse heute beeinflussen. Gebet und Seelsorge laufen dann genauso ab, wie bei jedem anderen Ratsuchenden. Es ist schon erstaunlich, wie oft wir miterleben durften, wie junge Menschen eine absolute Kehrtwendung machten. Die heutigen Jugendlichen wachsen in einer selbstbewußten und psychologisch orientierten Gesellschaft auf. Sie können – schneller als die meisten Erwachsenen – erkennen, wenn hinter einem bestimmten Verhalten verborgene Motive stehen und wo sie herkommen. Ihr ganzes Wesen – so wie auch ihre Knochen – ist noch nicht so starr wie bei älteren Menschen. Es ist eine wahre Freude, Jugendlichen dienen zu können, wenn wir uns nur lange genug auf die Zunge beißen können, um die dazu erforderliche Ausgangposition zu erringen!

Ein Mensch, der als Teenager immer nur ein Saubermann war und keine Individuation und Internalisation durchlaufen hat und so mit zwanzig oder dreißig oder vierzig Jahren schließlich versucht, all das Versäumte nachzuholen, wird durch harte Zeiten gehen. Der Partner und die Kinder sind wie eine Mausefalle und werden ihm zur Last und nicht zum Segen oder zur Erfüllung. So ein Mensch kann die Bürde der tagtäglichen Arbeit, die momentan sein Leben ausmacht, nicht ablegen, um entdecken zu können, wer er gewesen wäre und was er gewollt hätte, wenn er sich nicht so früh angeschirrt hätte. Verwirrt steht er angesichts der Tatsache, daß es ihm immer schwerer fällt, sich selbst zu disziplinieren, um die niederen Arbeiten zu verrichten, die ihm früher recht unterhaltsam, ja sogar erfüllend zu sein schienen. Vielleicht wird er depressiv. Vielleicht verspürt er den befremdlichen Wunsch, sein Heim hinter sich zu lassen und eine neue Beziehung einzugehen. Wir hatten schon zahlreiche Frauen in der Seelsorge, deren Ehemänner sie tatsächlich fragten, ob sie nicht gelegentlich mal das Heim verlassen und sich in die Arme einer anderen werfen könnten! Diese Männer sprechen ihre Frauen normalerweise mit „Mutti" an und sind sich dessen nicht bewußt, daß sie ihre Mutterbeziehung auf ihre Ehefrau übertragen haben. So ein Mann hat keine Individuation durchlebt, sein Heim nicht verlassen (1.Mo 2,24) und konnte deshalb seiner Frau auch nicht treu bleiben; er bezeichnet sie als

Mutter, bis sein Verlangen nach einer Partnerin und der Wunsch, wieder in die Schuhe eines Jugendlichen treten zu können, ihn dahin bringt, sich einer anderen als seiner Ehefrau in die Arme zu werfen (vgl. Kap 19, „Finden, Verlassen, 'Anhangen'").

Für Frauen ist das um so schlimmer, da sie sowohl durch ihren mütterlichen Instinkt als auch durch die Normen ihrer jeweiligen Kultur in ihrer Rolle als Ehefrau und Mutter festgehalten werden. Wer sich dagegen auflehnt, gilt – auch in seinen eigenen Augen – als der schlimmste Sünder von allen. Doch aus einem inneren Zwang heraus wollen sie zwar nicht wirklich ungebunden sein, doch in jedem Fall ausbrechen; sie schreien nach Individuation, doch ihr Bewußtsein versteht diese „Freiheit" als Flucht vor den Fesseln des Rollenverhaltens, mit dem Ziel, endlich zu sich selbst zu finden.

Der Seelsorger hat damit vielleicht Schwierigkeiten: Wahrscheinlich versteht er, was in dieser Frau vorgeht und kann ihr auch begreifen helfen, in welcher Situation sie sich gerade befindet, doch dadurch wird weder diese Phase beendet noch allen Beteiligten entscheidend geholfen. Wenn man einmal aufgesprungen ist, verwandelt sich die Individuation in einen führerlosen Zug, der nur unter unglaublichen Schwierigkeiten, ja vielleicht überhaupt nicht mehr gebremst werden kann.

In der Seelsorge helfen wir einem Ehepaar als erstes, ihre Situation zu verstehen und schlagen dann verschiedene Alternativen vor. Erstens, die Frau oder der Mann sollten die Freiheit haben, in Hobbys, Volkshochschulkurse, Reisen, in alles, was ihm/ihr in einem relativ sicheren Rahmen erlaubt, verborgene Talente, Fähigkeiten oder Freuden zu entdecken, Zeit und Geld zu investieren. Zweitens, der Mann oder die Frau sollten es tunlichst vermeiden, sich in eine Papa- oder Mama-Rolle drängen zu lassen und sollten gelegentlich auch sagen: „He, ich bin nicht Dein Vater/Deine Mutter." Drittens, gleichgültig, für welches Hobby oder Programm man sich nun entschieden hat, der Mann oder die Frau sollten dem/der Ratsuchenden Raum für Entdeckungen und Abenteuer zugestehen, der ganz allein ihm/ihr gehört und nicht zu eng an den Partner gebunden ist. Der Partner sollte genug Fragen stellen, um klar zu machen, daß er Anteil nimmt, jedoch sollte er nicht wie der Inquisitor eines kleinen Kindes dastehen. Viertens, die Frau sollte sich unter Umständen nach einem Teilzeitjob umsehen oder nach einer anderen Beschäftigung, durch die sie oft genug außer Haus ist und das Gefühl bekommt, endlich ihre Flügel ausbreiten zu können. Fünftens, der Partner sollte dem/der Ratsuchenden anbieten, seine/ihre jugendliche Liebschaft zu sein! Überlassen Sie dieses Feld niemand anderem. Wir sagen: „Machen Sie *gemeinsam* Rabatz – auch wenn es ihnen ihr moralischer Anspruch nur erlaubt, mal eben nur ein bißchen auf den Putz zu klopfen. Seien Sie spontan und vergnügen Sie sich so richtig ausgelassen und hemmungslos und zwar regelmäßig." „Es ist schon in Ordnung, wenn Sie so tun, als seien Sie wieder Teenager. Vielleicht dauert es auch nicht lange, bis ihr Partner einsieht, daß es reicht – doch bis dahin haben Sie vielleicht selbst genug Spaß daran gefunden, daß Sie es beibehalten wollen, was Sie auch tun sollten. Gott ist besser als alle irdischen Eltern, und welche Eltern sind nicht glücklich, wenn sich ihre Kinder am Leben freuen?" Sechstens, ersuchen Sie den Ehepartner des Ratsuchenden einfühlsam zu sein, wenn die Frau (oder der Mann) mal keck sein möchte, obwohl man selbst eher ernst ist. Versuchen Sie vor allem nicht, zu schimpfen oder den Ratsuchenden wieder in Grundhaltungen und Emotionen zu zwängen, an die sich der Partner schon gewöhnt hat. Siebtens, der Partner sollte versuchen, einen Teil der Verantwortung auf sich zu nehmen, die der Ratsuchende abgeschüttelt hat, ohne das jedoch allzu auffällig zu tun und vor allem, ohne darüber zu klagen; gleichzeitig sollte man jedoch sensibel sein und es nicht zulassen, daß der andere seine Pflichten ganz und gar versäumt. Diese sieben Punkte, jedoch insbesondere der sechste, erfordern ein großes Maß an Selbstverleugnung; deshalb sind auch Gebet und das Kreuz zentrale Säulen des Erfolgs. Das ist in der Tat eine schwierige Rolle; es gibt darin keine Profis; deshalb sollte man den Ratsuchenden und seinen Partner auch darauf vorbereiten, daß es gut sein kann, daß sie sich langsam vorantasten müssen. Vor allem sollte man sie lehren, Glauben für den anderen zu haben und ihm zu vertrauen. Lehren Sie den Partner des Ratsuchenden, zu glauben, daß Gott seine Frau (ihren Mann) bewahren kann, bis sie (er) nach der Individuation wieder in die Schuhe des Erwachsenen paßt, die ihr (ihm) dann viel besser passen werden als zuvor.

Wenn sich der Ratsuchende in seiner gewonnenen Reife wieder heimisch gemacht hat, kann die Zeit kommen, in der man sich mit all den bitteren Wurzeln befaßt, die während dieses Prozesses, jedoch nicht vorher entstanden sind. Wir sollen nicht alles auf einmal ausgraben.

Da man im Geist schon stark sein muß, wenn man das Wagnis eingehen will, aus Familienrollen auszubrechen und herauszufinden, ob wir uns selbst überhaupt für sie entscheiden würden, kann es durchaus sein, daß manche Menschen unmittelbar nach einer überaus gesegneten Zeit in ihre verspätete Individuation eintreten! Vielleicht ist das Ehepaar besser miteinander ausgekommen als je zuvor oder der Heilige Geist hatte mehr Platz in ihrem Herzen gefunden als je zuvor. Irgendeine wunderbare Begebenheit ermutigte den inneren Menschen. Doch genau dann, wenn alles ideal zu laufen scheint, flippt einer von beiden aus. Ein Seelsorger kann den Menschen verstehen helfen, daß der ganze Prozeß – ob er nun in den Jugendjahren oder später abläuft – nicht dadurch ausgelöst wird, daß jemand versagt hat, sondern weil man durch etwas Gutes gestärkt wurde und etwas Gutes findet sich doch in allem. Jetzt gilt es, geduldig zu sein: „Das in der guten Erde aber sind die, welche in einem redlichen und guten Herzen das Wort, nachdem sie es gehört haben, bewahren und *Frucht bringen mit Ausharren*" (Lk 8,15; Hervorhebung vom Autor).

Die Bestimmung eines Menschen ist das Ende seiner Individuation. Eine Einzelperson hat vielleicht ehrgeizige Ziele und sucht sie zu erreichen. Das ist jedoch nicht dasselbe, wie seine Bestimmung zu erfüllen. Wir erachten die Bestimmung als etwas Gemeinschaftliches und nicht so sehr als etwas, das eine Einzelperson angeht, also als einen Beitrag zur Gesellschaft. Ein Mensch wird seine Bestimmung nur innerhalb seiner Sozialisation finden, da Gott uns so geschaffen hat. Immer wenn es im Neuen Testament um Gottes vorherbestimmten Willen geht, lesen wir von *unserem* Platz innerhalb des Leibes Christi:

> Gepriesen sei der Gott und Vater *unseres* Herrn Jesus Christus! Er hat *uns* gesegnet mit jeder geistlichen Segnung in der Himmelswelt in Christus, wie er *uns* in ihm auserwählt hat vor Grundlegung der Welt, daß *wir* heilig und tadellos vor ihm seien in Liebe und *uns* vorherbestimmt hat zur Sohnschaft durch Jesus Christus für sich selbst nach dem Wohlgefallen seines Willens, zum Preise der Herrlichkeit seiner Gnade, mit der er *uns* begnadigt hat in dem Geliebten.
>
> (Eph 1,3-6; Hervorhebung vom Autor)

> Er hat *uns* ja das Geheimnis seines Willens kundgetan nach seinem Wohlgefallen, das er sich vorgenommen hat in sich selbst für die Verwaltung bei der Erfüllung der Zeiten: alles zusammenzufassen in dem Christus, das, was in den Himmeln, und das, was auf der Erde ist – in ihm. Und in ihm haben *wir* auch ein Erbteil erlangt, die *wir* vorherbestimmt waren nach dem Vorsatz dessen, der alles nach dem Rat seines Willens wirkt, damit *wir* zum Preise seiner Herrlichkeit seien, die *wir* zuvor auf den Christus gehofft haben.
>
> (Eph 1,9-12; Hervorhebung vom Autor)

> So seid *ihr* nun nicht mehr Fremde und Nichtbürger, sondern *ihr* seid Mitbürger der Heiligen und Gottes Hausgenossen. *Ihr* seid aufgebaut auf der Grundlage der Apostel und Propheten, wobei Christus Jesus selbst Eckstein ist. In ihm *zusammengefügt, wächst der ganze Bau* zu einem heiligen Tempel im Herrn,

und in ihm *werdet auch ihr mitaufgebaut* zu einer Behausung Gottes im Geist.

(Eph 2,19-22; Hervorhebung vom Autor)

Lesen Sie auch Epheser 3,4-10 und 4,11-16; Römer 12,1-2; 1.Petrus 1,3-13 u.a.m.

Das „Unbehagen über die eigene Bestimmung" ist die Krankheit des Herzens, an der ein Mensch leidet, der das Gefühl hat, er verfehle seinen Lebenszweck, bzw. habe ihn schon verfehlt. Das ist nicht dasselbe wie die Wechseljahre eines Mannes oder einer Frau. Es ist nicht dasselbe wie die Phase, die ein Mensch durchlebt, wenn ihm dämmert, daß er den Erdkreis nicht in Brand setzen, nicht der Generaldirektor dieser oder jener Firma oder Gesellschaft, nicht diese oder jene Erfindung machen oder den Bestseller schlechthin schreiben wird. Es ist nicht dasselbe wie sich häuslich niederzulassen, um auch so ein „0-8-15-Typ" zu werden, der Familie hat und brav zur Arbeit geht. Es ist nicht zu vergleichen mit der Verzweiflung oder der Depression, die einsetzt, wenn man seinen Job verloren hat, im geschäftlichen Bereich versagt hat oder bankrott gegangen ist. Es ist nicht zu vergleichen mit der Traurigkeit darüber, nun auch zum alten Eisen zu gehören, oder daß alle Kinder schon von zu Hause weg sind. Es ist vielmehr dieses tiefe Elend, in das man fällt, wenn man das Gefühl hat, man habe seinen Platz nicht gefunden, von dem aus man in Gott seine lebendigen Werke in die Gesellschaft hätte einbringen sollen.

„Denn wir sind sein Gebilde, in Christus Jesus geschaffen zu guten Werken, die Gott zuvor bereitet hat, damit wir in ihnen wandeln sollen" (Eph 2,10). Ganz tief in unserem Geist wissen wir alle, daß wir in unserem Leben eine Mission erfüllen sollen. Wir wissen, daß etwas vorbereitet ist, das wir tun sollen. Wir fühlen, daß der Ort und die Zeit unserer Geburt zu diesem Zweck geplant wurden. Wenn wir gerade dem Tode entronnen sind, sagen wir doch im umgangssprachlichen Jargon oft: „Ich denke, meine Zeit ist noch nicht gekommen. Gott hat wohl noch was für mich zu tun."

„Darum wollen wir jetzt die Anfangslehre von Christus verlassen und zur Vollkommenheit übergehen, nicht abermals den Grund legen mit der Buße von den *toten Werken* und dem Glauben an Gott" (Hebr 6,1; Schlachter). „...wieviel mehr wird das Blut des Christus, der sich selbst durch den ewigen Geist als Opfer ohne Fehler Gott dargebracht hat, euer Gewissen reinigen von *toten Werken*, damit ihr dem lebendigen Gott dient!" (Hebr 9,14; Hervorhebung vom Autor). Tote Werke entspringen unserer eigenen fleischlichen Mühe und sind dazu da – ob wir das nun zugeben oder nicht –, um das Verlangen unseres Egos zu befriedigen oder um uns Ruhm einzubringen. Jeder Dienst, so großartig und heilig er auch sein mag – Evangelisation, Lehre, Heilung, Wundertaten, Prophetien –, kann ein totes Werk sein; Jesus sagte ja auch zu denen, die geweissagt, Dämonen ausgetrieben und viele gewaltige Wunder gewirkt hatten, folgendes: „Ich habe euch niemals gekannt. Weicht von mir, ihr Übeltäter!" (Mt 7,23). Jeder Dienst, so gering und weltlich er auch aussehen mag, kann ein lebendiges Werk sein – das Zimmerhandwerk (wie könnte es tot gewesen sein, als Jesus in seines Vaters Werkstatt war?), Klempnerei, Landwirtschaft, Müllabfuhr, etc.; Jesus sagte ja auch zu denen, die ins Reich eingegangen waren: „...wenn ihr es einem der geringsten dieser meiner Brüder getan habt, habt ihr es mir getan" (Mt 25,40).

Lebendige Werke werden vom Heiligen Geist initiiert, vorangetrieben und vollendet. Lebendige Werke verherrlichen Gott, ohne das bewußt zu versuchen oder vorzugeben. Sie rühmen ihn, weil sie sein Ruhm *sind.* Lebendige Werke werden im Fluß des Heiligen Geistes in unserem Leben getan, innerhalb seines Planes und seiner Absicht von Anbeginn der Schöpfung an (Ps 139,16; Eph 2,10). Lebendige Werke stehen auf der Seite der Auferstehung, also wenn der Kreuzestod vorausgegangen ist und Jesus nun frei walten und schalten kann und sie in uns, an unserer Statt und für uns tun kann.

Egal, wie individuell sie auch sein mögen, lebendige Werke stehen immer im Einklang mit der Gemeinschaft. Sie sind auf die anderen abgestimmt, so wie auch ein herrliches Violinsolo immer noch Teil eines ganzen Konzerts ist. Lebendige Werke sind *in ihrer Fülle* nur in Gemeinschaft möglich, da es Gottes Absicht war, die Reife als Prozeß des Gemeinschaftslebens zu gestalten (Eph 4,9-16).

Als ich achtzehn Jahre alt war, erzählte mir meine Mutter, daß ihr acht Monate vor meiner Geburt im Traum Gott erschienen sei, und ihr gesagt habe, sie würde einen Sohn bekommen, der sein Diener würde. Das veranlaßte mich (oder ich bemühte mich selbst) herauszufinden, wozu ich geschaffen war. Je hastiger ich voranging, desto weiter wurde ich zurückgeworfen. In allem, was ich mit Eile tun wollte, fand ich nichts. Nach vielen Jahren des Suchens gab ich schließlich auf und wollte mich nie wieder abmühen. Ich legte meine Mission und meinen Lebenszweck auf den Altar und stellte mich Gott für alles, was er haben wollte, zur Verfügung; ich war bereit, blind zu gehorchen (Jes 42,19). Wenn ich nun so zurückblicke, sehe ich, was hätte erreicht werden können, wenn das sein Wille gewesen wäre. Ich weiß immer noch nicht, was er will, doch es macht auf jeden Fall viel Spaß, das zu tun, was er mir vorlegt!

Wenn wir jemanden vor uns haben, der an diesem Unbehagen über die eigene Bestimmung leidet, geben wir folgenden Rat: „Lassen Sie los; legen Sie alles auf den Altar. Hören Sie auf zu suchen und sich abzurackern. Tun Sie all das, was Ihnen über den Weg läuft." Mose war über achtzig, als er berufen wurde, Israel zu befreien. Abraham war vierundsiebzig, als an ihn der Ruf erging, sein Land und seinen Vater zu verlassen (1.Mo 12); er war über hundert Jahre alt, als Isaak geboren wurde. Hast hätte nichts genutzt. Wir müssen unserem eigenen mühevollen Streben absterben.

Wir bezeichnen diese Lehre als das „Abraham-Isaak-Prinzip"; sie wird von Paulus in Philipper 3 noch einmal dargelegt. Alles, was uns Gewinn zu sein scheint, soll als Verlust gelten (V.7). Wir sollen all unsere Talente und Fähigkeiten, unsere Ziele und Absichten auf den Altar legen, so wie Abraham Gott gehorchte und Isaak geopfert hätte (1.Mo 11,1-8). Das befreit uns vom Zugriff dieser Dinge. Sie halten uns nicht länger fest; der Herr hält uns und sie fest.

In unserer Zeit haben viele große, internationale Dienste Schwierigkeiten, weil ihre Leiter (wie wir es sehen) ihren Dienst noch nicht losgelassen und auf den Altar gelegt haben, quasi als ihren Isaak, der geopfert werden soll. *Somit werden sie mehr vom Dienst als vom Herrn gehalten.* Ihre Werke vermischen sich mit fleischlichem Streben, weil sie versuchen, etwas für den Herrn zu tun, anstatt ihn sein Werk durch sie machen zu lassen. Deshalb sind sie in ihren todgeweihten Werken gefangen, obwohl doch um sie herum allenthalben die Zeichen des blühenden Lebens zu sehen sind. Weil ihre eigenen Werke noch nicht voll und ganz gestorben sind, können sie es dem Herrn auch nicht erlauben, die volle Kontrolle über sich selbst und über ihren Dienst zu übernehmen. Es kann unter anderem auch zu diesem Unbehagen über die eigene Bestimmung führen, wenn sie dieser Mühe und Plage, ihm zu dienen, nicht absterben.

Das Unbehagen über die eigene Bestimmung manifestiert sich dadurch, daß man ohne ersichtlichen Grund erschöpft ist und die Schultern hängen läßt, oder durch das genaue Gegenteil, nämlich daß man überdreht und maßlos enthusiastisch ist, sich zu sehr abrackert und einen emotionellen Überschwang vorgaukelt. Man erkennt dieses Unbehagen auch an Träumen, in denen man etwas verliert, etwas umsonst sucht, ein wichtiges Flugzeug oder einen Zug verpaßt oder etwas anderes Frustrierendes erlebt (wenngleich ein derartiger Traum nicht immer auf dieses spezielle Unbehagen hinweist). Das Unbehagen über die eigene Bestimmung zeigt sich am deutlichsten durch eine alles bestimmende Verteidigungshaltung, was den Dienst und die eigene Funktion innerhalb dieses Dienstes betrifft. Es offenbart sich durch immer weitreichendere Taktiken der Kontrolle und der Manipulation, besonders im Bereich der Werbung und in Zeitungsartikeln. Das alles führt mehr und mehr in die Isolation, und schließlich greift man auch noch andere an. Das Ende der Geschichte ist der Selbstmord von Jonestown.

Diesem Unbehagen über die eigene Bestimmung versetzt man den ersten Schlag dadurch, daß man aus ganzem Herzen bereit ist, dem Leib in der Funktion zu dienen, die Gott einem zuteilt. Man erringt die ersten Siege, wenn man gewillt ist, all dem ein offenes Ohr zu schenken, was einem der Herr durch einen Seelsorger sagen möchte, insbesondere wenn uns dieser Rat durch genau die Personen zuteil wird, die wir normalerweise, ohne lange nachzudenken, ablehnen würden. Wir überwinden dieses Unbehagen, wenn wir erkennen können, daß jeder Bruder, so verirrt er uns auch vorkommen mag, ein Teil des Leibes Christi ist und daß unter all seinen vermeintlich wirren Worten, die er uns an den Kopf wirft, auch einige Wahrheiten sind, von denen Gott möchte, daß wir auf sie hören. „In der Bruderliebe seid herzlich zueinander, in Ehrerbietung einer dem anderen vorangehend" (Röm 12,10).

„Wahrlich, wahrlich, ich sage dir: Als du jünger warst, gürtetest du dich selbst und gingst, wohin du wolltest; wenn du aber alt geworden bist, wirst du deine Hände ausstrecken, und ein anderer wird dich gürten und hinbringen, wohin du nicht willst" (Joh 21,18). Als frischbekehrter Christ gürtet sich jeder von uns *individuell* und läuft, wohin er will und tut, was er will. Wir sind wie Kinder, die sich nur um ihre eigenen Erfahrungen drehen, gleichgültig wieviel Gutes wir dabei auch tun mögen. Doch wenn wir in Christus heranreifen, strecken wir uns danach aus, daß uns jemand zur Seite steht und andere nehmen uns bei der Hand und führen uns dorthin, wo wir eigentlich nicht hin wollen. Ein unreifer Mensch zeichnet sich dadurch aus, daß er – wie in dem wohlklingenden, doch inhaltlich falschen Gedicht „Invictus" – mit Nachdruck auf seinem Standpunkt beharrt: „Ich bin der Meister meines Schicksals; ich bin der Führer meiner Seel'" („Invictus", William Ernest Henley, 1849-1903).

Ein reifer Mensch zeichnet sich – wie Jesus – dadurch aus, daß er nicht seine persönliche Kraft einsetzt, um seiner Bestimmung innerhalb der Gemeinschaft aller Gläubigen zu entrinnen. Er gibt sich vielmehr vorbehaltslos, jedoch nicht unbedacht, in die Hände anderer und vertraut Gott, auch wenn die anderen Dinge tun mögen, die er sich selbst nie aussuchen würde, wie z.B. die Kreuzigung! Da Jesus das schon vollbracht hat, empfangen wir oftmals im Inneren den Tod und nach außen hin Ehre, was vielleicht noch schwerer zu ertragen ist.

Jemand, der an diesem Unbehagen über die eigene Bestimmung leidet, besteht sicherlich darauf, alles „auf seine spezielle Art und Weise" getan zu haben, was ja auch der Inhalt vieler populärer Lieder ist. Ein Bruder, der Pastor ist und den ich als Lehrer und Hirte sehr liebte, saß neben anderen Pastoren in einem Vorbereitungstreffen zu einem Dienst. Sie alle beteten in wunderbarer Übereinstimmung. Doch er stand auf und sagte: „Brüder, ich kann euren Dienst nicht akzeptieren. Ich weiß, was am besten für mich ist und ich muß meinen eigenen Weg gehen." Dieser Weg führte ihn in den Verlust seines Dienstes und in eine zeitweilige geistige Krankheit.

Franz von Assisi ritt auf einem Esel. Ein Bruder, der zu Fuß des Wegs kam, schrie ihn voll Zorn an, weil er ritt, während die Armen laufen müssen. Franz fiel vor dem Mann auf die Knie und dankte ihm für die Ermahnung. Franz erfüllte vor Gott seine Bestimmung unter den Menschen.

> Ein Wallfahrtslied. Von David.
> Siehe, wie gut und wie lieblich ist es,
> wenn Brüder einträchtig beieinander wohnen.
> Wie das kostbare Öl auf dem Haupt, das herabfließt auf den Bart,
> auf den Bart Aarons,
> das herabfließt auf den Halssaum seiner Kleider.
> Wie der Tau des Hermon, der herabfließt auf die Berge Zions.
> Denn dorthin hat der Herr den Segen befohlen,
> Leben bis in Ewigkeit.

(Ps 133)

19
Finden, verlassen, „anhangen"

Deshalb wird ein Mensch seinen Vater und seine Mutter verlassen und seinem Weibe anhangen, und die zwei werden ein Fleisch sein.

(1.Mo 2,24; Eph 5,31; Meister)

Höre, Tochter, und sieh, und neige dein Ohr; Und vergiß dein Volk und deines Vaters Haus!

(Ps 45,11)

Finden

Eine der größten Ungerechtigkeiten unserer westlichen Kultur besteht wohl darin, daß ein junger Mensch die drei Entscheidungen, die sein Leben entscheidend prägen werden – sein Glaube, sein Partner und sein Beruf – fällen muß, noch bevor er Zeit hat, weise genug zu werden. Die maßgebliche Bedeutung der Glaubens- und der Berufsentscheidung konzentriert sich nicht auf einen bestimmten Moment. Es ist zwar wichtig, daß ein Mensch zum Glauben kommt, während er noch jung ist (Pred 12,1), doch der Herr kann ihn auch später noch erlösen und verändern, auch wenn er unter dem Einfluß einer noch so entsetzlichen Sekte stand. Für einige Menschen war es ausgesprochen segensreich, zunächst einmal einige Jahre in verschiedenen Berufen Erfahrungen sammeln zu können, bevor sie den Ruf für ihren eigentlichen Beruf empfingen. Die Entscheidung für die Ehe ist hingegen unwiderruflich. Man sollte sie später nicht ändern. Unser Erbgut und unsere kulturellen Gepflogenheiten legen es nahe, sich etwa mit einundzwanzig Jahren für einen Partner zu entscheiden. Diese Entscheidung wird unser Leben entweder segnen oder zerstören (es sei denn, die Gnade Christi schreitet ein)!

Unser Schulsystem vermittelt uns die grundlegenden Techniken des Lesens, Schreibens und Rechnens, gibt uns jedoch so gut wie kein Handwerkszeug mit, wie wir zwischenmenschliche Beziehungen bewältigen können, was ja für die Ehe erforderlich ist! In verschiedenen Ausbildungsbereichen, in Berufsschulen, Realschulen und Gymnasien werden wir auf das Berufsleben vorbereitet. Kirchen und Sonntagsschulen versuchen unser ganzes Leben lang, uns auf das Leben mit Gott vorzubereiten. Jedoch zur Vorbereitung auf den größten Segen im

Leben eines Menschen, die Ehe, und auf die wichtigste Lebensaufgabe, die Kindererziehung, gibt es keine Schulen. Unsere Familien, die von Gott her einen Lehrauftrag haben (Spr 1-7; Eph 6,4), versagen oft erbärmlich. Wie Babys, denen noch immer die Zuckerfee im Kopf herumgeistert, schicken wir unsere Kinder in etwas, das sich aufgrund ihrer Unkenntnis und ihres unveränderten fleischlichen Wesens als feindliches Territorium darstellt, als ein Meer voll Minen und Torpedos.

Mit diesem Buch wollen wir den Leib Christi zur Seelsorge zurüsten, doch können wir uns nicht auch zugunsten einer vorbeugenden Medizin aussprechen? Könnten die amerikanischen Bürger nicht eine Lobby bilden, die für Gesetze eintritt, die eine voreheliche Ausbildung verlangen, bevor man den Trauschein bekommt? Könnten wir nicht Gesetze beschließen, die eine Scheidung erst nach monatelanger Seelsorge für das Ehepaar erlaubt? Könnten unsere Oberschulen nicht Pflichtkurse über die Aufgaben von Eltern und die Ehebeziehung einführen? Wir wissen, wie wir uns alle vor der Möglichkeit fürchten, schlechte Lehre zu einer Pflichtveranstaltung zu machen. Doch gibt es einen großen Bereich der allgemeinen Übereinstimmung ohne Kontroversen, sowie der grundlegenden Weisheit, den man lehren könnte und sollte. Der ganze Themenkreis ist voller Fallen, und wer soll entscheiden, wer wen lehrt? Auf jeden Fall ist ein Gesetz nötig, das den Weg bahnt, bevor die Arbeit überhaupt beginnen kann.

Schon oft sind junge Menschen zu Paula und mir (und zu anderen Seelsorgern) mit der Frage gekommen, wie sie denn erkennen könnten, ob der, den sie ihm Auge haben, der Partner fürs Leben ist. Wir wünschten uns manchmal, die Menschen könnten zu den Gepflogenheiten der Tage der Bibel zurückkehren; damals wählten die Eltern für die Kinder den Partner aus. Doch wenn man die ganze Wahrheit kennen würde, wäre dieses Prinzip vielleicht auch nicht viel besser gewesen! (Zumindest können wir auf diese Weise die Eltern nicht anklagen; wir haben uns unser Nest selbst gebaut.)

Ein Seelsorger muß in so einem Fall wissen, welchen Rat er zu geben hat. Viele Christen versuchen, Gott (und/oder ihren Seelsorger) dazu zu drängen, ihnen zu sagen, ob der Mensch, auf den sie ein Auge geworfen haben, auch seine Wahl ist. Das scheint eine gute Idee zu sein, jedoch raten wir Christen an, nicht zu versuchen, Gott dazu zu bewegen, ihnen die Entscheidungsfindung abzunehmen. Wir erklären, daß erst noch andere persönliche Entscheidungen und konsequente Schritte in der Beziehung mit Gott anstehen, bevor die Partnerfrage beantwortet werden kann. Wir sagen: „Komm' zuerst mit Dir ins Reine, ob und wie Du Dein Leben mit Gott führen willst. Laß' ihn nicht nur als Heiland, sondern auch als Herr in Dein Leben. Leg' Dein ganzes

Leben in seine Hand. Dadurch erhält unser Herr, der sehr höflich ist, die Freiheit, die Schachfiguren in Deinem Leben zu bewegen, jedoch unter Einbeziehung Deines freien Willens; so kann er es arrangieren, daß Du schließlich über den stolpern wirst, den er von Anfang an für Dich bereitet hat."

Wir erläutern, daß Gott uns in der Regel den Entscheidungsfindungsprozeß nicht abnehmen wird, indem er uns sagt, wer der heißersehnte Partner ist. Er ist ein weiser Vater und deshalb möchte er, daß wir unsere eigenen Entscheidungen treffen. Oft wäre uns eine Weissagung lieber als das Zuhören; dann könnten wir die Zukunft erfahren und den Schwierigkeiten aus dem Weg gehen. Gott läßt das jedoch nicht zu.

„Das Herz des Menschen plant seinen Weg, aber der Herr lenkt seine Schritte" (Spr 16,9). Wir erklären weiterhin, daß ein großes Schiff zwar durch ein kleines Ruder gesteuert wird, es jedoch überhaupt nicht reagieren wird, solange es stillsteht. Wir sagen: „Da Du nun Dein Leben dem Herrn gegeben hast, entscheide, wo Du arbeiten, in welche Schule und in welche Gemeinde Du gehen willst. Verpflichte Dich zu einem Leben des Handelns im Dienst des Allerhöchsten. Auf Deinem Weg wird er Dich auch zu Deinem Partner führen" (vgl.1.Mo 2,18-22).

Wir glauben fest an Gottes Vorsehung. Wir vertrauen darauf, daß er in seiner Weisheit weiß, wie wir vollkommen frei bleiben können und wie er es dennoch schafft, uns zum richtigen Partner fürs Leben zu führen. Er kann Himmel und Erde in Bewegung setzen, nur damit uns unser zukünftiger Partner über den Weg läuft.

Solange sie noch ungebunden sind, müssen Mann und Frau so viele inwendig liegende Faktoren der Sünde anpacken wie möglich, damit die erste Wahl des Herrn auch ihre Wahl sein kann und nicht ein Mensch, durch den man nur das Schlimmste erntet. Unsere beste Vorbereitung auf einen Partner besteht zunächst einmal darin, Reinigung und Heilung für unser Herz und für unseren Sinn zu erlangen. Einige, ja vielleicht sogar die meisten Veränderungen in uns können erst dann geschehen, wenn das Zusammenleben mit unserem Partner unser sündiges Wesen offenlegt; jedoch wollen wir vorher zumindest so viel offenbaren, daß wir auch jemanden anziehen, der uns in den darauffolgenden Prozessen hilfreich zur Seite steht und uns nicht zerstört. Kein Wunder, daß das Wort warnt: „Und denke an deinen Schöpfer in den Tagen deiner Jugendzeit, *bevor die Tage des Übels kommen* und die Jahre herannahen, von denen du sagen wirst: *Ich habe kein Gefallen an ihnen!*" (Pred 12,1; Hervorhebung vom Autor).

Wenn der Herr die Frau zum Mann bringt (1.Mo 2,22) und das Leben so arrangiert, daß sie einander begegnen, wie können wir uns dann darauf vorbereiten, das alles zu erkennen? Wie werden wir den oder die Richtige erkennen, wenn er oder sie auf einmal auftaucht? Es gibt keine Garantien, keine bombensicheren Rezepte. In so einer Situation wird einem immer das Herz bis zum Hals schlagen. Doch ein Seelsorger kann wertvolle Hinweise geben.

Erstens, bekommt man diese Unterscheidungsfähigkeit in der Regel nicht durch romantische Leidenschaft. Normalerweise hat das nichts mit „Er wirkt unheimlich auf mich!" oder „Sie ist wirklich eine aufregende Frau!" zu tun. Wir glauben schon, daß es diese „Liebe auf den ersten Blick" gibt. Jedoch zeichnet sie sich in den seltensten Fällen durch außergewöhnliche Leidenschaft aus. Oftmals erkennen wir es tief in unserem Geist. Manchmal macht es „Klick". Eine Frau wird in ihrem Geist hellwach sein und überrascht, wie sehr sie sich auf einmal um das Wohlergehen dieses Mannes sorgt. Meist dauert es eine Weile, bis wir erkennen, was eigentlich los ist. Paula und ich waren schon fast sechs Monate miteinander gegangen, als ich ihr eines Tages im Frühling verkündete, ich könnte aufgrund der miserablen finanziellen Situation unserer Familie im Herbst nicht wieder auf das College gehen. Durch die plötzliche Verzweiflung in ihrem Herzen wußte Paula, daß ich ihr Zukünftiger war.

Der zweite Hinweis ist – unserer Erkenntnis nach – also nicht das gute Gefühl, sondern der Schmerz. Wenn wir nicht beim anderen sein können, dann stellen wir auf einmal fest, daß wir auf einer viel tieferen Ebene als der des unerfüllten romantischen Verlangens Schmerz empfinden. Kaum hören wir die erste Zeile dieses Liedes „Ich werde es nicht sein..." (...der Deine Kinder großzieht und Dich Dein Leben lang beschützt, segnet oder erfüllt), schon gibt es uns einen Stich im Herzen. Die Tiefe unserer Hingabe erkennen wir unter Umständen an unserem Kampf und an unserer Flucht. Je mehr uns bewußt wird, wieviel uns der andere bedeutet, desto leichter kämpfen wir, werden wir verwundet, finden Fehler an ihm oder tun alles, um unsere Flucht zu rechtfertigen.

Eines der sichersten Zeichen ist folgendes: Wir denken nicht mehr daran, was wir von dem anderen *bekommen* (z.B. „Traumhafte Stunden in den Straßen der Nacht..."). Auf einmal denken wir, wir möchten mit ihm/ihr noch nicht ins Bett gehen. Wir möchten diesen Menschen respektieren. Wir möchten ihm Nahrung und Segen geben. Dieses Verlangen geht weit über die normale Höflichkeit oder den Anstand hinaus. In unserer Phantasie denken wir über diesen Menschen in Kategorien der Ehrerbietung und der Hochachtung. Einige Männer sehen in den meisten Partnerinnen eigentlich nur Objekte der sexuellen Begierde, und obwohl sie sich vom sexuellen her noch stärker zu dieser Frau hingezogen fühlen, treffen sie auf einmal auf völlig ungewohnte

Sperren. Die Leidenschaft wird von etwas Neuem überlagert. Wir möchten nicht länger einfach nur etwas bekommen; *wir möchten geben.* Irgendetwas in uns möchte die Möglichkeit erhalten, dieser Frau pausenlos etwas geben zu können. Von da an möchten wir sie beschützen.

Vielleicht entdecken wir unseren Partner auch durch eine Art geheiligte Eifersucht. Nicht jede Art von Eifersucht ist schlecht. Unser Gott ist ein eifersüchtiger Gott (5.Mo 5,9). Seine Eifersucht ist seine Liebe für uns, so daß kein anderer sogenannter Gott an seine Stelle treten darf. Vielleicht regt sich Eifersucht oder Verletzlichkeit in uns, wenn ein anderer den Menschen, auf den wir ein Auge geworfen haben, bittet, mit ihm gehen zu dürfen. Durch den Schmerz, der aus der Sorge um das Wohlergehen des anderen entsteht – nicht durch den, der von unserem verwundeten Stolz oder Ego herrührt – erkennen wir unter Umständen unsere Liebe zu dieser bewußten Person.

Unser Rat an Paare lautet oft, einen Schritt zurückzutreten und sich eine Weile abzukühlen. Wenn Gott wirklich die eheliche Liebe im Sinn hat, dann gilt das alte Sprichwort: „Durch Abwesenheit wächst die Liebe des Herzens." Es tut weh, wenn wir vom anderen getrennt sind. Die Emotionen kühlen ab. Man kommt mit vielen Gedanken klar, doch dieses nagende Etwas tief im Inneren bleibt. Es wächst. Wir sind rastlos. Wir fühlen uns unvollständig und hohl. Schließlich wissen wir, daß wir ohne den anderen an unserer Seite nicht mehr auskommen können. Vorher fühlten wir uns vielleicht frei und „vollständig", doch jetzt, da wir diesen Menschen gefunden haben, haben wir den Eindruck, wir könnten, außerhalb einer bleibenden Beziehung mit ihm, nie wieder voll und ganz heil und komplett sein.

Wenn wir nach der Hochzeit nicht in die Fülle des Ehelebens eintreten, werden diese Gefühle des Vollständigseins und der inneren Erfüllung vielleicht durch eine Zufallsbekanntschaft erzeugt, die jedoch verkehrt ist; diese Gefühle zielen eigentlich auf unseren Ehepartner ab, wurden dort blockiert und jetzt dorthin übertragen, wo sie nicht hingehören. In so einem Fall sind nicht die Gefühle falsch; jedoch der Ort, an dem wir ihre Erfüllung suchen, ist eine Illusion, eine Falle. Es handelt sich immer noch um das Sehnen unseres Geistes, mit unserem eigenen Lebenspartner die Fülle erleben zu können.

Ratsuchende erzählen mir oft – ob sich ein anderer prospektiver Partner nun schon abzeichnet oder nicht – sie seien sich sicher, den Falschen geheiratet zu haben. Vielleicht stimmt das, auch wenn wir es sehr stark bezweifeln. Nach vierundzwanzig Jahren der Seelsorge glaube ich (John) an meinen Fingern abzählen zu können, wie oft mir meine Erkenntnis gezeigt hat, daß jemand wirklich den falschen Partner geheiratet hat. Ich bin immer wieder erstaunt über das Wunder

der Vorsehung Gottes. Selbst bei Paaren, bei denen die Fetzen nur so fliegen, kann ich oft immer noch fühlen und erkennen, daß es so „richtig" ist.

Ob man nun die beste Wahl getroffen hat oder nicht, ich weiß jedenfalls, daß Gott aus ihr die beste, herrlichste und erfüllendste Ehe machen kann. Dafür sollten wir auch Glauben haben: Gleichgültig, durch welches Durcheinander und durch welche Versagensängste er uns zu unserem richtigen oder falschen Partner geführt hat, Gott beabsichtigt genau in dieser Vereinigung wieder einmal zu demonstrieren, daß die Worte aus Römer 8,28 immer und überall gelten, nämlich, daß uns *alle* Dinge zum Guten mitwirken. Somit zielt unser wichtigster Rat nicht darauf ab, sich nur anzustrengen, den Richtigen zu finden, sondern wir sollten die Segel setzen, für wen auch immer wir uns entscheiden, und Gott unsere Ehe zur besten Ehe überhaupt machen zu lassen.

Somit ist diese Frage beantwortet. Viele Menschen gehen in die Ehe, blicken dann zurück und denken: „Ich muß einen Fehler gemacht haben." Wir möchten jedoch gleich zu Anfang klarstellen, daß einen zwar viele Fragen quälen können, doch das Herz wird sich – in Gott gegründet – vornehmen, den Preis dafür zu zahlen, daß das Bestmögliche daraus entstehen kann. Auch wenn man davon überzeugt ist, einen Fehler gemacht zu haben, höre man den weisen Worten meiner Mutter zu: „Mein Sohn, Du mußt verstehen, egal, wen auch immer Du Dir zur Frau nimmst, daß ich Dich zwar liebe und immer Deine Mutter bleiben werde, daß es jedoch keine Rückkehr in Dein Elternhaus geben wird. Wenn Du Dir ein Nest gebaut hast, wohnst Du darin!"

Wenn wir nun unseren nächsten Vorschlag unterbreiten, bitten wir die Kirchen und Gemeinden, uns Gehör zu schenken. Wir stimmen mit Paulus überein, wenn er sagt, daß man nicht mit Ungläubigen an einem Joch ziehen soll (2.Kor 6,14); jedoch möchten wir es in Frage stellen, wenn man inzwischen weithin zu liberal, zu leichtfertig und zu oberflächlich beurteilt, wer ungläubig ist und wer nicht. Denken Sie daran, daß die These, die wir in diesem Buch vorlegen, auch beinhaltet, daß nicht notwendigerweise die, welche *mit ihrem Verstand* glauben und ihn öffentlich kundtun, gläubig sind, sondern die, welche aufrichtig *im Herzen* glauben. Viele haben sich vielleicht dem Ritual unterzogen, in dem Jesus zum Heiland eines Menschen wird, die das jedoch noch zu wenig in ihrem Herzen nachvollzogen haben. Genauso gibt es vielleicht ungleich viele mehr, die Gott angehören und aus ganzem Herzen glauben, und die diese Tatsache jedoch noch nicht in der Öffentlichkeit an die große Glocke gehängt haben. Wir waren immer sehr betrübt, wenn jemand traurig eine Ehe verlassen hat, von der wir leicht erkennen konnten, daß sie eine großartige Ehe in Gott gewesen wäre und all das nur, weil jemand auf den Buchstaben des Gesetzes bestanden hat, der tötet (2.Kor 3,6). Wir haben oft gegen die aktuellen Wortklaubereien des Buchstabengehorsams angekämpft und jungen Menschen unseren Segen gegeben, damit sie ihre Beziehung vertiefen und schließlich heiraten, auch wenn einer der zukünftigen Partner noch kein bekennender Christ war.

Wagen wir es, eine scheinbar so sichere Richtschnur des Wortes Gottes zu verwerfen? Nein, wir sagen vielmehr: „Sehen wir das Wort Gottes doch in seinem Zusammenhang." Jesus gab uns den entscheidenden Hinweis zur Beurteilung, wer nun wirklich gläubig ist und wer nicht. Er sagte: „An ihren Früchten werdet ihr sie erkennen" (Mt 7,16). Paulus sagte:

> Denn die Beschneidung hat nur Wert, wenn du das Gesetz hältst; bist du aber ein Übertreter des Gesetzes, so ist deine Beschneidung schon zur Unbeschnittenheit geworden. Wenn nun der Unbeschnittene die Forderungen des Gesetzes beobachtet, wird ihm nicht seine Unbeschnittenheit als Beschneidung angerechnet werden? Und wird nicht der von Natur unbeschnittene, der das Gesetz erfüllt, dich richten, der du trotz Buchstabe und Beschneidung ein Übertreter des Gesetzes bist? *Denn nicht der ist ein Jude, der es äußerlich ist*; auch ist nicht das die Beschneidung, die äußerlich am Fleisch geschieht; *sondern der ist ein Jude, der es innerlich ist, und das ist eine Beschneidung, die am Herzen, im Geiste, nicht dem Buchstaben nach vollzogen wird.* Eines solchen Lob kommt nicht von Menschen, sondern von Gott.
>
> (Röm 2,25-29; Schlachter)

Leider gibt es viele, die sich zum Glauben an Christus bekennen, deren Herzen weiter von ihm entfernt sind als viele andere, die nie über seine Schwelle treten. „Dieses Volk ehrt mich mit den Lippen, aber ihr Herz ist weit entfernt von mir" (Mt 15,8).

Wir raten also an, das Herz des anderen zu prüfen. Ist er freundlich und sanftmütig (ob er nun den Herrn kennt oder nicht)? Wie sieht seine Beziehung zu seinen Eltern aus, und wie spricht er von ihnen? Ihr Mädchen, seht euch seinen Vater genau an, denn euer zukünftiger Ehemann wird höchstwahrscheinlich ziemlich stark wie er werden. Ihr jungen Männer, so wie ihre Mutter ist, wird wahrscheinlich auch eure Braut werden. Später wird Christus euren Partner wohl zu seinem Besten verändern, doch wenn ihr eure Entscheidung trefft, *dann rechnet nicht damit.* Fragt euch selbst: „Kann ich ein Leben lang mit diesem Menschen zusammenleben? Wie wird er sich all die Jahre über entwickeln?" Jeder Junge heiratet ein Phantasiebild seiner Mutter – seine Frau muß entweder genauso sein wie seine Mutter oder unbedingt das genaue Gegenteil; doch in Wirklichkeit erbt er das, was seine Zukünftige von ihrer Mutter gelernt hat. Jedes Mädchen tut dasselbe in Bezug auf ihren und seinen Vater. Kannst Du mit der Realität zufrieden sein, so wie sie ist?

Vielleicht wird Gott später das Herz eines angeblich ungläubigen Menschen bekehren. Es kann weise sein, auf einen zu hoffen und zu warten, der bekennender Christ ist. Es kann weise sein, wenn man versucht zu warten, bis der Zukünftige seinen Glauben an Jesus bekennt. Doch es ist ganz sicherlich unweise und (wie wir glauben) auch unbiblisch, einen Menschen zu verlassen, der vielleicht in seinem Herzen glaubt, diesen Glauben jedoch noch nie bekannt hat. Als Paula und ich uns begegneten, ließ ich ständig alle möglichen philosophischen Gedanken vom Stapel. Ich wußte, daß Gott mich zum Dienst am Leib Christi berufen hatte, doch kannte ich Jesus noch nicht. Ich suchte zwar, aber dennoch war ich weitab vom Weg und verwirrt. Ich war noch nicht gerettet. In diesem Sinne des Wortes war ich noch nicht gläubig. Paula war schon wiedergeboren. Sie las in meinem Herzen und fällte eine weise Entscheidung. Es dauerte noch *sieben Jahre*, bis Gott mich zum Heil und in die Fülle des Heiligen Geistes führte. Was wäre das für eine Tragödie gewesen, wenn sie sich nicht entschieden oder versucht hätte, all die Jahre auf mich zu warten!

Damit jedoch nicht der eine oder andere diesen Rat mißbraucht, um eine Entscheidung, die er aus einem lusterfüllten Verlangen heraus und nicht in Weisheit getroffen hat, zu rechtfertigen, möchten wir schnell noch hinzufügen, daß die Zeit die Verbündete des Heiligen Geistes ist und daß Hast die Wahrscheinlichkeit eines Irrtums nur vergrößert. Paula und ich warteten eineinhalb Jahre. Die Gläubigen sollen warten und beten und hoffen, daß sich der andere vor der Ehe noch bekehrt. Überstürzen Sie nichts. Vielleicht schickt uns der Herr eindeutige Warnungen oder Signale des Segens. Manchmal betreiben wir Götzendienst – unser Liebhaber wird uns wichtiger als der Liebhaber unserer Seele. Tief in unserem Herzen sind wir nicht mehr bereit ein „Nein" zu hören. Wir wollen endlich handeln und Gott dazu drängen, den anderen zu segnen oder zu bekehren. Es ist eine höchst knifflige Angelegenheit, die Seele zu beruhigen (Ps 131) und auf die sanfte, leise Stimme des Herrn zu warten; wir müssen uns sicher sein, daß wir nicht voranpreschen, in der Hoffnung, Gott würde uns schon segnen. Die Zeit gibt dem Heiligen Geist die Gelegenheit, unser selbstsüchtiges Verlangen zu beruhigen und Gottes Willen bekannt zu machen. Rastlosigkeit ist ein äußerst deutliches Zeichen (wir meinen nicht diese Rastlosigkeit, zu der uns dieses nagende Etwas in uns treibt, von dem wir vorher sprachen, sondern die Rastlosigkeit, die von Ängstlichkeit und Verkrampftheit herrührt).

Friede ist wie ein Richtungsanzeiger. Wenn unser heißersehnter Partner endlich zu uns kommt, dann geht es im Herz und in den Gedanken drunter und drüber, doch darunter erleben wir einen Frieden, der uns völlig ungewohnt ist. Nach außen hin durchleben wir alles andere als eine friedvolle Zeit, doch in uns ist alles ruhig. Etwas in uns ist zur Ruhe gekommen. Wenn wir versuchen herauszufinden, was wir insbesondere über einen Menschen denken sollen, der den Herrn noch nicht kennt, wird unser Verstand sich winden und verrenken. Wir laufen ständig nur im Kreis, kontern jeden Gedanken mit seinem Gegenteil und rennen in Windeseile auf ein Nichts zu. Und dennoch wissen wir in all dem etwas, ganz tief und still in uns. Wiederum ist die Zeit der Freund Gottes und des Menschen, die Hast jedoch der Feind. Diese innere Gewißheit und die daraus entstehende Ruhe wird die Prüfung durch die Zeit bestehen; Leidenschaft und Lust hingegen nicht.

Manchmal ist eine dauerhafte Freundschaft nur schwer von partnerschaftlicher Liebe zu unterscheiden. Insbesondere, weil die Liebe ja oft zunächst einmal durch das Tor der Freundschaft tritt. Oft verwechseln wir eine Liebe, die Lasten trägt, mit einer Romanze oder eine Emotionsübertragung mit Liebe. Allzu oft glauben Seelsorger, sie hätten sich in eine Ratsuchende „verliebt". Solche Beziehungen können sich zwar zu einer partnerschaftlichen Liebe entwickeln, tun das jedoch nur in den seltensten Fällen. Beziehungen, die auf eine Notsituation gegründet sind, sind immer instabil; nur selten überstehen sie den Übergang zu einer Beziehung zweier freier Menschen, die sich ohne Zwang füreinander entscheiden. Ein besitzergreifendes Wesen täuscht oft vor, eine Ausdrucksform der Liebe zu sein. Die Wahrheit über all die genannten Irrungen und Wirrungen wird die Zeit ans Licht bringen. Der Heilige Geist schenkt uns Unterscheidungsfähigkeit; doch wie bei der Heilung des inneren Menschen, wird man auch hier erst dann fähig sein, die Stimme Gottes zu hören, wenn die Zeit reif ist. Wir müssen darauf achten, die Frucht nicht zu pflücken, wenn sie noch nicht reif ist. Vielleicht spielt die Warnung im Hohelied auch auf diese Tatsache an. „Ich beschwöre euch, Töchter Jerusalems...Weckt nicht, stört nicht auf die Liebe, bevor es ihr selber gefällt" (Hl 2,7; 3,5; 8,4 – das Wort Gottes verwendet dreimal dieselben Worte!).

Zusammenfassend kann man sagen, daß es notwendig ist, einen weisen Rat einzuholen, nicht nur um eine falsche Entscheidung bei der Partnerwahl zu vermeiden, sondern auch, um zu wissen, was von all dem, das sich im Laufe der gegenseitigen Entdeckung eines Paares angesammelt hat, vergeben oder bestätigt werden muß. Wenn Ehepaare zu uns kommen, weil ihr Eheschiff schon auf ein Riff aufgelaufen ist, dann zeigt sich, daß sie nach Ursachen suchen, die begründen sollen, daß der Knackpunkt nicht gegenwärtig vorhandenes Versagen ist, sondern vielmehr dieses „Ich muß wohl den Falschen erwischt haben." Wenn wir wissen, welchen Prozeß das Herz im Laufe der Entscheidungsfindung durchläuft, dann sind nur wenige Fragen erforderlich, die dem Seelsorger die Klarheit schenken, mit dem er das Paar bestätigen kann: „Sie haben den richtigen Partner; gehen wir nun den Dingen auf den Grund, um herauszufinden, was schief gelaufen ist." Ein Seelsorger muß die Kunst des „Findens" verstehen, da eine Erläuterung von Gesetzmäßigkeiten ein Ehepaar nur selten überzeugen wird. Ein Seelsorger, der das Gebaren eines Herzens kennt, das in romantischen Gefühlen schwelgt, wird auch leicht einen Zugang finden, um offene Herzen davon zu überzeugen, daß man sinnlose Fragestellungen besser sein läßt, daß man kein Alibi oder Zugeständnisse vorschieben soll und daß man sich gemeinsam der Aufgabe stellen muß, das Vorhandene wieder zum Laufen zu bringen.

Verlassen

Sobald man seinen zukünftigen Partner gefunden hat, tritt ein Prozeß, der schon lange im Gang ist, in eine neue Phase ein. Von der Geburt an begibt sich ein Mensch auf die Pilgerreise von der Abhängigkeit zur Unabhängigkeit. Im Mutterleib hängt jedes organische, emotionale und geistliche System voll und ganz von den Eltern ab und ruht fest in ihnen. Bei der Geburt wird das Baby zu einem organisch eigenständigen Wesen; wenn seine eigenen Organe nach der Abkoppelung von der Mutter nicht funktionieren, stirbt es. Die Unabhängigkeit, dieses Verlassen, ist der Preis, den man gleich zu Anfang und von da an immer wieder für eine Entwicklung des Lebens zahlen muß. Ein Baby bleibt vom Organischen her abhängig; es braucht Nahrung, Wärme, Pflege, kurz, alle Funktionen der Lebenserhaltung. Es kann nichts allein tun, außer essen, atmen, schlafen und sein Geschäftchen machen; jedoch ist es in all dem auch von anderen abhängig. Jede neue Lektion, die man erfolgreich hinter sich bringt, ist ein weiterer Schritt in die Unabhängigkeit: Entwöhnung, die Toilette benutzen, gehen, sprechen, sich anziehen, das Erlernen von höflichen Umgangsformen, Manieren, Gewohnheiten und Moralvorstellungen etc..

In der Individuation und Internalisation eines Teenagers werden einige – jedoch nicht alle – unsichtbare Nabelschnüre durchtrennt. So manches loyale Verhalten und die eine oder andere Zugehörigkeit, die unser Herz fesselt und unsere Verhaltensreaktionen fest an die von den Eltern vorgegebenen Stichworte bindet, kann erst dann eindringlich geprüft und gelöst werden, wenn neue, unmittelbarere Bezüge entstehen; doch selbst dann geschieht das nicht durch bloße Anwesenheit, sondern durch zahllose Ereignisse und Entscheidungsmomente. Jede alltägliche Begebenheit im Eheleben bringt es mit sich, daß man die Eltern noch weiter hinter sich läßt und sich fest an den Ehepartner klammert.

Die größte und am weitesten verbreitete Schwierigkeit, auf die wir in der Eheseelsorge stoßen, ist dieses Problem des Verlassens und „Anhangens". Die Ehe ist ein dreiphasiger Prozeß: „Deshalb wird ein Mensch seinen Vater und seine Mutter *verlassen* und seinem Weibe *anhangen*, und die zwei werden *ein Fleisch sein*" (1.Mo 2,24; Eph 5,31; Meister; Hervorhebung vom Autor). Wenn ein Mann oder eine Frau es nicht schafft, Vater oder Mutter zu verlassen, dann kann die zweite Phase nicht beginnen; einer kann dem anderen nicht anhangen. Wenn dieses Verlassen und Anhangen nicht stattfindet, dann kann die dritte Phase nicht beginnen und schon gar nicht vollendet werden. Sie können nicht ein Fleisch werden.

Das Verlassen bezieht sich nur am Anfang auf einen Ortswechsel. Wie wir an früherer Stelle schon einmal sagten: Es ist eine Sache, einen Jungen vom Bauernhof wegzuholen, doch es ist eine andere Sache, den Bauer aus ihm herauszubekommen. Die Art und Weise, wie Mutter immer alles gemacht hat, ruft Wünsche und Erwartungshaltungen hervor; sie wird quasi zu einer Idealvorgabe im Inneren des Mannes. Seine Frau muß in unzähligen Details eine zweite Mutter oder ihr genaues Gegenteil werden. Noch viel wichtiger ist, daß in der Mutter-Sohn-Beziehung Treueversprechen, gebietende und kontrollierende Worte und Verhaltensweisen, Signale und Reaktionen, ein Zugehörigkeitsgefühl und die Identifikation des Ichs entstanden ist; jedoch wenn die neue Beziehung überleben soll, dann muß all das sterben.

Mama bittet um Hilfe, doch an diesem Abend hat der Mann schon etwas mit Frau und Kind geplant. Wem gibt er den Vorrang? Die Mama der Braut fordert etwas, schimpft und gibt Ratschläge, doch der Ehemann hatte schon etwas anderes beschlossen. Wem soll sie nun folgen? Papa läßt es sich nicht nehmen, seinen Sohn vor dessen Frau und Kindern zu korrigieren. Wieviel Loyalität schuldet in diesem Fall die Frau ihrem Mann? Wann sollte eine Schwiegertochter ihren Mund aufmachen? Papa fordert, daß seine Schwiegertochter oder die ganze Familie so und so viel Zeit in der Woche in seinem Haus mithilft; wie weit geht die Verantwortung, die Eltern zu ehren, und was geht zu weit? Im Urlaub und in den Ferien besucht man die Eltern; dann beginnt auch schon der Streit darüber, wessen Eltern mehr vernachlässigt werden. Papa und Mama funken immer wieder dazwischen und behaupten, sie hätten ein Recht dazu, da es sich hier ja um ihren Sohn oder ihre Tochter handelt. Wann hat ein Sohn oder eine Tochter das

Recht zu sagen: „Haut ab! Das ist mein Leben!" Papa und Mama haben so viel zu geben – Geld, Auto, Geräte etc.. Wann sollte ein Ehepaar sagen, daß es reicht?

Wenn ein Mann oder eine Frau immer wieder zu ihrer Mama heimkommt, wie sollten weise Eltern dem Einhalt gebieten? Jeden Tag ruft die Tochter zu Hause an und redet (anscheinend) stundenlang mit Mama (oder Papa). Wann gilt: „Was zu viel ist, ist zu viel" und wann und wie sollten weise Eltern das einschränken oder ganz unterbinden? Die Kinder kommen immer wieder und bitten um finanzielle Hilfe. Wann gebietet einem die Weisheit zu sagen: „Jetzt ist Schluß!"; wann und wie durchbricht man voll Erbarmen diese Regel und hilft in jedem Fall? Inwieweit wird eine sichere finanzielle Basis einer Ehe helfen und inwieweit wird sie dadurch untergraben?

In jedem Fall muß man erneut prüfen, was segensreich ist und was nicht; man kann sich jedoch an einigen Richtlinien orientieren. Erstens: Jedes jungverheiratete Paar muß seine eigene und neue Identität finden, die nicht von den Eltern abhängt. Die Ehepartner müssen das Leben für sich selbst finden. Sie müssen auf eigenen Füßen stehen, wie jemand, der einen fremden Planeten bevölkern will. Die Frischvermählten und die Eltern müssen dieser Tatsache gleichermaßen Rechnung tragen. Wenn diese Tatsache akzeptiert und etabliert ist, dann können die Kinder auch die Eltern besuchen oder ihnen Hilfe anbieten, ohne dabei ins offene Messer zu laufen oder sie zu behindern.

Zweitens: Die Eltern müssen erkennen, daß ihre Aufgabe erledigt ist. Sie dürfen nicht länger prägen, Seelsorge betreiben, züchtigen und ihren Kindern von bestimmten Dingen an- oder abraten. Die Eltern haben kein Recht mehr, in den Entscheidungsfindungsprozeß einzugreifen. Ehepaare *schulden* ihren Eltern keinen Gehorsam mehr! Kein Elternteil hat noch die Position inne, die es ihm erlauben würde, einem verheirateten Sohn oder einer Tochter etwas zu *befehlen*! Es gereicht einem nicht zur Ehre, wenn man einem Elternteil mehr gehorcht als dem Ehepartner. Ein Erwachsener kann sich aus Liebe dafür entscheiden, das zu tun, worum ihn die Eltern bitten, jedoch aus seiner eigenen freien Entscheidung heraus und nicht aufgrund eines rechtlichen, emotionellen oder anders gearteten Zwangs. Das biblische Gebot, die Eltern zu ehren, beinhaltet nicht den Gehorsam eines verheirateten Kindes gegenüber seinen Eltern. Für ein verheiratetes Paar bezieht sich das „Eltern ehren" auf Grundhaltungen und Dienste, die man ihnen erweist, und zwar am richtigen Platz innerhalb der Prioritätenordnung, und *nachdem* man seinen Pflichten gegenüber dem Ehepartner und den Kindern nachgekommen ist – nicht vorher.

Paula und ich würden Loren oder Ami oder John, die alle drei verheiratet sind, niemals etwas befehlen. Mark ist sechsundzwanzig, ledig und wohnt zwischen den Seminarveranstaltungen bei uns zu Hause; gelegentlich bitten wir ihn, im Haus mitzuhelfen, doch nicht in Form eines Befehls. Diese Art der Beziehung endete, als er volljährig wurde. Leider denken viele Eltern, sie hätten dann noch immer dieselbe Position wie damals, als die Kinder noch zehn Jahre alt waren. Ein Feldwebel wird in der Grundausbildung jeden Rekruten, den er befehligt, anschreien und zur Schnecke machen; wenn er sich jedoch seinem Hauptmann gegenüber genauso verhält, wird er degradiert! Die Eltern müssen lernen, daß ihre erwachsenen Kinder keine Rekruten mehr sind; sie wurden aus ihrer Kompanie in eine andere versetzt, wo man ihnen jetzt mit Achtung und Respekt gegenübertreten muß.

Drittens: Hier geht es um Loyalität und Zugehörigkeit. Eine Frau sollte zu ihrem Ehemann dasselbe sagen wie Ruth zu Naomi: „Wohin du gehst, dahin will auch ich gehen, und wo du bleibst, da bleibe auch ich. Dein Volk ist mein Volk, und dein Gott ist mein Gott" (Ruth 1,16b). Der Versuch, den Ehemann dahingehend zu beeinflussen, in ihre Heimatstadt zu ziehen, damit sie in der Nähe von Papa und Mama wohnen kann, ist fehl am Platz. Sie darf emotionell nicht gebunden sein und muß somit bereit sein, dorthin zu gehen, wohin er möchte, daß sie geht; ihre Bereitschaft soll sie weder als emotionelles Druckmittel noch als Ausdruck ihrer Märtyrerrolle verwenden. Auch ein Ehemann sollte sich nicht von seinen Eltern ziehen lassen, noch sollte er seine Frau dazu zwingen, in der Nähe seiner Eltern zu leben. Die Liebe der Eltern für die Kinder sollte immer freimütig und gerne gegeben werden; niemals sollte sie auf eine Schuldigkeit abzielen, um die Kinder an sich zu binden. Wenn verheiratete Kinder sich aus freien Stücken dafür entscheiden, in der Nähe zu wohnen oder mit den Enkeln öfters Besuche zu machen, dann ist das so, wie es sein soll, nämlich ein Segen für alle. Doch verheiratete Kinder „schulden" ihren Eltern überhaupt nichts! Die Eltern dürfen nicht auf früher geleistete Dienste verweisen, um jetzt die Gunst ihrer Kinder zu gewinnen; dieses Verhalten sollte man sich verbitten. Diese Zeit ist vorbei. Die Schulden sind getilgt, und der Tag der Hochzeit ist auch ein Tag der befreienden Freude.

Jesus gab am Kreuz alles hin. Durch dieses Geschenk band er niemanden an sich. Er gab freimütig. Obwohl sein Geschenk das höchste und beste war, das jemals gegeben wurde, wäre es eine Beleidigung für unseren Herrn, wenn wir dächten, wir *schuldeten* ihm dafür irgendetwas! Mit seinem Geschenk wollte er uns nicht umgarnen. Es befreite uns. Genauso muß man auch die elterliche Liebe, die sich von der Empfängnis bis zur Volljährigkeit in allem zeigt, was die Eltern tun, auch als freimütiges Geschenk betrachten und nicht als Falle, in der die Kinder von da an sitzen.

Ein Ehepaar möchte vielleicht gerne etwas für seine Eltern tun, besonders wenn diese alt sind; sie sollten sich diesbezüglich auch verantwortlich fühlen, und zwar aus Dankbarkeit und aus einem biblischen Verständnis von Berufung heraus. Gott selbst, und nicht die Eltern oder der Gesetzgeber, ruft die Kinder, sich um ihre Eltern zu kümmern. Es war wirklich eine Freude für uns, meinen (Johns) Vater im Alter bei uns zu Hause aufzunehmen und zu wissen, daß meine Mutter jetzt nicht weit weg wohnt. Eltern sollten sich jedoch die Vergangenheit niemals zugunsten der Gegenwart „zunutze machen". Manchmal, wenn wir bei Ehepaaren bemerken, daß entweder sie oder ihre Eltern unfähig sind, den jeweils anderen gehen zu lassen und die Nabelschnur durchzuschneiden, geben wir folgenden Rat: 500 Kilometer Entfernung von zu Hause ist wohl noch zu nahe, 1000 Kilometer sind besser. Doch Ehepaare und Eltern, die frei sind, können gut und gerne Tür an Tür wohnen.

Viertens: Die Frage der emotionellen und finanziellen Sicherheit. Eltern müssen ihren Kindern ein Wort mitgeben, das zwei Seiten hat: „Du hast Dir nun ein Nest gebaut, jetzt wohn' auch darin. Du kannst nicht mehr zu Mama und Papa heimlaufen." Die andere Seite lautet: „Wir werden immer für Dich da sein. Du kannst immer zu uns kommen." Der erste Teil bedeutet: „Du mußt Dich mit Leib und Seele in Deine Ehe investieren. Du kannst uns nicht dafür mißbrauchen, Deine Ehe zu unterlaufen. Du mußt selbst da draußen zurechtkommen. Du kannst nur dann wieder zu uns kommen, wenn Du es bis an die Grenze Deines Vermögens versucht hast." Der zweite Teil bedeutet: „Wenn alles andere schief geht, findest Du hier Sicherheit." Geschenke und Hilfestellungen können nur angeboten werden, wenn sie den anderen nicht schwächen oder ihn unterlaufen, besonders wenn auf ihm die Aufgabe und das Vertrauen ruht, die Brötchen zu verdienen. Geschenke und Hilfestellungen dürfen jedoch insbesondere nicht dazu verwendet werden, um Kinder zu fesseln und wieder in die Abhängigkeit zu führen.

Fünftens: Predigen und Beten. Ein Schema, das vielleicht das schlimmste, zerstörerischste und hartnäckigste von allen ist, die sich zwischen Ehepaaren und deren Eltern abspielen, ist das Predigen. Die Eltern müssen es lernen, das Ehepaar nicht anzupredigen. Das Paar muß lernen, wann und wie es sagen muß: „Es reicht! Papa (oder Mama), das ist *mein* Leben." Es muß lernen, vor dem Predigen der Eltern nicht zu kuschen. Die Eltern haben kein Recht mehr dazu. Ein junger Mensch, der auf den Rat des älteren hört, ist weise; jedoch müssen Freiheit und Freiraum zwischen beiden liegen, nicht Manipulation und Kontrolle. Eltern, die aus einem alteingesessenen, traditionellen kulturellen Hintergrund kommen, sind oft die schlimmsten. Wer in einer starken – normalerweise europäischen – kulturellen Eingliederung groß geworden ist, hat viel mehr Schwierigkeiten, es nicht zu einer unangemessenen Einmischung der Eltern kommen zu lassen, als andere. Einige Kulturen betrachten es als Tugend und als ein traditionelles Privileg der Eltern, ihren erwachsenen Kindern durch die Macht der Zunge Vorhaltungen zu machen und sie zu steuern.

Man kann auch mit einem seelischen Gebet versuchen, verheiratete Kinder zu steuern. Gebete wie „Herr, mach', daß Sonny gut zu seiner Frau ist" sind fehl am Platz. Dadurch steuern wir Gott, er möge doch unsere Kinder steuern und noch dazu in einer Art und Weise, auf die Gott ohnehin nicht eingehen wird. Doch die Energie, die hinter unseren Gebeten steckt bereitet unseren Kindern Schwierigkeiten. Für sie zu beten ist eine hervorragende Sache. Das gehört zu unseren ständigen Pflichten als Eltern. Unser Segen im Gebet ist das größte und gewaltigste Geschenk, das wir ihnen geben können. Doch diese Art von Gebet spielt sich in einem Rahmen des Respekts und der Nicht-Einmischung ab. Nur wenn wir uns durch unser Gebet nicht einmischen wollen, können wir erfolgreich beten; und wir können nur für etwas beten, das keinen Eingriff darstellt.

Wenn die Kinder noch klein sind, trampeln sie auf unseren Zehen herum. Wenn sie größer werden, trampeln sie auf unserem Herz herum! Wenn sie klein sind, führen wir sie. Wenn sie verheiratet sind, führen sie ihr eigenes Leben. Wenn sie größer sind, dann lenken ihre Herzen unsere Herzen und wir haben keinen Schutzschild, keinen Kontrollmechanismus, der unseren Schmerz über sie lindern würde. Wir dürfen nicht versuchen, unsere Herzen davor zu schützen, daß wir wegen ihnen leiden, indem wir sie so lenken, daß sie schon gar nicht auf Schwierigkeiten stoßen. Wir dürfen uns nichts „zunutze machen", um ihr Leben zu beeinflussen. Wir stehen neben ihnen und sind bereit, zu helfen, jedoch immer mit Zurückhaltung, damit diese Hilfe – auch wenn sie im Gebet stattfindet – ihre Flügel nicht beschneidet.

Für Enkelkinder schließlich gelten die gleichen Richtlinien. Wir können ihnen unsere Liebe schenken, doch die Eltern müssen sie prägen und züchtigen. In unserem Heim kann es gut sein, daß wir auch auf Enkelkinder in einem gewissen Maß disziplinierende Maßnahmen anwenden, so wie wir auch jedes Kind aus der Nachbarschaft bitten würden, sich unseren Regeln unterzuordnen, wenn sie auf unserem Grund und Boden sind. Doch wenn sie *bei sich* zu Hause sind, heißt es: „Finger weg!" Diese Kompetenz steht einzig und allein den Eltern zu. Wenn uns das Ehepaar bewußt irgendeine Aufgabe delegiert, dann müssen wir sie in vorsichtiger Zurückhaltung ausführen, um ihre Autorität nicht zu untergraben. Wenn ein Ehepaar herrische Großeltern zu Gast hat, die meinen, sie müßten ihre Enkel züchtigen, dann ist es erforderlich, einen festen Stand einzunehmen; wenn die Großeltern darauf nicht eingehen, müssen sie ihren Besuch abbrechen. Eltern dürfen den Großeltern nicht erlauben, elterliche Positionen oder Autorität zu beanspruchen.

Allzuoft begibt es sich, daß der Vater zu Besuch kommt, der vor vielen Jahren seine eigene(n) Tochter (Töchter) mißbraucht hat. Jetzt macht sich die junge Mutter natürlich Sorgen, er könnte erneut die Gelegenheit finden, seine Enkelinnen zu mißbrauchen. Die Loyalität den Eltern gegenüber und ein unangemessenes Erbarmen für deren vergangene Sünden dürfen keinen Aspekt der Sicherheit der eigenen Kinder je in den Hintergrund drängen! Diese Kinder haben das ganze Leben noch vor sich. Ihre Sicherheit darf nicht um eines früher sehr unberechenbaren Elternteils willen aufs Spiel gesetzt werden. *Unter keinen Umständen sollte man Menschen, von denen bekannt ist, daß sie früher schon Kinder mißbraucht haben, mit Enkelinnen allein lassen!* Wenn diese Sicherheit nicht ohne weiteres garantiert werden kann, dann müssen die Besuche sehr kurz ausfallen und immer in Anwesenheit der Mutter stattfinden. Wir stehen nicht so sehr in der Schuld unserer Eltern, auf daß wir dadurch unsere eigenen Kinder gefährden müßten.

Man *muß* einfach davon ausgehen – wie das bei Alkoholikern der Fall ist: einmal ein Alkoholiker, immer ein Alkoholiker –, daß jemand, der schon einmal ein Kind mißbraucht hat, von dieser Schwäche jederzeit wieder übermannt werden kann. Unsere Freundin Rachel Johnson, *die* Autorität in Sachen Kindesmißhandlung im Osten Washingtons, bekräftigt mit Nachdruck, daß Männer, die Kinder mißhandeln, es immer wieder tun *werden*, es sei denn, sie bekehren sich zu Christus; doch selbst wenn solche Menschen viel Heilung erfahren haben, ist es dennoch nicht weise – wenn sie Großeltern sind –, ein Kind mit ihnen allein zu lassen. Auch unsere Erfahrung zeigt uns, daß Männer, die Kinder mißbrauchen und nicht durch mehrere außergewöhnliche Wunder verändert worden sind, das weiterhin tun werden; selbst wenn die Wunder geschehen, sollte man sie nicht der Versuchung preisgeben. Wenn sich das zu schroff anhört, dann sei gesagt, daß dies ein Preis der Sünde ist und der Vater, der sein Kind mißhandelt hat, kann davon ausgehen, daß er ihn jetzt und dann auch später, wenn er Großvater ist, bezahlen muß. Er *verdient* nichts anderes, als ausgeschlossen zu werden (3.Mo 18,10 u.29)! Nichts ist so heilig wie das Vertrauen, das Gott in einen Vater investiert, daß dieser die Sexualität seiner Tochter, Stieftochter oder Enkelin beschütze. Wer dieses Vertrauen mißbraucht, muß, ohne zu klagen, die Konsequenzen ertragen. Gnade und Vergebung dürfen die Wachsamkeit nicht ersetzen. Wenn ich mich hier wiederhole und streng und barsch wirke, dann liegt das daran, daß ich schon unzählige Male Mütter mit einem gebrochenen Herzen in der Seelsorge hatte, die sich so sicher waren, ihre Väter hätten ihre Lektion gelernt; doch unter Tränen erzählen sie dann, wie sie entdeckten, was diese Männer ihren eigenen Töchtern angetan hatten. Schaffen Sie KEINE Gelegenheit. Sie *schulden* ihm überhaupt nichts!

Mütter haben – mehr als Väter – in der Regel Probleme damit, den erwachsenen Nachwuchs gehen zu lassen und sich nicht mehr einzumischen. In alteingesessenen Familien ist jedoch oft das Gegenteil der Fall. Aber, wie gesagt, in den meisten amerikanischen Familien ist es für die Mutter schwieriger, loszulassen und ruhig zu sein. Erneut möchten wir darauf hinweisen, daß ein Ehepaar lernen muß, in aller Sanftmut, doch mit Bestimmtheit hier einen Einschnitt in der Beziehung zu solchen Müttern vorzunehmen. Es *ist* ein Zeichen von Güte, wenn man bestimmt und voller Mitgefühl sagt: „Mama, in diesem Haushalt hast Du nichts mehr zu sagen. Dein Job endete am Tag meiner Hochzeit. Du mischst Dich ein. Finger weg." Wenn ein Wort für eine weise Frau ausreicht, schön und gut. Wenn sie jedoch weitermacht, dann ist es immer noch ein Zeichen von Güte, wenn man zu ihr sagt: „Mama, wenn Du nicht aufhören kannst, da ist die Tür." Es ist kein Zeichen von Güte, wenn Sie zulassen, daß Ihre Mutter Ihre Familie tyrannisiert. Ein falsches Schuldgefühl sagt: „Nach all den Schwierigkeiten, die Du ihr bereitet hast, kannst Du sie da nicht mal ein bißchen ertragen?" Vielleicht könnten Sie das, wenn Sie allein wären; doch Sie sind nun mal nicht allein; Ihre Frau (oder Ihr Mann) und Ihre Kinder haben nun mal eindeutig Vorrang. Sie haben Ihrer Mutter in Ihrer Kindheit keine Schwierigkeiten bereitet und deshalb sollte man sie jetzt auch nicht alle möglichen Strafen verbüßen lassen, nur weil Sie glauben, Sie schulden Ihrer Mutter noch immer etwas! Wenn die anderen Ihre Mutter ertragen, dann ist es gut für sie, dieses Opfer zu bringen; doch wenn Ihre Mutter zu sehr stört, dann muß sie gehen, weil Ihre Familie den absoluten Vorrang hat.

Als Seelsorger lege ich auch bei diesem Thema großen Wert darauf, verstanden zu werden, denn ohne zu Zögern würde ich sagen, daß der Großteil aller Ehen, die in die Brüche gehen, deswegen scheitern, weil ein oder beide Partner sich weigern oder unfähig sind, ihr Elternhaus zu verlassen! *Das Verlassen ist eine absolut unverzichtbare Voraussetzung für das Anhangen.* Sie können sich so lange nicht fest an Ihren Partner binden, wie ein oder beide Elternteile ihren angestammten Platz in Ihrem Herzen inne haben. Bestenfalls dauert es Jahre, bis sich ein Herz willentlich von den Eltern auf den Ehepartner umgestellt hat. Als Paula und ich schon einige Jahre verheiratet waren, gab ich bei

Bewerbungsbriefen als Adresse noch immer die Adresse meiner Eltern an!

„Anhangen"

Das Anhangen ist nicht eine Frage der einmaligen Entscheidung, sondern einer immer und immer wieder getroffenen Entscheidung, sein Leben dem Partner hinzugeben und zu sagen: „Ich bin nicht ledig; ich bin Teil einer Einheit." Die eheliche Liebe besteht nicht aus romantischen Gefühlen, sondern aus einer Hingabe in allen tagtäglichen, verantwortlichen Handlungen. Das Anhangen ist eine Entscheidung, die in kleinen alltäglichen Begebenheiten Opfer verlangt – immer wieder, tagein, tagaus.

Verlassen bedeutet Verschließen (man verschließt Herz und Sinn für die wiederholte, unangemessene elterliche Einflußnahme); Anhangen bedeutet zunächst einmal, sich für den Partner zu öffnen und sich dann für alle anderen zu verschließen. Gottes Weisheit bewirkte es, daß es in vielen Trausprüchen heißt: „...und verspreche Dir (*allein*) die Treue." Die Kunst der Eheführung liegt darin, sein Herz für den Partner offen und für alle anderen verschlossen zu halten, nicht nur im sexuellen Bereich, sondern in zahllosen anderen Bereichen der Zweisamkeit. Das Anhangen ist die vorrangige Berufung und Aufgabe einer ehrenhaften Ehe. Nur Paula allein hat das Recht, ohne zu fragen in mein Allerheiligstes einzutreten. Nur Paula allein hat das Recht auf eine vollständige Beziehung, in der es keine Geheimnisse gibt. Nur sie allein wird als „sicherheitstechnisch unbedenklich" eingestuft. Anhangen bedeutet, ihr gegenüber offen zu bleiben, auch wenn es noch so weh tut, aber allen anderen gegenüber verschlossen zu bleiben; das gilt für alle Bereiche des Austauschs, die einzig und allein ihr zustehen, egal, welcher vermeintliche Segen mich auch dazu verlocken mag, einer anderen das zu geben, was allein Paula gehört.

Die Ehe ist ein fortwährender Prozeß, der zur Fülle des Segens führt. Alle Ehepaare bleiben immer wieder stehen, um auf der einen oder anderen Stufe erst mal richtig durchzuatmen. Viel zu wenige gehen zur Fülle des Segens weiter. Die Fülle ist eine Einheit des Sinnes und des Herzens, in der keiner von beiden unterdrückt oder gehemmt wird und in der beide zu dem geworden sind, wozu sie geschaffen sind, jeweils vom anderen unterstützt und erfüllt. Keiner von beiden hätte ohne den anderen in die Fülle eintreten können; keiner wurde vom anderen daran gehindert. Die Fülle ist wie ein Rhythmus, ein Tanz, ein Duett, das spontan und frei dargeboten wird, jedoch in eine Ordnung und eine Regelmäßigkeit eingebettet ist. Jeder könnte allein seinen Weg gehen, entscheidet sich jedoch dagegen, und durch diese Entscheidung entsteht etwas, das weit mehr ist als nur die Kombination von eins und eins.

Vergebung und das Kreuz sind absolut zentral, wenn zwei eins werden wollen, denn ohne Gnade kann niemand in einer Einheit die Glut des Konflikts ertragen. Schmerz erzeugt Schmerz, eine Reaktion bedingt die nächste, jeweils aufgrund psychologischer Gesetzmäßigkeiten und des Gesetzes vom Säen und Ernten. Jesus erntet am Kreuz das, wonach unsere böse Saat schreit und befreit uns, auf daß wir die Fülle des Segens ernten können. Erst wenn wir ihm untergeordnet sind, können wir auch wirklich einander untergeordnet sein (Eph 5,21).

Im Garten Eden schuf Gott Mann und Frau füreinander. Die Ehe war quasi der Schöpfungszustand des Menschen! Adam und Eva kannten nur eine gemeinsame Kindheit! Alles, was Eva vom Leben kannte, hatte sie mit Adam durchlebt! Wir lesen von der Schöpfung und gleich darauf schon von der Einheit.

Sie mußten gemeinsam arbeiten. Den Garten durch Arbeit zu bestellen und zu pflegen war weder eine Zusatzaufgabe noch eine Konsequenz des Sündenfalls, sondern der gesegnete Normalzustand der Schöpfung. Der Sündenfall war nicht der Urheber der Arbeit, er erschwerte sie nur durch Anspannung und Schweiß. Somit erreicht man auch die Fülle der neuen Schöpfung in Jesus nicht dadurch, daß man die Hände in den Schoß legt, sondern indem sich beide unter einem Joch vor den Karren spannen, jedoch ohne Anspannung und Schweiß. Wir behaupten, daß kein Paar in die Fülle der Einheit eintreten kann, ohne zu arbeiten. „Denn wir sind sein Werk, erschaffen in Christus Jesus zu guten Werken, welche Gott zuvor bereitet hat, daß wir darin wandeln sollen" (Eph 2,10; Schlachter). Unsere Berufung ist wirklich *unsere* Berufung, nicht eine Beschäftigung, der einer oder alle beide *zufällig* nachgehen, sondern vielmehr etwas, das Gott schon bei der Grundlegung *unserer* Schöpfung füreinander als *unsere* Berufung geplant hat.

Ein Beruf ist keine Berufung. Das Wort „Berufung" kommt von „rufen". Die Zeltmacherei war ein Beruf, der es Paulus ermöglichte, auf seine *Berufung* zum Apostel zu reagieren. Manchmal ist die Berufung auch der Beruf; in diesem Fall wird dem Ehepaar doppelter Segen zuteil. Die Berufung eines verheirateten Menschen ist laut Definition keine Einzelangelegenheit. Die beiden erfüllen vielleicht unterschiedliche Aufgaben, doch die Herzenshaltung spiegelt kein Einzelkämpferdenken wieder. Jede einzelne Aufgabe soll zur Einheit und Harmonie innerhalb eines gemeinsamen Ziels beitragen, das bedeutender ist als jeder Beruf. Im Zusammenhang mit der Berufung Adams sah Gott, daß es nicht gut wäre, daß der Mensch allein sei; deshalb sagte er: „Ich will ihm eine Gehilfin machen, die um ihn sei."

Eine Berufung ist ein Ruf von Gott, für den dieser Mann geschaffen war – und seine Frau mit ihm! Ein verheirateter Mann, der versucht, seine Aufgaben allein zu erledigen, schwebt in Gefahr. Diese Art der Einsamkeit steigert sich so weit, bis schließlich – wie wir gesehen haben – Hunderte von Männern Ehebruch begehen, weil irgendeine andere Frau (die Sekretärin, die Arbeitskollegin) diesen Teil von ihm anscheinend ausfüllen konnte, in dem er diese Gehilfin seiner Berufung brauchte.

Vielleicht dauert es viele Jahre, bis beide ihre Berufung erkennen. Wenn sie sie erkennen, sind sie gesegnet, doch bis das der Fall ist, müssen beide ausharren und umsichtig vorangehen. Im Kontext der Berufung soll ein Ehepaar in die Fülle des Einsseins eintreten und nicht davon weichen, denn das ist der Sinn ihres Lebens, die Bestimmung, zu der sie geschaffen wurden.

Jedes Ehepaar hat eine Berufung, ob sie sie nun erkennt oder nicht. Viele üben sie aus und haben ihr doch nie einen Namen gegeben. Sie muß sich nicht notwendigerweise sehr heilig oder spektakulär anhören. Was war schon Heiliges oder Geistliches daran, einen Garten zu bestellen? Gott ruft Männer und Frauen, um Landwirte, Erzieher, Hausfrauen, Verleger, Kaufleute etc. zu werden. Für den einen ist Müllabfuhr sein Beruf; für einen anderen kann das auch die Berufung sein. Man kann alles mit der Unterstützung und der Kunstfertigkeit des Himmels tun. Für einige ist es vielleicht nur ein Beruf, der Gouverneur eines Bundesstaates zu sein; doch die Erfüllung seiner Berufung findet er in seinen Kindern oder in seiner Rosenzucht. Wer weiß schon, was die Berufung eines anderen ist? Bestenfalls sind sich Mann und Frau dessen bewußt, was ihre Berufung ist und reagieren gemeinsam darauf; jedoch werden sie den Segen und die Fülle der Einheit ohnehin genießen, wenn sie sich gemeinsam anschirren.

Der Lohn des Himmels ist nie eine flauschig-weiche Wolke, durch die man auf Faulheit und Erholung schließen könnte, sondern noch mehr Arbeit:

> Und es trat herzu, der die fünf Talente empfangen hatte, und brachte andere fünf Talente und sagte: Herr, fünf Talente hast du mir übergeben, siehe, andere fünf Talente habe ich dazugewonnen. Sein Herr sprach zu ihm: Recht so, du guter und treuer Knecht! Über weniges warst du treu, über vieles werde ich dich setzen; geh ein in die Freude deines Herrn. Es trat aber auch herzu, der die zwei Talente empfangen hatte, uns sprach: Herr, zwei Talente hast du mir übergeben; siehe, andere zwei Talente habe ich dazugewonnen. Sein Herr sprach zu ihm: Recht so, du

> guter und treuer Knecht! Über weniges warst du treu, über vieles werde ich dich setzen; geh ein die Freude deines Herrn.
> (Mt 25,20-23)

Es ist nun nicht nur so, daß Mann und Frau in die Fülle des Lebens eintreten, indem sie in ihrer gemeinsamen Berufung in diesem Leben Hand in Hand gehen; durch diese Berufung bereitet Gott sie auf den Dienst im nächsten Leben im Himmel vor. Der Plan, der hinter einer Ehe steckt, möchte in den Seelen der beiden Partner ein Guthaben schaffen, das die Pforte des Todes überdauert. Die Ehe selbst endet mit dem Tod. Doch wir „nehmen dieses Guthaben mit". Was wir mitnehmen ist das, zu dem wir geworden sind. Alles, zu dem wir geworden sind, entstand in der Beziehung mit unserem Ehepartner in unserem Dienst an Gott und den Menschen. Der dadurch geprägte Charakter, dieser Schatz an Erinnerungen begleitet uns zu unseren kommenden Arbeiten im Himmel. Das Ziel der Ehe und die Fülle des Einswerdens liegen darin, diese ganz spezielle, unverwechselbare Blume zu werden, die Gott gerne pflücken möchte, um sie in einen vorausgeplanten, himmlischen Blumenstrauß einzubinden.

20
Das Problem des Einswerdens

Ordnet euch einander unter, wie es die Ehrfurcht vor Christus verlangt: Die Frauen seien ihren Männern untertan, als gälte es dem Herrn; denn der Mann ist das Haupt der Frau, ebenso wie Christus das Haupt der Gemeinde ist, er freilich ist zugleich der Retter der Gemeinde; dennoch, wie die Gemeinde dem Herrn Christus untertan ist, so sollen es auch die Frauen ihren Männern in jeder Beziehung sein. Ihr Männer, liebet eure Frauen, wie auch Christus die Gemeinde geliebt und sich für sie dahingegeben hat, um sie zu heiligen, nachdem er sie durch das Wasserbad im Wort gereinigt hat, um so die Gemeinde für sich selbst in herrlicher Schönheit hinzustellen, ohne Flecken und Runzeln oder irgend einen derartigen Fehler, vielmehr so, daß sie heilig und ohne Tadel sei. Ebenso sind auch die Männer verpflichtet, ihre Frauen wie ihre eigenen Leiber zu lieben. Wer seine Frau liebt, liebt sich selbst; es hat ja doch noch nie ein Mensch sein eigenes Fleisch gehaßt, sondern jeder hegt und pflegt es, ebenso wie Christus es mit der Gemeinde tut, denn wir sind Glieder seines Leibes, Fleisch von seinem Fleisch und Bein von seinem Bein. 'Deshalb wird ein Mann Vater und Mutter verlassen und seinem Weibe anhangen, und die beiden werden ein Fleisch sein.'

(Eph 5,21-31; Menge)

Da sprach Jesus zu seinen Jüngern: Will jemand mir nachfolgen, so verleugne er sich selbst und nehme sein Kreuz auf sich und folge mir nach! Denn wer seine Seele retten will, der wird sie verlieren; wer aber seine Seele verliert um meinetwillen, der wird sie finden.

(Mt 16,24-25; Schlachter)

Das Problem am Einswerden ist die Selbstsucht. Hinter allen Schwierigkeiten über die Seelsorger, Lehrer und Pastoren schon gesprochen und geschrieben haben, steht ein Leiden, das allen Menschen gemeinsam ist: einfache Selbstsucht. Die Sünde, die alle Menschen immer wieder begehen, ist, ständig nur an sich selbst zu denken! Das Gegenteil davon ist nun nicht der freundliche, freigebige Mensch, der sich aufopfert. Auch großzügige, freundliche Menschen voll Erbarmen können selbstsüchtig sein. Wir überwinden unser Ich nicht einfach dadurch, daß wir einen Lebensstil der praktizierten Großzügigkeit an den Tag legen. Selbstsucht ist nicht gleichbedeutend mit Knausrigkeit. Selbstsucht bedeutet nicht nur, daß jemand nicht geben will, was er hat, sein Eigentum nicht mit anderen teilen will oder nichts für seinen Nächsten tun will. Der selbstsüchtige Mensch dreht sich – wie der Name sagt – nur um sein „Selbst"; er lebt ausschließlich in und für seine Definition des Wortes „Selbst", ob er nun seinem Nächsten etwas Gutes tut oder so ist, wie wir uns einen Egozentriker normalerweise vorstellen.

Ein großzügiger Mensch hat in der Regel ein hohes gesellschaftliches Ansehen. Jeder geht automatisch davon aus, daß so ein Mensch auch eine gute Ehe führen muß. Manchmal ist das auch der Fall, doch nicht immer; denn eben genau in der Ehe kann sich die Selbstsucht am wenigsten hinter einer Maske verstecken. Unser Ehepartner hat einen Einblick, der jedem Mitglied der Gesellschaft verschlossen bleibt und er dringt wie kein anderer Mensch zum eigentlichen und ungeschminkten Kern unseres Wesens vor.

Selbstsucht ist die entscheidende Wurzel der Krankheit, die der vollen Blüte des Einsseins den Todesstoß versetzt. Solange unser Ego das Steuer in der Hand hält, können wir nicht voll und ganz in die Gemeinschaft mit dem Partner eingehen.

Das Problem am Einswerden ist Angst, die Angst, sterben zu müssen: „...die durch Todesfurcht das ganze Leben hindurch der Knechtschaft unterworfen waren" (Hebr 2,15b). Der Tod, vor dem wir Angst haben, ist der Tod der fleischlichen Kontrollgewalt des Ichs. Wir fürchten uns davor, diese selbstbezogenen Strukturen aufzugeben, diese Handlungsweisen des Charakters und der Persönlichkeit, durch die wir glauben, unser Leben sowie die Situationen und Menschen um uns herum im Griff zu haben und zu lenken.

„Wahrlich, wahrlich, ich sage euch: Wenn das Weizenkorn nicht in die Erde fällt und stirbt, bleibt es allein; wenn es aber stirbt, bringt es viel Frucht" (Joh 12,24). Solange wir diesem Ich nicht absterben, durch das wir versucht haben, das Leben zu kontrollieren, werden wir alle primären Bezugspersonen um uns her in unserem Unterbewußtsein wie Satelliten in unserer Umlaufbahn betrachten. Solange die anderen, die uns umgeben, an ihrem Platz bleiben und in unser Bild von einem geregelten Leben hineinpassen, können wir uns zurücklehnen und sie in Frieden lassen. Doch wenn sie unseren eingefahrenen Lebensstil bedrohen, wird das Leben auf einmal höchst ungemütlich; deshalb tun wir alles, was unserer Meinung nach erforderlich ist, um sie wieder in ihre Umlaufbahn zu bringen: Wir befehlen, schmeicheln, bedrohen, schimpfen, manipulieren, trösten, schlagen, „gewähren Liebe", strafen mit Schweigen, halten eine Standpauke etc.. Wir tun alles mögliche, um damit unsere Lieben hoffentlich bald wieder zum Normalzustand zurückzubringen; die Palette reicht von sanften und dezenten Methoden bis hin zu tobenden Wutausbrüchen; meistens sind wir uns jedoch dessen nicht bewußt, daß wir nicht – wie wir standhaft glauben – von der liebevollen Sorge um andere getrieben werden (wie wir oft lauthals heraustrompeten), sondern eigentlich von der Sorge um unser eigenes Königreich. Auch wenn hunderte von Menschen uns umgeben, bleiben wir doch allein, denn wer will schon gerne hin- und herdirigiert werden! Keiner ist bereit, nur irgendein Satellit in unserer Umlaufbahn zu sein. Wenn unser Ego stirbt, gewinnen wir Sicherheit, und dadurch werden wir auch gemeinschaftsfähig.

Manch ein Ehemann oder eine Ehefrau kapituliert vor den Vorstellungen, die der andere vom Leben hat. Eine Frau liest ihrem Mann in unterwürfiger Art und Weise jeden Wunsch von den Lippen ab und denkt, Epheser 5,22 befehle ihr, genau das zu tun. Viele einseitige Lehren über die Unterordnung erhärten diesen Standpunkt. Dann hat es den Anschein, als ob sie sich selbst vollkommen verleugnet und in aufrichtiger, aufopfernder Liebe ihrem Ehemann hingegeben hätte. Das ist jedoch nicht notwendigerweise der Fall. Tatsächlich kann es gut sein, daß sie einen Weg gefunden hat, wie sie sich aus dem Prozeß des Einswerdens zurückziehen kann und wie sie ihren Ehemann auf noch unterschwelligere Art und Weise lenken kann.

Durch ihr unterwürfiges Rollenspiel schafft sie es vielleicht, ihr ganzes Umfeld zu kontrollieren. Sie schließt Frieden mit jedermann (einen Frieden, der leblos und kalt wie Stein ist) und verspielt dadurch die Chance, ihren Mann mit dem riskanten Unterfangen konfrontieren zu können, endlich die lebendige und aufgeweckte Gehilfin zu sein, die ihm Erfüllung schenken könnte. Sie wird nur eine Erweiterung seines Ichs, anstelle eines passenden Gegenstücks. Dadurch, daß sie lernt, was ihm gefällt und all das stets tut, lenkt sie ihn. Nach außen hin betrachtet er das ganze vielleicht mit Wohlgefallen, doch innerlich stirbt er.

Ein Ehemann kann seiner Frau durchaus treu dienen, doch vielleicht hört es genau da schon auf; er *dient* ihr, anstatt ihr als Mensch zu *begegnen*. Als Junge hat er wohl gelernt, seine Mutter durch willfähriges Verhalten zu beruhigen; folglich wird er seine Frau besänftigen und lenken, indem er genau das tut, was den Frieden bewahrt. Dieser Mann hat unbewußt gelernt, auf jeder emotionellen Welle mitzuschwimmen, die seiner Frau Wohlbehagen schafft und ihr ein sanftes Schnurren entlockt. Man könnte glauben, er sei der ideale Ehemann. Für die Frau eines solchen „idealen" Ehemanns kann es schwierig sein, das Problem zu identifizieren; sie weiß nur, daß sie unglücklich ist. In einem bestimmten Bereich findet sie keine Erfüllung. *Ehefrauen, deren Männer so zuckersüß und lieb sind, werden in der Regel um so zorniger und fordernder, je sklavischer sich ihre Männer verhalten.* Unbewußt versuchen sie, ihre Männer zu provozieren, auf daß diese endlich einmal wütend werden, aus diesem Schema ausbrechen, das Leben in die Hand nehmen und das Haupt ihrer Familie werden.

Manchmal lenkt einer den anderen mit weniger unterschwelligen, feinsinnigen und freundlichen Methoden, mit Gewalt, Zorn und Geschrei. Diese Art der Kontrolle kann man zwar leicht als solche erkennen, doch kann man sie deshalb nicht leichter brechen. Normalerweise schätzen wir so jemanden als starke Persönlichkeit ein: „Ich trau' mich nicht, gegen ihn aufzubegehren; er ist so stark." Doch in Wirklichkeit steht hinter dem herben Äußeren ein furchtsames kleines Kind, das gelernt hat, seine Welt zu lenken, indem es die anderen nach seiner Pfeife tanzen läßt.

Egal wie sich das Verlangen, andere zu lenken nun äußern mag, der Grund dafür ist immer derselbe – das Ego. Auch das Resultat ist immer das gleiche – man kann nicht in die Fülle des Gemeinschaftslebens und der Ganzheit eintreten.

Paulus zeichnete uns einen Weg in eine erfolgreiche Ehe vor: „Ordnet euch *einander* unter, wie es die *Ehrfurcht vor Christus* verlangt" (Eph 5,21; Menge). Das ist eine einfache Richtlinie, ein absolutes Gesetz, das für jede Ehe gilt; man könnte es so umschreiben: „Wenn ihr euch nicht Jesus Christus untergeordnet habt, könnt ihr euch auch nicht einander unterordnen" oder „Wenn Sie in Christus Ihrem Ich noch nicht abgestorben sind, dann können Sie Ihrem Ich auch im Bezug auf andere nicht absterben" oder von der anderen Seite aus gesehen „Nur wenn Sie im Heiligen Geist leben und den anderen Leben schenken, so wie Jesus es schenkt, können Sie einander Leben schenken." Nur wenn die durch Identifikation Jesu mit uns unsere selbstsüchtige Welt am Kreuz stirbt, und wir einzig und allein von seinem Heiligen Geist befähigt werden, außerhalb der Mauern unseres Ichs in ihm und für ihn zu leben, kann in irgendeinem Bereich wahres Leben entstehen, insbesondere in der Ehe.

Das wahre Einssein kommt nicht zustande, indem einer zugunsten des anderen ausgelöscht wird, oder indem einer sich dem anderen überstülpt, sondern indem unser Ego in Christus stirbt, bis unsere Motivation und unser Antrieb seinem Wesen in uns entspringen. „Er muß wachsen, ich aber abnehmen" (Joh 3,30). Es heißt nicht, wie viele oft fälschlich zitieren: „Ich muß abnehmen, er aber wachsen." Dadurch wird ja die gottgegebene Reihenfolge von Tod und Wiedergeburt umgekehrt. Wenn ich versuche, abzunehmen, dann ist das unweigerlich wieder ein Trick meines Egos. Nur indem er (Jesus) wächst, aufgrund seiner Entscheidung und seiner Initiative, die er mir gegenüber an den Tag legt, wird mein Ich erfolgreich in den Tod gezogen. Nur indem sein Leben in mir wächst, wird etwas anderes als mein Ich zur motivierenden Kraft, die mich befähigt. Es ist auch nicht der Fall, daß sein Leben mein Leben auslöschen würde. Der Tod seines Ichs ist so vollständig und vollkommen, daß ich umso mehr in die Fülle meines Wesens eintrete, je mehr ich mir selbst absterbe und in ihm wiederauferstehe. Ich werde nicht nach der vorgegebenen Form Jesu Christi quasi „ausgestanzt". Ich lebe nun in der Fülle, zu der Gott mich schuf; jedoch kann ich mir für das, was ich bin, nichts einbilden, kein Lob dafür erheischen und nicht stolz darauf sein (1.Kor 1,31); ich muß es auch nicht verteidigen, nicht dafür leben oder es am Laufen halten. Das ist Gottes Aufgabe. Ich lebe einfach in ihm und für ihn, und er lebt in mir und für mich.

Durch die volle Wirksamkeit des Todes und des neuen Lebens wird ein Partner fähig, durch den Heiligen Geist das zu erspüren, was der andere möchte und braucht. Dieses Gespür will nicht die Bedürfnisse des Fleisches befriedigen; es gibt nicht den Lüsten oder niedrigen Motiven Genugtuung. Durch den Heiligen Geist lernt man zu erkennen, was die Weisheit für den anderen als gut erachtet und dementsprechend zu handeln. Das Einssein besteht somit nicht darin, das Wesen des anderen unkenntlich zu machen oder zu dirigieren; es ist vielmehr die Unbefangenheit zweier Kinder, die sich an einer Welt voller segensreicher Entdeckungen und Abenteuer erfreuen, indem sie danach streben, einander und alle anderen zu segnen und Erfüllung zu schenken. Ihre Herzen singen gemeinsam. Sie sind eines Sinnes, so daß selbst das unauffälligste Stichwort sofort in die Sinfonie der Gedanken und in eine gemeinschaftliche Aktion einstimmt. Durch nur ein einziges Ziel, ein Motiv, nämlich zum Segen der anderen zu leben, werden alle Dinge zu einer wunderbaren, harmonischen Einheit zusammengebunden. Man durchdringt einander im Geiste so sehr, daß auch die äußerliche und körperliche Koordination immer besser wird; weil die gemeinsamen Aktionen rhythmisch und scheinbar kinderleicht ablaufen, findet man Erfrischung, anstatt ausgezehrt zu werden, gleichgültig welche Last man gemeinsam zieht. Das Einssein wird wie eine Sinfonie, das harmonische Zusammensein zweier Menschen; dabei hat jeder von ihnen die Freiheit, er selbst, spontan und offen zu sein, und dennoch durchdringen sie einander zu einer Melodie des Dienstes und der Anbetung. Wenn man eins wird, verliert man deswegen seine Individualität nicht, so als ob die übermächtige Gemeinschaft jeden einzelnen verschlungen und verschluckt hätte. Wir können es mehr mit zwei glühenden Kohlen vergleichen, die ein gemeinsames Feuer ergeben oder mit einem Tenor und einem Alt, die in ihrer Individualität dennoch zur harmonischen Fülle eines Chores beitragen.

Ein weiteres Problem des Einsseins besteht darin, daß man oft versucht, es aus dem Fleisch heraus zu erzeugen. Das Einssein ist jedoch nichts, wofür man sich abmühen sollte, worauf man ein wachsames Auge haben oder was man messen sollte; dadurch würde man sich nur verkrampfen. Es ist vielmehr ein Resultat, ein Nebenprodukt des Lebens in Christus. Rissen und Sprüngen rückt man also nicht dadurch zu Leibe, daß man versucht, wieder zum Einssein zurückzukehren; das hätte wohl mehr zur Folge, daß man urteilt und mißt und somit noch weiter auseinanderdriftet; vielmehr sollte man umkehren und wieder anbeten, dem Herrn dienen und nicht auf seinen eigenen Vorteil achten. Das Einssein kommt wieder in unser Leben, wenn Jesus wieder in unser Leben kommt.

Eine Gruppe aus unserer Gemeinschaft bildete eine Zellgruppe. Wir wollten eins werden, Probleme und freudige Ereignisse austauschen und täglich füreinander beten. Wir schlossen einen Bund; doch so wie es jedem Ehepaar nach den Flitterwochen ergeht, begannen auch wir bald zu streiten und zu kämpfen. Der Herr offenbarte dann, daß der Mangel an Einheit darauf zurückzuführen war, daß wir sie aus unserem Fleisch heraus erzwingen wollten. Entlang des Wegs wies er uns darauf hin, daß er jeden Versuch von Menschen, eine Einheit zu formen, vereitelt hat. Er erinnerte uns daran, daß auch der Turm zu Babel ein Versuch war, eine Einheit herzustellen; doch er selbst vereitelte das Projekt, verwirrte die Sprachen der Menschen und zerstreute sie in alle Himmelsrichtungen (1.Mo 11,1 9). Er offenbarte uns weiterhin, daß er selbst es war und nicht die Macht Satans, der die Menschen dazu bewegte, den Völkerbund, die UNO etc. scheitern zu lassen. Immer wenn die Menschen im Laufe der Geschichte versuchten, *aus dem Fleisch heraus eine Einheit zu schaffen*, brach er diese Gruppen auseinander und zerstreute sie in alle Winde. Wir riefen: „Wie sollen wir dann *ein* Leib Christi werden?" (Damals war uns schon sehr deutlich vor Augen, wie trennend das Fleisch wirkt.) Er antwortete durch eine Vision, die einer der Brüder während der Gebetszeit bekam. Er sah eine grüne Wiese, auf der sich alle Schafe drängten, um möglichst nahe beim Hirten zu sein. Dann sagte der Herr: *„Wenn ihr zuerst mich sucht, wenn jeder von euch versucht, in meiner Nähe zu sein, dann werdet ihr auch ganz natürlich eine engere Gemeinschaft miteinander haben. Alles andere verkehrt die gottgegebene Ordnung und führt zur Spaltung."*

Die Gemeinschaftlichkeit in der Ehe (in der Gemeinde oder in allen anderen Bereichen) entsteht dadurch, daß wir ihn zuerst suchen. Immer wenn er nicht das Haupt ist, steht die Selbstsucht wieder auf (sollte sie je gestorben sein), und bald darauf folgt die Spaltung.

> Denn wo Neid und Eigennutz ist, da ist Zerrüttung und jede schlechte Tat. Die Weisheit von oben aber ist aufs erste rein, sodann friedsam, gütig, folgsam, voll Barmherzigkeit und guter Früchte, unparteiisch, ungeheuchelt. Die Frucht der Gerechtigkeit aber wird in Frieden denen gesät, die Frieden stiften.
>
> (Jak 3,16-18)

Vielleicht sucht ein Partner Gott nicht. Doch der ungläubige Partner wird durch den gläubigen geheiligt (1.Kor 7,14); somit muß der Mangel eines Partners der Einheit der Herzen keinen Abbruch tun.

Das Problem am Einswerden ist die stets schwierige Frage der Vergebung. Jemand sagte einmal, die Ehe sei eine 24-Stunden-Übung in der Kunst der Vergebung. In der Ehe wird man den anderen so oft unbeabsichtigt kränken, wie es Wespen tun, die sich um das Zuckerwasser scharen – von absichtlichen Verletzungen reden wir noch gar nicht. Doch so oft sind wir uns nicht ausreichend bewußt darüber, daß wir überhaupt verletzt werden; somit tun wir auch nichts dagegen; doch schließlich platzt uns der Kragen und irgendwo explodiert dann die Bombe. Vielleicht sind wir uns darüber auch im klaren, können jedoch unsere wild durcheinanderschießenden Emotionen nicht greifen und sie deshalb auch nicht erfolgreich ans Kreuz binden und die Angelegenheit damit auch nicht erledigen. Wenn häufig Streit ausbricht, ist das normalerweise ein Anzeichen dafür, daß wir uns von Jesus entfernt haben; denn wären wir ihm nahe genug gewesen, dann hätte sich 1.Johannes 1,7 auch an uns erfüllt: „Wenn wir aber im Licht wandeln, wie er im Licht ist, haben wir Gemeinschaft miteinander und das *Blut Jesu, seines Sohnes, reinigt uns von jeder Sünde*." (Hervorhebung vom Autor). Doch so werden wir an 1.Johannes 1,9 weitergeleitet: „*Wenn wir unsere Sünden bekennen...*"; nur das laute, gegenseitige Bekenntnis unserer Sünden kann dann die Einheit wiederherstellen. Um Auseinandersetzungen vorbeugen zu können, müssen wir uns hingeben, doch um ihnen entgegenzuwirken, müssen wir bekennen und vergeben.

Das Problem am Einswerden ist der Verlust einer Vision und eines Ziels. Wenn uns unsere Ziele nicht mehr dazu anspornen, über uns hinauszugehen, dann erwacht unsere ursprüngliche, fleischliche Motivation wieder zum Leben (zu bekommen, anstatt zu geben), und wir steigen wieder in das Wechselspiel zwischen Fordern und Verweigern ein. Unsere Zielsetzung wird nur dadurch erneuert, daß wir uns wieder gemeinsam an die Arbeit machen. Wenn wir nur darüber nachdenken und reden, stehen bald wieder Schuldzuweisung und Mauerbau auf dem Programm. Jesus zu dienen – „ohne Wort" (1.Petr 3,1-2) – ist die einfache und einzige Antwort.

Das Einssein ist nicht das Ziel. Es ist vielmehr der Zustand, durch den wir das Ziel erreichen. Der Ursprung ist Jesus, das Ziel ist die Erfüllung des Lebens, des Zwecks unseres Daseins und unserer Bestimmung. Eins zu sein bedeutet, Hand in Hand zu gehen; wir gehen auf unsere Bestimmung zu.

Einssein zeichnet sich dadurch aus, daß es einem leicht ums Herz ist und man lachen kann. Vertrauen findet darin einen fruchtbaren Boden. Vertrauen bedeutet nicht, daß der andere nicht versagen wird. Vertrauen bedeutet, daß Gott das Gute bewirken wird und daß sich alle Beteiligten von den Irrwegen erholen werden, die ihnen noch zu drohen scheinen. Vertrauen bedeutet Geduld: Ich bin nicht dazu gerufen, mich oder den anderen möglichst schnell wieder aufzurichten, wodurch ich alles verlieren würde. Vertrauen bedeutet Nachsicht: Wenn ich oder der andere etwas vermasselt oder absichtlich sündigt, ist das nur ein momentanes Ereignis und ich muß darauf einzig und allein mit Liebe, Erbarmen und Vergebung reagieren.

Nur wenn wir eins sind, können wir uns aufrichtig darüber freuen, wenn der andere etwas geschafft hat. Bevor unser Ich abgestorben ist, glauben wir nur, wir würden uns freuen, doch tief in uns sehen wir dem anderen zähneknirschend und von Eifersucht und Minderwertigkeitsgefühlen geplagt zu. Wenn wir mit dem anderen eins sind, werden wir die höchste Erfüllung erleben, wenn er etwas besser macht als wir; denn einerseits wissen wir, daß wir zu dem Trägersystem gehören, das ihm sein Handeln ermöglicht, und andererseits ist sein Erfolg unser Erfolg geworden, da wir ja eins sind. „...der wird auch die Werke tun, die ich tue, und wird größere als diese tun..." (Joh 14,12). Das wird unser Ziel und Grund unserer Freude sein und nicht der Anlaß zu der Befürchtung, wir würden ins Abseits gedrängt. Dann wird es so sein, daß die Freude über das Glück des anderen aus unserem Innersten kommt; man muß sie sich weder aus den Fingern saugen, noch hinterläßt sie einen bitteren Nachgeschmack und Verzweiflung, sondern vielmehr Zufriedenheit und ein Gefühl des Wohlbefindens.

Mit dem Einswerden geht auch Kummer einher. Wenn jemand, der eins mit uns ist, verletzt wird, sind wir nicht nur von unserem Gefühl her betrübt. Unser Geist weint, und diese tiefe Traurigkeit dringt an die Oberfläche und wird sichtbar. Selbst wenn diese Traurigkeit schmerzlich ist, ist sie dennoch auch süß, da sie aus der Liebe zum anderen geboren wurde (Pred 7,2- 8). Manchmal sind wir schon lange vor der bewußten Wahrnehmung des eigentlichen Ereignisses betrübt, da wir mit unserem Geist Dinge wahrnehmen, die wir mir unseren fünf Sinnen nicht wahrnehmen können. Wenn wir dann endlich wissen, warum wir betrübt waren, sind wir erleichtert. Das Wissen vermag die Traurigkeit in effektives Handeln umzusetzen, wie z.B. Gebet oder Trost für den Verletzten, sie macht das Ereignis jedoch nicht schrecklicher. Es gibt eine Freude, durch die die göttliche Betrübnis aufgrund des anderen gestützt und getragen wird (Pred 7,2-8; 2.Kor 7,10).

So wie ein Hut vom Wind hin- und hergeweht wird, stürzen wir uns in die Einheit, und im nächsten Moment verlassen wir sie auch schon wieder, nur um uns gleich darauf wieder hineinzustürzen, und so weiter. Wenn das Fleisch erstarkt und wieder seine Forderungen erhebt, wenn das Ego mit schriller Stimme kreischt, dann verlieren wir die Einheit. Doch Jesus stellt uns wieder her, immer und immer wieder und immer einmal mehr, als wir fallen. Das Problem des Einswerdens heißt, ihm das Steuer in die Hand zu geben. Stolz ist deshalb auch der Inbegriff der Unbeholfenheit; Stolz baut stahlharte und unbezwingbare Mauern in unserem Fleisch. Wenn am Ende dann alles gesagt und getan ist, regiert der Stolz das Reich der Selbstsucht und gräbt ständig in seinem eigenen Grab herum, nur um immer weitere Dinge ans Tageslicht zu befördern, denen er dann ein künstliches Leben einhaucht.

„Demütigt euch nun unter die mächtige Hand Gottes, damit er euch erhöhe zur rechten Zeit, indem ihr alle eure Sorge auf ihn werft; denn er ist besorgt für euch" (1.Petr 5,6-7). Das griechische Wort für „werfen" bedeutet eigentlich „mit viel Gewalt schleudern", wie wenn man einen Speer wirft. Das Einssein bewahrt man sich also dadurch, daß man seine Ängste mit aller Macht Gott entgegenschleudert. Denn die Furcht stachelt zu Stolz an. Wenn wir uns leer und bedroht fühlen, unsicher oder verlassen, dann tritt der Stolz, der falsche Tröster, auf den Plan und pumpt unseren platten Ballon wieder auf. Wenn jedoch unser Selbstwertgefühl von Jesu Wert abhängt, dann brauchen wir uns nicht aufzublasen, zu prahlen oder uns zu verteidigen. Somit wird möglich, was geschrieben steht: „Seid einträchtig untereinander gesinnt; richtet eure Gedanken nicht auf hohe Dinge, sondern laßt euch zu den niedrigen herab; haltet euch nicht selbst für klug!" (Röm 12,16; Menge). Dem Stolz schafft man nicht dadurch Abhilfe, daß man versucht, demütig zu sein. Dadurch würden wir uns nur wieder auf unser Fleisch verlassen. Sich unter die Hand Gottes zu demütigen bedeutet, ihn inmitten von Schwierigkeiten zu preisen, ihm Ehre und Ruhm zu geben und seine Majestät zu rühmen. Dadurch werden wir auf eine sehr wirksame Art und Weise demütig. Wenn wir unsere Sünde bekennen anstatt die des anderen, insbesondere wenn er uns verletzt hat und offensichtlich falsch liegt, wird unser Stolz gedemütigt. Wenn wir unsere eigene bittere Wurzel ans Licht bringen, hat unser Stolz nicht mehr die Möglichkeit, seine Selbstgerechtigkeit aufrechtzuerhalten. Kurz, man wird am leichtesten demütig, wenn man nach dem Kreuzestod seines Egos trachtet.

Die Umgestaltung ist niemals vollendet. Wir sind immer so wie der Mann, dem man für seine Demut eine Medaille verliehen hat, nur um sie ihm wieder wegzunehmen, weil er sie getragen hat! Es ist ein Zeichen von Demut, die anderen besser als sich selbst einzuschätzen (Phil 2,3); jedoch erst wenn uns die Erkenntnis unserer eigenen Sünde niedergeschlagen hat, wird dies mehr als nur ein Spielchen unseres Ichs sein (Ps 34,18).

Paradoxerweise wird unser Geist besonders dann stark genug, um einen Ausbruchsversuch aus den verborgenen Mauern unseres Ichs zu wagen, wenn wenn wir den Segen des Einsseins erfahren. Somit verhält es sich seltsamerweise so, daß das Einssein überstürzten Ausbruchsversuchen, Fehlschlägen und Spaltungen oft vorausgeht, ja sie vielleicht sogar fördert. Das ist ein Grund, warum wir ständig zwischen Einssein und Alleinsein hin- und herwechseln. Jede Auswirkung des Segens schenkt uns die Gnade, uns an die nächste Stufe des Reifungsprozesses mit all ihren Risiken, Bedrohungen, Fehlschlägen und dem einhergehenden Stolz heranzuwagen.

Deshalb ist das Einssein weder statisch noch langweilig. Es ist vielmehr eine Vorbereitung auf viele waghalsige Sprünge in die Tiefe! Normalerweise können wir im Glauben keinen solchen Sprung wagen, wenn wir nicht den Mut fassen, es überhaupt zu versuchen. Gottes Gnade schenkt uns diesen Mut, doch diese Gnade wird uns üblicherweise durch die Einheit mit anderen Menschen zuteil.

Deshalb ist das Einssein wie eine Kerzenflamme, die im Wind flackert; seine Stärke ist trügerisch, denn so oft sie durch Schwierigkeiten ausgeblasen wird, wird sie durch das Feuer der Liebe Gottes wieder entfacht.

Das Einssein ist der fruchtbare Boden, auf dem die Umgestaltung Reife schafft.

> Und Er hat gegeben etliche zu Aposteln, etliche zu Propheten, etliche zu Evangelisten, etliche zu Hirten und Lehrern, um die Heiligen zuzurüsten für das Werk des Dienstes *zur Erbauung des Leibes Christi, bis daß wir alle zur Einheit des Glaubens* und der Erkenntnis des Sohnes Gottes gelangen und *zum vollkommenen Manne werden, zum Maße der vollen Größe Christi.*
> (Eph 4,11-13; Schlachter)

Teil VI

Das Auferstehungsleben

21
Väter und Mütter in Christus

Ehe sie Wehen hatte, hat sie geboren; ehe Geburtsschmerzen sie ankamen, wurde sie von einem Knaben entbunden. Wer hat so etwas je gehört, wer hat dergleichen je gesehen? Wird ein Land an einem einzigen Tag zur Welt gebracht oder eine Nation mit einem Mal geboren? Denn Zion bekam Wehen und gebar auch schon seine Söhne. Sollte ich zum Durchbruch bringen und dann nicht gebären lassen? spricht der Herr. Oder sollte ich gebären lassen und dabei den Schoß verschließen? spricht dein Gott. Freut euch mit Jerusalem und jubelt über sie, alle, die ihr sie liebt! Frohlockt mit ihr in Freude, alle, die ihr über sie getrauert habt! Damit ihr saugt und euch sättigt an der Brust ihrer Tröstungen, damit ihr schlürft und euch labt an der Fülle ihrer Herrlichkeit. Denn so spricht der Herr: Siehe, ich wende ihr Frieden zu wie einen Strom und die Herrlichkeit der Nationen wie einen überflutenden Bach. Und ihr werdet saugen. Auf den Armen werdet ihr getragen und auf den Knien geliebkost werden. Wie einen, den seine Mutter tröstet, so will ich euch trösten. An Jerusalem sollt ihr getröstet werden.

(Jes 66,7-13)

„John, wie kommt's, daß ich mit Dir immer nur bis zu einem bestimmten Punkt gehen kann und nicht weiter? Meine Einheit mit Dir kann nicht mehr weiter wachsen. Was fehlt denn nur?" Diese Fragen öffneten mir die Augen für die Tatsache, daß niemand wirklich frei werden konnte (frei von mir, von sich, oder von irgendetwas anderem), solange ich nur für mein Image als Seelsorger lebte; denn für mich *war es notwendig*, daß dieser Mensch krank war, weil ich ihm dann helfen konnte. Doch dann offenbarte mir der Heilige Geist zunächst die Wahrheit über meine vielen Ego-Trips: Ich mußte immer jemandem helfen; ich mußte dem anderen immer einen Schritt voraus sein, indem ich „heiler" war als er; ich mußte mich auf Probleme konzentrieren; ich mußte mein Ich wie ein Märtyrer um des anderen willen hingeben etc.. Daraufhin machte mir der Heilige Geist klar, daß weder eine einzelne dieser sündigen Neigungen für sich betrachtet, noch alle zusammen die Frage beantworteten. Es fehlte noch etwas.

Er ließ mich erkennen, daß es nicht genug war, nur die sündige Seite des Menschen ans Kreuz zu schlagen. Ein Ratsuchender könnte jede sündige Tat in seinem Leben beim Namen nennen und jede Handlungsweise ans Kreuz schlagen und dennoch völlig „funktionsuntüchtig" bleiben! Ich verstand, daß die Auferstehung des anderen zu einem neuen Leben wichtiger ist als der Tod der negativen Charaktermerkmale. Dieser Tod ist der erste Schritt, doch ohne Auferstehung ist einem Menschen nur wenig geholfen. Menschen, die keine menschliche Liebe erfahren haben, die dennoch denen vergeben,

die sich an ihnen versündigt haben, und denen selbst all ihre Urteile vergeben worden sind, sind vielleicht immer noch unfähig zu lieben und zu leben. Jemand muß so einen Menschen ins Leben förmlich hineinlieben! Manchmal macht Gott das in seiner Souveränität selbst. Doch in den meisten Fällen muß dieser Mensch durch die Hände und Herzen von anderen Menschen angerührt und ins Leben hineingezogen werden.

Nach der Wiedergeburt sind wir tatsächlich wieder Babys. So wie Gott uns nicht wie die Fische gemacht hat, die ohne ihre leiblichen Eltern körperlich versorgt werden, so hat er auch nie vorgehabt, daß wir ohne die Nahrung einer Familie geistlich wiedergeboren werden sollen. Allein diese Tatsache ist die Existenzberechtigung der Kirche; vielleicht ist sie auch das am wenigsten verstandene Faktum unserer christlichen Existenz. Aus irgendwelchen Gründen haben wir nicht verstanden, wie wichtig wir füreinander sind.

Bei mir in der Seelsorge konnten die Menschen nicht heil werden, da es noch nie in meinen Kopf hineingegangen war, daß sie meine persönliche Liebe in einem ganz besonderen Maß brauchten, nicht nur die allgemeine christliche Liebe, sondern speziell meine Liebe als Seelsorger und Freund. Der Herr offenbarte mir, daß einige Menschen, die wir betreuten, Paula und mich als Eltern in Christus brauchten. Da sie diese Art von Beziehung nicht hatten, konnten sie auch nicht in die Fülle des Lebens eintreten.

Ich wunderte mich: „Warum beißen sich die Leute denn so an Paula und mir fest? Gibt es etwas an unserem fleischlichen Ich, das die anderen ungebührlich anzieht?" Je mehr wir versuchten, dem aus dem Weg zu gehen, desto mehr raubten uns die Menschen unsere Kraft. Dann sprach der Herr: „*John, der Grund, warum sie sich an Dir und an Paula festbeißen (nachdem ihr alle falschen Beweggründe habt sterben lassen), liegt darin, daß ihr mit eurer Gegenwart etwas versprecht, das ihr jedoch vorenthaltet. Paradoxerweise werden sie zufrieden sein und euch nicht mehr eurer Kraft berauben, wenn ihr euch öffnet und alles von euch hingebt.*" Er erklärte uns dann weiter, daß das, was die anderen wollten, nicht etwas sei, das sie besser nicht begehren sollten; und sollte gelegentlich jemand versuchen, uns sexuell zu verführen – wenn er dächte, er könnte das –, dann wäre das eigentlich auch nicht sein wirklicher Wunsch. Einige Ratsuchende suchen einfach nach dem, was sie Zeit ihres Lebens nie empfangen hatten; sie suchen nach einer gesunden elterlichen Liebe, durch die sie Leben empfangen können. Wenn wir uns Gott als Werkzeug seiner Liebe hingeben würden (Röm 12,1), dann würde er die Sehnsucht der Suchenden stillen, so daß sie nicht nur damit aufhören würden, uns förmlich auszusaugen, sondern vielmehr richtig heil werden könnten.

Als ich schließlich begriff, daß Gott Vater dies wirklich wollte und daß er die Bereitschaft eines menschlichen Herzens brauchte, um es vollbringen zu können, konnten Paula und ich uns über die Angst, wir könnten etwas Unbiblisches tun, hinwegsetzen und erkennen, daß diese Arbeit wirklich biblisch verankert war (1.Thes 2,11-12; 1.Tim 1,2). Dann konnte der Heilige Geist unsere Angst, wir würden ein zu großes Risiko für uns selbst eingehen, überwinden; er zeigte uns, daß dieses Werk wirklich Gottes Werk ist, und somit konnten wir es ihn in uns und durch uns vollbringen lassen. Wir öffneten uns und sprachen gemeinsam mit bestimmten Ratsuchenden im Gebet folgendes laut aus: „Insoweit (der betreffende Mensch) einen Vater und eine Mutter braucht, um zum Leben erwachen zu können und uns für eine Weile als seine Eltern in Christus akzeptiert, werden wir dieses Amt übernehmen, Herr. Wir werden (den betreffenden Menschen) in unserem Herzen tragen und Dich ihn (oder sie) ins Leben förmlich 'hineinlieben' lassen." Sofort zeigten sich erstaunliche Resultate. Die Ratsuchenden hatten ihr Leben langsam wieder im Griff und wuchsen ziemlich rasch heran. Die Last, die wir zu tragen hatten, war leichter und nicht schwerer, als wir zuvor befürchtet hatten. Vielleicht war es uns eine Hilfe gewesen, daß wir uns diese Last zunächst einmal bewußt gemacht hatten. Vielleicht wurden wir nach Aufgabe unseres Widerstandes für den anderen auch transparenter (und nicht rätselhafter, wie wir befürchtet hatten) und die Menschen konnten nun durch uns all das schneller und leichter erhalten, was sie von Gott brauchten.

Daraufhin verstand ich, daß es noch einen weiteren Schlüssel zum Reich Gottes gab, den die Christen verloren hatten. Wir hatten Angst; wir wurden zu individualistisch; uns war zu wenig bewußt, wie sehr wir einander brauchen; wir waren zu weit weg von dem, was „Kirche" eigentlich bedeutet und zu sehr auf die Bedeutung des „Tempels" eingeschworen: Der Ort, an dem Einzelpersonen zusammenkommen, um als Einzelpersonen anzubeten und so auch wieder nach Hause zu gehen, ohne am gemeinschaftlichen Leben der Gläubigen teilgenommen zu haben. Wir fürchteten uns vor dem Bibelwort: „Ihr sollt auch nicht jemanden auf der Erde euren Vater nennen; denn *einer* ist euer

Vater, nämlich der im Himmel" (Mt 23,9). Es war uns nicht klar, daß durch diese Worte in erster Linie die Juden davon abgehalten werden sollten, ihre Vorfahren zu verehren, insbesondere „unseren Vater Abraham" (vgl. Joh 8,39). (Christen müssen sich an diesen Vers als Korrektureinrichtung erinnern, quasi als Gegengewicht zu der Tendenz, diejenigen zu vergöttern, die uns durch ihre Liebe zum Leben erwecken.) Folglich lebten wir auch – vielleicht verblendet – an den Schriftstellen vorbei, in denen Paulus sagte: „...denn in Christus Jesus bin ich durch die Verkündigung der Heilsbotschaft euer geistlicher Vater geworden" (1.Kor 4,15b; Menge) und „Hättet ihr nämlich auch ungezählte Erzieher in Christus, so doch nicht viele Väter" (1.Kor 4,15a; Einheit). „Aber seine bewährte Treue ist euch bekannt, daß er wie ein Sohn seinem Vater, zusammen mit mir den Dienst der Verkündigung der Heilsbotschaft geleistet hat" (Phil 2,22; Menge). „...wie ihr ja wißt, daß wir euch und zwar jeden einzelnen von euch, wie ein Vater seine Kinder ermahnt und getröstet und beschworen haben, des Gottes würdig zu wandeln, der euch zu seinem Reich und seiner Herrlichkeit beruft" (1.Thes 2,11-12).

Die Kirche bleibt schwach und kann sich nicht aufmachen, um Licht zu werden (Jes 60,1-2), nicht nur weil wir es versäumt haben, das Negative ans Kreuz zu schlagen, sondern vielmehr weil wir das Positive nicht getan haben. Wir haben einander nicht zum Leben erweckt. Jesaja 60,4 konte noch nicht bis in unsere Herzen vordringen: „Erhebe ringsum deine Augen und sieh! Sie alle versammeln sich, kommen zu dir: *deine Söhne* kommen von fern her, und *deine Töchter* werden auf den Armen herbeigetragen" (Hervohebung vom Autor). Dieser Text spricht nicht nur von unseren leiblichen Kindern, sondern von den Kindern Christi. „Meine Kinder, um die ich abermals Geburtswehen erleide, bis Christus in euch Gestalt gewonnen hat" (Gal 4,19). Paulus spricht von Geburtswehen; er ist schwanger mit ihrem geistlichen Leben: „...stets trage ich in meinem Herzen..." (Phil 1,7; Albrecht).

Nachdem wir einander in die geistliche Geburt geführt hatten, wußten wir jedoch nicht, wie wir einander als Söhne und Töchter Christi erziehen sollten. Einige wußten es zwar nicht, haben sich jedoch intuitiv aus ihrem liebevollen Herzen heraus nach dem anderen ausgestreckt und dieses Ziel für den anderen ohnehin erreicht. Manche Leute sagen: „Ach, wie liebevoll es in dieser Gemeinde zugeht; man spürt es förmlich, wenn man bei der Tür reingeht." Doch wieviel besser wäre es, wenn wir die Berufung erkennen und wissentlich darauf reagieren könnten, im vollen Bewußtsein aller Stolpersteine und mit einer Ausbildung in dieser speziellen Kunstfertigkeit ausgestattet? So gilt in der Tat: „Darum wird mein Volk gefangen wegziehen aus

Mangel an Erkenntnis. Seine Vornehmen sind Hungerleider, und seine lärmende Menge ist ausgedörrt vor Durst" (Jes 5,13). Das Leben zahlloser Christen ist nur sehr kümmerlich ausgebildet, weil niemand wußte, wie er deren Vater oder Mutter in Christus werden könnte!

Nicht jeder braucht diese „zweite" Elternschaft in Christus. Einige Menschen, die von ihren leiblichen Eltern mit viel Zuneigung, Aufmerksamkeit und Weisheit großgezogen wurden, empfingen schon im natürlichen Bereich ausgesprochen viel; als sie dann wiedergeboren wurden, machte es diese gesegnete Elternbeziehung Gott, dem Vater möglich, sie durch seine Vaterschaft sogleich und ohne große Schwierigkeiten in die Fülle ihres neuen Lebens hineinzuführen. Diese Menschen tun sich leicht, von ihrem Pastor oder von erfahrenen Freunden im Leib Christi etwas zu empfangen und durch diese Nahrung zu wachsen, und müssen nicht bewußt und konkret in eine zweite Elternschaft eintreten.

Wir können nicht für jeden, der uns über den Weg läuft, diese Elternschaft übernehmen. Woran können wir nun erkennen, ob uns Gott konkret zu dieser oder jener Person beruft, sei es um Vater oder Mutter für sie zu sein, oder selbst Vater- oder Mutterschaft zu erhalten? Erstens lernt man, dies im Herzen zu erkennen. Irgendwie weiß man: „Das ist er (sie)!" Durch das Zeugnis des Geistes und durch die Position, die man in der Seelsorge erhält, weiß man, daß der andere nun nicht nur Freund oder Seelsorger, nicht nur Bruder oder Schwester, sondern vielmehr Vater oder Mutter ist. Dann müssen wir offen und direkt darüber sprechen. Wo diese Art der Beziehung nicht erwünscht ist, bestehen wir nicht darauf, auch wenn wir wissen, daß der andere genau das brauchen würde. Der andere muß uns einladen, sei es als Vater (Mutter) oder als Kind. „Wer das Reich Gottes nicht aufnimmt wie ein Kind, wird dort *nicht* hineinkommen" (Mk 10,15). Die Erfahrung lehrt uns, die Signale des Mangels zu deuten, und je mehr Erfahrung wir haben, desto mehr können wir auch die Frage stellen, ob jemand anderer für diese Aufgabe besser geeignet wäre, und auf die Bestätigung des Herrn in diesem Punkt warten.

Am Anfang einer zweiten Elternschaft kann niemand voraussagen, wie intensiv diese Beziehung werden wird. Einige Menschen, die bei ihren leiblichen Eltern verhungert sind, nehmen die ihnen vom Herrn und vom Leib Christi dargebotene Nahrung dennoch leicht und rasch auf und entwickeln sich in kurzer Zeit zu einem mündigen Christen. Bei anderen kann es Jahre dauern. Einige hatten vielleicht ganz ausgezeichnete Eltern und brauchen dennoch jahrelange, bewußt ausgeübte Elternschaft, um mündig zu werden. Jeder Mensch ist einzigartig und jedes Menschenleben läuft nach seinem eigenen Zeitplan ab. Regeln und Richtlinien kann man nicht auf jeden Menschen übertragen. Niemand sollte dafür gelobt oder getadelt werden, daß er so schnell oder langsam an Reife zunimmt. Die Menschen sind einfach zu unterschiedlich. Wir müssen uns darauf vorbereiten, ständig ein offenes Ohr für den Heiligen Geist und für die betreffende Person zu haben, damit wir erkennen können, wo wir uns gerade im Zeitablauf ihres Reifungsprozesses befinden.

Wenn wir dem anderen anbieten, für ihn die Elternschaft zu übernehmen, dann kann das für uns eine Vielzahl unterschiedlicher Auswirkungen haben. Wir tragen den anderen in unserem Herzen. Deswegen kann es gut sein, daß wir am eigenen Leib und in unserem Herzen das nachempfinden, was der andere aushalten muß. Wir wissen, daß er (sie) einsam, furchtsam und unsicher ist, von Zweifeln geplagt und von allen Seiten bedrängt wird usw., weil wir uns mit ihm identifizieren und alles miterleben. Manchmal werden wir denken, unsere Empfindungen wären auf unsere eigenen Schwierigkeiten zurückzuführen; doch dann erkennen wir, daß es die Probleme des anderen sind. Wenn unser geistliches Kind sich freut, dann wird auch unser Herz schneller schlagen. Der Herr verbindet mich

eng mit dem anderen und legt mir eine Sorge um sein Wohlergehen ins Herz und wenn ich ihn dann eine Weile nicht gesehen habe, dann kann ich aus dieser Erfahrung heraus die folgenden Worte Paulus' nachvollziehen: „Deshalb, da wir es nicht länger aushalten konnten...sandten (wir) Timotheus, unseren Bruder und Mitarbeiter Gottes in dem Evangelium des Christus, um euch zu befestigen und zu trösten eures Glaubens wegen" (1.Thes 3,1-2). Wenn ich in die Stadt dieses Menschen komme und mich mit ihm (oder ihr) treffe, dann hüpft mein Geist vor lauter Freude, und ich werde erfrischt.

Wenn mich dieser Mensch umarmt oder begierig jedes meiner Worte aufsaugt, dann zehrt mich das eigenartigerweise nicht aus, sondern spendet mir Erfrischung. Es ist so, als ob mir gestattet würde, wirklich ich selbst zu sein. Wenn ich mich nun ganz bewußt über seine Lage informieren kann und wir Dinge durchsprechen, dann wird es mir leicht ums Herz. Dann erfahre ich aus erster Hand, womit mein Geist schon in der Finsternis der Unkenntnis gerungen hatte. Doch wenn ein geistliches Kind meint, es müsse mich vor seinen Problemen schützen (nicht daß das ein Zeichen von Reife wäre, sondern vielmehr eine fleischliche Reaktion) und sich nicht mit mir austauscht, dann bleibe ich in dem Sumpf seiner namenlosen Probleme stecken. Ich kämpfe mit einem unsichtbaren Gegner, und die Last dieses Kindes wird unnötig schwer. Wie sein leiblicher Vater möchte ich unbedingt wissen, was in ihm vorgeht. Dann kann es auch mal passieren, daß ich den anderen dränge und mich zusammennehmen muß, damit ich ihn nicht überfahre oder ihn dazu zwinge, zu viele Dinge zu früh mitzuteilen.

In der Anfangsphase besuchen Paula und ich unseren Schützling öfters; Eltern müssen ja auch viel Zeit darauf verwenden, den Charakter eines Kleinkindes zu prägen. Mindestens einmal die Woche müssen wir miteinander sprechen und unsere Beziehung steht dann ganz im Zeichen der Seelsorge und der Lehre. Wenn im weiteren Verlauf die größeren Probleme dann bewältigt und eine Bindung zwischen uns hergestellt wurde, braucht dieses heranwachsende Kind keine so unmittelbare Betreuung mehr. Da wir im Geiste eins sind, können wir Raum und Zeit überbrücken; nur noch gelegentlich ist ein „auffrischender" Besuch erforderlich. Mit der Zeit schreitet auch die Entwöhnung voran, bis das Endresultat durchaus mit der Situation eines mündigen, leiblichen Kindes verglichen werden kann: eine Freundschaft, versüßt mit dem Wissen, daß Eltern immer Eltern bleiben, auch wenn sie mittlerweile Gefährten sind. Meine leiblichen Kinder korrigieren und beraten mich, doch immer mit der Achtung und dem Respekt, die mir als Vater zustehen; dasselbe gilt bei Gottes Kindern.

Einige schätzte ich falsch ein und versuchte, sie zu früh wieder zu entlassen; darauf antworteten sie mit Schmerzensschreien. Später lernten Paula und ich, den Reifungsprozeß und die Freisetzung in demselben natürlichen Zeitrahmen zu belassen, wie wir es auch bei unseren leiblichen Kindern getan hatten. Jeder wird nach seinem eigenen Zeitplan und auf seine eigene Art und Weise mündig und nabelt sich ab; der eine tut sich dabei leicht, der andere schwer. Ein Seelsorger muß lernen, die Phasen so zu nehmen, wie sie kommen; er darf nicht aufgebracht reagieren, wenn der eine Schützling meint, er müsse seinem Zorn Luft machen und der andere, er müsse mit uns in einen Wettbewerb treten, aus dem er als Sieger hervorgeht, nur um dadurch die geistliche Nabelschnur durchtrennen zu können. Sobald man begriffen hat, was der andere dadurch eigentlich erreicht, darf man seine Vorgehensweise nicht persönlich nehmen und sollte darauf gelassen reagieren.

Leider werden einige dazu berufen – manche glauben es zumindest – das Amt der geistlichen Elternschaft zu übernehmen, die ihre eigenen Kinder dominiert und dirigiert haben, die besitzergreifend und gefühlskalt waren etc.. Es kann auch gut sein, daß der Herr sie in vielen dieser Bereiche noch nicht umgestaltet hat. Dadurch wird der gesamte Dienst in den Schmutz gezogen, bis sich einige überhaupt nicht mehr hineinwagen.

Wer eine zweite Elternschaft braucht, dem möchten wir folgendes raten: Prüfen Sie, welchen Umgang Ihre zukünfigen geistlichen Eltern mit ihren eigenen leiblichen Kindern hatten. Wenn deren leibliche

Kinder immer noch rebellisch oder jähzornig sind, unter einem Joch stehen oder unmündig sind, dann suchen Sie sich jemand anderen! Machen Sie einen großen Bogen um dieses Paar! Denn wenn in ihrem Leben nicht aufgrund eines gewaltigen gnädigen Eingreifens eine Veränderung stattgefunden hat, werden sie höchstwahrscheinlich dieselben Fehler mit Ihnen wieder machen! Wenn jedoch die erwachsenen Kinder, die noch im Haus wohnen, eine humorvolle, unkomplizierte, begeisterte und respektvolle Beziehung zu diesem Elternpaar haben, dann wird das wahrscheinlich auch bei Ihnen der Fall sein. Beobachten Sie deren Familienleben eingehend, bevor Sie verbindlich in eine Beziehung mit ihnen eintreten. Vermutlich werden Sie nicht im Haus des Ehepaares mitwohnen, sondern es nur gelegentlich besuchen, doch die Handlungsweisen, die sich das Paar im Umgang mit ihren eigenen Kindern angewöhnt hat, werden Ihnen entweder zum Segen werden oder Sie in einen ständigen Kampf verwickeln. Leider hat der Herr bisher noch viel zu wenige „sichere", weise, gnädige geistliche Eltern von Format in diesen Dienst gerufen.

Die Fehler, die wir bei unseren eigenen Kindern gemacht haben, tragen zu unserer Reife bei, demütigen uns und bereiten uns darauf vor, gute Eltern in Christus zu werden. Woran können wir nun erkennen, ob unsere zukünftigen Eltern, die vielleicht reifer geworden sind und sich verändert haben, obgleich ihre Kinder vielleicht noch immer rebellisch sind, wirklich ihr Leben ans Kreuz geschlagen und echte Veränderung erfahren haben? An ihren Früchten. Beobachten Sie die anderen Beziehungen dieses Elternpaares. Wie sieht die Beziehung zu ihren Freunden aus? Wenn der Mann ein Firmenchef ist, wie reagieren seine Mitarbeiter auf ihn? Wenn die Frau Leiterschaft ausübt, wie verhalten sich ihr gegenüber die Menschen, die ihr untergeordnet sind? Dennoch wird eine intensivere und ursprünglichere Beziehung eine Qualität aufweisen, die in einer sekundären Beziehung niemals möglich wäre; seien Sie deshalb auch bereit, ein Risiko einzugehen und das anzunehmen, was Gott Sie dadurch lehren will. Wenn wir es Gott einmal gestattet haben, uns das ins Herz zu schreiben, was auf seinem Herzen ist, dann kann er uns auch – wenn es erforderlich ist – in eine andere Klasse und zu einem anderen Lehrer (Vater/Mutter) versetzen oder aber diese Elternschaft beenden, wenn wir mündig geworden sind. Meine ersten beiden Väter in Christus strauchelten und fielen, doch der Herr hat mich durch diese unvollkommenen Gefäße auf jeden Fall gesegnet.

Woran können wir erkennen, wann der Reifungsprozeß seinem Ende zugeht? Woran können wir erkennen, wann wir dieses Nest verlassen und vielleicht zu einem anderen fliegen sollen oder ein anderes gar nicht mehr brauchen? Man fühlt es tief im Innersten. Die

Worte des „Vaters" oder der „Mutter" treffen unser Herz nicht mehr wie Worte der Offenbarung; sie prallen an unseren eigenen unterschütterlichen Erkenntnissen ab und wir erachten sie als unnötig, vielleicht sogar als überflüssig. Wir brauchen diese Nähe zu ihnen nicht mehr. Jetzt können wir in allen Lebenslagen auf eigenen Beinen stehen; wir fühlen uns sicher und heil. „Ich sag's Dir. Diese Sache hab' ich gut allein hingekriegt. Früher hätte mir so was das Genick gebrochen." „He, jetzt fürchte ich mich in so einer Situation nicht mehr." „Ich hatte nicht den Eindruck, ich würde noch einen Ratschlag brauchen; in diesem Fall konnte ich auf meine eigene Weisheit vertrauen; was hältst Du davon?" „Ich fühl' mich nicht mehr ungeliebt." „Ich bin nicht mehr so menschenscheu wie früher." „Ich hab' mir nicht mehr wie früher den Schneid abkaufen lassen; ich bin jetzt stärker." Kurz, wir fühlen uns nicht mehr so, als ob wir den anderen so wie früher noch bräuchten. Wenn wir jetzt nochmals in die Seelsorge kommen, dann ist das mehr ein Zugeständnis als eine Bitte um Hilfe. Jetzt möchten wir unsere „Eltern" einfach nur besuchen und ihnen vielleicht von unseren neuesten Entdeckungen erzählen; wenn sie jedoch wieder wie bisher mit der Seelsorge beginnen, haben wir den Eindruck, wir würden zum Schweigen gebracht und mißverstanden. Wir können das sehr leicht als Beleidigung auffassen. Über diese Phase sind wir hinausgewachsen; wenn wir jedoch immer noch einen Mangel haben, dann besteht er darin, daß die „Eltern" doch erkennen mögen, daß wir jetzt frei sind und daß sie mit uns wie mit mündigen, gleichberechtigten Menschen umgehen.

Sicherlich wird es auch Zeiten geben, in denen wir noch einmal zu ihnen kommen wollen, um uns „durchchecken" zu lassen oder um wegen eines bestimmten Problems Seelsorge zu erhalten. Die neu gewonnene Freiheit beweist sich nun jedoch darin, daß man das tun kann, ohne davor Angst haben zu müssen, man werde wieder zum Kind degradiert, auch wenn der Seelsorger (vermutlich versehentlich) versuchen sollte, uns wieder so zu behandeln. Dann wissen wir, daß wir so frei sind, daß uns nicht einmal der Mensch, der uns großgezogen hat, die Flügel stutzen kann. (All die hier erwähnten Erfahrungen machen wir auch durch, wenn wir uns von unseren leiblichen Eltern abnabeln.).

Die tragenden Säulen der zweiten Elternschaft sind einfache Liebe und Annahme. Sobald das „Kind" tief in seinem Herzen erkennt, daß das kein Spiel ist, daß es durch die „Eltern" vom Herrn wirklich geliebt wird, einfach nur weil es existiert; sobald es das Gefühl hat, wirklich auserwählt zu sein und geschätzt zu werden und es in der Tatsache Frieden findet, daß die Liebe ein für alle Mal von Gott „gegeben" wurde und nie zurückgenommen werden wird, fühlt es sich geborgen und gelangt ganz natürlich zur Reife und erfährt Heilung. Geistliche Eltern werden immer wieder versagen, entscheidende Vorgänge nicht verstehen, manchmal unaufmerksam, manchmal herrisch sein oder zu viel verlangen; wie dem auch sei – solange die Liebe Jesu Christi ins Herz des „Kindes" fließt und dort aufgenommen wird, ist der entscheidende Schritt getan. Von da an wird der Ratsuchende immer stärker werden, selbständig Zusammenhänge erkennen und überwinden, auch wenn er ein Geschehen nicht in seiner Gesamtheit versteht. Von da an ist die Seelsorge die praktische Umsetzung von Erkenntnissen, die in einem heilen Herz schon fest verankert sind! Man könnte auch sagen, daß eine zweite Elternschaft schlicht und ergreifend nur allein deswegen nötig ist, weil der Ratsuchende elterliche Liebe erfahren soll. Wir kennen geistliche Eltern, die überhaupt keine seelsorgerliche Begabung oder die dafür erforderlichen Erkenntnisse hatten. Für ihre „Kinder" waren sie weder Seelsorger, noch Ratgeber, noch Lehrer. Nur selten sagten sie überhaupt etwas. Sie waren einfach nur da und stets greifbar wie der sprichwörtliche Lieblingsteddy. Und die „Kinder" gedeihten prächtig.

Natürlich gewachsene Kleinfamilien leiden Schaden, wenn sie isoliert werden. Wir brauchen Großeltern, Onkeln, Tanten und Cousins. Ein Teil der sich stetig verschlimmernden Probleme in Amerika – von denen nicht nur Kleinfamilien betroffen sind durch hohe Scheidungsraten, Ehebruch etc., sondern auch die allgemeine Zunahme der Kriminalität, der Drogenmißbrauch, die Abnahme der wirtschaftlichen Produktivität usw. – kann auf die wachsende Mobilität zurückgeführt werden, die die Beziehungen innerhalb einer Familie zerstört. Kleinfamilien brauchen die Unterstützung, die Erquickung und den Rat von Blutsverwandten und engen Freunden. Dasselbe gilt für erweiterte Familienbeziehungen und elterliche Beziehungen in Christus.

Geistliche Eltern brauchen die Fülle eines Gemeindelebens. Die Anbetung erfrischt und stärkt das Herz, auf daß es weiterhin offen bleiben kann. Das Wort Gottes belebt die Seele und dient zur Unterweisung. Mit Pastoren und Freunden ist Austausch und Seelsorge möglich. Mit anderen Eltern in Christus kann man Gemeinsamkeiten und Unterschiede besprechen.

Manchmal können die geistlichen Kinder auch in derselben Gemeinde sein; in der Regel ist das günstig, in manchen Fällen jedoch nicht. Zeit, Ort und andere Faktoren können das verhindern. Wir wollten nie, daß ein römisch-katholisches Kind in Christus in eine andere Gemeinde gehe als in eine katholische; genauso wollten wir nie, daß irgendein geistliches Kind in unsere Gemeinde kommt. In solchen Fällen sollte das „Kind" regelmäßig in den Gottesdienst gehen, in den es sonst auch geht. Sowohl die „Eltern" als auch die „Kinder" brauchen den Segen des Leibes Christi.

Die Geschwister in Christus tragen auch ihren Teil dazu bei. Manchmal kann die Ortsgemeinde den Mangel lindern, manchmal übernehmen Freunde diese Aufgabe, ohne die Eltern einzubeziehen. Doch in der Regel betrachten unsere geistlichen Kinder einander als „Verwandte" und besuchen sich gerne gegenseitig. Dieses Zugehörigkeitsgefühl trägt sehr zur Sicherheit bei, auch wenn geschwisterliche Rivalitäten genauso dazugehören. Denn mit wem kann man besser ringen und von wem kann man besser lernen, als von einem Bruder oder einer Schwester? Aus Geschwistern, die sich nichts schenken, werden normalerweise die besten Freunde; dasselbe gilt für geistliche Kinder. Vor geschwisterlichen Rivalitäten brauchen wir uns nicht zu fürchten; denn leibliche Eltern, die weise sind, sehen auch lachend zu, vermitteln und warten darauf, daß die Kinder den Kinderschuhen entwachsen.

Eine Beziehung zwischen geistlichen Eltern und Kindern hat viel mehr vorübergehenden Charakter als bei leiblichen Eltern und Kindern. Manchmal ist die Annahme das ausschlaggebende Moment, und schon nach wenigen Wochen ist der Ratsuchende heil und befreit. Unsere Erfahrung zeigt uns, daß eine zweite Elternschaft ungefähr zwei bis drei Jahre dauert. Das hängt zwar von der Dringlichkeit des Mangels und dem individuellen Entwicklungszeitplan eines Menschen ab, doch in dieser Zeit durchlebt das „Kind" seine Kindheit, die Jugendzeit und erreicht schließlich die Erwachsenenreife.

Eine Ratsuchende, die scharfsinniger war als viele andere, konnte die jeweilige Phase, in der sich das Kind in ihr gerade befand, ziemlich genau einschätzen. Eines Tages besuchte sie uns und sagte: „Vom Emotionellen her bin ich jetzt ungefähr sechs, oder?" In vielerlei Hinsicht hätte ein Außenstehender sie sicherlich für eine ziemlich reife und freie Person gehalten. In ihren primären Beziehungen mit ihrer eigenen Familie war sie sehr genau. Später verkündete sie dann: „Jetzt bin ich ein Teenager, oder?" Und sie hatte Recht. Wenige Monate später war sie mündig und frei.

„Als ich ein Kind war, redete ich wie ein Kind, dachte wie ein Kind, urteilte wie ein Kind; als ich ein Mann wurde, tat ich weg, was kindlich war" (1.Kor 13,11). Geistliche Eltern haben eine zentrale Aufgabe: Dem anderen so viel Liebe und Kraft zu schenken, daß er das, „was kindlich" ist, wegtun kann. Beachten sie das „Ich" im obigen Vers: *Ich* wurde ein Mann, *ich* tat weg, was kindlich war. Hierin finden wir eine Richtschnur, die für geistliche Eltern von absolut ausschlaggebender Bedeutung ist: Wir dürfen nicht versuchen, den anderen zur Mündigkeit zu zerren. Das Erwachsenwerden ist die Aufgabe des Ratsuchenden und die Aufgabe Gottes durch sein Wirken im Herzen des Ratsuchenden. Auch wenn ein Ratsuchender vielleicht Rückschritte macht und sich uns gegenüber manchmal wie ein Kind verhält, behandeln wir ihn immer wie den Erwachsenen, der er ist. Wenn wir ihm Liebe geben, dann wissen wir, daß wir uns nach dem Kind in ihm ausstrekken. Wenn wir laut mit dem Ratsuchenden beten, dann dringen wir bewußt und absichtlich zu dem Kind in ihm vor. Doch in allen anderen Aspekten der Beziehung achten wir tunlichst darauf, den anderen mit gebührendem Respekt wie einen Erwachsenen zu behandeln. Viele, die eine geistliche Elternschaft übernehmen, irren sich an diesem Punkt gewaltig. Sie degradieren Erwachsene zu Kindern. In dieser Hinsicht kamen viele Spielarten der Hirtenschaft und der Jüngerschaft in Verruf, so daß viele Menschen, die es wirklich nötig hätten, davon abgehalten werden, in diesen Bereich einzutreten.

Im Bereich der geistlichen Elternschaft lauern unzählige Fallstrikke. Freunde von uns mußten die Elternschaft für ein Mädchen, das bei ihnen eingezogen war, abbrechen, weil sie nicht aufhören konnte, ihre elterlichen Erwartungshaltungen auf sie zu projizieren und folglich immer wieder gegen das rebellierte, was die beiden ihrer Meinung nach fühlten und dachten. Manchmal bringen geistliche Eltern ahnungslos einen inneren Vulkan zum Ausbruch; diese Energien hatten sich bisher noch auf niemand anderen entladen können. Geistliche Kinder haben unter Umständen ein so großes Bedürfnis, ihre Liebe auszudrücken und Zärtlichkeiten zu empfangen, daß Außenstehende sich leicht ein falsches Urteil über diese Beziehung bilden können: „Ist Dir aufgefallen, wie das Mädchen ihn anschaut? Man könnte fast glauben, da ist was im Busch!" oder „Ist Mary sich dessen eigentlich bewußt, wie sehr ihr der junge Mann am Rockzipfel hängt? Er kann doch keine lauteren Absichten haben, sonst würde er sich doch wirklich nicht so aufführen!" Eltern müssen eine große Sicherheit haben, um sich gegen üble Nachrede und Bösartigkeiten zur Wehr setzen zu können, ohne dadurch aus der Ruhe gebracht zu werden.

Jemand tat einmal einen weisen Ausspruch: „Wenn Du einen weisen Mann findest, dann renn' ihm immer wieder die Türe ein." Kinder möchten sich an den Eltern oft einfach nur festhalten und schier endlos einfach nur die gute Familienatmosphäre in vollen Zügen aufnehmen. Manchmal sollte man das gestatten, und manchmal geht es zu weit; die Eltern sollten diesbezüglich eine sorgsame und weise Entscheidung treffen und einigen dieser geistlichen Kinder ihr Heim diesbezüglich gelegentlich vorbehaltslos öffnen und ein andermal eine klare Grenze ziehen und sie in ihre Schranken verweisen.

Manchmal wird die Tatsache, daß „Ziehkinder" in der Familie mitwohnen oder oft zu Besuch kommen, den leiblichen Kindern zum

Segen. Unsere sechs Kinder waren in unseren Dienst integriert, was ihnen allen zum Segen wurde und ihren Reifungsprozeß überaus günstig beeinflußte. Jedoch achten wir auch sorgsam darauf, daß die Zeit und die Aufmerksamkeit, die unseren leiblichen Kindern zusteht, nicht in zu hohem Maß den anderen geschenkt wird. Ein befreundetes Ehepaar hat schon zu viele Jahre lang zu viele „Ziehkinder" bei sich im Haus. Jetzt fühlen sich ihre eigenen Kinder vernachlässigt und übergangen; der Freiraum und die Zeit, die das Ehepaar füreinander braucht, sind verplant und verloren. Das Familienleben ist gestört, tagtägliche Spannungen und Kämpfe machen den häuslichen Frieden zunichte. Es ist nicht weise, sich so viel aufzuhalsen, daß kein gesundes Familienleben mehr übrigbleibt, welches man ja eigentlich den anderen vermitteln wollte; das gottgegebene Recht der leiblichen Kinder auf Friede und Freude in den eigenen vier Wänden darf nicht geopfert werden.

Einige Ratsuchende verbringen die Zeit im Haushalt ihrer geistlichen Eltern ausschließlich damit, mit den leiblichen Kindern einen Wettbewerb auszutragen. Einige von ihnen lügen, betrügen und stehlen. Einige verführen die Eltern und/oder die Kinder. Einige sind laut und hauen ständig auf den Putz. Einige verbreiten falsche Lehren. Einige verleiten zu unmoralischem, rücksichtslosem oder unüberlegtem Verhalten. Die Eltern müssen auf der Hut sein, um den Körper, das Herz und den Sinn ihrer eigenen Kinder zu beschützen. Dieser Kampf kann den Eltern helfen, ihre Kinder auf den rechten Weg zu führen, da diese mit eigenen Augen sehen, wie man es nicht machen soll und darüber diskutieren. Doch sobald und wenn zuviele Störeinflüsse das Heim in Unfrieden stürzen, müssen die Eltern ihrer vorrangigen Berufung treu bleiben, und zuallererst die eigenen Kinder schützen.

Nicht immer ist diese „Ersatzelternschaft" erfolgreich; wir müssen sensibel auf die Führung des Herrn reagieren, die uns direkt oder durch Pastoren und Freunde zuteil wird. Manchmal spricht der Herr: „*Haltet durch; Ihr seid keine Mietlinge, die sich aus dem Staub machen*" (vgl.Joh 10,13); manchmal sagt er: „*Aufhören bedeutet nicht fliehen; es ist nur ein Zeichen von Weisheit, wenn Ihr zugebt, daß dieser Versuch gescheitert ist.*"

Jeder Mensch, der im Lauf der Seelsorge seinem verdorbenen Innersten näher kommt und somit auch einer tiefschürfenden und realen Buße, die sein Leben verändert, wird auch in Ängste geworfen, die ihm bis dahin unbekannt waren. Ein befreundeter Pastor und dessen Frau waren in demselben Hauskreis wie Paula und ich. Als der Heilige Geist begann, die Tiefen seines Herzens zu berühren, sagte er: „Ich glaube nicht, daß mir das gefallen wird, was ich da so sehe." Ganz tief in jedem von uns ist ein Wesen, das so böse ist, daß es nicht geheilt werden kann; es kann nur getötet werden. Man kann das Buch der Offenbarung auch als Gleichnis für unser Innenleben sehen. Wer mit seinem Innersten zur Sache kommt, weiß, daß die erste Schlacht gegen das „Tier" in ihm geführt werden muß, gleichgültig wieviele „Tiere" draußen noch warten mögen. In seinem Herzen sieht er die Schriftstellen in Offenbarung 13 bis 21 als Bild für sein eigenes inneres Harmagedon (Das bedeutet nun freilich nicht, daß es kein wirkliches „Tier", „Harmagedon" etc. gibt, sondern nur, daß der Weise weiß, daß dasselbe in seinem Herzen stattfindet.). Der oben erwähnte Pastor sah an den ersten Anzeichen die Tragweite der bevorstehenden Schlacht und floh. Da er sich weigerte, auf den sanftmütigen Boten (den Heiligen Geist) zu hören, wurden er und seine Gemeinde in Folge von einer pharisäischen und falschen Heiligkeitslehre ergriffen, die ihm schließlich sein Pastorenamt kostete. Eine ähnliche Flucht kann in einer geistlichen Eltern-Kind Beziehung stattfinden.

Wenn geistliche Eltern bemerken, daß sich in ihrem Schützling Fluchtmechanismen abzeichnen, dann müssen sie ihn durch Gebet stärken (Eph 3,14) und ihn dann herausfordern. Es muß wohl nicht extra erwähnt werden, daß Takt das oberste Gebot ist; doch auch ohne Takt ist Züchtigung immer ein Zeichen von Weisheit. Geistliche Eltern haben keine Garantie, daß sie ihr Kind von der Flucht abhalten können. Wir konnten diesen Pastor auch nicht davon abhalten, vor den Tiefen seines Ichs zu fliehen, obwohl wir alles nur Erdenkliche versuchten. In solchen Fällen brauchen Eltern einen Glauben, der ihre Kinder „durchtragen" kann. Wir müssen fähig sein, im Herzen den Glauben zu bewahren, daß, obwohl der Mensch, den wir lieben, nicht die sichere Route gewählt hat, Gott ihn auf der beschwerlichen Route lehren wird und er am Ende weiser aus dieser Prüfung hervorgehen wird. Es ist wichtig zu erkennen, wann man seinen Schützling loslassen muß; wir mußten ja auch lernen, daß gerade der schwierigere Weg unsere leiblichen Kinder lehren würde, so wie der Vater des verlorenen Sohnes seinen Sohn auch hat gehen lassen.

Die zweite Elternschaft gleicht der natürlichen Elternschaft, abgesehen von einem einzigen Aspekt: Während des Prozesses wird Gott – wie in einem natürlichen Elternhaus – ein Kind nicht nur erziehen. Er wird wohl auch zu den Wurzeln der Umgestaltung vordringen. Es gibt eine Tiefe der Umgestaltung, die nicht alle Christen erleben werden. Einige nennen diese Erfahrung den „Weg durch die Wüste", andere wiederum „Die lange, finstere Nacht der Seele." In *The Elijah Task* schrieben wir darüber auf den Seiten 61 bis 64. Ob nun alle auserwählt sind oder nicht (1.Petr 2,9; Eph 1,3-5), nur wenige nehmen die Herausforderung an, in diese Tiefe zu steigen. Wer sich auf den

Weg macht, steht in dieser Phase vielleicht gleichzeitig unter geistlicher Elternschaft. Die Eltern dieser Kinder müssen besonders einfühlsam sein und ihnen länger als normal beistehen, damit sich dieser Prozeß voll entfalten kann. Es ist ausgesprochen wichtig, daß geistliche Eltern erkennen, wann ein geistliches Kind in diese Phase des Zerbruchs und der Erschütterung kommt, die allein denen vorbehalten bleibt, die die Herausforderung annehmen und in Gott in die Fülle eingehen. Mit solchen Kindern Gottes muß man paradoxerweise ganz anders umgehen als mit den anderen geistlichen Kindern. Man darf ihre Situation nicht beschönigen, sie nicht übermäßig trösten, ihnen nicht ständig helfen, mit ihnen nicht ständig Seelsorge betreiben und von ihnen nicht erwarten, sie würden nach außen hin genauso einsichtig handeln wie die anderen oder wie sie es selbst früher auch konnten. Durch Mitleid und Sympathie wird ihnen überhaupt nicht geholfen; selbst mit Einfühlungsvermögen erreicht man nur wenig. Sie durchleben ihre eigene Wüste des Todes, und das soll auch so sein. Doch paradoxerweise wird es erforderlich sein, daß ihnen die Eltern mehr beistehen als anderen geistlichen Kindern, die nicht durch solche Tiefen gehen. Denn genau das und nichts anderes brauchen sie – Beistand. Da tief in ihnen alles in Bewegung ist, müssen sie wissen, daß ihre geistlichen Eltern *fest stehen*, einfach da sind, sich nicht ändern, nichts besonderes tun, sondern einfach nur ein ruhender Pol sind, eine verläßliche Konstante.

Die Eltern führen damit 1.Korinther 13,7 zu seiner höchsten Erfüllung. Sie tragen das, was der Sterbende nicht tragen kann, so wie Gott Vater einen Engel zu Jesus in den Garten schickte, um ihn zu stärken (Lk 22,43). Sie stehen ihrem geistlichen Kind in stillem Glauben bei, wenn es für sich keinen Glauben mehr aufbringen kann. Sie hoffen, wenn die Puppe in ihrem Kokon die Hoffnung aufgegeben hat. Sie harren aus, gleichgültig, welches Hin und Her, welche Höhen und Tiefen, welche Schmerzen der andere durchmacht, und bleiben still. Für geistliche Eltern ist es wichtig zu wissen, daß sie in dieser Situation nichts sagen, sondern einfach nur da sein sollen; denn mit jeder Einflußnahme werden sie den Moment, da ihr geistliches Kind in die Fülle eintritt, nur hinauszögern. Jedes Kind muß die Fülle selbst finden, sonst hat diese Zeit in der Wüste ihr Ziel verfehlt. Eltern müssen auch wissen, daß sie ihren Schützling nicht lehren und unterweisen sollen, wie sie es bei einem anderen geistlichen Kind tun würden, das keine so schwere Zeit durchlebt. Sie müssen ihm nur beistehen, über ihm wachen und wissen, daß man durchaus aktiv wachen und dadurch die Liebe in ihrer herrlichsten Ausprägungsform praktizieren kann. (Wir würden uns doch selbst zu gerne von den Leiden dieser Phase beschützen, indem wir den anderen leichter und schneller durchschleusen; die wahre Liebe hingegen weiß, daß sie das lassen soll.)

Manchmal verspüren Singles – ledig, verwitwet oder geschieden – den Ruf, eine geistliche Elternschaft zu übernehmen, manchmal für Menschen, die ein höheres Lebensalter haben als sie. In der römisch-katholischen Kirche sind die Priester und Geistlichen schon seit langem die „geistlichen Direktoren" (eine Position, die man durchaus mit der geistlichen Elternschaft vergleichen kann). Da Gott Vater alle Dinge bewirkt und da jeder von uns in einer Familie großgeworden ist, können natürlich auch Unverheiratete, sogar diejenigen, die niemals heiraten, geistliche Kinder betreuen. Da niemand Ehepaare und Eltern so gut beraten kann wie ein Ehepaar mit Kindern, wäre es viel besser, wenn der Seelsorger verheiratet wäre und Kinder hätte; doch wenn dem nicht so ist, dann sei das kein Hinderungsgrund. Gott kann jedem Weisheit schenken. Ein Seelsorger, der keinen Partner hat, ist auch leichter verwundbar, doch auch über diese Tatsache kann man herrschen, wie wir das z.B. bei Patres und Ordensschwestern in der römisch-katholischen Kirche sehen. Obwohl wir alle diesbezüglich auf Verführung und Versagen hinweisen könnten, gälte dasselbe doch auch für verheiratete Seelsorger. Zusammenfassend kann man folgendes sagen: Eltern mit Kindern haben wohl von Haus aus eine bessere Ausgangsposition, was die Seelsorge und die zweite Elternschaft betrifft; dennoch sollte sich kein Single disqualifiziert oder zweitklassig fühlen; Gott allein schafft das Vollbringen.

Die Liebe ist der Eckstein der geistlichen Elternschaft, Transparenz ihr Prüfstein. Ob der Prozeß erfolgreich abgeschlossen wurde, werden wir nicht nur an den offensichtlichen Zeichen gewonnener Reife, die wir oben schon erwähnten, erkennen, sondern in erster Linie durch ein Entscheidungskriterium: Ist unser Schützling zu Jesus durchgebrochen? Ist er ihm jetzt näher als vorher (Phil 3,7-10)? Kennt und liebt er Jesus jetzt mehr oder weniger? Ist sein geistlicher Wandel kraftvoller und freier geworden? Die natürliche Reife ist zwar eine tolle Sache, doch wollen wir vor allem das Wachstum in Christus sehen. Lebt er mehr mit dem Wort Gottes? Geht er nun treuer in den Gottesdienst? Hat er für sich einen passenden Dienst gefunden? Ist sein Suchen nach Gott eifriger geworden? Ist sein Gebetsleben inniger und reicher geworden?

Das Wort Gottes bewirkt Wachstum in Christus. „Seid wie neugeborene Kinder begierig nach der geistigen, unverfälschten Milch – damit ihr durch sie wachset zur Errettung" (1.Petr 2,2). Seelsorger und geistliche Eltern passen dieses Wachstum lediglich an den Schützling an (Eph 4,11-12). Wir können kein Wachstum bewirken. Gott bewirkt es, hauptsächlich durch sein Wort. Niemals dürfen wir an die Stelle

Gottes treten, sei es bezüglich der Zuneigung, der Aufmerksamkeit oder irgendeines anderen Bereichs. Dem anderen muß seine Freiheit erhalten bleiben, sich in erster Linie allein auf Gott zu beziehen. Wir sind nur der Beistand und nichts anderes.

22
Dienst und Gemeinschaft im Leib Christi

Die Hand des Herrn kam über mich, und der Herr führte mich im Geiste hinaus und liess mich nieder inmitten der Ebene, und diese war voller Gebeine. Er führte mich an ihnen vorüber ringsherum, und siehe, es lagen ihrer sehr viele über die Ebene hin, und sie waren ganz dürr. Da sprach er zu mir: Menschensohn, können wohl diese Gebeine wieder lebendig werden? Ich aber antwortete: O Herr, mein Gott, du weisst es. Nun sprach er zu mir: Weissage über diese Gebeine und sprich zu ihnen: Ihr dürren Gebeine, höret das Wort des Herrn! So spricht Gott der Herr zu diesen Gebeinen: Siehe, ich bringe Lebensodem in euch, damit ihr wieder lebendig werdet. Ich schaffe Sehnen an euch und lasse Fleisch an euch wachsen, ich überziehe euch mit Haut und lege Odem in euch, dass ihr wieder lebendig werdet, und ihr werdet erkennen, dass ich der Herr bin. Da weissagte ich, wie mir befohlen war; und als ich weissagte, siehe, da entstand ein Rauschen, und die Gebeine rückten eines ans andre. Und als ich hinschaute, siehe, da bekamen sie Sehnen, und es wuchs Fleisch an ihnen, und sie wurden mit Haut überzogen; Odem aber war noch nicht in ihnen. Da sprach er zu mir: Menschensohn, weissage über den Geist, weissage und sprich zum Geiste: So spricht Gott der Herr: Geist, komme von den vier Winden und hauche diese Erschlagenen an, dass sie wieder lebendig werden. Und ich weissagte, wie er mir befohlen hatte. Da kam Odem in sie, und sie wurden lebendig und stellten sich auf die Füsse, ein überaus grosses Heer.

(Hes 37,1-10; ZÜ)

Es bestehen aber Unterschiede in den Gnadengaben, doch ist es derselbe Geist; auch gibt es verschiedene Dienstleistungen, doch ist es derselbe Herr; und auch die Kraftwirkungen sind verschieden, doch ist es derselbe Gott, der alles in allem wirkt. ***Einem jeglichen aber wird die Offenbarung des Geistes zum allgemeinen Nutzen verliehen.***

(1.Kor 12,4-7; Schlachter; Hervorhebung vom Autor)

Nun aber hat Gott die Glieder, jedes einzelne von ihnen, so am Leibe gesetzt, wie er gewollt hat. Wenn aber alles ein Glied wäre, wo bliebe der Leib? Nun aber gibt es viele Glieder, doch nur einen Leib.

(1.Kor 12,18-20; Schlachter)

Leidet ein Glied, so leiden alle Glieder mit; wird ein Glied geehrt, so freuen sich alle Glieder mit. Ihr seid Christi Leib, und jeder ist ein Glied daran an seinem Platze.

(1.Kor 12,26-27; Albrecht)

Aus ihm wird der ganze Leib gut zusammengefügt und verbunden durch jedes Gelenk des Dienstes, entsprechend der Wirksamkeit nach dem Maß jedes einzelnen Teils; und so wirkt er das Wachstum des Leibes zu seiner Selbstauferbauung in Liebe.

(Eph 4,16)

Der Leib Christi funktioniert noch nicht voll und ganz als lebendiger Organismus. Momentan erinnert er eher an das Kunstwerk eines Zweijährigen: Die Zehen spitzen fröhlich aus dem Kopf hervor, die Finger kleben an der Ferse und die Augen lugen aus dem Nabel heraus. Man könnte uns auch mit einem Schwarm Fische vergleichen, die alle im selben Bassin schwimmen, sich jedoch weitgehend darüber im unklaren sind, daß sie füreinander von Bedeutung und einander verpflichtet sind. Das gilt für die Mitglieder einer bestimmten Gemeinde am Ort, für die Kirchen und Gemeinden innerhalb einer Konfession sowie für die Freikirchen und Großkirchen im Leib Christi.

Dieser Zustand ist jedoch nicht von Dauer. Wie ein schlafender Riese wird sich der Leib erheben, um sich in Einheit vorzubereiten und seine Kraft zu entdecken. Das letzte, was es zu besiegen gilt, ist der Individualismus. Wir meinen nicht den Individualismus an sich, da wir starke Einzelpersonen immer brauchen und schätzen werden. Wir beziehen uns vielmehr auf den Archetypen, der in die Isolation und in den Götzendienst führt. Momentan verhindert der Archetyp des Privatlebens den tiefgehenden Austausch in allen Bereichen, der allein den Riesen wecken könnte.

Steh auf, werde licht! Denn dein Licht ist gekommen, und die Herrlichkeit des Herrn ist über dir aufgegangen. Denn siehe, Finsternis bedeckt die Erde und Dunkel die Völkerschaften; aber über dir strahlt der Herr auf, und seine Herrlichkeit er-

> scheint über dir. Und es ziehen Nationen zu deinem Licht hin und Könige zum Lichtglanz deines Aufgangs.
>
> (Jes 60,1-3)

Das Wort wird bewirken, wozu es ausgesandt wurde (Jes 55,11). Der Leib Christi wird erwachen.

> Und es wird geschehen am Ende der Tage, da wird der Berg des Hauses des Herrn feststehen als Haupt der Berge und erhaben sein über die Hügel; und alle Nationen werden zu ihm strömen. Und viele Völker werden hingehen und sagen: Kommt, laßt uns hinaufziehen zum Berg des Herrn, zum Haus des Gottes Jakobs, daß er uns auf Grund seiner Wege belehre und wir auf seinen Pfaden gehen! Denn von Zion wird Weisung ausgehen und das Wort des Herrn von Jerusalem.
>
> (Jes 2,2-3)

Wenn Jesaja, wovon wir überzeugt sind, in seiner Vision von den letzten Tagen und von der Gemeinde sprach, dann ist dieses Wort eine Prophetie über das Neue, das anbrechen wird: „Zion" und „Jerusalem" ist sein Volk, gesammelt und vorbereitet. Das bedeutet nun, daß diese „Weisung", die von Zion ausgehen wird, weder das Alte Testament ist, noch die Zehn Gebote, noch die Tora. Es ist das neue Gebot, ja nicht einmal die Bergpredigt, sondern das Gebot Jesu, das da lautet: „Ein neues Gebot gebe ich euch, daß ihr einander liebt, damit, *wie ich euch geliebt habe*, auch ihr einander liebt" (Joh 13,34; Hervorhebung vom Autor). Wie liebte er uns? Er gab sein Leben für uns hin. „Einer trage des anderen Lasten, und so werdet ihr *das Gesetz des Christus* erfüllen" (Gal 6,2; Hervorhebung vom Autor). Das ist das Gesetz, das ausgesandt werden wird, nicht als Gesetz, das von einem Senat beschlossen wurde, sondern als Lebensstil, der im Herzen eines jeden Christen festgeschrieben ist und im Zusammenleben mit allen Menschen in die Praxis umgesetzt wird.

> An jenem Tag wird der Sproß des Herrn zur Zierde und zur Herrlichkeit sein und die Frucht des Landes zum Stolz und zum Schmuck für die Entkommenen Israels. Und es wird geschehen: Wer in Zion übriggeblieben und wer in Jerusalem übriggelassen ist, wird heilig heißen, jeder, der zum Leben aufgeschrieben ist in Jerusalem. Wenn der Herr den Kot der Töchter Zions abgewaschen und die Blutschuld Jerusalems aus dessen Mitte hinweggespült hat durch den Geist, (der richtet und ein Feuer anzünden wird; LÜ), dann wird der Herr über der ganzen

Stätte des Berges Zion und über seinen Versammlungen eine Wolke schaffen bei Tag und Rauch sowie Glanz eines flammenden Feuers bei Nacht; denn über der ganzen Herrlichkeit wird ein Schutzdach sein. Und ein Laubdach wird zum Schatten dienen bei Tag vor Hitze, und als Zuflucht und Obdach vor Wolkenbruch und Regen.

(Jes 4,2-6)

Die „Shekinah"-Herrlichkeit Gottes wird wieder auf seinem Volk ruhen; diesmal jedoch nicht nur – wie damals in der Wüste – über der Stiftshütte („seine Versammlungen"), sondern „über der ganzen Stätte", was so viel bedeutet wie „über dem Haus eines jeden Christen"! Jeder in der Gemeinde wird ausnahmslos „heilig" genannt werden. Wann? „Wenn der Herr den Kot...abgewaschen...hat durch den Geist, (der richtet und ein Feuer anzünden wird)." Das bedeutet, daß die Erweisung der Kraftfülle nur auf ein Ereignis wartet – auf das Kommen des Geistes, der richtet und ein Feuer anzünden wird. Und es wurde prophezeit, daß genau das die Aufgabe des „Boten" Gottes sein wird.

Siehe, ich sende meinen Boten, damit er den Weg vor mir her bereite. Und plötzlich kommt zu seinem Tempel der Herr, den ihr sucht, und der Engel des Bundes, den ihr herbeiwünscht, siehe, er kommt, spricht der Herr der Heerscharen. Wer aber kann den Tag seines Kommens ertragen, und wer wird bestehen bei seinem Erscheinen? Denn er wird wie das Feuer eines Schmelzers und wie das Laugensalz von Wäschern sein. Und er wird sitzen und das Silber schmelzen und reinigen, und er wird die Söhne Levi reinigen und sie läutern wie Gold und wie Silber, so daß sie Männer werden, die dem Herrn Opfergaben in Gerechtigkeit darbringen. Dann wird die Opfergabe Judas und Jerusalems dem Herrn angenehm sein, wie in den Tagen der Vorzeit und wie in den Jahren der Vergangenheit. Und ich werde an euch herantreten zum Gericht und werde ein schneller Zeuge sein gegen die Zauberer und gegen die Ehebrecher und gegen die falsch Schwörenden und gegen solche, die den Lohn des Tagelöhners drücken, die Witwe und die Waise unterdrücken und den Fremden wegdrängen und die mich nicht fürchten, spricht der Herr der Heerscharen.

(Mal 3,1-5)

Denn siehe, der Tag kommt, der wie ein Ofen brennt. Da werden alle Frechen und alle, die gottlos handeln, Strohstoppeln sein. Und der kommende Tag wird sie verbrennen, spricht der Herr der Heerscharen, so daß er ihnen weder Wurzel noch Zweig übrigläßt. Aber euch, die ihr meinen Namen fürchtet, wird die Sonne der Gerechtigkeit aufgehen, und Heilung ist unter ihren Flügeln. Und ihr werdet hinausgehen und umherspringen wie Mastkälber. Und ihr werdet die Gottlosen zertreten. Denn sie werden Staub sein unter euren Fußsohlen an dem Tag, den ich machen werde, spricht der Herr, der Heerscharen. Haltet im Gedächtnis das Gesetz meines Knechtes Mose, dem ich am Horeb für ganz Israel Ordnungen und Rechtsbestimmungen geboten habe. Siehe, ich sende euch den Propheten Elia, bevor der Tag des Herrn kommt, der große und furchtbare. Und er wird das Herz der Väter zu den Söhnen und das Herz der Söhne zu ihren Vätern umkehren lassen, damit ich nicht komme und das Land mit dem Bann schlage.

(Mal 3,19-24)

Die Kirche lebt nicht für sich selbst. Ihre Herrlichkeit besteht nicht darin, sich in der Gegenwart Gottes zu sonnen. Seine und unsere Freude ist es, daß seine Söhne mit ihm Gemeinschaft haben. Die Herrlichkeit der Kirche liegt darin, daß sie „...ein Laubdach wird zum Schatten...bei Tag vor Hitze, und...Zuflucht und Obdach vor Wolkenbruch und Regen." Gott beabsichtigt nicht, sein Volk aus der Welt zu vertreiben, auf daß er dann jeden verheizen kann, der ihn nicht annimmt. Das genaue Gegenteil ist der Fall! Er sieht die wachsende Bosheit der Menschen und weiß, daß er immer wieder infernalische Katastrophen entfesseln muß, durch die wir das ernten, was wir gesät haben. Deshalb: „Also hat Gott die Welt gehaßt, daß er ihr seinen geliebten Sohn entriß..." – Schmach und Schande über die Welt, die mit dieser Grundeinstellung das richtige Verständnis des Wortes Gottes und seines Wesens allezeit pervertiert! Nein! „Also hat Gott *die Welt geliebt*, daß er seinen einzigen Sohn *gab*..." Auch heute noch sendet er seinen Sohn: Denn wenn die Menschen die schrecklichen Zerstörungen ernten, die sie ohne Einschränkung verdienen, dann soll seine Kirche inmitten der Wirrnisse da sein und einen Verteidigungswall aufrichten; sie soll ein Schutzschirm sein, eine Henne, bei der die verängstigten Küken dieser Welt Zuflucht finden!

Gott erweckt die Kirche, damit sie fest stehe, vorbereitet und siegreich sei, eine Armee des Lichts in einer Welt der Finsternis. Diese Eigenschaften weisen auf einen konkreten, erlernten und praktizierten Lebensstil hin: ein Volk, das unter Zucht lernte, beständig Christus zu leben – instinktiv wie das Atmen, zum Wohle der anderen. Gott möchte ein umgestaltetes Volk, durch das die anderen Menschen so natürlich zum Opfer Christi Zugang finden wie eine Blume zum Sonnenlicht.

Viele Christen sehnen sich so nach diesem Lebensstil und zahlen doch nicht den Preis der Züchtigung und des mühsamens Lernens und Erringens. „Ich nahm Jesus an und auf einmal veränderte sich mein Leben" – dieses Zeugnis hört man immer und immer wieder in den christlichen Medien und bei Festveranstaltungen mit geistlichem Rahmenprogramm. Solche Behauptungen müssen noch übersetzt werden und lauten dann: „Auf einmal *steht* die Kraft Jesu zur Umgestaltung *zur Verfügung*" (Close-Quote prüfen!!!); wirkliche Veränderung entsteht jedoch einzig und allein durch unzählige, aufeinanderfolgende Entscheidungen und deren bewußte, praktische Umsetzung:

> Ebenso müßt auch ihr euch *als tot für die Sünde betrachten*, aber als lebend für Gott in Christus Jesus, unserm Herrn. So *lasset* nun die Sünde nicht herrschen in eurem sterblichen Leibe, ihr Gehorsam zu leisten in seinen Lüsten (V.12; LÜ); und *stellet* auch eure Glieder *nicht* mehr als Waffen der Ungerechtigkeit *in den Dienst der Sünde*; *stellet* euch vielmehr als solche, die aus dem Tode zum Leben erstanden sind, *in den Dienst Gottes*, und *gebt* so eure Glieder als Waffen der Gerechtigkeit an Gott hin!
>
> (Röm 6,11-13; Menge; Hervorhebung vom Autor)

Wenn wir um Vergebung gebeten und sie empfangen haben, wenn wir im Gebet die Macht einer alten, gewohnheitsmäßigen Struktur ans Kreuz geschlagen haben, dann hat das Alte keinerlei *Anspruch* mehr an uns. Dennoch ist es aus folgenden Gründen vielleicht immer noch stark genug, um uns zu locken und zu packen: 1. Wir haben dieses gewohnheitsmäßige Denk-, Gefühls- und Handlungsschema so lange praktiziert, daß es für uns zum leichtesten aller Wege geworden ist; deshalb fallen wir auch – ohne einen Gedanken darüber zu verschwenden – wieder in den alten Trott zurück; 2. Satan würde nichts lieber tun, als uns zu locken und zu einem Verhalten drängen, das in dem Sprichwort beschrieben ist: „Wie ein Hund wieder frißt, was er gespien hat, so ist der Tor, der seine Torheit immer wieder treibt" (Spr 26,11; LÜ). Das bedeutet folgendes: Jedesmal wenn wir dazu verlockt werden, wieder der alten sündigen Gewohnheit gemäß zu handeln, von der wir befreit worden sind, dann haben wir durch die Gegenwart Jesu in uns die Kraft, inne zu halten und eine Entscheidung zu treffen. „Ich erkenne, daß ich versucht werde, (zum Beispiel) mit einem Wutausbruch zu reagieren. Herr, ich würde diesem Typ nur zu gerne eine knallen! Ich weiß, wo die Ursprünge dieser alten Gewohnheit liegen (in meiner Kindheit). Danke, Herr, daß ich durch das Blut Jesu befreit *bin*. Diese Gewohnheit hat nicht mehr das Recht oder die Macht, mich zu lenken und zu treiben. Ich entsage dieser alten Gewohnheit. Ich *werde* nicht so reagieren, wie früher. Herr Jesus, komm' und bewirke Du es, daß Deine lebendige Gegenwart in mir eine weise und liebevolle Antwort auf die momentane Verärgerung gibt." Insbesondere ein „Frischbefreiter" muß sich möglicherweise auf Kampf einstellen, wenn er sich für den neuen Lebensstil entscheiden möchte; doch wenn wir beharrlich sind, werden wir allmählich automatisch diese neue Art zu Leben praktizieren, da sie einer gewohnheitsmäßigen Struktur in uns entspringt, die wir uns „antrainiert" haben. Jedoch werden wir immer genug zu kämpfen haben, damit wir nie vergessen, daß wir ohne Jesus überhaupt nichts tun können (Joh 15,5).

Die Irritationen, die unsere alten, gewohnheitsmäßigen Verhaltensweisen auslösen, sind nicht immer sofort erkennbar. Oftmals schleichen sie sich gut getarnt ein, wie ein kleiner Fuchs, der unsere ersten, kleinen Trauben klauen will.

> Fangt uns die Füchse, die kleinen Füchse, die die Weinberge verderben! Denn unsere Weinberge stehen in Blüte.
>
> (Hl 2,15)

In den Tagen der Bibel wurde eine Hecke um ein neu angelegtes Feld gepflanzt, um es vor kleinen, hungrigen Tieren zu schützen. In der Mitte des Feldes errichtete man eine Art Hochsitz (siehe Zeichnung auf Seite 416) auf Stelzen, in dem ein Junge saß, der auf etwaige Eindringlinge achten sollte. Wenn er bemerkte, daß ein Tier sich durch die Hecke ins Feld schlich, schoß er mit der Steinschleuder nach dem Tier, um den potentiellen Angreifer abzuschrecken. Oder er stieg hinab, um die hartnäckigeren Räuber zu verjagen oder zu fangen und hinauszuwerfen.

In gleicher Weise gibt es auch „Gedankenfüchse", die durch unsere geistlichen und emotionalen Schutzwälle hindurchkriechen können und die Entwicklung der neuen Frucht im Garten unseres Lebens, die gerade in uns aufzublühen beginnt, bedrohen. Ein Alkoholiker, der gerade einen Entzug hinter sich hat, nimmt vielleicht nur einen kleinen Schluck, um seine Nerven zu beruhigen, und schon wird er mit wieder mit einem alten Bekannten konfrontiert. Ein geheilter Homosexueller kehrt in seinem Eifer zu helfen vielleicht zu früh wieder zu seinen alten Freunden zurück. Jemand spielt in seiner Phantasie nur ein klein wenig mit Gedanken der Einsamkeit herum, und schon fällt er wieder dem alten Schema des Selbstmitleids oder der Verlockung einer Beziehung zum Opfer, die fälschlicherweise Trost verspricht. Jeder von uns gibt vielleicht hie und da einem kurzen Anflug von Zorn nach (weil „er es verdient hat" oder „sie es lernen müssen, auf den anderen nicht rumzutrampeln") und schon werden wir von diesem Gefühlsausbruch überwältigt und davongetragen. Wenn wir die Einstellung haben „ein klein bißchen schadet ja nicht", wo doch die kleinen Trauben unseres neuen Lebens noch ganz zart und unscheinbar sind, dann bieten wir den kleinen Füchsen, die unseren Garten einnehmen wollen, die Breitseite; gierig werden sie die Verheißungen des neuen Lebens auffressen und zu großen Füchsen heranwachsen, die den Garten beherrschen, noch bevor wir in unserem Leben viel von den Früchten ernten können.

Genau aus diesem Grund lesen wir Schriftstellen wie die folgenden:

> Deshalb *hören auch wir nicht auf*, von dem Tag an, da wir es gehört haben, *für euch zu beten* und zu bitten, daß ihr mit der Erkenntnis seines Willens erfüllt werdet in aller Weisheit und geistlichem Verständnis, *um des Herrn würdig zu wandeln* zu allem Wohlgefallen, *fruchtbringend* in jedem guten Werk und *wachsend* durch die Erkenntnis Gottes, *gekräftigt* mit aller Kraft nach der Macht seiner Herrlichkeit, *zu allem Ausharren* und aller Langmut, mit Freuden dem Vater danksagend. Er hat euch fähig gemacht zum Anteil am Erbe der Heiligen im Licht.
>
> (Kol 1,9-12; Hervorhebung vom Autor)

> Wie ihr nun den Herrn Christus Jesus angenommen habt, so *wandelt nun auch in ihm: bleibt in ihm festgewurzelt und baut euch in ihm auf und werdet fest im Glauben*, wie ihr unterwiesen worden seid, und laßt es an reichlicher Danksagung nicht fehlen. *Gebt wohl acht*, daß niemand euch einfängt durch die Philosophie und eitle Täuschung...
>
> (Kol 2,6-8; Menge; Hervorhebung vom Autor)

(vgl. auch Eph 2,10 und 4,1; 1.Thes 2,12)

Wir sind aufgerufen, in einer gesunden Ausgewogenheit zu leben und zu wachsen – einerseits im Herrn zu *ruhen*, mit der festen Gewißheit, daß wir weder durch Heer, noch durch Kraft etwas erreichen, sondern allein durch Gottes Geist (Sach 4,6), andererseits *sich überaus aktiv, jeden Moment neu in Zucht zu nehmen*:

„*Wandelt* in Weisheit..." (Kol 4,5).

„Euer Wort *sei* allezeit in Gnade, mit Salz gewürzt..." (Kol 4,6).

„Und der Friede Christi *regiere* in euren Herzen...*seid* dankbar" (Kol 3,15).

„...*seid nicht bitter...*" (Kol 3,19).

„...*gehorcht*..." (Kol 3,20).

„...*arbeitet von Herzen*..." (Kol 3,23).

„...*prüft* aber alles..." (1.Thes 5,21).

„...*meidet* das Böse in jeder Gestalt!" (1.Thes 5,22; Menge)

„*Kämpfe den guten Kampf des Glaubens; ergreife* das ewige Leben, zu dem du berufen worden bist..." (1.Tim 6,12).

„*Gib dir Mühe*, dich Gott als bewährt zu erweisen, als einen Arbeiter, der sich nicht zu schämen braucht..." (2.Tim 2,15; Schlachter).

„Den törichten und unverständigen Erörterungen *geh aus dem Wege*!" (2.Tim 2,23; Albrecht)

„*Bleibe du treu* bei dem, was du gelernt...hast" (2.Tim 3,14; Albrecht).

„...*ertrage* Leiden..." (2.Tim 4,5; Meister).

„Verunglimpfet einander nicht..." (Jak 4,11; ZÜ).

„Klagt nicht übereinander..." (Jak 5,9; Einheit).

„...*habt* untereinander eine *inbrünstige Liebe*..." (1.Petr 4,8; LÜ).

„Alle eure Sorge *werft* auf ihn..." (1.Petr 5,7; Menge).

„...*macht* gerade Bahn für eure Füße!" (Hebr 12,13)

„Jagt dem Frieden mit allen nach..." (Hebr 12,14).

„...*achtet darauf*,...daß nicht irgendeine Wurzel der Bitterkeit aufsprosse und euch beunruhige..." (Hebr 12,15).

„*Bewahrt euch selbst* in der Liebe Gottes..." (Jud 21; Meister).

„Eben darum müßt ihr aber auch mit Aufbietung allen *Eifers* in eurem Glauben die Tugend (erweisen), in der Tugend die Erkenntnis,...*Selbstbeherrschung*, in der Selbstbeherrschung die *Standhaftigkeit*, in der Standhaftigkeit die Gottseligkeit, in der Gottseligkeit die Bruderliebe, in der Bruderliebe die Liebe (zu allen Menschen)" (2.Petr 1,5-7; Menge).

Durch all diese Schriftstellen, in denen die Disziplin im Vordergrund steht, zieht sich ein roter Faden; sie alle sollen das Leben Jesu in uns aufbauen und bewahren. Dieses Leben ist sein Leben, das wir für die anderen um ihretwillen hingeben. Dieses Leben schaft Demut; denn es wird uns so oft gegen die hartnäckigen Mauern unseres Fleisches, das noch nicht tot ist, anrennen lassen, daß wir immer und immer wieder erkennen werden, daß wir Tag für Tag sterben und wiedergeboren werden müssen. Schon bald werden wir nicht mehr bereit sein, andere zu verurteilen oder uns über sie zu erheben; vielmehr werden wir uns wundern, warum sie gnädig sein können, wenn wir das oft nicht können.

> (Daß ihr)...nichts aus Eigennutz oder eitler Ruhmsucht (tut), sondern daß in der Demut einer den anderen höher achtet als

sich selbst; ein jeder sehe nicht auf das Seine, sondern ein jeder auch auf das der anderen.

(Phil 2,3-4)

Wenn unser Ich schließlich in die Knie gezwungen ist (und worauf würde sich Jesus wohl treffender beziehen, als auf unser Ich, wenn er immer wieder in der Offenbarung erwähnt, daß etwas überwunden werden muß? Offb 2,7.11.17.26; 3,5.12.21), dann wird der Leib zu einem ständig leuchtenden Licht der Liebe werden, das – gemäß dem Willen Gottes – um aller Menschen und um der Himmel willen verströmt wird.

> Mir, dem allergeringsten von allen Heiligen, ist diese Gnade gegeben worden, den Nationen den unausforschlichen Reichtum des Christus zu verkündigen und ans Licht zu bringen, was die Verwaltung des Geheimnisses sei, das von den Zeitaltern her in Gott, der alle Dinge geschaffen hat, verborgen war; damit jetzt den Gewalten und Mächten in der Himmelswelt durch die Gemeinde die mannigfaltige Weisheit Gottes kundgetan werde, nach dem ewigen Vorsatz, den er verwirklicht hat in Christus Jesus, unserem Herrn.

(Eph 3,8-11)

Das Ziel der Umgestaltung sind nicht ein paar verstreute Einzelpersonen, die willkürlich wie Funken durch das Stroh irren (Jes 47,14), sondern vielmehr eine Armee des Feuers, die der Gnade einen Weg bereitet. Jemand, der sich selbst noch nicht als einen winzig kleinen Teil des Leibes Christi sieht, ist noch nicht komplett umgestaltet worden. In Epheser 4,16 heißt es, daß wir „...gut zusammengefügt und verbunden (werden) durch jedes Gelenk des Dienstes, entsprechend der Wirksamkeit nach dem Maß jedes einzelnen Teils." Wenn jede Einzelperson, die sich in einem Umgestaltungsprozeß befindet, ihre einzigartige Herrlichkeit, zu der sie Gott geschaffen hat (1.Kor 15,41-42), einbringt, dann wird unsere Vereinigung jedem von uns das geben, was er vom anderen gerade braucht, da wir ja alle durch die Liebe zusammengehalten werden. Diese Versorgung dient zur gegenseitigen Zurüstung und zur Auferbauung des Leibes. Wir brauchen einander. Kein Mensch ist in sich vollständig.

Auch wenn der Beitrag eines einzelnen noch so bedeutsam ist, so ist der Kampf dennoch der Kampf einer Armee und der Sieg gehört allein dem Herrn der Heerscharen (1.Mo 32,3; Jos 5,14; Ps 103,21).

Wenn wir in die Fülle der Umgestaltung eingetreten sind, dann brauchen wir uns nicht immer wieder selbst daran zu erinnern, daß wir eigentlich eine Armee sind. Wir werden uns nicht mehr anstrengen müssen, um eine Teamarbeit ins Leben zu rufen. Wir werden nicht mehr gegen das Ego kämpfen müssen, das in die Isolation führt, noch uns davor fürchten, dominiert und gelenkt zu werden. Die Einheit wird unser natürlichstes und selbstverständlichstes gemeinsames Gut werden (Ps 133), und der Segen wird sich in einem mächtigen Strom ergießen. Die Umgestaltung dient dazu, uns an den Punkt zu bringen, an dem die Einheit im Glauben die Einheit im Geist ablöst (Eph 4,3-13), und an dem wir mit Liebe und einem lachenden Herzen auf die Wahrheit reagieren und einer den anderen auf seinem Weg in die Fülle stützt – ohne Schweiß und Plage. Das Heim einer jeden Seele ist die Gemeinschaft der Gläubigen. Ein Heim ist ein Ort der Ruhe. Wir werden es erkennen können, wenn wir durch das Wiedererwachen fleischlicher Bestrebungen das Einssein verlassen, und werden dann lachend und leicht durch die Tür der Gnade wieder zurückkehren können.

Die Umgestaltung ist nicht das Endprodukt. Sie ist vielmehr der Prozeß, durch den wir ans Ziel gelangen. In jedem einzelnen geht die Umgestaltung durch die Gegenwart und Kraft des Herrn hauptsächlich in Gemeinschaft mit Christus vonstatten; jedoch geht es dabei nicht einzig und allein darum, *Einzelpersonen* ohne Flecken und Runzeln vor Gott hinzustellen, sondern einen *Leib*, der in all seinen heiligen Motiven und in seinem Verlangen eins ist; „...auf daß er sie sich selbst darstellte als *eine Gemeinde, die herrlich sei*, die nicht habe einen Flecken oder Runzel oder des etwas, sondern daß sie heilig sei und unsträflich" (Eph 5,27; LÜ).

Am Anfang erkämpft sich die Umgestaltung ihren Weg und wechselt sprunghaft (bisweilen strauchelnd) von einem Punkt der Erkenntnis und der Offenbarung zum anderen; doch am Ende wird uns einfache Gemeinschaft geradewegs über das weite Land der Freude führen, hin zum Festsaal des Hochzeitsfests! Die Gemeinschaft ist es, die das Herz mit der Befähigung schmückt, in himmlischer Gelassenheit und mit einer himmlischen Art der Reaktion auf bestimmte Umstände zu leben. Die Gemeinschaft ist es, die einem müden Herzen ein Lied vorsingt und Fähigkeiten, die von Gott gegeben wurden, jedoch lange in Vergessenheit lagen, wieder zum Leben erweckt. Die Gemeinschaft ist es, die sich an den Händen faßt und Lasten trägt, die einem einzelnen viel zu schwer wären. Die Gemeinschaft ist es, die es schließlich möglich macht, das zu vergessen, was hinter uns liegt (Phil 3,13) und „auf das Ziel zuzujagen, hin zu dem Kampfpreis der Berufung Gottes...in Christus Jesus" (V.14).

Am Ende steht ein Chor, kein Sologesang. Wir alle werden eine Stimme bekommen, die nicht mehr schräg und schrill klingt; da wir

Hand in Hand gehen, wird es uns leicht vorkommen, im Gericht ohne Angst zu bestehen.

> Darin ist die Liebe bei uns zur Vollendung gekommen, daß wir eine freudige Zuversicht am Tage des Gerichts haben; denn wie er (Jesus) ist, so sind auch wir in dieser Welt. Furcht ist nicht in der Liebe, sondern die vollkommene Liebe treibt die Furcht aus, weil die Furcht es mit Strafe zu tun hat; wer also Furcht empfindet, der ist in der Liebe noch nicht zur Vollendung gelangt. Wir dagegen lieben, weil er uns zuerst geliebt hat.
>
> (1.Joh 4,17-19; Menge)

Wenn wir dem Gebot gehorchen „Du sollst an den ganzen Weg denken, den der Herr, dein Gott, dich diese vierzig Jahre in der Wüste hat wandern lassen" (5.Mo 8,2a), dann gereicht uns das nicht länger zur Schande; vielmehr ist diese Erfahrung das Vorspiel und die überreiche Quelle, aus der uns Weisheit erwächst (Mt 11,25), damit wir über die vielen Dinge herrschen können, über die Gott sein eigenes Volk in seinem Reich setzen wird (Mt 25,21-23).

Das Ziel der Umgestaltung ist es, zu herrschen, jedoch nicht als königliche Einzelgänger, sondern vielmehr als Gemeinschaft der treuen Gläubigen, in der jeder voll Liebe das schätzt, was ihm der andere gibt.

HOCHSITZ

BILD 1 **BILD 2**

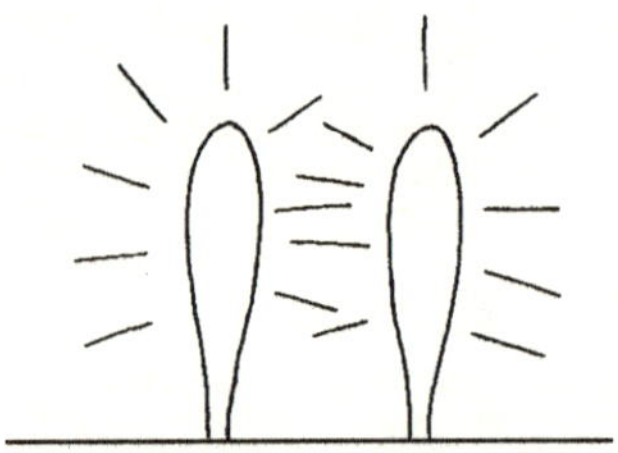

DIAGRAMM 1

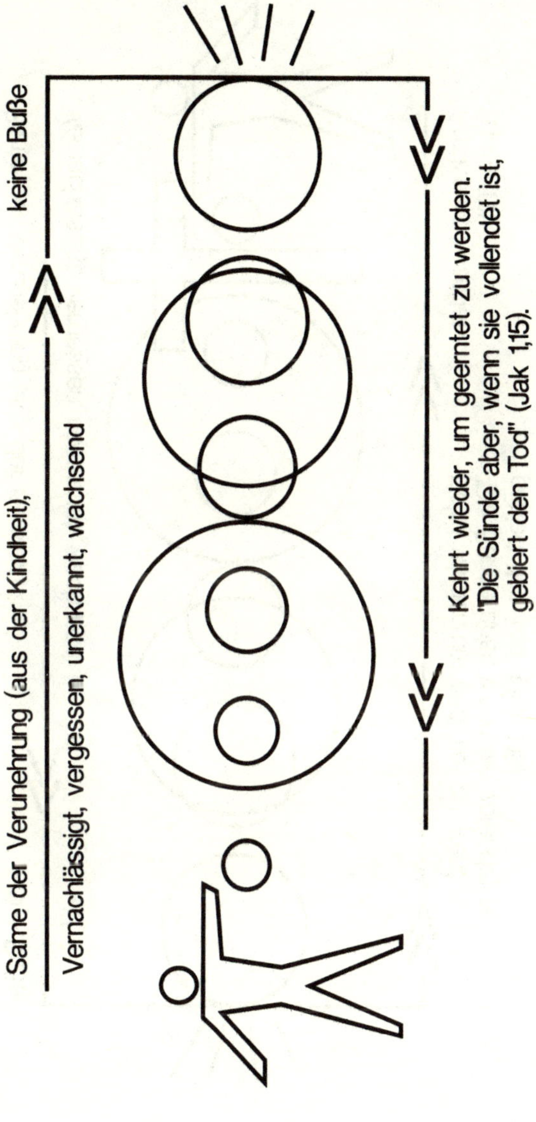
Same der Verunehrung (aus der Kindheit),
Vernachlässigt, vergessen, unerkannt, wachsend
keine Buße
Kehrt wieder, um geerntet zu werden.
'Die Sünde aber, wenn sie vollendet ist,
gebiert den Tod" (Jak 1,15).

DIAGRAMM 2

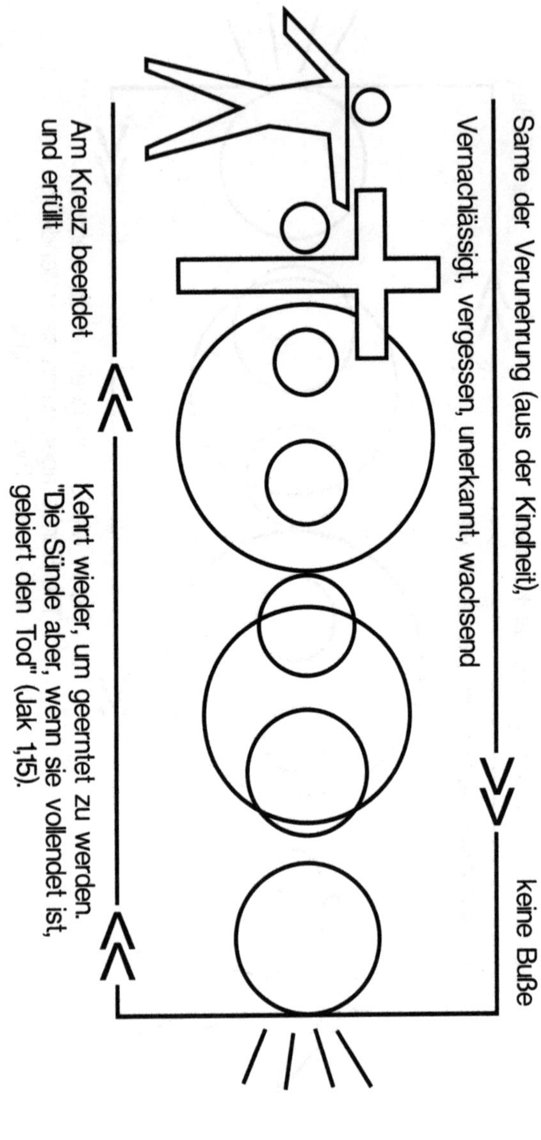

Same der Verunehrung (aus der Kindheit),
Vernachlässigt, vergessen, unerkannt, wachsend
keine Buße
Am Kreuz beendet
und erfüllt
Kehrt wieder, um geerntet zu werden.
"Die Sünde aber, wenn sie vollendet ist,
gebiert den Tod" (Jak 1,15).

DIAGRAMM A

DIAGRAMM B

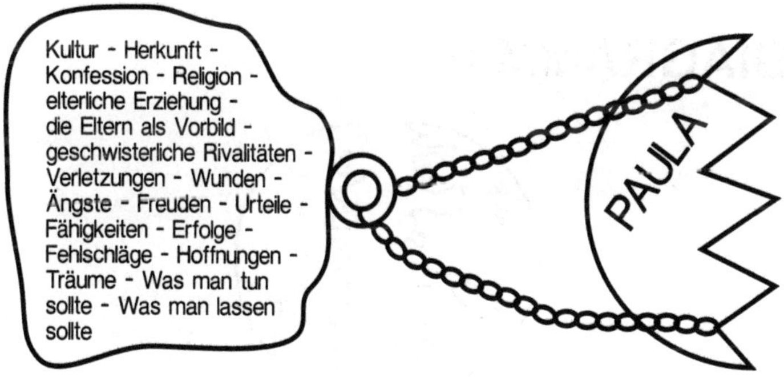

DIAGRAMM C

DIE IDEALVORSTELLUNG

DIAGRAMM D

ES DÄMMERT ...

DIAGRAMM E

DIE REALITÄT

DIAGRAMM F

"Mir geht's gut"
Mittagessen mit Sekretärin
Golf-Freak
Bis in die Nacht arbeiten
Mit Kumpels auf'n Bier
Fernsehsüchtig
Hobbys
"Wenn Du mich nur ..."
"... in Ruhe lassen würdest!"
SIE
ER
UNSICHTBARE MAUER
EINSAM
EINSAM
VERTEIDIGUNG
FLUCHT
geschäftiges Gemeindeleben
evangelistische Einsätze
Hobbys
Einkaufen
Sich mit den Kindern abgeben
Club-engagement
Telefonieren
Freunde
Kreativität
Das Haus herrichten

DIAGRAMM G

RÜCKZIEHER AUS VERNUNFTGRÜNDEN

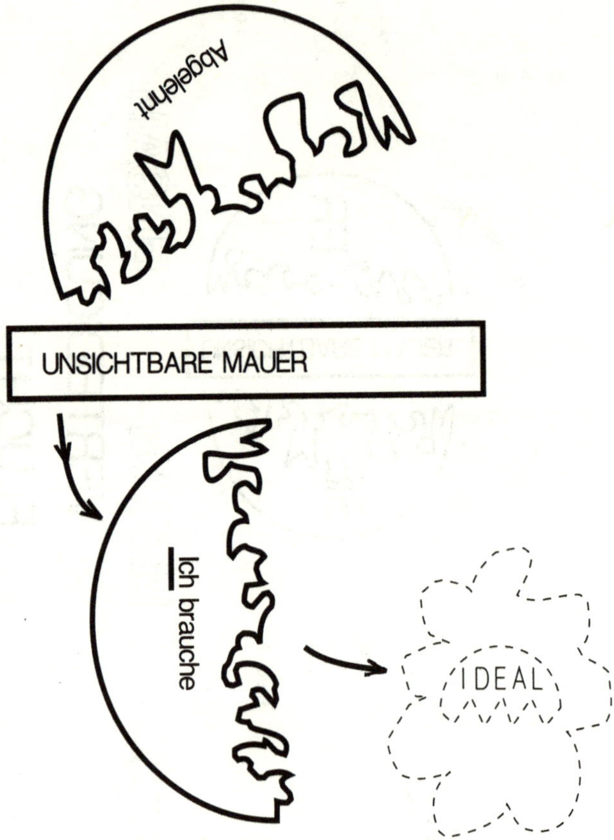

DIAGRAMM H

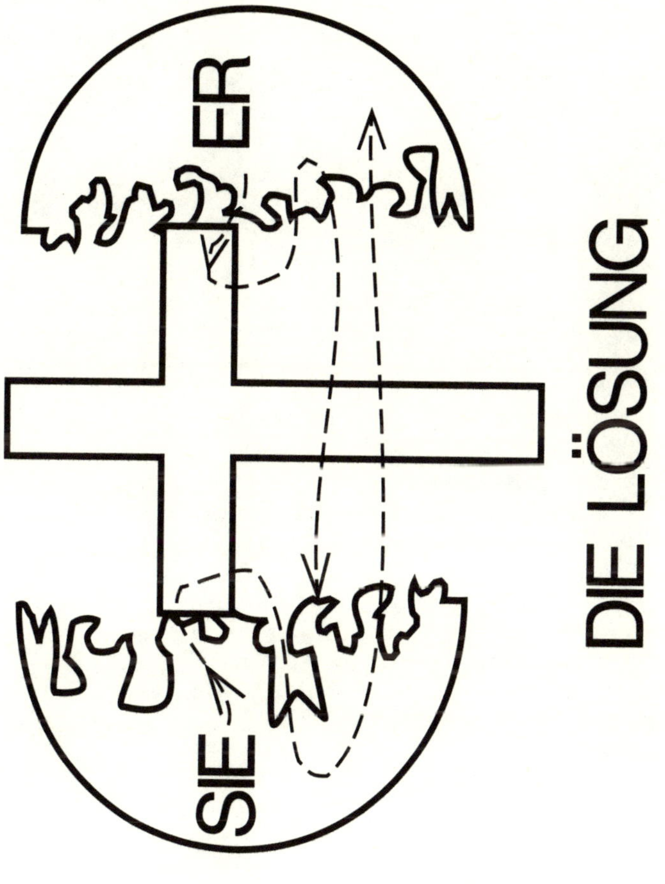